Rudolf Bobrik

Horaz - Entdeckungen und Forschungen

Erster Teil

Rudolf Bobrik

Horaz - Entdeckungen und Forschungen
Erster Teil

ISBN/EAN: 9783742896735

Hergestellt in Europa, USA, Kanada, Australien, Japan

Cover: Foto ©Thomas Meinert / pixelio.de

Manufactured and distributed by brebook publishing software
(www.brebook.com)

Rudolf Bobrik

Horaz - Entdeckungen und Forschungen

HORAZ.

ENTDECKUNGEN UND FORSCHUNGEN

von

R. BOBRIK.

ERSTER TEIL.

.

LEIPZIG 1885.
KOMMISSIONSVERLAG VON B. G. TEUBNER.

Inhalt des ersten Teiles.

Die Ordnung der Gedichte nach dem Metrum.

II.

Wohl niemals hätte ich eine Zeile über Horaz veröffentlicht, denn es ist genügend über ihn geschrieben worden, wenn ich nicht geglaubt hätte, einige wirklich neue Wege zur Erkenntnis des Dichters aufgefunden zu haben.

Neue und sichere Bahnen thun in der That not, wenn in einer bestimmten Richtung der Horazforschung nicht vergeblich gearbeitet werden soll. Eine besonnene Kritik konnte bisher den Athetesen selbst eines Gottfried Hermann, Peerlkamp und Lehrs ihre Anerkennung nur versagen; denn auch Gelehrsamkeit, Geist und Methode vermögen nicht Thatsachen zu negieren. Für eine solche in eminentem Sinne musste aber der uns überlieferte Text gelten, so lange es nicht gelang, ihm Zeugnisse gegen sich selbst abzuzwingen und durch Erschliessung seines wahren Charakters dem einzigen Grunde, auf dem wir bisher standen und immer stehen werden, einen veränderten Wert zu verleihen. Erst wenn der ganze Körper unserer Horazredaktion als ein, auf welcher Unterlage immer es sein mag, durch subjektives Urteil hergestellter erwiesen ist, erst dann hat die höhere wie die niedere Kritik ihre volle, legitime Freiheit gewonnen. Denn es steht dann nicht länger persönliches Dafürhalten gegen eine wegen ihres Alters ehrwürdige und dadurch auf letzter Stufe unerschütterliche Tradition, sondern von diesem Zeitpunkte an darf sich die Wissenschaft und das Urteil der Gegenwart gegen Zeugnisse wenden, welche sich selbst als nicht originale zu erkennen geben; was aber nicht mehr vom Dichter selbst herrührt, was vielmehr das Produkt einer sei es kritischen, sei es unkritischen zweiten, dritten oder vierten Hand ist, das darf auch mit vollem Rechte einer neuen Kritik unterzogen werden. Diese neue Kritik ist dann nicht minder legitim und souverän als jene, welcher der überlieferte Text seine Herstellung verdankt, und sie muss sich einst als die stärkere erweisen, wenn anders die Wissenschaft als solche in etwa siebenhundert Jahren fortgeschritten ist, wenn anders die letzten Jahrhunderte sich mit Recht rühmen, die Kritik als Wissenschaft begründet zu haben.

Von diesem Standpunkte aus darf ich behaupten, dass jede lediglich subjektive, jede nur destruktive Tendenz ganz ausserhalb des Zweckes dieser Blätter liegt. Sie stellen sich zunächst die Aufgabe, an der Hand der uns überlieferten Horazausgabe selbst den Beweis zu führen, dass die Ordnung der Gedichte, die sie giebt, eine gestörte, dass der gegenwärtigen Ordnung eine ältere vorangegangen ist. Dieser Beweis dürfte für das erste Buch und damit auch für andere endgültig erbracht sein; denn kein Einwand kann fortan die aufgedeckte Ordnung wegleugnen. Sie bleibt eine ebenso sichere Thatsache, als der uns überlieferte Horaz selbst, weil er es ist, der sie uns giebt. Die nachgewiesenen Störungen und Lücken ändern in keiner Weise das Faktum, dass zuerst sieben, dann noch elf, im ganzen achtzehn von siebenundzwanzig Versmassen in der Folge der ersten Reihe wiederkehren.

Die Gewissheit einer gestörten Ordnung berechtigt noch nicht zur Behauptung, dass nun auch schon das einzelne Gedicht als solches in gestörter Verfassung überliefert sei. Es war diese Rücksicht, welche den Umfang der Untersuchung über I, 7 veranlasste. Es galt, den Nachweis zu führen, dass allerdings mit der Störung der Ordnung sich auch eine Störung der Gedichte entweder ursächlich oder wenigstens doch in zeitlicher Folge verknüpft hat. Was aber von einem Gedichte erwiesen wird, das kann bei mehreren statthaben, und so ist es nicht Willkür, sondern die thatsächliche Beschaffenheit des traditionellen Textes, welche auch I, 4 und andere Gedichte an der Hand der bei I, 7 und Schritt um Schritt weiter gewonnenen Ergebnisse dem Zweifel und der Prüfung unterstellt.

Selbst hier nicht einmal darf ich stehen bleiben, wenn ich den Grad der Objektivität bezeichnen will, welche die vorliegenden Blätter nach meinem Gefühle tragen. Die Erkenntnis der Anordnung der Bücher in Dekaden war nicht, wie es nach den ersten Worten des ersten Abschnittes scheinen könnte, etwas Gesuchtes, sondern das Ergebnis anderweiter Funde. Längst bekannten Thatsachen nach-

V.

gehend erkannte ich zunächst die gegenwärtige Ordnung der Gedichte des Horaz; sie ist eine Ordnung nach dem Inhalte - allerdings von heute nicht mehr geläufigen Grundsätzen aus — und nach Stichworten. An diese Wahrnehmung reihte sich die Bemerkung, dass von demselben Gesichtspunkte aus, von welchem aus die einzelnen Gedichte mit einander verbunden wurden, auch ganze Ketten von Gedichten auf einander geordnet sind, und erst auf diesem Wege, also auf dem Boden von neuen Thatsachen, nicht etwa aprioristischer Konstruktion, ergab sich die Dekade als das Mass der Kette. Darin war zugleich öfters eine Selbstkontrolle der verschiedenen Entdeckungen gewonnen, und diejenigen Freunde des Horaz, die nun Gedichte in der ihnen von Alters her liebgewordenen Form verlieren sollen und sofort den Beweis führen möchten, dass, was ihnen lieb, auch das Bessere sei, halten wenigstens in diesem Punkte vielleicht mit ihrer Kritik zurück, bis sie die Mehrheit desjenigen kennen, was ich Neues gefunden zu haben glaube. Ich habe überaus wenig Teilnahme dafür, ob im Einzelfalle z. B. IV, 11 ein Gedicht ist oder ob es aus zweien besteht, und wenn jemand noch einmal sagen wird, was Tausende behauptet haben, dass IV, 11 oder I, 4 ein Gedicht sei, so werde ich nicht widersprechen. Den Kern meiner Forschungen werden nur solche Kritiken treffen, welche sich gegen die von mir nachgewiesene Ordnung der Gedichte richten und beweisen, dass sie in Wahrheit eine andere sei. Denn nur die Summe meiner Entdeckungen ist es, die mir meine Anschauung über Horaz aufgezwungen hat, nicht ein vereinzeltes Bedenken bei einzelnen Stellen oder einzelnen Gedichten. Übrigens wird selbst im Einzelfalle unparteiisch urteilen nur wer wenigstens für kurze Zeit sich liebevoll in die neue Auffassung der Gedichte hineinversenkt, welche er ein Leben lang in einer andern Weise aufgefasst hat. Den Rechten, welche der Dichter als solcher für sich in Anspruch nehmen darf, wird er grade dann volle Rechnung getragen finden. Ohne jenen Versuch dürfte sein Urteil von einem Vorurteil der Entstehung nach wenig verschieden sein. Verkürzungen sind hin und wieder aus räumlichen Rücksichten behufs Nebeneinanderstellung von Gedichten vorgenommen worden; man wird sie nicht mit Verwerfung von Strophen verwechseln. Wo letztere etwa ausgesprochen wurde, war sie die unwillkommene Konsequenz bestimmter Beobachtungen, nicht Ausgangspunkt oder Ziel der Untersuchung.

Wohl weiss ich um die Mängel meines Buches. Sollte aber sein Erscheinen nicht auf unbestimmte Zeit hinaus vertagt werden, so musste ich es geben, wie es ist, zustande gebracht fast in wenigen Monden in der litterarischen Abgelegenheit eines kleinen Ortes aus in jedem Sinne eigensten beschränkten Mitteln. Tritt es also in dieser Beziehung durchaus anspruchslos in die Öffentlichkeit, und kann ich mit Peerlkamp sagen: *si mihi dictum exciderit, quod non satis modestum videatur, quanquam studiose caverim, hoc indictum cupio,* so darf ich mir auch das Wort eines anderen Horazforschers zueignen: *si quis hominem me fuisse reperiat homo, humaniter monitum multo me obstringet beneficio.*

Betreffs der Art und Weise der Ausführung der einzelnen Untersuchungen bemerke ich, dass ich sehr kurz gewesen wäre, wenn dieselben einer unbestrittenen Wahrheit und nicht vielmehr dem trügerischen Schein einer fast zweitausend Jahre alten Tradition gegolten hätten. Hier war es notwendig, lieber erschöpfend und ausführlich zu sein als zu kurz. Aus demselben Grunde habe ich Beweismaterial, welches sich nicht in der Hand jedes Lesers voraussetzen lässt, oft unverkürzt beigebracht, anstatt auf dasselbe nur zu verweisen.

Für das freundliche Entgegenkommen, welches ich im Inlande wie im Auslande bei Nachfragen nach litterarischen Publikationen gefunden habe, sage ich an dieser Stelle meinen besten Dank. Derselbe gilt auch dem Herausgeber des Horaz, Herrn Dir. a. D. Schütz in Potsdam, der den Druck des Buches mit einer Reihe mir sehr wertvoller Bemerkungen begleitete, und denjenigen meiner Kollegen, welche mich bei Lesung der Korrektur unterstützt haben, besonders den Herren Gymnasiallehrern Klewe und Dr. Lange.

Der Text der behandelten Gedichte ist etwa von Seite 190 an der von Petschenig in Graz hergestellte.

Vor der Lektüre sind zu verbessern: S. 89, Z. 20: Palladas. S. 108, Z. 6 setze hinzu: Ogorek, 1876; Reifferscheidt, 1884. S. 132, Z. 12, 13: sie — ihr st. ihn — ihm. S. 215, Z. 2 v. u. tilge „dritten und." S. 242, Z. 12: Martial I, 71 st. 72. S. 282, Z. 3: alcäischen st. asklepiadeischen. S. 355, Z. 6 v. u.: arena st. area. S. 390, Z. 6: füge ein: die elfte, zwölfte, vierzehnte und fünfzehnte. S. 393, Z. 9: neunte st. elfte. S. 402, Z. 2: IV, 3 st. III. 3. S. 411, Z. 14 v. u.: 28 Versen st. Strophen. S. 426, Z. 1 v. u.: 22 st. 28. S. 435, Z. 4 v. u.: II, 4 st. IV, 2. S. 474, Z. 12: 458; der folgende Vers ist gestört. S. 480, Z. 17: Strophen von je zehn (st. acht) Versen. S. 487, Z. 5: diese. S. 492, Z. 2: des st. der. Z. 4 v. u.: 35 st. 50.

Belgard in Pommern, 14. Februar 1885.   Rudolf Bobrik.

Erster Teil.

Die Anordnung der Gedichte nach dem Metrum.

Quidquid sub terrast, in apricum proferet aetas.

Hor. I Epp. 6, 24.

Das erste Buch der Oden.

Quis te barbarica compede uindicat?
Quis frontis nebulam dispulit: et situ
    deterso lenibus restituit choris
        curata iuuenem cute?

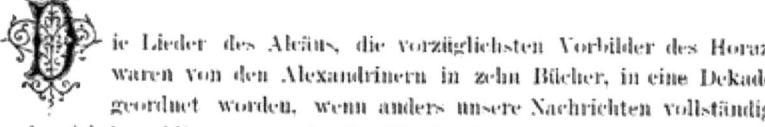

ie Lieder des Alcäus, die vorzüglichsten Vorbilder des Horaz, waren von den Alexandrinern in zehn Bücher, in eine Dekade geordnet worden, wenn anders unsere Nachrichten vollständig sind oder wir richtig schliessen. Auch die Werke des Horaz zerfielen in eine Dekade. Auf die vier Bücher der Oden folgte im Blandinius V. de arte poetica liber, dann ein Buch der Epoden und daran schliessend, wenngleich nicht in die Zahl der Epoden aufgenommen, aber eben auch nicht als liber bezeichnet, das carmen saeculare; dann die beiden Bücher der Episteln und die beiden Bücher der Sermonen, zusammen zehn Bücher, eine Dekade. Vgl. auch codd. Lipss. 6 und 38. Terentius Scaurus bei Charisius pg. 202 und 210 K. und Zangemeister (1842) zu diesen Stellen.

Es liegt nahe zu vermuten, dass die Unterabteilungen wieder in Zehnergruppen zerfielen. In der That ist dies noch heute der Fall bei dem zweiten und dritten Buche der Oden, bei dem ersten Buche der Satiren und dem ersten Buche der Episteln; sie zählen 2×10, 3×10, 2×10 Gedichte. Wenn nun, wie man gewöhnlich annimmt, Horaz selbst erst nach dem Erscheinen seiner Satiren das erste Buch der Oden herausgab, weshalb brach er gerade bei der Zahl achtunddreissig ab? Weshalb liess er es nicht entweder bei dreissig Oden bewenden, oder weshalb brachte er ihre Zahl nicht bis auf vierzig? Es würde hiernach, falls die Zahl der zur Verfügung stehenden Lieder zur Zeit der Veröffentlichung der ersten Bücher wirklich nicht weiter gereicht haben sollte, – ein Umstand, der schon als solcher wunderbar erscheinen müsste — ein Ausgang auf achtzehn oder auf achtundzwanzig Gedichte bei dem zweiten oder bei

dem dritten Buche weit weniger auffällig erscheinen, als das Fehlen von zwei Oden
am Ende gerade des ersten Buches. Auch bricht dieses mit einer Ode ab, welche
man im Vergleich mit den Schlussgedichten des zweiten und des dritten Buches an
dieser Stelle nicht erwartet.

Das Bedürfnis, auch das erste Buch der Lieder auf eine Zehnerzahl ausgehen
zu lassen, ist schon früher so stark empfunden worden, dass wir wohl ihm allein die
Entstehung jener zwei Oden zuzuschreiben haben, welche der Angabe nach von
Pallavicini als die neununddreissigste und vierzigste des ersten Buches gefunden
wurden, und deren letztere offenbar die Bestimmung hat, ein Schlussgedicht im Sinne
von III, 30 oder Epist. I, 20 darzustellen. Da beiden Gedichten, abgesehen von
ihrem horazischer Dichtung fremden Charakter, jede ausreichende diplomatische
Unterlage fehlt, haben sie das Bedürfnis nicht zu befriedigen vermocht, und man stellt
nach wie vor mit gutem Rechte die Frage: Wo sind die beiden letzten Gedichte
des ersten Buches?

Angenommen nun, es stände fest, dass uns an dieser Stelle zwei Oden fehlten,
so drängte sich sofort die fernere Schwierigkeit auf, wie das Fehlen von zwei Gedichten
hier zu erklären wäre. Sollten sie sich etwa in andere Bücher verirrt haben? Oder
sollten sie vielleicht, da sie auf dem letzten Blatte des Buches standen, einfach
verloren gegangen sein? Oder giebt es noch andere Erklärungsweisen? In der
That scheint letzteres zuzutreffen. Es ist ja garnicht notwendig, bei dem Suchen
nach den beiden die vierte Dekade vervollständigenden Oden zu behaupten, es seien
in der Reihe der vierzig gerade die neununddreissigste und die folgende, welche
uns fehlen; lassen sich doch diese achtunddreissig Gedichte nicht blos als aus drei
Dekaden und einem Körper von acht Gedichten bestehend ansehen, wie die zehn
und die acht (?) Satiren des ersten und des zweiten Buches, sondern man könnte
doch auch fragen, ob sie nicht vielmehr aus 8 + 10 + 10 + 10 oder 10 + 8 +
10 + 10 oder aus 10 + 10 + 8 + 10 Gedichten sich zusammensetzten, wie denn
endlich, um die Möglichkeiten zu erschöpfen, ja auch je eine Ode in zwei Dekaden
fehlen könnte, sobald es nur feststände, dass letzteres überhaupt der Fall ist. Dies würde
als Thatsache gelten müssen, sobald sich erweisen liesse, dass wirklich auch das erste
Buch, vielleicht gar alle Bücher des Horaz mit Ausnahme der drei letzten Briefe
einst in Dekaden geordnet waren. Diese Vermutung aber wird durch die auffallende
Stellung mehrerer Oden unterstützt. Das sogenannte erste asclepiadeische System
beginnt das erste Buch und schliesst das dritte; im vierten Buche steht es zwar
nicht an zehnter, aber doch in der Nähe, an achter Stelle; das sogenannte zweite
Asclepiadeum steht im ersten Buche erstens an elfter Stelle, d. h. also, es könnte
den Anfang der zweiten Dekade bilden; zweitens an achtzehnter Stelle, d. h. also
in der Nähe des Schlusses der zweiten Dekade; im vierten Buche steht es an zehnter
Stelle, d. h. also, es könnte wieder das Ende der ersten Dekade bilden. An Mäcen

sind die (erste und) die zwanzigste Ode des ersten und die zwanzigste des zweiten Buches, an Apollo ist die einundzwanzigste und die einunddreissigste des ersten, an Merkur die zehnte des ersten und die elfte des dritten Buches gerichtet; so könnte noch manches andere dieser Art angeführt werden. Es ist wahr, die Parallelen sind nicht genau, und der Verfolg wird zeigen, dass auch der Zufall hier sein Spiel neben der Absicht getrieben hat, aber die angeführten Erwägungen reichen aus, um uns zu dem Versuche zu veranlassen, die gegenwärtige Ordnung auf die Frage hin zu prüfen, ob vielleicht die Werke des Horaz einst durchweg in Dekaden geordnet waren, selbstverständlich mit Ausnahme des carmen saeculare und des zweiten Buches der Briefe, welche wir bis auf weiteres nicht in den Kreis unserer Erörterungen ziehen.

Stellt man die Namen der Systeme, in welchen die Gedichte des ersten Buches der Oden des Horaz geschrieben sind, ihrer jetzigen scheinbar regellosen Folge nach zu je zehn untereinander, so ergiebt sich folgendes Bild:

Tabelle I.

	1.	2.	3.	4.	5.	6.	7.	8.	9.	10.
1.	Asclepiadeum I.	Sapphicum I.	Asclepiadeum III.	Archilochium IV.	**Asclepiad. V.**	**Asclepiad. IV.**	Alcmanium.	Sapph. II.	Alcaicum.	Sapph. I.
2.	Asclepiadeum II.	Sapphicum I.	Asclepiadeum III.	**Asclepiad. V.**	**Asclepiad. IV.**	Alcaicum.	Alcaicum.	Asclepiadeum II.	Asclepiadeum III.	Sapph. I.
3.	Asclepiadeum V.	Sapph. I.	**Asclepiad. V.**	**Asclepiad. IV.**	Sapphicum I.	Alcaicum.	Alcaicum.	Alcmanium.	Alcaicum.	Sapph. I.
4.	Alcaicum.	Sapph. I.	**Asclepiad. IV.**	Alcaicum.	Alcaicum.	Asclepiadeum III.	Alcaicum.	Sapphicum I.		

Übertragen wir diese Bezeichnungen der leichteren Übersicht halber in die römischen Ziffern, welche sie z. B. in der Reihenfolge von Nauck erhalten haben, so stellt sich uns folgendes Bild dar:

Tabelle II.

	1.	2.	3.	4.	5.	6.	7.	8.	9.	10.
1.	I.	VI.	*II.*	XII.	**IV.**	**III.**	XIII.	VII.	VIII.	VI.
2.	V.	VI.	*II.*	**IV.**	**III.**	VIII.	VIII.	V.	II.	VI.
3.	IV.	VI.	**IV.**	**III.**	VI.	VIII.	VIII.	XIII.	VIII.	VI.
4.	VIII.	VI.	**III.**	VIII.	VIII.	II.	VIII.	VI.		

Es fördert der Umstand nicht weit, wenn ausserdem, dass das je zweite und dritte Metrum der ersten und zweiten Dekade sich genau deckt und die je zehnten Oden der ersten drei Dekaden im Metrum übereinstimmen, auch in den drei letzten Dekaden die je siebente und in allen vier Reihen die je zweite Ode das gleiche Versmass hat: denn wir vermögen trotzdem keine durchgehende Ordnung zu erkennen. Dagegen erscheint es auffällig, dass das Asclepiadeum quartum in der ersten Dekade in sechster Stelle auftritt, in der zweiten in fünfter, in der dritten in vierter, in der vierten Reihe in dritter; nebenher läuft durch die drei ersten Dekaden hindurch das Asclepiadeum quintum in schräger Linie genau parallel und das alcäische Metrum (VIII) durch die vier Dekaden wenigstens in ähnlicher Weise. Es scheint dies unsere oben ausgesprochene Vermutung zu bestätigen, dass an irgend einer andern Stelle als gerade am Ende des Buches einige Oden ausgefallen sind, und zwar müsste dieser Ausfall nach unserem Bilde in der zweiten Dekade zu suchen sein. Denn es ist klar, dass, wenn hier zwei Stücke fehlen, dann in jeder folgenden Dekade jedes Metrum um eben so viele Stellen früher auftreten muss, und dann alle Übereinstimmungen nicht mehr in senkrechten, sondern nur noch in schrägen Linien erscheinen können. Wir dürfen hoffen, durch weitere Verfolgung des eingeschlagenen Weges zu befriedigenden Ergebnissen zugelangen. Alle diejenigen Thatsachen, welche in dieser Beziehung wichtig erschienen, sind deshalb von Anfang an durch den Druck hervorgehoben worden, um insbesondere auch diese schräg verlaufenden Linien hervortreten zu lassen.

Jedoch wird es zweckmässiger sein, die Bezeichnung der Metra durch Namen oder durch die Nummern einer erst in unserer Zeit gewählten Reihenfolge fortan ganz fallen zu lassen. Wissen wir doch nicht, wie Horaz dieselben bezeichnet hat, geschweige denn, dass wir behaupten könnten, er hätte z. B. die asclepiadeischen Metra in unserer Weise verglichen und unterschieden. Sicher ist für uns nur die Folge, in welcher die Metra jetzt in der Sammlung seiner Gedichte auftreten. Geben wir deshalb dem ersten Metrum die Ziffer 1, dem zweiten die Ziffer 2 u. s. w., so stellt sich Tabelle I. zunächst in folgender Gestalt dem Auge dar:

Tabelle III.

	1.	2.	3.	4.	5.	6.	7.	8.	9.	10.
I.	1.	2.	3.	4.	5.	6.	7.	8.	IX.	2.
II.	10.	2.	3.	5.	6.	IX.	IX.	10.	3.	2.
III.	5.	2.	5.	6.	2.	IX.	IX.	7.	9.	2.
IV.	9.	2.	6.	IX.	IX.	3.	9.	2.		

Es lässt sich nunmehr noch leichter erkennen, dass unsere nur als Vermutung ausgesprochene Begründung der Erscheinung, dass die Metra 5, 6 und IX in schräger Linie verlaufen, sich vollauf bestätigt. Wir sehen die Metra 2, 3, 5, 6, 9, 9, 10 zunächst in derselben Folge wiederkehren, in welcher sie zum ersten Male auftreten, wogegen die Metra 1, 4, 7, 8 fehlen. Nicht die neununddreissigste und die vierzigste Ode, werden wir daher fortan sagen, vermissen wir, sondern Oden der zweiten Dekade, und Pallavicini oder wer sonst der Verfasser der angeblichen neununddreissigsten und vierzigsten, zuerst von Villoison (Animadvers. ad Longinum S. 310) und in der Prager Ausgabe des Horaz vom Jahre 1760 (der zweiten des Landgrafen von Fürstenberg) veröffentlichten Ode gewesen ist, verfertigte dieselben sicherlich für die falsche Stelle. Es wird sich zeigen, dass er sich die Mühe überhaupt ersparen, es leichter hätte haben können; denn die fehlenden Oden stehen noch im Horaz und eine nicht unbedeutende Anzahl mehr.

Wenn unsere Entdeckungen selbst an diesem Punkte stehen bleiben müssten, so würden sie nicht ohne folgenreiches Interesse sein. Wir würden beginnen Berechnungen anzustellen, zu vermuten, zu schliessen. Ausser in I, 28 findet sich ja auch in den Epoden (12) das Metrum von I, 7 wieder. Weshalb, würden wir

3

tragen, setzte Horaz es nicht in die Lücke ein, in die siebente Stelle der zweiten Dekade? Und Antworten, die man aus der Natur der Epoden in ihrem Unterschiede von der der Oden ableiten, Schlüsse, die man zum Gewinn für die Chronologie der Abfassung beider Gedichte würde ziehen wollen, dürften dann sicherlich nicht ausbleiben. Bezüglich der Lücke in der vierten Stelle der zweiten Dekade wäre nur eine Antwort zu erwarten: „Horaz hat überhaupt nur ein Gedicht in diesem Versmasse komponiert, es giebt überhaupt nur dieses eine Gedicht dieses Masses in der ganzen römischen Litteratur: die Stelle musste unbesetzt bleiben". Trotz ihrer scheinbaren Richtigkeit würde diese Auskunft nicht genügen. Auch *Lydia die per omnes* in der achten Stelle erster Dekade ist ja ein metrisches Unicum; dennoch ist die Lücke durch alle folgenden Dekaden hindurch besetzt; das konnte ja auch in der vierten Stelle der zweiten Dekade geschehen. Weshalb also nicht? Am besten hätten diese beiden vereinzelt stehenden Metra, die des vierten und achten Gedichtes, sich untereinander entsprochen, wenn sie in die achte und achtzehnte oder vierte und vierzehnte Stelle eingesetzt wären. Man wendet ein: „Dann hätte Horaz ja nicht eine Reihe von neun verschiedenen Metren in der ersten Dekade aufstellen können!" Es steht zu befürchten, dass wir zu Folgerungen gelangen werden, welche viele der bisher gültigen Voraussetzungen als höchst unsicher oder gar als nicht länger haltbar erscheinen lassen werden.

Fahren wir zunächst unter Verwertung des ersten Gewinstes auf dem eingeschlagenen Wege fort, und stellen wir dieselbe Tabelle noch einmal, nur mit dem Unterschiede auf, dass wir die Lücken der vierten und der siebenten Stelle der zweiten Dekade wirklich unbesetzt lassen. Wir gewinnen dann das folgende Bild:

Tabelle IV.

	1.	2.	3.	4.	5.	6.	7.	8.	9.	10.
I.	1.	**2.**	**3.**	4.	**5.**	**6.**	7.	8.	IX.	2.
II.	10.	**2.**	**3.**		**5.**	**6.**		IX.	IX.	10.
III.	3.	**2.**	5.	2.	**5.**	**6.**	2.	IX.	IX.	7.
IV.	9.	**2.**	5.	2.	**6.**	IX.	IX.	3.	9.	2.

Zu den früheren Übereinstimmungen sind neue hinzugekommen und die Tabelle hat schon jetzt in Kolumne 2, 3, 5, 6, 9 ein Aussehen erhalten, durch welches die Trümmer einer früheren Übereinstimmung in allen vier Dekaden unverkennbar hindurchschimmern. Über diese noch vorhandenen Übereinstimmungen hinaus fällt es auf, dass, wie in der drittletzten und vorletzten Stelle der zweiten und der dritten Dekade, so auch in der zweiten Hälfte der vierten Dekade zweimal hintereinander das alcäische System auftritt, dazu, wie in der zweiten Dekade, fast unmittelbar hinter dem sechsten Versmasse.

Es ist wohl an der Zeit zur Erleichterung der Orientierung und Kontrolle für den Leser an dieser Stelle das Verzeichnis der Oden mit beigesetzten Namen einzurücken. Dabei soll zugleich hier wie in der Tabelle jedes System die Ziffer behalten, unter welcher es zum ersten Male auftritt; ein Plus der ersten und die Lücken der zweiten Dekade mögen angedeutet werden.

1. Maecenas atavis.	Asclepiadeum primum.	1.
2. Iam satis terris.	Sapphicum prius.	2.
3. Sic te diva potens.	Asclepiadeum tertium.	3.
4. Solvitur acris hiems.	Archilochium quartum.	4.
5. Quis multa gracilis.	Asclepiadeum quintum.	5.
6. Scriberis Vario.	Asclepiadeum quartum.	6.
7. Laudabunt alii.	Alcmanium.	7.
8. Lydia, dic, per omnes.	Sapphicum alterum.	8.
9. Vides, ut alta.	Alcaicum.	9.
10. *Mercuri, facunde.*	*Sapphicum prius.*	**2.**
11. Tu ne quaesieris.	Asclepiadeum secundum.	10.

---

*	*	*
12. Quem virum aut heroa.	Sapphicum prius.	2.
13. Cum tu, Lydia.	Asclepiadeum tertium.	3.
*	*	*
14. O navis, referent.	Asclepiadeum quintum.	5.
15. Pastor cum traheret.	Asclepiadeum quartum.	6.
*	*	*
16. O matre pulchra.	Alcaicum.	9.
17. Velox amoenum.	Alcaicum.	9.
18. Nullam, Vare, sacra.	Asclepiadeum secundum.	10.

Wenn es denn nun festzustehen scheint, dass das erste Buch der Oden einmal nach der Reihenfolge der Metra geordnet gewesen und dass zuerst möglichst viele verschiedene Masse auftreten sollten, so befremdet es, dass das System des Gedichtes *Tu ne quaesieris* eine Stelle zu spät auftritt, weil ja die Reihenfolge stets neuer Versmasse, deren doch mit dem Asclepiadeum secundum zehn sein könnten, ebenso wie umgekehrt unserer bisherigen Meinung nach Horaz die zehn ersten Epoden mit Absicht in g l e i c h e m Versmasse hat folgen lassen, durch die zehnte Ode gestört wird, in welcher das Sapphische Versmass vorzeitig wiederkehrt. Es befremdet dies um so mehr, als infolge dessen in der zweiten Dekade das Asclepiadeum secundum zweimal (11 und 18) auftritt, in der ersten kein Mal. Die in Tabelle IV sonst beobachtete Übereinstimmung, besonders die der beiden ersten Dekaden, veranlasst uns, den Versuch zu wagen, die bisherige zehnte Ode, welche später eine eingehenderen Untersuchung unterzogen werden wird, in einer unbezifferten Kolumne zu belassen, dagegen die bisherige elfte, *Tu ne quaesieris*, welche ihrem hier zum ersten Male auftretenden Versmasse nach die zehnte Ode sein würde, in die zehnte Kolumne einzustellen; dieses zu dem Zwecke, damit wir in solcher Weise zehn verschiedene Metra in der ersten Dekade erhalten; denn wenn unsere Vermutung, das erste Buch sei einst in Dekaden geordnet gewesen, wenn die fernere Vermutung, die ersten Metra des Buches hätten zunächst die Mannigfaltigkeit der Formen möglichst erschöpfen sollen, wenn diese beiden Annahmen begründet sind, dann ist nur eine Gestalt der ersten Dekade denkbar, diejenige, in welcher das einzig noch übrige neue Metrum des Buches die erste Dekade schloss und dem Metrum der achtzehnten Ode entsprach, welche letztere wir, wie immer die Sachen liegen mögen, zunächst doch auf jeden Fall als die letzte der zweiten Reihe annehmen müssen. Tabelle IV gewinnt dann folgende Gestalt:

Tabelle V.

	1.	2.	4.	6.	8.	8.	9.	10.
I.	1.	2.	3.	4.	5.	6.	7.	8.	9.	10.
II.		2.	3.		5.	6.			9.	9.	10.
III.	3.	2.	5.	2.	5.	6.	2.		9.	9.	7.
IV.	9.	2.	9.	2.	6.	9.	9.	3.	9.	2.

Wir schreiten sogleich weiter. Ohne in den Ziffern selbst eine Umstellung vorzunehmen, stellen wir nunmehr das sichtlich Korrespondierende senkrecht unter einander und lassen, was ohne Korrespondenz bleibt, unversorgt; wir rücken also die beiden neunten Metra der vierten Dekade, welche offenbar nicht an der ihnen gebührenden Stelle stehen, um zwei Stellen vor unter die ihnen entsprechenden Stellen der beiden neunten Metra der zweiten und der dritten Dekade und lassen das zweite Metrum in der siebenten Kolumne der dritten Dekade unberücksichtigt. Die Metra erscheinen dann in folgender Ordnung:

Tabelle VI.

	1.	2.	3.	4.	5.	6.	7.	8.	9.	10.		
I.	1.	2.	3.	4.	5.	6.	7.	8.	9.	10.		
II.		2.	3.		5.	6.		9.	9.	10.		
III.	3.	2.	5.	2.	5.	6	2.	9.	9.	7.		
IV.	9.	2.	9.	2.		6.		9.	9.	3.	9.	2.

Wo wir früher von einer Übereinstimmung nichts ahnten, werden wir bald, scheint es fast, nichts weiter als Übereinstimmung finden. In der elften Stelle sind wir um eine Lücke reicher geworden, in der achten und neunten sehen wir durchgehende Übereinstimmung mit Ausnahme der achten Stelle erster Dekade. Das Metrum derselben, das bisher unentbehrlich zu sein schien, beginnt lästig zu werden. Um aber das Gewonnene um so mehr hervortreten zu lassen, führen wir Tabelle VI noch einmal vor, jedoch mit dem Unterschiede, dass alle nicht übereinstimmenden Metra in kleiner Schrift in die Ecke ihres Feldes oder ganz ausgerückt werden, Übereinstimmendes aber stehen bleibt. Auch das Versmass der 28. Ode (Alemanium, 7) soll hiervon betroffen werden, obwohl es als Langzeile wie das Asclepiadeum secundum die Dekade geschlossen haben und darum dem zehnten Metrum vielleicht gleichgesetzt werden könnte.

Tabelle VII.

	1.	2.	3.	4.	5.	6.	7.	8.	9.	10.	11.	12.	13.
I.	1.	2.	3.	4.	5.	6.	7.		9.	10			
II.		2.	3.		5.	6.		9.	9.	10.			
III.		2.		2.	5.	6.		9.	9.		7.		
IV.		2.		2.		6.		9.	9.				

Lassen wir also, um uns die Übersicht über das bisherige Ergebnis noch weiter zu erleichtern, alle diejenigen Oden weg, welche nicht korrespondieren, und behalten nur diejenigen, welche noch gegenwärtig auf Grund dekadischer Anordnung metrisch sich entsprechen, so erhalten wir folgendes Resultat:

Tabelle VIII.

	1.	2.		4.	5.	6.	7.	8.	9.	10.
I.		2.	3.		5.	6.				9.	10.
II.		2.	3.		5.	6.		9.	9.	10.
III.		2.		2.	5.	6.		9.	9.	
IV.		2.		2.		6.		9.	9.	

Setzen wir wieder statt der Nummern der Metra die traditionellen Nummern der Oden ein, so stehen noch jetzt in der alten Ordnung:

Tabelle IX.

	1.	2.	3.	4.	5.	6.	7.	8.	9.	10.
I.	1.	2.	3.	4.	5.	6.	7.		9.	11.
II.		12.	13.		14.	15.		16.	17.	18.
III.		20.		22.	23.	24.		26.	27.	
IV.		30.		32.		33.		34.	35.	

In den Anfangszeilen der Oden sind es folgende:

Tabelle X.

	1.	2.	3.	4.	5.	6.	7.	8.	9.	10.
1.	Maece-nas ata-vis.	Iam satis terris.	Sic te diva.	Solvitur aeris.	Quis multa graeilis.	Scriberis Vario.	Lauda-bunt alii.		Vides ut alta.	Tu ne quaesie-ris.
2.		Quem virum aut heroa.	Cum tu, Lydia, Telephi.		O navis, referent.	Pastor cum traheret.		O matre pulchra.	Velox amoenum.	Nullum, Vare, sacra.
3.		Vile potabis.		Integer vitae sce-lerisque.	Vitas hinnuleo me.	Quis desi-derio sit.		Musis amicus tristiam.	Natis in usum laetitiae.	
4.		O Venus, regina Cnidi.		Poscimur. Si quid vacui.		Albi, ne doleas plus.		Parcus deorum cultor.	O diva, gratum quae.	

Stellen wir uns vor, die Ordnung, deren Reste hier vorliegen, bestände noch ungestört und benennen die Gedichte mit der in dieser Ordnung ihnen zukom- menden Nummer, so würden also, vorausgesetzt, dass in der vierten Kolumne der dritten und vierten Dekade ein Ersatzmetrum für das vierte Versmass eintreten musste, folgende Nummern und Gedichte alter Zählung erhalten sein.

Tabelle XI.

	1.	2.	3.	4.	5.	6.	7.	8.	9.	10.
I.	1.	2.	3.	4.	5.	6.	7.		9.	10.
II.		12.	13.		15.	16.		18.	19.	20.
III.		22.		24.	25.	26.		28.	29.	
IV.		32.		34.		36.		38.	39.	

Somit sind es also, wie diese Aufstellung ergiebt, siebenundzwanzig oder fast drei Viertel der achtunddreissig Oden des Buches, welche noch heute in dieser Ordnung stehen, ein Resultat, welches ohne jeden Zwang, ohne jede willkürliche Massregel und ohne dass irgend eine Umstellung vorgenommen wäre, nur dadurch sich ganz von selbst ergeben hat, dass wir in der Zehnerreihe die Oden einfach an die Stelle hingestellt, resp. an der Stelle haben stehen lassen, wo sie der Tradition nach und nach der Ziffer ihres Metrums stehen. Nur unter vielen Millionen Malen könnte nach mässiger Schätzung, die sich ja mit bestimmten Faktoren mathematisch genau berechnen lässt, der Zufall diese Form der Wiederkehr der gleichen Metra an der gleichen Stelle herbeigeführt haben und die Arithmetik gestattet höchstens etwa vier Zahlen, nicht aber siebenundzwanzig, an der ihnen in der Zehnerreihe gebührenden Stelle zu vermuten; ein Spiel des Zufalls ist also in jedem Sinne ausgeschlossen. Dabei wurde zum Nachteile für die Berechnung die achtundzwanzigste Ode nicht mitaufgeführt, obwohl es doch, wie erwähnt, möglich wäre, — allerdings auch nicht mehr als dies — dass die Langzeilihres Metrums der Langzeile des elften und achtzehnten Gedichtes am Schlusse je einer Dekade entsprechen und den Schluss der dritten Dekade bilden sollte. Das Ergebnis dürfte genügen, um folgende Sätze aufstellen zu können:

Wir besitzen das erste Buch der Oden des Horaz nicht mehr in der Ordnung erster Hand, sondern in gestörter Folge.

Die der gegenwärtigen vorausgehende war eine dekadische Ordnung, eine Ordnung nach dem Metrum.

Ist dies der Fall, so sind wir berechtigt, nach den Ursachen der Störung zu forschen (vgl. Bd. II). berechtigt den Versuch zu machen, die frühere Ordnung des ersten Buches in vier nach dem Metrum geordneten Dekaden wiederherzustellen; wir dürfen aber auch fragen, ob selbst für diese frühere Zusammenstellung die Hand des Dichters selbst sich voraussetzen lässt; wir dürfen dann prüfen, ob nicht auch in andern Büchern die gleiche oder eine ähnliche Ordnung vorhanden gewesen, ob nicht auch in ihnen die gleichen oder ähnliche Störungen vorgekommen sind.

Ehe wir aber diesen Abschnitt schliessen, mögen noch einmal alle Gedichte des ersten Buches in einer Tabelle derart vorgeführt werden, dass erstens die korrespondierenden, ebenso die alleinstehenden Metra der ersten und vierten Ode und die zwar in je einer Hälfte des Buches vereinzelt, aber unter sich doch der Korrespondenz fähigen Versmasse der siebenten und der achtundzwanzigsten Ode durch den Druck hervorgehoben werden, die nicht in Übereinstimmung stehenden aber und darum auch das achte zurücktreten, und dass zweitens gleichzeitig die Ziffer des Metrums und die fortlaufende traditionelle Nummer jedes Liedes nebeneinander stehen, so dass wir alles in einem Bilde vereint sehen und mit einem Blicke zu überschauen, insbesondere auch die bezügliche Stellung jedes einzelnen Gedichtes sofort zu erkennen

4

vermögen. Zugleich beachten wir, dass die vierte Kolumne der dritten und vierten Dekade mit der der ersten und zweiten nie in Übereinstimmung wird gebracht werden können, da hierzu Gedichte in dem vierten Metrum der ersten Dekade *(Solvitur acris hiems)* fehlen würden. Wir übersehen ferner nicht, dass, sobald wir das Metrum von 1, 28 (Alcmanium, 7) in Kolumne 7 einstellen wollten, was später geschehen wird, zu dem neunten Metrum (Alcaicum) der sechsundzwanzigsten undsieben-undzwanzigsten Ode das gleichartige Metrum der neunundzwanzigsten Ode hinzutritt und dass diesem dann das Metrum der siebenunddreissigsten entsprechen würde.

Wir nehmen deshalb schon jetzt die neunundzwanzigste Ode in die dritte Horizontale hinüber und da dann die beiden letzten Dekaden in der vierten und dreizehnten Kolumne, trotz aller Übereinstimmung mit den ersten beiden Dekaden, doch auch eine gewisse Selbständigkeit denselben gegenüber verraten, so führen wir fortan zwischen der ersten und zweiten Hälfte des Buches, zwischen den beiden ersten und den letzten beiden Dekaden, eine stärkere Linie hindurch. Die so entstehende Tabelle XII ist nicht sowohl zunächst dazu bestimmt, einen Fortschritt in der Ent-wicklung zu verzeichnen, obwohl ein solcher in Kolumne 13 gefunden werden kann, als vielmehr dazu, den Ausgangspunkt für alle weiteren Forschungen, gegenwärtige wie etwaige künftige, zu bilden.

Tabelle XII.

1.			8.		9.		10.	11.	12.	13.	14.
I. 1. 2. 3.	4. 5.	6. 7.		9.		10.					
1. 2. 3.	4. 5.	6. 7.	8. 8. 9.		11.						
II. 2. 3.	5.	6.		9. 9.		10.					
12. 13.	14.	15.		16. 17.		18.					
III. 2.	2. 5.	6.		9. 9.			7.		9.		
20.	22. 23.	24.		26. 27.			28.		29.		
IV. 2.	2.	6.	9. 9.						9.		
30.	32.	33.	34. 35.						37.		

Die Wiederherstellung der Ordnung des ersten Buches.

— δίκαιον ἐκπληρῶν —

Soph. El. 708.

Man muss Tabelle VII anschauen, um zu bekennen, dass nicht ein Zufall hier sein neckisches Spiel treibt, dass ein Irrtum in unseren Resultaten, die wir der Tabelle entnahmen, nicht möglich, dass ein Widerspruch unthunlich ist; man muss dagegen wieder zu Tabelle I—III zurückkehren, um zu begreifen, wie es möglich gewesen ist, dass eine, gegenwärtig in so greifbarer Gestalt offen daliegende Thatsache sich dem Blicke von tausend und aber tausend Forschern länger als vielleicht fünfzehn Jahrhunderte hindurch hat entziehen können.

Natürlich hätte ja den Lesern schon beim Beginne dieser Untersuchungen die fertige Tabelle XI vorgelegt werden können. Der in ihr nunmehr aufgedeckte Thatbestand dürfte aber so unerwartet sein, dass dann wohl notwendig jedermann zweifelnd gefragt hätte, ob dem auch wirklich so ist, ob nicht ein Irrtum obwalte oder Künstelei im Spiele sei, und wie denn plötzlich diese Entdeckungen in einem Buche gemacht sein können, welches täglich und stündlich in der ganzen gebildeten Welt von unzähligen Augen Blatt um Blatt durchmustert wird. Der Leser ist deshalb denselben Weg geführt worden, welchen die Entdeckung selbst gegangen ist in der sicheren Erwartung, dass die eigene Durchmessung des Pfades, der zur Entdeckung des, wie es fast schon scheinen wollte, ewigen Geheimnisses leitete, zugleich auch die Überzeugung von der Richtigkeit der gewonnenen Ergebnisse begründen und das Hineinleben in die neuen, für die Wissenschaft hoffentlich folgenreichen Thatsachen fördern werde.

Wenn es nunmehr gestattet sein sollte, als im höchsten Grade wahrscheinlich anzunehmen, dass einst nicht achtunddreissig, sondern vierzig Oden den Körper des ersten Buches gebildet haben, so dürfte es wohl an der Zeit sein, den Bestand zu prüfen, aus welchem die vier Dekaden sich ehedem zusammensetzten. Vergleicht man die auf Seite 7 und 8 gemachte Aufstellung, so stellt sich folgender Vorrat heraus. Es finden sich Oden von dem

1.	Systema	Asclepiadeum primum (1.)	1
2.	„	Sapphicum prius (2. 10. 12. 20. 22. 25. 30. 32. 38.)	9
3.	„	Asclepiadeum tertium (3. 13. 19. 36.)	4
4.	„	Archilochium quartum (4.)	1
5.	„	Asclepiadeum quintum (5. 14. 21. 23.)	4
6.	„	Asclepiadeum quartum (6. 15. 24. 33.)	4
7.	„	Alcmanium (7. 28.)	2
8.	„	Sapphicum alterum (8.)	1
9.	„	Alcaicum (9. 16. 17. 26. 27. 29. 31. 34. 35. 37.)	10
10.	„	Asclepiadeum secundum (11. 18.)	2
			38.

Es ergiebt sich uns aus dieser Zusammenstellung ein Fingerzeig für den Weg, welchen wir fernerhin einzuschlagen haben, um der Wiederherstellung einer früheren Ordnung nach dem Metrum nahe zu kommen. Es werden, dürfen wir mit der grössten Aussicht, damit das Richtige zu treffen, behaupten, je vier Oden im Asclepiadeum tertium, quintum und quartum die Kolumnen 3, 5 und 6 der Tabelle XI gefüllt haben; denn wir haben je vier Oden dieses Metrums.

Es werden weiter ausser den vier Gedichten sapphischen Systemes, welche noch jetzt in der zweiten Kolumne stehen und ausser den beiden Gedichten desselben Versmasses in der vierten Kolumne der beiden letzten Dekaden noch zwei Oden dieses Metrums eine fernere Kolumne eben dieser beiden letzten Dekaden besetzt haben, etwa die erste. Eine Ode sapphischen Metrums werden wir nicht unterbringen können, vielmehr wird sie, als über die durch 4 teilbare Summe hinausgehend, übrig bleiben. Von den zehn in alcäischem Versmasse geschriebenen Oden werden wir zunächst sieben in ihrer Stellung in der achten und neunten Kolumne belassen, zwei werden wir in die zehnte Kolumne dritter und vierter Dekade einstellen; eine Ode auch dieses Versmasses wird, wie der Augenschein lehrt und aus nabeliegendem Grunde folgt, sich als überzählig ergeben. Das siebente Metrum können wir aus der elften Kolumne der zweiten Hälfte des Buches, in der es jetzt steht, in die siebente Kolumne rücken, wie wir überhaupt den Vorrat mit der äussersten Vorsicht nur derart verteilen, dass wir in der zweiten Hälfte des Buches belassen, was jetzt in der zweiten Hälfte steht.

Wir reproduzieren hiernach zunächst Tabelle VII.

Tabelle VII.

	1.	2.	3.	4.		6.		8.	9.		12.	11.	13.	13.
I.	1.	2.	3.	4.	5.	6.	7.		9.		10			
II.		2.	3.		5.	6.		9.	9.		10.			
III.		2.		2.	5.	6.		9.	9.		7.			
IV.		2.		2.		6.		9.	9.					

um ihr nach dem Vorhergesagten folgendes Aussehen zu geben:

Tabelle XIII.

	1.			4.			5.			4.
I.	1.	2.	3.	4.	5.	6.	7.		9.	10.
II.		2.	3.		5.	6.			9.	9.	10.
III.	2.	2.	3.	2.	5.	6.	7.	9.	9.	9.
IV.	2.	2.	3.	2.	5.	6.		9.	9.	9.

Das Bild ist leider kein vollständiges; ausser der zehnten und etwa der neun-undzwanzigsten, den beiden Gedichten sapphischen und alcäischen Versmasses, welche sich als überzählig ergaben und deshalb zur Seite gestellt sind, bleiben die Oden 1, 4, 7 und 28, die letzteren wenigstens in der Hälfte des Buches, welcher sie zugehören, ohne ein Seitenstück, und es sind somit vier Lücken unter denselben entstanden. Es gilt den Sachverhalt näher zu untersuchen; wir erkundigen uns zuvörderst nach dem Renommee der vier Oden, welche die auffällige Erscheinung, diese Lücken, herbeiführen.

Die heutigen Ausgaben geben uns in dem ersten Buche des Horaz nur eine Ode im ersten asclepiadeischen, nur eine im archilochischen, nur zwei im alemanischen Versmasse, Ode 1, 4, 7 und 28. Die erste derselben und die beiden letzteren sind diejenigen unter allen horazischen Gedichten, über welche die heftigsten Kontroversen entbrannt, an denen viele bedeutendere Gelehrte nicht vorübergegangen sind, ohne ihr Urteil abzugeben, an die sich eine grosse Zahl weniger Berufener herangedrängt hat, um Gesagtes zu wiederholen oder besser ungesagt Gebliebenes dennoch vorzubringen. So hat denn, darf man behaupten, von den ersten Erklärern an bis auf die neueste Zeit der Streit nicht geruht, und wenn das grosse Publikum der Gelehrtenwelt sich heute für diese Fragen garnicht oder im besten Falle doch nur sehr wenig mehr zu interessieren scheint, wenn gerade die berufensten Kritiker gegenwärtig sich am wenigsten veranlasst fühlen, sie wieder aufzunehmen, so geschieht dies nicht, weil die Frage entschieden, weil die Anhänger der einen Richtung besiegt und zum Schweigen gebracht worden, sondern weil für den Augenblick die bisher zu Gebote stehenden Mittel erschöpft, weil weder Gelehrsamkeit noch Divination imstande gewesen sind, für die von ihnen vorgebrachten, den Knoten wirklich lösenden, aber damit auch das Ansehen der Handschriften und der auf ihnen beruhenden Tradition vernichtenden Ansichten und Vorschläge auch Gründe und Beweise so objektiven Charakters und so unwidersprechlicher Natur beizubringen, dass sie auf diese Weise zugleich einen Boden geschaffen, auf welchem man fortan hätte stehen können, einen festen Grund von sicheren Thatsachen, welchem gegenüber endlich einmal die Tradition als das unsicherere, die Forschung und Wissenschaft als das zuverlässigere Element erwiesen worden wäre, nicht umgekehrt. Es gilt das, was die letzteren bisher auf diesem Gebiete zu Tage gefördert haben, nunmehr noch einmal zu durchmustern und zu fragen, was sich davon als mit eben diesen neuen Thatsachen, wie sie uns in Tabelle 11 und 12 vorliegen, in Übereinstimmung stehend, was sich als ihnen widersprechend erweist, und hiernach eine neue Entscheidung zu treffen. Wir wenden uns zuerst zu der siebenten Ode des ersten Buches und soll zur Bequemlichkeit des Lesers hier wie später der Text des Gedichtes der Untersuchung vorangehen.

CARM. I, 7.

„Nullum prope carmen Horatianum violentius hoc nostro tractatum est ab interpretibus."

Jani.

Laudabunt alii claram Rhodon, aut Mytilenen,
  aut Ephesum, bimarisve Corinthi
moenia, vel Baccho Thebas vel Apolline Delphos
  insignis, aut Thessala Tempe;

sunt quibus unum opus est, intactae Palladis urbem
  carmine perpetuo celebrare et
undique decerptam fronti praeponere olivam;
  plurimus in Iunonis honorem

aptum dicet equis Argos ditisque Mycenas;
  me nec tam patiens Lacedaemon
nec tam Larisae percussit campus opimae,
  quam domus Albuneae resonantis

et praeceps Anio ac Tiburni lucus et uda
  mobilibus pomaria rivis.
Albus ut obscuro deterget nubila caelo
  saepe Notus, nec parturit imbres

perpetuo, sic tu sapiens finire memento
  tristitiam vitaeque labores
molli, Plance, mero, seu te fulgentia signis
  castra tenent seu densa tenebit

Tiburis umbra tui. Teucer Salamina patremque
  cum fugeret, tamen uda Lyaeo
tempora populea fertur vinxisse corona,
  sic tristis adfatus amicos:

'quo nos cumque feret melior fortuna parente,
  ibimus, o socii comitesque!
nil desperandum Teucro duce et auspice Teucri:
  certus enim promisit Apollo,

ambiguam tellure nova Salamina futuram.
  o fortes peioraque passi
mecum saepe viri, nunc vino pellite curas;
  cras ingens iterabimus aequor'.

„At enim vero nulla criticos plus offendit digressio nec, si fatendum, quod res est, ulla est liberior atque insolentior, quam quae earum, I, 7 occurrit."

Wideburg.

Unter den achtunddreissig Oden des ersten Buches trägt die siebente unzweifelhaft in der Gestalt, in welcher sie uns überliefert ist, die Bestimmung in sich, ein einheitliches Gedicht von zweiunddreissig Versen zu bilden. Die Gründe, welche dies erweisen, sind, wie die Umstände zur Zeit liegen, geradezu zwingender Natur. Wenn von einhundert und vier Oden sich einhundert und drei als durch 4 teilbar erweisen, so darf man füglich die Frage, wie die einzige Ausnahme (IV. 8) zu erklären sei, einstweilen auf sich beruhen lassen und bis dahin, wo sie ausreichend beantwortet sein wird, von einem starken Gesetze sprechen, welches nicht gestattet, ohne dass der Nachweis der Berechtigung geführt worden wäre, eines jener hundert und drei Gedichte in zwei durch 4 nicht teilbare Lieder von vierzehn und achtzehn Versen zu zerlegen. Nicht dies allein; sondern das in Rede stehende Gedicht zählt auch gerade zweiunddreissig Verse, eine Zahl, welche bei Horaz durchaus nicht selten wiederkehrt und sich auch in anderen Gedichten zu einer in sich abgeschlossenen Einheit zu runden scheint. Und wenn oben der erste Teil des Gedichtes zweifellos in dem Gedanken gipfelt, dass kein Ort durch seine Anmut den Dichter in gleichem Masse entzückt wie Tibur, so ist es gerade Tibur, auf welches dieser in dem zweiten Teile den Angeredeten hinweist. Tibur, welches Plancus, wenn er einst aus dem Lager dorthin wird zurückgekehrt sein — *teneat* *tenebit* — hindern soll, sich trüben Gedanken hinzugeben. Auch könnte man vermuten, dass, wie einst Teucer von seinem Vater verstossen, auf Salamis, so jetzt aus guten Gründen auch Plancus im Lager von Kummer erfüllt gewesen, dass er gleich Teucer und seinen Genossen, gleich jedem einer neuen Heimat und ungewissen Zukunft Entgegengehenden, auch seinem künftigen Aufenthalte in Tibur, der wohl immer nur die Folge von bedeutsamen Schicksalswendungen gewesen wäre, voll Besorgnis und auf die Erfüllung grosser Hoffnung verzichtend entgegensah, dass somit gerade die Aussicht auf die Reize Tiburs und dessen Vorzüge vor allen andern durch ihre hervorragenden Eigenschaften ausgezeichneten Orten es seien, durch welche der Dichter den Freund schon jetzt im Lager aufrichten wolle, wie einst Teucer seine Genossen durch die Hoffnung auf die ihm von Apollo verheissene, nachmals zu einer grossen, reichen und machtvollen Stadt erblühten neuen Heimat zu ermuntern gesucht habe, dass somit die Einheit des Gedichtes sich nicht etwa nur an einem einzelnen schwachen Faden nachweisen lasse, sondern dass sie vielmehr deutlich wahrnehmbar in allen Teilen des Gedichtes bestehe, dass ein einziger einheitlicher Gedanke mit kräftigem Pulsschlage sich in jedem Gliede des organischen Ganzen fühlbar mache.

Zu dieser Darstellung, welche eben dann notwendig wird, wenn es gilt, die traditionelle Zusammenfassung beider Teile des Gedichtes in eines als berechtigt zu erweisen, kommen noch die vielen andern Gründe hinzu, welche von Acro an bis auf die neueste Zeit hin von den Verfechtern der Einheit der Ode mit mehr oder weniger Anspruch auf Zulässigkeit vorgetragen worden sind.

Bentley, Mitscherlich, Jani, G. Hermann, Düntzer, Lübker, Orelli, Meineke, Hoegg, Keller, Weinhold u. a. weichen im allgemeinen wohl nicht viel von Cruquius ab, welcher, allerdings ohne die Notwendigkeit zu betonen, dass in der doppelten Erwähnung Tiburs der eine Angelpunkt erkannt werden muss, in welchem sich die beiden Flügel des Gedichtes bewegen, sagt: *Plane – desperationem cognoscens poeta eam solatur amice, ut animum servet in omnem eventum fortem, integrum et inconcussum domi bellique.* Auch Schütz schliesst sich in seiner Ausgabe des Horaz (1874) diesem Urteile im allgemeinen an. Andere Ausleger greifen zu besonderen Erklärungen, indem sie besondere Gründe zur Beseitigung der Schwierigkeiten des Gedichtes, wenn es als ein einheitliches angesehen werden soll, annehmen oder gerade diejenigen Mängel des Gedichtes, in welchem das unmittelbare und natürliche Gefühl des Lesers die Hindernisse der Einheit empfindet, als Schönheiten desselben preisen und gerade ihnen die Beweise für die Einheitlichkeit der Ode entnehmen.

Der Anstoss, den man an dem plötzlichen und unvermittelten Eintreten des *Albus ut obscuro* d. genommen hat, datiert von den ältesten Zeiten und Handschriften und schon die Erklärer des Altertums haben ihn zum Ausdruck gebracht. Seit dem Erwachen der Kritik aber versuchte man um so mehr über den Sachverhalt sich klar zu werden und die befremdliche Erscheinung zu rechtfertigen, als nach dem Vorgange einiger älterer Drucke es immer mehr Gewohnheit geworden war, 1, 7[a] und 7[a] im Widerspruche gegen viele und gute Handschriften ohne jede Spur einer Teilung abzudrucken, und seit Dacier die Integrität des Gedichtes in Zweifel gezogen und

Sanadon es wieder geteilt, da fühlte man sich veranlasst, zu der Frage Stellung zu nehmen und für welche Anordnung immer man sich entschied, diese zu begründen. Da sagt denn Klotz: *Altera pars ambiciae in scribendo carmine lyrica est, quod poeta saepe propositum rem relinquere videtur; de rebus, quae ad argumentum non pertinent, multa verba facit; longius evagatur, descriptiones et imagines conjunctas quidem aliquo modo cum materia, sed non necessarias, intexit. Exemplis rem illustrabimus.* Es folgt eine grosse Zahl von Beispielen, von denen nur 1, 9, 13 ausgeführt wird. Dann heisst es: *Porro, quando animus poetae inflammatus est, incredibile est, quot res simul in mentem veniant. — — (Horatius) igitur ab aliqua re ad aliam tam celeriter transit, nulla ut inter sententias conjunctio esse videatur. Quam tamen, si recte attendimus, facile invenimus. Videtur poeta propositam rem relinquere velle et novam carmen ordiri. At si accuratius rem tecum consideres, optimus ordo, nempe talis ordo, qui in inflammati potest poetae animum cadere, adest. Sic I, 7 postquam varias urbes, memoraverat, easque dixerat aliis, non sibi placere, addit tandem, nullam sibi locum magis arridere, quam villam Tiburtinam. — — Nunc vero en saltum poetae! Albus ut obscuro et. Nulla videtur esse hujus sententiae cum praecedenti conjunctio, atque etiam novum hic carmen quidem incipiunt. Verum omnia bene cohaerent.* (Es folgt der bekannte angebliche Zusammenhang.) *Hic quidem est ordo sententia, um, quem secuturus fuisset Horatius, si epistolam scripsisset aut orationem. Verum lyricus poeta has leges rejicit liberiusque exsultat.*

Hatte Klotz also 1, 7 dasjenige, woran wir Anstoss nehmen, als ein Muster glücklicher dichterischer Kühnheit aufgestellt, so erwies es Degen (1774) gar als ein *„specimen urbanitatis Horatianae."* *„Quanam vi captans poeta ad mentem sensa intelligentium debuit Plancus? An ab initio quidem per ambages, et tandem aperte id fecit, ac maiori, quam instaret, cura, prope-antibus adfecerat? Fecisset vero, nisi cum tristi eoque polito carde egisset. Temeram ac caute consilium profers? Id quidem de Horatio, uvais vere urbanitatis exemplo, exspectari non potest. Sapientia itaque e disticui cum summa urbanitate exorta ex eo nascitur elicet, quod Plancum eleganter, proe-terque opiniorem in medias res duxit, villaque Tiburtina prae Mytileae, Rhodaque, aliorum exoduin domiciliis laudatis, celeqia ita exposuit, ut callidus atque eruditus Plancus Horatii mentem facili coniectura adsequi posset."*

Ganz besonders fühlte man sich veranlasst, für die Unteilbarkeit von 1, 7 einzutreten, als Home in seinen *Elements of Criticism* gerade an dem oft befremdenden Gedankengange der Gedichte des Horaz, insbesondere auch an dem von 1, 7 Anstoss genommen und den Dichter unumwunden getadelt hatte. Ch. Lange (Wunsiedel-Erlangen 1767) macht die Verteidigung des letzteren gegen ihn deshalb zu dem Gegenstand seiner Promotionsschrift. Aber er kann für 1, 7 nur Klotz anführen und auf Home selbst verweisen, der T. 1, 4 und 6 sage, dass jede Darstellung eines bedeutenden Gegenstandes den Dichter kräftig errege und dass nur Unerwartetes, Unvorhergesehenes den Leser ergötze — als wenn beide Wahrheiten ausreichten, etwas ästhetisch Unschönes oder eine logische Ungereimtheit zu entschuldigen. Zehn Jahre später disserierte Wiedeburg in Jena und machte sich ebenfalls unter anderm auch die Verteidigung der Einheit von I, 7 zur besonderen Aufgabe. Er giebt zu, dass keine Digression im Horaz kühner und befremdender sei als die in I, 7 von Vers 15 an (Vgl. oben S. 28). *Tam diversa est a partis anterioris argumento pars posterior, ut novum plane carmen videatur, neque mutuum, quod inter utramque partem intercedit vinculum, nisi multa cum diligentia et disquisitione subtili detegatur. Postquam complures urbes commemoraverat easque dixerat alias aliis placere, addit tandem, sibi villam Tiburtinam omnium locorum gratissimam amoenissimamque esse. Nunc vero subsultim pergit: „Albus ut obscuro deterget nubila caelo saepe Notus, — sic tu finire memento tristitiam vitaeque labores Molli, Plance, mero, —" Monet, hac sapientia utique uti: „seu te fulgentia signis castra tenent: seu densa tenebit Tiburis umbra tui" est. Eu! igitur liberrimam ac salto adeo incipientem. Quod etiam non nullos induxit, ut adeo omnino diriderent et a salto illo V. 15 novum carmen inciperent.* Aber, wendet er dagegen ein, es sei leichtsinnig, eine solche Abänderung ohne handschriftliche Autorität vorzunehmen. Nun versicherten zwar Scaliger und Heinsius bezügliche Manuscripte gesehen zu haben; aber sie sagten ja nicht wie viele, und eine oder ein paar Handschriften leisteten keine Gewähr, da ja die lästige Gepflogenheit der Alten, mit der sie sich an schwierigen, ihnen unverständlichen Stellen durch willkürliche Abänderungen geholfen, hinlänglich bekannt sei; so sei auch hier wohl eine an den Rand geschriebene neue Überschrift (*Exhortatio ad lenociendum ad Plancum*) durch einen unvorsichtigen Abschreiber in den Text aufgenommen und dadurch die Teilung der Ode entstanden. Noch einmal giebt er zu, dass doch ein Gedankensprung der kühnsten Art vorliege und dass das Band, welches beide Teile verbinde, ein so zartes sei, dass es dem Auge selbst des scharfsichtigsten Lesers entgehen könne. Aber, fährt er fort, nicht das sei die Absicht des Dichters, die berühmtesten Städte, deren einige sich durch diesen, andere durch jenen Vorzug auszeichneten, aufzuführen, vielmehr ermahne er Plancus, der vielleicht der steten Anstrengungen des Bürgerkrieges überdrüssig und bereits der Ruhe seines Tibur bedürftig sei, *„ut, quo fata ducant, sorte contentus vivat laboramque villaeque suae beneficia addiscatur. Quod urbes vero commemorat, quarum aliae aliis prae ceteris omnibus arriserint, hoc ita accipe, ut poeta non improbet, Plancum villam suam amoenissimam quibuslibet aliis locis praeferre, suadeat vero ut temporum conditioni rebus amorem suum desideriumque deponat."* Wie es mit der handschriftlichen Autorität steht, werden wir unten erörtern. Hier ist nur auf den zweiten Einwand zu erwidern, dass gerade er auf den vorliegenden Text nicht allein sich nicht begründen lässt, sondern dass dieser ihm vielmehr geradezu widerspricht. Denn der Dichter würde durch ihn dem Freunde nicht entgegen-, sondern vielmehr beitreten, weil er ja ganz Plancus Ansicht teilt, dass Tibur allen andern

Orten vorzuziehen sei. Und davon, dass der Dichter sich für oder gegen einen Ort erklärt oder Plancus rät, seine Vorliebe für, oder ein Vorurteil gegen einen bestimmten Aufenthaltsort aufzugeben, findet sich in dem zweiten Teile des Gedichtes auch nicht die allerleiseste Spur; vielmehr wendet sich der Dichter nur gegen die Möglichkeit, Plancus könnte sich andauerndem Trübsinne hingeben.

Nitsch sagt: Nachdem Horaz die Vorzüge der griechischen Städte mit denen des reizenden Tibur verglichen hat, rät er seinem Freunde, diese Gegend, wo er eine Villa hatte, zu seinem Ruheplatze zu erwählen und hier die Sorgen mit Wein zu ersticken und kommt so seiner Hauptabsicht, ihm den Entschluss des Asinius zur Nachahmung anzupreisen, näher. Der Teucer ist Ahenobarbus. — Nach dieser Entwickelung wird dann diese Ode zu einem der frühen Meisterstücke (?) des Horaz, wo jedoch dem Beobachter jugendlicher Überfluss und Mangel an der nachher den Dichter so sehr empfehlenden Wahl nicht ganz entgehen. Ähnlich vermuten Baxter und andere. Auch Eckermann (Danzig-Berlin 1813) verlegt das Gedicht in die Zeit nach der Eroberung von Perusia. Nach seiner Meinung soll aber Plancus, jeder Hoffnung beraubt, in Italien die Verhältnisse sich nach seinen Wünschen gestalten zu sehen, Horaz aufgefordert haben, seinem Vorhaben, nach Griechenland auszuwandern, sich anzuschliessen. Horaz jedoch habe damals gerade auf die Unternehmungen des Asinius Pollio und Ahenobarbus seine Hoffnung gesetzt und ermuntere nun auch Plancus zu bleiben und gutes Mutes zu sein. *„Illus autem Notus, qui obscura saepe caelo nubila detegit, certus est, qua secundante Domitii Ahenobarbi opus habebat magna triremium classis, cujus adventum Brundisii Pollio exspectabat."* Ritter denkt wie Grotefend (1847) und Breitenbach an den jüngeren Plancus, ebenso Campe, der die Ode in das Jahr 19 verlegen will unter der Voraussetzung, dass Plancus, der Altersgenosse des Tiberius, sich damals in dem Lager des letzteren im Orient befand (I Epist. 3), eine Vermutung, welcher Meister eine eingehendere Widerlegung widmet. Reifferscheidt und Bücheler erinnern, um den auffallenden Übergang von Tibur auf Teucer zu erklären, daran, dass Plancus nach Lagdunum und Raurica Kolonieen geführt hat; Orelli nimmt an, Augustus habe den Wunsch geäussert, Horaz möge Plancus zum Verbleiben zu bestimmen suchen; K. Passows Ansicht (1833) war, Horaz habe Plancus seinen Wankelmut vorwerfen, ihn eines Besseren belehren, und von dem Schmerze über den Untergang der Republik heilen wollen; Fürstenau (1838), der die Abfassung des Gedichtes, von Passow und Kirchner abweichend, in das Jahr 20-19 v. Chr. setzt, weil Augustus noch wenige Jahre vorher Plancus zum Censor gemacht (Dio Cass. LIV 2, Vellejus Paterc. II, 95), wendet sich mit Recht gegen diese Ansicht; denn Plancus stand ja in der Schlacht bei Philippi gegen die republikanische Partei.

Einen gewichtigen Grund für die Erhaltung der Einheit beider Teile des Gedichtes bringt Christ bei. Er macht geltend, dass jede der ersten neun Oden ein neues Versmass habe, offenbar im Gegensatze gegen die ersten zehn in gleichem Versmasse geschriebenen Epoden; so verbiete es sich von selbst, an eine Verdoppelung des Versmasses von I, 7 durch Teilung der Ode zu denken. Allseitig wird auch erinnert, dass das Lachmannsche Gesetz der Teilbarkeit der Oden durch 4 durch die Zerlegung von I, 7 neben der Ausnahme, welche schon IV, 8 bildet, einen zweiten, so bedenklichen Widerspruch erfahren würde, dass man auch darum schon auf der Einheit derselben bestehen müsse.

Dazu kommen noch Gründe anderer Natur, nämlich die handschriftliche Überlieferung. Keller notiert 1864 als Zeugen für die Einheit: *Expos. metr. Porphyr. Diomed. Victorin.*; 1878: *opp. a r C. D. R. Porph. Acr. expositio metrica Diomedes Victorinus Servius de metris Horatianis*, und in seinen Epilegomenen bemerkt er dazu, Vers 1—14 als besonderes Gedicht würde ganz ohne Bezeichnung der Person sein, was gegen den regelmässigen Gebrauch des Horaz ist; schliesslich nimmt er auf den Aufsatz von Schenkl (1878) Bezug. Wenngleich letzterer im Eingange seiner Untersuchung es ablehnt, auf die Frage nach der Einheit des Gedichtes einzugehen, gipfelt dieselbe dennoch in dem Nachweise, „dass das Gedicht, „richtig" (Keller) aufgefasst, als ein vollkommen abgeschlossenes, wohlgerundetes Ganzes erscheint und durchaus nicht den Tadel verdient, den es so oft ungerechter Weise erfahren hat." Schenkl fasst die Ode als ein Antwortschreiben auf, an Plancus gerichtet zu einer Zeit, wo er zwar, im Auftrage des Antonius mit Rüstungen beschäftigt, sich noch im Lager befand, aber doch schon die Unhaltbarkeit der Verhältnisse in Ägypten voraussehend, in Misshelligkeiten mit letzterem geraten war, also jedenfalls vor dem Jahre 32. In dieser Sachlage fänden dann sowohl die *castra fulgentia signis*, als auch *tristitia* und *ritae labores* ihre leichte Deutung. Nun gebe der Dichter seinem Freunde nicht bloss ein Mittel, wie er seinen Schmerz für Augenblicke zur Ruhe bringen könne, sondern er deute ihm auch verständlich genug an, was er unter den obwaltenden Verhältnissen thun müsse. Es geschehe dies erstlich durch die Worte: *seu densa tenebit Tiburis umbra tui*, welche die Hoffnung aussprächen, den Freund bald auf italischem Boden begrüssen zu können; dann sei derselbe Rat auch in dem ἀπόφθεγμα des Teucer angedeutet: Plancus solle nur Antonius und dessen Machtstellung entschlossen verlassen, ebenso wie einst Teucer mutig in die Weite hinaus gesteuert sei, um sich eine neue Heimat zu gründen. — Der Zusammenhang der beiden Teile werde durch die Worte *Me . . . . Tiburni lucus* im ersten und *Tiburis umbra tui* im zweiten vermittelt; wie jene Vergleichung Tiburs mit andern Landschaften das Lob Tiburs verdeutliche, so diene das Paradeigma im zweiten Teile zur Illustration des gegebenen Rates.

— 35 —

Die Voraussetzungen für das Gedicht als einheitliches gedacht, lassen sich wohl schwerlich günstiger zurecht legen, es müsste denn sein, dass man den Preis des nicht bloss Plancus, sondern hier auch dem Dichter so teuern Tibur vor dem Jahre 32 in seinen Motiven nicht durchsichtig genug begründet finden wollte. Aber dass nun durch diese historischen Erörterungen die eigentliche Schwierigkeit des Gedichtes überwunden sei, dass man nämlich die beiden Teile des Gedichtes, welche sich der unmittelbaren Empfindung als zwei dichterisch selbständige Ganze aufdrängen, nun als ein durch innere Einheit verbundenes, wohlgerundetes Ganzes empfinde, weder giebt das Gefühl für echte Dichtung dies zu, noch ist ersichtlich, wie überhaupt eben dieses ästhetische Empfinden durch historische oder logische Auseinandersetzungen und durch den Nachweis einer pragmatischen Idee des Gedichtes irgendwie eines Besseren belehrt werden könne. Im Gegenteile widerspricht von vornherein die Voraussetzung einer solchen deducierenden und auf äussere Zwecke gerichteten Verstandesthätigkeit dem innersten Wesen der Poesie, und zwei Gedichte, von denen das eine die Schönheit einer Landschaft preist, das andere zum Frohsinn und Mut auch in Drangsalen auffordert, verlieren ihren wohlberechtigten Anspruch auf den Namen von Gedichten, sie hören auf dem Dichter Ehre zu machen, wenn sie, mühsam vereint, die Aufgabe der Prosa übernehmen, sich diplomatischen Zwecken dienstbar machen sollen. Ein poetisch Schönes muss sich unvermittelt durch sich selbst erklären, es muss seine dichterische Einheit vor allem unmittelbar empfinden lassen. Wenn diese poetische Nachempfindung dessen, was der Dichter gefühlt hat, nicht durch die der dichterischen Schöpfung eigentümliche Idee und durch die der Form, in welcher sie ihren Ausdruck gefunden, eigentümliche Wirkung zu stande kommt, wenn umgekehrt sie vielmehr eben durch die Form des Gedichtes gehindert wird und jene seine ursprüngliche Idee nicht sofort sich selbst uns zu erkennen giebt, dann lässt sie sich zwar als möglich, als denkbar, aber nimmermehr als auch in unserm Innern wirklich vorhanden nachweisen, und ebensowenig wie alle Künste der Beredsamkeit uns einen Gegenstand als schön zu erweisen vermögen, wenn wir ihn innerlich nicht auch als schön empfinden, ebensowenig lassen die besten logischen Gründe oder antiquarischen Erörterungen für unser Gefühl die Einheit eines Gedichtes entstehen, wenn es in seinem ganzen Organismus nicht unmittelbar als solches empfunden wird. Kein Dichter ist so elend, dass er den Gedanken: Komm hierher, hier findest du Ruhe für dein von Sorgen gequältes Herz! nicht sollte in einem einheitlichen Gedichte so ausführen können, dass es nicht aus zwei sich deutlich von einander abhebenden, für die unmittelbare Empfindung durch einen Spalt getrennten, sich widerstrebenden Teilen bestände. Diese beiden Teile bleiben auch hier unter allen Umständen bestehen, und wenn der Verstand die Kluft überbrückt und ein Begriff (Tibur — nicht etwa ein ausgesprochener Gedanke —) sie an irgend einer Stelle in Verbindung setzt, so

6*

mag das wohl ein zweckmässiges Raisonnement, nimmermehr wird dies ein als voll und ganz zu empfindendes einheitliches Gedicht ergeben. Die Kluft bleibt, und das ist entscheidend; die Teile bleiben grammatisch und ästhetisch ein Asyndeton, und zwar ein solches, welches leicht durch jede beliebige andere Gestaltung des Gedankens als gerade die vorliegende vermieden werden konnte. Oder wäre es nicht zulässig und naheliegend gewesen, in umgekehrtem Gedankengange zu sagen: Sei gutes Mutes, Planens, wie Teucer, wo du auch weilen magst; die Verhältnisse werden bald sich wieder freundlicher gestalten; verlass jene Orte, in denen du doch nur auf Widerwärtigkeiten stösst, und komm hierher, in dein Tibur, das sie allesamt an Reizen übertrifft! Konnte dieser Gedanke nur so ausgedrückt werden, dass selbst ein glücklich beanlagter Dichter an der elementarsten Gestaltung des Gedankens scheitern musste?

Aber auch nicht einmal den Ansprüchen einer gesunden Logik genügt das Gedicht als Einheit gefasst. Denn es widerspricht geradezu den Gesetzen richtigen Denkens und Gedankenausdruckes, dass der Dichter in längerer Ausführung Tibur als den einzigen Ort seines Entzückens preisen soll, wenn er schliesslich dennoch frei giebt (*seu—seu*), dass man sich auch ebensogut anderswo glücklich fühlen könne; es verletzt ebenso die Gesetze des Schönen, dass die Aufmerksamkeit des Lesers in einem Grade, als sollte es der Mittelpunkt des Ganzen werden, für ein schliesslich dennoch nebensächliches Ornament erregt wird, welches jenen breiten Raum im Eingange nur beansprucht hat, um am Ausgange ganz wegzubleiben; es verstösst gegen beide Rücksichten zugleich, dass das Ende des Gedichtes zu seinem Anfange nicht passt, dass es weder zu dem Gedanken des Einganges zurückkehrt, noch auch sich sonst mit Rücksicht auf ihn künstlerisch rundet, und wenn ein griechisches Original vermutet ist (Jani), so mag dies für Teile des Gedichtes zutreffen (vgl. Garcke), aber vergeblich wird man die ganze griechische Litteratur, wird man alle Litteratur überhaupt durchmustern, um ein Vorbild nachzuweisen, welches beide Gedanken des Gedichtes in gleicher Weise in sich vereinigt.

Es ist darum eben durchaus zutreffend und gilt noch heute in jedem Buchstaben, was Home in seinen *Elements of Criticism* sagt: *Every work of art that is conformable to the natural course of our ideas, is so far agreeable. Hence it is required in every such work, that, like an organic system, its parts should be orderly arranged and mutually connected, bearing each of them a relation to the whole, some more intimate, some less, according to their destination: when due regard is had to these particulars, we have a sense of just composition and so far are pleased with the performance.* Und doch gewiss nicht bloss Zufall ist es, dass Home seine Behauptung, dass jedes Kunstwerk nur soweit uns gefalle, als es dem natürlichen Gange unserer Gedanken entspreche, dass er seine Forderung, in jedem Kunstwerke müssten wie in einem lebendigen Organismus alle Teile in rechtem Verhältnisse angelegt, innerlich wohlverbunden und jeder einzelne enger oder loser auf das Ganze bezogen sein, falls wir die Empfindung einer vollendeten Dichtung erhalten sollen, dass er diese Gesetze als verletzt gerade an Horaz I, 7 in erster Stelle exemplificiert. Er führt nämlich nach ein paar Worten über Homer und Pindar fort: *In Horace there is no fault more eminent than want of connexion: instances are without number. In the first fourteen lines of ode 7 lib. I he mentions several towns and districts, which by some were relished more than by others; in the remainder of the ode, Plancus is exhorted to drown his cares in wine.*

Trotzdem giebt es noch einen Einwand gegen die Zerlegung der Ode in zwei Gedichte, der so stark ist, dass er alle Gründe, die man dafür anführen könnte, über den Haufen werfen, in ein Nichts auflösen muss, so lange die Voraussetzungen bestehen, auf welchen er beruht — und das sind nicht weniger als alle Dogmen, welche für die Originalität der Gedichte des Horaz in ihrer Gesamtheit gelten. Es ist nämlich unmöglich, die engste Verwandtschaft zwischen unserer Ode in ihrer Ungeteiltheit und der elften Epistel zu leugnen.

Krüger hebt diesen Umstand nachdrücklich hervor und auf ihn bezugnehmend geht Knütgen (1882) der Parallele beider Gedichte im einzelnen nach. Beide verweisen, sagt er, die Einheit von I. 7 voraussetzend, von den auswärtigen, durch ihre Schönheit berühmten Orten, auf die Heimat, bezw. Rom, nur dass I. 7 jene Gegenden als noch nicht aufgesucht, Ep. I. 11 dieselben als schon bereist darstellt; beide Gedichte haben eine trübe Stimmung, dort des Plancus, hier des Dichters zur Voraussetzung; beide erklären den Gedanken an Auswanderung für durchaus unzeitig, beide raten in gleicher Weise davon ab, der Traurigkeit Raum zu geben; und dies führt Knütgen dann zu der Vermutung, dass der Name Bullatius nur durch Verschreibung an die Stelle von Munatius getreten, dass Ep. 11 eben auch an keinen andern als Munatius Plancus gerichtet sei, dieser Brief nach seinem Besuche jener Orte, Carm. I, 7 vor demselben.

Es hat ausserhalb der Zwecke Knütgens gelegen, die Verwandtschaft der beiden Gedichte im Wortvorrate und im Ausdrucke zu verfolgen. Fasst man auch diese ins Auge, beachtet man, wie *Tibi inus, Tiberis, Rhodus et Mitylene, Fortuna, fortunatum, curas, mœris, vacuum, campo, campestre, imber* in beiden Gedichten sich fast genau decken, andere Ausdrücke (*Notus — Auster, mœnia — urbes, ct.*) sich vertreten, so kann für den, der beide Gedichte genauer studiert, nicht der geringste Zweifel übrig bleiben, dass der Verfasser des zweiten Gedichtes, I Ep. 11, bei seiner Abfassung das erstere vor Augen gehabt haben muss; erwägt man aber ferner, dass nicht blos in einer grossen Zahl von Ausdrücken sich beide Gedichte begegnen, sondern dass, wie Carm. I, 7 Tibur, so auch Ep. 11 Rom den schönsten Orten des Orients gegenüberstellt, dass Ep. 11 im besonderen auch sogar ganz ebenso wie Carm. I, 7 nach der diesem Gedichte gemeinhin untergelegten Absicht

von der Auswanderung aus Italien abrät und diesen Rat in ausführlicher
Rede vorträgt, so kann wohl auch darüber kein Zweifel bestehen, dass der Verfasser
von Ep. 11 die siebente Ode als ein einheitliches Gedicht und zwar mit der Auslegung kannte, welche uns Acro und Porphyrio in dem heutigen Texte überliefern. Hiernach bleibt nach den geltenden Anschauungen nur eine einzige Möglichkeit übrig:
Ist Horaz der Verfasser von beiden Gedichten, und niemand bezweifelt das, so ist
auch I, 7 ein Gedicht; alle dagegen vorgebrachten und künftig vorzubringenden
Gründe sind dann hinfällig; was uns unwiderleglich erscheinen könnte, ist dann eitel
trügerischer Schein und die Ansicht, welche I, 7 für ein Gedicht erklärt, behält
recht. Allerdings, — aber wer darf es wagen, es auszusprechen — eine Möglichkeit
ist noch übrig, die, dass die bisher geltenden Voraussetzungen nicht zutreffen.
Denn so lange als Dogma gilt, jede der in unserer Sammlung unter dem Namen
des Horaz befindlichen Dichtungen, jeder Vers rühre auch wirklich von Horaz
her, — und in diesem Sinne spricht sich thatsächlich z. B. Munro in seiner Vorrede
aus — so lange wird auch Carm. I, 7 als ein Gedicht gelten müssen. Sollte aber
umgekehrt sich erweisen lassen, dass I, 7 nicht ein Gedicht ist, sondern aus zwei
selbständigen Gedichten besteht, dann allerdings wird auch, scheint es, die notwendige Folge sein, dass Ep. I, 11, wenigstens so wie es uns jetzt vorliegt, nicht
von Horaz herrühre. Es handelt sich also um eine grosse Frage, und sie ist es, der
gegenüber hier kein Umstand unbedeutend, keine Erörterung zu ausführlich erscheinen
darf, sie ist es, in der der Umfang der Untersuchung, welche allein I, 7 gewidmet
wird, seine Erklärung, bei dem Leser, den sie etwa ermüden möchte, seine Entschuldigung finden möge.

In möglichster Vollständigkeit sind oben alle Vorschläge aufgeführt
worden, welche gemacht worden sind, um das Gedicht als ein einheitliches zu erweisen. Auf sie alle an dieser Stelle ausführlicher einzugehen, wird wohl um so
weniger notwendig sein, als an einen Teil derselben sogleich einige Bemerkungen ange-
knüpft wurden, andere bei ihrem Erscheinen in der Litteratur ihre Widerlegung gefunden haben, noch andere dieselbe im Verlaufe dieser Blätter finden werden. Auch die
konservative Kritik aber, welche der Meinung ist, „niemand denke wohl mehr im
Ernste daran," die Ode in zwei selbständige Gedichte zu zerreissen, auch sie sieht
sich genötigt, das natürliche Gefühl, welches eine solche Teilung verlangt, als nicht
unberechtigt anzuerkennen; sie giebt zu, dass die leitenden Gedanken des ersten und
zweiten Teiles miteinander nichts gemein hätten und sieht die Erklärung des Wider-

spruches in der Annahme, dass der ursprünglich für sich gedachte Eingang erst später durch die Beziehung auf Plancus erweitert worden sei, dass also zu einem ursprünglich einheitlich gedachten und einheitlich ausgeführten Gedichte später (— ohne dichterische Einsicht — darf man sagen) eine Fortsetzung hinzugedichtet sei, welche der ersten Schöpfung ihr jetziges Doppelwesen verliehen habe. Es ist nicht unwichtig, den Charakter dieses jüngsten Versuches, die bisher ungelöste Schwierigkeit zu lösen, hervorzuheben. Macht doch diese Art der Deutung gleichfalls offen das Zugeständnis, dass das Gedicht kein einheitliches sei; aber der Knoten wird dadurch entwirrt, dass die Tradition gerettet, der Dichter preisgegeben wird. Ist das recht und ist das erlaubt?

So haben denn auch die neuesten Versuche, die Ode als eine einheitliche zu erweisen, weder den Dichter noch das Gedicht selbst vollständig zu rechtfertigen vermocht, und wir wenden uns also zu der Gegenseite und fragen nach den Gründen, welche im einzelnen die Zweifel an der Einheit des Gedichtes überhaupt wachgerufen und nach den Autoritäten, welche dieselbe verfochten haben.

Wenn nun vor allem Plancus durch das Gedicht aufgefordert werden sollte, im Vaterlande, in Tibur zu bleiben, so konnte doch in der That kein hierzu weniger geeignetes Beispiel gewählt werden als gerade das des Teucer, der seine Gefährten ermuntert, sich im Weine über den Trennungsschmerz von der Heimat hinwegzusetzen, welches Plancus sogar daran erinnern musste, dass einst er selbst ja schon Kolonieen weggeführt habe. Sollte aber Plancus veranlasst werden, im Unglück nicht alle Hoffnung schwinden zu lassen, so musste der Dichter, ähnlich wie II. 3, 9, 10, 11 und an andern Stellen, das Gleichnis, dass auf Sturm und Regen auch wieder Sonnenschein folge, dadurch erläutern, dass er sagte: Lass ab von deiner Traurigkeit, ob nun dein Unglück dir unabänderlich erscheint oder nicht; denn den Schmerz überwindet man nur durch den im menschlichen Leben wie in der Natur unausbleiblichen Wechsel; aber er durfte nicht auf die Worte: *Tristitiam finire memento* das unendlich matte *seu te astra tenent, seu Tiburis umbra tui* folgen lassen! Der Wechsel aller Verhältnisse ist es, aus dem wir, wie das Gleichnis vom Notus richtig besagt, neuen Mut in Not und Verzweiflung schöpfen; soll der Wechsel des Ortes, an dem wir uns befinden, etwas zu unserer Aufrichtung beitragen können, so muss dies begründet werden; hier aber ist es umgekehrt verdeckt; denn sowohl dem Lager als auch Tibur sind Beiwörter *(fulgentia — densa umbra)* gegeben, welche darauf schliessen lassen, dass der Dichter beide Aufenthaltsorte für durchaus gleich begehrenswert und anziehend hält.

Dies betont auch Bock (1880) nachdrücklich, indem er sagt: *Neque vero mihi cum iis sermo est, qui Meinekii lege a priori, quod vocamus, accepta huic omnia postponant ut Luebkerus, Oellius al., et tam fatili interpretatione utuntur, ut Horatium laudata Tiburis amoenitate huc e castris Plancum revocare studuisse opinentur, cum ipse disertis verbis dicat: seu te castra tenent seu Tiburis umbra tenebit, i. e., ut in palestram orationem convertam: ubicunque es, vino vitae labores molli.*

Allerdings hat man auch für dieses Bedenken Abhülfe zu finden gewusst. Stöpler (1881) tritt Schenkl darin ganz bei, dass unsere Ode die Antwort auf einen Brief des Plancus sei; „jedoch nur darin. — — Was Tibur anbetrifft," sagt er, „so finden wir ganz allgemein bei den Alten, besonders oft bei Martialis die dem Notus zugängliche Lage und das hierdurch veranlasste feuchte und kühle Wetter indirekt (Epigr. 5, 71) und direkt (Epigr. 4, 75 und 4, 62) hervorgehoben." (Es folgen Mart. 5, 71; 4, 60. 5 ff. 4, 62. 4, 75. 9 ff.) „Wenn also Horaz im folgenden vom Notus und dem Regen, den er bringt, spricht, scheint dies nicht, frage ich, in Beziehung auf Tibur, respektive seine Vorliebe für den Aufenthalt in Tibur gesagt? Und steht der Satz *Albus ut obscuro* u. s. w. nicht so mit dem Vorhergehenden in der engsten Gedankenverbindung? Die Beziehung, die dem ortskundigen Römer vermutlich sofort klar war, können wir in der Paraphrase der Stelle durch eine Einschiebung anschaulich machen: „Wie (uns in Tibur) der Notus nur oft die Wolken verscheucht und nicht immer Regen bringt, so lass du dir die Kümmernisse und Sorgen im Leben durch die erlösende Wirkung des Weines zerstreuen. Es ist einerlei, ob du im Lager, wie jetzt, dich aufhältst, oder ob du in Tibur, wohin es dich zieht, dich befinden wirst; denn (das ist der Sinn der folgenden Erzählung) der Sinn des Menschen, nicht der Ort, wo er weilt, ist es, der glücklich macht." — „Daraus, dass ich in meinen Gedichten Tibur preise, darfst du nicht schliessen, dass es ein Ort sei, der mich und jeden befriedigen müsse." Somit bestätigt Stöpler hier, was oben nachdrücklich geltend gemacht wurde, dass nämlich durch jenes *seu seu* Tibur geradezu als unwichtig für den Gedanken des zweiten Teiles hingestellt wird, eine Folgerung, zu welcher auch Wetzel und Vanderbourg gelangt sind (*que d'autres, dit Horace à Plancus, s'occupent à chanter d'autres villes: il n'en est point qui me plaise autant que Tibur: on peut être heureux partout*), und es ist wichtig, darauf aufmerksam zu machen, wie wenig diese Worte zu beweisen im stande sind, wenn sie für und gegen dieselbe Sache angeführt werden können. Stöplers Ausführung steht aber entgegen, dass in mehrfacher Beziehung gerade dasjenige, was die Schwierigkeiten des vereinten Gedichtes lösen soll, ohne ausreichenden Anhalt dem Texte untergelegt, nicht aus ihm heraus entwickelt ist. Sämtliche Parallelen (I, 1; II, 18 et.) sprechen dawider, die echt dichterische Wendung *Laudabunt alii claram Rhodon — me praeceps Anio ac Tiburni lucus percussit et.* in umgekehrtem Sinne als dem gewöhnlichen aufzufassen. Jedoch selbst zugegeben, es wäre möglich, den ganzen ersten Teil des Gedichtes so zu verstehen, wie Stöpler es will, so wäre es dann doch konsequent fortzufahren: „Aber selbst ich in dem als feucht und kühl bekannten Tibur habe nicht immer nur angenehme Tage hier; oft kommen auch solche, die mir nicht gefallen, sonnenhelle, heisse; lass darum auch du dich mahnen, nicht auf die Beständigkeit deines Glückes zu bauen: denn auf Glück folgt Unglück." Statt dessen steht es umgekehrt im Gedichte, und in jedem Falle bleiben die zwei Gedanken, welche die beiden Teile des Gedichtes tragen, nach wie vor unvermittelt. Denn Stöpler vereinigt sie nur — und dies bleibt wieder für die ganze Frage bezeichnend — durch eine Einschiebung. Die Behauptung, dem ortskundigen Römer sei die Beziehung vermutlich sofort klar gewesen, würde nur dann haltbar erscheinen, wenn *mihi*, *nobis*, *Tibure* dort stände und nicht *albus Notus* allein. Denn der λευκόνοτος brachte nicht bloss in Tibur, sondern, wie sein Name es besagen sollte, überall helles Wetter (Arist. meteor. 2. 5), und die Stelle würde ohne einen solchen Zusatz umgekehrt zu der Voraussetzung nötigen, dass in Tibur ganz dieselben Witterungsverhältnisse herrschten, wie in dem übrigen Italien, eine Voraussetzung, welche eben die These selbst wieder in sich zusammenfallen macht.

Auch *saepe* will hier nicht so verstanden sein, als bringe der Leukonotos meistens Regen, oft Sonnenschein, sondern der Dichter sagt: „Wie oft, wenn der Regen nicht enden zu wollen scheint (*obscuro caelo*), der *albus notus* zu wehen beginnt, welcher allemal die Wolken verscheucht" u. s. w., eine Auslegung, die nicht allein durch die Worte geboten ist, sondern auch in der Deutung des Gleichnisses selbst ihre Bestätigung findet, dass dem grössten Schmerze ein Ende gemacht werden müsse und könne, weil auf Schmerz auch wieder Freude folge, weil auch im Unglück doch die Hoffnung bleibe. Stöplers Deutung steht aber endlich auch noch folgendes entgegen. Er meint, man dürfe *obscuro* erläutern: Wie den (bei uns in Tibur bekanntlich häufig oder überwiegend oder meistens) trüben Himmel oft der Leukonotos entwölkt, so — u. s. w. Nur dann aber wäre die behauptete enge Gedankenverbindung nachgewiesen, wenn die Erinnerung an eine bekannte, dem Notus zugängliche und darum kühles und feuchtes Wetter bedingende Lage Tiburs auch die Vorstellung eines bedeckten Himmels in dem ortskundigen Römer erweckt hätte. Weder ist aber im besonderen von einem solchen Himmel über Tibur etwas bekannt.

Tibur galt als feucht durch seine Schlucht, den Anio, seinen Wasserfall und seine Bäche — noch lässt der *albus Notus* die Auslegung zu, er bringe nicht immer Regen; er brachte, wie gesagt, dem Römer wie dem Griechen eben immer einen hellen Himmel. Vgl. zu der oben citierten Stelle noch Pseudo-Aristot. περὶ σημείων: — λευκόνοτος ὁμοίως τὸ δὲ ὄνομα ἀπὸ τοῦ σημαίνοντος λευκαίνειν γὰρ * * * (Die Lücke hat Casaubonus zuerst angedeutet, wie es scheint, ohne Not; man legte, wie der Name Leukonotos und die folgende Stelle beweist, solche Eigenschaften kurzweg dem Winde selbst bei); Theophr. de ventis § 11. οἱ γὰρ ἱεροὶ νότοι καθάπερ ἐτησίαι τινές εἰσιν, οὓς καλοῦσι λευκονότους· αἴθριοι γὰρ καὶ ἀστερεῖς ὡς ἐπίπαν. Auch lässt sich vielleicht fragen, ob denn Mart. 5, 74 (71):

Et domus Aeolio semper amica Noto

Aeolio nichts weiter als ein nichtssagendes Beiwort sein, oder ob es nicht vielmehr hier einen Nebensinn, etwa den von „hell" (αἰόλος) haben soll; jedenfalls liegt in *hibernum* ein Wortspiel (χειμέρρoς), und Mart. 4, 62

Tibur in Herculeum migravit nigra Lycoris,
omnia dum fieri candida credit ibi.

kann nicht dafür sprechen, über Tibur einen meist bewölkten Himmel, eine wasserhaltige Atmosphäre anzunehmen, sondern nur einen hellen, heiteren. Auch in Mart. 4, 60 wird Tibur nur mit seinem gerühmten, im Sommer Kühlung spendenden und darum gesunden Wasser Sardinien gegenübergestellt.

Allezeit nahm man ferner an dem schon mehrfach berührten, durch keine noch so poetische Sprache oder poetischen Gedankengang entschuldigten oder ausreichend erklärten und geradezu beispiellosen Asyndeton Anstoss. *Equidem nullam hic enm superioribus connexionem video*, sagt Daniel Heinsius, und Jani, der begeisterte Bewunderer des Horaz, der auch seine Schwächen oft als Vorzüge preist, sagt kurz und gerade heraus: *Nexus grammaticus nullus!* Diesen Hiatus erkennen wie Wideburg, dessen Worte diesem Abschnitte vorgesetzt sind, so auch alle, selbst die entschiedensten Verfechter der Einheit der Ode an; ich nenne nur Reifferscheidt und Kiessling. Diese Kluft haben ausser den Männern, welche in dem einen Gedichte zwei sahen, ausser Sanadon, Francis, Sivry, Baden, Dorighello, Bister, A. Buttmann, Grotefend, Döderlein, Gruppe, Schwerdt, Lehrs, Bock u. a., auch Marcilius, Scaliger, Daniel Heinsius, Dacier, Home, Gräve, Bothe, Vanderbourg, Hofmann-Peerlkamp, G. Hermann, und unzählige andere erkannt und in der verschiedensten Weise durch Vermutungen zu erklären versucht, Vermutungen, welche vielleicht anderen Schwierigkeiten des Gedichtes zu begegnen geeignet sind, die aber das Rätsel der mangelnden Einheit desselben nicht lösen. In der That blickt dieser Hiatus auch durch die Argumente und Paraphrasen aller Editoren wie Scholiasten hindurch und ist durch keine Auslegung zu verkleiden gewesen. Locher sagt ganz einfach: *Ad Munatium Plancum scribit, laudans oppenesque tiburis amenitatem cunctis locis amenis: aitque postea porta, quod, uti notus et.;* ebenso Figulus: *Principio — deinde.* Cerutus beginnt den zweiten Teil seiner Paraphrase mit einem nackten: *Quemadmodam autem et.* — ohne jede innere Verbindung, und Lubinus thut ihm gegenüber viel, wenn er sagt: *In hisce locis recte longe amoenissimis ego, ab omni civili cura et sollicitudine remotus et studiis ac meditationibus meis intentus, in dulci quiete ocio et voluptatibus ex animi sententia laetissime et jucundissime vivo. Tu quoque, L. Munati Plance, idem facere tentes et.* Sehr schön! Wenn nur nicht die Apostrophe des Teucer folgte, gerade umgekehrt ohne Rücksicht auf den Ort durch den Wein die Sorgen zu vertreiben! Auch Ascensius drückt doch nur denselben Thatbestand nahezu in derselben Weise aus wie Locher, wenn er sagt: *Hoc carmine celebrat poeta Tibur, si non fallor, ut se gratum Maecenati ostendat; abs quo illic locum amoenissimum dono acceperat; in quo eum musis suis jucunde et quiete tunc vivebat; unde omnibus locis laudatis ipsum prae-fert.* Hortatur autem Plancum amicum, ut exemplo suo, exemplo naturae et Teucri et. oder wie Bond, wenn er den Inhalt der ganzen Ode folgendermassen angiebt: *Alii alias laudant civitates et regiones, Horatius vero reliquis anteponit Tibur, ubi natus est Plancus, quem ad diluendas vino curas cohortatur!*

Nicht besseren Erfolges können sich die neueren Lemmata rühmen. Gegen sie wendet sich Bock (1880). Er weist zuerst Lübker zurück; auch diejenigen, führt er dann fort, welche vorsichtiger als letzterer zu Werke gingen, erweisen entweder keinen oder doch nur einen sehr künstlichen Zusammenhang. Wenn Nauck sage: *Keine der griechischen Städte nimmt es mit Tibur auf (1—14). Aber wie in der Natur auf Regen Sonnenschein folgt, so endige du, mein Plancus, den Gram ..... durch Wein, gleichviel ob du im Lager oder später auf deinem Tibur weilst (15—21). Auch Teucer wusste sich zu trösten etc.* — so stelle er die Verbindung doch nur durch das Wörtchen „aber" her, jedoch mit welchem Rechte? Und ohne dieses Aber hätten wir wieder zwei Gedichte. Ritter sage zwar: *Postquam juveni Planco patriam et patriam tune vituti paterni patrimonii jucunditatem laudavit, propius accedens ad propositum illi suadet, ut tristem animum exuat, praesentis militiae labores vero nal-liat;* offenbar trage er aber in den ersten Teil hinein, was erst im zweiten gesagt werde und erweise auch nicht so einmal einen festen Zusammenhang; denn es sei durchaus nicht zu erkennen, wie der Dichter das Bild des väterlichen (?) Besitztumes mit der Aufforderung, (durch Wein) die Sorgen und Mühen zu verschenchen, innerlich verbunden habe. Endlich disponiere Dillenburger: Vers 1—14 zähle die Städte auf, in denen sich glücklich leben lasse; Vers 15—18 sage, nicht der Wohnort schütze vor Kummer und Schmerz, sondern wahre Weisheit; Vers 19—32 schliesse, zu solcher Weisheit gehöre es, mit Gleichmut zu tragen, was man nicht ändern könne, wie Teucer es gethan, und mit Wein die Sorgen hinunterzuspülen. *Quae interpretatio speciosior, quam verior est; namque ut taceam hac in divisione singulas part s ne totis quidem enuntiatis contineri, sed enuntietam e. 15—21, quod aperte annus est et unam sententiam comprehendit, divelli atque distrahi. Horatius omnino de sapientia philosophorum non loquitur, sed obiter: „sapiens" dicit „memento" (vertas: „sei vernünftig und denke daran"); neque selem a maestitia non tueri significat, sed simpliciter Plancum, ubicunque sit, ut vino maestitiam nulliat, adhortatur eadem modo, quo carm. II. 9 Valgium a nimia dolore arcere studet; quibus refutatis versuum 19—32 interpretatio ultro concidit.*

Waren Klotz und seine Nachfolger, wie wir gesehen haben, geneigt, in diesem Gedankensprunge eine besondere dichterische Schönheit, pindarischen Flug zu erkennen, so sahen vor ihnen andere schon richtiger. Scaliger und Heinsius machten, wie erwähnt, zuerst wieder seit Stephanus darauf aufmerksam, dass die Handschriften entschieden gegen die Vereinigung der beiden Teile zu einem Gedichte sprächen. Fortan berührten die Herausgeber diese Frage wieder; zuerst Dacier. Er lehnt es ab, das Gedicht mit den erwähnten beiden Gelehrten zu teilen, indem er sagt: *Je ne suis pourtant pas de leur avis, car il se peut faire que ce n'est qu'une même Ode, et qu'après* nobilibus pomaria rivis *on a malheureusement perdu les vers qui en pourraient faire la liaison.* Er giebt es also zu, dass die beiden Oden in ihrer gegenwärtigen Verfassung und also sogar trotz 19--21 für zwei getrennte Gedichte gelten müssten, so lange nicht die möglicherweise verlorengegangenen Bindeglieder wiedergefunden seien. Seiner Ansicht folgten Gräve und Gottfried Hermann, wenngleich jeder seine Ansicht mit andern Gründen und in anderer Form vorträgt; in der Anerkennung einer Lücke, mangelnder Gedankenverbindung, stimmen beide überein. G. Hermann (1842) sagt: Quod si quis obiciat, quod sic una stropha non integra sit, praesto est quod respondeatur. Tam enim ex abrupto adiecta sunt, quae post illos quos posui versus sequuntur, ut non appareat, quo modo cum superioribus cohaereant: quo factum est, ut in aliquot codicibus hoc carmen in duo sit carmina divisum. Nam quod Orellius ait, apertissimam esse sententiarum connexionem, quam his verbis declaravit: „ante omnes regiones mihi placet Tibur; ergo tu quoque in amoenissimo Tiburtino tuo tristitiam, quae nunc te angit, depellere poteris." id patet extortum ex poetae verbis esse, qui quum scripsit *seu te fulgentia signis castra tenent, seu densa tenebit Tiburis umbra tui,* non fecit nisi obiter Tiburis mentionem, ubicunque eris significans. Ex quo veri simile est, quoniam nunc neque unum nec duo carmina habeamus, excidisse aliquid post v. 14., quod posteriorem partem cum priore apte copulaverit.

Es ist wohl auch nur dieser selbe Gedanke Hermanns, wenn Meineke (1854), ebensowenig wie jener seine These irgend wie begründend, gegen diejenigen, welche das Gedicht geteilt hatten, einwendet: *pro uno carmine omnibus (?) fere numeris absoluta duo exhibuerant, quorum neutri nec caput nec pedem esse videas.* Diese Behauptung wurzelt, darf man vermuten, in der von Hermann selbst gemachten durchaus richtigen Bemerkung, dass es schwer ist, von Eindrücken und Anschauungen, die man frühe gewonnen, sich loszumachen. Denn mit Recht wundert sich August Buttmann darüber, wie Meineke die Einheit von I, 1 anerkennen, die von I, 7, 1-14 ablehnen könne, und G. Hermanns Urteil fällt um so mehr auf, als er gerade das pointierte *me* am Ende von I, 1 eingehend behandelt.

Auch Reifferscheidt, der I, 7 ungeteilt lässt, beschwert sich über diese unerträgliche Kluft (*intolerabilis hiatus*), er denkt sie sich aber als dem Metrum eigentümlich und verweist auf die Parallelen von I, 28 und Epod. 12. Die erstere von diesen beiden, I, 28, darf zunächst nicht für ihn beweisen, da ihre innere Einheit noch weniger als die von I, 7 gesichert ist; dass in dem zweiten Falle aber (Epod. 12) ein wirklicher Hiatus vorliege, ist wohl kaum zulässig zu behaupten, weil im Gegenteile die in dem Hexameter, V. 13, angekündigte Rede der Gratidia in dem Tetrameter ordnungsmässig und in zweifellos richtiger Gedankenverbindung folgt. Mit einem grösseren Scheine des Rechtes hätte man sich auf Alkman selbst berufen können, nach welchem das horazische Versmass seinen Namen erhalten hat. Denn nach dem Zeugnis des Hephästion wurden ja Alkmans Strophen durch eine Diple geteilt, weil die Melodie wechselte; aber auch nur mit einem Scheine des Rechtes. Denn der Papyrus Mariette zeigt uns je vierzehn Zeilen, welche durch den Paragraphos oder die Diple in Strophen von acht und sechs Versen zerlegt werden; davon findet sich bei Horaz keine Spur. Das siebente Gedicht des ersten Buches lässt sich in vierzehn und achtzehn Zeilen trennen, der Verfolg wird beide Zahlen anfechten das achtundzwanzigste in zwanzig und sechzehn oder umgekehrt oder in sechzehn, vier und wieder sechzehn, und die zwölfte Epode, bei welcher, wie gesagt, von einem Hiatus keine Rede ist, könnte etwa nur in fünfzehn und elf Zeilen zerfallen. Ein deutlicher Abschnitt liegt noch in dem achtundzwanzigsten Gedichte hinter dem sechsten Verse vor; aber auch diese Zahl an dieser Stelle stimmt nicht mit Alkmans Teilung, soweit wir dieselbe kennen und dürfte einen ganz andern Grund haben. Ist denn übrigens das alkmanische System des Horaz als solches für Alkman schon nachgewiesen, ist auch nur behauptet worden, es sei denn leichtsinniger Weise dass es nach einem Systeme oder richtiger, im Sinne der Gewohnheit der alten Metriker gefragt, nach Versen Alkmans seinen Namen mit Recht trägt? Umgekehrt! Ausdrücklich bezeugt Victorinus das Gegenteil, indem er diese Form des epodischen Tetrameters dem Archilochus, Alkman aber den akatalektischen Daktylus am Ende desselben zuschreibt.

Jedoch gehen wir weiter! Gerade die beiden Verse, auf welche allein der Nachweis der Einheit des Gedichtes, falls eine solche überhaupt nachweisbar sein soll, gegründet werden kann.

ver 1. fulgentia signis
osttat tracet, vis domus tenebit
Tiberis ambiet tui ...

gerade sie stellen sich nicht allein an höchst ungeeigneter Stelle ein, sondern fallen auch ausserdem durch die Unzweckmässigkeit ihres Inhaltes, durch die Kraftlosigkeit des Ausdruckes, durch die in solchem Zusammenhange einem Dichter wie Horaz gänzlich fremde, misstönende Wiederholung desselben Wortes und den in seinen Motiven nicht erkennbaren Tempuswechsel *(tenent—tenebit)* in einer für sie selbst sehr wenig empfehlenden Weise auf. Wie wenig aber eben der für diesen Zweck behauptete oder auch nur ein nahe verwandter, ähnlicher, dem Zwecke entsprechender Sinn in jenen beiden Versen (19—21) wirklich ausgedrückt ist, das beweist jede Übersetzung, welche nicht etwa in die Worte hineinlegt, was in ihnen nicht liegt; ich greife beispielsweise Borgianelli heraus, der, da er in Stanzen übersetzt, schon durch die gewählte Form darauf hingewiesen sein würde, die Oktave pointiert zu schliessen. Er sagt nur:

> Qual terge al fosso Ciel Noto sereno
> Spesso le nubi, e partorir tempesta
> Sempre non sà; cosi, Planco prudente
> Col dolce vin sovente
> L'affanno, e'l mesto duol sgombra dal seno,
> Se, o per l'insegne fulgido t'arresta
> Il Campo, o se t'invita
> Del bel Ticoli tuo l'ombra gradita.

Borgianelli hat ganz recht; wenn in jenen Worten überhaupt eine Motivierung ausgedrückt ist, so liegt sie nur in dem gegensätzlichen „fulgentia" und „umbra", ein Gegensatz, der, wie erörtert, durch seinen Inhalt sich selbst als durchaus bedeutungslos für die Frage ausweist, ob man sich der Betrübnis hingeben dürfe oder nicht.

So hat es denn schon früher nicht an Kritikern gefehlt, welche mit Entschiedenheit die Selbständigkeit der beiden Teile des Gedichtes behauptet haben; und wenn man in Rechnung stellt, dass Zarota die Ode teilt, Scaliger und Heinsius ebenfalls hierfür auf die Handschriften verweisen, dass mit Sanadon die sachliche Begründung der Zerlegung des Gedichtes beginnt und Schriften sogar neuesten Datums sich gegen die Einheit desselben wenden, so ist man berechtigt zu sagen, dass es keine Zeit gegeben, in welcher die Ode unangefochten als eine einheitliche gegolten hat. Sanadon beruft sich auf Dacier. Ce n'est ici proprement qu'un fragment, sagt er. M. Dacier soupçonne avec raison qu'il nous manque des vers en quelque endroit de cette ode. C'est sans doute la fin. Après une longue et pompeuse émumération des plus belles villes et des païs les plus agréables de la Grèce, on s'atend à voir mis au dessus de tout cela par une peinture gracieuse et détaillée. Point du tout, trois vers seulement en tracent une ébauche très-légère et très-imparfaite, et le lecteur est étonné de voir que le poète l'abandone tout à coup en commençant à entrer en matière. Les anciens grammairiens, qui nous ont transmis les ouvrages d'Horace, ont aparemment bien senti ce défaut, mais en voulant y remédier ils ont fait le mal plus grand qu'il n'étoit. Ils ont trouvé une autre de ses odes composée de vers de même forme, qui commence par Albus ut obscuro, où Tibur est seulement nomé. Cela leur a sufi pour croire que c'étoit la suite de celle-ci. — Ce n'est pas la seule fois qu'ils ont réuni dans Horace deux pièces en une. Mais — — elles n'ont rien de commun pour le sujet et.

Auch Francis (1756) und Dorighello (1774) sind fernere Zeugen für die Teilung von I, 7; aber sie können hierin nur als Anhänger Sanadons angeführt werden; denn beide schreiben in der dreistesten Weise Sanadon aus, Francis, indem er auch die hübsche Bemerkung: Besides, by uniting them, there will be some Repetitions, which are not usual to Horace: *Perpetuo carmine* and *perpetuo, ubi pomaria* and *ubi tempore* von Sanadon entlehnt; Dorighello, indem er Sanadon so gedankenlos übersetzt, dass er ihm sogar nachschreibt: Non semel quidem in Horatio duas Odas in unum congesserunt (librarii), ut videbimus, ohne später, wenn ein Schluss nach mehrfacher Durchsicht erlaubt ist, dieses Thema wieder aufzunehmen!

Nächst ihnen äusserte sich in gleichem Sinne (1792) M. Jakob Baden in seiner in Kopenhagen erschienenen Ausgabe des Horaz. Nachdem er den Zusammenhang nach der Vulgata angegeben, fährt er fort: Saaledes i det mindste kan Planen nogenlunde forklares, naar man vil ansee denne Ode som et eneste sammenhaengende Stykke. Men jeg naegter ikke, jeg finder megen Grund i deres Mening, som troe at der med det 15. Vers begynder en nye Ode, og dat Foregaaende er snarere et Brudstykke, af en Ode end noget Heelt, opfat for at ophæie Egnen ved Tivoli, maaske fort Tid efter at Digteren havde faaet et lidet Jordegods der til Foraering af Maecenas. Man finder denne Deling allerede i gamle Haandskrifter, hvor iblandt ogsaa det Rostgaardske er paa det kongelige Bibliothek. Sammenhaengen imellem Beskrivelsen af Tibur og Tiltalen til Plancus er lidet naturlig, og Plancus naevnes ikke med et Ord i det Forgaaende.

Zum Gegenstande einer eingehenderen Erörterung machte unsere Frage zum ersten Male das Programm der damaligen lateinischen Schule in Kempen in der Rheinprovinz (gedruckt in Crefeld bei C. M. Schüller 1827), damals unter Bister, der als der Lehrer der lateinischen Sprache der obersten (I.) Klasse auch wohl für den Verfasser desselben anzusehen ist. Da diese kleine Schrift und August Buttmanns Aufsatz in der Zeitschrift für Gymnasialwesen, beide durchaus originale und von einander unabhängige Arbeiten, die Gründe für die Teilung des Gedichtes nahezu erschöpfen, scheint es nötig, auf beide etwas näher einzugehen.

Die Kempener Schrift beginnt mit der Bemerkung, wie auffällig es sei, dass bei einem, wie sich an tausend Beispielen nachweisen lasse, in jeder Beziehung durchgebildeten und gerade in der Kunst der Disposition seiner Lieder ausgezeichneten Dichter dieses eine Gedicht so komponiert sei, dass man Horaz nicht wiedererkenne. Nicht als ob nicht auch bedeutende Männer ihre Schwächen haben könnten; wenn aber die Fehler so gross seien, dass sie sich mit dem Begriffe eines besseren Dichters durchaus nicht vereinigen liessen, dann dürfe man billig zweifeln, ob es gestattet sei, sie ihm überhaupt zur Last zu legen; dies treffe besonders bei Horaz I, 7 zu; constanter negabo, heisst es, Horatium, tam eximiae doctrinae virum. inepte quidquam quod rei minime accommodatum et ab omni ratione remotum sit. scribere potuisse; — est enim (carmen) tale, ut maximam in componendo, non dico negligentiam, sed inscitiam arguat. (Es folgt die Inhaltsangabe der einzelnen Teile.) Num cuiquam in mentem venire poterit, haec ab Horatio sic esse congesta, eundemque offendisse tam graviter contra eam legem, quam in arte sua poetica ipse statuit his verbis:

Denique sit quodvis simplex dumtaxat et unum?

Denn 1) die Reize Tiburs und 2) die Aufmunterung des Freundes seien so durchaus unvereinbare Dinge, dass man fragen könne, was denn der eigentliche Gegenstand des Gedichtes sei, dieses oder jenes. Wenn das letztere, so sei die lange Aufzählung der Städte überflüssiges und albernes Weibergeschwätz, das doch den Freund nicht trösten könne. (Es folgt die Zurückweisung von *seu—seu*; vgl. oben.) Unlogisch sei der plötzliche Übergang auf den Wein von den Quellen und Bächen, wie wenn die Vorzüge dieser nicht ausreichten; nihil enim obstat, quominus poetae vinum aquae praeferant: nec immerito illis multa licet; omnis vero licentia moderata et prudenter sumpta sit oportet; imprimis autem caveant, quod Horatius ipse monet:

Primo ne medium, medio ne discrepet imum.

Neque satis est singula nitide et eleganter dici, sed omnia vinculo quodam, quamvis laxiori inter se coniungantur et sibi cohaereant, oportet — ordine autem confuso poeta casum potius sequi videtur quam consilium. Insbesondere komme V. 15 in einem Gedichte, das Horaz, wie nicht zu bezweifeln, zum Verfasser habe, durchaus an unrechter Stelle, so dass jeder die Wahrheit erkennen müsste, wenn nicht die Handschriften im Wege ständen. (Verf. irrt bezüglich der Handschriften.) Attamen codicibus, quamvis consentientibus, ut in plurimis, sic etiam in omnibus fidem habendam esse non censeo, praesertim si cum omni ratione et cum eximii scriptoris ingenio manifesto pugnent; omnes enim librarii mihi tanti non sunt, quanti unus Horatius. Alle Schriftsteller hätten in späteren Zeiten gelitten; Horaz allein nicht? Oder er sollte verfehlt haben, wovor er andere warnt? Auch sei Teucer als Beispiel ungeeignet, wenn Plancus das Vaterland zu verlassen drohte. Und möge man ändern, einschalten, so viel man wolle: nullo modo efficies, ut posteriora cum prioribus consentiant. — — Sed pro certo habeo, ea, quae Horatius, quod ob disparitatem coniungi non possent, prudenter seiunxerat, postea a librariis vel metri similitudine vel alia quadam ratione in errorem inductis imprudenter esse coniuncta; dies um so mehr als durch Teilung eines schlechten Gedichtes zwei gute entständen: 1) Laus Tiburis; 2) Ad Munatium Plancum. Die Richtigkeit dieser Scheidung beweise nun auch der innere Charakter jedes einzelnen Gedichtes. Das erste breche kurz ab; denn was schöner als alles sonstige Schöne sei, bedürfe eines ausgeführten Lobes weiter nicht; und das doppelte M vor und nach dem in römischer Aussprache harten mittleren Worte: molli, Plance, mero, im zweiten Gedichte, entspreche durchaus der Bestimmung zu einem Trostgedichte und finde dasselbe seine Parallelen in II, 9 u. a. Der Verfasser schliesst, Horaz variierend: A tali poeta carmen sine omni iudicio ineptissime esse compositum,

— credat Iudaeus Apella,
non ego; nam suos non insanire putabo,
nec si quid stulte fecit librarius, illud
turpiter egregium dicam peccasse poetam.

Der Leserkreis dieser, ihrem ganzen Inhalte nach nicht unwichtigen Schrift mochte wohl ein sehr beschränkter sein; jedenfalls ist sie an dem grösseren Publikum nahezu ohne jede Spur vorübergegangen. Ein ähnliches Schicksal erlitt Grotefends Bemerkung (1833), „dass die siebente Ode des ersten Buches, wie schon die verschiedene Art des Einschnittes des Tetrameters zu erkennen giebt, aus zwei verschiedenen Oden besteht, welche nur die Gleichheit des Versmasses zu einem Gedichte verbunden zu haben scheint. Denn die ersten vierzehn Verse preisen nur im allgemeinen das Lob der Gegend um Tibur, während die übrigen Verse, welche ihrer höheren metrischen Vollendung zufolge später geschrieben wurden, den L. Munatius Plancus auffordern, seinen Unmut durch labenden Weintrank zu verscheuchen. Alles, was man erfunden hat, um diese Gedichte als ein Ganzes vermittelst eines lyrischen Sprunges darzustellen, widerspricht ebensowohl der Geschichte, welche nichts von einem freiwilligen Exile des Plancus weiss, als dem Inhalte der beiden Gedichte, von welchen das erste nicht sowohl die zu einem Exile geeigneten Orte aufzählt, als solche, welche irgend eine Gottheit oder sonst ein wichtiger Umstand als preiswürdige Städte auszeichnete, selbst das längst gestörte Mycenae, das zweite aber den Plancus darstellt und Teucer von Salamis nur als eines mythischen Beispieles erwähnt, wie Epod. XIII Achilles genannt ist." (Vgl. auch Grotefends wiederholtes Urteil im Philologus 1850; seine vorstehend aufgeführte Äusserung steht in der Halleschen Encyklopädie von Ersch und Gruber). Es erregte darum Aufsehen, als Döderlein (1853), nachdem G. Hermann sich für Verwerfung von I, 1, 1. 2. 35. 36 ausgesprochen, sich offen für die Teilung von I, 7 erklärte. Die ersten vierzehn Verse, meinte er, seien des Horaz würdig; sie gehörten eben zu dem, was Horaz als *nugae* bezeichne; es seien Verse, deren Zauber in der poetischen Form bestehe und die durch ihre blosse Musik wirkten.

A. Buttmann (1860) giebt zuerst den Inhalt von V. 1—14 an und hebt hervor, dass wir soweit die gleiche Ökonomie wie in der ersten Ode sehen, wo Horaz allem übrigen Glücke der Menschen das Glück, für einen lyrischen Dichter zu gelten, gegenüberstelle. Wie er dort also das Gedicht mit der Darstellung seines Glückes als Dichter schliesse, so bilde auch hier das Wohlgefallen des Dichters an dem lieblichen Tibur gegenüber allen den Städten, die von andern Dichtern wegen ihrer Weltberühmtheit gepriesen würden, einen vortrefflichen Schluss. Ebenso giebt er den Inhalt des zweiten Teiles V. 15—21 an und bemerkt dann, dass bis dahin also keine Andeutung in dem Gedichte enthalten sei weder von einer Absicht des Plancus, in Griechenland einen Wohnsitz zu suchen, noch von einem ehrenvollen Exile in Tibur, das allerdings ein Ort des freien Exils für römische Grosse gewesen. Hier aber dürfe um so weniger daran gedacht werden, als *tui* dabeistehe.

Buttmanns nun folgende Zergliederung des Gedankenganges ist zu wertvoll für unsern Zweck, als dass es unterlassen werden könnte, sei es auch sehr ver-

6

kürzt, sie folgen zu lassen. Der Dichter, heisst es, fordere Plancus auf, durch Wein sich und sein Leben zu erheitern, möge er im Kriegslager oder in seiner tiburtinischen Villa weilen, in deren einem also wie in der andern er als *tristis* zu leben gewohnt gewesen. Nicht sage Horaz, sein Tibur solle Plancus erheitern; er habe bis dahin nur gesagt, dass ihm Tibur vor allen andern gefeierten Gegenden gefalle. Hätte Horaz sich darauf beziehen wollen, so hätte er sagen müssen: Lass dich durch dein liebliches Tibur erheitern, wie es mich erheitert; das sage er aber nicht, sondern: Der Wein möge dich erheitern, sei es im Lager, sei es in Tibur. Von den Worten *Albus ut obscuro et.* an springe als Hauptgedanke offenbar die wohlthätige Wirksamkeit des Weines hervor; sie werde gepriesen zuerst vom Dichter selbst, dann als bewährt durch den Mythus von Teucer. „So ist weder in den Versen 1—14 etwas, was von innen heraus auf das Folgende weiset, noch in den Versen 15—32 etwas, was zurückweiset auf die Verse 1—14; denn dass das Wort Tibur wiederkehrt, ist doch kein Rückblick auf das Vorhererwähnte, da es wie wir gesehen, in ganz verschiedener Beziehung erwähnt wird." Wenn man also eine Gedankenverbindung beider Teile darin finden wolle, dass Tibur als erheiternder Aufenthaltsort vor allen in der Welt, namentlich den gepriesensten Städten und Gegenden Griechenlands, empfohlen werde, so sei das ein von aussen hineingetragener Gedanke; es sei so wenig Zusammenhang und Einheit darin, dass vielmehr, wenn man spezieller die Gedanken verfolge, dieselben dem entgegengesetzt seien, was man habe hineinlegen wollen. Denn wenn Tibur als erheiternder Aufenthaltsort anempfohlen werden sollte, so widerspreche dem die Art und Weise, wie der Wein anempfohlen werde; der Wein solle nur zwischenein, zwischen dem Ernste und den Mühen des Lebens, von dem, der sie einmal erwählt habe, oder durch die Verhältnisse dazu gezwungen sei, genossen werden, damit neue Kraft aus der durch ihn hervorgerufenen Heiterkeit und Zuversicht auf glücklichen Erfolg gewonnen werde. Wer dagegen Tibur als Aufenthaltsort in dem Gedichte anempfohlen sehe, der denke dabei zunächst, dass Plancus ganz und gar das bisherige öffentliche, ihn in Misstimmung versetzende Leben aufgeben und gegen das aufheiternde Naturleben im schönen Tibur vertauschen solle; an ein *iterare cibos labores* werde zunächst nicht und womöglich garnicht gedacht. Wenn ein Zusammenhang zwischen beiden Teilen stattfinden solle, so dürfe es nur dieser sein: Wie das kleine, historisch unberühmte Tibur alles, was es von gefeierten Orten in Griechenland giebt, übertrifft, so kann unter Umständen auch ein einfacher Becher Weins mit seiner sorgenverscheuchenden Kraft das glänzendste Leben mit seinem Ernste und seiner Last aufwiegen; gewiss eine Zusammenstellung, die poetisch ausspreche; allein es führe nur nichts in dem ganzen Bau der ersten Masse auf eine solche Gegenüberstellung als wirklich beabsichtigt und gewollt.

Alles zusammengenommen, sowohl was aus den beiden Teilen einzeln als was aus ihrem Verhältnisse zu einander sich ergebe, zwinge uns, hier zwei getrennte Gedichte zu sehen. — — Es sei nun nachzuweisen, dass auch wirklich selbständige Ideen mit poetischer Einheit in den als getrennt erkannten Gedichten ausgeprägt liegen. Dies thut Buttmann denn nun; die Ökonomie des ersten Gedichtes habe den Preis Tiburs, das er allen gepriesenen Orten Griechenlands vorziehe, die des zweiten mit lyrischer Individualisierung das Lob des Weines und seiner sorgenbrechenden Kraft zum Zwecke; der Mann der traurigen Erfahrungen auf dem politischen Schauplatze solle ermutigt und erheitert werden und zwar durch den Wein. So müssten wir erkennen, wie fern der Inhalt dieses Gedichtes dem des vorigen stehe, wie eine Idee in ihm völlig zur lebendigen Anschauung komme, und wie es in ähnlicher Weise beginne, wie II, 9. — Buttmann schliesst mit der Frage, wie es gekommen sei, dass diese beiden Gedichte in Handschriften zu einem vereint erscheinen. Er antwortet, einmal weil sie dasselbe Metrum hätten, das obendrein durch den Distichen-Charakter leicht zur Verbindung zweier hintereinanderfolgenden Gedichte führe; indem man ferner bei allen Gedichten wo möglich eine angeredete Person suchte, um nach ihr der Ode eine Überschrift zu geben, habe sich die Ode sehr natürlich unter dieselbe Überschrift mit dem sich daran schliessenden Gedichte gleiches Metrums gestellt, in welchem Plancus angeredet wird, und weil man einen Zusammenhang nun habe finden wollen, so habe man ihn auch gefunden; „wir haben aber gesehen, einen wie gezwungenen. Wir haben ja auch andere Gedichte unter den horazischen, die keine angeredete Person haben, zumal wenn er sich selbst besingt."

Im Jahre 1864 erschien der Horaz von Keller und Holder. Zu dem, was bis dahin für die Teilung des Gedichtes geltend gemacht worden war, brachte er die Autorität einer grossen Zahl der besten Handschriften hinzu; wir erörtern diesen Punkt später. Das Gedicht erschien geteilt, und die Frage hätte füglich nach dem Ansehen, welches man dieser hervorragenden Ausgabe allseitig zugestand, für entschieden gelten können. Neue Stimmen billigten dieses Vorgehen: zunächst die von Martin (1865). Gegen G. Hermanns Vermutung, es seien einige Verse zwischen V. 14 und 15 ausgefallen, wendet er ein: *ne si plures quidem perissent, intercalari quondam eiusdem utroque pars intacta esset.* Dass nach Teilung der Ode keines der beiden sich dann ergebenden Gedichte dem Lachmannschen Gesetze sich füge, erklärt er für ein sicheres Zeichen von Interpolation (er streicht V. 8. 9; 19—21). Um wenigstens eine sachliche Verbindung zwischen beiden herzustellen, habe man Tibur noch einmal erwähnt, mit unglücklichstem Erfolge *(tam leviusculis)*; denn Horaz wiederhole nicht in dieser Weise u. s. w. Lasse man die Verse 19—21 weg, so entstehe ein antistrophisches Gedicht, in dessen je fünfter Zeile an gleicher Stelle *Solvitur* stehe, „*responsionis indicium*" (15—24 = 25—32). Das zweite Gedicht lasse sich mit II, 3 und Epod. 13, das erste mit I, 1 vergleichen.

Zu demselben Resultat gelangte auf einem von den bisher angeführten ganz verschiedenen Wege Schwerdt (1868). Er erörtert ausführlich die Gliederung der ersten Ode des ersten Buches, in welcher er zwei Strophen von je zehn und zwei Gegenstrophen von je acht Versen erkennt, deren letzte durch ihr

me doctarum hederae praemia frontium
dis miscent superis, me gelidum nemus e. q. s.

zu dem vorangegangenen *sunt quos, hunc, illum, est qui* u. s. w. in Gegensatz tritt. Als Seitenstück zu I, 1 führt er I, 7. 1—15 an, um durch diese Parallele den lebendigen Organismus und die folgerechte Gliederung des ersten Gedichtes zu erweisen. Zu diesem Vergleiche sei er aber nicht direkt, fügt er hinzu, sondern dadurch gelangt, dass er zuerst I, 7. 15—32 neben Epod. 13 gestellt habe, Gedichte deren Gleichlauf niemandem entgehen könne; denn beide enthielten eine Ermunterung an Freunde, in beiden in gleicher Weise symbolisiert durch ein dem griechischen Mythos entlehntes Beispiel; beide hätten den gleichen Umfang, beide den gleichen zweiteiligen Bau, beide an fast genau denselben Stellen die gleichen Gedanken und korrespondierende Ausdrücke. Die Selbständigkeit dieses, des zweiten Teiles von I, 7 erweise die des ersten, der eben darum nun neben I, 1 gestellt werden dürfe; I, 7' und I, 7'' seien auch in ihrem Tone durchaus verschieden. Der stolze Gang der Daktylen sei in dem Trostliede für den trübe gestimmten Plancus durch Spondeen gedämpft, in dem Preisliede von Tibur rauschten die Rhythmen feierlich dahin. Endlich zwinge der verklingende Charakter der Worte *mobilibus pomaria rivis* hier die *clausula*, den Schluss des Gedichtes, anzunehmen.

Auch Lehrs (1869) teilte I, 7. Dass Anfang und Schluss desselben nicht zusammenstimmen, sei schon mehrmals bemerkt. Der zweite Teil besage: „Man muss der Trauer nicht nachgeben; es wird ja auch wieder besser werden; man muss seine Trauer erheitern und die Hoffnung neu beleben durch den Wein! That es ja so auch Teucer, wie der Mythos erzählt, in traurigst scheinender Lage." — Was habe dieser Inhalt zu thun mit dem Anfange bis V. 15? Das erste Gedicht allerdings habe den Schluss, das zweite den Eingang verloren; letzteres sei Epod. 13 sehr ähnlich; jenes bringe den Gegensatz des an Naturschönheit überlegenen, stillen (und in seiner Stille zur Poesie begeisternden) Tibur gegenüber den durch ihre Naturschönheit berühmten und durch historische Erinnerungen wohlbekannten, vielgenannten und vielbesuchten (anderen) Orten zum Ausdrucke: — eine Auffassung, welcher sich auch Julius Bartsch (1875) anschloss, soweit sie eben die Teilung des Gedichtes verlangte, in anderen Punkten von Lehrs abweichend.

Gruppe hatte schon in seinem Minos (1859) bemerkt, vom vierzehnten zum fünfzehnten Verse fehle jeder Übergang; bei Vers 15 sei ein Spalt, über den sich nicht hinwegkommen lasse. *Albus ut obscuro* bilde den Anfang des Gedichtes, eines Trostgedichtes wie II, 3, das eben als solches mit Person und Sache anheben, diese nicht gelegentlich nachbringen dürfe, am wenigsten, nachdem sich der Dichter uns zuvor mit seinem Ich, *nec neque* V. 10, in den Weg gestellt. Wollte der Dichter Tiburs Schilderung näher ausführen, so musste dies V. mit 21 geschehen; aber er wollte dies nicht, weil darin kein besonderer Trostgrund lag. Dagegen habe das hier erwähnte Tibur einer fremden Hand willkommenen Stoff zur Vermehrung des Horaz geboten. Lieber wollte Gruppe die Lehre von der durchgängigen Gültigkeit des Lachmannschen Gesetzes aufgeben als in V. 15 nicht den Anfang des Gedichtes sehen.

Im Äakus bleibt er bei seiner Ansicht, 1, 7 15 ff. sei das eigentliche Gedicht, 1—14 eine Erweiterung, stehen, macht nun aber darauf aufmerksam, dass in dem Gedanken, Plancus solle im Weine Trost suchen, sei es jetzt, wo er im Lager sei, sei es künftig, wo er in Tibur verweilen werde, also überall oder jederzeit, nichts anderes liege als: Plancus solle ein Säufer werden, weshalb er denn diese beiden Verse ausscheidet. Auch er macht dann noch auf das nahe Verhältnis aufmerksam, in welchem I. 7 zu Epod. 13 steht.

In letzter Zeit (1880) ist noch C. Bock, wie schon oben erwähnt wurde, für die Teilung des Gedichtes mit grosser Entschiedenheit eingetreten. Er beruft sich auf die Handschriften, auf das Urteil August Buttmanns, dass die beiden Teile in keiner Weise aufeinander verwiesen, ein Urteil, das noch heute in keiner Weise widerlegt sei, auf die gleichen Überschriften und das gleiche Metrum, welche die Zusammenziehung beider Gedichte verschuldet hätten, eine Gedankenlosigkeit, die soweit gehe, dass die Mss. F, obwohl sie die Gedichte richtig, geteilt geben, zu V. 1 die falsche Überschrift *PARAENETICE DICOLOS* brächten, die sich doch nur auf das zweite Gedicht beziehen könne, *quod titium idem Acronis codex non habet* und auf die vielen Fälle von andern anerkannt unrichtigen Zusammenziehungen zweier Gedichte in den Handschriften nicht allein bei Catull, sondern auch bei Horaz selbst.

Die vorstehende Übersicht über den geschichtlichen Verlauf der einen Frage, über den Anstoss, den man immer wieder an der unüberbrückbaren Kluft zwischen Vers 14 und Vers 15 nahm, macht es überflüssig auf alle ferneren Gründe, welche gegen die Vereinigung beider Teile der Ode zu einem Gedichte sprechen, im einzelnen ausführlich einzugehen. Nur einige wenige noch mögen hervorgehoben werden.

Zu ihnen gehört vor allem der Umstand, dass es gegen die Gewohnheit des Horaz, man könnte sagen, gegen alle Gewohnheit ist, dass die Anrede an Plancus erst in der Mitte des Gedichtes steht. Soll überhaupt eine bestimmte Person in einem Gedichte angeredet werden, wird dasselbe gleichsam zu einem Briefe, nun, so setzt doch jedermann, und so thut es auch Horaz, die Anrede an den Anfang des Gedichtes. Ausnahmen haben ihre Gründe; und sollte man jetzt noch sich geneigt fühlen, sofort auch aus Horaz eine ganze Reihe solcher Ausnahmen anzuführen, so wird es sich empfehlen, das Ende dieser Blätter abzuwarten; täuscht die Prognose nicht, so wird sie erheblich beschränkt werden müssen; als Regel aber — das wird jeder zugeben — kann gelten, dass Horaz im ersten Satze der Ode anredet, mag dieser selbst bis in die dritte Strophe hineinreichen. Der Ausnahmen wird sofort eine weniger, und der Anrede wird ihr natürliches Recht, am Anfange der Ode zu stehen, zurückgegeben, wenn wir 1, 7 teilen.

Dass dann das erste Gedicht keine Person anredet, ist nicht allein nicht auffällig, sondern umgekehrt ebenfalls durchaus der Regel gemäss; denn alle derartigen Gedichte, welche einen Gegenstand preisen, bedürfen weder überhaupt einer Anrede, noch auch giebt ihnen Horaz eine solche durchgängig; es wird dann im besten Falle eben nur der Gegenstand selbst angeredet (1, 14, 1, 32, III, 13 etc.), aber keine Person.

Zu diesem Umstande, dem man, wie der Verfolg lehren wird, schon für sich allein ein entscheidendes Gewicht beilegen könnte, gesellen sich Gründe metrischer Natur. Sie werden die letzte Entscheidung herbeiführen.

Schon vor mehr als fünfzig Jahren und später noch einmal hat Grotefend, wie oben bemerkt, darauf aufmerksam gemacht, dass jeder Teil des Gedichtes eine verschiedene Art in dem Einschnitte des Tetrameters und der zweite Teil eine höhere metrische Vollendung zeige. Diese Bemerkung hat man so wenig verstanden, dass z. B. Lübker zu dem Worte Tetrameter hinzusetzt: „doch nur V. 17 und 29!", also in dem Hexameter suchte, was Grotefend in dem Tetrameter gefunden hatte. Jedoch auch diese Bemerkung ist wertvoll, dass die Hexameter in dem siebzehnten und neunundzwanzigsten Verse eine abweichende Cäsur haben (vgl. Orelli zu V. 17), ebenso wie die von Kiessling (1881), dass sich in den vierzehn Versen des ersten Teiles des Gedichtes zwei harte Verschleifungen finden (*unam opus, Anio ac*: dazu kommt noch die weniger harte: *celebrare A*). in den achtzehn Versen des zweiten Teiles überhaupt nur eine, kaum Anstoss erregende: *duce et.* (Auch diese eine würde wegfallen, wollte man unter Benutzung von Bentleys Konjektur lesen:

Nil desperandum Teucri duc i s auspice Phoebo).

Grotefends Bemerkung ist unwiderlegt geblieben und niemand wird behaupten wollen, dass man zwei metrisch grundverschiedene Gedichte, welche sich auch ihrem Inhalte, ihrem ganzen Ton und Charakter nach widerstreben, im Widerspruche gegen gute Handschriften vereinigen dürfe. Die Ausführungen Bisters und A. Buttmanns sind unwiderlegt geblieben, wie sie denn überhaupt unwiderleglich sind. Zarota, Stephanus, Scaliger, Heinsius, Dacier, Sanadon, Dorighello, Baden, Graeve, Bister, Grotefend, G. Hermann, Döderlein, A. Buttmann, Martin, Gruppe, Schwerdt, Keller (1864) Lehrs, J. Bartsch, Bock sind fast ebensoviele Autoritäten für die Teilung der Ode, ihre Gründe sind Legion. Was, darf man billig fragen, was hat die Arbeit dieser Männer, unter welchen sich doch die grössten Gelehrten befinden, genutzt, was hat sie gefördert? Die Ode ist heute wie ehedem ungeteilt! Wenn aber die Horazforschung nicht immer wieder in Still-stand geraten, es nicht gestattet sein soll, jeden Schritt, der vorwärts gethan wird, einfach zu ignorieren und immer wieder zu dem früheren Standpunkte zurückzukehren, in welchem Falle es doch in der That besser wäre, man druckte einfach den Parisinus A ab — allerdings teilt auch er I, 7 — und enthielte sich fortan jeder wissenschaftlichen Kritik welcher Art sie auch sei, so erscheint es nötig, wenigstens an einem Punkte einmal eine Frage zum Austrage zu bringen. Ist deshalb die gegenwärtige Untersuchung von vornherein nicht vor der Gefahr zurückgeschreckt, die Erörterung der Teilbarkeit von I, 7 könnte einen zu grossen Umfang gewinnen, so soll uns auch jetzt nicht die Mühe verdriessen, das metrische Material in möglichster Vollständigkeit herbeizuschaffen, damit jedermann jeden Augenblick in der Lage sei, selbst zu urteilen, zu entscheiden. Es handelt sich darum, wie im Eingange dieser Blätter gesagt wurde, Thatsachen zu gewinnen. Dem Verstande ist es ja möglich, auch die entferntesten Gegenstände, wenn nötig, die menschliche Seele mit der zerrissenen Schuhsohle (Shakespeare, Julius Cäsar I, 1) das Kamel und das Nadelöhr, mit einander in die engste Verbindung zu bringen, und welcher Einsichtige wird es leugnen wollen, dass, wie der Frühling und der Tod (I, 4), Archytas und ein Schiffbrüchiger, Wintersturm und Schnee und die laue Sommernacht (I, 9), Bestechung und Horaz (III, 16), eine Fahrt zu Lande und Galatea, die den Namen einer Meernymphe trägt (III, 27), so auch Plancus und Tibur zusammengebracht werden können; sammelt doch der Dichter, wie Goethe sagt, das weit Zerstreute. Aber jeder Vorurteilslose wird auch zugeben, dass diese Art der Vereinigungen des Gegensätzlichen dem Witze eigentümlich sind, dem Wesen der Poesie widerstreiten. Leider unterliegen die dem Gebiete der Ästhetik entnommenen Beweise, ob sie gleich an und für sich vollgültig und durchaus nicht weniger objektiven Charakters als jeder andere der innersten Natur einer Sache entnommene

Grund, je nach dem Grade der Fähigkeit, echte Dichtung als solche zu empfinden, und je nach dem Grade des guten Willens, der entgegengebracht wird, subjektiver Schätzung. Es ist daher nötig, für unsere Frage Beweise so zwingender Kraft beizubringen, dass sie nur noch leugnen kann, wer eben leugnen will, und wäre es selbst, dass drei eine ungerade Zahl ist, oder dass die Sonne am hellen Tage scheint. Es giebt allerdings auch solche Geister.

Es möge darum hier das vollständige metrische Schema von I, 7 derart folgen, dass zuerst die Hexameter, dann die Tetrameter für sich allein stehen, die der einzelnen Teile durch einen kleinen Zwischenraum getrennt. Sämtliche Einschnitte, welche durch Wortausgang entstehen, sollen bezeichnet werden; eben so die der Interpolation verdächtigten Verse 19—21.

I, 7 [a.]

Schon die vorstehenden Schemata des Hexameters beider Teile heben sich strenge von einander ab. Das erste Gedicht beobachtet ausnahmslos die Penthemimeres und gleichzeitig besteht der dritte Fuss durchweg aus einem Spondeus. Umgekehrt lässt der Dichter des zweiten Teiles im neunundzwanzigsten Verse nicht nur einen Einschnitt nach dem dritten Trochäus zu, sondern dieser und der siebzehnte Vers hat auch zur Hauptzäsur die Hephthemimeres und zwar nicht etwa auf Grund eines unsicher ausgeprägten Rhythmus, sondern im Gegenteile, die beiden Verse

perpetuos | sic tu sapiens | finire memento

und

ambiguam | tellure nova | Salamina futuram

lassen die Absicht des Dichters deutlich erkennen, einen durch syntaktische Gliederung und durch die Trithemimeres neben der Hephthemimeres wohlklingenden Vers zu bilden. Ebenso besteht umgekehrt der dritte Fuss des zweiten Teiles nicht durchweg aus einem Spondeus, wie dies im ersten Teile der Fall ist, sondern dreimal aus einem Daktylus. Diese drei Merkmale, die Zäsur, der Einschnitt nach dem dritten Trochäus und die gegensätzliche Behandlung des dritten Fusses reichen aus, um in den metrischen Prinzipien beider Gedichte zwei grundverschiedene Individualitäten zu erkennen. Dazu kommt noch eine Anzahl anderer Abweichungen, welche zwar nicht so augenfällig wie jene, aber doch darum nicht ganz unwichtig erscheinen. Es sind besonders die folgenden.

Viermal unter sieben Fällen zeigt der erste Teil einen Einschnitt nach der ersten Länge des zweiten Fusses, nur zweimal unter neun Fällen der zweite Teil, jener viermal nach der ersten Länge des vierten, dieser fast durchgängig; viermal lässt jener die Diärese nach dem vierten Fusse zu, dieser nur dreimal; auf dem Raume von der siebenten bis zur dreizehnten Stelle des Hexameters zählt der erste Teil, welcher seinem ganzen Umfange nach als überwiegend aus Spondeen gebildet erscheint, in seinen sieben Versen, also auf neunundvierzig Stellen nur vier Kürzen, der zweite Teil bei nur einem Hexameter (*sen —tui* bleibt ohne Einfluss), also nur sieben Stellen mehr deren zwölf! Der Hexameter des ersten Teiles lässt kein einziges Mal einen Wortschluss nach dem Ende des dritten Fusses zu, wohl aber wiederholt der des zweiten Teiles; umgekehrt findet sich nicht ein einziger Wortschluss nach der Länge des fünften Fusses in dem zweiten Gedichte, wohl aber in dem ersten ein Mal; nur ein Mal findet sich wiederum ein Wortschluss nach der fünften Stelle in der ersten Hälfte, dreimal in der zweiten (darunter einer in Vers 21). Erwähnenswert erscheint noch, dass die beiden Kürzen des zweiten Fusses regelmässig mit einer Länge an derselben Stelle wechseln, so dass die Figur des Quincunx entsteht. Läge es nicht zu fern, etwas derartiges zu vermuten, man könnte sich versucht fühlen, an eine Absicht dabei zu glauben. Thatsache ist, dass der Verfasser von 7ᵃ den Hexameter so bildete, dass die Hälften die gleiche Gestalt zeigen, nämlich

$$- \breve{~} - \breve{~} - - $$
$$- - - \breve{~} - \breve{~}$$

Darum braucht man noch nicht zu behaupten, dass er seine Absicht gerade in dieser Form verfolgte; schneidet doch die Penthemimeres in die erste Hälfte ein.

Es möge nunmehr das Schema der Tetrameter beider Gedichte folgen.

I, 7ᵃ·

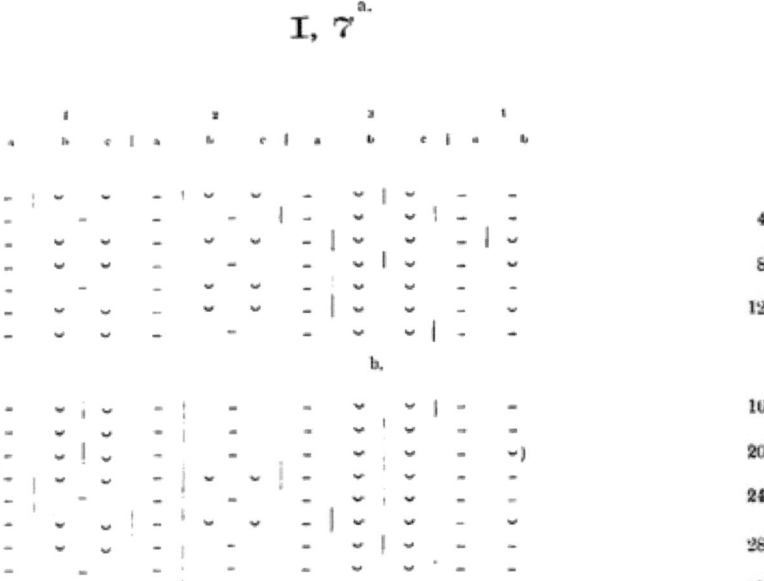

Noch schärfer als die verschiedene Gestaltung des Hexameters tritt die des Tetrameters in den beiden Gedichten hervor. Durchgehends hat, wie wir aus obigem Bilde ersehen, der des zweiten Teiles die Trithemimeres, nicht aber der des ersten, welcher vielmehr trotz mehrfacher Ansätze einen regelmässigen Einschnitt nicht erkennen lässt. Von dem achten Verse dieses Gedichtes, *plurimus in Janonis honorem*, darf man behaupten, dass er eine Cäsur, falls zu derselben mehr

als nur ein Wortausgang, nämlich ein grammatischer oder logischer Ruhepunkt gehört, überhaupt nicht hat. Kein Einschnitt dagegen findet sich nach der zweiten
Stelle im ersten Teile, wohl aber treffen wir deren zwei (drei) in dem zweiten; nur
einen nach der dritten Stelle in sämtlichen acht (neun) Tetrametern der zweiten
Hälfte, aber vier in den nur sieben der ersten; nur einen in eben jenen nach
der siebenten, aber dreimal in diesen. Bestand der dritte Fuss des Hexameters in
7^a nur aus Spondeen, in 7^b dreimal aus Daktylen, so scheinen hier die Rollen
gewechselt zu sein; denn in 7^b weist der zweite Fuss des Tetrameters überwiegend
Spondeen, in 7^a überwiegend Daktylen auf, wie denn überhaupt 7^a sechszehn Daktylen
in den $3 \times 7 = 21$, 7^b nur eben so viele in den $3 \times 8 (9) = 24 (27)$ ersten Füssen des Tetrameters zählt, so dass also 7^a den Hexameter wesentlich aus Spondeen mit der Penthemimeres, den Tetrameter wesentlich aus Daktylen und ohne einen bestimmten Einschnitt, 7^b aber den Hexameter mehr aus Daktylen ohne die regelmässig wiederkehrende Penthemimeres, den Tetrameter mehr aus Spondeen mit der Trithemimeres
bestehen lässt. Ebenso überwiegen die Spondeen hier auch in dem letzten
Fusse des Tetrameters; denn von jenen sieben Versen gehen vier auf eine Kürze
aus, von diesen acht (neun) nur zwei; überhaupt zählt 7^b in acht Tetrametern
dreizehn Spondeen gegen neun in den sieben Tetrametern des ersten Teiles. Ein
einsilbiges Wort bildet einmal den Schluss des Verses in 7^b; der Verfasser von 7^a,
in welchem letzteren ohne Rücksicht auf *sen—tui* sich auch sonst einsilbige
Wörter finden, lässt sich dies nicht zu Schulden kommen. Fünf der acht Tetrameter
in 7^b enden auf einen Bacchius, nur ein einziger der sieben in 7^a. Hatten wir
oben die Bemerkung nicht unterdrücken können, dass die Längen und Kürzen der zweiten
und dritten Stelle des zweiten Fusses des Hexameters im ersten Gedichte im Quincunx
stehen, so dürfen wir noch weniger hier verschweigen, dass sich dieselbe auffallende
Erscheinung im Tetrameter desselben Gedichtes wiederholt, nur dass der zehnte und
zwölfte Vers beide an gleicher Stelle Kürzen haben. Es fällt dieser Umstand wunderbar mit der oft gemachten Bemerkung zusammen, dass das erste Gedicht etwas
kurz abbricht, selbst wenn man zugiebt, dass ein etwas pointierter Schluss erwartet
werden kann; umsomehr muss dies Zusammentreffen auffallen, als beiden Versarten,
dem Hexameter wie dem Pentameter, je ein Vers mit einem Spondeus im zweiten
Fusse zur Vollendung der regelmässigen Figur fehlt, also auf den Ausfall eines
Distichons genau desselben Baues wie die übrigen geschlossen werden könnte.

Diese durchgreifende Verschiedenheit im Bau des Tetrameters wird man
nicht sowohl in einer modificierten Ansicht eines und desselben Dichters, als
vielmehr in gegensätzlichen Prinzipien suchen müssen. Man wird kaum von der
Wahrheit abirren, wenn man vermutet, dass der Verfasser des ersten Gedichtes
seinen Tetrameter catal. in disyllabum aus dem Hexameter durch Verkürzung um

die ersten beiden Füsse entstanden glaubte, dass er ihm darum auch einen regelmässigen Einschnitt nicht gab. Diese Auffassung des Tetrameters finden wir bei *Servius de metris Horatii* (470 K.): *Septima ode dicolos est distrofos. nam prior versus heroicus est — —, secundus vero tetrametro acefalo eius efficitur,* eine Theorie, die sich durch das ganze Mittelalter hindurch bis in die Drucke des funfzehnten und sechszehnten Jahrhunderts hinein erhalten hat. Denn in Übereinstimmung mit dieser Auffassung sagt auch die Zusammenstellung der Metra, welche die Baseler Ausgabe des Cartander, befürwortet von Nikolaus Michael *Aradunensis* (— sie wird gewöhnlich auf 1520 gesetzt, kann aber dem Datum der Vorrede nach erst 1521 fertig geworden und ausgegeben sein —) unter der Aufschrift: *Genera metrorum* giebt: Ode VII — — *Secundus autem quisque est Dactylicus Alcmanius (sic) Tetrameter Catalecticus, habens quatuor ultimos pedes Heroici versus;* ebenso die *metrorum compositiones* im Cod. Guelpherbytan. 81. 38 (Pauly 1858): *Septima ode dicolos est distrophos; nam primus heroicus est — —; sequens ex tetrapodia ultima constat heroica.* Noch weniger Gefahr laufen dürfte man in der Vermutung, dass der Verfasser des zweiten Teiles nach der Theorie seiner Zeit, welche immer dieselbe gewesen sein mag, die von ihm gewählte Form zwar ebenfalls für aus dem Hexameter durch Verkürzung entstanden hielt, aber nicht durch Abschneidung der beiden ersten, sondern der beiden letzten Daktylen, und dass er eben darum diesem Verse, der also dann den vier ersten Füssen des bukolischen Hexameters entsprach, auch diejenige Zäsur zueignete, welche am besten die Diärese nach dem vierten Fusse unterstützt, nämlich die Trithemimeres. Legt er doch auch darin eine, wir sagen nicht bessere, aber doch fortgeschrittenere Auffassung an den Tag, dass er in dem Hexameter die Hephthemimeres zulässt.

Sollen wir es denn nun wohl für Zufall halten, dass wir bei Victorinus (114 ff. K.) beide Formen des Tetrameters ausführlich entwickelt finden, und dass er die Beispiele für beide, von ihm in scharfen Gegensatz gestellten Bildungsweisen, I, 7 entnimmt, aber derart, dass er für die erstgenannte Form einen Vers aus dem ersten Teile, für die soeben in zweiter Stelle erwähnte zwei Verse aus dem zweiten Teile der Ode wählt? Es erscheint dieser Umstand doch in der That so wichtig, dass er einer kurzen Erörterung wohl wert sein dürfte.

Den Tetrameter bildete Archilochus, sagt Victorinus, indem er die beiden Typen in umgekehrter Folge entwickelt, erstens durch Abschneidung der beiden letzten Füsse des Hexameters und gewann so die *tome tertia* des heroischen Hexameters, die βουκολική, *quae quarto pede semper sensum claudente distinguitur ideoque a Graecis sic appellatur, quod bucolici carminis haec lex sit, ut versus eius ea observatione firmetur, ut ante duos ultimos quarto pede terminet aut partem orationis aut sensum. — — — igitur hi tetrametri heroo hexametro subnexi scitum admodum epodum carminibus dabunt, ut apud Horatium* nil desperandum Teucro duce et auspice Teucro,

dehinc:

certus enim promisit Apollo,

quae dactylo pede clausa alcmanicum, spondeo autem archilochium metrum efficit. —
— — Dehinc huic tetrametro similem e contrario speciem commentus est, nam detractis hexametro non ut in superiore ultimis, sed primis duobus pedibus, tetrametrum hujus modi induxit, velut „Damoetas" e. q. s. — ex hoc igitur tetrametro aliam epodi speciem informavit, e quo genere apud Horatium tales epodi inducuntur, ut in illo,

laudabunt alii claram Rhodon aut Mitylenen,

cui hexametro hanc epodon subdidit,

aut Epheson bimarisve Corinthi,

ut diximus, e tetrametro compositam; dehinc

moenia vel Baccho Thebas vel Apolline Delphos,

post

insignis aut Thessala Tempe.

Es erscheint unmöglich zu leugnen, dass Victorinus dieselben Gegensätze, welche er in den beiden Bildungswegen des Archilochus erkannte (*„e contrario"*), auch in diesen dem Horaz entlehnten Beispielen sah. Auch ist es nicht zweifelhaft, dass er dieselbe darin begründet und ausgesprochen fand, dass die durch Abschneidung der beiden letzten Daktylen aus dem Hexameter gebildeten Tetrameter allemal einen Gedanken oder wenigstens einen Teil eines Satzes schlössen, wie denn

certus enim promisit Apollo

ein solcher vollständig abschliessender Satz ist; dass dagegen dem durch Abschneidung der ersten Daktylen entstehenden Verse ein Sinn- oder Satzschluss in dieser Weise als eigentümlich nicht zuerkannt werden könne. Prüfen wir daraufhin die sechszehn Tetrameter der siebenten Ode, indem wir die Ungeschlossenheit des Sinnes durch einen Strich (—) vor oder nach dem Verse andeuten, so stellt sich folgender Sachverhalt heraus.

I. 7.

saepe Notus nec parturit imbres   16
— tristitiam vitaeque labores
— castra tenent seu densa tenebit —   20
cum fugeret, tamen uda Lyaeo —
sic tristes adfatus amicos: 24
ibimus, o socii comitesque!
certus enim promisit Apollo,   28
o fortes peioraque passi,
cras ingens iterabimus aequor.   32

Zu unserer Überraschung ergiebt sich, dass uns in 1, 7[a] einerseits und 1, 7[b] andrerseits die beiden Formen des Tetrameters, wie sie Victorinus als gegensätzliche charakterisiert, nicht etwa nur, wie man bisher glaubte, zufällig und in einzelnen Versen, sondern fast fortlaufend durch je ein ganzes Gedicht erhalten sind. Man kann vielleicht über die Auffassung einzelner Verse in 7[b] (16. u. a.) verschiedener Meinung sein, in der Hauptsache ist ein Zweifel nicht möglich. Von den vierzehn Stellen in 7[b] bildet die letzte keine Ausnahme, da sie nur als das Ende des Gedichtes, nicht aber den Worten nach einen Abschluss enthält. Der sechszehnte und der zweiundzwanzigste Vers lassen sich unter Umständen beide noch für nicht ganz gegen die Regel streitend ansehen, welche letztere vielleicht überhaupt nicht allzu ängstlich auf jeden einzelnen Tetrameter ausgedehnt sein will; der achtzehnte Vers giebt einem Gedanken wenigstens seinen Abschluss, wenn er ihn auch nicht selbstständig umfasst. Dagegen widerstreitet der Regel offenbar der der Interpolation verdächtigte zwanzigste Vers, ein neuer Verdachtsgrund gegen seine Echtheit. Angesichts der Thatsache jedoch, dass die beiden ersten Tetrameter des zweiten Teiles sich der Regel durchaus nicht so willig fügen wie die folgenden, angesichts auch der einzigen Diärese nach dem zweiten Fusse des Hexameters desselben Teiles möge es gestattet sein, darauf hinzuweisen, dass die ersten Verse bis zu dem Worte *mero* (*tui*) mit den folgenden, mit Teucer beginnenden, syntaktisch in keiner Verbindung stehen und den Eindruck unorganisch vorgesetzter Worte machen. (Vgl. IV, 15 *Phoebus — darem. Tua Caesar, aetas et.*) Übrigens ist klar, dass von dem Augenblicke an, wo etwa die beiden Oden in eine zusammengezogen wurden, die Wahrscheinlichkeit dafür sprach, dass von den beiden Traditionen über die verschiedene Art des Tetrameters sich diejenige am ehesten erhalten würde, welche dem ersten Teile derselben angehörte, diejenige aber verloren gehen musste, welche jetzt erst in dem zweiten Teile des nunmehr den Anspruch auf Einheit erhebenden Gedichtes auftrat. So erklärt es sich leicht, weshalb wir bei Servius und Späteren ausschliesslich nur die eine Entstehungsweise des Tetrameters aus dem Hexameter, nämlich die durch Abschneidung der ersten beiden Daktylen erwähnt finden.

Es war also zwar keineswegs erschöpfend, aber vollkommen begründet, was Grotefend bezüglich der metrischen Natur beider Gedichte aussagte. Denn ohne dass man gerade auf jeden einzelnen der aufgeführten Punkte ein entscheidendes Gewicht zu legen braucht, lässt sich mit der grössten Sicherheit behaupten, dass durch die mehrfache wesentliche Verschiedenheit der Bildung des Hexameters einerseits und des Tetrameters andrerseits die beiden Teile des Gedichtes sich als metrisch nicht bloss differente, sondern geradezu gegensätzliche Individualitäten konstituieren, eine Thatsache, welche einem Zweifel ferner nach keiner Seite hin unterliegen kann.

Verlangen denn also, wie wir nunmehr erkannt haben, entscheidende Gründe der mannigfachsten Art die Teilung der Ode, so ist es wohl Zeit zu fragen, wie sich die handschriftliche Überlieferung hierzu verhält. Da begegnen wir denn aller Orten Zeugnissen für dieselbe. Der ältere Heinsius sagt (1629) zu Vers 15: *Equidem nullam hic cum superioribus connexionem video.* Illustris Scaliger in libri sui margine notarat: *hic in veteri codice ode dividebatur, cujus erat inscriptio: Exhortatio ad bene vivendum ad Plancum. In duabus quoque manu exaratis, quibus usi sumus codicibus sequentia distincta erat. Quorum et.* Noch bezeichnender sagt H. Stephanus: *Caeterum quod attinet ad Odarum nec non ad Epistolarum numerum, lectorem monendum putavi, me posteriores potius editiones quam priores in eo sequutum esse. Nam in quibusdam ante multos annos excusis exemplaribus Odae libri primi plures nec non Epistolae numerantur: quod unam Oden in duas partiti sint, itidemque ex una Epistola duas fecerint. Nam Ode septima, cujus initium est: Laudabunt alii claram Rhodon aut Mitylenen, clauditur ibi hoc versu: Mobilibus pomaria rivis. ita ut hic versus: Albus ut obscuro detergit nubila coelo Saepe Notus, aliam inchoet. Hoc autem ne quis miretur, etiam in plerisque libris vetustis versus illos in duas Odes distribui sciat.* Wenn er hier von den vor vielen Jahren gedruckten Ausgaben spricht, will ich nur erwähnen, dass die Editio princeps des Zarota die Ode ebenfalls geteilt giebt. Ausserdem darf nicht vergessen werden, dass manche der Handschriften, welche nicht eine neue Ode numerieren, doch eine neue Überschrift geben, andere eine Zeile offen lassen oder eine Initiale haben. Man kann dreist behaupten, je älter die Codices, desto mehr darf man in der Regel auf die Teilung von I, 7 rechnen, so in Deutschland, so in Holland und Frankreich.

so in Italien, so in Schweden und Dänemark und so in Spanien. Vgl. Hauthals
Bericht über den Codex Heinianus s. Barcellonensis; ebenso Grävius und Bothe und
was letzterer über die Codd. Vanderbourgs und den C. Mozenigianus äussert. So sagt
auch Valart: Alia praeterea quaedam notanda mihi visa sunt. Ac primo quidem a
Carmine uno bis feci geminum, scilicet in Carmine VII libri I, jubentibus omnibus
quos vidi Codicibus: iterum in Carmine VI libri IV, suadente ipso contextu. Ebenso
teilen die Leipziger Handschriften; und der Recens. cod. Ms. Chartacei Bibl. Acad.
Altorf. 1769 besagt: In codice chartaceo — ode VII incipit a versu 15 hujus odae.
Reliqua autem huius odae, quae praecesserant, addita sunt odae sextae; ebenso der
cod. membran. 1051 und die Rostgaardsche Handschrift („Fridericus Rostgaard emit
Venetiis 1699.") der Königlichen Bibliothek in Kopenhagen. „Here begins a new
Ode" sagt ebenso Wickham in seiner Collation of Ms. in Library of Queen's College,
Oxford. Von dem Codex in Upsala heisst es nach der Beschreibung von C. Auri-
villius Tom. 1 Act. nov. Societat. Reg. Upsal. p. 110: „Carmen VII lib. I in duo
divisum." Oft liegen in dieser Beziehung Nachrichten verborgen, wo man sie kaum
ahnt. So z. B. giebt Locher I, 7 und I, 7[b] als eine Ode; aber, vorgedruckt (1497/8)
den Gedichten der Horaz, teilt er uns Perottis „annotatio generum metrorum, quibus
usus est Horatius" mit. Da lesen wir unter dem siebenten Metrum: *Scribit hoc
metro quatuor odas:*

> Laudabunt alii et.
> *Albus ut obscuro et.*
> Te maris et terrae et.
> Quid tibi vis et.

Da Perotti in der Vorrede zu seinem libellus de metris odarum Horatii,
sich auf Bessarion beziehend, an seinen Bruder schreibt, er erfreue sich eines so
gütigen Herrn, ut octavum me iam annum non solum domi sed intra secretiora
cubilia ad castissimi corporis sui curam tenuerit teneatque, da er bald nach 1452
nach Rom kam und nach dem Breve Pabst Calixts III vom 8. Juli 1456 schon zu
ebenderselben Zeit päpstlicher Sekretär war, so gewinnen wir mit dieser, wie es scheint,
bisher übersehenen Notiz über diejenigen Handschriften, deren sich Perotti bediente,
oder denen er folgte, ein Zeugnis, welches noch mehrere Jahre über Zarota hin-
aufreicht. (Perottis Traktat ist erst 1497 gedruckt worden. — Vgl. bezüglich der qu.
Zeitbestimmungen Dissertaz. Vossiane, d' Apostolo Zeno, 1, 256—74; les Mémoires de
Nicéron, tom. IX und Tiraboschi, VI, 1130—1133.) Dass ferner selbst Locher, mag
er immerhin nur achtunddreissig Oden im ersten Buche zählen, dennoch sich auf
Quellen stützt, welche ebenso zählen wie die besten Manuscripte, beweist u. a. ein
Scholion, welches er zu IV, 6 giebt. Dort heisst es: „doctor argutae Thaliae lib. I
autem ode XXXIII dictum est apollinem cithare ejusque musice inventorem fuisse."
Es kann mit dieser Stelle nur I, 32 extr. gemeint sein und die Ziffer ist kein Druck-

fehler, sondern geht auf eine ältere Zählung zurück, nach welcher eben 1. 7 als 1, 8 aufgeführt worden war. Wie viele derartige Angaben sind wohl in unseren heutigen Quellen stillschweigend als unrichtig verändert worden, wenn sie zu anderer Zählung nicht stimmten! Kaum würde es lohnen, bei dieser einen Augenblick stehen zu bleiben, wenn sie nicht Gelegenheit gäbe, eine andere Frage zum Austrage zu bringen. Bentley sagt bekanntlich von Lochers Ausgabe: *hace non ex exemplaribus Italis iamdudum editis, sed ex manuscriptis Germanicis expressa est* und Locher wird deshalb mehr oder minder den letzteren gleichgesetzt. Nun aber lässt sich grade durch die obigen mit seiner eigenen Zählung nicht übereinstimmenden Worte beweisen, dass er mindestens für seine Scholien eine italienische Ausgabe benutzt hat; jene Worte sind nämlich Antonio Mancinelli (1492) entlehnt, welcher ebenfalls sagt: *Lib. I ode antem 32 dicimus Apollinem Cytharae Lyraque Musicae inventorem fuisse.* Ein nicht günstiges Licht auf Lochers Art zu arbeiten wirft es, wenn man nun findet, dass er selbst 1. 32. 13 keineswegs in dieser Weise erklärt, wohl aber Mancinelli eben dort Phöbus den Erfinder der Lyra nennt. Ein Vergleich des Locherschen Textes dürfte diesen als mit Mancinellis Rezension in näherer oder fernerer Verbindung stehend erweisen. Dasselbe Sachverhältnis, dass nämlich achtunddreissig Oden im Texte, aber 1. 7 als zwei Oden in Perottis Abhandlung aufgeführt wird, finden wir auch in der obenerwähnten Basler Ausgabe des Horaz von 1520,1, und noch in manchen anderen Ausgaben würde sich vermutlich dasselbe Verhältnis nachweisen lassen; der Traktat des Aldus Manutius jedoch giebt nur die in den späteren Drucken üblichen drei Oden im alkmanischen Versmasse.

Wozu jedoch die einzelnen Notizen über die Handschriften sammeln, während wir doch in einer Zeile die umfassendste Auskunft bei Keller und Holder finden! Die kleine Ausgabe von 1878 machte bekanntlich die in der grossen Ausgabe von 1864 vollzogene Teilung wieder rückgängig, und die Epilegomena berufen sich mit ihr auf „eine gute Anzahl Handschriften;" sie sind oben S. 34 angeführt. Welche Zeugen stellt denn nun die Ausgabe von 1864? Sie sagt: *Novam faciunt incipiunt A F* γ *δ* ι ι ι *η* ς *(a β δ σ g h* ι *p s λ) opp. expos. metr. Porphyr. Diomed. Victorin.* Das heisst denn doch nichts Anderes, als dass eine erdrückende Überzahl der besten Autoritäten, gegen eine verschwindende Minderzahl steht. Denn die Codd. Parisini 7900, 7974, 7971, 7975, 7972, 10310, 7973, 8213, 7976, der Turicens. carol. 6, der Heinianus, Bernensis 21, Sangall. 10, Gothan. B. 61, Nostrad. 184, 8214, Sorbonn. 1578 und 8213, also die angesehensten Handschriften des neunten, zehnten und elften Jahrhunderts und der Gothanus zeugen für die Teilung von 1. 7, und wenn man von einer **konservativen** Kritik in dieser Frage sprechen wollte, so könnte dieselbe, wenn ihr Name einen Sinn haben soll, ihre Aufgabe thatsächlich doch nur darin sehen, diesen handschriftlichen Thatbestand gegen den erst nach der Erfindung der Buchdruckerkunst eingerissenen Missbrauch zu schützen und dem ersten Buche der Oden wenigstens neununddreissig statt achtunddreissig Gedichte zu erhalten. Reichten doch die handschriftlichen Zeugnisse allein Scaligers und Heinsius' hin, um Lud. Poinsinet de Sivry zu veranlassen, in seiner zu wenig gekannten Ausgabe des Horaz (Paris 1777) unsere Ode zu teilen, und nur darum ist er oben nach Sanadon, Francis und Dorighello nicht aufgeführt worden, weil ihm diese Zeugnisse dazu genügen und er weitere Gründe nicht hinzufügt; denn er ist der Ansicht, dass der Inhalt der einzelnen Teile sich selbst genugsam als ein selbständiger ausweise, so dass alle fernere Erörterung überflüssig sei. Die Oden der Horaz hätten ursprünglich weder Inhaltsangabe noch Überschrift gehabt; so seien Gedichte gleiches Metrums aus Unwissenheit zusammengeschrieben, welche doch in andern Manuscripten durch besondere Überschriften sich als selbständige erwiesen. — „Cette seule considération nous justifiera auprès des Savants, et leur fera reconnoître la nécessité qu'il y avoit de tenter un nouveau travail sur la juste et véritable division des Odes de notre Auteur, celle qui a subsisté jusqu'ici étant également suspecte et défectueuse!"

Von den Zeugen, welche Keller gegen die Teilung von I, 7 anführt, ist Victorinus schon berührt worden. Ausser ihm gehört Porphyrio zu denselben. Wo er ein ausdrückliches Zeugnis ablegt, einer Lesart oder der Teilung einer Ode entschieden widerspricht, da, sollte man meinen, müssen auch die Handschriften schweigen; denn er hat ein vielleicht um sechs Jahrhunderte höheres Alter als die älteste derselben für sich. Er sagt zu Vers 15 (Meyer): *Hanc oden quidam putant aliam esse, sed ita non est, nam et hic ad Plancum loquitur, in cujus honorem et in superiore parte Tibur laudavit. Plancus enim inde fuit oriundus.* Man könnte die Worte *nam — laudavit*, da sich eine direkte Anrede im ganzen ersten Teile des Gedichtes nicht findet, in die Worte: *nam — et in superiore parte Tibur laudavit* zusammenziehen; es sind symbolische Worte; denn der Geist, der aus ihnen spricht, beherrscht, wie nachgewiesen werden wird, die gegenwärtige Anordnung sämtlicher Gedichte des Horaz. Für den Augenblick beschäftigt uns nur die Frage, ob der Grund des Porphyrio stichhaltig ist. Die Fassung seiner Angabe: *„Hanc oden"* (nicht etwa: *Hanc partem* oder *Hinc incipiunt*) bezeugt, dass der Schreibende I, 7 geteilt vor sich liegen hatte. Die Worte aber: *„nam et hic ad Plancum loquitur,"* welche doch allein noch als ein entscheidendes Moment übrig bleiben, verraten ein lediglich subjektives und so seichtes, des Porphyrio unwürdiges Urteil, dass man füglich fragt, ob es denn auch von ihm selbst herrühre. Zur rechten Zeit kommen uns hier Hauthals Prolegomena seiner intendierten Leipziger Ausgabe (1859) zu Hülfe. Es sagt dort (*Elenchus subsidiorum* S. 20) über den Codex *Parisiensis 7988:* — — *liber splendidissimus, pictus ac multa arte ornatus.* — — *Distinctus quidem est liber carminum secundus, tertius, singulae autem Odae continuis*

numeris significantur, ita quidem ut e. gr. libri II oda secunda annexatur
„XLI ode“. Ebenso bemerkt er S. 22 zu dem dem elften Jahrhundert angehörigen
Codex Romanus Urb. 359 (Cod. h) und Ottobon. 1379 (Cod. 3): *Duos hos codices
quibus alii ejusdem stirpis ut Rom. Urbin. 398 (a) accedunt, ex eadem fonte fluere
patet quoque ex continuo odarum ordine, quae distinctionis nulla per libros singulos
ratione habita numerantur, ita ut e. c. prima libri III sit „ode LX“. Idem
factum est in Acrone et.)* Also Porphyrio hatte im Codex R. und so auch wohl in
andern alten Abschriften im ersten Buche nicht achtunddreissig, sondern neununddreissig Gedichte. Fragen wir Hauthals Berliner Ausgabe des Acro und Porphyrio, welche Ode denn diejenige gewesen sei, welche Porphyrio überzählig hatte, so
giebt sie uns folgende Auskunft: Ode VII *Laudabunt etc.* „Porph. Ode VII — E.
Ode VIII: „Porph. Ode IX *ad lidiam* R.“ Da keine Spur auf eine andere Ode verweist, so lag dieselbe offenbar zwischen dem Anfange von I. 7 und dem von I. 8,
d. h. also, es war I, 7. 15—32. „Und die Inhaltsangabe der Ode bei VII. 1: *Hora ubi Munatium Plancum consularem alloquitur et,* und seine obige Bemerkung zu Vers 15?“
Hauthal (1859) sagt: „*Inscriptiones modo adsunt, modo numeri tantum, modo neutrum.*“ Ich glaube, wir gehen nicht fehl, wenn wir annehmen und das wäre wohl
keine neue Annahme, dass Lemmata, Aufschriften u. a. erst später aus den Überschriften, die man zu den Gedichten gemacht, in den Porphyrio hineingekommen,
nicht aus ihm entnommen sind und streichen getrost so das erste Lemma zu Vers 1,
wie das zweite zu Vers 15 (Vgl. oben Sivry). Wir werden auch weiter unten aus
zwei anderen Stellen den Schluss ziehen dürfen, dass Porphyrio seine Commentare
vor der Herstellung der jetzigen Zählung der Oden schrieb.

Acro stimmt, wie es scheint, für die Einheit der Ode; denn seine Nummern
laufen weiter fort (Ode VIII = VIII). Aber auch er lässt uns dieses Urteil nicht. Von
dem Codex A des Acro, „*qui primum locum obtinet,*“ (Cod. Parisinus 7900) aus
dem neunten Jahrhundert, also der in jeder Beziehung ältesten und besten Quelle,
bemerkt Hauthal zu dieser Stelle: „*In cod. Acronis nova ode lit. initiali maiore
qua od. Horatii caret, significata est, utrraque habet inscriptionem Hortatur Plancum
ad voluptatem, item, in γ cum inscriptione ad plancum munatium gratiam bene
vivendi“* — et. Ich glaube, es kann keinen stärkeren Beweis für die althergebrachte Teilung der Oden geben, als eben diesen; denn der Kommentar des Acro
hat die Selbständigkeit der Oden sogar dem Horaztexte gegenüber behauptet,
welcher bei I, 7. 15 die Initiale wegliess. Aber nicht allein das, sondern
auch der Text des Acro selbst verrät auf das deutlichste, dass auch er sich
auf eine geteilte, nicht auf eine einheitliche Ode bezieht: *Laudabunt alii claram
Rhodon. Munatium Plancum alloquitur, virum consularem, Tiburs laudat et
cuius gratiam dicit, cum diversis poetis studium sit, diversas insulas oppidaque
certorum numinum gratia celebrare carminibus, sibi Tiburtem regionem esse*

10*

lardacdam, cuius uoluptate capiatur uel amoenitate et Albuneae Nymphae et. —
— Sed hac ode Plancum hortatur, ut curas uoluptatibus relaxet, exemplo
Teucri Telamonii. Ist es möglich dieses *Sed hac ode* anders zu erklären als durch
die Zusammenziehung zweier Argumente in eines?

Angesichts aller dieser Gründe darf man wohl jedem derjenigen, welche sich
in Zukunft noch etwa versucht fühlen sollten, für die Einheit von I, 7 eine Lanze
zu brechen, mit Recht die Frage entgegenhalten: Weshalb? Wem zum Vorteile?
Wem zu Liebe? Die Handschriften fordern es nicht; der Gedankengang verbietet
es; andere Gründe stehen entgegen; der Dichter verliert! Dass man im besten Falle
die Möglichkeit nachweist, die beiden Gedichte durch einen lockeren oder gar
eingelegten Faden zu verbinden — und mehr ist nie erreicht worden — das ist
kein Beweis für die Notwendigkeit der Sache. Nur in einer kritiklosen
Zeit hat sich der Gebrauch, die Gedichte zu vereinigen, in die Drucke eingeschlichen;
weshalb denn also mit Gewalt vereinen wollen, was ohne Zwang sich nicht fügt!

Es bleibt nur übrig, noch ein Hindernis hinwegzuräumen: es ist ein selbst-
geschaffenes. Im Eingange dieses Abschnittes sagten wir, so wie die Umstände nach
der Tradition einmal lägen, bildete die siebente Ode unzweifelhaft ein einheitliches
Gedicht; die Gründe, welche dies erwiesen, seien zwingender Natur, nämlich die
durch 4 teilbare Verszahl des Gedichtes und die doppelte Erwähnung von Tibur.
Beide Gründe entnehmen wir dem heutigen Texte. Hat auch die älteste Überlieferung denselben ebenso gelesen? Haulthal l. e. merkt in dem Scholion zu Vers 19 an:
Zeile 7: *splend.* und *hac coruse.* A γ C γ om. *lemma Seu tenent.* in A *lemma* est
Si quis, lemma et solud. om. C. Ich ziehe daraus den Schluss, dass die Scholien zu
den Versen *seu—tenent* erst später in Acro hineingekommen sind. (Das Lemma
Si quis dürfte aus den unechten und darum an den Rand geschriebenen Worten des
Scholions in *Ac si (quis) diceret* entstanden sein). Und was sagt Porphyrio zu dieser Stelle, sei es bei Meyer, sei es bei Haulthal? Er schweigt! Ich ziehe daraus
den Schluss: Weder Acro noch Porphyrio haben jene zwei Verse im Horaz gelesen!
Keine Stelle eignete sich besser zu der für uns, wenn sie zuverlässig wäre, wert-
vollen Notiz, dass Munatius Plancus aus Tibur stammte, als die Worte *Tiburis umbra*
tui. Beide Scholiasten schweigen grade an dieser Stelle, und wir behalten nur die

beiden Argumente, welche schon durch das in beiden enthaltene „*Tibure oriundum*", „*inde oriundus*" ihre Abhängigkeit von einander verraten und damit auch die eigene Authenticität verdächtigen. Wollte noch jemand an der Berechtigung zu dieser Behauptung zweifeln, so wird ein aufmerksamer Vergleich des Scholions des Porphyrio zu Vers 1 mit dem zu Vers 15 ihn überzeugen, dass das zu Vers 1 nicht schreiben konnte, wer I, 7 für eine einzige an Plancus gerichtete Ode ansah und das zu Vers 15 nicht, wer das zum ersten Verse geschrieben hatte. Die beiden Scholien lauten:

Laudabunt — Rhodos. Hac ode Munatium Plancum consolucus alloquitur, qui indicat, se praecipue Tiburtina regione delectari eamdemque cum sua sententia praeponendam adferuat.

Albus — notus. Hanc oden quidam putant aliam esse, sed eadem est; nam et hic ad Plancum loquitur, in cuius honorem et in superiore parte Tiburi laudavit. Plancus enim inde fuit oriundus.

Es ist klar, dass das erste Scholion sich allein auf den ersten Teil von I, 7 bezieht und auf nichts weiter; es könnte füglich bei dem Worte *indicat* oder *se* beginnen; aber sobald der zweite Teil zu I, 7 hinzutrat, war auch der erste Teil natürlich an Munatius Plancus gerichtet; das unentbehrliche Argumentum zum zweiten Teile, falls ein solches vorhanden war und es nicht ein anderes Schicksal erlitt (vgl. unten zu I, 28), ging nunmehr verloren. Wer die Notiz *Plancus enim inde fuit oriundus* als originale bringen konnte, der musste sie im ersten Argumentum oder, wie bemerkt, zum einundzwanzigsten Verse, zu den Worten: *Tiburis tui* geben; hier steht sie nur als eine lahme Entschuldigung dafür, dass 7 mit 7 zusammengezogen erscheint. — Nicht überflüssig ist es vielleicht anzumerken, dass Hanthal mit C den Kommentator des Cruquius notiert, dass also das teilweise Schweigen von C auf ein Schweigen der Blandinen schliessen lässt. Cruquius sagt uns nicht, wie sie I, 7 gaben, ob geteilt oder nicht. Stände seine Ehrlichkeit heute noch nicht ausreichend fest (vgl. Mewes 1882), ich sähe mich versucht, sie aus seinem Schweigen über diese und ähnliche Fragen von Wichtigkeit ihm zu vindizieren. Er wusste eben nicht, was er in den Blandinen in den Händen hatte.

Jedoch nicht allein das Schweigen des Acro und Porphyrio ist es, welches jene Verse 19 - 24 verdächtigt, sondern auch ihre Stellung zu den Theorieen des Victorinus wurde schon oben besprochen, und auch sonst sind sie schon öfters angezweifelt worden. So sagt E. C. Franke (1865): *Dividitur hoc carmen in duas partes, quarum princeps, quae est usque ad v. 14 Grappeus rectissime improbat, posteriorem utpote vividam ac neruosam servat. Cui ego ita nescio, ut etiam haec, quae versibus 19—21 interjecta sunt: _sen— tur_ vicium. Quid enim attinet ad rem ipsam fulgentia castra et densa Tiburis umbra? Addita sunt, ut haec posterior pars cum priore, in qua (v. 13) Anio ac Tiburni locus memorantur, aegre copularetur. Offendo etiam aliquid in ipso dicendi genere, quod mihi nescio quid incompositi et alieni habere vide-*

tur. Praeterea metrum stare non potest, strophae enim sunt versuum quaternum.
Im Äacus stellt Gruppe denn auch das Gedicht ebenfalls ohne diese beiden Verse
her. Gleichzeitig mit Franke und unabhängig von ihm veröffentlichte auch Martin
dasselbe Resultat. Was E. C. Franke im Ausdrucke verletzt, ist erstens die schon oben
angemerkte Wiederholung und der Tempuswechsel von *tenere*, zweitens sind es die
Worte *castra signis fulgentia*, ein der dichterischen Anschauung des Horaz fremdes
Bild. Ferner ist nötig schon hier zu sagen, dass, wie mit Vers 19—21 an dieser
Stelle *densus* fällt, so auch carm. I, 28. 19 *denseo* verschwinden wird, dass dann
nur noch das Anstoss erregende *densum humeris vulgus* II, 13. 32 und zwei andere,
Horaz ebenfalls nicht unter allen Umständen vindicierte Stellen (III, 5. 31 und II,
7. 14) übrig bleiben. Wird doch bekanntlich bezweifelt, ob man für Cicero das
Adjektiv *densus* überhaupt annehmen darf, da die Stellen, in welchen es vorkommt, für Citate, resp. Reminiszenzen gelten; *denseo* aber findet sich nur
jenes einzige Mal im Horaz. Es muss ferner daran erinnert werden, wie gerade diese beiden Verse auch durch den matten Ausdruck, durch jenes alles und
nichts sagende *seu—seu*, die bequeme Form der Interpolation, Anstoss erregen; wie
sie endlich aber auch sich durch den Gegensatz, in welchen sie allein gegen sämtliche Tetrameter des zweiten Gedichtes traten, selbst aus der Reihe der übrigen
Verse ausschieden. Jedoch möge gestattet sein, hier als bei der ersten Gelegenheit ausdrücklich anzumerken, dass es durchaus nicht Zweck dieser Untersuchungen ist, Echtes und Unechtes im Horaz zu unterscheiden; ihre Aufgabe ist
bereits klar genug hervorgetreten: es gilt, den Nachweis zu führen, dass wir die
Gedichte des Horaz nicht mehr in der Ordnung erster Hand besitzen; es gilt, die
Frage zu erörtern, welches die frühere Ordnung war. Ergeben sich daraus gelegentlich weitere Konsequenzen, so geschieht dies ohne Absicht des Verfassers und
der Leser mag sie je nach seiner Neigung aufnehmen. Giebt es für wunderliche
Stellen doch auch andere Erklärungen als grade nur die der Interpolation, wie
man z. B. der Unfähigkeit, dem Mangel an Geschmack, dem veränderten Kunstsinne,
der Unachtsamkeit des sorgfältigsten aller Dichter, seiner Jugend oder seinem
Alter sonst unerklärliche Dinge zur Last gelegt, resp. zu Gute gehalten hat; das
mag, wer da will, denn auch hier thun.

    Mit den beiden Versen *seu—tui* fällt aber zunächst auch der wichtigste der
beiden Gründe, welche uns im Eingange dieses Abschnittes nötigten anzuerkennen,
dass die Ode in der Gestalt, in welcher sie uns bisher vorlag, unzweifelhaft ein
einheitliches Ganzes bilde. Denn der Hauptgrund war der, die wiederholte Erwähnung von Tibur sei das den Organismus bindende Glied, der Angelpunkt,
in welchem sich die beiden Flügel des Ganzen bewegten. Fällt *Tibur* im einundzwanzigsten Verse, so ist die Zusammenhangslosigkeit vollständig, so ist auch
der letzte schwache Faden gerissen, der die kümmerliche Verbindung der beiden Ge-

dichte zu einer vorgeblichen Einheit herstellte. Es unterliegt wohl keinem Zweifel, dass dieser scheinbare Zusammenhang kein zufälliger ist, sondern dass die Verse eben nur dem Zwecke dienten, eine Verbindung, die nicht vorhanden war, zu schaffen.

Mit diesen beiden Versen fällt aber ferner wenigstens zur Hälfte der zweite Grund, auf welchen die früher notwendige Anerkennung der Einheit des Gedichtes sich stützte. Der zweite Teil der Ode bestand bisher aus achtzehn Versen, einer Zahl, welche dem Lachmannschen Gesetze sich nicht fügt. Dazu schnitt die strophische Gliederung stets in den syntaktischen Organismus ein und trat mit ihm jedes Mal in Widerstreit. Nach Entfernung dieser beiden Verse erhalten wir zwei Strophen, zwar nicht von je vier, aber doch von je zwei mal vier Versen, welche sich durch ihr Ebenmass und durch das Auftreten von demselben Worte an gleicher Stelle deutlich als korrespondierende verraten.

Albus ut obscuro deterget nubila Caelo
    saepe Notus, neque parturit imbres
perpetuos, sic tu sapiens finire memento
    tristitiam vitaeque labores
molli, Plance, mero. Teucer Salamina patremque
    cum fugeret, tamen uda Lyaeo
    tempora populea fertur vinxisse corona,
sic tristis adfatus amicos:

'quo nos cumque feret melior fortuna parente,
    ibimus, o socii comitesque!
nil desperandum Teucro duce et auspice Teucri:
    certus enim promisit Apollo,
ambiguam tellure nova Salamina futuram.
    o fortes peioraque passi
mecum saepe viri, nunc vino pellite curas:
    cras ingens iterabimus aequor'.

Mit dem Wegfall der beiden Verse in I, 7, 19—21 fallen natürlich auch fast alle Berechnungen über die Zeit, in der I, 7 entstanden ist, welche C. Franke in seinen Fasten und andere auf sie gegründet haben; in Wegfall kommt jeder Schluss, welcher aus ihnen auf die Abfassungszeit des ersten Gedichtes (1—14) gezogen ist, es fällt mit diesen Versen auch der Glaube an die Nachricht, dass Plancus aus Tibur stamme, eine Notiz, welche wohl nur der Vereinigung der beiden Gedichte und dem Bemühen entsprungen ist, für die auffallende Zusammenziehung von I, 7 mit I, 7^b und für *tui* in Vers 21 eine Begründung zu entdecken.

Bezüglich des ersten, aus vierzehn Versen bestehenden Gedichtes ist es möglich, dass diejenigen recht sehen, welche wie Dacier, Graevius, G. Hermann, Vanderbourg und Lehrs meinen, vor dem fünfzehnten Verse sei etwas ausgefallen; ausgefallen könnten nämlich so viele Verse sein, als im zweiten Gedichte eingeschoben sind, also zwei. Abgesehen davon, dass nach der Anhäufung von Namen in Geographie und Geschichte berühmter Orte nun Tibur überhaupt nicht entsprechend zur Geltung zu kommen scheint, verletzt es, dass die Erwähnung desselben mit dem schwächeren Teile des Distichons, mit dem Tetrameter beginnt, nicht, wie man erwarten sollte, mit dem Hexameter. Man erwartet, das Gedicht müsste in der letzten Strophe etwa die Form gewinnen:

> *me beat usque, mihi, quod amoenum contigit arvum,*
> *me domus Albuneae resonantis,*
> *me praeceps Anio ac Tiburni lucus et uda*
> *mobilibus pomaria rivis.*

Wir hätten dann zwei Gedichte, jedes in dem Umfange von früher sechszehn Versen anzunehmen und dieselbe Hand, welche sie vereinigte, strich vielleicht gleichzeitig hier zwei Verse, als sie dort ebensoviele zusetzte, um den beiden Gedichten zusammen ihren früheren Umfang zu lassen. Aber der Vergleich mit II, 18. 1—14 und mit andern Stellen und Bedenken verschiedener Art lassen solche Möglichkeit nicht auch schon als wahrscheinlich erscheinen. Steht es einmal fest, dass absichtliche Änderungen mit den Gedichten des Horaz vorgenommen sind, so darf man füglich zweifeln, ob denn jene viel und übel berufenen Verse, welche *perpetuo, undique deceptam, plurimos, Mycenae, Lacedaemon* und *Larisa* enthalten in allen Stücken original sind; zu einem ursprünglich kürzeren Gedichte allerdings könnte man sich auch einen kürzeren, schärfer pointierten Schluss gefallen lassen. Selbstverständlich müsste, sobald man die beiden Gedichte in eines zusammenzog, die Überschrift *ad Manatium Plancum* vor das Doppelgedicht treten und es erklärt sich daraus auch, wie dieselbe Überschrift vor beide Oden treten konnte, sobald man dasselbe wieder teilte.

Aus der Thatsache, dass die erdrückende Mehrzahl der besten Handschriften I, 7 teilt, könnte man sich versucht fühlen, den Schluss zu ziehen, dass sich in ihnen noch die Spur einer älteren Anordnung in dem Sinne konserviert hätte, dass die Teilung des Gedichtes als solche aus älteren, unverfälschten Quellen herstamme. Es wäre dies ein erwünschtes Sachverhältnis, wenn dasselbe nur auf richtiger Anschauung beruhte und Thatsache wäre. Aber das ist es leider nicht. Wer Vers 19—21 stehen liess oder aufnahm, der musste auch als Konsequenz die Einheit des Gedichtes hinnehmen; denn diese herzustellen ist die Absicht des Verfassers jener zwei Zeilen gewesen. Und wenn also selbst unter Beibehaltung dieser zwei Verse die besten Manuscripte das Gedicht teilen, so bezeugt das leider nicht, dass ihnen noch ein Manuscript zu Grunde lag, in welchem die beiden Gedichte in I, 7 noch die ursprüngliche Gestalt hatten, sondern nur, dass der gesunde Menschenverstand des Schreibers sich dagegen sträubte, was sich nun einmal nicht vereinigen lässt, gewaltsam zu vereinigen; es war somit diese Teilung ein Akt subjektiven, wenngleich in diesem Falle das Richtige treffenden Dafürhaltens, eine Thatsache, die aufs neue zugleich das Misstrauen begründet, mit welchem wir in manchen Fällen die dem Anscheine nach besten Lesarten hinzunehmen haben. Von diesem Standpunkte aus ist ebenso das Gewicht derjenigen Handschriften zu bemessen, welche die

Ode nicht teilen. Selbst für Acro und Porphyrio lässt sich Ähnliches denken; die Spuren, welche unleugbar zu dem Schlusse nötigen, die Gedichte hätten ihnen geteilt vorgelegen, könnten insofern ebenfalls trügen, als auch sie die Möglichkeit zulassen, dass den Verfassern der bezüglichen Scholien nicht mehr eine originale Ordnung der Gedichte, sondern I, 7 nach der Zusammenziehung aufs neue geteilt vorlag. Bei der gegenwärtig noch so grossen Unsicherheit über die Textgeschichte des Horaz wie die Enstehungszeit und Entstehungsgeschichte der einzelnen Bestandteile der Horazscholien, ist es schwer, auch nur eine Vermutung auszusprechen. Man muss zufrieden sein, zunächst Sandkörner zur künftigen Arbeit herbeizutragen. Soviel steht jedenfalls fest, dass zu einer Zeit, in welcher man die Oden vielleicht weder numerierte noch mit Überschriften versah, sondern nur durch eine offene Zeile trennte, das gesunde Urteil und das natürliche Gefühl des Abschreibenden durch Offenlassen einer Zeile frei walten und so die Teilung der vereinten Oden sich leicht Bahn brechen konnte. Dieselbe Erscheinung wiederholt sich an andern Stellen.

Nicht zur Erörterung gekommen sind bisher die auffallenden Wiederholungen von *Apollo, perpetuas,* die Korrespondenz von *fronti praeponere olivam* mit *tempora populea fertur vinxisse corona,* der gleiche Anlaut von *Albuneae* und *albus,* sowie *uda* am Ende des ersten und am Anfang des zweiten Gedichtes; es sind das Punkte, welche im dritten Teile dieser Studien ihre Erledigung finden werden. Nur soviel sei hier bemerkt, dass, wie der Dichter durch die Teilung des früher gewaltsam vereinigten Gedichtes gewinnt, so auch diese schnellen Wiederholungen zwar grossen Anstoss in einem Gedichte, dass sie dagegen keinen Anstoss in zwei, räumlich durchaus getrennten erregen.

Fragt man denn, ob die beiden nunmehr als selbständige Ganze ermittelten Teile auch dichterisch als solche gelten dürfen, so darf man behaupten, dass dies nicht nur möglich ist, sondern dass es geradezu gefordert muss, sie für solche anzusehen. Ist doch eben das Postulat des unmittelbaren Gefühls für echte Dichtung allezeit der Ausgangspunkt jeder Teilung von I, 7 gewesen. Um aber auch eben diese, ihre dichterische Selbständigkeit zur Anschauung zu bringen, mögen nun hier beide Gedichte mit Horaz selbst entnommenen Parallelen folgen, aus denen nur aus räumlichen Rücksichten je nach Bedürfnis einzelne Strophen oder Verse weggelassen worden sind.

11

Mein Glück.

Sunt quos curriculo pulverem Olympicum
collegisse iuvat, metaque fervidis
evitata rotis palmaque nobilis
terrarum dominos evehit ad deos.

gaudentem patrios findere sarculo
agros Attalicis condicionibus
nunquam dimoveas, ut trabe Cypria
Myrtoum pavidus nauta secet mare.

me doctarum hederae praemia frontium
dis miscent superis, **me** gelidum nemus
Nympharumque leves cum Satyris chori
secernunt populo, si neque tibias
Euterpe cohibet, nec Polyhymnia
Lesboum refugit tendere barbiton.

Wie der Vergleich mit dem gegenüberstehenden Gedichte ergiebt, entspricht
der erste Teil des Gedichtes genau den lyrischen Formen horazischer Gedichte. Wenn
III, 1 in rhetorischem Pathos vorträgt: Andere suchen in glänzenderen Verhältnissen
ihr Glück, — ich in meinem einfachen Sabinerthale, wenn Satire II, 1 ausführt: Andere
haben andere Leidenschaften, — ich dichte meine harmlosen Satiren, wenn Ode I, 1
sagt: Anderen macht anderes Freude, — mein einziger Genuss ist meine Leier, (vgl.
I, 31), wenn endlich II, 18. 1—14 sagt: Andere haben andere Schätze, — mein
ganzer Reichtum ist mein Sabinum, so sagt der Dichter I, 7. 1—14 doch eben nur
dasselbe: Mögen andere andere (hochberühmte) Orte loben, ich lobe mir mein idylli-

Mein Tibur.

Laudabunt alii claram Rhodon aut Mitylenen
    aut Ephesum bimarisve Corinthi
moenia vel Baccho Thebas vel Apolline Delphos
    insignis aut Thessala Tempe.

sunt quibus unum opus est intactae Palladis urbem
    carmine perpetuo celebrare et
undique decerptam fronti praeponere olivam,
    plurimus in Iunonis honorem

aptum dicet equis Argos ditesque Mycenas.
    me nec tam patiens Lacedaemon
nec tam Larisae percussit campus opimae,
    quam domus Albuneae resonantis
et praeceps Anio ac Tiburni lucus et uda
    mobilibus pomaria rivis.

sches Tibur. Döderlein machte mit Recht darauf aufmerksam, dass grade solcher Art die *nugae* des Horaz seien, anspruchslose Gedanken, die durch den Zauber der Form wirken. Ich glaube, dieser Gedanke befriedigt und ein Bedürtnis, ihn mit dem des folgenden Gedichtes zu verschmelzen, liegt nicht vor. Unerörtert muss an dieser Stelle mit allen besonderen Schwierigkeiten des Gedichts auch der Umstand bleiben, dass allerdings für einen so einfachen Gegenstand die Beispiele viel zu sehr gehäuft sind, in welchem Sinne z. B. Jani (Animadv. 1795) schüchtern sagt, der erste Gedanke sei zu gedehnt und verrate beinahe einen etwas falschen Geschmack, ebenso wie G. Hermann von einer *cumulatio* der Beispiele spricht.

Omne malum vino cantuque levato!

Horrida tempestas **caelum** contraxit, et **imbres**
    nivesque deducunt Iovem; nunc mare nunc siluae
Threicio Aquilone sonant. rapiamus, **amici**,
    occasionem de die, dumque virent genua
et decet, obducta solvatur fronte senectus.
    tu **vina** Torquato move consule pressa meo.
perfundi nardo iuvat et fide Cyllenea
    levare diris pectora **sollicitudinibus,**

nobilis ut grandi **cecinit Centaurus** alumno:
    'invicte mortalis dea nate puer Thetide,
te manet Assaraci tellus, quam frigida parvi
    findunt Scamandri flumina lubricus et Simois;
unde tibi reditum **certo** subtemine Parcae
    rupere, nec mater domum caerula te revehet.
illic **omne malum vino cantuque levato,**
    deformis aegrimoniae dulcibus alloquiis.'

Das zweite Gedicht bedarf bezüglich seiner dichterischen Selbständigkeit insofern keiner Rechtfertigung, als ihm diese ja nie bestritten worden ist. Selbst die Verfechter der Einheit von I, 7 sahen den ersten Teil immer nur als eine Art von Einleitung zu dem zweiten an, über deren Breite und Gedehntheit sie sich dann allerdings wohl mit Jani wunderten. Der ihm zu Grunde liegende Gedanke ist auch in *Tristitiam et metus tradam protervis in mare Creticum portare ventis*, in der dreizehnten Epode und in unzähligen andern Gedichten jeder Litteratur ausgesprochen und dass Lehrs einen Anfang von I, 7" vermissen konnte, erscheint wenigstens dem Anfang von Epod. 13 gegenüber nicht begründet, dies um so weniger als die durch den Druck hervorgehobenen Stellen einen durch beide Gedichte in ihrem ganzen

Nunc vino pellite curas!

Albus ut obscuro deterget nubila **caelo**
 saepe **Notus** nec parturit **imbres**
perpetuo, sic tu sapiens finire memento
 tristitiam vitaeque labores
molli, **Plance**, mero, Teucer Salamina patremque
 cum fugeret, tamen uda **Lyaeo**
tempora populea fertur vinxisse corona,
 sic tristis adfatus **amicos:**

'quo nos cumque feret melior fortuna parente,
 ibimus, o socii comitesque!
nil desperandum Teucro duce et auspice Teucri:
 certus enim **promisit Apollo,**
 ambiguam tellure nova Salamina futuram.
 o fortes peioraque passi
mecum saepe viri, **nunc vino pellite curas;**
 cras ingens iterabimus aequor.'

Umfange und im Gedankengange wie in einzelnen Worten hindurchlaufenden Parallelismus erkennen lassen.

Die beiden Teile der siebenten Ode des Horaz sind selbständige Gedichte. Es fragt sich: wo standen dieselben? Es ist oben der Bemerkung Christs gedacht worden, schon deshalb empfehle es sich, I, 7 nicht zu teilen, weil sonst die Reihe stets wechselnder Versmasse unterbrochen, weil dann zweimal dasselbe Metrum wiederkehren würde. Aber Christ war zu der Zeit, als er dies schrieb, noch nicht bekannt, dass die Versmasse der ersten Reihe in derselben Ordnung in der zweiten Reihe wiederkehren; was würde er geurteilt haben, wenn er um diesen Umstand gewusst hätte, was würde wohl jeder Leser vermuten, wenn er etwa folgender geometrischen Figur begegnete?

1	2	3	4	5	6	7	8	9	10

						7			

	2	3		5	6		8	9	10

Es darf, so weit dies mit unseren gegenwärtigen Hülfsmitteln ausführbar ist, für erwiesen gelten, dass einst das zweite der beiden Gedichte, mag dies nun 7^a oder 7^b gewesen sein, in der zweiten Reihe dem siebenten Gedichte der ersten entsprach. Die Reihe wechselnder Metra bleibt also zunächst ungebrochen, und Tabelle XIII gestaltet sich in folgender Weise:

Tabelle XIV.

	1	2	3	4	5	6	7	8	9	10
I.	1	2	3	4	5	6	7		9	10
II.		2	3		5	6	7	9	9	10
III.	2	2	3	2	5	6	7	9	9	9
IV.	2	2	3	2	5	6		9	9	9

CARM. I, 28.

— et adhuc sub iudice lis est.

Te maris et terrae numeroque carentis arenae
    mensorem cohibent, Archyta,
pulveris exigui prope litus parva Matinum
    munera, nec quicquam tibi prodest   4

aerias temptasse domos animoque rotundum
    percurrisse polum, morituro,
occidit et Pelopis genitor, conviva deorum,
    Tithonusque remotus in auras   8

et Iovis arcanis Minos admissus, habentque
    Tartara Panthoiden iterum Orco
demissum, quamvis clipeo Troiana refixo
    tempora testatus nihil ultra   12

nervos atque cutem morti concesserat atrae,
    iudice te non sordidus auctor
naturae verique, sed omnis una manet nox
    et calcanda semel via leti.   16

dant alios Furiae torvo spectacula Marti
    exitiost avidum mare nautis;
mixta senum ac iuvenum densentur funera, nullum
    saeva caput Proserpina fugit.   20

me quoque devexi rapidus comes Orionis
    Illyricis Notus obruit undis.
at tu, nauta, vagae ne parce malignus harenae
    ossibus et capiti inhumato   24

particulam dare; sic, quodcumque minabitur Eurus
    fluctibus Hesperiis, Venusinae
plectantur silvae te sospite, multaque merces,
    unde potest, tibi defluat aequo   28

ab Iove Neptunoque sacri custode Tarenti.
    neglegis immeritis nocituram
postmodo te natis fraudem committere? fors et
    debita iura vicesque superbae   32

te maneant ipsum; precibus non linquar inultis,
    teque piacula nulla resolvent.
quamquam festinas, non est mora longa; licebit
    iniecto ter pulvere curras.   36

Wie kann der Südwind einen Schiffer an der Apulischen Küste in Illyrischen Wogen begraben?

Meures.

Anthologie zu carm. I, 28.

„No ode in Horace has been more subjected than this one to the erudite ingenuity of conflicting commentators; nor are the questions at issue ever likely to find a solution in which all critics will be contented to agree."

Lord Lytton.

„De Archytae colloquio turpissimum est commentum."

Casaubonus.

„Das Gedicht in seiner gegenwärtigen Gestalt hat den Auslegern viel Kopfzerbrechens gemacht und bis auf den heutigen Tag hat man sich noch nicht einigen, noch nicht etwas Haltbares aufstellen können, wie die Ode zu denken sei, ob als Dialog, oder wie verteilt, oder was sonst."

Gruppe.

„Horace estoit déjà vieux quand il fit cette ode."

Dacier.

Der er noget Dunkelt i dette Digts Sammenhaeng.

Lembcke.

Die 28. Ode im 1. Buche des Horaz ist einem Scheinkranken vergleichbar, um dessen Lager Ärzte und Nichtärzte versammelt dem Grunde und dem Heilmittel des Übels vergeblich nachsinnen und auf die sonderbarsten Einfälle geraten."

Weiske.

„Gewiss fühlt keiner der Interpreten durch eine der Auslegungen sich selbst völlig befriedigt."

Düderlein.

12*

Horace n'a point d' Ode qui ait exercé plus souvent et plus vainement que celle-ci la saga-
cité des commentateurs.

Vanderbourg.

Difficillimum sane est verum statum scenamque carminis ita exponere, ut et tibi ipsi et aliis
satisfacias, in quo, libere ut fatear, non omni culpa vacuus videtur ipse poeta. Diversissimas hac de
re videmus opiniones.

Orelli.

Nullum est inter Horatiana carmina quod interpretibus tantas quantas hoc molestias
procreaverit.

Dillenburger.

Il est sans exemple que jamais aucun Auteur Latin, en parlant de la mer Adriatique de
son temps, lui ait donné le nom de mer Illyrienne qu'elle avait porté dans des temps antérieurs aux
premiers Auteurs Latins.

Sivry.

Ohne mich auf eine Widerlegung der Ansicht, die Ode habe eine dialogische Form, in allen
ihren unlogischen Streif- und Querzügen einzulassen, will ich an ihre Vertreter nur die Frage richten,
wie sie den Dichter gegen den Vorwurf einer durch und durch unkünstlerischen Composition in Schutz
nehmen wollen?

Lehrs.

„Omnes virorum doctissimorum de hoc vexatissimo carmine sententias hic locus non
capiat."

Steiner.

Ex omnibus Horatii carminibus vix ullam est de qua interpretum sententiae magis inter se
discedant."

Martia.

Wenn Jani die siebente Ode des ersten Buches für die meist besprochene des Horaz erklärte, so dürfte in diesem Punkte die achtundzwanzigste ihr mit Erfolg den Sieg streitig machen. Auch bei dieser Ode steht es fest, dass sie in der Gestalt, in welcher sie uns gegenwärtig vorliegt, eine Einheit bildet. Den Angelpunkt, auf welchem diese ruhen soll, bilden hier die Verse 17—20 mit dem Gedanken, dass alle Menschen der Tod ereilt, alt und jung, den, der auf dem Festlande weilt, wie den, der zur See fährt, wie dort den Archytas, so hier einen, der einst über das Meer fuhr. Auch dieses Gedicht ist in der verschiedensten Weise ausgelegt und die Abhandlungen über dasselbe sind Legion. Aber ob man nun *litus* oder *lotum* (A 1 B γ ι G etc.), *aerias* oder mit Meineke *aetherias*, *judice me* oder mit Cuningham *judice te*, *nec* oder *mors*, *acidua ocillis* oder *parilis*, *acuta* oder *acutum*, *denseatur* oder mit den Blandinen *denseatur nec quoque* oder statt dessen mit Heinsius *te quoque*, ob man in dem Hiatus *inhumato* oder *nec humato* oder mit Peerlkamp *intumulato* las oder die verschiedenen Lesarten überhaupt für unwesentlich erklärte; ob man unter *munera* die schon geschehene Beerdigung und die Urne oder nur leichte, unzureichende und darum der Wiederholung bedürftige Bestreuung mit Sand oder den Erdenraum, auf welchem der Tote liegt (Jani, Mitscherlich, Döring, Baxter), oder die überhaupt noch zu erwartende Beerdigung (Dacier, Schreiber, Gerber, Bothe, Steiner) verstand; ob man *cohibere* mit umschliessen, enthalten oder festhalten, hindern übersetzte; ob *me—te* an verschiedene Personen gerichtet sein sollte, oder in wechselndem Verständnisse nur an eine, ob man in dem *te* V. 1 und *me* V. 21 in Verbindung mit dem jedesmal Folgenden, ob man in dem *prope litus Matinum* und dem *Illyricis undis* unvereinbare Widersprüche erkannte oder nicht; ob man das Gedicht für ein hochernstes, zum Andenken an Archytas oder zum Preise der Heimat oder für ein ironisches, in feiner Verspottung der pythagoräischen Lehre von der Seelenwanderung (Torrentius) oder zur Verhöhnung des von Cicero div. II, 27 erwähnten Tarutius (Cruquius) geschrieben, oder für eine Romanze erklärte, in welcher das *εἴδωλον* des Schiffbrüchigen die Folgen der von ihm etwa zu versäumenden Menschenpflicht voraussagt (Nägelsbach), ob für die Inschrift eines Epitaphiums (Gruppe), ob für eine dichterische Phantasie, die Nachahmung eines *εἰδύλλιον* in der Manier der Sicilianer (Keller); ob man darin ein gut römisches und echt horazisches, noch der Jugendzeit (Gruppe, Frigell, L. Müller, Rosenberg) oder umgekehrt dem spätesten Alter (Dacier) angehöriges Gedicht, ob man in ihm ein Original oder eine, wenn nicht nach Homer (Garcke) oder Epicharm (Keller), so doch sicher nach andern, leider nur verloren gegangenen griechischen Dichtern gearbeitete Nachdichtung (Sivry, Mitscherlich) oder einen in pindarischem Fluge und darum auch mit pindarischer Digression verfassten lyrischen Erguss sah (Teuffel); ob eine wahrhaft dichterische Schöpfung oder ein Verstandesprodukt mit der Tendenz, zum Begräbnis der Toten, insbesondere der im Bürgerkriege Gefallenen aufzufordern (Duhamel), oder eine Dilogie, um den in seinen Bestrebungen gescheiterten Brutus hinter dem Schiffbrüchigen erkennen zu lassen (Baxter); ob man die Rede beim siebenten oder funfzehnten oder sechszehnten oder siebzehnten oder zwanzigsten oder dreiundzwanzigsten Verse wechseln liess (alte und neue Erklärer, Rüdiger, Buttmann und andere); und ob man diese Rede dem Horaz lediglich als Dichter (Schmidt), von ihm gesprochen in Erinnerung eigener Erfahrungen im sicilischen Meere in den Mund legte (Gesner, Hottinger, Weiske); ob man in der redenden Person einen beliebigen Schatten (Orelli), oder den eines ungebildeten oder eines gebildeten berufsmässigen Schiffers oder überhaupt nur einen zur See Fahrenden (Ritter), einen gebildeten jungen Tarentiner, oder ob man in ihm den Archytas sah, der ja vielleicht des Archimedes *ψαμμίτης* mit seiner Berechnung einer Zahl von einer Eins und soviel Nullen dahinter als etwa in zehn Millionen Büchern stehen würden, noch überboten haben konnte (Kries), oder den jüngeren Archytas (Rodeille) oder mit Gruppe keinen Archytas, sondern auf Grund schülerhafter Verwechslung den Archimedes; ob man meinte, Archytas selbst, falls sein Schatten spräche, sei noch garnicht oder nur leicht oder bereits gänzlich beerdigt; ob man mit Casaubonus (Sciolo?), Fabricius und Peerlkamp in dem Gedichte einen in verschiedener Weise zurechtgelegten Monolog (Weiske, Meineke, Nauck, L. Müller, Mähly, Schmidt, Friede, Göttling) und in dem Redenden dann Horaz, Archytas, einen Schiffer, einen Kaufmann, oder einen beliebigen Vorbeifahrenden, in den Angeredeten wiederum eine oder mehrere dieser Personen, oder ob man darin eine Anrede sah und in letzterem Falle in den verschiedensten Zurechtlegungen einen Monolog und Dialog zugleich oder keines von beiden, oder ob man mit der erdrückenden Mehrzahl (Landinus, Lambinus, Bentley, Lenz, Voss, Jani, Baden, Mitscherlich, F. A. Wolf, Braunhard, Orellis Anonymus, Düntzer, Eichstädt, Gerber, Dillenburger, Garcke, Lembcke, Martin, Rüdiger, Meutzner u. s. w.) einen Dialog und wenn letzteres, ob man die Rollen zwischen den genannten möglichen Personen, dem Dichter, oder Archytas, dem älteren oder dem jüngeren, dem Schatten jenes, dem Schiffer, dem Schatten des Verunglückten, dem Vorbeifahrenden, oder noch andern in den verschiedensten Kombinationen und ob man auch hier wieder sie bei dem siebenten oder funfzehnten oder sechszehnten, siebzehnten, zwanzigsten oder dreiundzwanzigsten Verse wechseln liess; ob man das Gedicht als ein in strenger Integrität erhaltenes oder als ein interpoliertes oder als ein interpoliertes antistrophisches (Martin) behandelte; oder ob man in diesen so mannigfältigen Ansichten noch kleine, mehr oder minder wesentliche Schattierungen anbrachte; ob man die erste Hälfte des Gedichtes (Gruppe), ob die zweite (Lehrs), oder ob man das ganze Gedicht als Fälschung verwarf (Mähly); ob man zu einer aller dieser Annahmen sich bekannte oder eine unendliche Variation dadurch schuf, dass man eine Grundidee mit allen möglichen Nebengedanken in der verschiedensten Weise durchsetzte, immer erhoben sich bei jedem neuen Erklärungsversuche neue Schwierigkeiten. Die Bitte Weiskes vor mehr als funfzig Jahren, man möge doch endlich mit Erklärungsversuchen aufhören, verhallte erfolglos, und die Flut von Schriften dauert bis auf den heutigen Tag an. Jeder neueste Erklärer fasst die früheren Erklärungsversuche allemal nach Kräften zusammen, weist nach, dass kein einziger derselben genügen könne und giebt dann die seine; — man möge an Ort und Stelle nachlesen, ob die letztgegebene (Adam) befriedigt. So darf man mit Fug und Recht sagen: *et adhuc sub indice lis est;* denn es lässt sich nicht behaupten, dass durch eine allseitig für annehmbar erklärte Deutung die Widersprüche, welche das Gedicht bietet, gelöst, dass die dichterische Conzeption des Ganzen in genügender Weise zu allseitiger Zufriedenheit nachgewiesen sei. Auf welche Weise soll denn nun in diesen Blättern die Frage erörtert werden? Sollen wiederum alle oben aufgeführten Interpretationsversuche, verständige und unverständige, einer eingehenden Erörterung unterzogen, das Für und Wider erwogen, soll die ganze Geschichte der Frage vorgetragen, sie durch die Handschriften und Drucke hindurch verfolgt und in allen Einzelheiten erörtert werden? Es ist dies, vielleicht sogar bis zur Ermüdung des Lesers gelegentlich der Untersuchung über I, 7 geschehen; das Ergebnis war, dass eine absichtliche Interpolation, eine absichtliche Verschmelzung zweier, ursprünglich selbständiger Gedichte in ein einziges und damit die Unhaltbarkeit jeder anders lautenden Überlieferung nachgewiesen wurde. Steht dieses Resultat fest, so ist es wohl zweckmässig, nicht bloss bei I, 28, sondern auch in den folgenden Gedichten den Leser nicht mehr durch den Wust aller früheren Vermutungen, sei es auch der besten Männer, hindurchzunötigen, sondern das Material auf das allernotwendigste und lediglich auf das im engsten Sinne zur Sache gehörige zu beschränken.

Das allerdings macht die Sachlage notwendig, zum voraus zu bemerken, dass nicht immer sich so schlagende und zwingende Gründe für die in der Folge aufgestellten Behauptungen werden auffinden lassen wie bei I, 7. Es ist nicht jede Ode in Hexametern und Tetrametern geschrieben, an denen sich grundverschiedene Strukturen nachweisen liessen, und nicht immer legen die Handschriften so glänzende Zeugnisse ab wie für I, 7; nicht immer wird eine Lücke bereit stehen, um einem neu entstehenden Gedichte rechtzeitig Raum zur Unterkunft zu gewähren. Wer daher an dem einmal geführten Beweise sich nicht genügen lässt, um fortan wohl auch mit Gründen der gesunden Vernunft und Gesetzen der dichterischen Empfindung und des dichterischen Schaffens allein vorlieb zu nehmen, der möge den weiteren Untersuchungen nicht folgen. Für ihn werden sie nicht geschrieben, für ihn giebt es überhaupt keinen Weg zur Überzeugung und wenn Horaz selbst wieder erstände. Für Leser dieser Richtung möge am Schlusse dieses Abschnittes ein Teil der Litteratur über I, 28 aufgeführt werden; denn auch nur einen solchen Zweig der Horazbibliothek vollständig zu geben, dürfte ein Ding der Unmöglichkeit sein. Wer also gegenüber der Thatsache der Lücke in der siebenten Kolumne der zweiten Dekade auf Tabelle IV—XI noch daran sollte zweifeln können, dass Carm. I, 7 in zwei Gedichte zu zerlegen und das zweite derselben in die Lücke einzusetzen ist, der möge diese Litteratur zu I, 28 durchforschen und versuchen, ob sie ihm zu etwas anderem verhelfe, als zu dem Eingeständnisse, dass eine auf ausreichende Thatsachen gegründete Entscheidung bisher noch nicht hat gefällt werden können.

Wir gehen im folgenden zunächst dem Gedankengange des Gedichtes nach und achten darauf, wie er sich ohne Zwang und Künstelei von selbst gliedert.

„That skull had a tongue in it and could sing once", sagt Hamlet auf dem Kirchhofe (V. 1): how the knave jowls it to the ground, as if it were Cain's jaw-bone, that did the first murder." It might be the pate of a politician, which this ass now o'er-reaches; one that would circumvent God, might not? — This fellow might be in's time a great buyer of land, with his statutes, his recognizances, his fines, his double vouchers, his recoveries: is this the fine of his fines and the recovery of his recoveries, to have his fine pate full of fine dirt? Will his vouchers vouch him no more of his purchases, and double ones too, than the length and breadth of a pair of indentures? The very conveyances of his lands will hardly lie in this box; and must the inheritor himself have no more, ha?" "Not a jot more, my lord!" antwortet Horatio.

Diese Schädel! Einst wollten jenes Gedanken Gott in die Schranken rufen; jetzt wirft ihn der Totengräber verächtlich bei Seite! Der reiche Mann! Einst schaute er auf Quadratmeilen seines Landes; jetzt ist der enge Sarg noch zu geräumig für ihn.

> Ὦ φίλτατον μνημεῖον ἀνθρώπων ἐμοὶ
> ψυχῆς Ὀρέστου λοιπόν, ὥς σ᾽ ἀπ᾽ ἐλπίδων
> οὐχ ὧνπερ ἐξέπεμπον εἰσεδεξάμην.
> νῦν μὲν γὰρ οὐδὲν ὄντα βαστάζω χεροῖν,
> δόμων δέ σ᾽, ὦ παῖ, λαμπρὸν ἐξέπεμψ᾽ ἐγώ.

Orest, sagt Electra, wo sie die vermeintliche Asche ihres totgeglaubten Bruders empfängt, einst, welche herrliche und mächtige Gestalt! Der gewaltige Körper, ach, nun in dieser kleinen Urne!

Dies sind die Gedanken, welche wir bei Shakespeare und bei Sophokles finden und ähnlichen Gedanken allein, ohne dass wir eine Fortsetzung vermissten, begegnen wir auch in anderer Gestalt nicht selten. So sagt Pindar von der Seele des Menschen:

> αἰῶνος εἴδωλον
> τὸ τε γὰρ ἑτέρωθε καὶ τὰ ἐφ᾽ ἑτέρωθε γεν-
> μενοινᾶς, οἵῳνου τε ὕπνῳ ἀσπαιρομένας,
> καὶ πᾶσαν λέπτι, φύσιν ἐρευνωμένη, τῶν ὄντων
> ἑκάστου ὅλαν.

So sagt Agathias vom Tode:

> Μοῖρος ἅπαξ θνητοῖς ἐφαρμόζεται, οὐδέποτ᾽ αὐτὸν
> Εἶδέν τις θνητῶν δεύτερον ἐρχόμενον.

So heisst es bei Pallades:

> Εἶπε, πόθεν σὺ μετρεῖς κόσμον καὶ πείρατα γαίης
> Ἐξ ὀλίγης γαίης σῶμα φέρων ὀλίγον.
> Σαυτὸν ἀριθμήσον πρότερον, καὶ γνῶθι σεαυτόν,
> Καὶ τότ᾽ ἀριθμήσεις γαῖαν ἀπειρεσίην.
> Εἰ δ᾽ ὀλίγον πηλὸν τοῦ σώματος οὐκ ἀπαριθμεῖς,
> Πῶς δύνασαι γνῶναι τῶν ἀμέτρων τὰ μέτρα;

13

Und so bei Claudian:

> — — — — Jacet, en, qui possidet orbem.
> Exiguae telluris inops, et pulvere raro
> Per partes tegitur, nusquam totusque sepultus.

So sagt Cornelia bei Properz von sich selbst:

> Quid mihi coniugium Paulli, quid currus avorum
> Profuit aut famae pignora tanta meae?
> Num minus immiten habui Cornelia Parcas?
> En sum, quod digitis quinque levatur onus!

So steht der Dichter auch carm. I, 28 vor dem Grabmale des Archytas. „Einst," ruft er aus, „welch ein mächtiger Geist!" Himmel und Erde fasstest du in deine Gedanken und die Zahl der Sandkörner am Meere war nicht so gross, dass du sie nicht gemeistert hättest! Und nun! Ein wenig Staub fasst alles das in sich, was du einst gewesen! Die höchsten Höhen, die tiefsten Tiefen durcheilte dein Geist — du hast dennoch sterben müssen! Aber das ist das Los auch des Schönsten und Grössten auf Erden. Und wenn du selbst ein Liebling der Götter bist, den letzten Pfad, den Pfad des Todes — schliesslich müssen wir alle ihn einmal gehen!

Das ist der Inhalt der ersten sechszehn Verse des Gedichtes. Und wenn wir von Einzelheiten, die absichtlich übergangen sind, absehen, ich glaube, im ganzen und grossen müssen wir zugeben nicht bloss, dass dieser Gedankengang zulässig, sondern dass er hochpoetisch, in sich geschlossen und vollkommen geeignet ist, das Gedicht als ein selbständiges erscheinen zu lassen. Es möge hier folgen.

I. 28.

> Te maris et terrae numeroque carentis arenae
>   mensorem cohibent, Archyta,
> pulveris exigui prope litus parva Matinum
>   munera, nec quicquam tibi prodest   4
>
> aerias temptasse domos animoque rotundum
>   percurrisse polum, morituro,
> occidit et Pelopis genitor, conviva deorum,
>   Tithonusque remotus in auras   8
>
> et Iovis arcanis Minos admissus, habentque
>   Tartara Panthoiden iterum Orco
> demissum, quamvis clipeo Troiana refixo
>   tempora testatus nihil ultra   12

nervos atque cutem morti concesserat atrae.
   iudice te non sordidus auctor
naturae verique. sed omnis una manet nox
   et calcanda semel via leti.

Auf diesen Gedanken, der einfach und schön bleibt, wenngleich ich seine Ausführung nicht in jedem Teile loben will, folgen vier Verse, ebenso sehr teils prosaisch, teils rhetorisch pathetisch, als geschraubt im Ausdruck und geschmacklos in der Sprache. Man höre:

Dant alios Furiae torem spectacula Marti,
   exitio est avidam mare nautis;
mixta senum ac iuvenum densentur funera, nullum
   saeva caput Proserpina fugit.

„*Furiae*"! Die Furien kommen bei Horaz ausser an unserer Stelle überhaupt nur dreimal vor. Einmal in der dritten Satire (141) des zweiten Buches, der griechischen Mythologie entlehnt, dann sechs Verse vorher entweder in demselben Sinne oder richtiger wohl in dem Sinne von Leidenschaft; endlich nur noch Serm. I, 8, 45, entschieden scherzhaft auf die beiden Zauberkünste treibenden Weiber angewandt. In den Oden findet sich ausser an unserer Stelle das Wort garnicht. Zudem aber ist es hier in einer auffallenden Weise gebraucht. Unter dem Bilde der Furien werden sonst entweder Göttinnen dargestellt, welche als Gewissensfoltern eine Unthat rächen, oder auch solche, welche in Gestalt von Leidenschaften den Menschen zum Bösen aufstacheln. An unserer Stelle aber haben sie offenbar weder die eine noch die andere Funktion, sondern sie werden schlechtweg als Todesgöttinnen bezeichnet:

Dant alios Furiae torem spectacula Morti,
   exitio est avidam mare nautis,

das heisst: der Schiffer findet auf dem Meere seinen Tod, andere finden ihn im Kriege. Aber eben dass der Tod hier unter dem Bilde der Furien, dass Mars hier als *torea*, dass *Proserpina* als *saeva* erscheint, alles dies deutet auf eine spätere Zeit und einen Geschmackes und der Abstand von andern zu diesen Versen erinnert an eine Stelle im Aglaophamos. Lobeck sagt dort: *Post decursum illius florissimi aevi, cuius imaginem in Homeri carminibus expressam videmus, magna rerum civilium, et multo maior religionum, studiorum, calculatum conversio consecuta et universa Graecia in tantum mutata est, ut, si quis ab Homeri lectione ad eos scriptores transeat, qui tempora belli Persici vicere, velut in alium orum delatus eis illos veteres Achaeos agnoscere sibi videatur, qui laeti praesentibus, futurorum securi, prompti ad agendum, actorum immemores, sollicitudinis et superstitionis causas procul habebant.* Allerdings kommt *furiale* noch einmal bei Horaz vor, aber

die Stelle, in welcher das Wort steht, ist eben jene durch ihre widrigen Bilder und
Ausdrücke der unsrigen parallele und darum auch von Näke in seiner Abhandlung
über III, 11. 17—20 mit vollem Rechte — man lese die glänzende Arbeit —
für interpoliert erklärte Stelle:

Cerberus, quamvis furiale centum
muniant angues caput ejus atque
spiritus taeter saniesque manet
ore trilingui.

Ebenso findet sich endlich zwar noch *furiare*, aber auch nur in der gleichfalls berüchtigten Stelle I, 25. 14:

quae solet matres furiare equorum.

Auch *torvus* kommt nur noch einmal in den Oden (einmal in den Episteln) vor, wo
es von dem Blicke des Regulus gebraucht wird (III, 5. 44). *Dare alicujus alicui*
spectaculum ist doch mindestens ein überaus prosaischer und auffallender Ausdruck,
und die von Peerlkamp beigebrachten Parallelen decken ihn nicht vollständig. Dass
die Rachegöttinnen den einen dem finster-blickenden Kriegsgotte zum (öffentlichen)
Schauspiele übergeben — der Ausdruck erinnert unwillkürlich an die Zirensspiele, wo
die zum Tode Verurteilten vor den Augen des Volkes den wilden Tieren preisgegeben oder im Gladiatorenkampfe hingemordet wurden — dass die Rachegöttinnen
dem andern — nein, so steht dort nicht, sondern dass das Meer dem Schiffer
„zum Verderben gereiche," ist, mindestens gesagt, doch eine sehr einseitige
und wunderliche Gegenüberstellung. Weder das Verbum *densare*, noch *densere*
findet sich ausser an unserer Stelle bei Horaz. Dazu ist es gerade *densere* und nicht
densare, welches hier gebraucht wird und zwar medial, wie es scheint. Der Gebrauch
deutet mit *lavere*, *fulgere* u. a. auf eine Periode, in der man durch Archaismen den
Mangel wahrhaft dichterischer Anschauung der goldenen Zeit zu verdecken
sich bemühte, und wir finden *lavis* in einem Passus (IV, 6), der unten ebenfalls
als zur Verbindung zweier selbständiger Gedichte hinzugesetzt nachgewiesen
werden wird.

Die *sacra Proserpina* sucht Klotz nach dem Vorgange von Turnebus,
Taubmann, Canter u. a. sowohl in seinen *lectiones Venusinae* als auch in seinen *vin-*
diciae durch den Hinweis auf die ἐναρὶ, Ὑπεραγόρηαι Homers zu entschuldigen;
es ist jedoch zweifelhaft, ob ἐναρὶ nicht vielleicht nahezu das Gegenteil von
feralibus bedeutet und sollte es dennoch *schrecklich* heissen, so wäre gerade die
Nachahmung dieses Beiwortes aus Homer hier nicht minder auffällig als die Erwähnung von Mycenä in I, 7. Und nun drängen sich plötzlich die Leichenbegäng-
nisse von Jünglingen und Greisen so dicht und so bunt durcheinander, dass man

meinen sollte, die Pest sei ausgebrochen. Endlich heisst es, die grause Proserpina habe kein Haupt gemieden, anstatt dass es heissen sollte: Niemand vermag Proserpina zu entfliehen! Der Redaktor brauchte eben eine Brücke von dem auf dem Festlande verstorbenen Archytas zu dem im Anfange des zweiten Gedichtes als im Meere umgekommen Eingeführten und er komponierte, wie in I, 7 Vers 19—21, so hier diese Verse, welche sagen sollten: der eine stirbt auf dem Lande, im Wasser der andere (*exitio est avidum mare nautis*). Aber wie ungeschickt! Oder passt etwa die Bemerkung:

Dant alios Furiae torvo spectacula Marti

unseres Wissens auf Archytas oder Tantalus oder Tithonus? Vielleicht sollte sie sich auf Euphorbus beziehen. Peerlkamp hat die beiden letzten Verse dieser Strophe verworfen, Martin und Gruppe alle vier; was hätten diese Forscher, was hätte Lehrs, Meineke wohl geurteilt, wenn ihnen Tabelle XIV vorgelegen hätte?

Es folgt das zweite Gedicht. Die ruhelose Seele eines im Meere Verunglückten bittet den Schiffer nicht vorbeizueilen, ohne ihm drei Hände voll Erde zu seiner Bestattung zu gönnen. Segen soll die fromme That, Strafe die Unterlassungssünde begleiten; ein geringer Verzug und die Pflicht ist erfüllt!

Ich will das Gedicht nicht loben, obwohl es vom antiken Standpunkte aus sicherlich sowohl nach seinem Gegenstande als auch nach der Art der Behandlung desselben dem dichterischen Verständnisse selbst des minder gebildeten Lesers näher liegen, ihm inhaltreicher und ansprechender erscheinen musste als von dem heutigen aus. Aber die Deklamationen, welche unter dem Namen Quintilians gehen, geben uns ja fast genau das Thema, welches der Verfasser auch unseres Gedichtes sich zur Aufgabe gestellt hatte: *Declamatio corporis projecti!* Hält man sich an diesen Wortlaut, zu dem man nach Analogie der folgenden Worte hinzusetzen könnte: *Ipse est multa eligiens*, so bestimmt sich das Gedicht selbst durch Vers 21—36, und jeder Zusatz erweitert oder verengert es über seine natürlichen Grenzen hinaus. Es ist dies dasselbe Ergebnis, zu welchem Lehrs gelangte. „Für ein selbständiges Gedicht,“ sagt er, „halte ich Vers 21—36, nicht für eine Fortsetzung des vorhergehenden. Der Inhalt ist auch nicht zweifelhaft, man lese nur genau, was die Worte besagen: — — Der Leichnam eines in den nördlichen Gegenden des adriatischen Meeres im Sturm Ertrunkenen, dann dort an das Ufer Geworfenen bittet einen vorüberfahrenden, nach Tarent zum Wareneinkauf schiffenden Seefahrer, ein wenig anzuhalten und ihn mit Staub zu bestreuen. Wofür er ihm denn mit den dort aus aller Herren Ländern eingekauften reichlichen Waren eine vom Sturm unbeschädigte Rückkehr vorzugsweise an den gefährlichen Südküsten Italiens, den Calabrischen wünscht“ u. s. w. Was können wir mehr wünschen als ein Gedicht im Sinne der Alten? Auf diese Weise ergiebt sich ein einheitlicher, ausreichender, in antikem Sinne poetischer Gedanke und das

Gedicht als ein selbständiges stellt sich nun ebensowohl verständlich und in sich gerundet, als auch ohne jene Widersprüche dar, an denen es litt, so lange es mit dem ersten Teile der Ode gewaltsam vereinigt war.

I, 28 [b].

Me quoque devexi rapidus comes Orionis
    Illyricis Notus obruit undis.
at tu, nauta, vagae ne parce malignus harenae
    ossibus et capiti inhumato   4

particulam dare: sic, quodcumque minabitur Eurus
    fluctibus Hesperiis, Venusinae
plectantur silvae te sospite, multaque merces,
    unde potest, tibi defluat aequo   8

ab Iove Neptunoque sacri custode Tarenti.
    neglegis immeritis nociturum
postmodo te natis fraudem committere? fors et
    debita iura vicesque superbae   12

te maneant ipsum: precibus non linquar inultis,
    teque piacula nulla resolvent.
quamquam festinas, non est mora longa; licebit
    iniecto ter pulvere curras.   16

Wir haben wiederum zwei Gedichte wie I, 7 [a] und I, 7 [b] von je sechszehn Versen erhalten, an deren Anfang die Korrespondenz von Te und Me sich unwillkürlich bemerklich macht. Noch anderes derart ist von Martin hervorgehoben worden. Denn wie im Anfange von I, 7 [b] steht auch hier am Anfange des zweiten Gedichtes der Notus; wie dort *unda*, so wiederholt sich hier V. 20 und V. 24 *caput* und *capitis*. Uns interessiert diese Erscheinung an dieser Stelle nur insoweit, als sie uns ermuntert in I, 28 nicht sowohl zwei Teile eines Gedichtes, als vielmehr zwei Gedichte zu erkennen, in welchen zweien denn, wie in dem analogen Falle von I, 7 [a] und I, 7 [b], diese Wiederholungen weit weniger Anstoss erregen, als es in einem einheitlichen Gedichte der Fall sein müsste. Das *quoque* am Anfang des zweiten Gedichtes darf ohne Rücksicht auf andere Fragen für dichterisch durchaus ansprechend erklärt werden und steht auf einer Linie mit *nempe* (Serm. I, 10) und *Ergo* (Od. I, 24), welche beide ja eben darum ebenfalls zu Interpolationen Anlass gegeben haben; es steht auf einer Linie mit Serm. II 5, 1:

    Hoc quoque, Tiresia, pater praeter narrata petenti et.,

und auf einer Linie mit Schillers „Auch ich war in Arkadien geboren,“ zwei Stellen, welche schon für sich allein erweisen, dass *Me quoque* auch hier den echt dichterischen Anfang eines Gedichtes bezeichnet. A. Buttmann wendet mit Recht gegen Martin ein, dass ein Dialog, ein antistrophischer Bau eine gegenseitige Beziehung der Strophen auf einander auch den Gedanken nach verlangt, hier aber sich keiner der beiden Redenden um den anderen kümmere. In der That wendet sich nur einmal der Dichter an Archytas, um über die Vergeblichkeit seiner Bestrebungen zu klagen, ein anderes Mal der *naufragus* an den *nauta*, um von ihm eine Notbeerdigung zu erlangen, ohne dass einer von dem andern irgend welche Kenntnis zu nehmen scheint. Es ist wichtig, gerade diesen Punkt hervorzuheben, da die Alten bekanntlich die grösste Sorgfalt darauf verwandten, die redende oder angeredete Person deutlich zu kennzeichnen, und wie wir schon I, 7 die Anrede des Plancus durchaus an der ihr gebührenden Stelle, nämlich am Anfange des zweiten Gedichtes fanden, so wird sich auch künftig die Stelle der Anrede als ein nahezu untrüglicher Faktor für die Bestimmung des Anfanges eines neuen Gedichtes erweisen. Übrigens entspricht *me quoque* nur scheinbar, nur äusserlich dem *te* im Eingang der Ode; denn es schliesst sich enge an das Vorhergehende *alios, nautis* an, kann also nicht zugleich einen inneren Gegensatz zu dem Anfange bilden sollen.

So würde sich denn der Knoten, der bisher so viele vergebliche Mühe gemacht, in der einfachsten Weise dahin lösen, dass das undeutbare eine Gedicht sich mühelos und ganz von selbst in zwei Gedichte einfachster Struktur auseinanderlegt. Auch Döderlein hat dies schon einst vor Linker, Martin, Gruppe und Lehrs vorgeschlagen, liess aber das zweite Gedicht bei dem siebenten Verse beginnen und die fünfte Strophe bestehen. Dann natürlich konnte er meinen, dass die Gedichte durch Nachlässigkeit der Schreiber in eines zusammengeflossen seien; Vers 17—20 aber verbietet uns eine solche Annahme; nicht allein verrät jedes Wort den Interpolator, sondern auch der Inhalt die Absicht, aus dem ersten Gedichte in das zweite hinüberzuleiten; auch erweist die Komposition des zweiten Gedichtes den gleichen Umfang wie die des ersten, nämlich sechzehn Verse. Sicherlich ist die Stellung des zweiten Gedichtes keine originale; denn es folgen im ersten Buche, wie man längst bemerkt hat, nie zwei Gedichte gleiches Versmasses — der Grund der Erscheinung ist nach unsern Darlegungen des ersten Abschnittes einleuchtend — mit Ausnahme des alcäischen Metrums; je zwei Gedichte dieses Metrums nahmen die achte und neunte Stelle jeder Dekade ein. Auch die Nebeneinanderstellung von I, 7^a und I, 7^b fanden wir, war keine originale, sondern eine absichtlich abgeänderte (Vgl. Band II).

Wenn Linker und Martin Vers 17—20 verwarfen, letzterer aber 1—16 und 21—36 als korrespondierende Teile eines antistrophischen Gedichtes konstituierte, so kommt dies dem vorliegenden Resultate wenigstens sehr nahe.

Und wenn Lehrs, welcher, wie erwähnt, ebenfalls zwei Gedichte in I, 28 sah, die eine, Gruppe die andere Hälfte als nicht horazisch verwarfen, so hat man hieraus Folgerungen gegen die Richtung beider ziehen wollen, während doch in der Hauptsache beide Urteile nur dasselbe, die Unverträglichkeit des einen Teiles mit dem andern, beweisen; auch Mählys Athethese beider Teile gehört nur eben hierhin; sie hat ihren Grund in der Schwierigkeit eines Problems, zu dessen Lösbarkeit früher die realen Vorbedingungen fehlten. Die Frage, ob horazisch, ob nicht, gehört zur Zeit in keiner Weise vor unser Forum; es gilt zunächst nicht Urteile und Ansichten, sondern möglichst sichere Thatsachen zu gewinnen.

Mit Unrecht jedoch schreibt Gruppe auf eine Äußerung Ph. Buttmanns hin Torrentius die Behauptung zu, dass die Ode geteilt werden müsse. Gruppe hat Buttmanns Worte: „Den vorzüglichen Herausgeber Torrentius lehrte der Eindruck des Ganzen, dass das Gedicht in zwei Hälften zerfalle" missverstanden. Es mögen hier Torrentius bezügliche Auslassungen folgen, weil dieselben verschiedene wichtige Widersprüche hervorheben, welche trotz der von ihm gewählten Zurechtlegung bestehen blieben. Er sagt: *Hanc oden in mortem Archytae Torrentini conscripsit Horatius: ac primum quidem ipse defunctum alloquitur: postea vero philosophum, tanquam recenti adhuc cadavere, loquentem facit, atque ita Carmen deducit, ut videre Pythagoreus rediisse videatur.   7. Occidit et P. y."   Deinceps loqui Archytam volunt: sed quia Carmen istud instar Satyrae est, non erret fortassis, qui orationem continuet usque ad versum „Me quoque devexi," aptius enim sub alterius quam Archytae personae renatum illum Pythagoram irriserit. 22. Illyricis N. o. undis. Quomodo Illyricis, si iuxta Matinum Apuliae montem, ut ante diximus, sepulchrum habuit? an forte eo naufragii corpus ex Illyria delatam est? an potius omne illud mare Illyricum appellat? 23. „Ne parce malignus." Non absolute malignum vocat, sed si parcat, talem fore denunciat more loquendi poetis frequentissimo.   Atqui non levis oritur dubitatio, quomodo naulum hic oret Archytas, ut terram sibi inhumato injiciat, cum Odae initio id jam ante factum fuisse constet.   Sed, ut dixi, Poeta, tanquam projecto adhuc cadavere, loquitur. Sic ergo Scaligero satisfaciamus.* Torrentius ist also eine Teilung der Ode in zwei selbständige Gedichte nicht zuzuschreiben. Die Widersprüche aber, welche er aufdeckt, widerstreben unter allen Umständen der Vereinigung beider Gedichte in eines und überheben der Aufgabe, sie noch einer besondern Erörterung zu unterziehen, wie ich überhaupt diese ganze, weitausgedehnte Materie als bekannt voraussetze. (Vgl. unten die litterarische Übersicht.) Denn die sachlichen, logischen und dichterischen Widersprüche sind es ja grade, welche die Litteratur über I, 28 in das Ungemessene anschwellen lassen, die es verhindert haben, dass man zu einer befriedigenden Erklärung des Gedichtes als eines einheitlichen gelangte.

Dagegen mögen noch kurz zwei andere Punkte zur Sprache gebracht werden, zuerst die Frage, ob noch aus dem Altertume Spuren geblieben sind, welche auf eine ursprüngliche Teilung von I, 28 zurückgeführt werden können, dann die, ob in dem metrischen Bau der beiden Teile der Ode sich Verschiedenheiten nachweisen lassen, welche ausreichen, um auf diesem Wege zu bestätigen, was wir bereits auf anderem gefunden haben.

Es unterliegt der subjektiven Schätzung und ist darum nicht von entscheidender Bedeutung, dass gerade Codex A. (Par. 7900), also doch der wohl unbestritten beste, Vers 19, denselben, den auch Peerlkamp verworfen hat, nicht von erster Hand enthält; erst eine spätere hat ihn nachgetragen und zwar vor dem achtzehnten Verse; auch in dem Ambrosianus O 136 und in dem Cod. reg. Suec. 1703 findet er sich nicht, resp. steht er in jenem an falscher Stelle; vgl. Keller. Ebenso ist vielleicht nicht allzuviel Gewicht darauf zu legen, dass wir kein irgendwie älteres Zeugni*s* für die Verse 17—20 haben. Etwas mehr will es wohl schon bedeuten, wenn Fabricius (1570) schreibt: *Haec oda simpliciter Archytas inscribitur, teste libro antiquo;* denn je früher hinauf in das Altertum, desto weniger ausführliche Überschriften oder besser: desto weniger Überschriften haben wir zu erwarten, und *Archytas* allein ist doch auch etwas anderes als *Umbra Archytae* oder ähnliche, wie wir sie für die ungeteilte Ode erwarten müssten. Jedoch ist es möglich, auch dafür einen Beweis beizubringen, dass das Argumentum bei Acro ursprünglich ebenfalls nur den ersten Teil der Ode allein umfasste, und andere, diesen ursprünglichen Sachverhalt verdunkelnde Elemente erst später in dasselbe eingedrungen sind. Das Scholion zu dem ersten Lemma lautet nämlich bei Acro: *Te maris et terrae. Haec oda pros-opopoeia formata est: inducitur enim corpus naufragi Archytae Tarentini ad litus expulsum conqueri de iniuria sua et a praetereuntibus petere sepulturam. Qui Archytas Pythagoricus fuit, geometriae et astroscopiae peritus. Pythagorici enim omnia nu-meris constare dicunt. Ad cuius ergo consolationem etiam famosos et diis olim coniunctos homines perisse commemorat.*

Es ist zunächst klar, dass der erste Teil dieses Argumentum sich auf den zweiten Teil der Ode, der zweite Teil des Argumentum aber auf den ersten Teil der Ode bezieht. Es ist aber auch ferner klar, dass *commemorat,* so wie es hier steht, *corpus Archytae* zum Subjekte haben müsste, was widersinnig ist; vielmehr ist *poeta* oder *Horatius* zu ergänzen. Es folgt, dass der Verfasser des zweiten Teiles des Arguments nicht auch der des ersten sein kann oder vielmehr, dass hier zwei Argu-

14

mente in nmgekehrter Folge hintereinander stehen, welche als Argumente des ersten und des zweiten Gedichtes folgendermassen lauten müssten.

I, 28[a].

Te maris et terrae. Archyta Pythagoricus fuit, geometriae et asteroscopiae peritus. Pythagorici enim omnia numeris constare dicunt. Ad eius ergo consolationem etiam famosos et diis ortu coniunctos homines perisse commemorat.

I, 28[b].

Me quoque. Haec ode ex prosopopoeia formata est: inducitur enim corpus naufragi ad litus expulsum conqueri de iniuria sua et a praetereuntibus petere sepulturam.

Mit diesem unwidersprechlichen Sachverhalt stimmt es nur überein, wenn der eben zitierte Codex A als Überschrift des Acron weiter nichts giebt als: *Archi-tam philosophum alloquitur.* „*Ad archytam tarentinum*" sagt ebenso der Codex Bern. K. (363. B Orelli), also eine Autorität gleiches Ranges. „XXVIII ode *ad architam pithagoreum*" steht im Cod. R. (Paris. 7988), der uns schon so vorzügliche Auskunft über I, 7 gab. „*Ad architam*" heisst es im Bern. 223. Aber nun gar Porphyrio. Er sagt:

Te — maris. Inducitur — es ist wunderbar, wie Acro und Porphyrio so oft fast buchstäblich übereinstimmend haben schreiben können — *enim corpus naufragi Archytae Tarentini in litus expulsum conqueri de iniuria sua et petere a praetereuntibus sepulturam.*

Gut! Also der Leichnam des Archytas, der im Sturm im Meere verun-glückt und ertrunken ist, liegt, von der Flut ausgespült, unbegraben am Strande des Meeres und beklagt sich eben hierüber, dass er unbegraben ist. Was sagt denn nun derselbe Porphyrio in dem folgenden Scholion? Er schreibt: *Matinus mons sive promontorium est Apuliae, iuxta quem Archytas sepultus est.* Wenn Porphyrio uns wirklich wertvolle Nachrichten aus dem Altertume aufbehalten hat, so haben wir hier die, dass es ein Grab des Archytas gab und Diony-sius braucht nicht länger angeschuldigt zu werden, dass er uns das angebliche un-glückliche Ende des Archytas verschwiegen hat. Es gab nichts zu verschweigen;

er ist nicht im Meere verunglückt, sondern diese Fabel ist erst durch die gewaltsame Zusammenziehung von I, 28* und 28* entstanden. Die Angabe Fuhrmanns, dass Leonidas von Tarent den Tod des Archytas besungen habe, ist eine leere Behauptung, welche auf eine Vermutung von Lenz (1802) zurückzuführen ist. Dieser nämlich sagt, Leonidas sei ein unter seinen Landsleuten angesehener Dichter gewesen und habe auch sonst Schiffbrüchige und Tarentiner Ereignisse besungen. Könne er des Archytas Tod in den Wellen unbesungen gelassen haben? (?) Auf welche Quelle Sacchi (Faventiae 1875) sich stützt, wenn er sagt: *Archytas Tarentinus est notus: notum est item, ut passus naufragium prope litus Apulicum ibi mortem subiorit*, ist nicht zu erkennen; vermutlich auf das Scholion bei Acro, das eben selbst nur aus der falschen Interpretation von I, 28 geflossen ist.

Es ist wichtig zu fragen, was denn Porphyrio zu den als interpoliert nachgewiesenen Versen 17—20 sagt. Schon I, 7 wurde sein Schweigen zu Vers 19—21 beredt erfunden.

Während Acro fünf Lemmata mit acht Scholien hat, giebt Porphyrio auch nicht ein einziges! Wenn irgend ein Argumentum *ex silentio* beweist, so ist dies wohl hier der Fall, wo es so viel Gelegenheit zu gelehrter Anmerkung gab. Um genau zu sein, will ich nicht unerwähnt lassen, dass allerdings ein Scholion als von Porphyrio stammend angeführt wird (19. 20. *Nullam fugit. Nullam Proserpinam timet, ut per hoc neminem exceptam habet.*); jedoch ist es erstens auffallend, dass bei Hauthal, der, soviel irgend in seinen Kräften liegt, genau ist, es nicht in richtiger Reihenfolge, sondern verspätet steht (hinter Vers 21) und schon dadurch Zweifel an seiner Originalität erregt, zweitens werden diese Zweifel nahezu zur Gewissheit durch den Vergleich mit andern Quellen. Sowohl Ascensius, der übrigens getrennt zuerst Vers 1–16 behandelt, also an dieser Stelle doch einen natürlichen Abschnitt heraushöfte, als auch die in Köln, Birkmann - Mylius 1632, "*a quodam patre Societatis Jesu*" (Bebius) veranstaltete Ausgabe des Horaz giebt ebenfalls nur dieses eine Scholion und jener wie diese an unrechter Stelle, so dass man mit Recht wohl auf ein von fremder Hand nachgetragenes späteres Supplement schliessen darf. Locher hat nur zwei Scholien, welche von ihm selbst herrühren dürften, da das erste nur die Konstruktion, das andere nur eine mythologische Notiz zu Proserpina enthält, beide weder aus Acro noch aus Porphyrio geschöpft. Auch der Commentator des Cruquius giebt nicht einen Buchstaben mehr, als wir in Acro lesen und kennt jenes angebliche Scholion des Porphyrion nicht; vielmehr setzt er in richtigem Verständnisse der Situation zu dem eben angeführten Scholion des Porphyrio hinzu:

Matinus est rivus et mons Apuliae, juxta quem Archytas sepultus est; sive ut quibusdam placet, rivus Calabriae.

So hätten wir denn nur noch zu fragen, ob auch hier vielleicht sich aus dem Metrum Folgerungen zu Gunsten unserer Darstellung ergeben. Es folge also zunächst das Schema der Hexameter der beiden Teile von I, 28, dann das der Tetrameter; das der fünften Strophe möge beide Male durch einen kleinen Raum von dem der übrigen getrennt werden.

I, 28 a.

	1			2			3			4			5			6	
a	b	c	a	b	c	a	b	c	a	b	c	a	b	c	a	b

(es folgt das metrische Schema der Verse 3–19; Längen- und Kürzenzeichen)

3
7
11
15

19

b.

(metrisches Schema der Verse 23–35)

23
27
31
35

Das vorstehende Schema lässt ersehen, dass die beiden Gedichte nicht in so entschiedener Weise differieren, wie I, 7 a und I, 7 b; immerhin reichen die Unterschiede im Versbau zur Erkenntnis aus, dass auch sie metrisch selbständig sind. Am meisten fällt in das Auge, dass 28 a zweimal die Hephthemimeres zulässt (V. 5. 7), 28 b kein einziges Mal; nächstdem kehrt sich das Verhältnis in der zweiten Hälfte des dritten Fusses dahin um, dass dieselbe in 28 a fast stets (6) von zwei Kürzen, nur zweimal von einer Länge, in 28 b fast stets von einer Länge (5), nur dreimal von zwei Kürzen gebildet wird. Die beiden letzten Stellen des vierten und die beiden ersten Stellen des fünften Fusses bildet 28^a fünf mal aus e i n e m Worte, einem Antibacchius (4) und Päon tertius, was dem Hexameter einen angenehmen Rhythmus zu verleihen geeignet ist; ihnen schliesst sich im ersten Verse, um eine Stelle weichend, ein Amphibrachys an; 28^b lässt einen ähnlichen Bau an dieser Stelle gänzlich vermissen. Sieben von acht Hexametern in 28^a gehen auf einen Amphibrachys oder Bacchius aus, und nur *concesserat atrae* bildet eine Ausnahme; in 28^b lässt sich von einem gleichen Verhältnisse nicht mehr sprechen. Auffallend ist das häufige Vorkommen von einsilbigen Wörtern in 28^a; es zählt deren sechszehn, 28^b nur elf, daher auch in jenem Gedichte die zahlreicheren Einschnitte, selbst nach der ersten Länge des ersten Fusses. Noch unvorteilhafter zeichnen sich in dieser Hinsicht die beiden Hexameter der interpolierten Strophe aus; wird doch der erste durch einen Einschnitt nach der ersten Länge und durch Diäresen vor dem vierten und sechsten Fusse, der zweite durch eine harte Verschleifung und durch Diäresen vor dem zweiten, fünften und sechsten Fusse verunziert.

I, 28^a

1			2			3			4		
a	b	c	a	b	c	a	b	c	a	b

a.

(lines 4, 8, 12, 16, 20)

b.

(lines 24, 28, 32, 36)

Die Tetrameter des ersten Gedichtes lassen kein einziges Mal einen Einschnitt hinter dem ersten Trochäus zu, wohl aber die des zweiten; nur ein einziges Mal durchschneiden jene den Vers in der Mitte; viermal aber diese; sechsmal weisen jene die Hephthemimeres auf, nur dreimal diese, sechsmal jene die Diärese vor dem vierten Fusse, nur dreimal diese. Den Spondeus im ersten Tetrameter von 28^a erklärt der Eigenname. Der zweite Tetrameter aber von 28^b enthält jenen berüchtigten Hiatus *capiti inhumato;* wenn diese Blätter die bisherige Vermutung, dass eine fremde und nicht besonders geschickte Hand über die Sammlung horazischer Gedichte gekommen, zur Gewissheit erheben sollten, so entschliesst man sich vielleicht leichter als bisher, *intumulato* in den Text zu setzen. (Vgl. Ovid, Her. 2, 136). Auch die beiden Tetrameter der interpolierten Strophe sind wieder durch eine harte Verschleifung entstellt, so dass also von den drei, in beiden Gedichten vorkommenden Elisionen zwei allein auf diese vier Verse entfallen. Haben doch sämtliche vier Verse der fünften Strophe einen Einschnitt vor dem sechsten Fusse (— *Marti — nantis — nullam — fugit*), eine Barbarei, welche wohl auf eine jeder metrischen Kunst entfremdete Zeit oder Hand schliessen lässt! *Proserpina* quantitiert Vers 20 zwar regelmässig und wie es in dem zweiten Buche der Satiren (5, 110) vorkommt (- - ◡ ◡), aber abweichend von Carm. II, 13. 21. (Epod. 17, 2 *Proserpinae* ◡ - ◡ ◡ -) Jedoch will ich beide letztere Stellen nicht loben; die erste derselben ist übel beleumundet. *(Quam pœne furcae et.)*

Victorinus erwähnt unter dem Abschnitte über das daktylische Metrum drei Formen des Tetrameter, solche, welche den Anfang eines Verses, solche, welche den Schluss und solche, welche beide zu bilden geeignet sind. Den ersten Tetrameter von I, 28 führt er als Beispiel für die letzte Art an. In der That macht sich ein Gegensatz zwischen den Tetrametern von 28^a und 28^b, wie wir ihn bei 7^a und 7^b entdeckten, nicht geltend, sondern beide Teile scheinen *portiunculas initiales, finales* und *communes* durcheinander zu enthalten, wenngleich die eine oder die andere Art in dem einen oder andern Teile überwiegen mag, etwa in dem ersten Teile das comma τελικόν, in dem zweiten das ἀρχικόν; nur der letzte Tetrameter des ersten Teiles, der erste Tetrameter der Mittelstrophe und die beiden letzten Tetrameter des zweiten Teiles stellen jenen bukolischen Tetrameter dar, welchen wir in I, 7^b nachgewiesen haben.

Es ist wohl nicht nötig anzumerken, dass ebensowenig hier wie bei I, 7 auf einen der weniger wichtigen Unterschiede wie z. B. auf die verschiedene Zahl der Diäresen nach den einzelnen Füssen allein irgend welches entscheidende Gewicht gelegt werden soll; die Bedeutung dieser weniger wichtigen Differenzen beruht eben auf ihrer Summe im Verein mit den Verschiedenheiten, welche man für ausschlaggebend halten darf.

Wir verliessen Tabelle XIV in folgender Gestalt:

Tabelle XIV.

	1	2	3	4	5	6	7	8	9	10
I.	1	2	3	4	5	6	7		9	10
II.		2	3		5	6	7	9	9	10
III.	2	2	3	2	5	6	7	9	9	9
IV.	2	2	3	2	5	6		9	9	9

Kolumne 2, 3, 5, 6, 9 enthalten je vier Oden desselben Metrums; in der siebenten Kolumne stehen drei Oden desselben Versmasses, deren dritte, die behandelte achtundzwanzigste des ersten Buches, sich als eine Doppelode erwiesen hat, welche nach ihrer metrischen und dichterischen Komposition, nach vielen durch keine Interpretationskunst zu beseitigenden Widersprüchen sich als aus zwei heterogenen Gedichten bestehend erwiesen hat. Und wenn nun also die dritte Horizontale in siebenter Stelle ein Gedicht zuviel, die vierte an entsprechender Stelle eine Lücke aufweist — es ist dasselbe Bild wie bei I, 7 auf S. 78 — sollen wir zögern, das überschiessende Gedicht in die Lücke einzusetzen? Sicherlich nicht! Möge es gestattet sein, den Schatten des nach Ruhe seufzenden Schiffers nach tausendjährigem Umherirren in dunklem Lande endlich in dieser Lücke zu begraben und das Wort Lord Lyttons, dass niemals eine befriedigende Lösung für I, 28 gefunden werden würde, damit zu Schanden zu machen. Tabelle XIV gewinnt fortan folgendes Aussehen, wenn wir gleichzeitig die erste und letzte Kolumne der dreizehnten Tabelle wieder aufnehmen.

Tabelle XV.

	1	2	3	4	5	6	7	8	9	10
I.	1	2	3	4	5	6	7		9	10
II.		2	3		5	6	7	9	9	10
III.	2	2	3	2	5	6	7	9	9	9
VI.	2	2	3	2	5	6	7	9	9	9

Übersicht über die Litteratur zu

carm. I, 28.

Von den alten Herausgebern und Interpreten, welche nach Porphyrio und Acro in kritischer Hinsicht oder durch ihre Erklärungsversuche für I, 28 von Bedeutung sind, mögen genannt werden: Mancinelli, Landinus, Pulmann, Ascensius, Fabricius, Torrentius, Cruquius, Muret, Heinsius, Chabot, Ceruti, Lubinus, Wallius.

Von den späteren Erklärern führe ich an: Dacier, Sanadon, Rodeille, Duhamel, Bentley, Cunningham, Grävius, Pallavicini, Baxter, Gesner, Nitsch, Jani, Baden, Mitscherlich, Preiss, Vanderbourg, Fea, Bothe, Döring, Braunhard, Peerlkamp, Düntzer, Lübke, Ritter, Lehrs, Keller und Holder, Lembcke, Sacchi, Orelli, Dillenburger, Nauck, Frigell, Schütz, L. Müller, Rosenberg.

An sonstigen Erklärungsschriften mögen folgende erwähnt werden:

John Upton in seinem Arrian I, 17. 6 pg. 51. 1741.

Hottinger, Jos. Jac. Turici 1788. 1789. (Vgl. dessen opusc. philol. Lips. 1817.

Aufsatz in den philos. Blicken et. v. Heinzelmann und C. D. Voss. Halle 1789.

F. A. Wolf, vermischte Schriften und Aufs. Halle 1802.

Lenz, epistola de Horatii Oda 28. lib. I. Gothae. 1802. (Vgl. Miscell. philol. ed Matthiae. Leipzig 1809.)

13

Ph. Buttmann, Abhandl. der Berliner Akademie der Wissensch. 1815.
(Mythologus II. 1829 S. 369).

J. H. Voss in seiner Übersetzung. 1820.

Schreiber, de Horat. al. loc. disput. Neubrandenburg 1824.

Wendel, Vorlesungen, Coburg, 1828.

Weiske, Über die 28. Ode im 1. B. d. H. Jahns Jahrbb. f. Ph. u. P.
1830.

Kries, Disputantur quaedam de H. O. I, 28 et Archyta et. Gothae
1832.

Grotefend in dem Artikel Horaz der Enc. v. Ersch und Gruber.
1833.

Wendel, Beiträge. Leipzig 1834.

Axt, Programm. Wetzlar, 1835.

Gerber, Zeitschrift f. d. Alterthumswiss. 1835.

Orelli, „amici cujusdam" et. Excurs in seiner Ausgabe.

Beckmann, de H. c. I, 28. c. 1836. Manuskr. (Rh. Antiquar. catal.
No. 8. 1883).

Monich, Beleuchtungen Horazischer Lyrik et. Schwerin. S. 19—21
1837.

Fürstenau, de carm. al. Hor. chronologia. Hersfeldae 1838.

Gerber, Übersicht, Zusammenstellung und Prüfung etc. Sondershausen
1839.

Dillenburger, Quaest. Hor. Part. I. II. Bonnae 1841.

Gernhard, de compositione etc. partie. I. Vimarae 1841.

Prantl, Comment. I, 28. Monach. 1842.

Nägelsbach, Gelehrte Anzeig. der k. bayer. Ak. d. Wiss. 1842. Sept.
S. 426.

Gernhard, id. part. III. ibid. 1843.

Eichstädt, Paradoxa Hor. XII. Jena 1843.

Grever, de Hor. Fl. carm. I. a. Oldenburg 1844.

Eggert, Nauta et Archytas. Neustrelitz 1884.

Derselbe in Jahns Archiv. 1852.

Platz, Bemerkungen. Wertheim I. 1846.

Steiner, Hor. specimen II. Kreuznach 1847.

Kärcher, die 28. Ode d. I. B. Karlsruhe 1848.

Meutzner, de Horat. Od. I, 28. Plauen 1848.

Grotefend, Philologus, 1850.

Meineke, Philologus, 1850.

Döderlein, Verh. der Erlanger Philologenvers. Erlangen 1852.

Trompheller, zur Erklärung v. I, 28. Mützells Zeitschrift für Gymna-
    sialwesen. 1852.

Derselbe, de ironicis quibusdam Horatii carm. Arnsberg 1853.

Nauck, C. W., Erklärung horazischer Oden in Jahns Archiv. 1852.

Hagelüken. Horatiana. Ebend. 1852.

Göttling. Comm. de H. I, 28. Jen. 1854. (Vgl. Gesammelte Abhandl.
    München 1853 II. S. 214—233).

W. Brandt, Münster 1854.

Heinrichs, zu Hor. carm. I, 28. Zeitschrift f. d. Gymnasialw. 1855.

Weil, Bemerkungen et. Jahns N. Jahrbücher 1855.

Mähly, Über Hor. carm. I. 28. Im Rhein. Museum. N. F. X. 1856.
    S. 127—136.

Röhrmund. Hor. I, 28. Archytas. Jahns N. Jahrbb. 1857.

Martin, de Horat. carm. II, 1 et I, 28. Posen 1858.

August Buttmann, zu Horaz. Zeitschrift f. d. Gymn. XII. (1858) S.
    903—924.

Olander, Anteckning till Hor. Od. I, 28. Lund. 1859.

Schmidt, J. N., Zeitschrift f. d. Gymnasialw. 1859.

Gruppe, Minos. Leipzig 1859.

Rüdiger, Horatiana, Jahrbb. f. Phil. u. P. 1859.

Garcke, Quaest. de Graecismo et. I. Halis 1860.

August Buttmann. Mützells Zeitschrift 1860, S. 817—822.

Friede, de carmine Horat. XXVIII I. I. Breslau 1860.

Hermann, A., curae Horatianae. Celle 1861.

Heller, Hor. Od. I, 28. Philologus Bd. XVI 1869. S. 731.

Roeder, Corallarium Venusinum. Cöslin 1869.

Gruppe, Äakus. Berlin 1872.

Th. Feller, De Q. Horatii Flacci Libri I Oda XXVIII. Zittaviae
1874.

A. Frigell (Upsala), Berl. Zeitschrift f. G. W. S. 321—323. 1875.

Keller, Epilegomena I. 1879.

A. R. in Zarnckes Centralblatt 1880.

Adam, die 28. Ode im 1. B. d. Horaz. Patschkau 1881.

CARM. I, 4.

— „und wir sind nicht die ersten, die dies empfinden.“

Gruppe.

Solvitur acris hiems grata vice veris et Favoni,
    trahuntque siccas machinae carinas,
ac neque iam stabulis gaudet pecus aut arator igni,
    nec prata canis albicant pruinis.   4

iam Cytherea choros ducit Venus imminente luna,
    iunctaeque Nymphis Gratiae decentes
alterno terram quatiunt pede, dum graves Cyclopum
    Volcanus ardens urit officinas.   8

nunc decet aut viridi nitidum caput impedire myrto
    aut flore, terrae quem ferunt solutae;
nunc et in umbrosis Fauno decet immolare lucis,
    seu poscat agna sive malit haedo.   12

pallida mors aequo pulsat pede pauperum tabernas
    regumque turris. o beate Sesti,
vitae summa brevis spem nos vetat inchoare longam.
    iam te premet nox fabulaeque Manes,   16

et domus exilis Plutonia; quo simul mearis,
    nec regna vini sortiere talis,
nec tenerum Lycidan mirabere, quo calet inventus
    nunc omnis et mox virgines tepebunt.   20

— „Man frage nicht, warum hier der Tod spukt." —

Nitsch.

Eine der wenigst besprochenen Oden gegenüber den vielberufenen vorherbehandelten, I, 7 und I, 28, ist diejenige, welcher uns zuzuwenden wir jetzt im Begriffe stehen, I, 4, so dass Düntzer sogar behaupten wollte, der Kritik sei diese glücklich entgangen. Hat er zwar nicht recht, so ist es doch Thatsache, dass, wenn es nicht um *Cytherea Venus*, *mit —risit* und *fabulaeque Manes* gewesen wäre, wenn nicht einige wenige Kritiker an dem plötzlichen Erscheinen des „bleichen Todes" Anstoss genommen hätten, dass dann diese Ode dem peinlichen Gerichte der höheren Kritik kaum unterzogen sein würde. Nun könnte man zwar nach Analogie eines Sprichwortes sich versucht fühlen, denjenigen Gedichten am meisten zu vertrauen, von denen am wenigsten gesprochen wird; aber hat schon das Sprichwort nicht immer recht, und ist auch unsere Ode nicht ganz ohne Anfechtungen geblieben, so kommt hier noch hinzu, dass die Lücke in der vierten Stelle der zweiten Dekade es uns zur Pflicht machen würde, selbst bisher Unverdächtigtes einer sorgfältigen Prüfung zu unterziehen.

Unsere erste Frage muss sein, ob das ganze Gedicht seiner inneren Struktur nach von einem einzigen Gedanken derart getragen wird, dass er es vom Anfange bis zum Ende durchzieht und in allen seinen Teilen gleichmässig durchdringt, so dass es durch diese seine eine Idee einen lebendigen Organismus, ein einheitliches Ganzes

16

darstellt. Dabei werden wir uns davor hüten müssen, dem Gedichte etwas unter-
zulegen, was es thatsächlich nicht enthält, insbesondere nicht denjenigen Gedanken einzuschieben, der ihm den Anschein einer Einheit grade an der Stelle zu
geben im stande wäre, wo sie ihm fehlt, ein Versehen, welches mehrfach einem
neueren Erklärer einiger der in dieser Beziehung schwierigsten Gedichte des Horaz
in seinen feinfühligen Essays begegnet ist. Es ist ja richtig, dass ein Gedicht voll
und ganz nur aus sich verstanden werden kann, nur durch eine liebevolle Hingabe
an dasselbe und ein Hineinversenken in seine Gefühlsweise und die ihm eigentümliche Stimmung. Aber für uns handelt es sich nicht um die Frage, wie wir das
Gedicht in der Gestalt, in welcher es uns vorliegt, verstehen können, sondern wie
wir es verstehen müssen. Ein Beispiel möge den Unterschied erläutern. Es gab in
alten Zeiten und giebt wohl noch hin und wieder in der Schule eine Art von
Themen für den deutschen Aufsatz, bei welcher der Lehrer einzelne abgerissene
Wörter, nicht mehr als dies, diktierte; es war die Aufgabe des Schülers in diese
zusammenhangslosen Worte Zusammenhang hineinzubringen, eine Erzählung aus
ihnen zu machen. Ob der Lehrer sich die gegebenen Punkte in irgend welcher
Verbindung gedacht, welches diese gewesen, blieb durchaus unerörtert und gleichgültig; Sache des Schülers war es, im freien Spiele der Phantasie, was in den
Wörtern allein in keiner Weise vorhanden war, zu schaffen und ohne geistigen Ver-
kehr der Arbeitenden untereinander mussten notwendigerweise so viele verschiedene
Erzählungen entstehen, als Schüler vorhanden waren. Etwas ganz anderes würde es
sein, wenn die Aufgabe gestellt würde, zwei Bruchstücke von Erzählungen auf die
Frage hin zu untersuchen, ob sie Stücke einer und derselben Geschichte seien oder
nicht und im ersten Falle sie zu ergänzen. Dann käme es darauf an, den Nachweis zu führen, dass und welche Elemente des einen wie des anderen Stückes notwendig als Teile eines und desselben organischen Ganzen sich zu erkennen gäben,
und welches die Kennzeichen dieses Zusammenhanges wären; dann müsste einerseits
alles zurückgewiesen werden, was nicht einen zwingenden Beweis enthielte und was
nur zusammengehören könnte; dann müsste andererseits alles gesammelt werden, was
absolut zwingend wäre, was beweisen müsste. So soll sich auch unsere Interpretation von derjenigen unterscheiden, welche andere Zwecke verfolgt. Wer ein
Horazisches Gedicht, wie es uns in fest und unzweifelhaft gegebenen, sicheren
Elementen eines organischen Ganzen vorliegt, wiedergeben will, der wird gleichsam
von neuem zum Dichter des Objectes; wie bei der ersten Entstehung des Gedichtes von einem einzigen Punkte aus die Idee sich in einer vielgestaltigen, aber
in sich organischen Form verkörperte, so sucht dieser Interpret die vielen einzelnen
Strahlen jenseit der Fläche, auf welcher sie sich projiciert haben, wieder in einem
einzigen Punkte zu sammeln, um so die Idee wiederzugewinnen, von welcher aus
das Bild entstand, das auf diese Weise notwendig ein einheitliches werden muss. So

wird er zum Nachdichter: die unbelebte Masse gewinnt durch ihn aufs neue Gestalt und Leben. Hierbei ist nun aber daran festzuhalten, dass das Nachgedicht nur dann dem ersten Gedichte entsprechen, nur dann sich mit ihm decken kann, wenn die Elemente, welche der Nachdichter seiner Schöpfung zu Grunde legte, auch wirklich die originalen sind; sind sie es nicht, so wird das Nachgedicht in dem Grade von dem ersten Gedichte abweichen, als seine Elemente sich aus fremdartigen Bestandteilen zusammensetzen. Das Gelingen, das Ansprechende, die Vollendung des zweiten Gedichtes ist in keiner Weise für den Grad beweisend, in welchem es angeblich dem Original entsprechen soll. Denn der zweite Dichter kann dichterisch reicher begabt sein, als der erste; seine Schöpfung kann als eine kontemporäre unserer Gefühlsweise näher stehen als jene, und dass aus disparaten Elementen eine uns anmutende Neuschöpfung hat entstehen können, beweist nicht, dass auch ehedem ebendieselben Bestandteile ebendasselbe Gedicht bilden mussten. Wollen wir also in einer für uns zuverlässigen Weise prüfen, ob ein Gedicht in der Gestalt, in welcher es uns vorliegt, ein organisches Ganzes sei oder nicht, so dürfen wir nur mit der grössten Vorsicht dem Inhalte seiner Teile nachgehen und einen Zusammenhang nur da erkennen, wo er an untrüglichen Kennzeichen nachweisbar ist, wir dürfen uns aber nicht der Täuschung hingeben, als hätten wir einen bestimmten Zusammenhang nun da auch schon wirklich nachgewiesen, wo wir im Grunde nur wahrscheinlich gemacht haben, dass dieser Zusammenhang füglich bestehen könnte.

———————

Jam ver egelidos refert tepores,
jam caeli furor aequinoctialis
jocundis Zephyri silescit aureis.

Linquantur Phrygii, Catulle, campi
Nicaeaeque ager uber aestuosae:
ad claras Asiae volemus urbes!

O dulces comitum valete coetus,
longe quos simul a domo profectos
diversae variae viae reportant!

„Schon kehrt der holde Lenz zurück; der laue West durchzieht die Luft, und des Winters Stürme schweigen! Nun auf, mein Herz, zur Heimfahrt gerüstet! Lebe wohl jetzt, du trauter Freundeskreis; nun geht es zurück, zurück in die süsse Heimat!“

16*

So hat Catull ein Frühlingslied gedichtet, ein Lied, das Horaz unmöglich unbekannt sein konnte; so hat er dies Thema behandelt und solche einheitlichen, in sich geschlossenen und gerundeten Lieder, die den Frühling besingen, liessen sich leicht aus jeder Litteratur, insbesondere der deutschen, zahlreich dem obigen zur Seite stellen.

Statt einer grossen Fülle derselben möge es gestattet sein, einige wenige Verse von Uhland hierherzusetzen, nicht als wüsste sie nicht jedermann auswendig, sondern um des Lesers Auge zum Vorteil unserer Sache und im Interesse des guten Geschmackes einzuladen, einen Moment zu verweilen und sich zu überzeugen, dass echte dichterische Empfindung zu verschiedenen Zeiten zwar einen verschiedenen Ausdruck finden mag, dass sie aber stets gleichen Gesetzen unterworfen ist, dass sie selbst im Grunde allezeit die gleiche bleibt und bleiben muss, weil Natur und Menschenherz in ihrem Wesen als ewig unveränderlich verharren.

> Saatengrün, Veilchenduft,
> Lerchenwirbel, Amselschlag,
> Sonnenregen, linde Luft!
>
> Wenn ich solche Worte singe,
> Braucht es dann noch grosser Dinge,
> Dich zu preisen, Frühlingstag?

„O welche Wonne, es ist wieder der Frühling da, der sich selbst lobt!“ Soll der Dichter noch mehr sagen?

Ein andermal singt er:

> O sanfter, süsser Hauch!
> Schon weckest du wieder
> Mir Frühlings-lieder;
> Bald blühen die Veilchen auch.

Fehlt hier etwas? Ist das Gedicht etwa ein Fragment? Im Gegenteil! Der Dichter will weiter nichts sagen, als dass die Welt nun wieder schön zu werden beginnt und bald noch schöner werden wird; sein Gedicht ist eben *Frühlingsahnung* überschrieben. Führt er den Gedanken wirklich um einen Schritt weiter, dann gewinnt derselbe folgende Gestalt.

> Die linden Lüfte sind erwacht,
> Sie säuseln und weben Tag und Nacht,
> Sie schaffen an allen Enden.
> O frischer Duft, o neuer Klang!
> Nun, armes Herze, sei nicht bang!
> Nun muss sich alles, alles wenden.
>
> Die Welt wird schöner mit jedem Tag,
> Man weiss nicht, was noch werden mag,
> Das Blühen will nicht enden.
> Es blüht das fernste, tiefste Thal:
> Nun, armes Herz, vergiss der Qual!
> Nun muss sich alles, alles wenden.

Das Äusserste also, wozu Uhland schreitet, ist, dass er sagt, nun müsse alles in einem einzigen Jubellaute enden, in ein einziges Wonnegefühl ausgehen.

So singt denn auch Horaz:

> Jam Cytherea choros ducit Venus imminente luna,
>   innctaeque Nymphis Gratiae decentes
> alterno terram quatiunt pede, dum graves Cyclopum
>   Volcanus ardens urit officinas.
>
> nunc decet aut viridi nitidum caput impedire myrto
>   aut flore, terrae quem ferunt solutae;
> nunc et in umbrosis Fauno decet immolare lucis,
>   seu poscat agna sive malit haedo.

„Nun ist der holde Frühling erschienen! Nun lacht die Flur, nun sprudelt der Quell, nun tanzt die Elfe! Hinaus! Hinaus! An den Busen der Natur!"

Wenn man durchaus noch einen neuen Gedanken vermutete, — aber welchen neuen Gedanken wäre man berechtigt zu erwarten? Es genügt doch, wenn jene ersten Gedanken in der Gestalt, in welcher sie ihren Ausdruck finden, sich formgerecht runden! — so könnte es doch nur etwa dieser sein: „Nun pflücke die Blume, ehe sie verblüht! Der Frühling entschwindet, ach, nur zu schnell und gar zu bald folgt der heisse Sommer." Jedoch wird der rein und richtig Empfindende schon in diesen wenigen Worten einen fremdartigen Zusatz herausfühlen, der den Eindruck des Vorhergehenden stört. „Schon wird es wieder Frühling!" — dieser Gedanke ist so reich an dichterischen Anschauungen, das Gefühl, das er erweckt, weitet unsere Brust in solchem Masse, dass er eben nichts weiter neben sich duldet, als nur ein „Hinaus! Lasst uns ihn geniessen!", und unsere Volkslieder kennen keine andere Pointe als „Hinaus, Hinaus! Der Frühling ist da!" Dass wir in demselben Augenblicke, in welchem wir sagen, der laue Lenz sei endlich gekommen und in welchem wir seine Freuden ausmalen, nun schon hinzusetzen sollten, aber auch der heisse Sommer oder der kalte Winter werde erscheinen, das widerspricht nicht nur der gesunden Vernunft, sondern auch jeder feineren Gefühlsweise. Wohlverstanden! Nicht als ob nicht in unzähligen dichterisch echt und warm empfundenen Liedern über das allzuschnelle Verblühen der Blumen, über das allzufrühe Entschwinden des Lenzes, über die Flüchtigkeit und Vergänglichkeit alles Schönen auf der Erde geklagt und als ob dann nicht Frühling und Winter, Erblühen und Verwelken, Leben und Tod in den engsten Zusammenhang gebracht worden wären! Nein, nicht hierum handelt es sich, sondern darum, dass ein Frühlingslied, welches jubelnd das Erwachen der Natur preist und die Klage, dass die Blüten des Frühlings allzuschnell verwelken, zwar zwei an und für sich und jeder für sich dichterisch vollkommen berechtigte Gedanken sind, zugleich aber solche, welche, dichterisch durchaus selbständig, entschiedene Gegensätze darstellen, einer Vereinigung in einem einzigen Gedichte ihrer innersten Natur nach widerstreben und sich gegenseitig ausschliessen. Jener erste Gedanke leidet darum keinen andern Abschluss, als solchen, wie ihn Catull seinem Liede, als den, welchen wir selbst dem Liede des Horaz in dem ersten Entwurfe gegeben: „Hinaus! Hinaus! An den Busen der Natur!" Und diesen Schluss finden wir in der That in der dritten Strophe unseres Gedichtes, nur zarter, duftiger, in die Form gehüllt, in welche der antike Dichter einen solchen Gedanken naturgemäss kleidete. Horaz lässt sein Lied ohne einen Misston leise verklingen: „Nun lasst uns die Lust geniessen! Nun Blumen in das Haar und im schattigen Hain ein Opfer dem Gott, der uns diese schöne Zeit gegeben!"

Aber so soll das Gedicht, wie es uns jetzt vorliegt, nicht schliessen. Der blasse Tod, fährt dieses fort, holt uns auch -- -- im Frühling? Durchaus nicht! Der blasse Tod holt uns, auch wenn wir so reich sind wie du, o Sestius, es bist; und die düstere Nacht lagert sich bald einem Alp gleich auch auf dich! Dann wirst du nicht mehr — man sollte erwarten: den Frühling feiern, Kränze in das Haar winden und dem Faunus opfern können; nichts davon! Sondern: dann wirst du nicht mehr den zarten Lycidas bewundern können. Ich glaube, wir sind berechtigt zu erwarten, dass uns zuvor gesagt wird, dass wir etwas und was wir besitzen, bevor wir unvermutet gemahnt werden, es komme bald die Zeit, in der wir uns von dem Besitze des uns teuern Gegenstandes trennen sollen. Wenn der Dichter deshalb am Schlusse des Gedichtes sagen wollte, dass wir bald nicht mehr Gelegenheit haben werden, Lycidas, der übrigens doch nicht nur im Frühling schön gefunden wird, nicht nur im Frühling heranwächst, zu bewundern, so wäre es doch in der That schicklich gewesen, uns rechtzeitig mit diesem schönen Knaben bekannt, mit der Aussicht vertraut zu machen, dass wir in seiner Gesellschaft den Frühling geniessen, in seiner Gesellschaft in den Wald hinausziehen, das Frühlingsfest feiern und dem Faunus opfern könnten. Von alle dem haben wir bis dahin nichts erfahren, im Gegenteile, sogar Sestius, uns, sich selbst hat der Dichter vorher nicht mit einem Worte erwähnt; er hat nur gesagt, nun sei es Zeit, den Frühling zu feiern — für jedermann; jedermann liebt doch aber nicht den Lycidas, jedermann ist doch auch nicht reich, und jedermann ist doch weder überhaupt noch grade jetzt, im Frühlinge, in einen schönen Knaben verliebt!

Wie wenig der Gedanke des zweiten Teiles zu dem des ersten passt, das lehrt jede Wiedergabe des Inhaltes jenes, sobald sie nur die Frucht liebevollen Eingehens auf Sinn und Absicht des Gedichtes ist; denn es weht in ihm ein echt poetischer Hauch und das Ganze ist von jenem Duft umwoben, der wahr und tief empfundener Dichtung ihren bezaubernden Schimmer verleiht. So finden wir die Verse 5—8 in einer mit P. (vermutlich Planck) unterzeichneten kleinen Abhandlung des Würtembergischen Korrespondenzblattes 1870 (nicht 1871) sehr hübsch ausgelegt. Der Verfasser findet in diesen Versen einen romantischen Zug. „Es liege nahe“, meint er, „den Geisterreigen im Mondlicht, den nächtlichen Tanz der Liebesgöttin mit ihren holden Gefährtinnen als eine höchst poetische Verklärung und Belebung der Frühlingsnatur zu erkennen. Die ahnungsvolle, der Liebe und der Freude neu erschlossene Brust verrate ihre Stimmung, leihe auch der Natur ihre Gefühle und personificiere diese Empfindung, indem sie auch höhere Wesen herabsteigend denkt, um sich mit den Sterblichen zu freuen. Dem lieblichen Frühlingsdämmern werde das ernste, unstreitig an Gewitter erinnernde Walten des Feuergottes entgegengestellt und die milde, weiche Frühlingsnacht bilde ja auch die schwülen Lüfte, die sich in Donner und Blitz entladen und die Erde dadurch neu beleben.

> „Ach, könnt' ich doch auf Bergeshöhn
> In deinem lieben Lichte gehn,
> Um Bergeshöhle mit Geistern schweben,
> Auf Wiesen in deinem Dämmer weben,
> Von allem Wissensqualm entladen,
> In deinem Tau gesund mich baden!“

Etwas derartiges habe auch dem römischen Dichter bei seinen mythologischen Reminiszenzen, sei es auch nur als dunkle Ahnung und Empfindung, vorgeschwebt. Die Beziehung auf die Gewitter lasse sich gewiss nicht wegbringen, wenn das Bild einen Sinn haben solle. Es sei nichts anderes als das Liebliche und Ernste, die süssen Ahnungen und die bangen Erwartungen, die in den milden und schwülen Nächten sich der Seele bemächtigen, wenn sie sich dem Frühlings- und Naturleben hingiebt." Ohne dass man sich grade jedes Wort aneignet oder im besondern die antike Auffassung des Liedes ganz getreu wiedergegeben findet, wird man doch gewiss gern dieser Darstellung beitreten: hat Verfasser doch auch darin recht, dass Vulkan nun wieder das Feuer in den Essen anzünden muss; denn die Cyklopen schmieden Jupiters Blitze, und darum ist es jetzt Zeit an die Arbeit zu gehen; der Augenblick ist erschienen, wo der Göttervater ihrer bedarf.

Wie wenig aber passt zu einem solchen Gemälde der zweite Teil des Gedichtes; wie wenig hierzu die den Geschmack einer späteren Zeit oder eines schlechteren Dichters verratende Personifikation des Todes, der auch nicht einmal draussen, im Freien, unter Gras und Blumen, wohin wir gerufen wurden, sondern eingeschlossen in Palast oder Hütte uns überrascht, wie wenig der ganze Ton und Charakter, die dichterische Anschauung und Empfindung der beiden letzten Strophen!

Es ist nicht anders: mit *Pallida mors* fängt eben eine neue und zwar mit der vorhergehenden unvereinbare Gedankenreihe an. Das Leben ist kurz, heisst es in dieser; der Tod verschont niemand, weder den Armen noch den Reichen wie dich, o Sestius: und sind wir einmal dahin, dann kreist kein Becher mehr im fröhlichen Kreise, dann küssen wir die rosige Lippe nicht mehr, die heute uns glüht! So *Eheu fugaces II. 14 etc.*: Ach, wie schnell eilen die Jahre dahin, o Freund, und nichts, nichts hält sie auf! Und wenn du alle Tage dich in frommen Thaten erschöpfen wolltest, vergeblich, ach, vergeblich! Hinweg musst du dennoch von Weib und Kind und von allem, was dir hienieden lieb und deinem Herzen teuer ist; und von alle dem, was du besitzest, bleibt dir nichts als das dunkle Haus und die Bahre! Das ist einfach, das ist natürlich! Das hat in dichterischer Weise seinen selbständigen Anfang und seinen Schluss, stört uns nicht durch einen schrillen Bruch in der Mitte des Liedes und befremdet nicht durch anstosserregende Einführung unerwarteter Gedanken. Und vermisst man nun, sei es I. 4 [b], sei es II, 14, einen Anfang? Im Gegenteil! Jede Zeile, die man etwa davor setzen wollte, würde die Harmonie des Ganzen stören.

Zu diesen inneren Gründen, welche auf die unveräusserlichen Rechte der Vernunft und dichterischer Empfindung gestellt sind, kommt entscheidend in das Gewicht fallend der äussere Umstand hinzu, dass erst Vers 14, also erst das vierte Fünftel des ganzen Gedichtes, die Anrede an Sestius bringt. Wäre dies der erste und einzige Fall, in welchem der verspätet auftretenden Anrede ein entscheidendes Gewicht beigelegt werden soll, so müsste man billigerweise Bedenken tragen, es zu thun. In 1, 7 aber haben wir bereits grade in der Stellung der Anrede ein sicheres Kennzeichen für den Beginn des zweiten Gedichtes entdeckt und dadurch das Recht gewonnen, fortan jede andere Stellung derselben als die an der ihr von

Natur gebührenden Stelle am Anfange des Gedichtes mit Misstrauen zu betrachten. Wir teilen daher wiederum I, 4 und die von der Logik und horazischer Weise geforderte Regel ist aufs neue von einer missliebigen Ausnahme befreit.

———

Es fällt vielleicht manchem schwer, von dem einheitlichen Gedichte, das er als solches von Jugend auf gekannt und lieb gewonnen hat, sich zu trennen. Mit Recht sagt Gottfried Hermann gelegentlich seiner Beurteilung von I, 7 an einer Stelle, deren ich bereits oben gedachte: *Accidit etiam litteratis hominibus, ut ea, quibus a puerili aetate adsueverunt, omni erroris suspicione exclusa pro veris habeant. Insigne exemplum praebent carmina Horatii, quae omni tempore lectita explicamus, laudamus, admiramur tanta credulitate, ut etiam ad claram lucem caecutiamus.* Aber, darf man fragen, wo ist ein Grund, der uns veranlassen müsste, für die fernere Einheit von I, 4 einzutreten? Gewinnen wir damit auch nur das Allergeringste? Gewinnt das Gedicht an Schönheit oder Horaz an Ruhm? Im Gegenteil! Das Gedicht gewinnt durch die Teilung, und Horaz und wir selbst werden wie bei I, 7 um zwei gute Gedichte statt eines schlechten reicher; beide, sobald Auge und Ohr sich an sie gewöhnt haben werden, dürften uns in der neugewonnenen Selbständigkeit nur noch mehr gefallen; ob die Tradition, die nun übrigens schon mehrfach anfechtig geworden ist, gelten soll, das sollte ja erst das Resultat unserer Untersuchung werden, nicht die Voraussetzung sein.

Man könnte vielleicht entgegnen, es sei echt dichterisch, in das heitere Frühlingslied den Gedanken an den Tod und an die Vergänglichkeit alles Irdischen mahnend eintreten zu lassen. Sehr wohl! Aber nicht in dieser Form, nicht in dieser Weise in einem antiken Gedichte. Man wird sich auch hier vergeblich bemühen, für das ganze Gedicht ein griechisches Vorbild nachzuweisen, soviel Parallelen sich auch für jedes einzelne Gedicht, für den einzelnen Gedanken mögen beibringen lassen. Die griechischen Vorbilder geben selbstverständlich nie diese Gedankenreihe, sondern immer nur einen, einen einfachen Gedanken; vgl. Sappho 68, Anakreon 38, Theognis 973. Gäben Sie aber eben diese unharmonische Reihe, so müsste man sich billig wundern und darin eine Aufforderung erkennen zu forschen, ob die Tradition auch unverfälscht sei. Den Alten war bekanntlich jene moderne Art der Sentimentalität, in welcher sich Freude und Wehmut in eigentümlicher Klangfarbe mischen, bis zu einem gewissen Grade gänzlich unbekannt, und es ist die Frage, ob nicht auch grade solche Fälle wie der vorliegende, in welchem zwei in ihrem Charakter mindestens sich vollkommen fernstehende Gedichte zu einem vereint worden sind, die moderne Sentimentalität, wenn nicht erzeugt, so doch wesentlich

17

dazu beigetragen haben, sie zu nähren und zu stärken. Wir erhalten fortan nicht bloss zwei gute Gedichte statt eines weniger guten, sondern auch zwei Gedichte, die unverfälschte antike Anschauungs- und Gefühlsweise atmen.

Eben aber weil das Gedicht, wenngleich das unvermittelte und unverbundene *Pallida mors* immer hätte Anstoss erregen müssen, in der ihm gegebenen Gestalt je länger desto mehr moderner Gefühlsweise sich nähern musste, haben sich um so weniger Spuren davon erhalten, dass die vorliegende Gedankenreihe Anstoss erregt hätte. Nur darauf will ich aufmerksam machen, dass Acro, der doch sonst ausführliche Argumente bietet, weder zu Vers 1, noch überhaupt zu der ganzen ungeteilten Ode ein solches giebt, noch auch nur den Namen des Sestius vor die Ode setzt. Es ist dies Zeugnis um so bedeutsamer, als fast alle Manuskripte hierin übereinstimmen. Nur der Parisinus 7900 enthält mit dem Codex des Horaz die Worte: *Incipit ad sestium de verno tempore* und es ist bezeichnend, dass, wie diese Überschrift sichtlich auf den Inhalt des z w e i t e n Teiles des Gedichtes keine Rücksicht nimmt, so Porphyrio den dem Umfange nach bedeutenderen e r s t e n Teil nur in einem kurzen Zwischensatze: „*describens verni temporis gratiam*" wiedergiebt, im übrigen aber nur das zweite Gedicht in das Auge fasst und richtig sagt, Sestius werde in ihm zum froheren und ausgiebigeren Lebensgenusse aufgefordert. Denn das verdient doch ausdrücklich hervorgehoben zu werden, dass 4^a in keiner Weise zum Genusse des Frühlings einlädt; vielmehr erinnert es, wenn überhaupt an eine Jahreszeit, doch nur an diejenige, in welcher Trinkgelage abgehalten werden. Ist dies gerade der Frühling? Vgl. I, 9, II, 7, IV, 12. Aber es ist, wie gesagt, in 4^b von einer bestimmten Jahreszeit überhaupt keine Rede und beide Teile von I, 4, in Ton und Charakter ganz verschieden, jener heiter, dieser ernst, verweisen ebensowenig auf einander als die von I, 7. Der Unterschied ist nur der, dass ein verbindender Gedanke sich hier leichter und ansprechender unterschieben lässt als dort, ansprechend allerdings kaum selbst für moderne Gefühlsweise. Neben dem, was aus Acro angeführt wurde, mag erwähnt werden, dass Quintilian aus der grossen Zahl anderer Beispiele, die er hätte wählen können, grade die erste Zeile des zweiten Teiles citiert, ein Beispiel, welches sich allerdings leichter als viele andere dem Gedächtnisse einprägen und so zum Citate eher als manche andere darbieten musste, wenn er es noch, wie sehr wohl möglich, als den A n f a n g einer Ode las. Wissen auch wir doch die Anfänge nicht bloss der Gedichte des Horaz, sondern überhaupt der uns bekanntesten Lieder am ehesten auswendig. Dass Quintilian grade auch diesen Vers Horaz nicht namentlich beilegt, obwohl er letzteren wenig später nennt (gelegentlich I, 14: *O navis, et „Adusque ille Horatii beus"*), sondern dass er diese und eine andere Dichterstelle die „*carminum auctores*" schreiben lässt, ist bekannt und kann man diesem Ausdrucke auch nicht einen direkten Beweis für oder gegen den Beginn einer neuen Ode an dieser Stelle, für oder gegen die Autorschaft des Horaz entnehmen, so ist sie doch wenigstens sicherlich nicht geeignet, für die Berechtigung der Tradition irgendwie zu beweisen, sondern nur dazu, die Zahl Verdacht erregender Umstände zu vermehren.

Ebenso ist es doch gewiss wohl kaum für einen blossen Zufall anzusehen, dass die sämtlichen etwa fünfzig Citate aus I, 4 der lateinischen Grammatiker und Metriker bei Keil der ersten, und nur zwei der zweiten Hälfte des Gedichtes entnommen sind, dass diese beiden aber gerade den ersten und den zweiten Vers von I, 4 betreffen; ja, M. Plotius Sacerdos benutzt sogar fast unmittelbar hintereinander zu seinen metrischen Beispielen die folgenden drei:

— veris et Favoni,
— pauperum tabernas,
— Fauno immolare Ognara, sive malit hoedum,

also grade nur Anfangs- und Schlussworte von 4' und 4", wie auch sonst I, 4, 12, *sive malit hoedo*, mit Vorliebe als Beispiel angezogen wird, vermutlich doch wohl nur, weil es sich als ein vorzüglich gelungener Schluss des Gedichtes dem Auge und Ohre vorzugsweise eingeprägt hatte. (Vgl. unten.)

Darauf, dass weder Acro noch Porphyrio die Ode, wie es scheint, numerieren, was ja auf eine Störung deuten könnte, und dass Cruquius, wo er das Gedicht zum ersten Male vor dem Commentator abdruckt, dem Worte *Pallida* die gesperrte Schrift giebt, mit welcher er sämtliche Anfangsworte der Oden auszeichnet, ist wohl kaum Gewicht zu legen, da er auch Gemeinplätze in dieser Weise hervorhebt und grade dieser Vers eine beliebte Sentenz bildet; obwohl es immerhin auffällig ist, dass er es da unterlässt, wo er das Gedicht zum zweiten Male in jener bekannten Ordnung abdruckt, wie er sie *ex Blandinio codice antiquissimo non sine magna molestia* wiederherstellt. (Übrigens giebt der Codex Lips. No. 1, 6, derselbe, welcher auch die Anordnung der Werke des Horaz mit dem Blandinius V. gemeinsam hat, wie ich gelegentlich wahrgenommen, I, 4 ebenfalls in je drei statt zwei Zeilen.)

Lassen sich so, wie es scheint, in den Erklärern des Altertums nur geringe oder doch keine sicheren Spuren nachweisen, welche darthun könnten, dass ihnen

17*

I, 4 noch geteilt vorgelegen hätte, so lässt sich um so leichter der Nachweis führen, dass selbst in moderner Zeit jenes das feinere Gefühl verletzende Gegeneinanderklingen der beiden Oden deutlich empfunden und mehrfach zu klarem Ausdrucke gebracht worden ist.

Zunächst allerdings erkannte man nur den Doppelcharakter der Ode, ohne grade an ihm Anstoss zu nehmen. Dacier ist der Ansicht, dass Horaz, wenn nicht auch noch das Venusfest, so doch sicher zwei andere Feste in unserer Ode feiert, das des Faunus und das der Toten. Vgl. Ovid, Fasten II:

Ultima placandis manibus illa dies.

Der zweite Teil wäre also diesem, der erste jenem Feste gewidmet, und in diesem Sinne sagt Sanadon, der seiner Ansicht beitritt, unter dem Lemma *Pallida mors*: C'est le second motif qu' Horace aporte à Sestius. Dacier beschönigt dann diese harte Berührung der beiden, von ihm in ihrer Verschiedenheit richtig erkannten Ideen, indem er sagt: On n'avoit pas vu la finesse de ce passage. Horace ne pouvoit pas parler de la mort plus à propos; puisqu' immediatement après l'arrivée du Printemps et après les Fêtes de Faune, les Anciens celebroient les Fêtes mortuaires, *Feralia*, où l'on faisoit des sacrifices aux morts. Wer die Möglichkeit nicht ahnte, irgend welche helfende Hand an die Tradition zu legen, konnte das Rätsel nicht besser erklären, und wenn die beiden französischen Gelehrten sogar noch ihr Wohlgefallen an dieser dem antiken Sinne fremden Zusammenstellung finden, darf man sich zur rechten Zeit der Worte Schillers erinnern, wo er sagt, dass es seines Wissens die Franzosen seien, welche in der Entfernung von der Natur und in der Reflexion darüber es am weitesten gebracht hätten.

Wir wissen schon, dass Dorighello nur Dacier und Sanadon ausschreibt, wenn er zu I, 4 sagt: *Tria verna festa coniunguntur, Veneris, Favoni et Manium,* wenn er den heiteren Charakter des ersten Teiles des Gedichtes im Gegensatze gegen den seiner Meinung nach nur scheinbar ernsten Charakter des zweiten hervorhebt und zu Vers 13 anmerkt: *Hac secunda causa hortatur Sextium, ut vitae voluptatibus fruatur. Agit ni fallor de festis Manium.*

Die wahre Sachlage erkannte mit sicherem Blicke hier wie an so vielen anderen Stellen der eben darum unbeachtet gebliebene Sivry (1777). Er sagt: *Veris Laudes.* Cette quatrieme Ode a porté jusqu'ici pour titre *ad Sextium* ou *ad Sestium*; mais il est évident que ce qui s'adresse à ce prétendu Sextius ou Sestius ne commence qu'aux vers *Pallida Mors* etc. qui ne traitent que de la briéveté de la vie, & de maximes épicuriennes sur l'emploi de cette vie si courte, au lieu que dans l'Ode actuelle il est uniquement question de la cessation de l'hyver, des premiers travaux du printemps, & des devoirs des hommes envers les Dieux au renouvellement de cette saison. Si l'on a joint jusqu'ici à cette Ode la suivante, qui ne renferme qu'un tableau de débauches dont la laideur est déguisée sous les graces d'une morale & d'un style anacréontiques, c'est une méprise à laquelle a donné lieu, d'une part, le défaut de titre & d'argument dans les plus anciens manuscrits d'Horace, & d'autre part l'emploi de la même mesure de vers dans l'une & dans l'autre piece; ce qui invitoit naturellement des copistes peu éclairés à n'en faire qu'une seule de deux. Er geht dann zu der eben angegebenen Ansicht Daciers über, dass in 4″ es sich um die Feier des Totenfestes handele. C'est défendre une premiere erreur par une seconde du même genre et justifier le trouble par la confusion. Die beiden Feste, wenngleich allerdings nahe auf einander folgend, seien nach Zeit und Gegenstand dennoch gänzlich verschieden gewesen, so dass es lächerlich gewesen sein würde, sie in e i n e r Ode zusammenzubringen. Au reste d'autres raisons beaucoup plus fortes que celles-ci, démontrent incontestablement qu'une seconde Ode, très différente de la premiere, commence à ces mots *Pallida mors* et. Er weist in der Folge nach, dass es sich nicht sowohl um das am 11., 13., 15. Februar auf der Tiberinsel gefeierte Faunusfest, als vielmehr um das Venusfest der Kalenden des April, jener Zeit handele, wo die Erde unter den Auspicien der Venus sich wieder erneuere und die Haine schon schattig wären. Dieses Fest aber sei also nicht vor dem Totenfeste vom 18. Februar, sondern geraume Zeit nach ihm gefeiert worden. Or, si la derniere des fêtes des morts étoit antérieure de cinq semaines aux calendes d'Avril, qui font le premier sujet de cette Ode, cette même fête funéraire n'y sauroit donc figurer à titre de sujet secondaire et subséquent: argument qui détruit de font en comble le raisonnement illusoire de Dacier. Dacier meine, Horaz habe sehr geistreich das Lied an den römischen Kalender angelehnt, der uns mahne die flüchtige Lebenszeit wahrzunehmen. Kaum sei der Frühling erschienen und mit ihm das fröhliche Faunusfest, so folge auch schon das Totenfest, „que les tristes fêtes des morts viennent nous faire penser à la retraite." Wie, fragt Sivry, dieser schöne Lycidas, für den alles schwärmt, er sollte vom Dichter wirklich nur eingeführt sein comme un objet de recueillement et de retraite, relatif à la fête des morts du 18. Février? La plume, ici, tombe des mains!

Dass auch Nitsch nicht an *Pallida mors* vorübergegangen, ohne dass es seine Aufmerksamkeit erregt hätte, lehrt das Wort, das wir diesem Abschnitte vorangeschickt haben: „Man frage nicht, warum hier der Tod spukt!" Ging er aber darüber leichter hinweg, so erörterte Gruppe (1859) das Sachverhältnis um so eingehender. Bleibt alles das, was er bezüglich der Wortkritik und Interpretation äussert, hier füglich unberücksichtigt, so spricht er sich in der Hauptsache in folgendem Sinne aus. Die Ode biete mancherlei grosse Schwierigkeiten. So kurz sie sei, leide sie doch an einer Überladenheit, wie sie sich für unseren Dichter am wenigsten eigne: bringe doch fast jeder Vers ein anderes Bild, so dass wir im buntesten Wechsel umhergeführt würden ohne Mittelpunkt und innere Einheit. „Man erwäge", sagt er, „was alles in diesen zwanzig Zeilen enthalten ist: Der weichende Winter und die Schiffswinden, welche die Kiele ins Wasser ziehen, das Vieh im Stalle und der Hirt am Feuer, die bereiften Wiesen und Venus mit den Nymphen und Grazien, welche im Mondenschein tanzen, und Vulcan mit seinen Cyklopen in der unterirdischen Werkstatt, das mit Myrten und Frühlingsblumen zu bekränzende Haupt, das dem Faunus in schattiger Grotte von der Herde darzubringende Opfer und Opfermahl; plötzlich der bleiche Tod, alles bedrohend, die Hütten der Armut wie die Paläste der Könige und den glücklichen Sestius; wieder dann die Kürze des Lebens, die Nacht des Todes, die Schatten, das plutonische Haus, das Losen um die Herrschaft beim Trinkgelage, der schöne Knabe Lycidas und die ganze Jugend und die Jungfrauen! Kann man die Phantasie des Lesers wilder hetzen, ist es möglich, dass ein Dichter so gefühllos zusammenhäuft, ohne irgend eine von diesen reichen Anschauungen ausklingen und zu ihrem Rechte kommen zu lasen? Kann vor allen Dingen dies Horaz thun, der ein Meister des feinsten Abwägens und Aussparens ist? Und sage man uns nicht, das Werk sei vielleicht eine Jugendarbeit, da sie so am Anfange des ersten Buches steht. Um uns bei einem so schlechten Grunde zu beruhigen, müssten wir nichts von der Fälschung wissen, die in allen Teilen der Horazischen Werke so thätig war, so zerstörend wirkte. Ich schärfe aber besonders hier wieder den Unterschied ein, welcher zwischen prosaischem und poetischem Zusammenhange besteht. Gar mancher, der sich gelegentlich als Kritiker über Dichterisches darstellt, ist mit dem ersteren zufrieden, weil er den letzteren nicht kennt, nicht empfindet; allein wir können und dürfen Horaz gegenüber damit nicht zufrieden sein; eine verstandesmässige, notdürftige Verbindung des so sehr Verschiedenartigen genügt nicht; wir brauchen den tieferen Zusammenhang der Phantasie, der Stimmung, nach den eigenen Gesetzen der Einbildungskraft und der Logik des Herzens, nach den Geheimnissen der Kunst. In solcher Rücksicht nun ist hier viel und grosser Anstoss; das Stück bleibt weit entfernt von einem Horazischen Kunstwerk — und wir sind nicht die ersten, die dies empfinden."

Ganz besonders falle der bleiche Tod mit der Thür ins Haus; er passe sehr wenig in das heitere Frühlingsgedicht, die Stimmung sei hier eine gänzlich andere, als wo Horaz sonst in eigentümlicher Weise Lebensgenuss und Todesbetrachtung nebeneinanderstelle. Vollends habe nun das Unerwartete hier keinen Effekt, diene keiner dichterischen Absicht, sondern sei eben nur ungeschickt. Auch Sestius trete hier so spät und ganz unvorbereitet ein. — Ganz besonderen Anstoss nahm Gruppe auch daran, dass an gleicher Versstelle

— alterno quatiunt p e d e

und

— aequo pulsat p e d e ;

ebenso

> – quo simul mearis

und

> — quo calet inventus

auftrete, Dinge, welche bei einem sorgfältigen und sauber arbeitenden Dichter nicht gering anzuschlagen seien. -- — Dazu komme auf der andern Seite, dass sich bei V. 12 mit den Worten *Seu poscat agna sive malit haedo* ein echt Horazischer Schluss darbiete, ein leichtes Anklingen.

Lasse man also ausser Vers 2 und 3 vor allem die beiden letzten Strophen weg (Gruppe hält sie nur für einen Zusatz zu I, 4. 1 12) und ändere *decentes* in *decentes*, so stimme alles vortrefflich und das *flore, terrae quam ferunt solutae* führe zum Anfange *Solvitur* in anmutiger Weise zurück. Es sei nun immer noch Reichtum an Anschauungen in der Ode, aber keine Überladung mehr, die Bilder flössen leicht und schön in einander über ohne Missklang, keines störe das andere, es seien klare und wirksame Kontraste, die Effekte höben sich gegenseitig, das Ganze sei selbst nur ein Blütenblatt auf den Flügeln des Favonius. — Soweit Gruppe. Man wird ihm kaum in einem wesentlichen Punkte widersprechen können.

Jene Wiederholung von *pede* an gleicher Versstelle, und die Korrespondenzen

imminente luna	inchoare longam
impedire myrto	quo simul mearis
immolare lucis	quo calet inventus

und

Solvitur acris hiems grata vice	Pallida mors aequo pulsat pede
veris et Favoni	pauperum tabernas

waren für Martin (1865) die Merkmale, an welchen er I, 4 als ein antistrophisches Gedicht erkannte. Es sei, sagt er, eine Jugendarbeit, welche sich als solche im dreizehnten Verse verrate, welcher besonders im Vergleiche mit IV, 7 schroff eintrete. („*Verba* Pallida mors *abruptius subjiciuntur.*") In dem ersten Teile des Gedichtes sieht er eine Beschreibung des Beginnes des Frühlings; über Absicht und Zusammenhang des Ganzen äussert er sich nicht. Dass Martin, der bekanntlich nicht bloss hier, sondern auch in vielen andern Fällen antistrophische Gedichte herstellt, insofern irrt, als er das Gedicht als ein einheitliches bestehen lässt, ergeben diese Blätter, dass er aber gewisse Thatsachen richtig gesehen und nur zu einem bei dem Mangel weiteren Materials zu entschuldigenden unrichtigen Schlusse gelangt das ist schon oben erwiesen und wird die Folge noch weiter erweisen.

Es bleibt noch übrig, einen Blick auf den metrischen Bau der Ode zu werfen. Hier folge zunächst das Schema des daktylischen Tetrameters und der trochäischen Tripodie beider Teile.

$$\text{I, } 4^{a.}$$

	1			2			3			4			1		2		3	
a	b	c	a	b	c	a	b	c	a	b	c	a	b	a	b	a	b	

3

7

11

b.

15

19

Vier bedeutsame Unterschiede springen sofort in die Augen: 4^a lässt kein einziges Mal die Diärese nach dem dritten Fusse zu; dass grade an dieser Stelle diese Regel beobachtet ist, welche 4^b durchbricht, zeugt von einem hohen Grade metrischer Feinfühligkeit und bewusstem Verständnisse metrischer Kunst; 4 beobachtet stets die Hephthemimeres und zwar derart, dass der Pyrrhichius des vierten Fusses jedes Mal von einem zweisilbigen Worte gebildet wird, eine Regel, welche 4 ebenfalls nicht kennt; allemal ferner schliesst der Ithyphallicus in 4 mit einer Länge; nur Vers 9

dum queres Cyclopum

scheint davon ausgenommen. Erwägt man aber, dass *Κύκλωψ* ein der lateinischen Sprache auch den Wortstämmen nach durchaus fremder, dem Griechischen entlehnter Eigenname ist, dass wir *Cyclopa* bei Claudian gewöhnlich und darum auch bei Vergil *Cyclopas* statt *Cyclopes* lesen, erinnern wir uns der Genetive *epigrammaton* im Gedichte und in der Prosa des Martial, der Genetive *hebdomadon, metamorphoseon, Malieon, Hesperidon, Arcadon, Dorieon,* insbesondere des ebenso eleganten als zweifellos richtigen *Chalibon* Politians bei dem kaum eine Generation älteren Catull (66, 48):

Juppiter, ut Chalybon omne genus pereat.

in welchem Falle es sich auch um den mit *Cyclops* durchaus parallelen Labialstamm eines griechischen Eigennamens handelt (*Κύκλωψ* — *Χάλυψ*), erinnert man sich endlich, dass es hier einen Dichter angeht, dessen Muttersprache vielleicht das Griechische, dessen erste Gedichte in griechischer Sprache abgefasst waren, dass wir aber einen Horaz erster Hand nicht besitzen, vielmehr einen solchen, in welchem man auf jedes metrische Detail des Originals nicht achtete, so erscheint vielleicht die Frage nicht unberechtigt, ob neben den übrigen langen und volltönenden Endungen dieser Verse: — i, — us, — i, — i, — us, — us, — u, — ue, — is, — o, in diesem einzigen Falle nicht vielmehr auch *Cyclopon* zu lesen sei. Es ist daher dieser Silbe in dem Schema das Recht der letzten Silbe gelassen, sie ist als mindestens doppelzeitig bezeichnet worden.

Auch zwei und ein halber Vers dieser Art, welche uns von Archilochus erhalten sind (Bergk, 1882, 100 und 103), entsprechen genau der Form des Verses, wie wir ihn bei Horaz finden in Bezug sowohl auf den Pyrrhichius im vierten Fusse als auch die Länge der letzten Silbe; sie widerlegen zugleich die Behauptung des Atilius Fortunatianus, zwischen dem Tetrameter des Archilochus und dem des Horaz bestände darin ein Unterschied, dass im Griechischen der zweite Fuss, im Lateinischen der dritte oder ein anderer ein Spondeus sei. Vermutlich hatte er nur einen Vers (100) des Archilochus vor sich und zwar als Citat des Hephästion und folgerte irrtümlich, Archilochus habe alle Verse dieses Metrums unabänderlich nach demselben Schema gebildet. Die Verse lauten:

100.

Οὐκέθ' ὁμῶς θάλλεις ἁπαλὸν | χρόα. κάρφεται γὰρ ἤδη

103.

Τοῖος γὰρ φιλότιμος ἔρως | ὑπὸ | καρδίην ἐλυσθείς —
κλέψας ἐκ στηθέων ἁπαλὰς | φρένας. |

Das zweite Gedicht beachtet keine dieser beiden Regeln; zwei seiner
Verse gehen zweifellos auf eine Kürze aus, zwei haben keinen Pyrrhichius im vierten
Fusse. Zweimal endlich lässt 4[a] in dem dritten Fusse den Daktylus zu; 4[b] hat ausnahmslos den Spondeus an dieser Stelle. Es zeugt aber nicht von grosser Feinfühligkeit, wenn 4[b] in dreien seiner vier Tetrameter die Diärese nach dem ersten
Fusse und in den beiden letzten Ithyphallen zwei Diäresen hintereinander zeigt. Anderes mag als unerheblich unerwähnt bleiben; interessant aber ist es noch anzumerken, dass es auch hier wieder fast wie Absicht erscheint, wenn 4[a] den ersten
und vierten Vers des Schemas mit einem Bacchius, die beiden jedes Mal folgenden
dagegen mit einem Spondeus schliesst (vgl. zu I, 7[a]). Die Worte *Alterno
terram* (- ´ - ´ - ´ - ´) sollen augenscheinlich den Zweitakt des Tanzes malen. Man hat
vielleicht nicht mit Unrecht *quatiunt* bemängelt und es empfiehlt sich auch darum
nicht anzunehmen, dass grade der Vers, der absichtlich fast nur aus Längen gebildet
ist, allein unter allen übrigen auf eine Kürze, *Cyclopum*, ausgehen sollte. — Es folge
das Schema des katalektischen Trimeters.

$$\text{I, } \pm^{a.}$$

Auch die katalektischen Trimeter geben nicht minder deutlich ausgeprägte Unterschiede zu erkennen. Dahin gehört, dass 4* nach dem ersten und zweiten Fusse und vor den beiden letzten Silben keinen Einschnitt zulässt. Nur der letzte Vers macht hiervon eine Ausnahme, da in ihm die beiden letzten Trochäen und der Spondeus aus drei zweisilbigen Wörtern bestehen:

sīre mālit hăedă;

augenscheinlich soll durch diese Art der Clausula ein besonders wirksamer Schluss für das ganze Gedicht erzielt werden. Dass die Absicht nicht blos für unser Ohr, sondern auch nach dem Urteile der alten Kunstkritiker erreicht wurde, scheint der beachtenswerte Umstand zu bestätigen, dass Marius Plotius Sacerdos und Victorinus grade durch diesen Vers (4, 12), grade durch diese Worte das Schema, jener für den Trimeter brachycatalectus ionicus ithyphallicus, dieser für den Trimeter skazon exemplificiert. Indem übrigens Victorinus dem Archilochus diese Art der Bildung des Trimeter acatalectus aus dem vollständigen Trimeter durch Fortlassung der kurzen vorletzten Silbe zuschreibt und den so entstehenden, auf zwei Längen endigenden Vers dem Trimeter acephalus entgegenstellt, welcher auf einen Jambus ausgeht, giebt er deutlich zu erkennen, dass jener nicht mit einer Kürze schliessen dürfe, was Marius Plotius Sacerdos zulassen will. („Novissima syllaba indifferens.") Offenbar fügen sich beide Teile von 4, 4 nur der Theorie des Victorinus, und die Ithyphallen sowohl des ersten wie des zweiten Verses der Distichen des ersten Teiles erhalten dann, wie es Victorinus will, das gleiche Schema:

$$- \smile - \smile - - ,$$

ein Umstand, der wiederum die Notwendigkeit *Cyclopon* zu lesen erhärtet und andererseits die Ithyphallen des ersten und des zweiten Teiles als durchaus verschieden erscheinen macht; denn diese lassen als letzte Silbe der ersten Zeile eine Kürze zu, und aus diesem Teile grade führt M. Plotius Sacerdos sein Beispiel an. Man wäre berechtigt, dem Zeugnisse des Victorinus das grösste Gewicht beizulegen, wenn er nicht da, wo er die Metra des Horaz allein behandelt, sich nach längerer Überlegung dafür entschiede, in den letzten Füssen dieses Verses einen trochäischen Ausgang zu erblicken und somit sich selbst ungetreu zu werden. Immerhin bleibt es uns überlassen anzunehmen, dass er in seiner zuerst entwickelten Theorie älteren Quellen folgte.

Die Wirkung des Schlusses des ersten Gedichtes wird noch dadurch erhöht, dass die drei letzten Trimeter der Reihe nach mit einem vier-, drei- und zweisilbigen Worte schliessen:

$$- \; \cup \; - \; -$$
$$\cup \; - \; -$$

Der zweite Teil des Gedichtes vermeidet keine jener drei Diäresen durchgängig, im Gegenteil, drei von vier Versen schliessen mit einem Spondeus und grade der letzte nicht mit einem solchen, sondern mit einem Bacchius, so dass hier die Regel von 4^a auf den Kopf gestellt erscheint; setzt sich die zweite Hälfte des Trimeters in 4^a somit viermal aus einem Creticus und einem Bacchius zusammen, so hat der Dichter ihn in 4^a dem Anscheine nach aus dem Ditrochäus und Spondeus entstehen lassen wollen. Diese Form giebt ihm in der That auch Marius Plotius Sacerdos: *Ionicum brachycatalectum trimetrum ithyphallicum fit hippio tertio, ditrochaeo et trochaeo vel spondeo.* So sehen wir auch in 4^a einerseits und 4^b andererseits zwei verschiedene Theorieen, dort die des Victorinus, hier die des Plotius Sacerdos repräsentiert.

Selbst in der strophischen Behandlung darf man einen wesentlichen Unterschied in beiden Gedichten darin finden, dass das erste Gedicht mit der vierzeiligen Strophe auch regelmässig einen Gedanken schliesst; nicht so das zweite, welches vielmehr in fester syntaktischer Fügung die zweite Strophe mit der ersten verbindet, so dass 4^a fast nur aus Distichen zu bestehen scheint, 4^b eine einzige Strophe von acht Zeilen bildet.

Hätte man früher vielleicht recht gehabt, auch bei scheinbar zwingenden Gründen gegenüber der anders lautenden Tradition mit der Teilung des Gedichtes zu zögern, so ist heute doch die Sachlage eine andere. Es ist gegenwärtig eine

Lücke in der Reihenfolge der Metra der zweiten Dekade entdeckt und die Lücke als solche fordert auf, sie anzufüllen. Wir haben etwa das Bild:

1	2	3	4	5	6	7		9	10

			4						

	2	3		5	6	7	9	9	10

Es pflegt vor Gericht als ein vollgiltiger Beweis gegen einen des Mordes Angeklagten zu gelten, wenn dem Mörder z. B. ein Knopf fehlt, und man grade diesen in den krampfhaft geschlossenen Händen des Erschlagenen findet; ein Dieb gilt für überführt, wenn man bei ihm den gestohlenen Gegenstand entdeckt. Soll die erste Dekade, die schon bei I, 7 der Aneignung der in der zweiten Dekade vermissten Ode überführt wurde, länger leugnen dürfen, dass sie auch das in der vierten Stelle fehlende Lied sich widerrechtlich angeeignet hat? Ich hoffe, sie ist vor unserm Gerichtshofe als schuldig erfunden worden und wird verurteilt herauszugeben, was ihr nicht gehört. Wir verliessen Tabelle XV in folgender Gestalt.

Tabelle XV.

	1	2	3	4	5	6	7	8	9	10
I.	1	2	3	4	5	6	7		9	10
II.		2	3		5	6	7	9	9	10
III.	2	2	3	2	5	6	7	9	9	9
VI.	2	2	3	2	5	6	7	9	9	9

Wir dürfen derselben nun wohl folgendes Aussehen geben:

Tabelle XVI.

	1	2	3	4	5	6	7	8	9	10
I.	1	2	3	4	5	6	7		9	10
II.		2	3	4	5	6	7	9	9	10
III. 9	2	2	3	2	5	6	7	9	9	9
IV.	2	2	3	2	5	6	7	9	9	9

CARM. I, 1.

Omnes iam a litteris renatis de impedita hic et salebrosa oratione questi sunt.

Bentley.

Maecenas atavis edite regibus,
o et praesidium et dulce decus meum:
sunt quos curriculo pulverem Olympicum
collegisse iuvat, metaque fervidis   4

    evitata rotis palmaque nobilis
terrarum dominos evehit ad deos;
hunc, si mobilium turba Quiritium
certat tergeminis tollere honoribus;   8

    illum, si proprio condidit horreo,
quicquid de Libycis verritur areis,
gaudentem patrios findere sarculo
agros Attalicis condicionibus   12

    numquam demoveas, ut trabe Cypria
Myrtoum pavidus nauta secet mare,
luctantem Icariis fluctibus Africum
mercator metuens otium et oppidi   16

    laudat rura sui; mox reficit rates
quassas, indocilis pauperiem pati.
est qui nec veteris pocula Massici
nec partem solido demere de die   20

    spernit, nunc viridi membra sub arbuto
stratus nunc ad aquae lene caput sacrae.
multos castra iuvant et lituo tubae
permixtus sonitus bellaque matribus   24

    detestata. manet sub Iove frigido
venator tenerae coniugis immemor,
seu visa est catulis cerva fidelibus,
seu rupit teretes Marsus aper plagas.   28

    me doctarum hederae praemia frontium
dis miscent superis, me gelidum nemus
Nympharumque leves cum Satyris chori
secernunt populo, si neque tibias   32

    Euterpe cohibet nec Polyhymnia
Lesboum refugit tendere barbiton.
quodsi me lyricis vatibus inseres,
sublimi feriam sidera vertice.   36

Habet enim longa illa enumeratio rerum earum quibus gaudere homines soleant aliquid molesti: quae quamvis singula pulere exornata sint, tamen lectorem nimis diu suspensum tenent usque dum cur illa percenseantur cognoscat.

G. Hermann.

Hofmann Peerlkamp hat bekanntlich von den beiden angeblich Horazischen Gedichten, I, 39 und 40, eines so behandelt, als wäre es echt. Er hat den Julius Florus, an welchen das offenbar gefälschte Gedicht gerichtet ist, als den Adressaten zweier anderer Horazischer Gedichte nachgewiesen; zu den einzelnen Stellen des Gedichtes selbst führt er Parallelen aus Horaz und Vergil an; ein anstosserregender Ausdruck wird emendiert u. s. w. Alles dies hat er gethan, um den Nachweis zu führen, dass der Umstand, dass vielleicht ein anderes ebenso gefälschtes Gedicht sich schon seit Jahrhunderten unter den von der Tradition als Horazisch überlieferten Dichtungen befindet, die Thatsache, dass dieses schon seit Jahrhunderten kommentiert, illustriert und emendiert wird, dass alles dies zusammen noch nichts für die Echtheit der Dichtung beweist, diese vielmehr durch ganz andere Kriterien erhärtet werden muss.

In den gegenwärtigen Untersuchungen nun handelt es sich zu einem grossen Teile ähnlich zunächst um den Nachweis, dass eine unverständige Hand ausser den Änderungen, welche sie im ursprünglichen Texte vorgenommen haben mag, besonders auch aus uns zur Zeit noch nicht bekannten Gründen mehrmals zwei Gedichte in eines zusammengezogen hat. Schon an drei derselben ist dieser Nachweis geführt worden und in allen drei Fällen ergaben sich je zwei Oden, deren jede einen

17*

Inhalt hatte, welcher, wenngleich durch irgend welche Berührungspunkte mit dem des anderen Gedichtes verknüpfbar, doch dem eigentlichen Stoffe nach von ihm verschieden, ihm fremdartig war und einer Vereinigung mit ihm widerstrebte. Ganz anders liegen die Umstände bei dem Gedichte, zu welchem wir jetzt übergehen, bei carm. I, 1. Hier handelt es sich nicht um einen Inhalt, welcher in seinen einzelnen Teilen von vornherein als seiner letzten Substanz nach verschiedenartig auftritt; das Gedicht scheint sich im Gegenteil durchaus einheitlicher Bestandteile zu erfreuen. Was bei diesem Gedichte Anstoss erregt, das sind vielmehr die verschiedenen Gesichtspunkte, unter welchen die behandelten Gegenstände gestellt werden, es ist die Logik des Gedankenganges, welche Bedenken wachruft und ernste Zweifel an der Einheit des Gedichtes begründet. Es liegt auf der Hand, dass Unebenheiten dieser Art, Abweichungen von dem graden Wege folgerechten Denkens, nicht allein einem Dichter leicht verziehen, ihm vielleicht gar zum Lobe angerechnet werden, sondern dass sie sich oft auch schwer erkennen, dass sie sich noch schwerer als widersprechend und einander ausschliessend erweisen lassen werden. Um so schwieriger aber wird ein solches Unternehmen sich gestalten, je weniger scharf ausgeprägt die Verschiedenheiten erscheinen und je weniger äussere Merkmale die verwandten Elemente scheiden und sondern helfen, oder je mehr und je erfolgreicher die sie vereinigende Hand bestrebt gewesen ist, die früher vorhandenen Fugen zu verdecken oder durch Änderungen zu beseitigen. Damit allerdings, dass es nicht gelänge, jenen Beweis zur eigenen oder anderer Betriedigung zu führen, wäre nun nicht auch schon das Gegenteil erwiesen und gelänge es nicht, alle etwaigen Fragen mit genügender Sicherheit klar zu legen, so könnte darum doch die That- sache selbst noch immer für richtig gelten. Hat nun Peerlkamp an jener unechten Ode veranschaulicht, wie wenig alle Künste der Interpretation für Horaz als Ver- fasser beweisen, so möge es hier gestattet sein, an einem andern fingierten Beispiele und zwar an zwei sehr bekannten Schillerschen Schöpfungen zu veranschaulichen, wie bei einem Sachverhalte, der dem von uns bei I, 1 vorausgesetzten ähnlich ist, doch Schlüsse gezogen und mit den scheinbar triftigsten Gründen unterstützt werden können, welche sich in Wahrheit dennoch als jedes Grundes entbehrend und voll- kommen unrichtig herausstellen müssen.

Ich besitze also, gebe ich an, aus der Zeit, in welcher die Schillerschen Gedichte eben erst im Erscheinen begriffen waren und vielfach noch nur in Abschriften zirkulierten, folgendes Gedicht:

Sehnsucht.

Noch in meines Lebens Lenze
   War ich, und ich wandert' aus,
Und der Jugend frohe Tänze
   Liess ich in des Vaters Haus.   4

All mein Erbteil, meine Habe
   Warf ich fröhlich glaubend hin,
Und am leichten Pilgerstabe
   Zog ich fort mit Kindersinn.   8

Denn mich trieb ein mächtig Hoffen
   Und ein dunkles Glaubenswort,
Wandle, rief's, der Weg ist offen,
   Immer nach dem Aufgang fort.   12

Bis zu einer goldnen Pforten
   Du gelangst, da gehst du ein,
Denn das Irdische wird dorten
   Himmlisch, unvergänglich sein.   16

Abend ward's und wurde Morgen,
   Nimmer, nimmer stand ich still;
Aber immer blieb's verborgen,
   Was ich suche, was ich will.   20

Ach, kein Steg will dahin führen,
   Ach, der Himmel über mir
Will die Erde nie berühren,
   Und das Dort ist niemals hier!   24

Ach, aus dieser Thales Gründen,
   Die der kalte Nebel drückt,
Könnt ich doch den Ausgang finden,
   Ach, wie fühlt' ich mich beglückt!   28

Dort erblick' ich schöne Hügel,
   Ewig jung und ewig grün!
Hätt' ich Schwingen, hätt' ich Flügel,
   Nach den Hügeln zög' ich hin.   32

Harmonieen hört' ich klingen,
   Töne süsser Himmelsruh,
Und die leichten Winde bringen
   Mir der Düfte Balsam zu.   36

Goldne Früchte sah' ich glühen,
   Winkend zwischen dunkelm Laub,
Und die Blumen, die dort blühen,
   Werden keines Winters Raub.   40

Ach, wie schön muss sich's ergehen
   Dort im ewigen Sonnenschein!
Und die Luft auf jenen Höhen —
   O, wie labend muss sie sein!   44

Doch mir wehrt' des Stromes Toben,
   Der ergrimmt dazwischen braust;
Seine Wellen sind gehoben,
   Dass die Seele mir ergraust.   48

Einen Nachen sah' ich schwanken,
   Aber, ach! der Fährmann fehlt.
Frisch hinein und ohne Wanken!
   Seine Segel sind beseelt.   52

Du musst glauben, du musst wagen,
   Denn die Götter leihn kein Pfand;
Nur ein Wunder kann dich tragen
   In das schöne Wunderland.   56

Dass in diesem Gedichte alles in bester Ordnung ist, behaupte ich nun, unterliegt nicht dem geringsten Zweifel. Denn die Überschrift deutet sehr gut den Gedanken an, der dasselbe von Anfang bis zum Ende durchdringt: die Sehnsucht nach dem Reich der Ideale, die allein in dem Glauben und in der vollkommenen und unbedingten Hingebung an dieselbe ihre Befriedigung findet. Diesen Gedanken führt der Dichter vortrefflich aus. Vers 1—32 erzählt er, wie er nach der unmittelbaren Verwirklichung der Ideale zuerst vergeblich gestrebt; grade die sich ihm aufdrängende schmerzliche Überzeugung von der Vergeblichkeit seines Strebens ruft aber in dem Augenblick, wo er scheinbar an der Grenze seiner Kräfte angekommen ist, in um so lebendigeren und schöneren Farben in seiner Phantasie das Bild des Reiches seiner Träume in der ganzen Fülle der Pracht desselben wach (Vers 33—44); der Schluss (Vers 45—56) verweist auf den Weg, auf welchem unsere Sehnsucht in erneutem Streben und Ringen befriedigt und gestillt wird. So geht ein und dieselbe Idee durch das ganze Gedicht hindurch, alles steht in bester Harmonie zu einander, der Ausgang rundet den Gedanken zu künstlerischer Vollendung und schliesst das Gedicht in durchaus wünschenswerter und befriedigender Weise ab.

Leider ist mir nicht unbekannt geblieben, sage ich weiter, dass man dieses schöne Gedicht, welches doch den Erweis seiner Einheit in sich selbst trägt, und das zu einem Zweifel an derselben in keiner Weise Anstoss giebt, auch in zwei Gedichte zerlegt wird. Aber nichts ist unberechtigter als dies. Die Einheit des Gedichtes ergiebt sich aus der gleichen Sprache, dem gleichen Charakter in Ton und Stimmung, dem durchaus gleichen Vers- und Strophenbau und aus der Einheit seines Inhalts. Endlich bürgt das Alter der Handschrift, welches, wie gesagt, bis an die Zeit Schillers selbst hinanreicht, für die Authenticität meiner Rezension und lässt jedes Bedenken irgend welcher Art als unbegründet erscheinen.

Man wird nun dennoch vielleicht folgendes einwenden. Es sei keineswegs richtig, dass in dem Gedichte ein gleichartiger Ton herrsche. Vers 1—24 erzähle offenbar, Vers 25—56 schildere. Vers 25—28 wiederhole, wie ja leicht zu erkennen sei, den Gedanken von Vers 21—24 in unangenehmer und matter Weise in einem, wie es scheine, veränderten Bilde; die Worte *erblickt*, *hört*, *sah*, *wehet*, ständen sicherlich statt *erblick'*, *hör'*, *seh'*, *wehet* und verdankten sichtlich nur dem Bemühen ihre Entstehung, auch in diese Verse den Ton der Erzählung hineinzubringen; *wehet* statt *wehte* vor einem Konsonanten sei sprachlich fehlerhaft; auch kontrastierten sie in unangenehmer Weise mit den dazwischenliegenden präsentischen Formen *bringen*, *blühen* u. s. w.; dass die Strophen einen durchaus gleichartigen Bau hätten, sei ebenfalls nicht richtig; denn die Verse 25—56 schlössen sich offenbar zu achtzeiligen, die Verse 1—24 zu vierzeiligen zusammen; das fünffache *Ich* zeuge von wenig Geschmack; das Gedicht enthalte Wiederholungen, z. B.:

> Denn das Irdische wird dorten
> Himmlisch, unvergänglich sein.

und

> Und die Blumen, die dort blühen
> Werden keines Winters Raub;

in dem einundzwanzigsten Verse endlich mangele dem Worte *dahin* seine korrekte Beziehung; diese aber stelle sich sofort ein, wenn man mit den heutigen Ausgaben der Gedichte Schillers folgende drei Strophen zwischen Vers 20 und 21 einschalte:

> Berge lagen mir im Wege,
>   Ströme hemmten meinen Fuss,
> Über Schlünde baut' ich Stege,
>   Brücken durch den wilden Fluss.
>
> Und zu eines Stroms Gestaden
>   Kam ich, der nach Morgen floss;
> Froh vertrauend seinem Faden,
>   Werf ich mich in seinen Schoss,
>
> Hin zu einem grossen Meere
>   Trieb mich seiner Wellen Spiel;
> Vor mir liegt's in weiter Leere,
>   Näher bin ich nicht dem Ziel;

überhaupt würden nicht blos die beregten, sondern auch alle andern Anstösse und Bedenken wegfallen, entschlösse man sich, diese drei Verse in das Gedicht endgiltig einzuführen, dasselbe zu teilen und von den beiden dann entstehenden Gedichten das erste Der Pilgrim, das zweite Sehnsucht zu überschreiben.

Auf solche Einwände müsste man dann wohl — wie ist es doch oft Sitte? — teils mit Bitterkeit, teils mit Hohn und Spott, teils mit persönlich verletzenden Ausdrücken antworten. Schiller spreche ja, müsste man erwidern, von einer goldenen Pforte, zu welcher der Wanderer gelangen solle; in den einzuschiebenden Versen aber gelange der Wanderer an einen Strom; ob denn „eines Stroms Gestade" und „eine goldene Pforte" in dem Gehirne des Kritikers ein und dasselbe sei? Ob Schiller denn wirklich so lächerlich gedacht und geschrieben haben solle, dass der Wanderer, der eben „über Schlünde Stege, über wilde Flüsse Brücken gebaut habe, nun plötzlich — man sehe nicht, aus welchem Grunde — in den Strom, dessen „Faden" (!) er vertraue, sich hineinwerfe (!!) und zu einem grossen Meere treiben lasse (!!!); da stehe ja in dem gegenwärtigen Gedichte viel richtiger und besser der Nachen, in den der Wanderer einsteige und vermittelst dessen er sein Ziel glücklich erreiche. Dass die Verse nicht von Schiller seien, liege auf der Hand; sollte es dennoch der Fall sein, so habe sie eben Schiller selbst ausgemerzt und nur Kritiklosigkeit oder grober Unverstand könne sie wieder einfügen wollen. Oder ob Rezensent uns etwa auch jene Hunderte von Versen in den Don Karlos und Wallenstein wieder einsetzen wolle (von Boas und v. Maltzan besonders herausgegeben), welche Schiller mit Bedacht und aus guten Gründen verworfen habe. Oder wolle er etwa gar den Beweis der Echtheit der Verse dem Umstande entnehmen, dass sie sich unter anderen unzweifelhaft echten Versen Schillers befänden? Welche Unbekanntschaft, welches kurzsichtige Urteil in solchen Dingen würde das verraten! Augenscheinlich wisse Rezensent nicht, dass zu Lebzeiten Klopstocks in den sechziger Jahren des vorigen Jahrhunderts eine Sammlung seiner Oden erschien, welche unter einundvierzig Gedichten nicht weniger als dreizehn enthielt, die nicht von Klopstock herrührten; augenscheinlich seien ihm Thatsachen wie jene ganz unbekannt geblieben, dass heute, zu Lebzeiten Viktors v. Scheffel, einige Liederbücher eine Schlussstrophe des „Schwarzen Walfisch zu Askalon" enthalten, welche der Verfasser auf eine bezügliche Anfrage ausdrücklich für apokryph erklärt hat. Und nun gar die übrigen Ausstellungen, die man gemacht! Wie wenig Verständnis dichterischer Weise und dichterischer Schönheit verrieten sie! Grade dieses stets wiederholte Ich, in dem doch nicht ohne Grund „Sehnsucht" überschriebenen Gedichte, grade jener Übergang aus der Erzählung in die Schilderung seien charakteristische Merkmale dichterischer Phantasie, der Ausdruck eines im innersten Grunde von tiefer Sehnsucht ergriffenen Herzens. Jene Anaphora beweise umgekehrt den festesten Zusammenhang grade an dieser Stelle. Die andern Unebenheiten seien von keinem Belang; die Entstehungsgeschichte der „Künstler" Schillers erläuterten zur Genüge, dass er in der That oft ursprünglich unverbundene Stücke später in seine Dichtungen eingefügt und mit allerdings oft zweifelhaftem Erfolge nachgetragen habe. Man möge doch an die unbarmherzigen Veränderungen denken, welche er mit seinem eigenen Wallenstein und mit fremden Stücken vorgenommen; wie der jetzige landläufige Text entstanden, sei leicht erklärlich; oder hätten wir heute auch nur eine einzige gangbare Ausgabe, es sei denn eine für Gelehrte, in Schillers Orthographie? Sei es denn nicht genugsam bekannt, dass Setzer, Drucker und gemietete Redakteure den heutigen Text konstituierten, Gedichte in die Sammlungen wieder aufnähmen, zu denen der Dichter selbst sich nicht mehr bekennen gemocht? Schon die eine Überlegung, dass Schiller, falls man das Gedicht teilen wollte, denselben, in sich doch sehr einfachen Gedanken fast mit denselben Bildern und in fast ganz paralleler Weise, aber mit ganz gegensätzlichem Ausgange zwei

Male müsste behandelt haben, reiche aus, um die Annahme, das Gedicht bestehe aus zwei selbständigen Gesängen, von vornherein als jeder Beachtung unwert und den Dichter herabsetzend zurückzuweisen. Welche Gedankenarmut des reichsten Dichtergenius würde eine solche Vermutung voraussetzen! So etwas sei eben schlechterdings unmöglich und könne nur in einem Gehirn als denkbar gelten, dem es eben selbst an jeder Logik und an allem Verständnis für echte Dichtung und dichterisches Schaffen gebreche.

Das würden denn alles sehr schön klingende Worte sein, zum Teil an wahre Thatsachen angelehnt und mit einem ebenso grossen Scheine der Berechtigung als mit beklagenswerter Dreistigkeit vorgetragen; nur wären sie alle vor der einen Wahrheit hinfällig, dass in dem obigen, absichtlich in einigen Buchstaben entstellten und dem wahren Sachverhältnisse zuwider zusammengesetzten Gedichte in der That zwei Gedichte von Schiller enthalten sind, in welchen er ein und denselben Gedanken in sehr ähnlicher Weise zweimal ausgeführt hat. Die Differenz in der Behandlung besteht kaum in etwas Weiterem, als dass das Gedicht der Pilgrim den Gedanken in das Gewand einer Erzählung, das Gedicht Sehnsucht in das der Vision kleidet, dass jenes mit der Vergeblichkeit alles Strebens nach Verwirklichung der Ideale abbricht, dieses noch einen Schritt weiterführt. Durch letzteren Umstand ist es ermöglicht worden, den Schluss des ersten Gedichtes, Der Pilgrim, in die Mitte des vereinigten Gedichtes hineinzunehmen; denn es ist klar, dass, wenn beide Gedichte in gleicher Weise schlössen, nämlich so wie das zweite Gedicht, von einem derselben der Schluss hätte wegbleiben müssen, wie denn ähnlich wirklich wenigstens einige Verse gegen den Schluss des ersten Gedichtes gestrichen worden sind. Die Wahrheit kann eben nur durch ruhige und vorurteilslose Untersuchung ermittelt werden. Tradition und Leidenschaft sind keine Gründe.

Ich gehe jetzt zu Horaz über.

————————

Bei allen bisher erörterten Gedichten lagen die Verhältnisse anders als bei I, 1. Die siebente Ode hat, wie nachgewiesen ist, kaum jemals in der überlieferten Form bestanden, ohne dass ihre Einheit bestritten worden wäre. Schon von Keller und Holder wurde sie auf Grund umfassendsten handschriftlichen Materials geteilt, so dass, wer nur die grosse Horazausgabe derselben besitzt, sie nicht anders als in der Gestalt von zwei Gedichten kennt. Die achtundzwanzigste Ode war von jeher ein langes Tuch, an dessen Enden nimmermüde Parteien rissen, um es ganz hinüber- oder herüberzuzerren. Die vierte Ode leistete keinen Widerstand: ihre Teile waren in sich so gerundet und in äusseren Berührungspunkten so wenig ver-

20

wachsen, dass sie mühelos auseinanderfiel. Anders die erste Ode. Schloss in der Mitte von I, 7, I, 28, I, 4 allemal deutlich die Darstellung eines Gedankens, und begann gleichzeitig ein neuer, machte sich somit an dieser Stelle allemal ein Hiatus, ein Mangel an rechter Verbindung beider Teile fühlbar, so leidet, wie es scheint, I, 1 an einem solchen Fehler nicht. Das Gedicht hat nur eine Pointe, in welche es als das einleitende Stück einer grösseren Sammlung zweckmässig ausläuft. „Dichter-weihe“ oder „Dichters Glück,“ so etwa könnte man, ohne die beiden ersten und die beiden letzten Zeilen (1. 2. 35. 36.) zu berücksichtigen, das Gedicht überschreiben. Und diesen Gedanken: „Andere erfreut anderes, mich mein Lied,“ finden wir richtig eingeleitet, entwickelt und durchaus folgerecht am Schlusse ausgesprochen. Die künstlerische Einheit und Rundung des Gedankens, welche wir am ungeteilten vierten, siebenten und achtundzwanzigsten Gedichte vermissen mussten, liegt hier klar zu Tage. Dazu kommt, dass der leitende Gedanke in der zweiten Hälfte des Gedichtes, wenn auch nicht immer in gleichem Grade durchsichtig, so doch jedenfalls soweit erkennbar wiederkehrt, dass man fürchten muss, bei einem etwaigen Ver-suche auch I, 1 zu teilen, auf die beiden dann entstehenden Gedichte die Bemer-kung heraufzubeschwören, mit welcher G. Hermann sich über I, 7 äusserte: *Neque neque unum, nec duo carmina habemus.* In der That nötigte erst die zwingende Kraft der analogen Fälle der vorhergenannten Oden das eingehendere Studium von I, 1 und dann die Erkenntnis auf, das zur Ausfüllung der fast allein noch übrigen Lücke der ersten Stelle in der zweiten Dekade fehlende Gedicht im asklepiadeischen Systeme sei einzig und allein in I, 1 selbst zu suchen. Allerdings gewann die Ver-mutung, sobald sie einmal entstanden, eine bedeutende Stütze in dem, was die Kritik von I, 1 schon bisher ergeben hatte. Das Gedicht gehört mit I, 7 und I, 28 zu den meist bemängelten; Bentley, ten Brink, A. Buttmann, Campe, Dunker, Eichstädt, Eck, Garcke, Gataker, Grotefend, Gruppe, Guyot, Hanow, Hardouin, Hasper, Herder, G. Hermann, Herzog, Jan, Jahn, Kiessling, Lehrs, Leiste, Linker, Lowinsky, Lübker, Martin, Nauck, Peerlkamp, Pontanus, Ritschl, Rührmund, Rutger, Scaliger, Schmid, Schmieder, Schwab, Schwalbe, Weichselmann, Winkler, Wirz, Wolf und viele andere Herausgeber und Erklärer haben eine reiche Litteratur über I, 1 geschaffen, und wenngleich der Vorschlag, das Gedicht zu teilen bisher noch nicht gemacht war, so kommen doch die Worte G. Hermanns, das Gedicht leide an einer zu grossen Fülle von Beispielen, manche Athetesen verschiedener Gelehrten, Linkers Versuch, unter Ausscheidung der beiden ersten und letzten Zeilen und von ferneren je vier Zeilen in jeder Hälfte der Ode eine Paralleldichtung von zweimal zwölf Versen herzustellen und andere Gedanken jenem Schritte ziemlich nahe.

Bei I, 7[a] hat sich uns nach Ausscheidung von zwei Versen ein im ganzen wohlgerundetes Gedicht von sechszehn Versen ergeben, welches uns auch für 7[b] auf ebensoviele Verse schliessen liess. Bei I, 28 haben wir nach Ausscheidung von vier Versen in der Mitte ebenfalls zwei Gedichte von je sechzehn Versen gewonnen und erkannt, dass ihr korrespondierender Anfang (*Te — Me quoque*) nicht Teilen eines Gedichtes, sondern zwei selbständigen Gedichten galt. Trennen wir nun die von Gottfried Hermann, Linker und andern längst für unecht erklärten beiden ersten und letzten Zeilen von dem wie I, 28 sechsunddreissig Verse zählenden Gedichte ab und stellen den Rest von zweiunddreissig Versen in gleichen Teilen zusammen, so erhalten wir auch hier die beiden folgenden Gedichte von je sechzehn Versen.

Maecenas atavis edite regibus,
o et praesidium et dulce decus meum:

sunt quos curriculo pulverem Olympicum
collegisse iuvat, metaque fervidis
evitata rotis palmaque nobilis
terrarum dominos evehit ad deos;   4

hunc, si mobilium turba Quiritium
certat tergeminis tollere honoribus;
illum, si proprio condidit horreo,
quidquid de Libycis verritur areis,   8

gaudentem patrios findere sarculo
agros Attalicis condicionibus
numquam demoveas, ut trabe Cypria
Myrtoum pavidus nauta secet mare.   12

luctantem Icariis fluctibus Africum
mercator metuens otium et oppidi
laudat rura sui; mox reficit rates
quassas, indocilis pauperiem pati.   16

est qui nec veteris pocula Massici
nec partem solido demere de die
spernit, nunc viridi membra sub arbuto
stratus nunc ad aquae lene caput sacrae.   20

multos castra iuvant et lituo tubae
permixtus sonitus bellaque matribus
detestata, manet sub Iove frigido
venator tenerae coniugis immemor.   24

seu visast catulis cerva fidelibus,
seu rupit teretes Marsus aper plagas,
me doctarum hederae praemia frontium,
dis miscent superis, me gelidum nemus   28

Nympharumque leves cum Satyris chori
secernunt populo, si neque tibias
Euterpe cohibet nec Polyhymnia
Lesboum refugit tendere barbiton.   32

quodsi me lyricis vatibus inseres,
sublimi feriam sidera vertice.

Auch hier haben wir wieder zwei Dichtungen, die sich durch ihren fast gleichlautenden Anfang, gleichen Umfang und anderes deutlich als parallele verraten. Dass diese Umstände keineswegs, wie man vermuten sollte, nun auch die ursprüngliche Zusammengehörigkeit beider Teile zu einem Ganzen anzeigen, das haben uns

20*

alle vorausgehenden Fälle gelehrt. Nehmen wir nun an, die Gedichte wären ehedem selbständige gewesen und erst später in eins zusammengezogen worden, so ist nach dem, was bei dem obigen Beispiele von zwei Gedichten Schillers dargelegt wurde, soviel wohl klar, dass bei ihrer Zusammenschmelzung einer von folgenden Fällen eintreten musste. Schlossen beide Gedichte mit nicht gleichen Pointen, so konnten diese beide erhalten bleiben; so ist es in dem oben fingierten Beispiele geschehen, wo der Schlussvers des einen, — allerdings nach Wegfall einiger vorangehenden Verse — darum stehen bleiben konnte, weil der des folgenden Gedichtes den Gedanken noch etwas weiter führte. Enthielten aber beide Gedichte den gleichen oder wenigstens einen sehr ähnlichen Gedanken und dem entsprechend gleiche oder ähnliche Pointen, so musste offenbar die des einen Gedichtes — war dieses nun das erste oder das zweite — in Wegfall kommen, weil sonst nicht eine Fortführung, sondern eine handgreifliche Wiederholung der Gedanken entstanden wäre. Den grössten Schein der Einheit musste das Gedicht allerdings dann erhalten, wenn der Schluss des zweiten Gedichtes in Wegfall kam, der des ersten aber an das Ende des nunmehr einen Gedichtes rückte; denn wenn anders sich dieser auf den Eingang des ersten Gedichtes zurückbezog, so kehrte nunmehr auch der Schluss des neuen Gedichtes zum Eingange desselben zurück und die neue Schöpfung gewann den Schein der Einheit und Rundung. Gehen wir von diesem Gesichtspunkte aus dem Gedankengange der ersten Ode nach, so ist derselbe folgender.

Der eine, beginnt das Gedicht, fühlt sich als Sieger in Wettspielen den Göttern gleich, der andere, wenn er in hohen Ehrenstellen steht, noch ein anderer, wenn er an ausgedehntem Landbesitze reich ist. Wenn man nun die beiden Strophen

gaudentem patrios findere sarculo agros Attalicis condicionibus numquam demoveas, ut trabe Cypria Myrtoum pavidus nauta secet mare. 12	luctantem Icariis fluctibus Africum mercator metuens otium et oppidi laudat rura sui; mox reficit rates quassas, indocilis pauperiem pati. 16

in dem Sinne als parallele ansehen dürfte, dass der Inhalt der ersten Strophe mit dem der zweiten gleichlauten soll, obwohl zu *luctantem* hier *Africum* hinzutritt, während man nach dem parallelen *gaudentem sc. agricolam* vielmehr *luctantem mercatorem* erwartet, so wäre man berechtigt fortzufahren: Der Landmann, der nur im Besitz eines mässigen Gütchens ist, preist zwar den reichen Kaufmann glücklich; aber in sturmbewegter Flut wirklich über das Meer zu fahren, würden ihn alle Schätze der Welt nicht bewegen.

Mit geringer Veränderung Horazischer Worte könnte es also hier heissen:

> 'O fortunati mercatores! — — ait rusticus ille;
> contra mercator, navem iactantibus Austris
> agricolam laudat.

Aber

> — siquis deus 'en ego' dicat,
> 'iam faciam quod voltis: eris tu, qui modo — ruri,
> mercator: tu. — mercator modo, rusticus: hinc tu,
> hinc tu mutatis discedito partibus: heia
> quid statis?' — nolint, atqui licet esse beatis.

Aber man wendet vielleicht ein, dieser Gegensatz dürfe nicht in die erste jener beiden Strophen hineingelegt werden. Gut denn! So steht wenigstens noch da:

Str. 3. Wer seine Freude an der Bestellung eines bescheidenen, von den Vätern ererbten Gütchens hat, den vermögen selbst nicht Schätze, wie sie Attalus besass, sich den Gefahren des Meeres auszusetzen.

Str. 4. Der Kaufmann preist in den Fährnissen des sturmbewegten Meeres die behagliche Sicherheit seiner ländlichen Heimat; aber kaum ist er diesen gefürchteten Gefahren entronnen, so rüstet er sich zu neuer Meeresfahrt, weil die Sucht nach Reichtum ihm in seinen bescheidenen Verhältnissen keine Ruhe lässt. — Wir hätten also folgende Gedankenreihe:

1. der eine fühlt sich glücklich als Sieger in Wettspielen,
2. der andere als Sieger im Kampf um Ehrenstellen,
3. der andere als reicher Landbesitzer;
4. der arme Landmann, der an seinem heimatlichen, kleinen Besitz sich genügen lässt, fürchtet das Meer so sehr, dass er es um alle Schätze der Welt nicht befährt,
. (aber) der Kaufmann fürchtet zwar ebenfalls die Gefahren des Meeres, aus Gewinnsucht jedoch setzt er sich trotzdem denselben aus.

Es wird niemand leugnen, dass mit der vierten, jedenfalls mit der fünften Strophe der Dichter den eingeschlagenen Weg verlässt. Es wäre schon durchaus verwerflich, wenn er, falls er sagen wollte, dass der Landmann an dem von den Vätern ererbten Besitze seine Freude habe, diesen Gedanken in den Nebensatz verlegt und im Hauptsatze gesagt hätte, was garnicht zur Sache gehört; denn was geht uns das an, ob der Bauer das Meer fürchtet oder nicht, während andere an anderm ihre Freude haben. Es interessiert uns hier doch nur, woran er seine Freude hat; und dabei ist es dann wieder auffällig, dass in der dritten Strophe gesagt war, des einen höchste Wonne sei es, so grosse erkaufte Landgüter zu besitzen, dass er auf denselben alle afrikanischen Getreidearten bauen kann (*quicquid*, nicht *quantum metit Africa frumenti* Serm. II, 3. 87), dass aber in der vierten Strophe das höchste Glück in bescheidenem und ererbtem Besitze gefunden wird, nicht in diesem im Gegensatze zu jenem, sondern im Gegensatze — zu den Gefahren des Meeres! Vollends in Widerspruch steht aber der Inhalt der vierten Strophe, der unter No. 5 wiedergegebene Satz, mit dem in den ersten Strophen eingeleiteten Gedanken. Des einen Freude, hiess es, sind siegreiche Wettfahrten, des andern siegreiche Wahlkämpfe; nun müsste doch folgen: des Kaufmanns Freude sind gewinnbringende Seefahrten. Denn wie jener rechtes Element der aufgewirbelte Staub ist, wie ihnen erst mit der Glut der Wagenachsen und in der Gefahr des Umbiegens um die Säule der Rennbahn, wie dem Krieger erst im Waffenglanze und Trompetengeschmetter, dem Jäger erst im Kampfe mit dem Eber das wahre Leben aufgeht, so, sollte man meinen, müsste nun auch des Seefahrers rechte Freude der siegreiche Kampf mit dem empörten Elemente sein, da ihm die Schätze des Orients in der Ferne winken, und so führen Pindar, Solon, Euripides, Vergil und Properz in den bekannten Stellen die Reihen ihrer Beispiele durch, indem sie jeden in dem, was seiner Neigung, seiner Natur zusagt, seine Freude finden lassen. Statt dessen wird umgekehrt gesagt, dass der Kaufmann das Meer fürchtet, seine Gefahren verwünscht und das Landleben preist. Es ist wahr, er vergisst die überstandenen Gefahren wieder; aber er wird nun nicht wegen seines Wagnisses und seiner Beherztheit gerühmt, der Dichter lässt nicht wie Vergil durchblicken, dass der Kaufmann wie der Krieger an diesen Gefahren vielleicht gar seine Freude habe, er sagt nicht, wie Properz: Jedem das Seine, dem Schiffer das Meer mit seinen Wogen und Stürmen, ja, er redet garnicht einmal von dem Seefahrer im engeren Sinne, sondern nur von dem nach Gewinn lüsternen *mercator* und sagt, dass dieser nicht mit jenem, jener nicht mit diesem tausche, und dass der Kaufmann seinen Stand nicht wechsele, so sehr er ihn auch schmähe. Dabei missbilligt er offenbar, dass dieser nicht wie der redliche Landmann zu Hause bleibt; er tadelt es, dass er es noch nicht gelernt hat, in bescheidenen Verhältnissen auszudauern, wie doch der Römer der alten Zeit es that und die neue Generation es wieder thun soll (III, 2); er tadelt es, dass er statt dessen in verwerflicher Habsucht den Himmel auf gottverbotenen Pfaden (I, 3, I, 31) immer wieder von neuem herausfordert, und er stellt ihn nicht sich selbst, dem Dichter, sondern dem genügsamen Landmanne entgegen, den alle Schätze der Welt nicht zu reizen vermögen. Dies ist es, was der Dichter hier sagt, aber nicht, dass der Kampf mit Sturm und Wogen oder der unter harten Gefahren erkämpfte Gewinn dem Kaufmann ein ihn den Göttern gleich beseligendes Gefühl verleihe, und die dritte und vierte Strophe oder mindestens die vierte Strophe allein gehört nicht an diese Stelle. Auch hier möge bemerkt werden, dass „wir nicht die ersten sind, die dies empfinden;" man vergleiche Bentley und Herder und die besonders bei dem ersteren angeführte Litteratur, um sich zu überzeugen, dass von jeher der Inhalt dieser Strophen Anstoss erregt hat. Ganz besonders auffällig ist das Urteil Bentleys, der doch nur einen Vers des Horaz als unecht verwarf.

Mit *Est qui*, dem *Sunt quos* der ersten Strophe korrespondierend, setzt nun der Dichter aufs neue ein. Es lässt sich an und für sich freilich nichts dagegen sagen, wenn er als die Neigung einiger den Genuss der freien Natur beim Becher Wein hervorhebt; nur unterscheidet sich diese Darstellung nicht viel von jener Schilderung des Frühlings (Epod. 2,) als einer für jeden Menschen oder wenigstens für den auf dem Lande lebenden genussreichen Zeit; aber wenn in dieser Strophe einige den kühlen, schattigen Hain und die sanft murmelnde Quelle lieben und in den Schlussstrophen auch der Dichter den (durch die sanft murmelnden Quellen) kühlen (und schattigen) Hain aufsucht, so teilen doch beide die gleiche, so allgemein menschliche, poetische und nur durch grobsinnliche Erklärung der fünften Strophe zu differenzierende Neigung, dass man einen Gegensatz in beiden Stellen kaum ausgedrückt findet. Auch der Inhalt der folgenden Zeilen: *multos castra iuvant c. q. s.* brauchte dann keinen Anstoss zu erregen, wenn wir uns unter demjenigen, dessen höchste Lust der Krieg, unter demjenigen, dessen Leidenschaft die Jagd ist, nicht den Soldaten, den Jäger von Beruf vorzustellen hätten, sondern den römischen Grossen, der in seinem *otium* einer noblen Passion, einem Sport nachgeht. Denn mit der Schilderung dieser Römer beginnt die Ode, wenn dort von Rennspielen und Wahlkämpfen auf dem Forum gesprochen wird. Ist es aber wirklich ebenderselbe vornehme römische Grosse, der in diesen Versen, der schon in den vorhergehenden als Kaufmann, als ein armer Landmann erwähnt war? Man sollte meinen, er ist es zweifellos nicht; denn der Dichter redet in der ersten und zweiten, dann wieder in der fünften und in der letzten Strophe von den Neigungen des freien Mannes, des Edelgeborenen, in der dritten und vierten aber und da, wo er von dem Soldaten und dem Jäger spricht, stellt er das Berufsleben in seinen verschiedenen Gestalten in Gegensatz und der Jäger ist hier vielleicht nur jener, zu welchem Nomentanus (Serm. III, 3) sagt:

> In nive Lucana dormis creatus, ut aprum
> Cenem ego,

der Soldat vielleicht nur jener, von welchem es (Serm. I, 1) heisst:

> „O fortunati mercatores!" gravis annis
> miles ait, multo iam fractus membra labore.

Dies ist nicht der Soldat, der den Krieg, nicht der Jäger, der die Jagd als eine noble Passion betreibt; sondern solche Leute haben ihren Stand vielleicht zwar nicht ohne Neigung erwählt, aber sie dienen ihm nicht mit der verzehrenden

Leidenschaft, wie jener römische Grosse seinem Sport. Auch der Jäger von Beruf ferner erbeutet nichts, wenn er nicht bestimmte Zeiten des Jahres und der Nacht wahrnimmt; wenn ihm aber sein Stand nicht zusagt, so hätte er besser gethan, ihn nicht zu erwählen. Aber von einem Stande, von einem Berufe ist im Eingange des Gedichtes, wie gesagt, nicht die Rede, und offenbar geht der Dichter im Verlaufe der Ode von den verschiedenen Neigungen der Menschen dazu über, ihren Beruf mit seinen Gefahren in Gegensatz zu stellen. Dagegen kehrt der Ausgang der Ode — und das hat Lehrs mit Recht hervorgehoben — zu dem Anfange zurück, und fühlt sich dort der Sieger im Rennspiele den Göttern gleich, so hier der Dichter; dort heisst es:

Sunt quos — meta — et palma — evehit, ad deos;

hier:

Me doctarum hederae praemia frontium
dis miscent superis.

Das Unterlaufen jener dem Eingange des Gedichtes fremden Bestandteile wird sich noch leichter herausfühlen lassen, wenn wir etwa folgende deutsche Verse lesen.

Des Dichters Glück.

Der eine strebt nach Königskronen,
  nach Glück in Ehr' und Ruhm,
und jener wünscht sich Millionen
  in Gold zum Eigentum.

In Schlachtendonner, Völkerkriegen,
  da hebt sich dieses Brust,
in Graus und Schrecken obzusiegen,
  für ihn ist's Götterlust.

Der Jäger folgt dem Reh, dem Hirschen,
  in Schnee und Eis bei Nacht,
vergisst beim Jagen, bei dem Pirschen,
  dass auch die Gattin wacht.

Mein Glück blüht nicht im Glanz von Thronen,
  bei Gold und Edelstein
kann mir doch Lieder, Liederkronen
  die Muse nur verleihn.

Es ist unmöglich, dass hier jemand nicht sofort fühlen sollte, wie die dritte Strophe, in welcher von dem Jäger die Rede ist, störend eintritt und garnicht hierher gehört. Und das ist ganz natürlich; denn in den übrigen Strophen ist von allgemein menschlichen Neigungen die Rede und so auch in der letzten, wo es sich nicht um einen Dichter handelt, der im Schweisse seines Antlitzes für Geld Gedichte verfertigt, um sich davon kümmerlich zu nähren, sondern um einen, der die Dichtkunst als freie Kunst ausübt in freier Hingabe an seine Neigung. Dass aber carm. I, 1 nicht bloss den Jäger, sondern auch noch mehrere andere Berufsklassen anführt, das macht das Wesen der Sache nicht besser, sondern nur schlimmer, wie doch dasselbe dann nicht geändert werden würde, wenn in die deutsche Nachbildung noch ein paar Verse mehr derart, wie die dritte Strophe, einträten.

Zu der Erkenntnis, dass I, 1 einen einheitlichen Charakter nicht wahrt, führt auch die aufmerksame Erwägung des Ergebnisses derjenigen Abhandlungen, welche sich zur Aufgabe machen, die Einheit des Stoffes nachzuweisen. Oder wird jemand einen einheitlichen Gesichtspunkt in den 3 × 3 Arten von Menschen zu erkennen glauben, welche Jahn registriert? Ich deute sie durch einzelne Worte an: I. *nobiles, opulenti: a) gloria, b) honores, c) divitiae. II. mediocris ritae sorte a) paterna rura, b) mercatura, c) molli inertiae dediti. III. a) militia, b) venatio, c) poeta.* Nebenbei bemerkt man sofort, dass diese Disposition sich nicht der Gliederung des Gedichtes selbst fügt. A. Buttmann sagt, der Dichter behandle das Streben nach Ruhm, Macht und Ehre, Geldreichtum, behaglichem Lebensgenusse, das thatkräftige unruhige Geschäftsleben und das Streben des Dichters. Nichtsdestoweniger könnte man sich mit diesen oder noch erfolgreicheren Zurechtlegungen zufrieden erklären, weil sich selbst die disparatesten Begriffe unter gemeinsame Gesichtspunkte stellen lassen, wenn nur die Voraussetzung richtig wäre, von welcher aus diese Aufstellungen gemacht worden sind. Aber eben diese ist es nicht. Es handelt sich in dem Gedichte seinem Eingange und Schlusse nach nicht um die Frage, welchem Stande, welchem Berufe der Dichter angehöre. Ist es doch grade für unser unmittelbares Gefühl im höchsten Grade verletzend und erscheint es uns doch widersinnig, bei dem Dichter von einem Stande, von einem Berufe in dem Sinne sprechen zu wollen, in welchem man von dem Soldaten-, Kaufmanns- oder Jägerstande spricht, und tritt doch der Dichter, durch seine freie Kunst an keinen Stand gebunden, mit jenen von seiner Höhe herab und in das banausische Geschäftsleben ein, wenn sein innerer Beruf, d. h. seine Naturanlage und Neigung mit dem jener auch nur in Vergleich gestellt wird. Als freier Künstler ist er dem grössten Römer ebenbürtig und den Göttern gleich darf er sich als solcher fühlen; dem Berufe nach lässt sich auch nicht der *homo nobilis* mit dem *mercator* vergleichen; denn in diesem Sinne gehört er einem solchen nicht an.

21

Der Leser wird sich von dieser Wahrheit leicht überzeugen, wenn er einen Blick auf das Gedicht in der Gestalt wirft, wie es Seite 74 abgedruckt ist; er wird dann erkennen, dass auch die Strophe *Luctantem e. q. s.* nicht an ihrer Stelle steht. Umgekehrt fühlt sich unsere Empfindung in keiner Weise durch folgende Zusammenstellung verletzt, vielmehr erscheint dieselbe als durchaus gerechtfertigt und rundet sich zu einem künstlerischen Ganzen.

> sunt quos curriculo pulverem Olympicum
> collegisse iuvat, metaque fervidis
> evitata rotis palmaque nobilis
> **terrarum dominos evehit ad deos;**
>
> me doctarum hederae praemia frontium
> **dis miscent superis,** si neque tibias
> Euterpe cohibet nec Polyhymnia
> Lesboum refugit tendere barbiton.

So dürfen wir getrost behaupten, dass das Gedicht ein einheitliches nicht ist, sondern dass zwei Gedankenreihen es durchziehen, welche, einander stofflich verwandt, dennoch durch den verschiedenen Gesichtspunkt, unter welchen sie gestellt sind, einander ausschliessen, zwei Gedankenreihen, welche bei Horaz sonst gesondert auftreten und in besonderen Gedichten behandelt werden (Vgl. I, 31 und dagegen Serm. I, 1 u. a.); wir dürfen behaupten, dass die Pointe des einen dort fehlt, wo sie stehen sollte und nicht richtig erscheint, wo sie dennoch steht, und lohnt es gleich nicht, den Versuch zu machen, die Gedichte als selbständige wiederherzustellen — obwohl ja zu dem ersten derselben: Strophe 1, 2, 5, 7 V. 29, 30 und Str. 8, zu der zweiten: Strophe 3, 4, 6 sich darböten — so darf man doch als sicher annehmen, dass einst ein zweites Gedicht im ersten asclepiadeischen Versmasse die erste Stelle der zweiten Dekade ausfüllte. Die Lücke an dieser Stelle der siebenten Tabelle und die Analogie der bisherigen gleichen Fälle verlangt es gebieterisch; die unkünstlerische Disposition des Gedichtes in seiner jetzigen Verfassung beweist eine Störung in seinem inneren Organismus, und die äussere Gliederung desselben lässt nicht minder erkennen, dass auch sie eine Störung erlitten habe. Denn es wird niemandem entgangen sein, dass in allen Fällen der Abschluss der Strophe mit dem Abschlusse eines Satzes, resp. Gedankens zusammenfällt, ausser in der siebenten Strophe. Betrachtet man den Schluss eingehender, so sollte man meinen, es sei dort eine Strophe ausgefallen und dafür Vers 27, 28, 30 (halb), 31, 32 (halb) eingesetzt. Jedoch haben wir nach der Belehrung, die wir aus der versuchsweisen Vereinigung zweier Schillerscher Gedichte schöpften, kaum anzunehmen, dass überhaupt die letzten sechs oder vier Verse an ihrer Stelle stehen; sie schliessen sich ihrem Inhalte nach enger an die erste Strophe an, und es dürfte zur Zeit zwecklos sein, der Frage weiter nachzugehen, wie die beiden Gedichte früher beschaffen gewesen, welche Veränderungen sie erlitten haben. Ist doch sogar die Möglichkeit nicht ausgeschlossen, dass in der That ein nach Form oder Inhalt weniger vollendetes, ja vielleicht selbst nicht tadelfreies Gedicht die zweite Stelle ausgefüllt habe. Verwarf Guyet doch nach Fabricius' Bibl. lat. I. pag. 394 allerdings nicht anderweit beglaubigter Notiz (vgl. hierüber Fritzsche im Philologus XXXV Bd. 3, S. 485) das Gedicht in seinem ganzen Umfange; bezeugt doch Bentley, dass man von jeher an den sprachlichen Schwierigkeiten des Gedichtes Anstoss genommen; erhebt er doch selbst dem Inhalte gegenüber die begründetsten Bedenken; hat die Kritik doch fast an jeder Zeile Ausstellungen zu machen gewusst, und erweisen sich doch die beiden ersten und letzten Verse (1. 2. 35. 36) jetzt aufs neue als unecht, da bei zwei selbständigen Gedichten, ja, auch nur bei Gliederung der Strophen nach dem Lachmannschen Gesetze für sie kein Raum bleibt. Ist es daher allerdings zur Zeit auch nicht möglich, hier Beweise gleicher Natur und Kraft wie für die Teilung von I. 7 beizubringen, so gestatten uns doch sprachliche Gründe, solche, die dem Gebiete der Ästhetik und der Logik entnommen sind, so zwingt uns endlich die Analogie, so lange wir nicht eines Besseren überführt werden, als gewiss anzunehmen, dass auch die erste Lücke der z...ten Dekade dadurch entstanden ist, dass zwei selbständige Gedichte von 2 ... 16 ...er derart zu einem Gedichte vereinigt wurden, dass die Pointe des ersten an das Ende des zweiten Gedichtes rückte, in das erste aber zwei diesem Gedichte fremde Strophen eintraten: ein Urteil, mit welchem natürlich in keiner Weise über die Originalität der je sechszehn Zeilen oder über den Ursprung derselben entschieden sein soll.

Wir haben nicht bloss an einer, sondern an drei Stellen allemal da ein Doppelgedicht gefunden, wo die zweite Dekade eine Lücke zeigte, und das Gesamtbild, das sich uns darbietet, ist ...ca folgendes:

1	2	3	4	5	6	7	8	9	10
1			4			7			
	2	3		5	6		9	9	10

Unsere Frage ist ohne jedes Vorurteil seit Jahrhunderten, sie ist ohne Vorurteil jetzt aufs neue erörtert und die Gründe für und wider sind abgewogen worden. Es ist Zeit eine Entscheidung zu treffen. Sie kann nur dahin ausfallen, dass der zweiten Dekade wird, was ihr gebührt und Tabelle XVI gewinnt folgende Gestalt.

Tabelle XVII.

	1	2	3	4	5	6	7	8	9	10
I.	1	2	3	4	5	6	7		9	10
II.	1	2	3	4	5	6	7	9	9	10
III.	2	2	3	2	5	6	7	9	9	9
IV.	2	2	3	2	5	6	7	9	9	9

CARM. I, 9.

Talia qui ab Horatio scripta esse serio sibi persuadent, honori poetae, quem tantopere admirantur, detrahunt, statuantque necesse est, poetam aliorum censorem fuisse severissimum, eorum quae ipse scripsisset lenissimum.

Meineke.

Vides ut alta stet nive candidum
Soracte, nec iam sustineant onus
  silvae laborantes, geluque
    flumina constiterint acuto.   4

dissolve frigus ligna super foco
large reponens atque benignius
  deprome quadrimum Sabina,
    o Thaliarche, merum diota.   8

permitte divis cetera, qui simul
stravere ventos aequore fervido
  deproeliantis, nec cupressi
    nec veteres agitantur orni.   12

quid sit futurum cras, fuge quaerere et
quem fors dierum cumque dabit lucro
  adpone, nec dulcis amores
    sperne puer neque tu choreas,   16

donec virenti canities abest
morosa. nunc et campus et areae
  lenesque sub noctem susurri
    conposita repetantur hora,   20

nunc et latentis proditor intimo
gratus puellae risus ab angulo,
  pignusque dereptum lacertis
    aut digito male pertinaci.   24

Haec si quis paullo attentius legat nec dulci verborum sono se decipi patiatur, perinepte dicta esse intelleget.

Meineke.

Zur vollständigen Wiederherstellung der beiden ersten Dekaden, überhaupt zur Besetzung sämtlicher Stellen des ersten Buches, welche Tabelle XVII aufweist, ist es noch nötig, dass eine Lücke beseitigt wird, welche allein noch übrig ist, nachdem I, 11, I, 14, I, 17 und I, 37 sich von selbst geschlossen haben; es ist dies die Lücke der achten Kolumne in der ersten Dekade. Die zweite, dritte, fünfte, sechste, siebente und neunte Kolumne enthalten bereits je vier, die erste, vierte und zehnte wenigstens je zwei Nummern gleichen Metrums. Jedes Versmass hat bisher auf eine grade Zahl gebracht werden können; sogar das des vierten Gedichtes, welches bis dahin wie I, 8 in der ganzen Litteratur ohne seinesgleichen dastand, hat nun sein Gegenbild gefunden. Nur die achte Kolumne hat bei einer ungraden Zahl stehen bleiben müssen, und das ist doppelt auffällig, insofern doch ein Mangel an Gedichten alcäischen Versmasses kaum als Anlass zu dieser Abweichung von der Regel anzunehmen ist. Sollte dieselbe in der Absicht des Ordners gelegen haben? Dass auch in der ersten Zehnerreihe Störungen der ursprünglichen Anordnung eingetreten sind, hat uns bereits das Beispiel von I, 10, welches noch seiner Erörterung harrt, vermuten gelehrt. Der Anstoss könnte beseitigt werden, wenn I, 8 ganz wegbliebe und durch ein Gedicht alcäischen Versmasses ersetzt würde.

22

Diesem Gedanken stellt sich aber ein Bedenken entgegen. In der ersten Zehnerreihe sollen und müssen nun einmal, wendet man unwillkürlich ein, zehn verschiedene Metra stehen. Erstens liegt es nahe, dies vorauszusetzen, und zehn verschiedene Masse bestätigen diese Erwägung; und dann scheint auch die umgekehrte Anordnung der ersten zehn gleichen Metra der Epoden die Richtigkeit der Annahme zu beweisen. Dies würde jedoch ein fehlerhafter Schluss sein. Ob die Tradition uns originale Thatsachen übermittelt hat, das ist ja der Gegenstand unserer Erörterungen; diese Frage sollen dieselben bejahen oder verneinen. Die vorauszusetzenden Thatsachen sind deshalb nicht nach dem bisher giltigen Dogma zu bemessen, sondern was sich als zuverlässige Thatsache ergeben wird, das erst soll in Zukunft die Grundlage des Dogmas bilden. Ob also dort in der That zehn verschiedene, dort zehn gleiche Formen original sind, dürfen wir nicht erst behaupten und danach dann die Untersuchung verlaufen lassen, sondern unbekümmert um das endliche Ergebnis und jede Tradition, haben wir erst zu forschen, dann zu entscheiden.

Von diesem Gesichtspunkte aus erregt folgender Umstand unsere Aufmerksamkeit. Wie die erste, siebente und achtundzwanzigste Ode gehört auch die neunte zu denjenigen, welche die Teilnahme der Forscher in höherem Grade als andere erregt haben, und noch neuerdings sind wir von Kiessling und Plüss mit anziehenden Arbeiten über sie beschenkt worden. Niemand wird behaupten wollen, dass Meineke einer destruktiven Richtung gehuldigt habe. Weshalb hat er dennoch grade carm. I, 9. 9—12 verworfen? Weshalb Hardouin, Prien, Linker und Lehrs? Weshalb hat Prien das Gedicht in ein antistrophisches zerlegt, weshalb Gruppe 13—24 als ein selbständiges hergestellt, weshalb haben Schwerdt und Sivry in I, 9 zwei selbständige Gedichte gesehen? Weshalb mögen Preiss und Nitsch, beide jeder Skepsis vollkommen fern, einen mehrfachen Wechsel im Tone des Gedichtes herausgefühlt haben und letzterer den Dichter mit dem neunten Verse aus der anfangs so jovialen Sprache „in feyerlichem Tone" fortfahren, mit dem dreizehnten aber „seine Laute sich vom Erhabenen zum feyerlich weisen Ernste herabstimmen" lassen? Weshalb endlich mögen Klotz und Herder grade über I, 9. 9—12 in Fehde geraten sein? Alle diese Thatsachen sind an und für sich unerhebliche. Sie gewinnen aber an Bedeutung im Zusammenhange mit jener Lücke, welche die erste Dekade allein noch in der achten Stelle neben I, 9 aufweist, ein Zusammentreffen, welches es der Mühe wert erscheinen lässt, auch I, 9 in Bezug auf seine innere Struktur zu prüfen.

Die neunte Ode, *Vides, ut alta*, wendet sich an Thaliarchos, den Herrn des Gastmahls, sei es nun, dass er selbst der Gastgeber ist, sei es, dass Venus ihn nur für heute zum Vorsitzenden des Tisches gemacht hat. Der Wortlaut entscheidet zweifellos für das erstere. Denn dem Vorsitzenden kommt nicht mehr zu, als über Ordnung und Mass beim Trinken zu wachen; nicht aber gehört es zu seinen Rechten und Pflichten, selbst Holz für den Kamin und Wein aus eigenem Vorrate herzugeben. Zu beidem aber wird er hier aufgefordert; seine Freigebigkeit *(benignitas)* ist es, an die sich der Dichter wendet. Jener nimmt also zweifellos hier die Stellung ein, wie Nasidienus Serm. II, 8, der dort als *cenae pater* bezeichnet wird, in welcher Eigenschaft er nicht bloss das Vorherbestimmte auftragen lässt, sondern freigebig auch ausserdem noch anbietet, was Küche und Kammer Leckeres bergen.

Die Situation, welche im Beginn vorausgesetzt wird, bedarf nicht weiterer Entwicklung; denn das Gedicht ist berühmt dadurch, dass es so wirkungsvoll die Stimmung wiedergiebt und wiedererzeugt, welche der kalte und helle Wintertag in uns hervorruft, wenn er uns auffordert, ein loderndes Feuer anzuzünden und mit der Wärme im Gemache durch ein erwärmendes Getränk zugleich behagliche Wärme in Herz und Gemüt zu erzeugen. Die drei Worte *permitte divis cetera* schliessen sich insofern scheinbar noch folgerecht an die beiden ersten Strophen an. Nicht so die drei letzten Strophen. Sie drücken eine ganz andere Stimmung aus, haben eine ganz andere Situation zur Voraussetzung und wenden sich nicht mehr wie jene an den Gastgeber.

In den ersten beiden Strophen ist es Winter, tiefer Winter und harter Frost. Jetzt, in dieser kalten Zeit will der Dichter für einen Augenblick fröhlich sein und, was draussen ist, vergessen. Die Götter, sagt er, werden die schwere Stunde vorbeigehen lassen. Er sagt nicht etwa, dass er hinterher nicht wieder mit Ernst des Tages Last auf sich nehmen werde; denn Frost und Winter haben ihn nur grade jetzt in das Haus hineingetrieben und weisen ihn nur grade jetzt zum Wein und zum Kamin. Anders die zweite Hälfte des Gedichtes; nicht für den Augenblick die Sorgen zu vergessen, fordert uns der Dichter auf, sondern diese Strophen gelten einer veränderten Auffassung des ganzen Lebens überhaupt. Hier handelt es sich nicht um morgen, den vielleicht nicht ganz so kalten Tag, im Gegensatze zu heute, nicht um den Gegensatz der Jahreszeiten oder um den Genuss einer einzelnen bestimmten Stunde, sondern um den Genuss des Lebens überhaupt; hier fordert der Dichter uns auf, uns allezeit aller Sorgen zu entschlagen und das Leben zu geniessen, so lange und so weit es uns möglich ist. Von diesem Standpunkte aus darf man nun allerdings nicht allzusehr betonen, dass dieser Teil des Gedichtes für den Besuch des

Marsfeldes, der Promenaden, des Liebchens am Fenster oder im Garten selbverständ-
lich den lauen Abend des Sommers oder warme Nächte voraussetzt; denn wer
zum Lebensgenusse im allgemeinen auffordert, der spricht eben nicht von der
Wärme oder der Kälte der gegenwärtigen Stunde. Aber das dürfen wir dafür
um so mehr hervorheben, dass der scharfe Frost der ersten Strophen oder der
Wintersturm des Alcäus sicherlich in den letzten Strophen eben nicht vorausgesetzt ist, und dass das *nunc, nunc* derselben unmöglich auf die in den ersten
Strophen gemalte Situation angewandt werden darf. Oder zu welchen Lachen erregenden Consequenzen müsste es führen, wollten wir die Annahme zulassen, jetzt im
kalten Winter, in Frost und Schnee, sollte das Leben in der dort reizend darge-
stellten Gestalt genossen werden? Vielmehr wenden sich die letzten Strophen an
jeden Jüngling, an alle Jugend und fordern sie auf, den Lenz des Lebens nicht
verstreichen zu lassen, ohne von seinen Blüten zu pflücken, das Leben zu nützen und jeden flüchtigen freudevollen Moment desselben, den wir erhaschen können, als Gewinn,
als eine neue Gabe zu achten. Das hat mit dem Gedanken: „Draussen starrt alles
in eisigem Froste, nun wollen wir es uns drinnen behaglich machen" nichts
zu thun.

Und an wen sind denn die letzten Strophen gerichtet? An Thaliarch, den
Herrn? Vielmehr wendet sich der Dichter jetzt an den *puer*. Einen anfwartenden
Sklaven sind wir allerdings gewohnt bei Trinkgelagen anzutreffen, und Horaz lässt
ihn bei diesen selten unerwähnt. Nun hat man es in der neunten Epode unpassend
gefunden, und die Folge wird zeigen, mit wie grossem Rechte, dass der Dichter
Mäcen besuchen will und sich, in welcher Weise es nun sei, im Geiste über den
Herrn hinweg an den Diener, den Sklaven wendet und selbst Wein befiehlt, obwohl er
doch den Herrn als gegenwärtig schauen musste. Aber das würde, wenn auch unschicklich, doch nicht unmöglich sein; um eine logische Unmöglichkeit aber
handelt es sich in I, 9. Oder ist es denkbar, dass der Dichter, der zunächst den
Gastgeber anredet, im Laufe des Mahles sich an den Sklaven wendet und mit ihm
sich über den Genuss des Lebens unterhält, ihn auffordert, zu kosen, zu tanzen, zu
lieben und — mit den Aristokraten Roms — das Marsfeld zu besuchen?

Es bleibt ein Ausweg: der Wirt könnte der *puer* sein. Ich will nicht
urgieren, dass dann der Jüngling, der noch, wie es scheint, von Liebe, vom Prome-
nieren mit Freunden, von dem Genuss eines lauen Abends mit einer Freundin kaum
etwas weiss, in den ersten Strophen schon als Gastgeber auftreten soll; es ist das
schwer vorstellbar; jedoch auch dies wieder ist möglich; aber dann bleibt noch
immer der gegen die beiden Strophen veränderte Ton und Gedankengang und die
gänzlich veränderte Situation bestehen, bleibt noch der schroffe Wechsel des Inhalts;
es bleibt dann noch immer unleugbar, dass in dem ersten Teile des Gedichtes
steht: „Draussen ist es kalt, lass uns drinnen es warm machen," und dass der zweite

Teil sagt: „Geniesse den Frühling des Lebens, o Jüngling, so lange du kannst!"; es bleibt bestehen, dass dort Thaliarch, der Wirt, dass hier nicht eine bestimmte Person, sondern der Jüngling, der Mensch überhaupt angeredet wird; es bleibt Thatsache, dass dort eine bestimmte Jahreszeit und eine bestimmte Lokalität, und dass hier keines von beiden vorausgesetzt wird. — Gehen wir jedoch zu den einzelnen Teilen des Gedichtes über!

Es ist mit Vorliebe bisher meist nur von den ersten zwei Strophen gesprochen und nur diese sind den drei letzten entgegengestellt worden. Wo vollkommen ausreichende und sichere Thatsachen zur Begründung einer Ansicht fehlen, ist es schwer, sich entschieden zu äussern. Demgemäss möge ein entscheidendes Urteil unausgesprochen bleiben. Jedoch erregen gewisse Umstände der dritten Strophe gegenüber Bedenken und lassen sie nur als Bindeglied zwischen den ersten beiden und den letzten drei Strophen erscheinen. Ist in den ersten beiden jedes Wort gehaltreich, wirkungsvoll und unentbehrlich, so lässt sich das Gleiche von der dritten Strophe nicht behaupten. Könnte man sich ferner *Permitte divis cetera* im allgemeinen wohl gefallen lassen, obwohl strenge genommen sich *cetera* nur an Wein und Holz anschliesst, so doch nicht in der Verbindung zwischen jenen Vorbereitungen zum Gelage und dem allgemeinen Gedanken, dass die Götter allmächtig sind. Im Anschlusse an jene Zurüstungen bedeutet dieses matte *cetera* doch nur: Wenn wir ein wärmendes Feuer und Wein in Fülle haben, so bedarf ich für den Augenblick nichts mehr dieser Art, um mich wohl zu fühlen; der Hinweis auf die Allmacht der Götter würde nur begründet sein, wenn eine besondere Gefahr erwähnt wäre; denn zu vermuten, der Dichter wolle nur sagen, die allmächtigen Götter werden es auch wieder wärmer werden lassen, wäre geschmacklos.

Es ist hier die geeignete Stelle, eifrige Verteidiger des Dichters sprechen zu lassen, um zu erfahren, was sie denn ausrichten. Klotz hatte es als eine „glückliche Kühnheit" des Horaz gepriesen, dass er in erhabenem Gedankenfluge nach Vers 8 eine „Digression" mache. *Thaliarchum aliquem*, hatte er gesagt, *ad laetitiam hortatur, additque Permitte divis caetera.* **Hic desinere poterat poeta.** *Ad sensum nihil requirebatur amplius. Poetae vero vividum ingenium, dum deos cogitat, statim descriptionem aliquam immensae potestatis* *deorum praebet*. Dagegen kehrt sich Herder. „Wer kann sich nun, wendet er ein, den Erklärer so einfallend denken: *Permitte — praebet*. Was kann Präceptormässigeres gesagt werden? Ich sehe Horaz über sein Thema arbeiten und den Lehrer daneben: „Gut! genug! der Verstand ist aus; zum Thema wird nichts mehr erfordert; aber nun! Eine kleine Amplifikation. *Permitte divis cetera* war das letzte: Götter also — wie können die etwa umschrieben werden! Füllt Deiner lebhaften Einbildungskraft — —" O, des armen Horaz! Wenn Thaliarch zur Freude ermuntert werden musste, was natürlicher, als dass er missvergnügt war, dass er Unglück hatte? Und was für ein poetischer Bild vom Unglücke als Sturm, Seesturm? Und was für ein passlicher Bild in das Ganze dieser Winterode? Wer fühlt nicht sein Kaminfeuer mit doppeltem Freudenschauer gleichsam, wenn der Wind um die Fenster rast, wenn man sich Schneestürme dabei gedenkt, wenn von Meeresgefahren daneben erzählt wird! Wo ist hier die mindeste Digression vom Thema der Ode?" Wenn Herder nur recht hätte! Allerdings würde es eine Digression sein, und zwar eine solche, welche in keiner Weise gerechtfertigt werden könnte. Herder geht in zwei Punkten fehl. Er sagt erstens: „Wenn Thaliarch zur Freude ermuntert werden musste, was ist natürlicher, als dass er missvergnügt war, dass er Unglück hatte." Hier liegt eine jener irrtümlichen Auslegungen vor, von denen im Eingange der Abhandlung über I, 4 gesprochen wurde. Dass Thaliarch — ist Thaliarch aber ein Eigenname, oder bedeutet es vielmehr den Vorsitzenden beim fröhlichen Gelage? — dass also Thaliarch „Unglück hatte," niedergeschlagen war, legt Herder in das Gedicht hinein, während es doch im Gedichte selbst stehen müsste. Denn jedes Lied soll sich selbst ausreichend erklären, fordert man. Nun aber ist eine Thatsache, die sich auf ein Unglück des Angeredeten deuten liesse, in den ersten Versen nicht allein nicht mitgeteilt, sondern sie vorauszusetzen widerstreitet auch gänzlich ihrem Inhalte und ist durchaus unzulässig. Es nimmt auch diesem Gedichte seinen ganzen Duft und Reiz, wenn es, wie es früher bei I, 7 vielfach versucht worden ist, einer pragmatischen Idee dienstbar gemacht werden soll, wenn nicht die einfache, natürliche und poetische Idee: „Wein her! Je kälter die Luft, desto grösser der Krug," sondern ein prosaischer Anlass und Zweck ihm untergelegt wird. Verweist man übrigens Betrübte, um sie fröhlicher zu stimmen, auf den Sturm, der draussen tobt, auf grimmige Kälte oder auf schneebedeckte Berge, oder setzt Faust, wenn er eine ähnliche Situation malt:

> Ach, wenn in unsrer engen Zelle
> Die Lampe freundlich wieder brennt,
> Dann wird's in unserm Busen helle,
> Im Herzen, das sich selber kennt,

etwa analog voraus, dass er in diesem Sinne vorher „Unglück" gehabt habe? Und wenn Herder fortfährt: „Und was für ein poetischer Bild vom Unglücke als Sturm, Seesturm? Und was für ein passlicher Bild in das Ganze dieser Winterode?" u. s. w., so vergisst er, — und das durfte er nicht — dass hier I, 9. 1—8 der Dichter bereits eine klare und poetische Bildfläche geschaffen hat, auf welchem sich unsere Stimmung projicieren soll: Dort steht in ruhiger Majestät der Soracte, dort stehen die Bäume, fast brechend unter der Last des Schnees und, eben dorthin den Blick gewandt, sitzen die Freunde und trinken. Passt denn in der That hierzu das bewegte Meer, das, ich weiss nicht, wie viele Meilen weit von dem Redenden entfernt ist, passt hierzu der Seesturm und die Meeresgefahr?

Alle Stellen, welche man aus Archilochus und Theognis und anderswoher anführen mag, beweisen nichts; denn es sind nur scheinbare Parallelen, nur Parallelen für den einzelnen Ausdruck, der hierin nicht angegriffen wird, aber nicht für den nicht folgerechten Übergang, für die ungerechtfertigte Gedankenfolge. Am wenigsten hätte man auf Epod. 13 verweisen sollen; denn eine bedenkliche Sache wird nie unbedenklich durch den Hinweis auf eine noch schlimmere. Auch die Construktion: *qui simul stravere ventos, non agitantur cupressi*, auch die Art des Hiatus *lucro — appone*, mögen beide durch noch so viele ähnliche Fälle belegt werden, endlich die Ärmlichkeit des Gedankenausdrucks *nec cupressi nec veteres agitantur orni* spricht nicht an. Das *a* in *lucrum* und *lucror* braucht Horaz in acht Fällen in den Oden, Epoden, Sermonen, Episteln und der Ars poetica lang; nur an dieser und an zwei andern, nicht besonders angesehenen Stellen (III, 16. 12; IV, 12. 25) ist das *a* des Stammes kurz. Und ist es wohl ein fruchtbarer Gegensatz, ist es überhaupt logisch, dass auf dem Festlande die Bäume sich nicht bewegen, sobald auf dem Meere die Wogen gestillt werden? Dass ferner *deproeliantes* — wer kennt dieses Wort sonst? — genau an derselben Stelle steht wie *deprome* macht es doppelt verdächtig; es ist eine derartige Stellung Brauch bei Nachahmungen. Mit Recht tadelt Hardouin den Ausdruck *stravere ventos*; billigt man auch vielleicht nicht seine Bezeichnung: *dictum barbare metri causa*, — denn die Worte sind ja gut lateinisch — so ist doch die Verbindung sicher ein arger Solöcismus und Vergil Ecl. 9. 57:

> Et nunc omne tibi stratum silet aequor et omnes,
> adspice ventosi ceciderunt murmuris aurae.

welche Klotz (L. V.) für Horaz gegen Hardouin anführt beweisen eben nur, dass Hardouin recht hat. Endlich darf nicht übersehen werden, dass in Abweichung von Alcäus (ἦευ μὲν ὁ Ζεύς) Horaz nicht Sturm, sondern harten Frost voraussetzt, wie dieser gewöhnlich mit klarem Wetter verbunden ist. Diese Vorstellung erwecken die Verse

> Vides ut alta stet nive candidum
> Soracte, nec iam sustineant onus
> silvae laborantes, geluque
> flumina constiterint acuto.

Denn nur bei ruhigem Wetter können die Bäume unter der Last von Schnee seufzen; ein auch nur mässiger Wind schüttelt ihnen dieselbe sofort ab. Der Dichter der dritten Strophe hatte somit keinen Anlass zu dem Gedanken, dass auf den Willen der Götter auch die sturmbewegte Esche regungslos wird.

Übrigens nötigt grade diese Überlegung, auf den Text des Alcäus, wie er jetzt lautet, angewandt, zu dem Geständnis, dass Hecker durchaus mit Recht ἦευ verwirft und ῥέει fordert. Wie kann es heissen: ἀπκαίγασιν δ'ἐβάτιων ῥόαν, wenn gleichzeitig Regen vom Himmel herabströmt? Nach ῥέει würde zwischen Horaz und Alcäus nur noch der Sturm, falls χειμών so zu verstehen ist, eine Differenz bilden. Regen neben den gefrorenen Flüssen würde mindestens die Voraussetzung starken Thauwetters erfordern.

--- --- ---

Die Notwendigkeit 1, 9 zu teilen hat auch hier wieder Sivry behauptet, ohne die Thatsachen zu kennen, welche uns zu dieser Entscheidung geführt haben. Er sagt: *Quid sit futurum.* Ici commence une nouvelle Ode adressée à un jeune Adolescent, à qui le Poëte fait observer que son âge est plus propre aux amours qu'aux soins importuns du lendemain, au lieu que la précédente est adressée à l'Ordonnateur d'un festin. D'ailleurs l'époque de la première est le cœur de l'hyver; au lieu que l'époque de celle-ci appartient à l'une des trois belles saisons de l'année, puisqu'il y est question du champ de Mars, des places publiques fréquentées par le héros de la piece, et que de plus on l'y représente comme causant à voix basse avec des maitresses à l'entrée de la nuit, sans doute en passant sous leurs fenêtres; toutes circonstances qui indiquent une autre saison que celle des frimats décrits si énergiquement dans la premiere Ode. Ce qui a donné lieu de confondre l'une dans l'autre, c'est qu'elles sont composées de Vers de même mesure. Au reste, toutes deux respirent la maniere hellénique, et sur-tout celle d'Alcée, à qui Denys d'Halicarnasse accorde la concision, la douceur et la véhémence, en outre la clarté, et une grande habileté à manier la métaphore. J'en conclus que l'Ode *Vides ut altā*, et celle *Quid sit futurum*, sont également imitées de cet ancien Poëte, encore qu'il ne nous reste de vestiges que de la premiere.

Auch Baden (1792) hat diesen Hiatus deutlich empfunden und bringt den Sachverhalt zu klarem Ausdruck. Er sagt zu I, 9: Opmuntring at forneie sig ved et Glas Vin paa en kold Vinterdag. Men denne Forneielse bringer ham andre Livets Forneielser i Erindring, som tjer den förste Ungdom lade sig nyde.

Diese der Ode mangelnde Einheit ist auch von deutschen Erklärern schon lange gefühlt worden. „Dem ersten Ansehen nach geht die Ode von der gewöhnlichen horazischen Simplicität ab," sagt Preiss. „Statt einer schönen lyrischen Unordnung, die eigentlich nur den Schein der Unordnung hat und die ein sanfter Bach ist, welcher von seiner kleinen Ausschweifung in ein benachbartes Blumengefilde bald wieder zurück in die rechte Bahn kömmt, glaubt man eine wirkliche Unordnung wahrzunehmen; diese aber gleicht einem Strome, den wilde Regengüsse aufschwellen und aus seinen Ufern treiben, so dass er einen ungewöhnlichen Lauf nimmt und seine alten Grenzen sofort vergisst. Horaz schildert anfangs den Winter. — — Darauf aber fährt er fort, man müsse die Annehmlichkeiten der Liebe geniessen und zwar müsse man auf dem Marktplatz und in den Tempelhöfen sich mit Spazierengehen erlustigen, man müsse des Abends geheime Zusammenkünfte mit Mädchen veranstalten u. s. w. Wie hängt das mit dem Winter und mit dem Weintrinken im warmen Zimmer zusammen? Hat nicht der Dichter die Einheit des Gedichtes ganz vernachlässigt?" Müsste man nicht so urteilen, so lange die Originalität der Ordnung als eine selbstverständliche und unerschütterliche Prämisse galt?

So nahm auch Meineke an der dritten Strophe Anstoss. Er sah mit Recht in ihr nur die Behauptung, dass der Sturm zu Ende sei, wann er ausgetobt habe. Er nennt die Worte der Strophe *perinepte dicta* und fährt fort: *Tota enim sententia eo redit, ut tempestas postquam detonuerit detonuisse dicatur. Talia qui ab Horatio scripta esse serio sibi persuadent, honori poetae detrahunt, statuantque messe et poetam aliorum censorem fuisse severissimum, earum quae ipse scripsisset lenissimum.* Da wie Lehrs auch andere dieses Urteil Meinekes bestreiten könnten, so möge bemerkt werden, dass die logische Form des Gedankens, der offenbar hat ausgesprochen werden sollen, die ist, welche wir aus der Bibel kennen, wo von Gott gesagt wird: „Denn so er spricht, geschieht es und so er gebeut, steht es da," aber nicht etwa: „so eines hier geschieht, steht etwas anderes an

23

einem andern Orte in anderer Gestalt da," was doch der Sinn von I, 9. 9—12 ist. (Vgl. dagegen Carm. I, 12. 31: *et minax, quod sic voluere, ponto unda recumbit.*) Sieht Lehrs gleich mehr in der Strophe als Meineke, so will er sie doch verwerfen, weil sie in die Verbindung mit dem folgenden nicht passt. Ebenso Linker und Gruppe, der in *deproeliantes* noch die bei Horaz beliebte Cäsur des alcäischen Enneasyllabus vermisst und die ihm anstössige Strophe schliesslich mit der ganzen ersten Hälfte fallen lässt. Mir sind diese Anfechtungen nicht sowohl der Strophe wegen, für oder wider welche ich ein besonderes Interesse zunächst ebensowenig habe, wie für I, 7. 19—21, I, 28. 17—20, als vielmehr darum wichtig, weil wir bereits in diesen Stellen Bindeglieder durchaus ungleichartiger Elemente erkannten und deren vermutlich noch mehr finden werden.

Am überzeugendsten wirken nun wohl diejenigen Gründe, welche für u n s e r e Sache sprechen, obwohl sie von dem Gegner *bona fide* für seine Seite angeführt worden sind. So sagt Dillenburger gegen Meinekes Vorschlag, die dritte Strophe zu verwerfen, nachdem er den Inhalt der beiden ersten Strophen angegeben hat: „So weit fliesst der Zusammenhang so naturgemäss und notwendig, dass wir die Worte *permitte divis cetera* setzen würden, wenn sie nicht da stünden, und dass w i r d e n Gedankengang unterbrochen fühlen, wenn wir nach V. 8 sogleich auf V. 13 übergehen wollten; die Vermittelung würde fehlen." Hiernach charakterisiert sich Vers 9—12 am besten selbst als die Vermittelung zwischen zwei durchaus heterogenen Stoffen und dieser Bestimmung, als Bindeglied zu dienen, dankt also die dritte Strophe ihre Entstehung. Denn dass es sich um ihrem Wesen nach nicht einheitliche Gedanken in den beiden Teilen von I, 9 handele, das ist die Voraussetzung, von der auch die neuesten Bearbeiter, Kiessling und Plüss ausgehen und nur um die Frage handelt es sich, wie diese auffallende Erscheinung zu erklären sei. Kiessling sagt, indem Horaz den Gedanken an die Götter, den Hinweis auf die Gegenwart noch weiter in heiteren Bildern jugendlichen Frohsinns und anmutigen Liebesgetändels ausmale, da sei Eis und Schnee plötzlich geschmolzen und die linde Luft des italischen Frühlingsabends umgebe uns. Es sei dies ein Ausgleiten aus einer nicht selbst empfundenen und -erfundenen Situation, ein Unvermögen, den aus fremder (Alcäus') Hand überkommenen Faden festzuhalten. Plüss sieht in dem Alcäischen Fragmente und in dem Horazischen Liede, dessen Idee sich besonders in dem zweiten Teile ausdrücke, zwei vollkommen verschiedene Gedichte; in den beiden Teilen von I, 9 wechsle nicht die Situation, es sei nur eine leise Verschiebung in der Richtung der Vorstellung zu beobachten; das Nachgefühl des Erlebten, das im ersten Teile geschildert sei, spreche sich im zweiten Teile aus. Beide interessante Arbeiten über I, 9 sind für uns, die wir der neu entdeckten Ordnung der Oden mit ihren Lücken gegenüberstehen, nur eine

Ausführung der Thatsache, dass auch in I, 9 zwei selbständige und als solche unvereinbare Gedichte enthalten sind. Verfasser bedauert, dass Raum und Zweck verbieten, beide ausführlich wiederzugeben und muss den Leser auf die Abhandlungen verweisen. Soll man aber nicht hoffen, dass gelehrte und feinfühlige Ausleger des Horaz, welche in unumwundenster Weise das Widereinanderklingen von Ton und Stimmung der beiden Teile von I, 9 zugeben, in Zukunft gern zu einer anderen Erklärungsweise greifen werden, als zu solcher, welche schliesslich doch nur dem Dichter oder der Empfindung des Lesers unrecht thut? Hatte doch bis dahin der Umstand, dass dreimal zwei alcäische Versmasse im ersten Buche der Oden wiederkehren, unmöglich die gebührende Beachtung finden können, weil ja noch nicht entdeckt war, dass die Mehrzahl der Oden des ersten Buches in der ersten Reihenfolge ihrer Versmasse wiederkehren, dass es kein Zufall ist, dass je dreimal zwei Oden alcäischen Versmasses in drei Reihen folgen und dass man somit berechtigt ist zu fragen, ob nicht auch die erste Reihe zwei und nicht bloss eine Ode dieses Metrums enthalte.

Wird es nun allseitig zugegeben, dass zwei Teile in dem Gedichte sich deutlich von einander abheben, teilen Sivry und Schwerdt dasselbe, zerlegt es Prien und Martin in eine Paralleldichtung, und verwerfen Meineke, Prien und andere die dritte Strophe, welche Dillenburger wieder für unentbehrlich zur Verbindung beider Teile erklärt, dann erhält natürlich auch *puer* in der ersten Strophe des zweiten Teiles eine andere Bedeutung und Wichtigkeit als bisher; dann ist dieses Wort nicht mehr an Thaliarch, noch weniger an den Sklaven gerichtet, dann ist es vielmehr die Anrede, welche an ihrer richtigen Stelle am Anfange eines Gedichtes steht, in einfacher und ungekünstelter Natürlichkeit an den Jüngling gerichtet, den das muntere Lied zum Lebensgenuss auffordert.

Wir haben in den vorhergehenden Fällen auch der metrischen Beschaffenheit der verschiedenen Teile der Gedichte Beachtung geschenkt und einige Male mit entscheidendem Erfolge. Nun bietet zwar die alcäische Strophe nicht so wirksame Handhaben zum Nachweis von differenten metrischen Prinzipien dar, wie die sapphische oder das alkmanische System, nichtsdestoweniger mögen die Schemata der Elf-, Zehn-, und Neunsilbler hier getrennt folgen und mag angemerkt werden, was sie an Eigentümlichkeiten zu besitzen scheinen.

I, 9.

Die Hendekasyllaben.

a.

$$\smile \; - \mid \smile \mid - \; - \; \overset{*}{|} \; - \; \smile \; \smile \mid - \; - \; \smile \qquad 2$$
$$- \; - \; - \; \smile \mid - \mid - \mid \quad - \; - \; \smile \; \smile \mid - \; - \mid \smile$$

$$- \; - \; \smile \; - \; - \mid \; - \; \smile \overset{*}{|} \; - \; - \mid \; - \qquad 6$$
$$- \; - \; \smile \; - \; - \mid \; - \; \smile \mid \; - \; \smile \; \smile$$

$$- \; - \; \smile \; - \; \smile \mid\mid - \; \smile \; \smile \mid - \; - \mid \; - \qquad 10$$
$$- \; - \; \smile \; - \; - \mid - \; - \; \smile \mid - \; - \; -$$

b.

$$- \; - \; \smile \; - \; - \quad - \mid \smile \; \smile \; - \; \smile \; - \qquad 14$$
$$- \; - \; \smile \quad - \quad - \; \smile \mid - \mid - \; \smile \; -$$

$$- \; - \mid \smile \; - \; - \; - \mid \quad - \; \smile \; \smile \; - \mid \smile \, . \qquad 18$$
$$- \; - \; \smile \mid - \, . \; - \quad - \, . \; \smile \mid - \; - \; -$$

$$- \mid - \; - \; \smile \; - \; - \mid \quad - \; \smile \; \smile \mid - \; \smile \; - \qquad 22$$
$$- \; - \; \smile \; \smile \mid - \; \smile \mid \smile \mid - \; \smile$$

Hier macht sich zwischen den Versen der drei ersten und den drei letzten Strophen ein dreifacher Unterschied gel'end. Nach griechischer Weise lassen jene in der ersten Stelle einmal und viermal unter sechs Fällen in letzter Stelle Kürzen zu, eine Freiheit, welche sich in 9[*] der Dichter auch in den Enneasyllaben *(gehaqne)* gestattet. Nicht so die drei letzten Strophen. Nur ein Mal erscheint in diesen in letzter Stelle eine Kürze, diese aber nur in kollidierender Silbe und es dürfte zweifellos sein, dass *quaerere et* anders und zwar länger gesprochen ist als *quaereret,* das um so mehr, wenn, wie es hier der Fall ist, das letzte Wort ein einsilbiges ist, welches, einen neuen Satz beginnend, durch den Satzton vor einem neuen Verse und einem Zwischensatze in der Schwebe gehalten werden muss, so dass es durch den Ton und die folgende Verspause entschieden länger wird:

> Quid sit futurum cras, fuge quaerere — et —
> quem c. q. s.

Es steht somit jenen sechs Fällen dort kaum ein Fall hier zur Seite. Demnächst bemerken wir folgendes. Es ist klar, dass der Wohlklang der Verse, gemäss der ursprünglichen Form der logaödischen Pentapodie:

$$\smile \; \underline{\;} , \; \smile \; \underline{\;} , \; \smile \; \underline{\;} , \; \smile \; \smile \; \underline{\;} , \; \underline{\;}$$

nur durch solche Einschnitte erhöht werden konnte, welche mit dem natürlichen Rhythmus der jambischen und anapästischen Füsse in Widerstreit traten, also durch podische Zäsuren, nicht durch Diäresen. Daher denn auch die Hauptzäsur stets in die Mitte des dritten Fusses einschneidet. In Übereinstimmung mit dieser der Natur des Verses gemässen Regel begegnen wir in den ersten sechs Elfsilblern fünfmal Nebenzäsuren in dem zweiten Fusse und nur ein einziger Vers zeigt eine Diärese nach demselben. Die zweite Hälfte des Gedichtes aber kehrt das Verhältnis gradezu um: fünf Diäresen nach dem ersten Fusse, nur eine Trithemimeres! In der römischen Form endlich besteht die zweite Hälfte des Hendekasyllabus dem Schema nach aus zwei Daktylen oder aus einem Daktylus und einem Cretikus. Hier wird also der Dichter sich zur Aufgabe machen müssen, nach der Hauptzäsur des Verses die scheinbare Diärese nach dem Daktylus zu vermeiden, und das hat in der That der Dichter in fünf der ersten sechs Verse gethan; mit *aequore | ferrido* beginnt eine fast ununterbrochene Reihe dieser Missklänge. Denn der Dichter der zweiten Hälfte lässt ein Streben nach diesem Ziele nicht erkennen; er gestattet sich viermal die Diärese nach dem Daktylus.

Die Enneasyllaben.

a.

$\underline{\;}$	$\smile$	$\underline{\;}$	$\underline{\;}$	$\underline{\;}$	$\smile$	$\smile$	3
$\underline{\;}\,\underline{\;}$	$\smile$	$\underline{\;}$	$\underline{\;}$	$\underline{\;}$	$\smile$	$\underline{\;}$	7
$\underline{\;}\,\underline{\;}$	$\smile$	$\underline{\;}$	$\underline{\;}$	$\underline{\;}$	$\smile$	$\underline{\;}$	11

b.

$\underline{\;}\,\underline{\;}$	$\smile$	$\underline{\;}$	$\underline{\;}$	$\underline{\;}$	$\smile$	$\underline{\;}$	15
$\underline{\;}\,\underline{\;}$	$\smile$	$\underline{\;}$	$\underline{\;}$	$\underline{\;}$	$\smile$	$\underline{\;}$	19
$\underline{\;}\,\underline{\;}$	$\smile$	$\underline{\;}$	$\underline{\;}$	$\underline{\;}$	$\smile$	$\underline{\;}$	23

Bezüglich der vorstehenden Enneasyllaben ist bereits gelegentlich erwähnt worden, dass einer des ersten Teiles *(γέλωτος)* auf eine Kürze ausgeht und ein anderer,

deprecliantes ł nec cupressi,

die übliche Hauptzäsur nach der sechsten Silbe — allerdings nach einem einsilbigen Worte — vermissen lässt. Sonst macht sich noch bemerkbar, dass die drei ersten Verse einen Einschnitt nach der vierten Silbe nicht zulassen, wohl aber die der letzten Hälfte, welche in ihren Einschnitten nach der dritten und nach der sechsten Silbe grosse Regelmässigkeit offenbaren.

Die Dekasyllaben.

a.

– ⏑ – – ⏑ – ⏑ | – –	4
– | ⏑ ⏑ – – ⏑ – –	8
– | ⏑ ⏑ – ⏑ – – –	12

b.

– ⏑ | – ⏑ ⏑ – ⏑ – –	16
– ⏑ ⏑ – ⏑ – ⏑ – –	20
– ⏑ ⏑ – ⏑ ⏑ | ⏑ – –	24

Die gleiche Regelmässigkeit lassen die Zehnsilbler derselben drei letzten Strophen nach dem ersten Choriambus erkennen, während die drei ersten Dekasyllaben hier stets den Einschnitt an wechselnder Stelle einführen. Bemerkenswert ist auch, dass der Dichter die beiden ersten Verse der ersten Hälfte in besserem Kunstverständnisse nicht auf Spondeen, sondern auf Anapästen ausgehen liess; die dritte Strophe aber und die fünfte und sechste schliessen mit einem Spondeus und und aus der Clausula der Verse

nec veteres agitántur órni,

und

ant digito male pértináci.

mit welcher I, 4'

sive mâlit hœdô

zu vergleichen ist, schloss Schwerdt, dass I, 9. 1—12 und 13—24 zwei selbständige Gedichte seien.

Gegen alle diese metrischen Differenzen, welche wir nunmehr in den beiden Teilen von I, 7, I, 28, I, 4 und I, 9 wahrgenommen haben, könnte man den Einwand erheben, es würden durch dieselben metrisch verschiedene Individualitäten keineswegs erwiesen, vielmehr stellten sie nur die natürliche Ausgleichung der einzelnen Teile eines und desselben Ganzen gegeneinander dar. Nichts könnte unter anderen Umständen zutreffender sein, als diese Bemerkung. Nur erscheint sie eben hier nicht an ihrer Stelle. Diese Verschiedenheiten werden überall da unverdächtig auftreten, einen natürlichen Ausgleich der einzelnen Teile unter einander überall da darstellen, wo die einzelnen Teile selbst nach keiner Seite hin einen Anstoss darbieten, wo sie nach Form und Wesen als der Ausdruck einer Idee, als ein Ganzes erscheinen; ja, man wird in diesen Fällen ihnen sogar einen neuen Beweis für den einheitlichen Charakter der in Frage stehenden Dichtung entnehmen können, weil das in denselben pulsirende Leben ein Auf und Ab, ein Hin und Wieder erwarten lässt, welches naturgemäss auch in einer wechselnden Form seinen Ausdruck findet. (Vgl. die Spondäen in I, 4. 7). Wo aber viele Umstände — kann man sie bei I, 7 zählen? — zusammentreffen, damit man mit der höchsten Wahrscheinlichkeit, resp. mit fast absoluter Gewissheit behaupten kann, an einer bestimmten Stelle schieden sich zwei selbständige Ganze, wo man voraussagt, es würden sich bei unserer Untersuchung vermutlich auch metrische Differenzen ergeben, da hört der Zufall auf und es fängt der Beweis, die Bestätigung des Vorherbehaupteten an, wenn in der That nunmehr die Erscheinungen des ersten Teiles von bezeichneter Stelle an sich in ihr Gegenteil verkehren. Eine weibliche Zäsur im dritten Fusse des Hexameters, eine Hephthemimeres, eine bestimmte Anzahl von Diäresen oder Nebenzäsuren, ob drei Silben von einer Länge und einem Pyrrhichius oder von einem dreisilbigen daktylischen Worte gebildet werden, das sind alles an und für sich und unter gewöhnlichen Umständen überaus indifferente Erscheinungen; sie hören aber auf bedeutungslos zu sein und gewinnen Beweiskraft, wenn sie genau da beginnen oder in solchen Teilen auftreten, welche durch viele vorhergehende Erscheinungen für das neue Ganze angekündigt worden sind. So wird die grössere Zahl von Sterbefällen zu einer gewissen Jahreszeit, wenngleich nur in beschränktem Sinne doch immer noch gemeinhin als ein Ausgleich für das ganze Jahr angesehen werden können; aber von dem Augenblicke an, wo das Auftreten einer Epidemie signalisiert ist, hört sie auf Zufall zu sein oder eine Schwankung darzustellen; von diesem Augenblicke an beweist das Auftreten einer ungewöhnlich grossen Zahl solcher Erkrankungen das Vorhandensein eben jener angekündigten Epidemie. Verlässt man auch diesen Boden und leugnet man auch den Zusammenhang von prognosticierender Forschung und Bestätigung derselben durch die Erfahrung, dann hört überhaupt sichere Erkenntnis, dann hört insbesondere auch jede Kritik auf. Oder stützt diese sich auf andere Grundsätze als auch auf die der Kombination von Erfahrung und Abstraktion, Deduktion und Probe?

W ie hoch oder wie gering immer man nun die metrischen Eigentümlichkeiten veranschlagen mag, zu welchen noch die Verschleifung im dreizehnten Verse, die doppelte Zahl einsilbiger Wörter im zweiten Teile und anderes hinzuzuzählen wäre, jedenfalls werden sie ausreichen, um die drei letzten Strophen auch metrisch als selbständig erscheinen zu lassen, wie sie es unbestritten ihrem Inhalte nach sind. Das „Fragment" des Alcäus tritt nun in ein neues Licht. Verweist die zweite Hälfte von I, 9 durch ihre Gedanken auf Euripides und andere Dichter (vgl. Garcke), so decken sich die beiden ersten Strophen mehr oder minder genau mit den beiden durch den Neid der Jahrtausende nur um einen Vers verkürzten Strophen des Alcäus. Sieben Zeilen sind uns von diesen beiden erhalten; weshalb nicht ein einziger Vers, nicht ein einziges Wort mehr von den übrigen sechzehn Zeilen, die wir im Horaz in I, 9 lesen? Ich glaube, weil das Trinklied des Alcäus nicht mehr als eben nur diese zwei Strophen enthielt, weil es keine Zeile, kein Wort mehr gab, das uns von ihm hätte erhalten werden können. Ob der Inhalt genügt, um ein selbständiges Gedicht vorzustellen? Ob die Idee, welche dem Gedichte zu Grunde liegt, ihren vollständigen Ausdruck gefunden? Ich weiss es nicht; aber aus nachstehender einem modernen Dichter entnommener Parallele möge der Leser sein Urteil sich selbst bilden.

An die Liebste.

Im Winter.

Jetzt, da wir frieren müssen,
    Was bleibt uns noch zu thun,
Als uns recht heiss zu küssen
    Und Brust an Brust zu ruhn!

Komm, Liebste, lass uns küssen,
    Lass Brust an Brust uns ruhn!
Jetzt, da wir frieren müssen,
    Was lässt sich Bess'res thun?

Und sollte jemand den Einwand erheben, der behandelte Gegenstand sei ein zu verschiedener, da lasse ein Vergleich sich nicht ziehen, so könnte ja dem Gedichte der gleiche Inhalt wie I, 9. 1—8 gegeben werden und dasselbe folgendermassen lauten.

Trinklied im Winter.

Jetzt, da wir alle frieren,
   Könnt' Bess'res sein,
Als tüchtig kommerssieren
   Beim Glase Wein?

Freund, lass uns kommerssieren,
   Beim Glase Wein!
Jetzt, wo wir alle frieren,
   Könnt' Bess'res sein?

Es ist, in antiker Gestalt und von dem edelsten Dichter ausgeführt, derselbe Gedanke, den Wohlbrück im „Vampyr" in vierfach variierter Gestalt ausspricht; ich setze zwei Strophen hierher.

Im Herbst, da muss man trinken!
Das ist die rechte Zeit!
Da reift uns ja der Traube Blut,
Und dabei schmeckt der Wein so gut.
Im Herbst, da muss man trinken!

Im Winter muss man trinken!
Im Winter ist es kalt;
Da wärmet uns der Traube Blut,
Und dabei schmeckt der Wein so gut,
Im Winter muss man trinken!

Dass Horaz in der zweiten Hälfte von I, 9 einem griechischen Gedichte nicht, wie es in der ersten Hälfte durch den Soracte u. a. geschieht, römische Lokalfarbe verlieh, dass Vers 13—24 nicht die Umdichtung, sondern einfach die Nachbildung eines griechischen Originals ist, das scheint mir der Passus

— nec dulces amores
sperne puer neque tu choreas

anzudeuten.

So hätten wir denn wieder zwei Gedichte gewonnen; statt eines Fragmentes wäre uns fast ein ganzes Gedicht des Aleäus erhalten, und in 9 hätten wir ein Lied, gleichviel welches Ursprunges, das nun in seiner Selbständigkeit uns in jeder Beziehung nur noch reizender erscheinen muss.

———————

Wir nähern uns dem Schlusse. Tabelle XVII ist uns in frischer Erinnerung; wir reproduzieren sie und geben dem neunten Felde der ersten Dekade den doppelten Raum, da wir das neunte Gedicht als eine Doppelode erkannt haben.

Tabelle XVIII.

	1	2	3	4	5	6	7		9	10
I.	1	2	3	4	5	6	7		9	10
II.	1	2	3	4	5	6	7	9	9	10
III.	2	2	3	2	5	6	7	9	9	9
IV.	2	2	3	2	5	6	7	9	9	9

Vergleichen wir die gegenwärtige Gestalt der Tabelle mit der einer der
ersten, so sehen wir uns vor die folgende Alternative gestellt. Es war eine hübsche Bemerkung, deren wir uns lange erfreut haben, dass die ersten neun — nachdem
wir die zehnte Ode vorläufig bei Seite gestellt haben — die ersten zehn Oden je ein
neues Versmass brächten, wie die zehn ersten Epoden in dem gleichen Versmasse wiederkehren. Auf der anderen Seite aber sehen wir nun, wie im zweiten Buche
in Ode 13 und 14, (15), 19 und 20. im vierten in Ode 14 und 15, so auch im ersten
Buche in jeder Dekade das alcäische Metrum zweimal hintereinander wiederkehren, nur
in der ersten Reihe nicht, und wir müssen uns nunmehr entscheiden, die Tradition oder
die Regelmässigkeit der Anordnung fallen zu lassen. wir müssen I, 8 oder eine der
beiden neuen Oden, 9^a oder 9^b, aus der ersten Dekade verweisen. Es stehen drei Fälle.
von drei Dekaden mit je zwei Oden alcäischen Metrums gegen einen, und der Leser
entscheidet sich mit dem Verfasser gewiss dafür, jenen dreien zu folgen; wir verlieren die achte Ode, welche sich ihrem Inhalte nach unter den übrigen zehn ersten
Gedichten etwas seltsam ausnimmt, nicht. sondern lassen sie nur ihren Platz räumen,
und Tabelle XVIII erhält folgendes Aussehen.

Tabelle XIX.

	1	2	3	4	5	6	7	9	9	10
I.	1	2	3	4	5	6	7	9	9	10
II.	1	2	3	4	5	6	7	9	9	10
III.	2	2	3	2	5	6	7	9	9	
IV.	2	2	3	2	5	6	7	9	9	

Fast erscheint es überflüssig, auch hier noch die poetische Selbständigkeit
beider Gedichte durch Parallelen zu erhärten, jedoch möge es der Vollständigkeit
halber geschehen. Neben 9^b soll I, 11 treten, in welchem man von jeher ein ver-
wandtes Stück erkannt hat.

Trinklied im Winter.

Jetzt, da wir alle frieren,
  Könnt' Bess'res sein
Als tüchtig kommersieren
  Beim Glase Wein?

Freund, lass uns kommersieren,
  Beim Glase Wein!
Jetzt, wo wir alle frieren,
  Könnt' Bess'res sein?

Tu ne quaesieris!

Tu ne quaesieris, scire nefas, quem mihi, quem tibi
finem di dederint, Leuconoe, nec Babylonios
tentaris numeros. ut melius, quidquid erit, pati
seu pluris hiemes, seu tribuet Iuppiter ultimam,
quae nunc oppositis debilitat pumicibus mare
Tyrrhenum; sapias, vina liques, et spatio brevi
spem longam reseces. dum loquimur, fugerit invida
aetas: carpe diem, quam minimum credula postero.

Trinklied im Winter.

Vides ut alta stet nive candidum
Soracte, nec iam sustineant onus
  silvae laborantes, geluque
    flumina constiterint acuto.

dissolve frigus ligna super foco
large reponens atque benignius
  deprome quadrinum Sabina,
    o Thaliarche, merum diota.

———

Quid sit futurum cras, fuge quaerere!

Quid sit futurum cras, fuge quaerere et
quem fors dierum cumque dabit lucro
  adpone, nec dulcis amores
    sperne, puer, neque tu choreas,

donec virenti canities abest
morosa, nunc et campus et areae
  lenesque sub noctem susurri
    composita repetantur hora,

nunc et latentis proditor intimo
gratus puellae risus ab angulo,
  pignusque dereptum lacertis
    aut digito male pertinaci.

———

Noch eine kurze Bemerkung. Es giebt ein höchst wunderbares Zusammentreffen der bisher ermittelten Thatsachen mit einem alten Zeugnisse, welches, ohne die nötige Überlegung verwandt, den Schein der höchsten Wichtigkeit für sich haben würde. Victorinus zählt nur sieben Oden alcäischen Metrums im ersten Buche. Wäre diese Angabe so einfach zu verstehen, wie sie lautet *(hendeca-syllabis igitur alcaicis usus est libro primo septies)*, so dürfte man nicht zweifeln, dass er vier solche Oden in neunter, drei in achter Stelle las. Victorinus würde sich dadurch als ein fester Punkt in der Entwicklungsgeschichte unserer Sammlung ergeben: Die achte Ode, *Lydia,* wäre bei ihm schon in das erste Buch eingerückt gewesen, aber noch nicht die ausserhalb der achten und neunten Stelle stehenden drei Gedichte alcäischen Masses. Leider würde die ganze Rechnung trügerisch sein. Einige Aufmerksamkeit lehrt, dass Victorinus an den Stellen allemal nur e i n e Ode gezählt hat, wo zwei dieses Metrums auf einander folgen. Da dies im ersten Buche dreimal der Fall ist, nämlich in jeder der drei letzten Dekaden an der achten und neunten Stelle (16. 17. 26. 27. 34. 35), so musste er drei Oden weniger zählen, als wir besitzen, also sieben. Der Beweis für die Richtigkeit dieser Erklärung ist ein doppelter. Einmal müsste Victorinus nach unserer jetzigen Kenntnis der Sachlage im ersten Buche zum Ersatze doch drei Oden anderer Metra mehr geben, wenn er wirklich drei alcäischer Form weniger, aber dennoch achtunddreissig las; das thut er aber nicht; zweitens trifft dieselbe Auskunft auch für die in anderen Büchern abweichende Zählung zu bis auf einen Fall, der später zu erörtern ist. Die Schlüsse also, welche Gruppe und andere aus dieser Notiz des Victorinus gezogen haben, sind hinfällig.

Parallelen zu I, 4 und I. 28.

Die Herrschaft des Schönen wird allezeit an die nämlichen Bedingungen
geknüpft sein.

Gounod.

Es möge gestattet sein, hier, vor dem Schlusse der Untersuchungen über die beiden ersten Dekaden auch zu I, 4 und I, 28 einige Parallelen nachzutragen, welche, wie es bei I, 7 geschehen, die poetische Selbständigkeit der einzelnen Teile dieser Oden veranschaulichen.

Bei I, 4 kommt es besonders darauf an, erkennen zu lassen, dass sowohl der Schluss des ersten als der Anfang des zweiten Gedichtes dichterisch gerecht sind. Ich stelle zu diesem Zwecke neben 4* ein Gedicht von Uhland, welches trotz einiger Verschiedenheit ebenso wie jenes in den Gedanken ausläuft, dass im Frühling eine hohe Festzeit erschienen sei, in welcher man vor allem Gott danken und zu ihm beten müsse.

Neben 4* soll in verkürzter Gestalt II, 14 treten. Der Leser möge dann wahrnehmen, wie Horaz denselben Gedanken in seiner dichterischen Ausführung nicht nur ähnlich beginnt und ähnlich schliesst, sondern wie auch selbst der Ausdruck parallel läuft.

25

Frühling ein Fest.

Süsser, goldner Frühlingstag!
Inniges Entzücken!
Wenn mir je ein Lied gelang,
Sollt' es heut nicht glücken?

Doch warum in dieser Zeit
An die Arbeit treten?
Frühling ist ein hohes Fest
Lasst mich ruhn und beten!

Labuntur anni!

Eheu fugaces Postume, Postume,
labuntur anni, nec pietas moram
    rugis et instanti senectae
        adferet indomitaeque morti;

non, si trecenis quotquot eunt dies,
amice, places inlacrimabilem
    Plutona tauris, qui ter amplum
        Geryonen Tityonque tristi

compescit unda, scilicet omnibus,
quicumque terrae munere vescimur,
    enaviganda, sive reges
        sive inopes erimus coloni.

absumet heres Caecuba dignior
servata centum clavibus et mero
    tinguet pavimentum superbo
        pontificum potiore cenis.

--

Frühlingsfest.

Solvitur acris hiems grata vice veris et Favoni,
  trahuntque siccas machinae carinas,
ac neque iam stabulis gaudet pecus aut arator igni,
  nec prata canis albicant pruinis.

iam Cytherea choros ducit Venus imminente luna,
  iunctaeque Nymphis Gratiae decentes
alterno terram quatiunt pede, dum graves Cyclopum
  Volcanus ardens urit officinas.

nunc decet aut viridi nitidum caput impedire myrto
  aut flore, terrae quem ferunt solutae:
nunc et in umbrosis Fauno decet immolare lucis,
  seu poscat agna sive malit haedo.

Vitae summa brevis!

Pallida mors aequo pulsat pede
  pauperum tabernas
    regumque turris, o beate Sesti,

vitae summa brevis spem nos vetat
  inchoare longam.
    iam te premet nox fabulaeque Manes

et domus exilis Plutonia;
  quo simul mearis,
    nec regna vini sortiere talis.

nec tenerum Lycidan mirabere,
  quo calet iuventus
    nunc omnis et mox virgines tepebunt.

———

Grabschrift.

Der du rastlosen Fusses der Erde Weiten durchzogen,
  Welch ein plötzliches Ziel, Wanderer, hat dich bestrickt!
Alle Berge vermochten den kühnen Lauf nicht zu hemmen;
  Sieh! ein Hügel voll Moos hat ihn auf immer gehemmt.

———

All that's bright must fade.

All that's bright must fade, —
  The brightest still the fleetest:
All that's sweet was made
  But to be lost when sweetest.

Stars that shine and fall; —
  The flower that drops in springing; —
These, alas! are types of all
  To which our hearts are clinging.

All that's bright must fade. —
  The brightest still the fleetest;
All that's sweet was made
  But to be lost when sweetest!

———

Neben I, 28 [a] möge eine „Grabschrift“ von Rückert stehen und eine Strophe von Th. Moores „Alles Schöne muss vergehn!“ Für 28 [b] lässt sich nach dem, was gelegentlich der Entwicklung seines besonderen Inhaltes bemerkt wurde, eine antike Parallele schwer finden, noch schwerer eine moderne; denn nicht sowohl der christliche Glaube als vielmehr moderner Aberglaube nähert sich der in 28 [b] ausgesprochenen Idee. Am nächsten kommt derselben jene Aufforderung, welcher man in den Bergen Tyrols häufig begegnet, wo der unglückliche Fall eines den Abhang hinuntergestürzten Fuhrmannes, Wanderers oder Heumähers bildlich dargestellt und darunter die

Te maris et terrae numeroque carentis harenae
   mensorem cohibent, Archyta
pulveris exigui prope litus parva Matinum
   munera, nec quicquam tibi prodest

aerias temptasse domos animoque rotundum
   percurrisse polum, moriture,
occidit et Pelopis genitor, conviva deorum,
   Tithonusque remotus in auras

et Iovis arcanis Minos admissus, habentque
   Tartara Panthoiden iterum Orco
demissum, quamvis clipeo Troiana refixo
   tempora testatus nihil ultra

nervos atque cutem morti concesserat atrae,
   iudice te non sordidus auctor
naturae verique, sed omnis una manet nox
   et calcanda semel via leti.

———— ··

Bitte gesetzt ist: „Bete für die Seele des armen N. N.“, eine Bitte, welche man auf den Kirchhöfen oder an Ort und Stelle wohl auch in Versen ausgedrückt findet. Konnte der Verunglückte doch bei seiner plötzlichen Todesart vor seinem Abscheiden sich durch die Sterbesakramente nicht mehr mit dem Himmel versöhnen und bitten deshalb die Hinterbliebenen, den Zwischenzustand seiner Läuterung, bevor er in das Reich der Seligen und zu Gott eingehen kann, durch Gebet und Fürbitte abzukürzen. Um wenigstens einigen Ersatz zu schaffen, mögen aushülfsweise ein paar Verse eintreten, in welchen dieser Gedanke in Reime gebracht ist.

Der verunglückte Heuer an seine Freunde.

Auch mich traf keine Kunde,

Dass mir so nah' der Tod;

Es blieb mir keine Stunde

Für meiner Seele Not.

Drum komm zu meinem **Grabe**

Und sprich ein fromm Gebet;

Selbst mit **geringer** Gabe

Oft reicher Segen geht!

Dann eilst auch du getröstet

Von meinem Grabe fort,

Ich geh', von Christ erlöset,

Ein zu der Sel'gen Ort.

———— ————

Ausserdem setze ich den Anfang einer zweiten Grabschrift Rückerts „An ein Hündchen" hierher, welche ungesucht gerade für den Eingang von 28[b] *Me quoque* eine schlagende Parallele bietet.

„Zierlich wedelndes Hündchen! so musste des finsteren Gottes
Herrischer Ruf auch dich ziehen hinab in die Nacht!" u. s. w.

Bei dieser Gelegenheit möge ein sonderbares Spiel des Zufalls angemerkt werden. Wie Uhlands kleine, Blüetten ähnliche Frühlingslieder in den meisten Drucken nur durch einen kleinen Strich getrennt erscheinen, nach dessen Wegfall sie sich als eine Reihe Verse eines Gedichtes darstellen müssten, so sind auch die „Grabschriften" Rückerts, nur durch einen kleinen Strich geschieden, und wenn die in der Ausgabe seiner „Gedichte" vom Jahre 1860 zweite Grabschrift und jene Linie wegfiele, dann würden die erste, Rückert hier entnommenen Grabschriften und die, welche das erwähnte „Auch du" enthält, genau ebenso aufeinander folgen, wie 28[b] mit

Declamatio corporis proiecti.

(par et nota Illyricus.)

Me quoque devexi rapidus comes Orionis
    Illyricis Notus obruit undis,
at tu, nauta, vagae ne parce malignus harenae
    ossibus et capiti inhumato

particulam dare: sic, quodcumque minabitur Eurus
    fluctibus Hesperiis, Venusinae
plectantur silvae te sospite multaque merces
    unde potest tibi defluat aequo

ab Iove Neptunoque sacri custode Tarenti.
    neglegis immeritis nocituram
postmodo te natis fraudem committere? forset
    debita iura vicesque superbae

te maneant ipsum: precibus non linquar inultis,
    teque piacula nulla resolvent.
quamquam festinas, non est mora longa: licebit
    iniecto ter pulvere curras.

Me quoque sich an 28^a anschliesst, und die hier zweite Grabschrift brauchte nur eine verstorbene Person anzureden und wenig verändert zu werden, um mit der ersten vereint der ungeteilten achtundzwanzigsten Ode durchweg parallel zu laufen. Wenn übrigens L. Müller in seinem Horaz (Giessen 1882) I, 28 dahin erklärt, dass der Schatten des am Meeresufer unbegraben liegenden Leichnams eines Schiffbrüchigen sich zuerst an den in der Nähe begrabenen Archytas, darauf an einen vorüberfahrenden Schiffer mit der Bitte um Bestattung wende, so unterscheidet sich unsere Lösung der Frage von dieser Auslegung nur dadurch, dass die Anrede an Archytas naturgemäss dem Dichter in den Mund gelegt wird, eine geringfügige Abweichung, durch welche aber das Gedicht sich von selbst in zwei von einander unabhängige Teile scheidet. — Die letzte Seite des Bogens soll die formelle Gleichheit von 28^a und 28^b bei Ausscheidung von Vers 17—20 hervortreten lassen.

I, 28ᵃ

Te maris et terrae numeroque carentis harenae
  mensorem cohibent, Archyta,
pulveris exigui prope litus parva Matinum
  munera, nec quicquam tibi prodest

aerias temptasse domos animoque rotundum
  percurrisse polum, morituro.
occidit et Pelopis genitor, conviva deorum,
  Tithonusque remotus in auras

et Iovis arcanis Minos admissus, habentque
  Tartara Panthoiden iterum Orco
demissum, quamvis clipeo Troiana refixo
  tempora testatus nihil ultra

nervos atque cutem morti concesserat atrae,
  iudice te non sordidus auctor
naturae verique. sed omnis una manet nox
  et calcanda semel via leti.

I, 28ᵇ

Me quoque devexi rapidus comes Orionis
  Illyricis Notus obruit undis.
at tu, nauta, vagae ne parce malignus harenae
  ossibus et capiti inhumato

particulam dare: sic, quodcumque minabitur Eurus
  fluctibus Hesperiis, Venusinae
plectantur silvae te sospite, multaque merces,
  unde potest, tibi defluat aequo

ab Iove Neptunoque sacri custode Tarenti.
  neglegis immeritis nociturum
postmodo te natis fraudem committere? forset
  debita iura vicesque superbae

te maneant ipsum: precibus non linquar inultis,
  teque piacula nulla resolvent.
quamquam festinas, non est mora longa; licebit
  iniecto ter pulvere curras.

Dant alios Furiae torvo spectacula Marti
  exitiost avidum mare nautis:
mixta senum ac iuvenum densentur funera, nullum
  saeva caput Proserpina fugit.

CARM. 1, 10.

26

— mediocribus esse poetis
non homines, non di, non concessere columnae.

Horat.

Mercuri, facunde nepos Atlantis,
qui feros cultus hominum recentum
voce formasti catus et decorae
    more palaestrae,

te canam, magni Iovis et deorum
nuntium curvaeque lyrae parentem
callidum, quidquid placuit, iocoso
    condere furto.

te, boves olim nisi reddidisses
per dolum amotas, puerum minaci
voce dum terret, viduus pharetra
    risit Apollo.

quin et Atridas duce te superbos
Ilio dives Priamus relicto
Thessalosque ignes et iniqua Troiae
    castra fefellit.

tu pias laetis animas reponis
sedibus, virgaque levem coerces
aurea turbam, superis deorum
    gratus et imis.

Vir bonus ac prudens versus reprehendet inertes
culpabit duros.

Horat.

Als wir Tabelle XIII aufgestellt hatten, liessen wir den Faden der Untersuchung über die frühere metrische Ordnung des ersten Buches für einen Augenblick fallen, um uns nach den Oden zu erkundigen, welche zu den Lücken der beiden ersten Dekaden Anlass geben.

Weshalb aber keine Gedichte öfters als I. 1, I. 7, I. 9, I. 28, besprochen und in Hunderten von Abhandlungen erörtert worden sind, das ist nun wohl klar gestellt worden; sie teilen das gemeinsame Schicksal, dass sie gewaltsam zusammengeschmiedet worden sind, und I. 4 und andere Oden sind dieser Flut von Besprechungen nur entgangen, weil die neuentstandene Gedankenfolge sich mit nicht allzu feinfühliger moderner Empfindungsweise mehr oder minder dürftig vereinen liess. Man darf wohl billig zweifeln, ob angesichts der Regelmässigkeit von Tabelle XVIII noch das Bedürfnis empfunden werden wird, die zehnte Ode an ihre traditionelle Stelle wieder zurückzuführen (Vgl. Tabelle V S. 18); nichtsdestoweniger ist der Leser zu der Forderung berechtigt, die Frage erörtert zu sehen, ob sie nicht vielleicht trotzdem mit Unrecht von ihrer Stelle entfernt worden ist, ob nicht, selbst die Richtigkeit aller bisherigen Ergebnisse vorausgesetzt, dennoch *Mercuri, facunde nepos* an seiner Stelle stehe, eine Möglichkeit, welche ja dadurch einige Wahrscheinlichkeit erhält, dass im Eingange dieser Blätter auf die parallele Stellung mancher

Oden in den verschiedenen Büchern hingewiesen wurde, und in dem dritten Buche *Mercuri, nam te docilis* offenbar mit I, 10 parallel steht. Es möge darum hier noch dieser Gegenstand in Kürze seine Erledigung finden.

Vor allem nun dürfte jetzt mehr, als bevor man wusste, dass die Gedichte des ersten Buches einst durchweg nach dem Metrum geordnet waren, das wiederholte Auftreten des sapphischen Versmasses in der ersten Zehnerreihe als unzeitig zugestanden werden. Schon früher trat sie störend ein, wenn man den zehn Epoden gleiches Versmasses nur neun, nicht zehn Oden verschiedener Systeme entgegenstellte. Um wie viel unwillkommener unterbricht sie jetzt die Reihe, nachdem für die beiden ersten Dekaden die Wiederkehr sämtlicher Versmasse nachgewiesen ist. In Tabelle V und VI aber, d. h. denjenigen, welche uns die überlieferte Reihenfolge ohne jede Umstellung nur nach der heute noch geltenden Reihenfolge vorführen, bleibt Ode I, 10 ohne jede Parallele, ja, sogar ohne jede Deckung, wäre es auch nur durch eine Ode anderen Versmasses; sie steht ganz vereinzelt an ihrem traditionellen Orte.

Tabelle VI.

	1	2	3	4	5	6	7	8	9	10		
I.	1	2	3	4	5	6	7	8	9	10		
II.		2	3		5	6		9	9	10		
III.	3	2	5	2	5	6	2	9	9	7		
IV.	9	2	9	2		6		9	9	3	9	2

Höchst bedeutsam ist es, dass die Aufstellung, welche wir auf Seite 22 von dem Gesamtbestande des ersten Buches machten, für die meisten anderen Metra nicht ungrade, sondern grade Zahlen nachwies, für das Sapphicum minus aber neun Oden, eine Zahl, bei welcher eine Ode sich als überzählig ankündigt. Zu diesen beiden auffallenden Thatsachen, dass die Ode eine überzählige ist, in die gegenwärtige Ordnung störend eintritt und ohne jede metrische Deckung irgend welcher Art bleibt, gesellt sich nächstdem der Anstoss, den der gesamte Inhalt in der gegenwärtigen Stellung der Ode bietet. Die zweite und die zwölfte Ode traditioneller wie neuer Zählung gipfeln in dem Lobe des Augustus und seines Hauses, und die erste dieser beiden Oden verherrlicht ihn unter dem Bilde des Sohnes der Maia.

> Sive mutata iuvenem figura
> ales in terris imitaris, almae
> filius Maiae, patiens vocari
>   Caesaris ultor,
>
> serus in caelum redeas, diuque
> laetus intersis populo Quirini:
> neve te nostris vitiis iniquum
>   ocior aura
>
> tollat. Hic magnos potius triumphos,
> hic ames dici Pater, atque Princeps:
> neu sinas Medos equitare inultos,
>   te duce, Caesar.

Die zwölfte Ode redet ihn an:

> Gentis humanae Pater, atque custos,
> orte Saturno, tibi cura magni
> Caesaris fatis data: tu secundo
>   Caesare regnes.
>
> Ille seu Parthos Latio imminentes
> egerit iusto domitos triumpho,
> sive subiectos Orientis orae
>   Seras, et Indos,
>
> te minor laetum reget aequus orbem:
> tu gravi curru quaties Olympum;
> tu parum castis inimica mittes
>   fulmina lucis.

Zwischen diese beiden Gedichte tritt nun I, 10 ein und weist Mercur seine wahre Stellung als dem Götterboten, Rinderdieb und schlauen Schützer des Handels an. Fürwahr, allzuwenig schmeichelhaft für den ebenerst Jupiter auf Erden gleichgestellten Kaiser, und unverträglich mit jenen beiden Gedichten! Auch hier wieder sind wir nicht die ersten, die dies empfunden haben, sondern nur neuerdings ist wieder von Rosenberg diese Einschaltung von I, 10 an dieser Stelle als durchaus unpassend bezeichnet worden, und wenn wir einst von der Geschichte der Werke des Horaz weitere Kenntnisse haben werden, wird man die Einschiebung von I, 10 an diesem Orte zur Unterlage für die Behauptung gebrauchen, dass sie nur in einer Zeit hat geschehen können, welche recht fern von der war, in welcher man I, 2 die erste, I, 12 die zweite Dekade nach dem Dichtergrusse eröffnen liess.

Aber nicht bloss diese Überlegung, auch der Inhalt im einzelnen macht uns bedenklich. Gegenüber dem der ersten neun Oden, aus deren Reihe I, 8 nun ausgeschieden ist, erscheint er matt und unbedeutend, und selten nur äussert sich ein Herausgeber anders als in diesem Sinne. Sieht man auch nicht mit Voltaire oder Binet Spott oder Impietät in der Ode, giebt man Walkenaer und andern immer zu, dass die Mercur hier beigelegten Attribute ihn keineswegs in der Anschauung der Alten herabsetzten und dass auf ihn nur das übertragen wird, was Homer und Alcäus von Hermes erzählen, so muss man im allgemeinen doch für zutreffend erklären, was Sanadon und nach ihm Dorighello sagt er: *Cette ode n'a rien de fort remarquable. — — Le stile s'élève peu au dessus du genre médiocre.* (Bezüglich des ersten, sechsten und achtzehnten Verses sagt: *la cadence est rude et plutôt Grèque que latine.*) Wenn Teuffel in diesem Gedichte seiner Unbedeutendheit und der Bedenken wegen, die es an einzelnen Stellen erregt, eine Jugendarbeit des Horaz sah, so drückt sich schon darin sein geringschätziges Urteil aus, und wenn Gruppe noch weiter geht, es leer und dürftig, besonders aber aller Poesie entbehrend nennt, so möchte sogar dies zu widerlegen schwer werden. Für diese auffallende Erscheinung giebt es eine zum Teil ausreichende Erklärung darin, dass die Ode vielleicht nicht für original anzusehen ist. Die Frage aber, was für ursprünglich, was für Nachahmung und Wiederholung zu halten sei, hat für die Fälle, wo die Entscheidung zweifelhaft erscheint, Lehrs an einer Stelle seiner Aristarchischen Studien vorbildlich entschieden. Da, wo Verse im engsten, natürlichen und anlösslichen Zusammenhange, da, wo sie dichterisch anmutend und logisch richtig erscheinen, da stehen sie an erster Stelle; wo sie entbehrlich sind, wo sie mit den Gesetzen der Schönheit und ungekünstelter Denkweise nicht harmonieren, da sind sie nachgeahmt und eingeschoben. Von diesem Gesichtspunkte aus möge z. B. Euripides Iphigenie 700 ff. und Ovids Hypermnestra mit Horaz III, 11, insbesondere mit dem für sich allein kaum verständlichen Schlusse verglichen und dann ein Urteil über Horaz III, 11, 25 ff. gefällt werden; es ist danach unmöglich, für letzteres Gedicht einzutreten. Ebenso kann es wohl für denjenigen, der ohne Vorurteil an einen Vergleich von I, 10 mit Ovids Fasten V. 663 –692 herangeht, kaum zweifelhaft erscheinen, welchem von beiden Stücken der Preis der Originalität zuzuerkennen sei; und nicht nur in einigen Punkten, wie oft gesagt wird, sondern durchweg findet man Uebereinstimmung. Sollten beide Dichter auf eine gemeinsame Quelle zurückgehen, was anzunehmen allerdings dasjenige, was wir von Alcäus wissen und bei dem Scholiasten zu Ilias O. 256 lesen, nicht hindert, so würde trotzdem auf den Dichter von I, 10 im Vergleich mit Ovid ein nicht grade günstiges Licht fallen.

Es mögen beide Stücke, soweit sie in Frage kommen, hier folgen.

Mercuri, facunde nepos Atlantis,
qui feros cultus hominum recentum
voce formasti catus et decorae
    more palaestrae,

te canam, magni Iovis et deorum
nuntium curvaeque lyrae parentem,
callidum, quidquid placuit, iocoso
    condere furto.

te, boves olim nisi reddidisses
per dolum amotas, puerum minaci
voce dum terret, viduus pharetra
    risit Apollo.

quin et Atridas duce te superbos
Ilio dives Priamus relicto
Thessalosque ignes et iniqua Troiae
    castra fefellit.

tu pias laetis animas reponis
sedibus, virgaque levem coherces
aurea turbam, superis deorum
    gratus et imis.

Clare nepos Atlantis, ades, quem montibus olim
    edidit Arcadiis Pleias una Iovi,
pacis et armorum superis imisque deorum
    arbiter, alato qui pede carpis iter,
laete lyrae pulsu, nitida quoque laete palaestra,
    quo didicit culte lingua docente loqui:

    ...peragi solita fallere voce preces;

sive deum prudens alium divamve fefelli,
    abstulerint celeres improba dicta Noti
et pateant veniente die periuria nobis,
    nec curent superi, si qua locutus ero.
da modo lucra mihi, da facto gaudia lucro,
    et fac, ut emptori verba dedisse iuvet.'
talia Mercurius poscentem ridet ab alto,
    se memor Ortygias surripuisse boves.

Ovids *Clare nepos* dürfte übrigens die von Bentley und anderen angeregte Frage entscheiden, wie Horaz'

Mercuri, facunde nepos Atlantis

zu interpungieren sei, und dürfte der Dichter dann auch nicht sowohl die caesura κατὰ τρίτον τροχαῖον angewandt, sondern den Vers vielmehr nach Analogie des Hexameters folgendermassen gelesen haben:

Mércuri ǀ facúnde nepós   Atlántis.

Denn auch die beiden anderen Verse mit der caesura κατὰ τρίτον τροχαῖον fügen sich nur eben dieser Form:

nuntium ǀ curvaeque lyrae   parentem

sedibus   virgaque levem ǀ coherces.

Bedürfte es dessen noch, so giebt es noch eine Reihe äusserer und innerer Merkmale, welche I, 10 als eine Abnormität an der traditionellen Stelle kennzeichnen: *Il est à remarquer,* sagt Waltz, *que cet emploi de que, à peu près inconnu dans les premières oeuvres lyriques, devient fréquent dans les dernières. Ainsi, pour les vers sapphiques, il y en a deux exemples dans une ode du premier livre; il n'y en a aucun dans le second, ni dans le troisième, tandis qu'on en compte onze dans le quatrième livre et le Chant Séculaire."* — Das Wort *catus* ferner dürfen wir nach Varro als einen Provinzialismus und Archaismus ansehen; erst die Gelehrsamkeit eines Apulejas und Ausonius prunkt wieder damit zu einer Zeit, wo das natürliche Gefühl für klassische Latinität bereits verloren war; Cicero braucht es fast nur mit dem Zusatze *„ut ita dicam."* Die einzige Parallele bei Horaz, III, 12, darf uns daher nicht als eine Stütze für das Wort entgegengehalten werden, sondern muss auffordern, die in mancher Beziehung ebenfalls einzig dastehende Ode weiter zu prüfen. Aber nicht bloss die Wahl des Wortes, sondern das Wort überhaupt greift Hardouin nicht mit Unrecht an *(verbum inane, explendo versui quaesitum: une écueille)* und was Klotz aufwendet, um ihn zu widerlegen, trifft nicht den Kern der Sache, sondern legt dem Dichter unter, was man in ihm selbst vergeblich sucht. Klotz sagt (Vindiciae 1764): Sie *„catus."* *„Verbum inane explendo versui quaesitum, une écueille." Sic solet fere semper, si alia tela desint, Harduinus, qui cellem duxisset, quae sint tandem inania, inculcataque verba metro. Hoc certe non sine causa videtur posuisse poeta, et indicare voluisse quomodo lenierit mortalium animos. Non sola voce hoc fecit, sed catus, hoc est, acutus, studia cuiuscujusque sertatus, ad animos velut descendit et callide ita quemque movere studuit,* *ut illius cupiditates posseut videbantur.* Ist dadurch nun etwa das Wort in seiner Unentbehrlichkeit, — es folgt später *callidus* — ist es dadurch als ein dialektisches und ungebräuchliches erklärt? Mir scheint, das Wort, das nun einmal dasteht, sei hierdurch nur erläutert, aber nicht mehr als dies. Zu der Verbindung ferner *Apollo riduus plectra* bemerkt Priscian: *labasire et satis incongrue.* In Vers 10 verletzt eine Verschleifung *(dolum aurdas)*, von der man mindestens behaupten darf, dass Horaz in den Oden sie möglichst vermieden hat. Es verletzen ferner mehrere gleichartige Ausgänge *(nepos Atlantis ferus cultus hominum recentum decorae aure palaestrae)*, welche, wie auch einige Alliterationen, fast beabsichtigt zu sein scheinen. Auf die separate Stellung der vierten Strophe, eigentümlich auch dadurch, dass sie keine trochäische Hauptzäsur enthält, durch die schon erwähnte Verschleifung, durch die nur ihr eigentümliche Kürze der letzten Silbe des Adonius, durch das ungehörige *quin* (vgl. III. 11) und besonders durch den Wechsel des logischen Subjekts, durch welchen sie aus der Gedankenreihe besonders der beiden ersten Strophen ganz heraustritt, einzugehen, ist hier nicht der Ort. Aber man darf in der That sich nicht wundern, wenn ausser Walkenaer sich niemand getraut, die Zeit zu bestimmen, in der sie von Horaz gedichtet sein könnte.

Zu allen diesen mannigfachen Bedenken gesellen sich durchschlagende Motive metrischer Natur. Als es nicht gelang, die Anordnung der Oden über die neunte hinaus nach den gewöhnlichen metrischen Bestimmungen zu fördern, griff man zu der Erklärung, das Metrum der zehnten Ode sei nicht das sapphische des zweiten Liedes, sondern sei in seinem Bau von jenem so abweichend, dass es Horaz als ein von jenem verschiedenes angesehen und als solches behandelt, d. h. als ein neues in die Reihe der wechselnden Metra eingeordnet habe.

Da auch hier wieder die metrischen Gründe schon für sich allein den Ausschlag geben müssten, so möge trotz des Raumes, den die schwer verkürzbare Auseinandersetzung einnimmt, dennoch mit einigen Auslassungen folgen, was Adolf Kiessling (1881) hierüber sagt; zu leichterem Verständnis desselben soll sich später das metrische Schema der Ode daranschliessen. „Das Metrum der zehnten Ode," heisst es dort, „deckt sich nur scheinbar mit dem schon durch das zweite Gedicht vertretenen sapphischen Masse. In dieser Nachbildung des alcäischen Hymnus auf Hermes

27*

gestattet sich Horaz bereits die Freiheit, welche er im carmen saeculare und den Oden des vierten Buches mit sicherem Bewusstsein ausübt, den Hendekasyllabus von der Fessel der an die fünfte Stelle gebundenen Zäsur zu entlasten. Denn das ist doch wohl kein Zufall, dass in den funfzehn Hendekasyllaben nicht weniger denn dreimal der Einschnitt nach der sechsten Stelle eintritt: *Mercuri facunde nepos Atlantis* 1, *nuntium curvaeque lyrae parentem* 6, *sedibus virgaque levem coerces* 18: in sämtlichen übrigen Gedichten der ersten drei Bücher [438 Hendekasyllaben; B.] findet sich diese Freiheit nur noch viermal: I 12, 1; 28, 11 [lies 25, 11]; 30, 1; II 6, 11. Ebensowenig ist es Zufall, dass vor der vorletzten Thesis regelmässig Wortschluss eintritt ausser im Vers 15. *iniqua Troiae*, wo der Eigenname eine Ausnahme bedingte: denn in *nisi reddidisses*, Vers 9, ist die Abweichung nur scheinbar. Horaz hat eben in diesem Gedicht den Versuch gemacht, den sapphischen Hendekasyllabus künstlicher zu behandeln. Worauf er dabei hinauswollte, kann uns die eingehende Analyse lehren, welche nur zwei Generationen später Cäsius Bassus vom phaläkischen Elf-silber giebt (p. 258–263 Keil). Dieselbe beruht ja auf der Theorie, welche auch die complicierten Metra vermittelst der Prinzipien der *adjectio* und *detractio, concinnatio* und *permutatio* aus wenigen Grundformen herleitete, derselben Theorie, auf welcher die paar metrischen Sätze fussen, die uns von Varro erhalten sind, wenn er z. B. den *iambischen Octonar* und *Septenar* durch *adjectio* eines vier-silbigen, bez. dreisilbigen Komma aus der Grundform des Senars entstehen lässt. — — — Nach dieser Theorie hat denn auch Horaz, der ja kein Autodidakt war, die metrischen Bildungen seiner griechischen Muster auffassen und deuten gelernt. — — Nach ihr also lässt Bassus den Phalaeceus in der mannigfaltigsten Weise entstehen: einmal nach dem Satz *omnis versus κατὰ τὸ πλεῖστον in duo cola dividitur* (Mar. Vict. 51, 4) aus einem daktylischen und einem, je nach Ansetzung der Zäsur nach der sechsten oder fünften Stelle, jambischen oder trochäischen Kolon; sodann durch *adjectio*, indem entweder am Schluss ein dreisilbiges Komma zu einem anakreontischen, resp. ein viersilbiges Komma zu einem daktylischen Kolon hinzutritt, oder am Anfang eines jambischen Anakreontiker ein drei- oder viersilbiges Komma vorgeschaltet wird; endlich durch *detractio*, indem aus einem Sotadeus von dem Schema

$$\_\_\mid\smile\smile,\_\mid\smile\smile\_\_\_\smile\smile\_$$

nach den ersten zwei Silben ein Anapäst ausgeschaltet ist. In ganz ähnlicher Weise ist auch der sapphische Hendekasyllabus analysirt worden, zumeist als Combination eines bald katalektisch gebildeten, bald akatalektischen trochäischen und eines jambischen Komma (Cäsius Bass. p. 267 K.). Dass Horaz denselben so und nicht etwa als logaödischen oder choriambischen Vers aufzufassen gelernt hat, zeigt seine Behandlung der Cäsur, anfänglich nur nach der fünften, später abwechselnd auch nach der sechsten Stelle. Aber ebenso liess sich auch der Versuch machen, ganz analog der Art, wie Bassus den Phalaeceus aus dem Hinzutreten eines schliessenden Amphibrachys zu der achtsilbigen anakreontischen Reihe erwachsen lässt, in gleicher Weise auch den sapphischen Vers in eine achtsilbige Reihe von dem Schema

$$- \smile - \smile - \smile \smile$$

und schliessenden Amphibrachys zu zerfällen. Dieses Experiment hat nun Horaz in der zehnten Ode unternommen: natürlich dass bei dieser Form die regelrechte Zäsur nicht inneugehalten werden brauchte, da der Vers nunmehr aus ganz andern Zäsis sich zusammensetzt. Beide Erscheinungen, der dreisilbige Wortfuss am Schlusse und das Schwanken der Zäsur, bedingen sich eben gegenseitig. Die Probe auf meine Auffassung giebt die Thatsache, dass Horaz jene von mir vorausgesetzte achtsilbige Reihe noch einmal als selbständiges Kolon verwandt hat. Denn das Metrum der achten Ode *Lydia dic per omnes te deos oro Sybarin cur properes amando* ist doch wohl von Hause aus als ein Mesodikon von der Form:

$$- \smile - \smile - \mid \smile \smile -$$
$$- \smile - \smile - \mid \smile \smile -$$
$$- \smile - \smile - \smile -$$

gedacht, und hier hat sich Horaz sogar noch die Mühe gegeben, die von der Schule geforderte Zäsur nach der fünften Stelle consequent durchzuführen; — — ich denke, man wird mir jetzt zugeben, dass Horaz mit Recht diese Ode als Variation des sapphischen Masses hier einordnen konnte."

Den vorstehenden Ausführungen schliesse ich mich gern mit der Ausnahme an, dass es mir nicht zulässig erscheint, die metrischen Grundsätze des Horaz und des Cäsius Bassus ohne weiteres zu identificieren; nur zwei (?) Generationen, die also auf die Zeit Senecas verweisen würden, sind für diese Fragen ein gewaltiger Abstand und dass Cäsius Bassus seine Theorieen nicht so vorträgt, als entwickele er sie im Sinne des Horaz, das bezeugt auf das klarste jene Stelle, in welcher er sich über das Metrum von I. 8 äussert: *quod metron et ipse Horatius ignorando quale esset laboriosa observatione semel omnino facere conatus est, et in eo tamen parum decenter erravit. nam fecit illud asperius uno immutato pede, quod si scisset, choriambicum esse. — non in illam salebram incidisset. — — at Horatius primam choriambum durissimam fecit. — — error tamen illius habet excusationem. quod in ea perseveravit lege quam sibi aliquo casu fecerat e. q. s.* Dann aber acceptiere ich gern in seiner ganzen Bedeutung das Ergebnis der Untersuchung, welches dahin lautet, dass die metrische Technik der zehnten Ode grundverschieden ist von der der zweiten. Nur mache ich dieses Resultat meiner Sache dienstbar; es muss nunmehr das Gegenteil von dem beweisen, was es oben beweisen soll; ich ziehe daraus den Schluss, dass das Gedicht seiner metrischen Verfassung nach sich nur den Oden, wie sie im vierten Buche in gleicher Weise metrisch behandelt sind, zur Seite stellt, dass es dagegen aus dem ersten Buche durch seine Stellung, seinen Inhalt und seine Form sich selbst ausschliesst. Dieses Urteil wird durch eine nähere Betrachtung des metrischen Schemas, nur noch weiter erhärtet.

I, 10.

Jene charakteristischen Merkmale, die trochäische Hauptzäsur und das dreisilbige Wort am Ende des Verses, finden sich, möge noch bemerkt werden, nicht etwa in den der Interpolation verdächtigten Versen, sondern umgekehrt, grade die erste, zweite und die fünfte Strophe weisen diese Kennzeichen und den schliessenden Tribrachys mit einer Regelmässigkeit der Wiederkehr auf, dass man meinen sollte, es sei so und nicht anders die bestimmte Absicht des Verfassers gewesen. Grade aber die ihres Inhaltes und anderer Umstände halber der Verdächtigung am meisten zugängliche dritte und vierte Strophe kennen nur die Hephthemimeres und den spondäischen Schluss. Ja, noch ein drittes Merkmal gesellt sich hinzu, indem die Hendekasyllaben jener drei Strophen (1, 2, 5), abgesehen von einer Ausnahme, mit einem Creticus beginnen, so dass sie fast sämmtlich nach folgendem Schema:

$$\smile \smile - \smile - \ \| \ \smile - \| - \smile \smile \smile,$$

die der dritten und vierten Strophe nach diesem gebildet sind:

$$- \smile \smile - - \ | \ \smile \smile \smile - \smile \smile -$$

Entfallen doch auch hier wieder die beiden einzigen Elisionen der Ode, *datum cantus* (?) und *Thessalaeque ignes* (?) auf keine anderen als auf diese beiden Strophen, die dritte und vierte. Der Leser bemerkt wohl, wie sich diese Erscheinung grade in den verdächtigten Stellen wiederholt und welcher Rückschluss auf die übrigen Elisionen in den Oden des Horaz sich daraus ergiebt. — Eine Bemerkung über *pharetra* (φαρέτρα) übergehe ich, da sie hier vermutlich verfrüht auftreten würde. Auf das anstössige *quin et*, welches die vierte Strophe mit III, 11 gemein hat, ist schon oben hingewiesen worden.

Es ist auch hier wieder nicht unwichtig zu bemerken, dass man schon früher die zehnte Ode gradezu als „eingeschoben" bezeichnet hat. Vor mehr als vierzig Jahren (1842) schrieb u. a. Teuffel gelegentlich seiner Besprechung von Cahns *trias quaestionum* folgendes: „Ich kann mich hier auf das Einzelne nicht einlassen, sondern verweise auf die Abhandlung selbst. Nur das Eine will ich bemerken, dass man mir Unrecht daran zu thun scheint, dass man alle zufälligen Rücksichten, wie die auf Raum, welche in der ersten Abschrift des Horaz viel Gewicht haben konnte, und ein häufiges Stören der beschlossenen Anordnung durch andere Rücksichten (wie z. B. Od. I, 11 zu viele Ähnlichkeit des Gedankens mit I, 9 hat, als dass nicht trotz der hierdurch bewirkten Störung der von Cahn S. 6 aufgezeigten Ordnung die Einschiebung von I, 10 Beifall finden musste) ganz aus dem Spiele lässt und immer nur nach einem einzigen streng durchgeführten Prinzipe forscht, was in alle Ewigkeit vergeblich sein wird." Wie wenig Teuffel das Richtige in Bezug auf die Sachlage überhaupt getroffen, wie vielmehr umgekehrt der Inhalt von I, 9 und I, 11 grade die Nebeneinanderstellung dieser beiden Gedichte erwarten lassen müsste, wird der zweite Teil dieser Untersuchungen zu erkennen geben; wie richtig im einzelnen er gesehen hat, das bezeugt ja die gegenwärtige Erörterung. Und wie mag es wohl gekommen sein, dass Gruppe, der ebensowenig wie Teuffel und Cahn von der dekadischen Ordnung des ersten Buches gewusst hat, diese Ode für unecht erklärte und im Äacus ebenfalls sagt: „Das Verhältnis von I, 9 und I, 11 wird aber noch ein engeres, beide Gedichte treten in noch nähere Beziehung, wenn, wie ich glaube, I, 10, welches sie trennt, als ein Werk der Fälschung zu streichen ist." In demselben Sinne spricht er sich noch an einer anderen Stelle aus. Aber man braucht die Ode ja nicht zu streichen. Das Altertum hat sie uns überliefert. Nur das dürfte fest stehen: an ihre traditionelle Stelle gehört sie nicht. So dürfte Gruppe, der ohne unsere jetzigen Beweismittel zu diesem Resultate gelangte, in diesem Falle den Spott nicht verdienen, den er noch kürzlich gefunden hat. Allerdings ist es nicht nötig, bei jedem nicht horazischen Gedichte sofort an Fälschung im moralischen Sinne zu denken.

Rückschau und Ergebnisse.

Die beiden Teile des ersten Buches.   Horaz eine Gesamtausgabe.

28

Liceat concedere veris.

Horaz.

So hätten wir uns denn unserer Aufgabe erledigt. Wir haben diejenigen Gedichte, auf welche in der Ordnung des ersten Buches eine Lücke zu treffen schien und ebenso die Berechtigung des Auftretens der zehnten Ode in der ersten Reihe desselben näher geprüft. Die Erwägung, dass die Resultate der Untersuchungen über die frühere Ordnung der Gedichte allem Überlieferten so unvermutet und so schroff entgegentreten, dass auch der vorurteilslose Leser von ihrem plötzlichen Erscheinen sich befremdet und zurückgestossen fühlen könnte, möge es begründen, wenn wir das Gewonnene kurz überschauen. Um so vorteilhafter wird dies sein, als der Leser, wie erwähnt, zuerst den weiten und mühevollen Weg geführt worden ist, den die Entdeckung selbst sich bahnen musste. Derselbe macht die Sachlage und das Ergebnis selbst scheinbar dunkler, als sie es thatsächlich sind. Das Resultat lässt sich gegenwärtig in der Hauptsache auf das kürzeste und klarste in folgender Weise gewinnen.

Ohne dass wir zu einer Tabelle zu greifen genötigt werden, sagt uns die unveränderte Überlieferung der Horazischen Gedichte, dass die ersten elf Versmasse des ersten Buches zunächst in dieser Reihe auftreten, wenn wir sie nach der Folge ihres ersten Erscheinens beziffern:

1 2 3 4 5 6 7 8 9 , 10.

Es ist dies eine Reihe von zehn wechselnden Metren, in welche das zweite zwischen dem neunten und zehnte Versmasse störend eintritt. Die nächsten sieben Oden, die zwölfte bis achtzehnte, treten in der Reihe

$$2 \quad 3 \quad 5 \quad 6 \quad 9 \quad 9 \quad 10$$

auf. Würden dieselben Metra uns z. B. in der Folge

$$9 \quad 5 \quad 10 \quad 3 \quad 2 \quad 9 \quad 6$$

begegnen, so würden wir einen Schluss auf eine frühere systematische Ordnung weiter garnicht ziehen können. Die Reihe

$$2 \quad 3 \quad 5 \quad 6 \quad 9 \quad 9 \quad 10$$

ist jedoch — und das kann niemand bestreiten — nach dem dekadischen Systeme geordnet, und wenn wir hier zwei Neunen hintereinanderstehend finden, so widerstreitet das demselben nicht, sondern bezeugt umgekehrt, dass der Ordner den doppelten Vorrat für die neunte Stelle benutzte, um den Mangel an Material der achte Stelle zu ersetzen, und dass er durchaus im Sinne des Systemes auch die zweite Neun, um mich so auszudrücken, zur Neun als an die geeignetste Stelle und nicht an einen der andern, weniger geeigneten Orte verwies.

Diese bezüglich der Oden des Horaz uns bisher unbekannte Thatsache bildet den unerschütterlichen Grund der Entdeckungen; sie ist eben die neue Thatsache, von welcher wir weiter ausgegangen sind.

Ob man nun die Reihe

$$2 \quad 3 \quad 5 \quad 6 \quad 9 \quad 9 \quad 10$$

für sich allein, oder ob man sie im Zusammenhange mit der ersten Reihe betrachtet,

$$1 \quad 2 \quad 3 \quad 4 \quad 5 \quad 6 \quad 7 \quad 8 \quad 9_2 \quad 10$$
$$ \quad 2 \quad 3 \quad \quad 5 \quad 6 \quad \quad \quad 9 \quad 9 \quad 10_4$$

in jedem Falle sagt man nur etwas sehr Triviales und macht eine Bemerkung, welche die Frucht eines besonderen Scharfsinnes sicherlich nicht ist, wenn man konstatiert, dass in der zweiten, nach dem gemeinen dekadischen Systeme geordneten Reihe die Zahlen, d. h. also hier die Metra No. 1, 4 und 7 nicht wiederkehren, dass sie in diesem Sinne also drei Lücken enthält. Nun sind wir ohne Zweifel berechtigt anzunehmen, dass ein Dichter wie Horaz im stande gewesen sein würde, diese Lücken auszufüllen, sei es aus seinem Vorrate (vgl. I, 28), sei es auf andere Weise. Die Mehrzahl seiner Gedichte ist ferner in vollständige Zehnerreihen geordnet. (Vgl. hierzu und zu mehrfacher ähnlicher Ordnung anderer Dichter Adolf Kiessling, Philolog. Unters. II. 1881, S. 73. Es wäre dort zunächst noch Martial nachzutragen.) Wir haben deshalb gefragt, ob sich denn nicht Oden nachweisen lassen, welche geeignet wären, jene augenscheinlich fehlenden Gedichte zu ersetzen.

Nicht Klügelei, nicht erkünstelnder Scharfsinn, keine Erfindung, sondern die Tradition selbst wies uns sofort in I, 7 ein Gedicht nach, welches in fast allen besseren Handschriften als ein Doppelgedicht erscheint. Setzten wir zunächst auch nur dieses in die zweite Reihe ein, so erhielt dieselbe schon folgendes Aussehen:

2   3   5   6   7   9   9   10.

War es kühn, war es vermessen, wenn wir nun, nachdem die Tradition selbst uns geholfen, die Tradition als der Restauration zugänglich und bedürftig zu erweisen, nachdem sie selbst uns gleichzeitig den Weg gezeigt, auf welchem sie berichtigt werden könne, weiterforschten und sollten wir dann zurückweisen, was Wissenschaft und Kritik bis dahin vorgearbeitet? Wenn Sivry I, 4 geteilt, Bentley und Gottfried Hermann I, 1 seciert, Schwerdt und andere I, 9 geteilt hatten, sollte das grade jetzt ignoriert und zurückgewiesen werden, wo die Lücken sich aufthaten, um die neu entstandenen Oden aufzunehmen? Das ist die einfache Genesis für die Wiederherstellung der beiden ersten Dekaden. Die Wissenschaft verzeichnet es als ihren grössten Triumph, dass Leverrier, veranlasst durch Störungen der Planetenbahnen lediglich auf Grund seiner Berechnungen den Ort bestimmte, an welchem Galle einen Planeten suchen sollte, und dass dieser ihn an der bezeichneten Stelle fand. Soll denn die Philologie nicht dankbar und mit ähnlicher Anerkennung die Namen der Männer nennen, welche, ohne zu wissen, dass die Ordnung der Horazischen Gedichte an den dem Stande der ersten, vierten, siebenten und sechszehnten (sechsundzwanzigsten und fünfunddreissigsten) Ode entsprechenden Stellen Lücken aufweist, dennoch behaupteten, die diesen Lücken entsprechenden Oden seien entweder widerspruchsvoll und überladen, (Bentley und G. Hermann zu I, 1) oder Doppelgedichte (Sivry, A. Buttmann, Lehrs, Martin, Schwerdt und der vielgeschmähte Gruppe zu I, 4, I, 7, I, 9, I, 28)? Wäre es nicht an der Zeit diesen Männern gerecht zu werden und wenigstens mit dem Vorurteil gegen sie einstweilen einzuhalten? Es möge hier angemerkt werden, dass dem Verfasser grösstenteils erst nach dem Entwurfe dieser Blätter die herangezogene Litteratur zugänglich wurde, so dass er in derselben nur die Bestätigung seiner Urteile, nicht die Quelle derselben fand. Nur die Teilung von I, 9 und einer später zu bezeichnenden Ode dankt er Sivry. Die Divinationen jener Männer also und die gegenwärtigen Entdeckungen sind zwei durchaus selbständige Erscheinungen, welche, von ganz verschiedenen Punkten ihren Ausgang nehmend, durch ihr Zusammentreffen im gleichen Resultate den Beweis ihrer Wahrheit in sich tragen.

Mit der Entdeckung jener beiden Reihen

$$1 \quad 2 \quad 3 \quad 4 \quad 5 \quad 6 \quad 7 \quad 8 \quad 9 \quad , \quad 10$$
$$2 \quad 3 \quad \quad 5 \quad 6 \quad \quad 9 \quad 9 \quad \quad 10$$

war auch die sichere Thatsache gewonnen, dass das erste Buch des Horaz noch jetzt in Restbestandteile gleichlaufender Reihen nach dem Metrum geordnet ist; denn worauf sollte sich hier ein Widerspruch richten? Demjenigen aber, der es als nicht im höchsten Grade wahrscheinlich, resp. erwiesen betrachtet, dass die Oden No. 1, 4, 7, 9 Doppeloden sind, deren je zweite in die Lücken der zweiten und ersten Reihe einzufügen ist, fällt fortan die Aufgabe zu, den Zufall zu erklären, vermöge dessen z. B. bei I, 7 die Mehrzahl der besten Manuskripte, schwerwiegende metrische Merkmale, Gründe der Logik und Ästhetik, solche sachlicher Natur, solche des gemeinen Verstandes, Gründe, die der Stellung der Anrede entnommen sind, die Urteile bedeutender Gelehrten und noch andere Umstände insgesamt mit dieser Lücke jener zweiten Reihe zusammentreffen; zu erklären, weshalb grade diese Oden zugestandenermassen eine Doppelnatur haben und durch Teilung zwei bessere Einzelgedichte werden, und die Notwendigkeit zu erweisen, weshalb denn das Naheliegende, Natürliche nicht geschehen, sondern das Schlechtere beibehalten werden soll. Nicht allein das, sondern ihm kommt dann auch zu zu erklären, weshalb nicht blos bei I, 7, sondern auch bei I, 1, I, 4, I, 9, I, 28 sich die Summe aller dieser Erscheinungen jedesmal grade einer bezüglichen Lücke gegenüber wiederholt. Noch nicht genug; sondern er wird dann auch alle Gründe, welche für Teilung dieser Gedichte sprechen, nicht etwa ignorieren, sondern widerlegen und statt ihrer etwas Besseres als diesen selbverständlichen Weg zur Ausfüllung jener Lücken durch die meist längst nachgewiesenen Doppelgedichte vorschlagen und siegreich verfechten müssen. Für die beiden folgenden Dekaden braucht nur dieselbe Weise angewandt zu werden und ohne Gewaltthat öffnen sich von selbst die bis dahin geschlossenen Riegel. Wir machen gleichzeitig von der Beobachtung Gebrauch, dass in Abständen von zehn und acht Stellen zweimal das neunte Versmass, wie in der zweiten Reihe in zwei Stellen hintereinander wiederkehrt und nachdem wir, abgesehen von einigen störend dazwischentretenden Elementen, die beiden Reihen

$$2 \quad 2 \quad 5 \quad 6 \quad 9 \quad 9$$
$$2 \quad 2 \quad \quad 6 \quad 9 \quad 9$$

gefunden haben, können wir als Trümmer der früheren Ordnung nachstehende vier Reihen aufstellen:

1	2	3	4	5	6	7		9	10
	2	3		5	6			9	9	10
2	2			5	6			9	9	
2	2				6			9	9	

d. h. achtundzwanzig von achtunddreissig Gedichten. Ergänzen wir dieselben auf Grund der Untersuchungen über I, 1, I, 4, I, 7, I, 9, I, 28, so stellen wir dreiunddreissig von vierzig Oden folgendermassen her:

1	2	3	4	5	6	7	9	9	10
1	2	3	4	5	6	7	9	9	10
2	2			5	6	7	9	9	
2	2				6	7	9	9	

Es finden sich aber noch gerade zwei Oden des dritten, noch gerade eine Ode des fünften Versmasses in den beiden letzten Reihen verstreut, ausreichend um je vier Oden desselben Metrums zusammenstellen zu lassen. Eingereiht ergeben sie diese Tafel, in welcher sechsunddreissig von vierzig Oden verzeichnet stehen:

1	2	3	4	5	6	7	9	9	10
1	2	3	4	5	6	7	9	9	10
2	2	3		5	6	7	9	9	
2	2	3		5	6	7	9	9	

Die Frage, wie es zu erklären sei, dass in der zweiten Dekade noch sieben, in der dritten nur noch fünf, in der vierten gar nur noch vier Nummern der ursprünglichen metrischen Ordnung in der traditionellen Folge erhalten sind, beantwortet sich folgendermassen. Die neue Hand reihte, wie der zweite Band dieser Blätter nachweisen wird, die Oden nach geringen äusserlichen Merkmalen aneinander. Es genügte ihr am Anfange, wenn durch Auslassungen, bezüglich durch Zusammenziehungen, seltener durch Einschiebungen eine lose Verbindung hergestellt wurde. Je weiter aber diese Neuordnung vorschritt, desto mehr musste ihre störende Wirkung sich äussern. Denn zu den bisher schon entstandenen Lücken trat noch die Einschiebung der vorher zurückgesetzten Gedichte hinzu, so dass zuletzt die alte Ordnung kaum mehr erkennbar wird. Dies Vorgehen scheint nicht blos in dem ersten Buch, sondern auch in andern, besonders dem dritten und vierten, in steigendem Grade sich fühlbar zu machen.

Man könnte auf noch kürzerem Wege zu demselben Resultate gelangen, wenn man von dem, wie erwähnt, längst beobachteten Umstande ausginge, dass das alcäische Metrum zweimal hintereinander auftritt, während sonst nie zwei Oden desselben Versmasses aufeinander folgen. Begönne man mit der Untereinanderstellung dieser Odenpaare und daranschliessend mit der der ferner korrespondierenden Metra, so müsste sich auch auf diesem Wege ohne jeden weiteren Schritt die Hauptsumme des vorstehend gewonnenen Sachverhaltes ergeben.

Überschauen wir nunmehr die einstige Reihenfolge der Gedichte, so lässt sich folgendes über deren Ordnung mit Rücksicht auf ihren Inhalt sagen.

Beide Dekaden wurden durch Gedichte von je 16 Versen im ersten Asclepiadeum eingeleitet; beide schlossen mit Gedichten im zweiten Asclepiadeum. In derselben Funktion, als schliessende Metra, finden wir die asclepiadeische Langzeile in III, 30 wieder, und IV, 10 wie IV, 8 haben die Vermutung für sich, dass auch sie einst eine derartige Stellung eingenommen haben; wir kommen unten darauf zurück. Auch bei Catull schliessen die ersten dreissig Gedichte mit dieser Langzeile (vgl. III, **30** des Horaz) und die Stellung des siebzehnten (?) Gedichtes Catulls, *O Colonia*, rührt wohl aus der gleichen Rücksicht her. Den Inhalt dieser beiden die Dekaden eröffnenden Gedichte bildete beide Male ein verwandter Stoff, das eine Mal das Glück des Dichters gegenüber dem, was andere beglückt, das andere Mal der Gegensatz der verschiedenen Stände und Berufsklassen untereinander.

Die Anrede an Mäcen vor dem ersten Gedichte fällt. Sie stand bisher parallel mit (III, 8) Epod. 1, (Epod. 9), Serm. I, 1, Epist. I, 1. Der Anfangsvers des letztgenannten Briefes,

Prima dicte mihi, summa dicende camena,
Maecenas, e. q. s.

dürfte den Anlass zur Entstehung dieser vier Verse der ersten Ode und dieser Ordnung gegeben haben. Denn so finden wir an Mäcen gerichtete Gedichte auch an den Schluss von Dekaden, resp. ganzer Sammlungen gestellt; II, 20, III, 29,

Serm. II, 8 (Schlussgedicht) Epist. I, 19. Die grosse Zahl der Zeugnisse für die Stellung dieser an Mäcen gerichteten, am Eingange und am Schluss der Dekaden und Bücher stehenden Gedichte darf uns für die ersten und letzten Verse des ersten Gedichtes nicht erwärmen. Es sind Verse, welche sich mit andern Stellen des Horaz wörtlich decken,

III, 16:

> iure perhorrui
> late conspicuum tollere verticem,
> Maecenas, equitum decus,

I, 18:

> et tollens vacuum plus nimio gloria verticem,

oder Properz entnommen wurden

> Maecenas, eques Etrusco de sanguine regum:

(vgl. auch Ovid, Metamorph. VII, 61) und als solche sich selbst aus I, 1 ausschliessen. und Martials

> Maecenas atavis regibus ortus eques

könnte höchstens das Alter der Interpolation erweisen. Fragt man, welche von diesen Versen Original, welche Nachahmung sind, so lautet die Antwort, welche wir dem bei I, 10 aufgestellten Grundsatze entnehmen: Diejenigen sind es, welche nach allen Gesetzen des gesunden Sinnes, der Grammatik und Ästhetik an ihre Stelle gehören; diejenigen sind es nicht, welche gegen diese Gesetze verstossen. Dieses unzweifelhaft richtige Urteil muss für die vier Verse, welche I, 1 einleiten und schliessen, vernichtend wirken. Denn was man von jeher gegen sie eingewandt hat, gipfelt eben in dem Vorwurfe, dass sie ausser jeder grammatischen und logischen Verbindung mit dem übrigen Gedichte stehen, dass *quodsi*, V. 35, von dem sonstigen Gebrauche und richtiger Gedankenfolge abweicht, und dass es gegen die Gebote schicklicher Rücksicht verstösst, dass das erste Gedicht sich an Mäcen, erst das zweite an Augustus wendet. Wenngleich sie auch später noch berührt werden muss, erscheint es doch an der Zeit, hier die Frage zur Erörterung zu bringen, von welcher Art die Ausgabe des Horaz ist, welche uns das Altertum hinterlassen hat.

―――――――――

Wir begannen diese Blätter mit der Bemerkung, dass die Gesamtheit der Werke unseres Dichters eine Dekade darstellt, fünf Bücher lyrischer Gedichte, fünf Bücher Gedichte epischen Versmasses. Diesen zehn Büchern mag vielleicht eine abgerundete grössere Zehnerzahl oder eine andere gleichwertige Berechnung der Einzelgedichte entsprochen haben. Jedenfalls geben sich diese zehn Bücher des Horaz somit als eine Gesamtausgabe zu erkennen, welche auch im grossen und ganzen nach metrischen Gesichtspunkten geordnet ist. Denn es folgen eben zuerst die lyrischen, dann die jambisch-epodischen, dann die episch-epodischen, endlich die epischen Masse. Dieser Charakter einer Gesamtausgabe verrät sich auch in weiteren Merkmalen. Nirgends darf man im Sinne des Herausgebers behaupten, laufen die Gattungen der Gedichte durcheinander, sondern lyrische Gedichte, Satiren und Briefe treten nur in kompakte Massen geordnet, sechs Bücher noch heute in Gestalt von Dekaden auf. Dem *Prima dicte mihi* am Anfange der Episteln entspricht das *Maecenas* am Anfange des ersten Buches lyrischer Gedichte, das *Qui fit, Maecenas* am Eingange der Sermonen und anderes soeben Angeführtes. Weitere Gruppierungen nach dem Inhalte der lyrischen Gedichte und einzelne Merkmale, welche den Anfang und das Ende von Büchern markierten, sollen später nachgewiesen werden. Der erste Gesichtspunkt der Ordnung ist also ein ähnlicher oder derselbe, nach welchem Catulls Gedichte zuerst in einundsechszig (?) Nummern jambischer oder verwandter lyrischer Metra, dann in die Langzeilen des heroischen Hexameters und der Galliamben, endlich in das elegische Versmass geordnet sind.

Ist es nun denkbar, dass eine solche Sammlung, wie die aufgezeigte, von der Hand des Dichters selbst stammen könne? Man möchte mit der grössten Entschiedenheit diese Frage verneinen. Ist es auch an und für sich nicht unmöglich, dass ein Dichter am Ende seines Lebens — aber wer sieht dieses voraus? — seine sämtlichen Schöpfungen in die Zehner- und Zwanzigerzahl hineinzwängt, so widerspricht dies doch so sehr jeder Wahrscheinlichkeit, dass es der Unmöglichkeit gleichkommt. Auch nicht einmal einzelne Teile dieser Ordnung dürften in diesem Sinne in ihrer Zusammenstellung original sein. Denn welcher Dichter dichtet in Dekaden und giebt seine sämtlichen Gedichte nach metrischen Details geordnet heraus? Hat überhaupt jene Ansicht etwas für sich, nach welcher Horaz Epoden, Satiren, lyrische

Gedichte und Episteln in solcher Folge gedichtet hätte, dass ihre Entstehung sich grösstenteils nach grösseren Zeiträumen begrenzt und sich gegenseitig teilweise nach diesen ausschliesst? Hat Goethe in der That zuerst seine sämtlichen lyrischen Gedichte, dann seine Dramen und zuletzt seine prosaischen Werke geschrieben oder ist vielmehr weder diese Folge noch die umgekehrte die richtige, sondern das einzig Wahre, dass fast in jeder seiner Schöpfungsperioden Schriften jener drei Arten entstanden, wenngleich jedesmal die eine vor der anderen überwiegen mochte? Gilt dieses von der ganzen Sammlung im allgemeinen, so vorzugsweise von der in diesen Blättern nachgewiesenen Ordnung des ersten Buches im besondern. Bezüglich der Ordnung der Gedichte Catulls äussert sich Johann v. G. Fröhlich in den Abhandlungen der baierischen Akademie der Wissenschaften folgendermassen. „Wenn schon die bloss nach der Verwandtschaft der Versmasse angelegte und nicht einmal darnach ganz folgerecht durchgeführte Anordnung der Gedichte Catulls uns zu zweifeln veranlasst, dass diese Anordnung von dem Dichter selbst stamme, so berechtigt uns vollends die Betrachtung der heillosen Willkür, mit welcher die Gedichte, ihrem Inhalte und der dadurch bestimmten natürlichen Reihenfolge derselben zum Trotze, regellos durcheinander gewirkt sind, zu der entschiedenen Behauptung, dass der Dichter selbst die Sammlung seiner Gedichte so, wie sie uns in den Urkunden noch vorliegt, nicht gemacht habe, noch habe machen können. Denn so wenig es denkbar ist, dass Catullus, während er sich durch die Liebe seiner Lesbia beglückt und selig fühlte, sie als eine verworfene Dirne verhöhnen und verwünschen oder von Wiederaussöhnung mit ihr hätte sprechen können, ehe er eine Störung, geschweige denn einen völligen Bruch des mit ihr geschlossenen Bundes zu ahnen veranlasst war; so unmöglich ist es anzunehmen, dass er unverständig genug gewesen sei, um bei der Redaktion seiner Gedichte die natürliche Reihenfolge derselben ausser Acht zu lassen, Gedichte früherer und späterer Zeit gedankenlos durcheinander zu mengen und so seinen Zeitgenossen und der Nachwelt statt einer Art schön geordneter poetischer Biographie ein formloses und in seiner Form- und Ordnungslosigkeit widerwärtiges Allerlei von unzusammenhängenden Gedichten zu übergeben.“ Mag man nun dieses Urteil ganz oder nur teilweise auf die Gedichte des Horaz übertragen, in jedem Falle steht soviel fest, dass eine derartige Ordnung nach dem Metrum, wie wir sie in dem ersten Buche finden, jede originale Ordnung, welcher Art sie immer war, ob eine chronologische oder eine sachliche, gänzlich auflösen und zerreissen musste und im günstigsten Falle nur Fragmente früherer Ordnung zufällig bestehen lassen konnte.

Ziehen wir aus dieser Überlegung einen einfachen Schluss, so lautet das Ergebnis dahin:

1. Die Gedichte des Horaz liegen uns in einer jedenfalls nach seinem Tode veranstalteten Gesamtausgabe vor.

29*

2. Dieselbe war in allen Teilen zunächst nach metrischen Gesichtspunkten geordnet.
3. Wir besitzen diese Gesamtausgabe nur in einer mindestens in einzelnen Teilen gestörten Ordnung.
4. Da die frühere metrische Ordnung kaum von der Hand des Dichters herrühren konnte, so muss ihr wenigstens eine Ordnung vorangegangen sein, und die uns erhaltene ist also eine Ordnung mindestens dritter Hand.

Erinnern wir uns weiter, in welcher Gestalt heute die Erstlings- und die ferneren Werke von Schriftstellern erscheinen, wie sie zuerst als bescheidene, zierliche Bändchen vereinzelt auftreten, später zusammengefügt und nur zuletzt, meistens erst nach dem Tode des Schriftstellers in einen Körper vereinigt werden, erinnern wir uns, wie Goethes und Schillers Gedichte zuerst in nahezu unzähligen grossen und kleinen Einzelausgaben verbreitet worden sind, bis sie sich in einer ersten, dann in vielen folgenden Gesamtausgaben zusammenfanden, wie ferner je mit der fortschreitenden Zeit grade bei den beliebtesten Dichtern Orthographie, Zusammenstellung und Ausstattung dem jeweiligen Geschmacke des Publikums und den Zwecken, sei es des Bücherliebhabers, sei es der Schule oder des Theaters angepasst werden, so darf darüber wohl kein Zweifel bestehen, dass wir davon weit entfernt sind, einen Horaz in originaler Gestalt zu besitzen, dies umsoweniger, als die Buchhändler jener Zeit nach dem Wenigen, was wir darüber wissen, mit den von ihnen verlegten Werken sehr wenig gewissenhaft in Bezug auf Urheberschaft oder Textesgestaltung umgingen und, um nur gute Geschäfte zu machen, sogar Betrug nicht scheuten. Erst einem späteren Datum haben wir eine kritische Revision zuzutrauen, eine These, welche eben wieder bestätigt, dass uns eine in irgend welchem Sinne originale Ausgabe nicht überliefert ist.

Die Ergebnisse der vorstehenden Untersuchungen über die frühere Ordnung des ersten Buches liegen nur genau in der Richtung aller solcher Erfahrungen und brauchen uns in keiner Weise zu befremden. Was oft geäussert worden ist, dass alle Schriften des Altertums wechselvollen Schicksalen unterlegen haben, dass es daher unwahrscheinlich ist, Horaz allein sei davon ausgenommen, was die Voraussetzung aller Wortkritik ist, dass eben der Text des Dichters uns nur vielfach entstellt erhalten ist, was endlich mehrfache, notwendige Athetesen erhärtet haben, ebendieselbe Erscheinung tritt uns hier in neuer Gestalt entgegen, und es wäre wahrlich viel wunderbarer, wenn dem nicht so wäre, als dass es so ist.

Von diesem Standpunkte aus werden wir uns fortan etwas freier bewegen können und müssen als bisher. Welches Gewicht hat von ihm aus die Frage, die sonst so schwer wiegen müsste, in welcher Gestalt „Horaz" in die uns vorliegende Sammlung seiner Gedichte I, 28 aufgenommen habe, gegenüber der Gewissheit, dass mehr als eine Hand über die Sammlung gegangen und seine Gedichte in die Zehnerzahl hineingezwängt hat? Welche Bedeutung kann überhaupt noch fortan die Rücksichtnahme auf die überlieferte Sammlung, auf die Tradition haben, welche von der Wortkritik im einzelnen zernagt und von der höheren Kritik wie auf vielen anderen Gebieten, so speziell auch für Horaz längst brüchig geworden ist und wäre es nur durch IV, 8. 17!

——— ——— ———

Jedoch ist es Zeit, den Faden unserer Untersuchung über den einstigen Bestand der ersten Dekaden wieder aufzunehmen und die frühere Ordnung der Gedichte zu verfolgen. Wir blieben bei dem ersten, dem Eingangsgedichte stehen, das also ursprünglich nicht Mäcen zugeeignet war. Ein Schluss, den man früher hat darauf bauen wollen, dass das erste Gedicht des ersten Buches und das Schlussgedicht des zweiten die beiden ersten Bücher zu einem Körper vereinigen, würde damit unhaltbar werden.

In jedem Falle richten sich nun die beiden zweiten Gedichte der beiden ersten Dekaden an Cäsar, eine Erscheinung, die in den Sammlungen der auf Horaz folgenden Dichter in ähnlichen Stellungen eine häufige Parallele findet. Damit schwindet dann auch der Anstoss, den es bisher erregen musste, dass Mäcen von dem Dichter in die erste Reihe, Augustus in die zweite gestellt wurde; auch verbietet das Jahr, in welches man bisher das erscheinen, der ersten beiden Bücher der Oden verlegt hat, d. h. das Verhältnis, in welchem, soweit als wir es vermuten können, Horaz um jene Zeit zu Mäcen und Augustus bereits stehen musste, die Annahme einer solchen Ordnung auf das entschiedenste, und alle Gründe, mit welchen man vielleicht es entschuldigen mochte, dass der Freund vor den Kaiser gesetzt wurde, verstummen vor dem Umstande, dass es unschicklich gewesen und geblieben wäre. Verweist uns die Thatsache, dass man nicht etwa eine vierzeilige Strophe, sondern zwei einzelne Zeilen vor das in vierzeiligen Strophen abgefasste Eingangsgedicht setzen und es vor dem Kaiser an Mäcen adressieren konnte, einerseits auf eine spätere Zeit für die Störung dieser Redaktion, so fügt sich andererseits der Umstand, dass das erste Lied nach dem Eingangsgedichte der beiden ersten Dekaden dem Kaiser galt, sehr wohl der geltenden Vermutung, welche den Ursprung verschiedener auffälligen Erscheinungen in dem Texte der Horazischen Gedichte in die frühere Kaiserzeit verlegt, etwa in die Zeit von Tiberius bis Nero. Beide jetzt zweite Gedichte, 2 und 12, bewegten sich im sapphischen Versmasse, das man auch in anderen Dekaden in zweiter oder erster Stelle der Dekaden findet.   (Vgl. auch Catull 11 und 51).

Ob aber die Stellung dieses Versmasses eine originale grade in den ersten Dekaden ist, dürfte dennoch nicht ausser allem Zweifel stehen. Lässt doch der Umstand, dass eine Sammlung von Catulls Hendekasyllaben der *passer* Catulls hiess, die Möglichkeit offen, dass das gegenwärtige Widmungsgedicht

Quoi dono lepidum novom libellum

erst in der uns jedenfalls nur in gestörter Ordnung erhaltenen Gesamtausgabe an den Anfang seiner Werke gesetzt worden ist (vgl. Martial IV, 14), während ursprünglich vielleicht der Vers

P a s s e r , deliciae meae puellae

ein Büchlein begann. Ebenso könnte man aus dem Umstande, dass das dritte asclepiadeische System den Namen *metrum Horatianum* führte, vielleicht darauf schliessen, das einst das dritte, an V e r g i l gerichtete Gedicht eine Sammlung seiner Poesieen eröffnete und dass es erst später hinter ein Eingangsgedicht und hinter das Gedicht an Augustus getreten ist; beginnt doch die dritte Dekade und besonders auch das vierte Buch mit eben diesem Metrum.

Nach dem jedoch, was oben über die vermutliche notwendige Zerreissung der originalen Sammlungen durch die metrische Anordnung gesagt worden ist, und im Hinblick auf das Jahr, in welches man die Entstehung von I, 3 verlegen muss, ein Jahr, vor welches doch die Entstehung und Herausgabe mancher einzelnen anderen Dichtungen der ersten drei Bücher der Oden fällt, dürfte man fortan schwerlich mit einiger Sicherheit diese Vermutung grade auf I, 3 gründen. Jedenfalls fallen wohl nach der Entdeckung der durchgreifenden metrischen Ordnung des ersten Buches und mit der wohl nicht unrichtigen Annahme, dass sie von Horaz nicht herrühre, alle Berechnungen, die sich auf die Voraussetzung der Herausgabe der ersten drei Bücher durch H o r a z selbst stützten; es schwinden die Widersprüche, in welche man geriet, wenn man eben diese Herausgabe vor das Jahr der Abreise Vergils nach Athen verlegte.

Diesem also galt das dritte Gedicht, und ein Gedicht an Vergil möglichst nahe dem Anfange des Buches will uns durchaus an rechter Stelle zu stehen scheinen. Ihm entsprach eine Telephusode in der zweiten Dekade.

Die Anordnung lediglich nach Rücksichten der Metrik erklärt es, wenn nun ein Frühlingslied, ihm in zweiter Dekade entsprechend *Pallida mors*, dann ein

Gedicht an *Pyrrha*, und in zweiter Dekade *O navis, referent* folgen konnte. Das sechste Gedicht richtete sich an Agrippa unter Erwähnung von Varius, und uns würden die Worte des Dichters

Vergilius, post hunc Varius

noch mehr hierher gehören zu können scheinen, wenn eben nicht das vierte und fünfte Gedicht sich zwischen das dritte und sechste eingedrängt hätten. Lydia, Pyrrha, Leukonoe, Thaliarch, Tyndaris, Gratidia und Telephus sind ebenso wie Sybaris Namen, welche der Dichter seinen fingierten Personen beilegt, ohne dass zunächst irgend welche persönliche Beziehung auf Horaz anzunehmen ist. Dagegen haben die meisten derselben eine typische Bedeutung; an anderer Stelle wird es notwendig werden, auf diesen Punkt zurückzukommen. An Tyndaris richteten schon die achtzehnte Ode originaler Zählung diejenigen, welche sie wie Victorinus mit der folgenden, an Tyndaris gerichteten, vereinigten und beide zusammen für eine Ode ansahen; an Gratidia diejenigen, welche auch die achte Epode an sie adressierten. In diesen Frauengestalten wirkliche Frauen zweifelhaften oder vielmehr unzweifelhaften Rufes zu erkennen, verbietet wohl die Stellung, die man diesen Gedichten in der Nähe der an Augustus und Agrippa gerichteten gegeben hat.

Ob die Sestius und Plankus gewidmeten Oden die vierte und siebente Stelle einnahmen, oder diese vielmehr mit der vierzehnten und siebzehnten vertauschten, lässt sich vielleicht später entscheiden. Das letzte Gedicht der zweiten Dekade richtete sich der Vulgata gemäss an Varus, zu welcher Lesart allerdings Peerlkamp zu vergleichen ist. Es darf nicht unterlassen werden, darauf hinzuweisen, dass auch bei Catull dasjenige Gedicht, welches fast an gleicher Stelle steht (19? 22?), *Suffenus iste*, sich an Varus wendet, und dass das zehnte Gedicht bei Catull mit

Varus me meus ad suos amores

beginnt.

Wie beide Dekaden mit einer asclepiadeischen Langzeile eröffnet wurden, so schlossen beide mit demselben, um einen Choriambus vermehrten Systeme, wozu III, 30, IV, 8 *(Donarem!* vgl. Quoi dono) und IV, 10 zu vergleichen ist. Ob in der Folge der Metra selbst sich sonst noch ein leitendes Prinzip erkennen lässt, ist vielleicht einer besonderen Untersuchung wert; jedenfalls stehen die häufigsten Metra, das sapphische und das alcäische, dem Anfang und dem Ausgang der Dekade nahe und folgen diejenigen Masse, welche wir als asclepiadeische bezeichnen in der dritten, fünften und sechsten Stelle.

Es würden sonach die einzelnen Dekaden etwa folgenden Bestand gehabt haben:

Erste Dekade.

1. Sunt quos curriculo pulverem Olympicum. *Sechszehn Verse aus I, 1.*
2. Jam satis terris nivis atque dirae.
3. Sic te diva potens Cypri.
4. Solvitur acris hiems grata vice veris et Favoni. *1—12.*
5. Quis multa gracilis te puer in rosa.
6. Scriberis Vario fortis et hostium.
7. Laudabunt alii claram Rhodon aut Mitylenen. *1—14. (16?)*
8. Quid sit futurum.
9. Vides, ut alta stet nive candidum.
10. Tu ne quaesieris, scire nefas, quem mihi, quem tibi.

Zweite Dekade.

1. Est qui nec veteris pocula Massici. *Sechszehn Verse aus I, 1.*
2. Quem virum aut heroa, lyra, vel acri.
3. Quum tu, Lydia, Telephi.
4. Pallida mors aequo pulsat pede pauperum tabernas. *I, 4. 13—20.*
5. O navis, referent in mare te novi.
6. Pastor quum traheret per freta navibus.
7. Albus ut obscuro deterget nubila. *Sechszehn Verse aus I, 7ᵇ. 15—32.*
8. O matre pulchra filia pulchrior.
9. Velox amoenum saepe Lucretilem.
10. Nullam, Vare, sacra vite prius severis arborem.

ie zweite Hälfte des ersten Buches. Dafür dass die beiden letzten Dekaden des ersten Buches mit den beiden ersten einst ein im wesentlichen nach gleichen Prinzipien geordnetes zusammengehöriges Ganzes gebildet haben, leisten in der siebenten Tabelle, die wir hier reproduzieren und in deren Kolumne IV, 1 wir bei dieser Gelegenheit eine verdruckte Zahl (3 statt 9) korrigieren, die Kolumnen No. 2, 5, 6, 8 und 9 und die Thatsache Gewähr, dass gerade vier Oden in dem dritten, fünften und sechsten Metrum in dem ersten Buche vorhanden sind, endlich der Umstand, dass wir in den Kolumnen No. 2, 3, 5, 6, 7, 8, 9 durch alle vier Dekaden hindurch vollkommene Übereinstimmung haben wiederstellen können.

Tabelle VII.

	1	2	3	4	5	6	7	8	9	10	11	12	13
I.	1	2	3	4	5	6	7		9		10		
II.		2	3		5	6		9	9		10		
III.		2		2	5	6		9	9			7	
IV.		2		2		6		9	9				

Betrachten wir nun allerdings das Verhältnis der dritten und vierten Dekade zur ersten und zweiten, so drängt sich uns angesichts der eben erwähnten durch alle vier Dekaden hindurch laufenden Übereinstimmung der dritten, fünften, sechsten, achten und neunten Kolumne gewaltsam die Frage auf, ob die Nichtübereinstimmung der ersten und der letzten Hälfte des ersten Buches in der ersten, vierten und zehnten Kolumne auf einer ursprünglichen Veranlagung beruht, oder ob wir annehmen sollen, dass die erste oder endlich, dass vielmehr die zweite Hälfte des Buches die originale Ordnung festgehalten habe. Alle drei Annahmen sind zulässig und würden sich leicht erklären lassen, die erste dadurch, dass eben nicht genug Gedichte vorhanden waren, um mehr als zwei Dekaden in allen zehn Kolumnen zu füllen, besonders nicht Gedichte für die erste, vierte und zehnte Stelle. Hier ist jedoch auf den in der That höchst auffälligen Umstand aufmerksam zu machen, dass das vierte Buch in dem siebenten Gedichte, welches bei einem ähnlichen Versmass einen ähnlichen Doppelcharakter wie I, 4 in mehr als einer Beziehung verrät, in dem gleichfalls einer Teilung zugänglichen achten (1—12, 13—36) und in dem zehnten im Verein mit der dreissigsten Ode des dritten Buches und einem später nachzuweisenden Gedichte die ausreichende Zahl zur Ausfüllung der Lücken bietet. — Für die Originalität der Ordnung der dritten Dekade könnten folgende Erwägungen sprechen.

Es wurde schon oben darauf hingewiesen, dass gewiss doch nach alter Tradition Diomedes das Asclepiadeum tertium, das Metrum der dritten Kolumne, das *metrum Horatianum* nennt. Nun fängt nicht bloss die dritte Dekade des ersten Buches, sondern auch das vierte Buch gerade mit diesem Metrum an, beide Male in Gedichten, deren Inhalt unzweifelhaft ergiebt, dass sie als Anfangsgedichte an die Spitze der Dekaden, resp. der Bücher gestellt sind. Man vergleiche:

Mater saeva Cupidinum,	Intermissa, Venus, diu,
Thebanaeque iubet me Semeles puer	rursus bella moves. Parce. precor, precor;
et lasciva Licentia	Non sum qualis eram bonae
finitis animum reddere amoribus.	sub regno Cinarae, desine, dulcium
	mater saeva Cupidinum et.?

Offenbar soll hierdurch die zweite Hälfte des ersten Buches nach der äusseren Geschlossenheit (*finitis - intermissa diu*) der ersten Hälfte, für welche sich später weitere Kennzeichen finden werden, als eine Sammlung neuer Gedichte angekündigt werden (*animum reddere, rursus bella moves*). Wir machen ferner die Beobachtung, dass wir zwanzig Episteln, zwanzig Oden des zweiten Buches, zwanzig Gedichte der ersten und zwanzig der zweiten Hälfte des ersten Buches besitzen. Die überlieferte Anzahl der Sermonen (10 + 8; die Manuskripte teilen zwei des zweiten Buches), die der Epoden (17; die Manuskripte teilen drei derselben) und der Oden des vierten Buches prüfen wir später auf diese Frage hin. Jedoch reichen diese Umstände aus, um uns schon jetzt zu der Vermutung zu führen, dass die Dekaden sich ursprünglich zu Syzygien zusammenschlossen. Diese Zahl von zwanzig Gedichten erinnert an jene Stelle des Plinius, in welcher er sagt, dass die Ägypter niemals mehr als je zwanzig Seiten auf einem Papyrusschaft herstellten; *numquam plures (plagulae inter se iungantur) scapo quam vicenae.* Denn die kürzlich von einer in dieser Frage autoritativen Seite vorgeschlagene Änderung von „zwanzig" in „zweihundert" erscheint nicht notwendig. Auf den Papyrusschaft, so lese ich die Stelle, von höchstens zwei Meter (I, 85 Birt) Länge, welcher in dieser seiner Längenrichtung die Unterlage bildete, wurden höchstens zwanzig Querstreifen (Seiten) aufgeleimt. Diese Fabrikationsweise ergab eine Minimalbreite von zehn Centimeter als Kolumnenbreite, eine Breite, welche in dem Masse wuchs, als man weniger Seiten auf einem Papyrusschaft anlegte und beispielsweise das doppelte Mass, also zwanzig Centimeter haben konnte, wenn man nur zehn Seiten auf einem Papyrusschafte herstellte. Man gewann zwanzig Schriftkolumnen zu je zwanzig Centimeter (0,2033 Birt), dem Breitenmasse der dritten Papiersorte, wenn man Opistographie anwandte. Es fällt also die Dekade und Doppeldekade des Horaz mit der Zahl der auf der natürlichen Länge des Papyrusschaftes angelegten Schriftseiten zusammen und wenn diese beiden Zahlenbestimmungen nicht zufällig zusammentreffen, sondern einen in Wesen der Sache begründeten Zusammenhang haben sollten, so würde dieser für die Entstehung der früheren Ordnung der uns erhaltenen Horazausgabe auf die Zeit der *charta* verweisen, ein Ergebnis, welches man anders nicht erwarten könnte. Die Umänderung der Ordnung würde dann vielleicht der Zeit zuzuweisen sein, in welcher man die Klassiker aus der *charta* auf das Pergament übertrug. Dass wenigstens die Natur eines Liederbuches zu jener Disposition Veranlassung geben konnte, liegt auf der Hand; denn, um mich eines noch geeigneteren Beispieles zu bedienen, nichts lag näher, als die Gedichte Catulls, Elfsilbler zu ungefähr zwanzig bis fünfunddreissig Buchstaben in etwa fünfzehn Versen, in eleganten Ausgaben je eines auf eine Seite, in weniger eleganten je zwei auf eine Seite zu schreiben. Hiermit stimmt in überraschender Weise die Verszahl einzelner Oden, Dekaden und Bücher der Oden des Horaz überein, ein Punkt, welcher erst später zur Erörterung kommen darf.

Halten wir zunächst fest, dass je zwei Dekaden sich zu einer Syzygie zusammenschlossen, so erkennen wir also plötzlich die Stellung von I, 19 in ihrer weitgreifenden Bedeutung. Müssen wir zunächst auch daran festhalten, dass in der früheren Ordnung nach dem Metrum I, 19 die dritte Dekade vermutlich nicht begann, so können wir doch konstatieren, dass dieses Gedicht gegenwärtig auf ein schliessendes Metrum (I, 18) folgt, dass es eine neue Reihe von zwanzig Gedichten eröffnet, dass es endlich dem Eingangsgedichte von IV, 1 parallel steht. Der Vergleich aber von I, 19 mit IV, 1 ergiebt den Satz, dass die Parallelstellen des ersten Buches unter Berücksichtigung einer früheren Ordnung eine neue und bisher unbekannte Bedeutung gewinnen.

Allerdings muss diese These auf diejenige Ordnung eingeschränkt werden, welche wir, wenngleich ebenfalls in gestörter Gestalt, in der traditionellen Überlieferung besitzen. Aber auch von dieser aus dürfen wir mit ziemlicher Sicherheit den

30*

Rückschluss machen, dass, wenn I, 19 gegenwärtig ein neues Halbbuch oder Buch von zwanzig Oden beginnt, welches dem ersten Halbbuche, dem zweiten Buche, den Episteln u. s. w. gleichläuft, diese Thatsache eine neue Stütze für unsere Behauptung bietet, dass die erste Hälfte des Buches ebenfalls aus zwanzig und nicht aus achtzehn Gedichten bestanden hat. Damit würde aber ein neuer Beweis für die Zuverlässigkeit der Ergebnisse der Untersuchungen über die beiden ersten Dekaden überhaupt gewonnen sein, und wir hätten nur nötig den neuen Schluss zu ziehen,

> dass die der gegenwärtigen zu Grunde liegende Ordnung darin der ihr vorhergehenden metrischen folgte, dass sie die Zehner-, resp. Zwanzigerzahl der Oden festhielt.

Zu der Möglichkeit, dass I, 3 einst eine ältere Sammlung eröffnet habe, liesse sich I, 36: *Et ture et fidibus iuvat* insofern heranziehen, als dieses Gedicht die glückliche Rückkehr wie I, 3 die Abfahrt eines Freundes besingt. Aber angesichts der uns erhaltenen Reste der einstigen Ordnung nach dem Metrum müssen solche Möglichkeiten als Phantastereien abgelehnt werden. Denn der blosse Name *metrum Horatianum* berechtigt nicht zu so weit gehenden Schlüssen, und wir müssen zunächst derjenigen Ordnung der beiden letzten Dekaden des ersten Buches weiter nachgehen, welche mit der der ersten Dekaden übereinstimmte. Nach dieser folgte einst in der dritten und vierten Dekade auf die beiden einleitenden Gedichte, welches dieselben nun immer waren, ob Gedichte im Asclepiadeum primum, die uns verloren gegangen sind, oder solche, welche jetzt an anderer Stelle stehen (IV, 8. 1—12; 12—36?), je ein Gedicht in sapphischem Versmasse, Gedichte, welche, da wir für I, 19 die originale Stelle in der dritten Kolumne anzunehmen haben, sich auch als solche zu Anfangsgedichten der Dekaden eigneten; denn I, 20 ist an Mäcen gerichtet und I, 30 ist eine Glyceraode, welche in ihrem inhaltlichen Charakter I, 19 durchaus parallel steht.

Bei einer metrischen Ordnung musste natürlich der Inhalt der Oden im allgemeinen zurücktreten und nur bei den ersten und letzten Gedichten konnte er etwa besonders in Frage kommen. Wir erkennen darum weitere erwähnenswerte Merkmale in der ehemaligen Folge der Oden nicht. In der dritten Stelle der dritten Dekade stand I, 19, dessen Verse

> in me tota ruens Venus
> Cyprum deseruit

mit I, 3:

> Sic te diva potens Cypri

korrespondierten. In der dritten Stelle der vierten Dekade wurde die Rückkehr Lamias gefeiert, wie I, 3 die Abfahrt Vergils. Die beiden vierten Stellen müssen wir uns durch Oden sapphischen Versmasses ausgefüllt denken, wobei unbestimmt bleiben muss, welche der vorhandenen es waren, ein Zugeständnis, das ja selbstverständlich auch für alle ähnlichen Fälle gilt. Oden sapphischen Versmasses müssen es gewesen sein, wenn man sich nicht getraut, eine durchgängige Übereinstimmung in allen Stellen aller vier Dekaden zum Postulat zu machen, in welchem letzteren Falle man an IV, 7, an verlorne Gedichte oder an andere Auskunftsmittel denken müsste. Die beiden fünften Stellen füllten Gedichte an die jungfräulich schöne Chloe I, 23 und an die jungfräuliche Diana, I, 21, und der in nur losem Verbande stehende Schluss dieses Gedichtes,

hic a principe Caesare,

welcher jetzt auf das an Mäcen gerichtete Gedicht I, 20 so folgt wie I, 2 auf I, 1 und in seiner Beziehung auf Augustus mit I, 2 und I, 12 parallel steht, hatte in der metrischen Ordnung keine Beziehung zu den gleichstehenden Gedichten der ersten Dekaden. Wie sich das sechste Gedicht an Agrippa wandte und des Freundes Varius Erwähnung that, so richtete sich das sechsundzwanzigste, I, 24 jetziger Zählung, *Ergo Quintilium*, an Vergil, den Tod des Varus beklagend, das sechsunddreissigste, I, 33, an Tibullus, beide also an zwei vertraute Freunde. In den siebenten Stellen standen ursprünglich, müssen wir annehmen, 28[a] und 28[b], obwohl es auffällig ist, dass dieses, eine Langzeile bildende Metrum in der jetzigen Ordnung genau zehn Stellen von dem Schlussgedicht der zweiten Dekade, I, 18, entfernt steht und es fast aussieht, als hätten sowohl 28[a] als 28[b] mit ihren Langzeilen einst den Schluss der dritten und vierten Dekade ausgemacht, wie I, 10 und I, 18 den der ersten und zweiten; übertrifft der Hexameter das Asclepiadeum secundum doch um eine Silbe an Umfang; allerdings eignete sich andererseits die distichische Form des Alcmaniums für das Auge weniger zum Abschluss als die monostichische des Asclepiadeums. Die letzten Stellen füllten Gedichte im alcäischen Versmasse, zum Teil Weinlieder wie I, 9, resp. Gedichte im zweiten Asclepiadeum. Die Stellung der einzelnen derselben und welche es sind, die erst später hinzugekommen, lässt sich wohl kaum auch nur mutmassen.

Stellt man an der Hand unserer früheren Untersuchungen die Tabelle so her, wie sie in Tabelle XIII vorliegt und füllt man die siebente Kolumne letzter Dekade mit 28[b] aus, so dass aus den Reihen der siebenten Tabelle

Tabelle VII.

	1	2	3	4	5	6	7	8	9	10		
I.	3	2	5	2	5	6	2	9	9	7		
II.	9	2	9	2		6		9	9			

folgende Reihen entstehen:

Tabelle XX.

	1	2	3	4	5	6	7	8	9	10
III.	2	2	3	2	5	6	7	9	9	9
IV.	2	2	3	2	5	6	7	9	9	9

so bleibt eine Ode alcäischen Systemes übrig; denn obwohl von der neunzehnten bis zur achtunddreissigsten Ode genau zwanzig Gedichte, das Material zu zwei Dekaden, stehen, so wird eine Ode durch die Teilung von I, 28 überzählig. Fragt man nun, welche Ode alcäischen Masses dies sein könnte, die also zu zwanzig ursprünglichen Gedichten später hinzugetreten sein müsste, so lässt sich eine Antwort insofern nicht geben, als aus der gegenwärtigen Stellung nur selten sichere Folgerungen gezogen werden können. Nach ihr ist allerdings I, 29, *Icci, beatis,* am weitesten von der sonstigen Stelle der alcäischen Systeme entfernt. Auch trifft ihre Stellung mit derjenigen Lücke zusammen, welche entstanden sein müsste, wenn einst zwei Eingangsgedichte im asclepiadeischen Systeme ausgefallen wären. Nächst I, 29 könnte man dem etwas befremdenden Inhalte nach zuerst an I, 34 denken, wenn diese Ode nicht umgekehrt grade durch ihre Stellung geschützt erschiene, da sie, I, 35 benachbart, zu den am Ende jeder Dekade auftretenden Oden-

paaren aleäischen Versmasses gehört. An I, 31 zu denken verbietet der Inhalt; bei
I, 37 allerdings würden manche Einzelheiten und Eigentümlichkeiten im Bau der
Ode einem Gedanken an späteren Einschub eher Raum geben.

Wie für die ersten beiden Dekaden möge nun auch für die beiden letzten
der mutmassliche einstige Bestand zusammengestellt werden.

Dritte Dekade.

1. Vile potabis modicis Sabinum.
2. Persicos odi, puer, apparatus.
3. Mater saeva Cupidinum.
4. Integer vitae scelerisque purus.
5. Vitas hinnuleo me similis, Chloe.
6. Quis desiderio sit pudor aut modus.
7. Te maris, et terrae, numeroque carentis harenae.   1—16.
8. Musis amicus tristitiam et metus.
9. Natis in usum laetitiae scyphis.
10. Quid dedicatum poscit Apollinem.

Vierte Dekade.

1. Parcius iunctas quatiunt fenestras.
2. O Venus, regina Cnidi Paphique.
3. Et ture et fidibus iuvat.
4. Poscimur: si quid vacui sub umbra.
5. Dianam tenerae dicite virgines.
6. Albi, ne doleas plus nimio memor.
7. Me quoque devexi rapidus comes Orionis.   28. 21—36.
8. Ici, beatis nunc Arabum oder Parcus deorum cultor.
9. O diva, gratum quae regis.
10. Nunc est bibendum, nunc pede libero.

Schliesslich möge ein Gesamtbild von der einstigen Gestalt der vier Dekaden
nach den Resultaten der vorstehenden Untersuchungen folgen. Es soll durch den
Abdruck der je ersten Strophen eine Überschau ermöglichen, wie sie sich aus ein-
zelnen Zeilen in den zerstreuten Übersichten über den ehemaligen Bestand der
Dekaden doch nicht ermöglichen lässt. Dass nicht jedes Detail den Anspruch auf
Gesichertheit erhebt, ist mehrfach erwähnt worden.

I. Dekade.

1 Sunt, quos curriculo pulverem Olympicum
   collegisse iuvat; metaque fervidis
   evitata rotis, palmaque nobilis
   terrarum dominos evehit ad eos.

2 Iam satis terris nivis atque dirae
   grandinis misit Pater, et rubenti
   dextera sacras iaculatus arces,
        terruit Urbem.

3 Sic te diva potens Cypri,
        sic fratres Helenae, lucida sidera,
   ventorumque regat pater,
        obstrictis aliis praeter Iapyga.

4 Solvitur acris hiems grata vice
        veris et Favoni;
        trahuntque siccas machinae carinas.

5 Quis multa gracilis te puer in rosa
   perfusus liquidis urget odoribus
        grato, Pyrrha, sub antro?
        cui flavam religas comam.

6 Scriberis Vario fortis, et hostium
   victor Maeonii carminis aliti,
   quam rem cumque ferox navibus aut equis
        miles te duce gesserit.

7 Laudabunt alii claram Rhodon, aut Mytilenen,
        aut Ephesum bimarisve Corinthi.

8 Vides, ut alta stet nive candidum
   Soracte; nec iam sustineant onus
        silvae laborantes; geluque
        flumina constiterint acuto?

9 Quid sit futurum cras, fuge quaerere: et
   quem fors dierum cumque dabit, lucro
        appone; nec dulces amores
        sperne puer, neque tu choreas.

10 Tu ne quaesieris, scire nefas, quem mihi, quem tibi
   finem di dederint, Leuconoe; nec Babylonios
   tentaris numeros. Ut melius, quidquid erit, pati.
   seu pluris hiemes, seu tribuit Iuppiter ultimam.

II. Dekade.

Est, qui nec veteris pocula Massici
nec partem solido demere de die
spernit; nunc viridi membra sub arbuto
stratus, nunc ad aquae lene caput sacrae.

Quem virum aut heroa lyra vel acri
tibia sumis celebrare, Clio?
quem deum? cuius recinet iocosa
        nomen imago.

Cum tu, Lydia, Telephi
        cervicem roseam, cerea Telephi
laudas brachia, vae! meum
        fervens difficili bile tumet iecur.

Pallida mors aequo pulsat pede
        pauperum tabernas,
        regumque turres, o beate Sesti.

O navis! referent in mare te novi
fluctus? o quid agis? fortiter occupa
portum. nonne vides, ut
        nudum remigio latus,

Pastor cum traheret per freta navibus
Idaeis Helenen perfidus hospitam,
ingrato celeres obruit otio
        ventos, ut caneret fera.

Albus ut obscuro deterget nubila caelo
saepe Notus neque parturit imbres.

O matre pulchra filia pulchrior,
quem criminosis cumque voles modum
        pones iambis; sive flamma,
        sive mari libet Hadriano.

Velox amoenum saepe Lucretilem
mutat Lycaeo Faunus et igneam
defendit aestatem capellis
        usque meis pluviosque ventos.

Nullam, Vare, sacra vite prius severis arborem
circa mite solum Tiburis et moenia Catili:
siccis omnia nam dura deus proposuit, neque
mordaces aliter diffugiunt sollicitudines.

III. Dekade.

Vile potabis modicis Sabinum
cantharis, Graeca quod ego ipse testa
conditum levi, datus in theatro
    cum tibi plausus,

Persicos odi, puer, apparatus;
displicent nexae philyra coronae;
mitte sectari, rosa quo locorum
    sera moretur.

Mater saeva Cupidinum,
   Thebanaeque iubet me Semeles puer
et lasciva Licentia,
   finitis animum reddere amoribus.

Integer vitae scelerisque purus
non eget Mauris iaculis neque arcu
nec venenatis gravida sagittis,
    Fusce, pharetra.

Vitas hinnuleo me similis, Chloe,
quaerenti pavidam montibus aviis
   matrem non sine vano
      aurarum et siluae metu.

Quis desiderio sit pudor aut modus
tam cari capitis? praecipe lugubres
cantus, Melpomene, cui liquidam Pater
    vocem cum cithara dedit.

Te maris et terrae numeroque carentis harenae
   mensorem cohibent, Archyta.

Musis amicus tristitiam et metus
tradam protervis in mare Creticum
   portare ventis, quis sub Arcto
      rex gelidae metuatur orae.

Natis in usum laetitiae scyphis
pugnare Thracum est: tollite barbarum
   morem, verecundumque Bacchum
      sanguineis prohibete rixis.

Quid dedicatum poscit Apollinem
vates? quid orat de patera novum
   fundens liquorem? Non opimae
      Sardiniae segetes feraces.

IV. Dekade.

Parcius iunctas quatiunt fenestras   1
ictibus crebris iuvenes protervi,
nec tibi somnos adimunt: amatque
    ianua limen.

O Venus regina Cnidi Paphique,   2
sperne dilectam Cypron et vocantis
ture te multo Glycerae decoram
    transfer in aedem.

Et ture et fidibus iuvat   3
   placare et vituli sanguine debito
custodes Numidae deos,
   qui nunc Hesperia sospes ab ultima.

Poscimur. si quid vacui sub umbra   4
lusimus tecum, quod et hunc in annum
vivat et plures, age, dic Latinum,
   barbite, carmen.

Dianam tenerae dicite virgines;   5
intonsum, pueri, dicite Cynthium,
   Latonamque supremo
      dilectam penitus Iovi.

Albi, ne doleas plus nimio memor   6
immitis Glycerae, neu miserabiles
decantes elegos, cur tibi iunior
   laesa praeniteat fide.

Me quoque devexi rabidus comes Orionis   7
   Illyricis Notus obruit undis.

Parens Deorum cultor, et infrequens,   8
insanientis dum sapientiae
   consultus erro, nunc retrorsum
      vela dare atque iterare cursus.

O diva, gratum quae regis Antium,   9
praesens vel imo tollere de gradu
   mortale corpus vel superbos
      vertere funeribus triumphos.

Nunc est bibendum, nunc pede libero   10
pulsanda tellus: nunc Saliaribus
   ornare pulvinar deorum
      tempus erat dapibus, sodales.

31

Es ist gelegentlich gesagt worden, dass die jetzige Stellung der Oden unter Umständen für den Forscher von Wichtigkeit werden könne. Am besten ist diese Meinung durch I, 10 illustriert worden. Jedoch giebt es noch einen zweiten, ähnlichen Fall im ersten Buche. Die sechste bis neunte Tabelle lassen am deutlichsten erkennen, wie in der siebenten Kolumne der dritten Dekade eine Ode sapphischen Versmasses ebenso isoliert wie befremdend dasteht. Der Augenschein wird davon sofort überzeugen, sobald wir die Tabelle selbst einrücken.

Tabelle VI.

	1	2	3	4	5	6	7	8	9	10	
I.	1	2	3	4	5	6	7	8	9	10	
II.		2	3		5	6		9	9	10	
III.	3	2	5	2	5	6	2	9	9	7	
IV.	9	2	9	2		6		9	9	3	9	2

Mit diesem Merkmale der Stellung, welche dieses Gedicht als durchaus isoliert erscheinen lässt, stimmt wie bei I, 10 der Inhalt völlig überein; es ist dies die durch ihre realistische Ausdrucksweise berüchtigte fünfundzwanzigste Ode, *Parcus deorum*. In der Übersicht, welche über die mutmassliche einstige Stellung der sämtlichen Oden des ersten Buches aufgestellt wurde, ist darum neben dem vielfach angefochtenen I, 20, *Vile potabis*, dieser Ode die erste Stelle gegeben worden, d. h. diejenige Stelle, welche die geringste Wahrscheinlichkeit für sich hat, original zu sein.

———

CARM. I, 27: I, 18.

31*

Cette seule considération nous justifiera auprès des Savants, et leur fera reconnoître la nécessité qu'il y avait de tenter un nouveau travail sur la juste et véritable division des Odes de notre Auteur, celle qui a subsisté jusqu'ici étant également suspecte et défectueuse.

Lud. Poinsinet de Sivry.

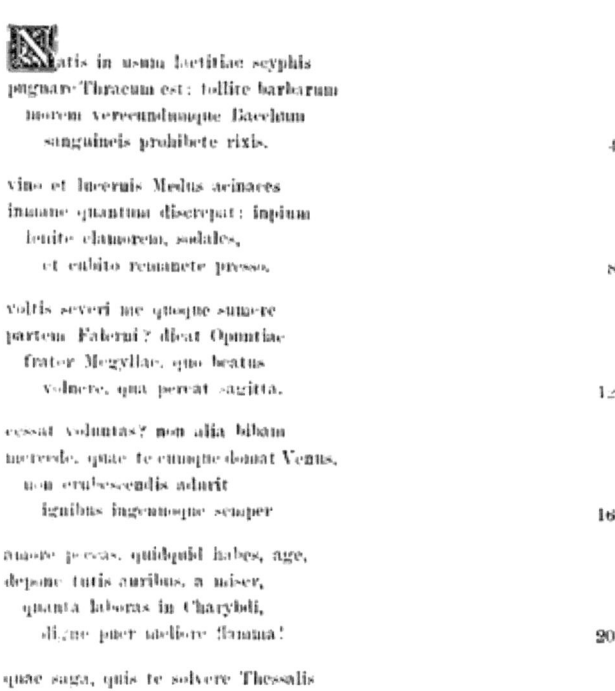

Natis in usum laetitiae scyphis
pugnare Thracum est: tollite barbarum
   morem verecundumque Bacchum
     sanguineis prohibete rixis.   4

vino et lucernis Medus acinaces
immane quantum discrepat: impium
   lenite clamorem, sodales,
     et cubito remanete presso.   8

voltis severi me quoque sumere
partem Falerni? dicat Opuntiae
   frater Megyllae, quo beatus
     volnere, qua pereat sagitta.   12

cessat voluntas? non alia bibam
mercede. quae te cumque domat Venus,
   non erubescendis adurit
     ignibus ingenuoque semper   16

amore peccas. quidquid habes, age,
depone tutis auribus, a miser,
   quanta laboras in Charybdi,
     digne puer meliore flamma!   20

quae saga, quis te solvere Thessalis
magus venenis, quis poterit deus?
   vix inligatum te triformi
     Pegasus expediet Chimaera.   24

———

Nullam, Vare, sacra vite prius severis arborem
circa mite solum Tiburis et moenia Catili:
siccis omnia nam dura deus proposuit, neque
mordaces aliter diffugiunt sollicitudines.

quis post vina gravem militiam aut pauperiem crepat?
quis non te potius, Bacche pater, teque, decens Venus?
ac ne quis modici transiliat munera Liberi,
Centaurea monet cum Lapithis rixa super mero

debellata, monet Sithoniis non levis Euhius,
cum fas atque nefas exiguo fine libidinum
discernunt avidi, non ego te, candide Bassareu,
invitum quatiam, nec variis obsita frondibus

sub divum rapiam. saeva tene cum Berecyntio
cornu tympana, quae subsequitur caecus amor sui,
et tollens vacuum plus nimio gloria verticem,
arcanique fides prodiga, perlucidior vitro.

———

Die Zusammenziehung von I, 1, I, 4, I, 7, I, 9, I, 28 hat uns eine bis dahin unbekannte Manier des Redaktors der uns erhaltenen Horazausgabe erkennen lassen. Sie hat uns gelehrt, dass neben anderen Textesänderungen, welcher Art solche auch in unserem Dichter vorliegen mögen, nicht etwa einmal nur, sondern mehrmals, häufig sogar, mehrere Oden in eine einzige zusammengezogen worden sind; sie hat uns überzeugt, dass es nicht der Zufall gewesen ist, der dies gethan, dass es sich nicht etwa nur wie bei Diomedes um je zwei nebeneinander stehende Oden gehandelt hat, sondern dass es ein methodisch angewandter Prozess war, der mit je zwei Oden gleichen Versmasses und in irgend welcher Weise zu vereinigenden Inhaltes vorgenommen wurde. Man hatte den Sinn für leichte, duftige Poesieen verloren und verlangte stets mehr von dem Berühmten, als schön Gepriesenen, von den in ihrer Masse und durch Masse wirkenden Stoffen. Es ist dies eine Erscheinung, welche in der Geschichte der Litteratur durchaus nicht vereinzelt dasteht. Die Erweiterungen in der Ilias und Odyssee, in den grossen Regesten und Märchensammlungen des Mittelalters, den altfranzösischen Rolandsliedern und altdeutschen Epen finden ihre Erklärung in einem ähnlichen Verlangen, das Gute ohne Ende zu hören, sich nichts von dem bezaubernden Stoffe, nichts, und wäre es selbst das Unbedeutendste, von dem verloren gehen zu lassen, was man von den alten, berühmten und begeisternden, mit ihren lebensvollen Bildern die Phantasie der Hörer ganz erfüllenden Gestalten wusste, eine Erscheinung, welche in den Darstellungen der bezüglichen Litterarhistoriker ausführlich erörtert worden ist, und für die man unter anderm Fauriel, *de l'Origine de l'épopée chevaleresque au moyen âge* und Demogeots französische Litteraturgeschichte vergleichen möge. Was hatte es denn auch in einer der ästhetischen wie litterarischen Kritik fernstehenden Zeit Bedenkliches, zwei Trinklieder in eins zu schreiben oder an ein Gedicht, das wie III, 14 die Rückkehr Augusts feiert, ein paar Verse anzuhängen, um ihm einen ähnlichen Schluss wie einem entfernt ähnlichen Liede zu geben, sei dies III, 8 oder II, 11 oder noch ein anderes?

Lassen wir also füglich jedes Verdammungsurteil über die uns zur Zeit unbekannte, in unsern Augen allerdings frevelhafte Hand beiseite, so giebt uns doch die häufige Wiederkehr dieser Thatsache das Anrecht, ja, sie verpflichtet uns, fortan unser Augenmerk auf diese methodische Entstellung der Originale zu richten und die Horazischen Gedichte nach dieser Seite auch da zu prüfen, wo nicht grade Lücken in der metrischen Ordnung uns dazu veranlassen. Ist es doch nur ein glücklicher Zufall, der uns einige der letzteren erhalten und so auf wenigstens eine sichere Fährte geführt hat. Denn in der Absicht des Redaktors lag es, wie wir später sehen werden, und wie schon die veränderte jetzige Folge des ersten Buches beweist, durchaus nicht, die frühere Ordnung bestehen zu lassen, und er ging bei seinem Zwecke, eine Folge der Oden nach seinem Sinne herzurichten, mit der grössten Schonungslosigkeit zu Werke. Sicherlich giebt es manche andere Arten der Textesverderbnisse, insbesondere Einschaltungen. Jedoch haben wir es hier zunächst nur mit der Ordnung der Gedichte zu thun und berühren deshalb nur diese eine Art der etwa vorgenommenen Änderungen, die Zusammenziehung von Oden, da sie auf jene einen unmittelbaren Einfluss üben musste.

Die Nachlese, welche von diesem Standpunkte aus zu halten wäre, ist nicht bedeutend; nur I, 27 und I, 18 fordern zu einer kurzen Erörterung heraus. Dieselbe soll um so kürzer ausfallen, als wir die etwaigen Ergebnisse mit der Frage nach der ehemaligen Ordnung wenigstens an dieser Stelle nicht in Verbindung zu setzen brauchen.

Carm. I, 27.

Die siebenundzwanzigste Ode des ersten Buches besteht aus zwei Teilen, 1–8 und 9–24 (sechszehn Verse!), welche einander in einzelnen Punkten zwar nicht widersprechen und insofern sich nicht ausschliessen, aber doch ihrem jedesmaligen Gedanken nach ein so offenbar selbständiges Thema behandeln, dass auch an der Selbständigkeit der beiden Teile kein Zweifel obwalten kann.

Der erste Teil des Gedichtes fordert die Genossen auf, durch den Wein sich nicht soweit erhitzen zu lassen, dass sie in Streit und Kampf geraten. In dem zweiten erklärt sich der Dichter bereit, von dem Falerner mitzutrinken, wenn sein Trinkgenosse den Namen seiner Geliebten verrate. So wenig diese beiden Gedanken miteinander etwas gemein haben, so leicht lässt sich ein Zusammenhang durch die Annahme ergänzen, der im zweiten Teile Redende verlange Ruhe und Stille, bevor er sich den Trinkenden beim Falerner anschliesse. Aber die Worte, welche einen solchen Gedanken ausdrücken müssten, stehen nicht da. Man erwartet: Wollt ihr, dass auch ich Falerner trinke, so haltet Ruhe. Der Dichter sagt jedoch statt dessen nur: Euer Lärm passt nicht zu dem Wein! und: Wollt ihr, dass auch ich Falerner trinke, so sage mein Freund aus Opus, für wen er erglüht. Und dass durchaus Ruhe notwendig sei zur Nennung des Namens, sieht man umsoweniger ein, als ja derselbe schliesslich doch nicht laut genannt, sondern dem Freunde nur in das Ohr geflüstert wird. Dazu kommt, dass das Original des Anakreon, falls Ἄγε δηὖτε μηκέθ᾽ οὕτω (Bergk 63) dafür mit Recht gilt, seinem ganzen Inhalte und Charakter nach auch nur auf den Gedanken des ersten Teiles führt und den des zweiten ausschliesst; es sind deshalb Verse, welchen man, wie oben bei I, 9 den Versen des Alcäus, vielleicht insofern den Namen eines Fragmentes gleichfalls absprechen dürfte, als sie wenigstens von dem zweiten Teile von I, 27 nichts enthalten haben können.

Auch hier wieder scheint die Lücke zwischen den Argumenten der einzelnen Teile hindurch. Wenn Macleane sagt: *Let barbarous Thracians fight over their*

wine. — Stop your unhallowed noises, my friends, and each be quietly on his couch.
What, am I to join you? etc., so fragt man doch mit Recht, wo denn die Einladung
stehe. Nach dem Fragment des Anakreon ist, wie gesagt, eine solche nicht zu erwarten. Jani bekennt offen: *Transitus valde rividus. Nam non multum pro-*
ficere videbatur gravis illa et severa admonitio; itaque alium init rationem. Cla-
mabant, ut ipse etiam biberet. Volo utique, inquit, sed hac lege, ut mihi frater et.
Non dixit: hac lege, ut quieti sitis. Elegans itaque conversio sermonis.
Er sagt nur, dass die Gedankenverbindung fehlt, welche oben als die natürliche
erwartet werden muss. Dazu erscheint die ganze Frage, *Vultis severi*, fast befremdend, wenn der Redende sich vorher schon als ein Genosse des Gelages eingeführt
hat, so dass er sich kaum dem Gebote entziehen konnte, welchem bis dahin alle
Teilnehmer unterstellt waren, wogegen sie durchaus natürlich und selbstverständlich
klingt, wenn man sie als die Frage eines zu dem Gelage neu Hinzutretenden auf-
fasst, oder so, dass derjenige spricht, an welchen die Reihe des Trinkens in dem
bekannten Trinkerscherze der Römer kommt (Martial I, 72.). — Auch eine andere
derjenigen Erscheinungen wiederholt sich, die wir an Stellen, wo zwei Gedichte zu
einem vereint sind, antrafen (vgl. I, 9): Peerlkamp verwirft die zweite Strophe,
Gruppe die zweite Hälfte des Gedichtes (13—24); Sivry teilt dasselbe. Da die
Horazausgabe des letzteren selten ist — die grossen Bibliotheken in Berlin, Stettin,
Danzig, Königsberg, Hamburg, Breslau, Cassel, Frankfurt a. O. u. a. besitzen sie
nicht — so möge hier folgen, was er sagt. *Cette Ode*, heisst es zu den beiden
ersten Strophen, *qui est traduite d'après une Ode d'Anacréon, encore subsistante, finit*
après le huitième vers rivale. Ensuite commence une autre Ode, dont tous les détails
sont étrangers au cenevas de celle-ci. Ce sont deux sujets différents. Là, le Poëte ne
consentira à boire sa part d'une forte dose de Falerne, qu'à condition que l'on des
convives lui amènera de qui il est amoureux. Ici le Poëte, voyant les convives échauffés
de vin, et pris d'enter en dispute, les exhorte à laisser ces mœurs féroces aux
Thraces, et à ne point ensanglanter un banquet. Übrigens meint Sivry, *severi* sei
in griechischer Weise statt des Adverbiums gesetzt, gleichbedeutend mit *severe,*
severo. Könnte man dieser Auffassung zustimmen, so hätten wir auch hier wieder
die Anrede an dem Anfang des neuen Gedichtes. Denn es liesse sich dann übersetzen: Wollt ihr, gestrenge Genossen, dass auch ich u. s. w.

Gegen die zweite Strophe hat man eingewandt, dass sie nur die erste wiederhole. Nicht allein dieses, sondern die Strophen schliessen sich eigentlich insofern
aus, als sie beide sich gegen ihrem Wesen nach doch durchaus verschiedene Ausschrei-
tungen wenden: Die erste dagegen, dass mit Bechern, die zweite dagegen, dass mit
dem medischen Schwerte gekämpft werde. So könnten in der That beide Strophen
sogar als selbständige gedacht werden. Umsomehr als dann *scyphis pugnare* und die
ganze erste Strophe eine angemessenere Auslegung erfahren könnte, im Sinne der ana-

kreontischen. „Die Becher," würde es dann heissen, „welche der edlen Freude bestimmt sind, lasst uns, o Freunde, nicht zu Völlerei, zu Ganztrunk und Wettgezeche misbrauchen; das ist Thrakersitte!" (*Threicia vincere amystide*, 1, 36.) Irgendwo ist einmal gegen Teilung oder Vereinfachung Horazischer Gedichte das Bedenken erhoben worden, dann werde das bezügliche Gedicht zu kurz. Kein Vorurteil ist wohl unbegründeter. Abgesehen davon, dass wir Horazische Gedichte in allen Längenmassen haben, misst man doch bei einem solchen Einwande Horaz nur an dem Horaz der Tradition, deren Zuverlässigkeit ja erst Gegenstand der Prüfung ist, und vergisst die unendlich vielen kleinen Lieder von zwei, vier, sechs oder acht Versen in allen Litteraturen, man vergisst, dass auch von den Vorbildern, denen Horaz nachgedichtet hat, ebenso kurze Lieder erhalten sind. Warum sollten 1, 27, 1—4 und 5—8 nicht Nachbildungen von zwei Liedern sein, wie wir solche in nur gleicher Ausdehnung von Anakreon, Theognis und andern besitzen?

Es folgen hier die beiden Teile des Gedichtes. Der zweite soll dem ersten vorangehen und auch so seine Unabhängigkeit von dem letzteren erweisen helfen. Neben den ersten soll Anakreon 64 und 94 gestellt werden.

Non alia bibam mercede!

Voltis severi me quoque sumere
partem Falerni? dicat Opuntiae
    frater Megyllae, quo beatus
      vulnere, qua pereat sagitta.

cessat voluntas? non alia bibam
mercede, quae te cunque domat Venus,
    non erubescendis adurit
      ignibus ingenuoque semper

amore peccas. quidquid habes, age,
depone tutis auribus, a miser,
    quanta laboras in Charybdi,
      digne puer meliore flamma!

quae saga, quis te solvere Thessalis
magus venenis, quis poterit deus?
    vix inligatum te triformi
      Pegasus expediet Chimaera.

32*

Ἄγε δὴ 'ει μηκέθ' οὕτω.   **Cubito remanete presso!**

Ἄγε δὴ 'ει μηκέθ' οὕτω
παταγῷ τε κἀλαλητῷ
Σκυθικὴν πόσιν παρ' οἴνῳ
μελετῶμεν, ἀλλὰ καλοῖς
ὑποπίνοντες ἐν ὕμνοις.

Natis in usum laetitiae scyphis
pugnare Thracum est: tollite barbarum
morem verecundumque Bacchum
sanguineis prohibete rixis.

Οἳ φιλέω, ὃς κρητῆρι παρὰ πλέῳ οἰνοποτάζων
νείκεα καὶ πόλεμον δακρυόεντα λέγει,
ἀλλ' ὅστις Μουσέων τε καὶ ἀγλαὰ δῶρ' Ἀφροδίτης
συμμίσγων ἐρατῆς μνήσκεται εὐφροσύνης.

vino et lucernis Medus acinaces
immane quantum discrepat: impium
lenite clamorem, sodales,
et cubito remanete presso.

Carm. I, 18.

Zu den Gedichten des ersten Buches, welche von einem bestimmten Verse an ihr Thema verlassen und zu einem neuen übergehen, gehört auch I, 18. Während der erste Teil, 1—6, den Wein empfiehlt, den Anbau der Rebe über den aller andern „Bäume" stellt und den Wein als den alleinigen Sorgenbrecher preist, schränkt umgekehrt der zweite Teil, 7—16, den Genuss des Weines ein und warnt vor jedem Übermass. Eben dies hat schon Gruppe von einem ganz anderen Gesichtspunkte aus angemerkt; er sagt: „Was kann unpassender sein, als in diesem Zusammenhang die Mässigkeit zu predigen, dem Varus, der ermahnt wird, Wein zu pflanzen!" Es ist allein das kleine Wörtchen *at*, an welchem die ganze Verbindung der beiden Teile hängt; entfernt man dieses, so fehlt jeder feste innere Zusammenhang, und dass sich aus Alcäus zwei Fragmente vorfinden, was zutreffenden Falles auf zwei verschiedene Vorbilder zurückweisen müsste, dient nicht dazu, die Annahme der Zusammengehörigkeit beider Teile zu stützen. Kiessling (1881) allerdings sieht hier nur eine Weiterbildung eines poetischen Gedankens. Er sagt: „Das Gleiche" (wie bei I, 9) „findet, wenn auch weniger augenfällig, in I, 18 statt: auch hier sind zwei nicht ganz übereinstimmende Empfindungsreihen in den Rahmen eines Liedes zusammen eingespannt. Die dringende Mahnung der durstigen Seele, den Weinstock zu pflanzen dem Gott zu Ehren, welcher demjenigen alles Ungemach beschieden, der seine Gabe verschmäht, klingt nicht allzu harmonisch zusammen mit der etwas katzenjämmerlichen Warnung, des Guten ja nicht zu viel zu thun. Das Motiv des Anfangs hat uns ein glücklicher Zufall in dem alcäischen Eingang μηδὲν ἄλλο φυτεύσῃς πρότερον δένδρεον ἀμπέλω erhalten; mit v. 7 *ac ne quis modici transiliat munera Liberi* überlässt der unbändige ritterliche Zechbruder das Wort seinem gesetzten und wohlanständigen Nachahmer." — Übrigens dürften der fünfte und der sechste Vers auch hier die Brücke zwischen den beiden Teilen bilden; denn sie geben nach dem *non* des dritten Verses nur eine neue nicht notwendige Begründung und zwar in einem von dem vorhergehenden verschiedenen Stile. Die Erwähnung des Bacchus im sechsten Verse aber leitet nun leicht zu dem *Liber* des siebenten Verses hinüber.

Um den Leser in den Stand zu setzen, sich selbst ein Urteil darüber zu bilden, inwieweit die beiden Teile selbständige Gedichte darstellen, mögen sie und zwar wiederum in umgekehrter Folge hier stehen. Als Parallele zu Vers 1—6 möge man III, 21 heranziehen; 7—16 muss behufs seiner Loslösung im Eingange eine geringe Veränderung erleiden. Übrigens würden wir durch die Teilung von I, 27 noch eine Ode im alcäischen Versmaße, durch die von I, 18 noch eine im Asklepiadeum secundum gewinnen, mit der letzteren eine Ode mehr zur vollständigen Gleichordnung der beiden letzten mit den beiden ersten Dekaden des ersten Buches.

Ne qua transiliam munera Liberi!

Ne me qua modici transiliam munera Liberi.
Centaurea monet cum Lapithis rixa super mero
debellata, monet Sithoniis non levis Euhius,
cum fas atque nefas exiguo fine libidinum
discernunt avidi, non ego te, candide Bassareu,
invitum quatiam, nec variis obsita frondibus
sub divum rapiam, saeva tene cum Berecyntio
cornu tympana, quae subsequitur caecus amor sui
et tollens vacuum plus nimio gloria verticem,
arcanique fides prodiga, perlucidior vitro.

———————

Nullam vite prius arborem!

Nullam, Vare, sacra vite prius severis arborem
circa mite solum Tiburis et moenia Catili:
siccis omnia nam dura deus proposuit, neque
mordaces aliter diffugiunt sollicitudines!
quis post vina gravem militiam aut pauperiem crepat?
quis non te potius, Bacche pater, teque, decens Venus?

———————

Das zweite Buch der Oden.

CARM. II, 12.
II, 18.

Primo ne medium, medio ne discrepet imum.

Horaz.

Nolis longa ferae bella Numantiae
nec durum Hannibalem nec Siculum mare,
Poeno purpureum sanguine, mollibus
    aptari citharae modis,   4

nec saevos Lapithas et nimium mero
Hylaeum domitosque Herculea manu
Telluris iuvenes, unde periculum
    fulgens contremuit domus   8

Saturni veteris; tuque pedestribus
dices historiis proelia Caesaris,
Maecenas, melius ductaque per vias
    regum colla minacium.   12

me dulces dominae Musa Licymniae
cantus, me voluit dicere lucidum
fulgentes oculos et bene mutuis
    fidum pectus amoribus;   16

quam nec ferre pedem dedecuit choris
nec certare ioco nec dare bracchia
ludentem nitidis virginibus sacro
    Dianae celebris die.   20

num tu, quae tenuit dives Achaemenes,
aut pinguis Phrygiae Mygdonias opes
permutare velis crine Licymniae,
    plenas aut Arabum domos,   24

cum flagrantia detorquet ad oscula
cervicem, aut facili saevitia negat,
quae poscente magis gaudeat eripi,
    interdum rapere occupet?   28

———————

Non ebur neque aureum
    mea renidet in domo lacunar,
non trabes Hymettiae
    premunt columnas ultima recisas   4

Africa, neque Attali
    ignotus heres regiam occupavi,
nec Laconicas mihi
    trahunt honestae purpuras clientae.   8

at fides et ingeni
    benigna vena est, pauperemque dives
me petit: nihil supra
    deos lacesso nec potentem amicum   12

largiora flagito,
    satis beatus unicis Sabinis.
truditur dies die
    novaeque pergunt interire lunae: 16

tu secanda marmora
    locas sub ipsum funus et sepulchri
inmemor struis domos,
    marisque Bais obstrepentis urgues   20

submovere litora,
    parum locuples continente ripa.
quid quod usque proximos
    revellis agri terminos et ultra   24

limites clientium
    salis avarus? pellitur paternos
in sinu ferens deos
    et uxor et vir sordidosque natos.   28

nulla certior tamen
    rapacis Orci fine destinata
aula divitem manet
    erum. quid ultra tendis? aequa tellus   32

pauperi recluditur
    regumque pueris, nec satelles Orci
callidum Promethea
    revexit auro captus. hic superbum   36

Tantalum atque Tantali
    genus coercet, hic levare functum
pauperem laboribus
    vocatus atque non vocatus audit.   40

Es ist längst bemerkt worden und vermag sich auch dem oberflächlichen Blicke nicht zu entziehen, dass in dem zweiten Buche der Oden das alcäische Versmass mit dem sapphischen wechselt. Allerdings nicht durchweg. Der Wechsel reicht ausnahmslos nur bis zum Ende der ersten Dekade, resp. bis zur elften Stelle. Von da ab treten auch andere Versmasse in die graden Stellen ein, ein asklepiadeisches, das hipponacteische und zwei alcäische, so dass das Bild der Ordnung, in welcher die Metra erscheinen, die Gestalt erhält, welche umstehend Tabelle XXI vorführt, wenn wir zunächst, wie es gelegentlich der Untersuchungen über das erste Buch geschah, die Namen der Versmasse in die Stellen der Oden einsetzen.

Verfolgen wir dann aber den ehedem eingehaltenen Weg weiter, und beziffern wir auch hier wieder das zuerst auftretende Versmass und alle gleichen mit 1, das nächste mit 2, und jedes weitere neu auftretende mit der folgenden Ziffer, so erhalten wir das in Tabelle XXII vorliegende Bild von der Ordnung des zweiten Buches.

33*

Tabelle XXI.

1	*Alcaicum.*	
2		*Sapphicum.*
3	*Alcaicum.*	
4		*Sapphicum.*
5	*Alcaicum.*	
6		*Sapphicum.*
7	*Alcaicum.*	
8		*Sapphicum.*
9	*Alcaicum.*	
10		*Sapphicum.*
11	*Alcaicum.*	
12		*Asclepiad: IV.*
13	*Alcaicum.*	
14		*Alcaicum.*
15	*Alcaicum.*	
16		*Sapphicum.*
17	*Alcaicum.*	
18		*Hipponact.*
19	*Alcaicum.*	
20		*Alcaicum.*

Tabelle XXII.

1	1	
2		2
3	1	
4		2
5	1	
6		2
7	1	
8		2
9	1	
10		2
11	1	
12		3
13	1	
14		1
15	1	
16		2
17	1	
18		4
19	1	
20		1

Wollte man annehmen, der Ordner des zweiten Buches habe nur darin seine Aufgabe gesehen, mit dem alcäischen Versmasse allemal ein anderes, gleichviel welches, wechseln zu lassen, so hätte er dieselbe durchweg gelöst mit Ausnahme zweier Stellen, der vierzehnten und der letzten, der zwanzigsten. Für die Ausnahme der letzten Stelle liesse sich dann vielleicht darin eine Erklärung finden, dass das Schlussgedicht dasselbe Metrum wie das Eingangsgedicht haben sollte, um gleichsam ähnlich wie in den Dekaden des ersten Buches die Kette zu schliessen. Für die vierzehnte Stelle aber würde man wohl eine ähnliche Entschuldigung nicht finden, und damit wäre dann auch der Beweis dafür geführt, dass die aufgestellte Vermutung zur Erklärung der gegenwärtigen Ordnung nicht ausreicht. Wir müssen daher einen andern Weg beschreiten, um ein gesichertes Urteil über die vorliegende Ordnung des zweiten Buches zu gewinnen.

Es fragt sich zunächst, ob wir in derselben eine Absicht, überhaupt irgend welche Tendenz erkennen, oder ob wir annehmen sollen, sie sei eine regellos, nur durch den Zufall und ohne Rücksicht auf das Metrum aneinandergereihte Sammlung von Gedichten. Dass ein ganz bestimmtes Prinzip und welches die gegenwärtige Folge der Gedichte beherrscht, wird der zweite Band dieser Blätter nachweisen. Hier möge nur auf folgende Umstände aufmerksam gemacht werden.

Vor allem rundet sich die Zahl der Gedichte auch gegenwärtig genau zu zwanzig ab, eine Anzahl, welche zwei Dekaden, dem Systeme gleichkommt, auf welchem sich die Ordnung der vierzig Gedichte des ersten Buches erbaute. Diese zwei Dekaden bilden ferner ein einheitliches Ganzes, eine Syzygie. Denn offenbar ist das erste Gedicht an Pollio ein Eingangsgedicht, wie das an Mäcen gerichtete erste Gedicht des ersten Buches, und das letzte Gedicht, an Mäcen gerichtet („summa dicende Camenis"), ein Schlussgedicht im Sinne von III, 30. Geben diese Umstände uns die Gewissheit, dass die Gedichte des zweiten Buches nicht etwa zufällig bei der Zahl zwanzig abbrechen, so dürfte uns die Folge

1
    2
1
    2
1
    2
1
    2
1
     2
1

die Thatsache sichern, dass uns zweifellos in ihr eine Ordnung der Gedichte auch des zweiten Buches nach dem Metrum vorliegt, eine Ordnung, welche sich in der Folge allerdings auch hier wieder als eine gestörte erweist. Unmöglich wäre es, das eine oder das andere zu leugnen. Lässt es sich einerseits nicht bestreiten, dass die Reihe 1 2 1 2 1 2 1 2 1 2 1 die Absicht beweist, die Metra wechseln zu lassen, so muss andererseits doch auch unzweifelhaft zugegeben werden, dass die Folge

1		
1		3
1		1
1		2
1		4
1		
		1

diese Absicht nicht durchführt, dass die angelegte Folge gestört worden ist.

Finden beide Sätze durch die dort in ihren Resten noch erhaltene und hier doch gestörte metrische Ordnung des ersten Buches ihre Parallele und damit ihre Stütze, so bestätigt auch wiederum dieser Zustand des zweiten Buches die Ergebnisse unserer Untersuchungen über die frühere Ordnung jenes. Es wäre auch in der That nur wunderbar, wenn wir im zweiten Buche, in dem Buch der Epoden, in der ganzen Anlage der Sammlung der Werke des Horaz eine Anordnung nach dem Metrum bemerkten, aber in dem ersten Buche nicht. Wir nehmen daher nur sich wiederholende gleiche Erscheinungen darin wahr, dass die ersten achtzehn Oden des ersten Buches, die ersten elf des zweiten, die ersten zehn und die folgenden sieben des Buches der Epoden wie die ganze Ausgabe des Horaz eine bestimmte Ordnung nach dem Metrum aufweisen, und dass diese Ordnung nach anfänglicher Regelmässigkeit sich allmählig immer weiter von der strengen Folge entfernt, bis sie zuletzt fast unerkennbar wird. War jedoch das erste Buch einst in Dekaden, von neun wechselnden Massen geordnet, folgten in dem Buche der Epoden zuerst die iambischen, dann die epischen Distichen, so war das zweite Buch in noch anderer Weise insofern eingerichtet, als das alcäische Mass mit dem sapphischen wechselte. Dieser Umstand ergiebt den Schluss, dass

zwar die ganze uns erhaltene Ausgabe des Horaz nach dem Metrum der Gedichte geordnet gewesen, eine Ordnung, welche zum Teil noch jetzt erhalten ist, dass jedoch die Bücher der Oden nicht durchgängig nach einem und demselben System, sondern in verschiedener Weise geordnet waren.

Erinnert man sich, dass die Ordnung der ersten neun Oden des ersten Buches, die umgekehrte des Buches der Epoden und der regelmässige Wechsel der ersten elf Versmasse des zweiten Buches allezeit offen zu Tage lag, so sagt dieser Satz in keiner Weise etwas Neues. Nichtsdestoweniger ist es vorteilhaft, gegenwärtig, wo unsere Kenntnisse auf diesem Gebiete sich erweitert haben, dasjenige, was wir wissen, auch in bestimmter Form auszusprechen; denn dies erleichtert uns den ferneren Weg der Forschungen und führt schon jetzt zu neuen Folgerungen. Zu diesen dürfte gehören, dass die frühere Annahme, das erste bis dritte Buch der Oden oder auch nur das erste und zweite Buch derselben seien in ihrer gegenwärtigen Gestalt gleichzeitig und als ein Ganzes herausgegeben, fortan an Wahrscheinlichkeit verliert. Denn die Verschiedenartigkeit der Grundsätze, nach welchen die einzelnen Bücher geordnet sind, trägt zur Unterstützung dieser Annahme nicht bei, sondern scheint ihr im Gegenteil zu widersprechen. Die Ordnung des dritten Buches wird diese Ansicht nur bestätigen. Widerspricht derselben Annahme doch auch laut jene bekannte Thatsache, dass die ersten drei Bücher der Oden unter sich in Bezug auf ganz bestimmte sprachliche und metrische Eigentümlichkeiten mehrfach in Gegensatz treten.

Carm. II, 12

Unsere These, dass wir auch das zweite Buch in Bezug auf die Folge der Oden nach dem Metrum nur in gestörtem Zustande besitzen, wird durch einen Blick auf den Inhalt der Oden, wie es scheint, nur erhärtet. Dass die an Mäcen gerichteten Oden meistens an bezeichnender Stelle stehen, ist bekannt und trifft im zweiten Buche bezüglich der zwanzigsten Ode zu. Da ist es denn in der That auffällig, dass die eine zweite, an Mäcen gerichtete Ode nicht etwa in erster Stelle, sondern in siebzehnter, eine dritte nicht etwa in zehnter oder elfter, sondern in zwölfter Stelle steht. Fast sieht es aus, als sei die letztere um nur eine Stelle vorwärts gerückt. Hierzu passt das Metrum, ein asclepiadeisches, welches wir im dritten Buche ebenfalls in einer an Mäcen gerichteten Ode, ebenfalls an bezeichnender Stelle — es ist die erste der zweiten Hälfte — finden. Endlich erscheint das zwölfte Gedicht auch seinem Inhalte nach nicht ungeeignet, um in einer Ordnung nach dem Metrum eine Dekade oder eine Syzygie zu beginnen; denn es könnte sehr wohl dazu gedient haben, den Charakter einer Sammlung von Gedichten als lyrischer anzukündigen.

> Nolis longa ferae bella Numantiae . .
> aptari citharae modis: —
> ne Gales dominae Musa Licymniae
> ... voluit dicere c. q. s.

Zu diesem Inhalte und zu dieser Form passt der Gedankengang der ganzen Ode wenig. Der Rhythmus, in welchem diese Gedanken verlaufen, ist, wie aus I, 6 beweist, nur der des einfachen Gegensatzes, ein zweiteiliger. „Varius wird deine Thaten besingen, nicht ich, der Lyriker!" Dieser Form logischer Bewegung würde in 11, 12 entsprechen: „Du, o Mäcen, wirst Caesars Thaten beschreiben, nicht ich, der Lyriker!" Statt dessen finden wir die Form:

1. „Nicht mich lass dichten;
2. Du selbst, o Mäcen, wirst die Aufgabe besser lösen;
3. Ich besinge meine Licymnia;
4. Würdest Du sie um alle Schätze der Welt verlieren mögen?"

Stoff genug, nicht zu einem, sondern zu zwei oder mehr Gedichten! Wie wenig sich die Glieder dieser Gedankenreihe zu einem Ganzen runden, erkennt man, wenn man das erste und letzte mit einander verbindet; also: Nicht Epen lass mich dichten; möchtest Du wohl eine Locke Licymnias um alle Schätze Arabiens vertauschen? In der That wird der Verdacht, dass uns hier nicht ein einheitlicher Gegenstand vorliegt, durch manche Umstände verstärkt, von denen in sprachlicher Beziehung ich zunächst nur den höchst anstössigen Übergang Tuque (vgl. IV, 15 *Tua, Caesar, aetas!*), in metrischer *dum flagrantia declarquet ad oscula* hervorhebe. Auch wiederholen sich hier dieselben Erscheinungen, wie bei I, 7 u. a.: denn Ellendt und Gruppe wollen Vers 21—28, Linker Vers 9—20 verwerfen.

Dasjenige aber, was den Zusammenhang in der gegenwärtigen Form bedenklich, ja, unannehmbar macht, ist das *te* in dem einundzwanzigsten Verse. Dadurch dass vorher Mäcen angeredet ist, gewinnt dieses *te*, welches man ohne den vorhergehenden Namen Mäcens für eine allgemeine Form der Anrede ohne Beziehung auf eine bestimmte Person halten könnte, die direkte Beziehung auf Mäcen, und Licymnia erscheint dadurch allerdings als Mäcen, nicht als dem Dichter zugehörig. Aber die vorhergehenden Strophen eignen umgekehrt nach gewöhnlichem und natürlichem Wortverständnisse und Gedankengange Licymnia vielmehr dem Dichter selbst zu, wenn er sagt:

> me dulces dominae Musa Licymniae
> cantus, me voluit dicere lucidum
> fulgentes oculos et bene mutuis
> fidum pectus amoribus.

Denn dies heisst nach sonstiger Dichterweise doch nur: Singe Du, was Dir gebührt, mein Lied ist Licymnia, meine Herrin und meine erwiderte Liebe. Unmöglich wird die Beziehung jenes *num tu* auf Mäcen, wenn unter Licymnia gar Terentia, Mäcens Gemahlin, verstanden werden soll. Ob vornehme Frauen im Tempelreigen mitgetanzt oder nicht, ist hier ganz gleichgültig. Die Scene, welche am Ende des Gedichtes geschildert wird,

> dum flagrantia detorquet ad oscula
> cervicem, aut facili saevitia negat,
> quae poscente magis gaudeat eripi,
> interdum rapere occupet?

ist solcher Natur, dass sie nicht sowohl vor Zeugen zwischen dem Gatten und der Gattin als vielmehr zwischen nicht in diesem Verhältnisse stehenden Liebenden sich abspielend gedacht werden muss; sie würde im ehelichen Leben die Gegenwart eines Dritten sogar unter Annahme grösstmöglicher Intimität desselben ausschliessen. Man darf behaupten, dass sie in keinem Falle sich auf Augenzeugenschaft in dem Hause Mäcens und einer römischen Matrone gründet, sondern vielmehr dem Gebiete freier Liebe entnommen ist. Damit stimmt die Bedeutung des Namens, „die Hellsingende", nur überein; und derselbe tritt durch sie in eine Reihe mit Lyde, welche am Ende des unserm zwölften vorhergehenden Liedes gleichfalls ihr schönes Haar in einen zierlichen Knoten schlingen und zu Gesang und Liebe herbeieilen soll. Dadurch hört Licymnia aber auch auf, in uns den Gedanken an eine wirkliche Freundin des Horaz zu er-

wecken; sie bedeutet dann nicht mehr als Doris in unseren deutschen Schäfer-
poesieen. Friedrich Ellendt (Eisleben 1853) sagt unter anderm über diese ganze
Frage folgendes: „Wenn Horatius die Licymnia *domina* nennt und ihr ein
treuliebendes Herz und andere Vorzüge zuschreibt, so kann dies nur auf die
eigene Geliebte gehen, teils weil *domina*, *Herzenskönigin* oder *Geliebtin*, unmöglich
anders verstanden werden kann, besonders wegen des Zusatzes *pectus fidum mutuis*
amoribus, teils weil es abgeschmackt und verdächtig wäre, mit solchem Feuer die
Vorzüge einer fern stehenden und ganz unnahbaren Person, die der Gemahlin des
Mäcenas zu preisen; denn die Treue einer Geliebten kann doch nur einem geliebten
Manne, nicht aber einem Fremden Gegenstand der Freude sein. Andererseits aber
kann Mäcenas unmöglich königliche Schätze gegen die Locke der Geliebten eines
andern verschmähen wollen. Folglich sind die vierte und sechste Strophe in einem
unversöhnlichen Widerspruche mit einander.“

„Ferner stimmen *cantus* (geselliges Talent), *lucidi oculi* (körperliche Schönheit)
und *pectus amoribus fidum* (Liebe und Treue) V. 12 bis 16 gar schön zusammen,
denn sie erschöpfen in der That alles, was eine Geliebte begehrenswürdig machen
kann. Aber passt zu dem Bisherigen der Satz *quam nec ferre pedem dedecuit choris?*
Der Relativsatz kann nur entweder ein nachträglicher, die Licymnia von andern
Frauen unterscheidender Zusatz (Adjektivsatz) sein oder ein ursächliches Verhältnis
ausdrücken. Es ist aber gleich widersinnig und unlogisch, entweder so fortzu-
schreiten: *Licymnia, die treue, sie, die so schön tanzen kann* — denn Tanz und
Treue haben nichts mit einander gemein — oder so: *Licymnia, die treue, sinl und*
sie so schön tanzen kann, da die Geschicklichkeit im Tanzen keinen Grund zur
Treue abgiebt.“

„Weiter ist es widersinnig, wenn von Licymnias graziösem Tanze an zwei
Stellen und zwar dicht hinter einander, jedoch so gehandelt wird, dass ihre Gabe
zu scherzen mitten dazwischen tritt; wie V. 17 bis 20 geschieht. Denn die Distink-
tion Orellis und anderer, dass an der ersten Stelle von dem geselligen, an der andern von dem feierlichen Tanze gesprochen werde, ist keiner Widerlegung wert.
Tanz bleibt Tanz, und die drei geselligen Talente der Licymnia, *cantus, saltatio,*
ioci, wenn sie alle erwähnt werden sollten, mussten verbunden, nicht aber höchst
unlogischer Weise durch zwei verschiedene Zwischensätze *(bene mutuis fidum pectus*
amoribus und *nec certare ioco)* getrennt werden.“

„Endlich ist der Gedanke der beiden letzten Strophen zwar schön und mit
feurigen Farben, des Horatius würdig ausgemalt, aber die Verbindung dieser beiden
Strophen ist unlogisch und widersinnig, also nicht horazisch. *Dum* kann doch nur
während bedeuten. Also liebte Mäcenas seine Terentia — da sie doch einmal gemeint sein soll — nur, während sie ihn küsste?“

„Summa: Strophe 5, 6 und 7 sind unecht und zwar möglicher Weise von zwei Verfassern. Der eine bemühte sich die Talente der Licymnia auszumalen und schob in der sechsten Strophe den Mäcenas dem Dichter unter; der andere fand die Liebe des Mäcenas noch nicht lebendig genug ausgedrückt und fügte die lockende Schilderung der feurigen Küsse der Liebenden hinzu." Soweit Ellendt.

In der That fallen die Widersprüche und Unzuträglichkeiten der ganzen Ode, sobald man die zwei letzten Strophen von ihr abtrennt. Fragt man weiter, ob denn zwei sich selbst ausreichend legitimierende Gedichte aus II, 12 sich herstellen lassen, so darf die Frage bejaht werden. Zur Darstellung des ersten Gedankens genügt vollkommen die Form: „Nicht ich, sondern Du", und dieser Gedanke findet seinen vollständigen Ausdruck schon in der ersten und dritten Strophe.

Allerdings liegt die Frage nicht ebenso einfach bezüglich des verbleibenden zweiten Teiles des Gedichtes. Ohne Zweifel könnte die vierte Strophe, *Me dulces*, in strenger Analogie zu I, 6 noch zu dem ersten Teile hinzugezogen werden, so dass wir folgende Parallelen hätten, in welchen ich auf *ferae, ferox, saevos, Caesaris, domus, Musa* aufmerksam mache, obwohl kaum eine Stelle in beiden Gedichten nicht korrespondiert.

Nolis longa ferae bella Numantiae,
nec durum Hannibalem nec Siculum mare
Poeno purpureum sanguine, mollibus
    aptari citharae modis,

nec saevos Lapithas et nimium mero
Hylaeum domitosque Herculea manu
Telluris iuvenes, unde periculum
    fulgens contremuit domus

Saturni veteris: tuque pedestribus
dices historiis proelia Caesaris,
Maecenas, melius ductaque per vias
    regum colla minacium.

me dulces dominae Musa Licymniae
cantus, me voluit dicere lucidum
fulgentes oculos et bene mutuis
    fidum pectus amoribus.

Scriberis Vario fortis et hostium
victor, Maeonii carminis aliti,
quam rem cumque ferox navibus aut equis
    miles, te duce, gesserit.

nos, Agrippa, neque haec dicere, nec gravem
Pelidae stomachum cedere nescii,
nec cursus duplicis per mare Ulixei,
    nec saevam Pelopis domum

conamur, tenues grandia: dum pudor,
imbellisque lyrae Musa potens vetat
laudes egregii Caesaris et tuas
    culpa deterere ingeni.

nos convivia, nos proelia virginum
sectis in iuvenes unguibus acrium
cantamus, vacui, sive quid urimur,
    non praeter solitum leves.

Dann bliebe selbständig verwertbar nur noch die sechste und siebente Strophe übrig. Aber in der That spricht die Wiederkehr des Namens Licymnia im dreiundzwanzigsten nach dem dreizehnten Verse nicht an. Und wenn wir uns erinnern, dass in I. 7. I. 28. I. 9 und in andern Gedichten (IV. 8 u. s. w.) ganze Verse eingeschoben sind zu andern Zwecken oder um zwei nicht zusammengehörige Gedichte zu vereinen, so treten wir wohl dem Redaktor mit der Annahme nicht zu nahe, dass er sich, wo es ihm wünschenswert erschien, Änderungen erlaubte, und mit einer leichten Rückänderung erhielten wir die Verse

> Non, di, quae tenuit dives Achaemenes,
> aut pinguis Phrygiae Mygdonias opes
> permutare velim crine Licymniae,
> plenas aut Arabum domos,
>
> cum flagrantia detorquet ad oscula
> cervicem, aut facili saevitia negat,
> quae poscente magis gaudeat eripi,
> interdum rapere occupet.

Jedoch ist es auch möglich, dass diesen Strophen schon andere vorausgingen, vielleicht die dritte und vierte Strophe von II, 12; ist doch auch die parallele Strophe von I, 6, *Nos convivia*, von mehreren Seiten verworfen worden und überschreitet sie doch, wie oben erwähnt, das notwendige Mass der natürlichen Form: „Du, o Mäcen, nicht ich!"

In dem Vorstehenden ist es nicht sowohl Absicht gewesen, vor allem zwei Gedichte aus einem herzustellen, als vielmehr den Nachweis zu führen, dass das zwölfte Gedicht des zweiten Buches einen Doppelcharakter in sich trägt, dass es ein Mal Licymnia besingt, ein anderes Mal eine Ablehnung epischer Stoffe enthält. Diese Aufgabe erschien um so interessanter, als es sich auch hier wieder um ein Gedicht handelt, welches, soviel wir zu erkennen vermögen, nicht an seinem ursprünglichen Platze steht. Denn II, 12 ist die erste Ode, welche, obwohl in grader Stelle, nicht wie No. 2, 4, 6, 8, 10 in sapphischem Versmass abgefasst ist. Der Umstand aber, dass das Gedicht zwei Gedankenreihen enthält, giebt der Möglichkeit Raum, dass, ähnlich wie wir es später bei dem Buche der Epoden finden werden, je zwei Gedichte in gleichem, aber von dem alcäischen und sapphischen verschiedenen Versmasse die beiden Dekaden des Buches einleiteten; einer der beiden Teile von II, 12 würde seinem Hauptgedanken nach zu solchen Gedichten sich geeignet haben, ein Verhältnis, welches in noch höherem Masse bei einem andern Gedichte des zweiten Buches zutrifft, zu welchem wir jetzt übergehen.

Carm. II. 18.

Von Bacchylides besitzen wir ein Fragment, welches folgendermassen lautet:

Οὐ βοῶν πάρεστι σώματ', οὔτε χρυσός, οὔτε πορφύρεαι
τάπητες, ἀλλὰ θυμὸς εὐμενὴς
Μοῦσά τε γλυκεῖα καὶ Βοιωτίοισιν ἐν σκύφοισιν οἶνος ἡδύς.

Wir verdanken die Erhaltung desselben dem Athenäus, welcher sagt: *Μνημονεύει δὲ τῶν Βοιωτικῶν σκύφων Βακχυλίδης ἐν τούτοις, ποιούμενος τὸν λόγον πρὸς τοὺς Διοσκούρους, καλῶν αὐτοὺς ἐπὶ ξένια.* Durch diese Notiz sind wir vollkommen in den Stand gesetzt, Sinn und Absicht jener Verse zu erkennen. Der Dichter wendet sich an die Söhne des Zeus ξένιος, die Dioskuren, die Schützer des Gastrechtes und der Gastfreundschaft; er ruft sie an seinen eigenen Tisch, sie, die Söhne des mächtigsten Gottes; mit ihnen lädt er vielleicht jeden Freund seines gastlichen Hauses und seiner Lieder unter sein einfaches Dach und im Gefühle seiner irdisch bescheidenen Verhältnisse, aber seines Reichtums an allem dem, was froh, zufrieden und glücklich macht, ruft er aus:

Ich hab' nicht Geld, ich hab' nicht Gut,
    nicht Gold und Elfenbein,
doch hab' ich Lieder, frohen Mut
    und einen Becher Wein!

Drum wer sich Sorgen nicht ergiebt,
    Soll mir willkommen sein,
Wer Tugend pflegt, wer Lieder liebt,
    Der kehre bei mir ein!

Oder, fuhr der Dichter nicht in diesem Sinne fort, so bat er die Götter, ihn bei dem zu erhalten, was sie ihm gnädig verliehen und dabei glücklich sein zu lassen; sein Herz, seine Laute, sein Wein, das sei sein ganzer Besitz, aber auch sein ganzes Glück; er brauche nichts mehr.

> Frui paratis et valido mihi,
> Latoe, dones ac, precor, integra
> cum mente nec turpem senectam
> degere nec cithara carentem.

Das ist so echte Poesie und Dichterbrauch und so ist zu allen Zeiten gesungen worden, so im alten Griechenland und so im deutschen Lande und keine Gedichte sind darum mehr in Volksmund übergegangen als solche. Es möge eines der bekanntesten von J. M. Miller von Ulm hier folgen.

Was frag' ich viel nach Geld und Gut
Wenn ich zufrieden bin?
Giebt Gott mir nur gesundes Blut,
So hab' ich frohen Sinn,
Und sing' aus dankbarem Gemüt
Mein Morgen- und mein Abendlied.

So mancher schwimmt im Überfluss,
Hat Haus und Hof und Geld
Und ist doch immer voll Verdruss
Und freut sich nicht der Welt.
Je mehr er hat, je mehr er will,
Nie schweigen seine Klagen still.

Und uns zu Liebe schmücken ja
Sich Wiese, Berg und Wald,
Und Vögel singen fern und nah,
Dass alles wiederhallt:
Bei Arbeit singt die Lerch' uns zu,
Die Nachtigall bei süsser Ruh.

Drum bin ich froh und lobe Gott,
Und schweb' in hohem Mut.
Und denk', es ist ein grosser Gott,
Der meint's mit Menschen gut;
D'rum will ich immer dankbar sein
Und mich des Erdenlebens freu'n.

In demselben Versmasse nun wie Bacchylides hat auch Horaz ein Gedicht desselben Inhaltes gedichtet. Es verläuft in der Form: Nicht Elfenbein und Gold, aber ein Lied, ein Freund und ein zufriedenes Herz sind mein. Dies ist nicht bloss die in den Liedern anderer Dichter übliche Form, in welchen jener Gedanke seinen Ausdruck findet, sondern auch bei Horaz selbst kehrt sie bei verwandtem Inhalte regelmässig wieder. „Nicht die Rennbahn, heisst es I, 1, nicht äussere Ehren oder Schätze sind mein Glück; mich beseligt mein Lied." „Nicht der Faustkampf, nicht Schlachtensieg, heisst es IV, 3, sondern nur das Lied windet um meine Schläfe seinen Kranz." „Nicht Rhodos, heisst es I, 7 nicht Mytilene, Korinth, Delphi oder Theben begeistern mich; mich entzückt allein mein Tibur!"

Der Augenschein möge sprechen.

Horaz I. 1.

Sunt quos curriculo pulverem Olympicum
collegisse iuvat, metaque fervidis
evitata rotis palmaque nobilis
terrarum dominos evehit ad deos;

est qui nec veteris pocula Massici
nec partem solido demere de die
spernit, nunc viridi membra sub arbuto
stratus, nunc ad aquae lene caput sacrae.

me doctarum hederae praemia frontium
dis miscent superis, si neque tibias
Euterpe cohibet nec Polyhymnia
Lesboum refugit tendere barbiton.

Horaz IV, 3.

Quem tu, Melpomene, semel
   nascentem placido lumine videris,
illum non labor Isthmius
   clarabit pugilem, non equus impiger

curru ducet Achaico
   victorem, neque res bellica Deliis
ornatum foliis ducem,
   quod regum tumidas contuderit minas,

ostendet Capitolio:
   sed quae Tibur aquae fertile praefluunt,
et spissae nemorum comae
   fingent Aeolio carmine nobilem.

Das Gedicht, wie es die uns erhaltene Ausgabe überliefert, ist aber damit noch nicht zu Ende. Dasselbe bildet folgende Gedankenreihe:

1. Nicht Elfenbein und Gold sind mein Besitztum,
2. Sondern mein Lied, mein Freund und mein zufriedenes Gemüt.
3. Die Zeit eilt rastlos dahin:
4. Du sammelst Schätze wie für die Ewigkeit.
5. Aber auch der Reiche muss endlich sterben.

Ob so richtig excerpiert ist, möge man z. B. an *Maclane* kontrollieren, dessen verkürztem Argument ich nur die Zahlen vorsetze.

1. No gold in my roof, no marble in my hall, no palace have I etc.,
2. but I have honesty and understanding etc.
3. Days are passing on and
4. thou art building etc., but — —
5. to Hades thou must go in the end; the earth opens to rich and poor.

Dass hier die Glieder 1 und 2, und dann wieder die Glieder 3, 4 und 5 wohl geeignet sind ein selbständiges Ganze zu bilden, ist klar; aber ebenso

Horaz I, 7.

Laudabunt alii claram Rhodon aut Mytilenen,
    aut Epheson bimarisve Corinthi
moenia, vel Baccho Thebas vel Apolline Delphos
    insignes, aut Thessala Tempe.

sunt quibus unum opus est intactae Palladis urbem
    carmine perpetuo celebrare et
undique decerptam fronti praeponere olivam;
    me nec tam patiens Lacedaemon

nec tam Larisae percussit campus opimae,
    quam domus Albuneae resonantis
et praeceps Anio ac Tiburni lucus et uda
    mobilibus pomaria rivis.

Horaz II. 18.

Non ebur neque aureum
    mea renidet in domo lacunar,
non trabes Hymettiae
    premunt columnas Africa recisas,

nec Laconicas mihi
    trahunt honestae purpuras clientae.
at fides et ingeni
    benigna vena est, pauperemque dives

me petit: nihil supra
    deos lacesso nec potentem amicum
largiora flagito,
    satis beatus unicis Sabinis.

---

sicher ergiebt sich auch, dass zwischen 2 und 3 ein Zusammenhang nicht besteht. Wie ein Dichter fortfährt, wenn er noch über die erste Strophe hinaus singt, das zeigt oben, S. 263, das deutsche Lied, in welchem der Schluss zu dem Anfange des Gedichtes zurückkehrt. Hier aber schliesst sich der Ring, wenn man das erste und das letzte Glied zusammenbringt, folgendermassen: „Nicht Elfenbein und Gold sind mein Besitztum; — — einst musst Du doch sterben.“ Wollte der Dichter ähnlich fortfahren, wie II, 18 jetzt lautet, so konnte er nur sagen: Nicht Schätze habe ich, aber einen Freund und ein treues und genügsames Dichterherz; Du hast zwar Marmor und Ländereien, aber keinen Freund, keine Lieder, kein glückliches Herz! Statt dessen sagt er: Du hast zwar Schätze, aber — musst dennoch sterben. Hat denn der Dichter gemeint, oder gar gesagt, dass er unsterblich sei?

Auch hier wieder haben wir zwei Gedichte vor uns, welche durch das gleiche Versmass und einzelne parallele Gedanken, wie z. B.: Mein Haus erglänzt nicht von Gold und Marmor; Du lässt das deine von Marmor erbauen; ich bin genügsam, Du bist sogar mit dem Festlande noch nicht reich genug u. s. w., den Anlass zur Vereinigung gegeben haben.

Dass auch dieser zweite Teil des Gedichtes durchaus selbständig ist, sollen ebenfalls drei Horazische Parallelen veranschaulichen; ein Urteil über die anticipierte Teilung von IV, 7 möge einstweilen zurückgehalten werden.

35

Horaz II, 14.

Eheu fugaces, Postume, Postume,
labuntur anni nec pietas moram
    rugis et instanti senectae
      adferet indomitaeque morti;

non, si trecenis, quotquot eunt dies,
amice, places iulacrimabilem
    Plutona tauris, qui ter amplum
      Geryonen Tityonque tristi

compescit unda, scilicet omnibus,
quicumque terrae munere vescimur,
    enaviganda, sive reges
      sive inopes erimus coloni.

frustra cruento Marte carebimus
fractisque rauci fluctibus Hadriae,
    frustra per autumnos nocentem
      corporibus metuemus Austrum.

visendus ater flumine languido
Cocytos errans et Danai genus
    infame damnatusque longi
      Sisyphus Aeolides laboris.

linquenda tellus et domus et placens
uxor, neque harum, quas colis, arborum
    te praeter invisas cupressos
      ulla brevem dominum sequetur.

absumet heres Caecuba dignior
servata centum clavibus et mero
    tinguet pavimentum superbo,
      pontificum potiore cenis.

Horaz II, 18.

Truditur dies die
    novaeque pergunt interire lunae:
tu secanda marmora
    locas sub ipsum funus et sepulchri

immemor struis domos,
    marisque Bais obstrepentis urgues
submovere litora,
    parum locuples continente ripa.

quid quod usque proximos
    revellis agri terminos et ultra
limites clientium
    salis avarus? pellitur paternos

in sinu ferens deos
    et uxor et vir sordidosque natos.

  ————— ————— ————— —————
  ————— ————— ————— —————

nulla certior tamen
    rapacis Orci fine destinata
aula divitem manet
    erum. quid ultra tendis? aequa tellus

pauperi recluditur
    regumque pueris, nec satelles Orci
callidum Promethea
    revexit auro captus. hic superbum

Tantalum atque Tantali
    genus coercet, hic levare functum
pauperem laboribus
    vocatus atque non vocatus audit.

———

Mit dem, was im vorstehenden gesagt ist, kommt im wesentlichen auch
Gruppe im Äakus überein. Es heisst dort unter anderm:

    „Aber es giebt stärkere Gründe, an der bezeichneten Stelle zu schliessen. Das
Gedicht hat zum Inhalt den Gegensatz von Reichtum und poetischer Begabung,
und dieser löst sich dadurch, dass ihn, den Armen, der Reiche und Mächtige besucht.

Horaz I. 4[b].

Pallida mors aequo pulsat pede
   pauperum tabernas
      regumque turris. o beate Sesti,

vitae summa brevis spem nos vetat
   incohare longam.
      iam te premet nox fabulaeque Manes

et domus exilis Plutonia:
   quo simul mearis,
      nec regna vini sortiere talis,

nec tenerum Lycidan mirabere,
   quo calet inventus
      nunc omnis et mox virgines tepebunt.

Horaz IV, 7[a].

quis scit an adiciant hodiernae crastina summae
   tempora di superi?
cuncta manus avidas fugient heredis, amico
   quae dederis animo.

cum semel occideris et de te splendida Minos
   fecerit arbitria,
non, Torquate, genus, non te facundia, non te
   restituet pietas:

infernis neque enim tenebris Diana pudicum
   liberat Hippolytum,
nec Lethaea valet Theseus abrumpere caro
   vincula Pirithoo.

Horaz IV, 7[b].

frigora mitescunt Zephyris, ver proterit aestas
   interitura, simul
pomifer autumnus fruges effuderit et mox
   bruma recurrit iners,

damna tamen celeres reparant caelestia lunae:
   nos, ubi decidimus
quo pius Aeneas, quo Tullus, dives et Ancus,
   pulvis et umbra sumus.

Die Zufriedenheit mit dem wenigen, was er besitzt, steht schon ausserhalb und is.
an dieser Stelle Prosa; jeder Anhang aber verdirbt den Hauptgedanken. Dass der
Tod arm und reich gleich mache, was im folgenden so breit ausgeführt wird,
gehört vollends nicht hierher, am wenigsten der leidende Arme, der vom Tode erlöst
wird. Hier taumelt alles und geht in der Irre. Aber überhaupt ein solches *Tu*,
wie in V. 17, dem obigen *me* entgegenzusetzen, ist verkehrt; denn wir bekommen
einen neuen Gegensatz, der jenen durchkreuzt und zerstört, während sich doch zugleich auch wiederholt, was schon dagewesen: Horazens Haus fehlen die *columnae
ultima Africa recisae*, Vers 4, und nun hier, V. 17: *tu secanda marmora!* Ich erwähne

35*

noch, dass die Verse: *aequa tellus Pauperi recluditur Regumque pueris* ihr Original finden in Ode II, 14, 11: *sive reges sive inopes erimus coloni*, womit zu vergleichen Ode I, 4, 13; II, 3, 21; II, 18, 32; III, 1, 14, während die Verse 34, 35 auf den Schluss von Ode IV, 7 allzu deutlich verweisen. Auch das Vorschreiten ins Meer kommt wiederholt vor, z. B. III, 1, 33, III, 24, 46, scheint aber mehr der späteren Kaiserzeit zu gehören als der augusteischen. Besonders hebe ich noch hervor, dass gestritten worden, wer unter dem *satelles Orci* in V. 34 zu verstehen sei, ob *Charon* oder *Mors;* sehr mit Recht; denn auf ersteren passt *nec revexit auro captus*, dagegen *hunc levare functum Pauperem laboribus Vocatus atque non vocatus audit* nur auf den Tod und nimmermehr auf Charon, und da frage man sich, ob Horaz das kann geschrieben haben!" (Gruppe wendet sich dann noch gegen die Deutung des *satelles Orci* auf Merkur und Cerberus).

Ebenso wiederholen sich hier andere Erscheinungen, wie wir sie stets bei der Zusammenziehung von zwei Gedichten wiederkehren sehen. So die Absätze, welche in Übersetzungen bei Vers 15 gemacht werden, so die Einschaltungen eines Gedankens in Inhaltsangaben, um die mangelnde Verbindung herzustellen, so besonders die Unterlassung der Wiedergabe von Vers 15, 16. Nichts ist charakteristischer als das letztere. Dem *satis beatus (ego)* stellt sich nämlich ungezwungen *Tu secanda e. q. s.* entgegen. Grade dieses aber folgt nicht sofort, sondern die mit den ersten vierzehn Versen ausser jedem Zusammenhang stehenden Verse *Truditur dies die e. q. s.* Sie treten darum in das ganze Gedicht entschieden störend ein; für den zweiten Teil aber sind sie schlechterdings unentbehrlich, weil grade zu ihnen sich *Tu secanda* in Gegensatz stellt und nicht zu *satis beatus (ego)*. Denn sie sollen, wie oben erwähnt, besagen: Rastlos eilt die Zeit dahin; *sub ipsum funus* also errichtest Du Bauten wie für die Ewigkeit, und doch kannst Du dem Tode nicht entrinnen.

> Intactis opulentior
> > thesauris Arabum et divitis Indiae
> caementis licet occupes
> > Tyrrhenum omne tuis et mare Apulicum:
>
> si figit adamantinos
> > summis verticibus dira Necessitas
> clavos, non animum metu
> > non mortis laqueis expedies caput.

Wenn Wickham sagt: *Horace opposes two pictures: one of himself and his poetry; the other of some rich man etc.*, so prägt sich die gegenwärtige Sachlage hierin recht deutlich aus. Allerdings sind es zwei Gemälde; aber sie stehen, wie oben nachgewiesen, nicht in Gegensatz unter einander, sondern jedes Gemälde hat schon seine eigenen Gegensätze. Der reiche Mann ist ja schon in den ersten Versen *Non ebur e. q. s.* dem *satis beatus unicis Sabinis* entgegengestellt.

Te greges centum Siculaeque circum   vestiunt lanae: mihi parva rura et
mugiunt vaccae, tibi tollit hinnitum   spiritum Graiae tenuem Camenae
apta quadrigis equa, te bis Afro   Parca non mendax dedit et malignum
murice tinctae   spernere volgus.

In dem zweiten Teile bildet das ewige Jagen nach Schätzen den Gegensatz zu der Unmöglichkeit dem Tode zu entrinnen; *nulla certior* tamen — — *quid ultra tendis?*

Das oben zitierte Fragment des Bacchylides, *Οὐ βοῶν πάρεστι σώματ'*, ist in Trochäen abgefasst, welche Bergk in folgenden Reihen wiedergiebt:

$$- \cup - \cup - \cup - \cup - \cup - \cup - \cup - \cup - \cup - \cup$$
$$- \cup - \cup - \cup - \cup - \cup - \cup - \cup - \cup - \cup - \cup$$

indem er hinzufügt: *carmen puris trochaeis constat.* In Trochäen beginnt die erste Zeile des Horazischen Gedichtes und die ganze Reihe der beiden ersten Zeilen, *Non ebur nec aureum mea renidet in domo lacunar,* stellt sich ebenfalls als eine einzige Reihe von Trochäen dar:

$$- \cup - \cup - \cup - \cup - \cup - \cup - \cup - \cup - \cup$$

Fragen wir, wie sie abgeteilt und stichisch gegliedert werden soll, so sagt uns die Metrik der nachklassischen Zeit, sie bestehe aus folgenden drei Reihen:

$$- \cup - \cup - \cup$$
$$\cup - \cup - \cup - \cup - \cup - \cup$$

d. h. jene Reihe von neun Trochäen sei eben nicht eine Reihe von Trochäen, das sei unrichtig, sondern sie setze sich in Wirklichkeit aus zwei asynartetischen Reihen zusammen, deren erstere eine katalektische trochäische Tetrapodie, deren zweite ein katalektischer jambischer Trimeter mit regelmässiger Penthemimeres sei. Das ist dieselbe Theorie wie die, nach welcher der Hexameter

$$-\ \smile\ \smile\ -\ \smile\ \smile\ -\ \|\ -\ \smile\ \smile\ -\ \smile\ \smile\ -\ -$$

nicht eine daktylische Reihe ist, welche zur Vermeidung der Monotonie durch eine Zäsur in zwei ungleiche Teile zerlegt wird, nach welcher ebenso der jambische Trimeter

$$\smile\ -\ \smile\ -\ \smile$$
$$-\ \smile\ -\ \smile\ -\ \smile\ -$$

nicht eine jambische Reihe bildet, sondern nach welcher jener sich aus einer daktylischen und anapaestischen, dieser aus einer jambischen und trochäischen Reihe zusammensetzt. Hat man dies oder Ähnliches doch auch in unseren Zeiten bezüglich der Entstehung des Hexameters wirklich ernsthaft vorgetragen. Wer sich zu dieser Theorie bekennt, der mag auch das Metrum hipponacteum für ein trochäisch jambisches Distichon ansehen. Eine ruhigere Überlegung, welche sich von jener nachklassischen Tradition frei macht, wird in ihm immer nur trochäische Verse erkennen können, bei welchen es sich lediglich um die Entscheidung der Frage handelt, wie sie abzuteilen seien.

Es folgt deshalb hier das metrische Schema des ganzen Gedichtes in der Gestalt von fortlaufenden Trochäen. Dabei sollen zugleich diejenigen prosodischen Veränderungen eingesetzt werden, welche nun dadurch entstehen, dass Silben, die früher als am Ende stehend kurz blieben, durch ihre Stellung vor konsonantisch anlautenden Worten gelängt werden. Einem solchen Unternehmen, für selbständig angesehene Reihen zu vereinigen, stellen sich meistens darin unüberwindliche Schwierigkeiten entgegen, dass vokalische auslautende Silben dann auf vokalisch anlautende Silben stossen, Elisionen erfordern und so die Aneinanderreihung unmöglich machen. Es möge darum im voraus bemerkt werden, dass auch nicht ein einziger Fall dieser Art in sämtlichen vierzig Zeilen des Gedichtes vorkommt. Ein Hiatus, der auf diese Weise entsteht, wird sofort zur Erörterung gelangen. Einige andere Veränderungen stelle ich absichtlich nicht ein.

(metrical scheme, lines 1–13)

1
5
9
13

b.

(metrical scheme, lines 15–39)

15
19
23
27
31
35
39

Ein Blick auf das vorstehende Schema des ganzen Verses lässt erkennen, dass dasselbe sich in folgende beide Reihen zerlegt:

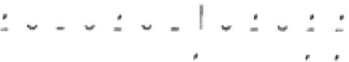

Non ebur nec aureum | mea residet
in domo lacunar,

so dass die ganze Reihe in zwei Zeilen von je sechs und von je drei Trochäen zerfällt. Es gliedert sich also durchaus kunstgerecht die neunfüssige Reihe in zweimal drei und einmal drei Trochäen; so jedoch, dass die grössere von sechs Trochäen durch ihre Zäsur nicht in je drei Trochäen zerschnitten wird; denn dadurch würden je drei Tripodieen entstehen, was zu einer monotonen monostichischen Form führen müsste; vielmehr zerfällt die erste Reihe in zwei ungleiche Teile, welche dadurch erstens wie der Hexameter und der jambische Trimeter in sich einen wohlklingenden Rhythmus erhalten, zweitens aber auch zugleich zu einer Zeile verbunden werden und in dem Verhältnis von 2 zu 1 zu der nachfolgenden Zeile in Gegensatz treten. Unter diesem Lichte erhalten mehrere Punkte fortan ein anderes Aussehen. Die bisherigen beiden einzigen Kürzen am Ende des ersten katalektischen Dimeters des ersten Teiles, welche das Recht der Doppelzeitigkeit der letzten Silbe in Anspruch nehmen mussten:

$$\_ \ \cup \ \_ \ \cup \ \_ \ \cup \ \breve{} $$

non ebur nec āurĕŭm

nec Laconicās mĭhĭ

verwandeln sich von selbst in Längen, jene durch die Position, in welche sie nun tritt, diese durch Position, Arsis und Zäsur. Die beiden einzigen Kürzen am Ende des trochäischen Trimeters *renidet* und *beatus* erscheinen jetzt neben fünf (!) Längen an derselben Stelle nicht mehr als Ausnahmen, sondern sie erweisen sich fortan einfach auch als doppelzeitig, d. h. als Längen am Ende des Verses, beide als solche auch noch durch andere Rücksichten geschützt. Denn die Endung der dritten Person Singularis des Präsens der zweiten Konjugation und die Endung — *us* der zweiten Deklination treffen wir auch sonst nicht selten als Längen. (Z. B. Horaz II, 13. 16. Vgl. über die Quantität dieser Silben Corssen und die bei ihm angeführte Litteratur.) Das Recht der Doppelzeitigkeit der letzten Silbe müssen wir endlich auch den drei kurzen Schlusssilben des Distichons in *lacunar* (= *lacunāre, lacunaris) dīves* und *amicum* zuerkennen. Haben wir es doch hier augenscheinlich mit denselben Ithyphallen zu thun, welche wir schon in I, 4 antrafen, Ithyphallen von dem Schema

$$\_ \ \cup \ \_ \ \cup \ \_ \ ! $$

Dass wir umgekehrt in diesem Metrum einen katalektischen jambischen Trimeter nicht zu erkennen haben, lehrt ein Vergleich mit demselben Gedichte; denn dort bildet ihn Horaz nach dem Schema

$$\_ \ \_ \ \cup \ \_ \ \_ \ \_ \ \cup \ \_ \ \cup \ \_ \ \_, $$

während hier die erste Silbe stets kurz ist.

Nur ein Vers unter sieben ist von dieser Regel ausgenommen:

Africa neque Attali ignotus heres
regiam occupavi,

und der Hiatus in *Attali ignotus heres* dürfte den Anlass zu der wunderbaren traditionellen Messung des Verses gegeben haben. Denn es ist klar, dass innerhalb einer synartetischen Reihe ein solcher Hiatus nicht geduldet, aber Abhilfe dadurch geschaffen werden konnte, dass man die Reihe an dieser Stelle brach. Folgende Umstände erregen jedoch Bedenken gegen den Vers. Von vornherein macht die Siebenzahl argwöhnisch. Vergleicht man die übrigen Verszahlen des Horaz, so wird man für die Oden die Fünf, Sieben, Dreizehn, Siebzehn als Verszahlen oder Zahlen von Distichen grundsätzlich zurückweisen dürfen. Sodann erscheint der Inhalt dieser beiden Zeilen durchaus anstössig. In den ersten vier Zeilen hat der Dichter gesagt, er erfreue sich keines schimmernden Palastes. Was soll nun in diesen beiden Versen gesagt werden? Dass er auch nicht einen Palast wie Attalus habe? War der denn nicht von schimmernder Pracht? Oder soll es heissen, er besitze auch nicht Schätze, wie sie Attalus besessen? Heisst das:

nec Attali regiam occupavi?

Was bedeutet hier überhaupt *occupari*, was *regiam occupavi*, was der ganze Vers und wozu ist *Attali* zu ziehen, zu *heres* oder *regiam* oder zu beiden? So wohl mir viele Arten von Übersetzungen und Erläuterungen bekannt sind, so wenig befriedigt mich doch der lateinische Ausdruck. Und nun dazu die metrische Beschaffenheit des Verses! Nicht weniger als ein Hiatus, zwei Elisionen (*neque Attali, regiam occupavi*) und eine höchst anstössige Ausnahme bezüglich der Quantität von *ignotus* enthält er; denn überall steht sonst eine Kürze an dieser Stelle, und nur eine ebenso anstössige Ausnahme in einem ebenso befremdenden Verse findet sich in dem zweiten Teile:

regumque pueris:

sie steht in demselben Verse, der ebenso störend bezüglich seines Inhaltes eintritt. (*Satelles Orci levare functum pauperem laboribus vocatus atque non vocatus audit.* Ebenso enthält der zweite Teil *locuples* nur dieses eine Mal ein langes *u*, während dasselbe Wort daneben neunmal mit kurzem *u* vorkommt.) Derselbe sechste Vers

36

ist der einzige des ersten Teiles, der vor viertletzter Silbe eine Diärese zulässt. Scheiden wir aber jenes Distichon aus, so erhalten wir folgendes Gedicht:

Non ebur nec aureum   mea renidet
    in domo lacunar,
non trabes Hymettiae   premunt columnas
    Africa recisas,
nec Laconicas mihi   trahunt honestae
    purpuras clientae.

At fides et ingeni   benigna vena est
    pauperemque dives
me petit; nihil supra   deos lacesso,
    nec potentem amicum
largiora flagito,   satis beatus
    unicis Sabinis.

Diese Messung der Verse von II, 18 bleibt auch keineswegs ungestützt durch ein Zeugnis aus dem Altertum. Denn folgendermassen sagt Marius Plotius Sacerdos: *De pentrametro coluro brachycatalecto. Pentametrum brachycatalectum colurum fit novem integris pedibus trochaicis, in coluro enim semper duae syllabae desunt ut sit metrum acatalectum integrum:*

in sinu ferens deos et uxor et vir sordidosque vestis.

Die kürzere Reihe der längeren vorangehen zu lassen ist hier ebensowenig angemessen als etwa das erste Archilochium zu lesen:

Diffugere nives
redeunt jam gramina campis arboribusque comae

und so zu schematisieren:

Umgekehrt bildet grade das Metrum dieser Ode, das aus sechs und drei Daktylen besteht, die geeignete Parallele für ein Metrum, welches sich aus sechs und drei Trochäen zusammensetzt:

$$- \smile - \smile - \smile - \smile - \smile$$
$$- \smile - \smile - -$$

Das Gedicht in dieser Gestalt hat folgendes Schema:

II, 18 [a.]

$$
\begin{array}{l}
- \smile - \smile - \smile \mid - \smile \mid - \smile - \smile - \smile \\
- \smile - \smile - \smile \mid - \smile \mid - \smile - \smile \\
- \mid \smile - \smile - \smile \mid - \smile \mid - \smile - \smile \\
- \smile - \smile - \smile \mid - \smile \mid - \smile - \smile - - \\
- \smile - \mid \smile - \smile \mid - \smile \mid - \smile - - \\
- \smile - \smile - \smile \mid - \smile \mid - \smile - \smile \\
\end{array}
$$

$$
\begin{array}{l}
- \smile - \smile - \smile \\
- \smile - \smile - \smile \\
- \smile - \smile - \smile \\
- \mid \smile - \smile - \smile \\
- \smile - \smile - \smile \\
- \smile - \smile - \smile \\
\end{array}
$$

Es ist nicht nötig, die grosse Regelmässigkeit des Versbaues zu entwickeln, da der Augenschein sie lehrt. Der Vers ist nach ungefähr folgendem Muster gebaut:

Dass das Schema ein höchst durchgebildetes und feines Kunstverständnis verrät, bemerkt jeder Kenner; der Vers ist in Elemente zerlegt, welche ihn möglichst weit von jeder monotonen Skandierung entfernen; nur der letzte Vers ist auch hier wieder abweichend gebaut. Ein Freund fragte nach Einsicht in das zu I, 7 und I, 4

Entwickelte, ob man denn der Ansicht sein könne, dass der Dichter sich vor der Dichtung ein derartiges Schema gemacht habe. Darauf kann man nur vergleichsweise auf die Entwickelung hinweisen, welche z. B. die Theorie des Hexameters bei uns von Klopstock und Voss bis Platen durchgemacht hat. Ein nach Formvollendung strebender Dichter wird stets diese Vollendung nicht bloss dem Zufall und dem Ohre überlassen, sondern auf bestimmte Gesetze begründen. Ob nun grade Horaz sich ein Schema gemacht? Ich weiss es nicht; die obige Regelmässigkeit ist eine Thatsache, welche ihren Grund sehr wohl in bewusster Absicht haben kann. Denn von jeher gehörte es zum trivialen Wissen, dass in einem wohlklingenden Verse der Wortschluss mit dem Ende des Versfusses nicht zusammenfallen dürfe.

Et tenuit nostras numeros Horatius aures.

Vergleichen wir nun mit diesem Schema, in welches, wenn es beliebt, immerhin Verse 5. 6 eingeschoben werden mag, 18ᵇ, so lehrt ein Blick die prinzipielle Verschiedenheit. Gegen das Schema von 18ᵇ

$$ - \smile - \mid - \smile \smile - \mid - \smile \quad - \smile \smile - \mid\mid - \smile - \mid - \smile\smile $$

stellt 18ᵃ etwa das Schema

$$ - \smile - \quad \smile \smile \smile \breve{\smile} \mid - \smile \smile - \mid - - \quad - \smile \smile - \mid - - $$

Zu einem weiteren Eingehen auf eins der beiden Gedichte liegt an dieser Stelle eine Veranlassung nicht vor. Es genügt darauf hinzuweisen, dass wir, falls der zweite Teil von II, 12 nicht eine blosse Erweiterung des ersten darstellt, in diesen Gedichten und in II, 18 in metrischer Beziehung Paralleldichtungen besitzen und dass damit die Möglichkeit offen ist, dass zwei von ihnen oder alle vier einst die Dekaden des zweiten Buches eröffneten und schlossen. Aber wer möchte es wagen, da auch nur eine Vermutung auszusprechen, wo, wie es im ersten Buche offenbar ist, die grössten Störungen stattgefunden haben?

Das dritte Buch der Oden.

Can the MSS. be made, by any process of comparison, to testify, through common readings, to sources of evidence older than themselves, older even than the Scholia?

Wickham.

ass das dritte Buch gegenwärtig in irgend welcher Weise in Dekaden geordnet ist, oder wenigstens dass das dritte Buch eine Zehnerzahl von Gedichten umfasst, besagt seine Zahl von dreissig Oden. Allerdings haben wir schon bemerkt, nicht allein, dass eine etwaige frühere Ordnung des Horaz nach dem Metrum uns nur in gestörter Gestalt vorliegt, sondern auch dass sie nicht die gleiche in allen Büchern gewesen ist. Verfolgte doch das zweite Buch in seiner alternierenden Folge alcäischer und sapphischer Metra einen ganz andern Weg als das erste mit seinen in zehn Stellen wechselnden neun verschiedenen Massen. Wenn anders es daher erlaubt ist, einen Beweis behufs eines durchaus negativen Ergebnisses zu führen, — es ist nicht ohne Vorteil für die Folge, diese Freiheit vorauszusetzen — so ordne ich auch hier wieder die dreissig Oden nach ihrem Metrum in eine Tabelle. Sie wird jeden und zwar nicht etwa nur denjenigen, der sie genauer studiert, überzeugen, dass, obwohl wir scheinbar, wenn irgend wo, so gerade hier Dekaden vermuten müssten, wohl von jeder andern Ordnung eher als von einer metrisch-dekadischen Spuren vorhanden sind, d. h. von einer Ordnung, welche je zehn ganz oder teilweise verschiedene Metra als solche zu einer wiederkehrenden Zehnerreihe zusammenfasst. Ich numeriere die Metra wieder in der Folge ihres ersten Auftretens. Diese Probe ist deshalb von Wichtigkeit, weil sie dazu beitragen kann, denjenigen, welche noch der Meinung sein sollten, dass zu der restlichen metrischen Ordnung des ersten Buches der Zufall einen wenn auch noch so geringen Beitrag zugesteuert hätte, ein Beispiel und ein Bild davon zu geben, wie eine Ordnung aussieht, welche ursprünglich nicht in Zehnerreihen nach dem Metrum gestellt worden ist. Es treten der Reihe nach auf das alcäische, das fünfte asklepiadeische, das sapphische, das dritte und vierte asklepiadeische, das ionische und das erste asklepiadeische Versmass.

Tabelle XXIII.

	1	2	3	4	5	6	7	8	9	10
I.	1	1	1	1	1	1	2	3	4	5
II.	3	6	2	3	4	5	1	3	4	3
III.	1	3	1	4	4	1	3	4	1	7

Mustern wir die bezüglichen Oden, ob sie durch ihren Inhalt verraten, dass der Ordner sie als Dekaden zusammengestellt hat, so scheint diese Vermutung an einigen Stellen begründet. Unzweifelhaft dürfte dies nach den ersten vier Zeilen der ersten Ode erscheinen, offenbar Eingangszeilen, in welchen der Dichter selbst die folgenden Gedichte ankündigt. Das *Odi profanum vulgus* entspricht genau dem *Me dis miscent superis, — me secernunt populo* – des ersten Buches; wohl beide Male führt sich der Dichter als im Dienste der Musen stehend ein. Der Umstand, dass die zehnte Ode mit dem Worte *extremum* (d. i. die letzte der Dekade) beginnt, wird erst später im Zusammenhange mit vielen gleichartigen Erscheinungen als beachtenswert nachgewiesen werden können. Gegenwärtig würde der Hinweis darauf unsere Sache wohl nur diskreditieren. Eher möchte die Annahme Zustimmung finden, dass die elfte, die an Merkur, den Schützer des Gesanges, gerichtete Ode mit Absicht an den Anfang der neuen Dekade gestellt ist. Der Ordner ging vermutlich davon aus, dass, wie II, 17 bezeugt, Merkur der Schützer der Dichter ist; ihn liess er darum die Dekade eröffnen. Erinnern wir uns gleichzeitig, wie unwillkommen uns die zehnte Ode des ersten Buches begegnete, und wie wir jetzt es viel natürlicher finden würden, wenn sie als die elfte an der Stelle der daselbst vermissten metrischen Parallele von I, 1 stände, dass dann beide Oden, an Merkur gerichtet, beide Male die neue Dekade eröffnen würden, so gewinnt unsere Vermutung nur eine neue Stütze. Jedoch darf die ganze Frage zur Zeit nicht weiter verfolgt werden, da sie an einer andern Stelle dieser Blätter mit reichem Material zu eingehender Erörterung gelangen wird. Hier soll nur noch darauf hingewiesen werden, dass, wie im zweiten Buche die letzte Ode an Mäcenas gerichtet ist, in den Epoden die neunte, wie die Sermonen I, 9 und II, 8, also die letzte des zweiten Buches, Mäcenas nahe berühren und Epist. I, 19 sich an Mäcenas wendet, so auch III, 29 ihm zugeeignet ist, ein Gedicht in dem aleäischen Versmasse, demselben, welches wir im ersten Buche gegen das Ende jeder Dekade zweimal fanden. Auch folgt auf diese Ode unmittelbar das Schlussgedicht, wie es mir erscheinen will, nur des dritten Buches, nicht der ersten drei Bücher, ein Gedicht im asklepiadeischen Masse, d. h. in demjenigen, in welchem die Dekaden des ersten Buches eröffneten und schlossen, ein Gedicht, welches seinem Inhalte nach II, 20 durchaus parallel steht. Um so mehr fällt es auf, dass eine zweite an Mäcenas gerichtete Ode die sechszehnte des dritten Buches ist. Zwar sagt Dillenburger, dass sie genau in der Mitte des Buches stehe und dasselbe teile, sowie die an Mäcen gerichtete zwanzigste die zweite Hälfte des ersten Buches eröffne (*car his ancaa, cttraem 16. inferiorem partem latins libri aperit*). Und in der That wird eine solche Ansicht auch durch dasjenige unterstützt, was wir oben zu der Stellung von II, 12 bemerkten, ein Vergleich, der um so zulässiger erscheint, wenn wir beachten, dass III, 16 in demselben Versmasse wie II, 12, nämlich in dem Asklepiadeum quartum geschrieben ist, einem Metrum, welches sich seiner Natur nach also den Eingangs- und Schlussmetren des ersten und dritten Buches, dem ersten und zweiten Asklepiadeum, anreihen würde. Aber wie viele Einzelheiten dieser Art, welche uns künftig wichtig werden sollen, wir auch bemerken, sie führen uns zu keiner Einsicht über die metrische Anordnung des ganzen Buches. Denn wir vermögen weder eine nach Dekaden, noch eine nach je fünfzehn Gedichten wiederkehrende Ordnung der Metra zu entdecken.

Ganz anders gestaltet sich unsere Frage, wenn wir darauf verzichten, in dem dritten Buche eine den Ordnungen der ersten beiden Bücher gleiche Folge der Metra wiederkehren zu sehen und uns wie dort, so auch hier lediglich von den Spuren leiten lassen, welche durch die jetzige Anordnung noch als Trümmer einer früheren hindurchscheinen.

Wir erinnern uns der altbekannten Bemerkung, dass im ersten Buche selbst noch in der gegenwärtigen Zusammenstellung niemals zwei gleiche Metra auf einander folgen mit Ausnahme des asklepiadeischen, eine Bemerkung, welche bei Untereinanderstellung der letzteren schon ganz allein für sich zu der Aufdeckung der metrischen Anordnung jenes Buches hätte führen können. Mustern wir im Hinblick auf diese Thatsache die Folge der Metra, wie sie in Tabelle XXIII auf Seite 280 vorgeführt ist, und sehen wir von den ersten sechs Oden ab, welche man ja von jeher als eine in sich geschlossene Anzahl von Gedichten zu betrachten gewohnt ist, so erkennen wir leicht, dass dasselbe Gesetz wie im ersten Buche auch hier herrscht. Mit Ausnahme eines Falles folgen auch im dritten Buche nie zwei gleiche Versmasse auf einander, sondern dieselben wechseln stets. Wir fussen auf dieser Thatsache, um aus ihr den Schluss zu ziehen, dass auch bei der Anordnung des dritten Buches metrische Rücksichten obgewaltet haben. Belehrt durch den Gewinn, welchen wir aus den Untersuchungen über die metrische Anordnung der ersten beiden Bücher gezogen haben, vermuten wir in der Erscheinung, dass an einer Stelle ein anderes Metrum als das alcäische zweimal hintereinander auftritt, eine Störung und suchen nun unter künftiger Einberechnung derselben den Schlüssel zu der Anordnung nach dem Metrum zu finden. Nach den ersten sechs Oden sehen wir das zweite Metrum nach sechs weiteren Oden, das dritte zweimal nach je drei Gedichten wiederkehren. Die sechszehnte Ode bleibt durchaus isoliert in ihrer Umgebung stehen. Dann aber sehen wir das erste, dritte und vierte Versmass hintereinander in der siebzehnten, achtzehnten und neunzehnten und ebenso in der sechsundzwanzigsten, siebenundzwanzigsten und achtundzwanzigsten Stelle auftreten, und die doppelte Wiederkehr des vierten Metrums in der vierundzwanzigsten und fünfundzwanzigsten Ode giebt grade das ausreichende Material, um von der zwanzigsten bis zur fünfundzwanzigsten Stelle das erste, dritte und vierte Versmass wieder zweimal wechseln zu lassen; endlich kehrt von der siebenten bis zur vierzehnten Stelle das dritte Versmass dreimal nach je drei andern Versmassen wieder. Die Zahl Drei bildet also den Schlüssel, welcher zur Erschliessung der Anordnung der Oden des dritten Buches nach dem Metrum führt. Jedoch darf der Leser nicht länger mit wesenlosen Ziffern belästigt werden. Es folge das Verzeichnis der Oden mit beigesetzter Numerierung des Versmasses.

1.	Odi profanum volgus et arceo.	Alcaicum.	1.
2.	Angustam amice pauperiem pati.	Alcaicum.	1.
3.	Iustum et tenacem propositi virum.	Alcaicum.	1.
4.	Descende caelo et dic age tibia.	Alcaicum.	1.
5.	Caelo tonantem credidimus Iovem.	Alcaicum.	1.
6.	Delicta maiorum immeritus lues.	Alcaicum.	1.
7.	Quid fles, Asterie, quem tibi.	Asclepiadeum quintum.	2.
8.	Martiis caelebs quid agam Kalendis.	Sapphicum.	3.
9.	Donec gratus eram tibi.	Asclepiadeum tertium.	4.
10.	Extremum Tanain si biberes, Lyce.	Asclepiadeum quartum.	5.
11.	Mercuri, nam te docilis magistro.	Sapphicum.	3.
12.	Miserarum est neque amori dare.	Ionicum.	6.
13.	O fons Bandusiae, splendidior vitro.	Asclepiadeum quintum.	2.
14.	Herculis ritu modo dictus, o plebs.	Sapphicum.	3.
15.	Uxor pauperis Ibyci.	Asclepiadeum tertium.	4.
16.	Inclusam Danaën turris aënea.	Asclepiadeum quartum.	5.
17.	Aeli vetusto nobilis ab Lamo.	Alcaicum.	1.
18.	Faune, Nympharum fugientum.	Sapphicum.	3.
19.	Quantum distet ab Inacho.	Asclepiadeum tertium.	4.
20.	Non vides, quanto moveas periclo.	Sapphicum.	3.
21.	O nata mecum consule Manlio.	Alcaicum.	1.
22.	Montium custos nemorumque.	Sapphicum.	3.
23.	Caelo supinas si tuleris manus.	Alcaicum.	1.
24.	Intactis opulentior.	Asclepiadeum tertium.	4.
25.	Quo me, Bacche, rapis tui.	Asclepiadeum tertium.	4.
26.	Vixi puellis nuper idoneus.	Alcaicum.	1.
27.	Inpios parcae recinentis omen.	Sapphicum.	3.
28.	Festo quid potius die.	Asclepiadeum tertium.	4.
29.	Tyrrhena regum progenies, tibi.	Alcaicum.	1.
30.	Exegi monumentum aere perennius.	Asclepiadeum primum.	7.

Es möge nun gestattet sein, einige Zwischenstadien der Entstehung der nachstehenden Tabelle und die gegenwärtige Ordnung der Metra so aufzustellen, wie sie die Forschungen schliesslich ergeben haben. Es sind also zunächst der Vollständigkeit halber auch die ersten sechs Oden in die Tabelle aufgenommen worden; eine offene Zeile trennt sie von den folgenden neun Gedichten. Es schliesst sich daran das sechzehnte Gedicht. Jedoch würde es die Übersicht über die noch vorhandenen Reste einer früheren Ordnung erschweren, wollte man es in derselben Weise wie die übrigen Gedichte in die Tabelle einreihen. Es ist dies dasselbe sechszehnte Gedicht, welches wir vorher lediglich rücksichtlich seines Inhaltes als eine an Mäcenas gerichtete Ode an einer uns durchaus befremdenden Stelle antrafen. Es soll also ausgerückt werden, wenngleich man nicht übersehen darf, dass in der ersten Kolumne ein Gedicht desselben Versmasses steht, und auch jenes folglich mit gutem Rechte in der ersten Kolumne seine Stelle finden könnte.

Tabelle XXIV.

	I.	II.	III.	
1	1	1	1	
2	1	1	1	
3	2	3	4	
4	5	3	6	
5	2	3	4	5
6	1	3	4	
7	3	1	3	
8	1	4	4	
9	1	3	4	
10	1			7

Es folgen dann die siebzehnte bis neunundzwanzigste Ode. Erkannten wir vorhin zweimal die Reihen der Metra 2. 3. 4., so wechseln hier die Metra 1. 3. 4. Es ist deshalb diese Gruppe von der vorhergehenden wiederum durch eine offene Zeile geschieden worden. Das Metrum der dreissigsten Ode erscheint durchaus isoliert und der sonstigen Ordnung der Gruppe widerstrebend; es ist deshalb wie das Metrum von III, 16 ausgerückt werden, und erscheint Tabelle XXIV deshalb in vorstehender Gestalt. Es fragt sich nun, ob denn unser Schlüssel in der That etwas erschlossen hat, oder ob unsere Hoffnung unbegründet gewesen ist. Folgendes ergiebt aber schon jetzt die Musterung der Tabelle. Das vierte Metrum kommt nur in der dritten Kolumne vor, abgesehen von jenem Falle, in welchem es zweimal hintereinander erscheint und darum auch in der zweiten Kolumne steht. Wir hielten uns eben im voraus für berechtigt, in diesem einen Falle eine Störung zu erkennen, da von der siebenten bis zur dreissigsten Ode die Metra sonst allemal wechseln. Wir dürfen also mit einem hohen Grad von Wahrscheinlichkeit behaupten, dass jenes eine vierte Metrum aus der zweiten Kolumne in die dritte zu verweisen ist und zwar an jene Stelle der achten Horizontale, an welcher jetzt das dritte Metrum statt des vierten steht.

Die mittlere Kolumne finden wir von dem dritten Versmasse beherrscht; es steht in fünf von sieben Kolumnen. Fehlt es also in zwei Kolumnen, so finden wir es dafür jedoch genau ebenso oft, nämlich zweimal in fremden Kolumnen, in Kolumne I und III, ein Umstand, der ebenfalls bedeutsam für eine gestörte Ordnung spricht. In der ersten Kolumne allein finden wir das zweite Metrum in der zweiten Gruppe. In derselben Kolumne steht auch das erste Metrum der dritten Gruppe bis auf einen Fall, in welchem es in die zweite Kolumne gedrängt worden ist.

Ist aber da überhaupt auch nur eine Spur noch von Ordnung vorhanden, wo so viele Störungen vorliegen? Die Antwort lautet: Die Störungen erscheinen nur darum so zahlreich, weil wir sie nach Kolumnen getrennt registrieren. In Wirklichkeit bestehen sie aus der Umstellung von nur zwei Metren. Ich hebe zum Beweise hierfür die sechste bis neunte Horizontale heraus, deren erste und letzte die Folge 1 3 4 enthält:

$$
\begin{array}{ccc}
1 & 3 & 4 \\
3 & 1 & 3 \\
1 & 4 & 4 \\
1 & 3 & 4
\end{array}
$$

Rücken wir aus, was die Ordnung stört und lassen stehen, was in der Ordnung verblieben ist, so erhalten wir das Bild:

$$
\begin{array}{cccc}
 & 1 & 3 & 4 \\
3 & 1 & 3 & \\
 & 1 & & 4 \quad 4 \\
 & 1 & 3 & 4
\end{array}
$$

Es ergiebt sich, dass es, wie gesagt, nur ein drittes und ein viertes Versmass ist welche nicht an gehöriger Stelle stehen; werden sie richtig eingestellt, so gewinnt Tabelle XXIV folgendes Aussehen:

Tabelle XXV.

	I.	II.	III.	
1	1	1	1	
2	1	1	1	
3	2	3	4	
4	5	3	6	
5	2	3	4	5
6	1	3	4	
7	1	3	4	
8	1	3	4	
9	1	3	4	
10	1			7

Es wird angesichts dieser Tabelle der Vermutung, dass sie Fragmente einer früheren Ordnung enthält, schwerlich widersprochen werden können. Auf den etwaigen Einwand dass ihre Ordnung erst mit einiger Hilfe hergestellt sei, müsste erwidert werden, dass ja auch keinesweges behauptet worden ist, dass uns eine ungestörte Ordnung nach dem Metrum vorliege; es wäre, wenn dies wirklich der Fall wäre, wahrscheinlich nicht nötig gewesen, diese Blätter zu schreiben; es wird vielmehr nur behauptet, dass die in Tabelle XXIII ohne Anwendung einer Umstellung oder Herausstellung die wiederkehrenden Reihen von je drei Metren, 2, 3, 4; 2, 3, 4; 1, 3, 4; 1, 3, 4, dazu die Reihe 5, 3, 6 ausreichen, um in ihnen Spuren einer Ordnung von Triaden, zu erkennen. Diese Vermutung wird durch die Leichtigkeit, mit welcher das nicht in gleicher Ordnung stehende Material der siebenten und achten Kolumne sich der Herstellung der Ordnung fügt, in hohem Masse erhärtet. Es ist Pflicht hinzuzufügen, dass Umstände ganz anderer Natur, welche erst später zur Erörterung gelangen können, die Vermutung ebenfalls nur bestätigen, d. h. die Umstellung der die Ordnung störenden Gedichte fordern.

Es wird niemand erwarten, dass wir jetzt, in dem Augenblicke, wo wir an der Schwelle ganz unerwarteter Entdeckungen stehen, auch schon in der Lage sein könnten, darüber Aufklärung zu geben, weshalb in der vierten Horizontale das fünfte und das sechste Metrum auftritt, statt des zweiten und vierten, ob darum, weil der einstige Redaktor das Asklepiadeum quartum und das Jonicum dem Asklepiadeum quintum und tertium gleichstellte, oder ob aus denselben Gründen, aus welchen wir in andern Büchern Störungen der metrischen Ordnung begegnen. Es bleibt uns einstweilen nur übrig hinzunehmen, was wir vorfinden, und von der Zukunft weitere Aufklärung zu hoffen. Dagegen dürfen wir einige Bemerkungen über die einzelnen Gruppen und über einzelne Gedichte derselben machen.

Es wird niemand befremden, die ersten sechs Oden sich von den übrigen durch ihr Metrum trennen und zu einer besonderen Gruppe zusammenschliessen zu sehen. Im Gegenteil! Der neue Fund bestätigt nur die bisherige Auffassung derselben, und wir müssten uns wundern, wenn sich ein anderer Sachverhalt ergeben hätte.

Von der siebenten bis zur sechszehnten Ode zählen wir nach der Beobachtung von Kiessling eine Dekade, ohne dass diesem Worte der Sinn gegeben werden soll, den es bei der Ordnung des ersten Buches hatte, und es war eine fördernde Bemerkung von demselben Forscher, dass sie kein Gedicht im alcäischen Metrum enthalte, ein fernerer Beitrag zu den Thatsachen, welche auf metrische Grundsätze bei der einstigen Anordnung der Sammlung schliessen lassen. War das zweite Gedicht der dritten Dekade des ersten Buches I, 20, an Mäcen gerichtet, eine Ode im sapphischen Versmass, so finden wir ein an Mäcen gerichtetes Gedicht im sapphischen Metrum auch an der zweiten Stelle dieser Dekade. Die Dekade schliesst ein Gedicht an Mäcen, das sechszehnte, welches uns oben, wie mehrfach erwähnt, an befremdender Stelle zu stehen schien. In der That stört es auch die Folge der metrischen Triaden und scheint überzählig zu sein. Auch die dritte Gruppe, III, 17—29, hat ein überzähliges Gedicht; auch dieses ist an Mäcen gerichtet. Man wird einen blossen Zufall hierin nicht erkennen wollen. Ob aber die Erscheinung hierher zu ziehen sei, dass wie I, 1, *Maecenas, atavis edite regibus*, ähnlich die dritte Gruppe beginnt: *Aeli, vetusto nobilis ab Lamo*, möge dahingestellt bleiben. Allerdings schliesst dieselbe Gruppe auch mit einem Gedichte, welches beginnt: *Tyrrhena regum progenies.* Enthielt die zweite Gruppe kein Gedicht in aleäischem Versmasse, so beginnen die Triaden der dritten Gruppe allemal mit diesem Metrum. Das Versmass der dreissigsten Ode ergiebt sich den Triaden des ganzen Buches gegenüber als durchaus heterogen; scheinen doch vielmehr die sechszehnte und neunundzwanzigste Ode ihre Gruppen zu schliessen.

Ist oben ausdrücklich hervorgehoben, dass die ersten sechs Oden metrisch und inhaltlich eine von dem übrigen Inhalte des Buches durchaus unabhängige Gruppe bilden, was niemand übersehen wird, wenn er bei der Lektüre von ihnen zu der nach Ton und Diktion differenten siebenten Ode übergeht, so hindert natürlich nichts, auch die zweite Gruppe als eine für sich bestehende anzusehen. Beziffert man dann ihr erstes Versmass mit 1 u. s. w., so würde sie sich uns in folgender Gestalt darbieten:

$$1 \quad 2 \quad 3$$
$$4 \quad 2 \quad 5$$
$$1 \quad 2 \quad 3 \quad 4$$

Nehmen wir eine frühere Anordnung nach dem Metrum auch für das dritte Buch als erwiesen an, und vergegenwärtigen wir uns, wie dasselbe in mehrfacher Beziehung in durchaus verschiedenartige Teile zerfällt, einmal nämlich in sechs Gedichte streng ethischen Gehaltes und in vierundzwanzig gemischten lyrischen Inhaltes, dann in drei metrisch sich streng von einander sondernde Gruppen, eine lediglich aleäischen Versmasses, eine zweite, welches dieses Metrum meidet, und eine dritte, welche an die Stelle des Asklepiadeum quintum eben wieder jenes Metrum alcaicum treten lässt, wie diese drei Gruppen auch in sich geschlossen erscheinen, sie in der Zahl ihrer Gedichte, 6, 10 und 13, verschieden sind, und zu ihnen ein Schlussgedicht in noch einem andern Versmass hinzutritt und das Buch in derselben Weise schliesst, wie die Dekaden des ersten, so sind wir berechtigt, aus diesem Thatbestande folgende Schlüsse zu ziehen.

Es bestätigen sich die früher gewonnenen Ergebnisse unserer Untersuchungen,

1) dass die Gedichte des Horaz einst einer Ordnung nach dem Metrum unterlegen haben;

2) dass diese Ordnung in den einzelnen Büchern nicht die gleiche gewesen ist;

3) dass wir nicht eine Ordnung erster Hand besitzen, vielmehr eine Gesamtausgabe, welche jedenfalls der Zeit nach Horazens Tode angehört und als solche einer Ausgabe erster Hand insofern durchaus fernsteht als sie schonungslos die frühere Ordnung der Gedichte zerstört hat.

Wir gewinnen aber auch das neue Resultat, dass das dritte Buch, weit davon entfernt, eine einzige gleichartige Sammlung von Gedichten darzustellen, vielmehr aus Trümmern älterer Sammlungen besteht, deren Umfang wir nicht zu bestimmen vermögen. Denn Triaden als solche bilden überhaupt nicht die Elemente der Dekade, und, falls wirklich die Dekade der zweiten Gruppe eine Dekade im Sinne der Dekaden des ersten Buches sein sollte, lässt sich dasselbe jedenfalls nicht auf die zwölf bis vierzehn Gedichte der dritten Gruppe anwenden. Im allgemeinen glaube ich behaupten zu dürfen, dass das dritte Buch das in seiner Ordnung schlechtest erhaltene Buch ist. Die Folge der Untersuchungen wird lehren, ob, wie es fast scheinen will, dasselbe im Vergleich mit den andern Büchern eine mehrfache Umordnung erlitten hat, eine Frage, welcher sich erst nach Blosslegung vieler anderen Verhältnisse nähertreten lässt.

Tabelle XXVI.

	I.	II.	III.
1	1	1	1
2	1	1	1
3	2	3	4
4	5	3	6
5	2	3	4	5
6	1	3	4
7	3	1	3
8	1	4	4
9	1	3	4
10	1		7

Um dem Leser auch für das dritte Buch die Kontrolle zu erleichtern, stehen oben wie für das erste Buch zwei Tabellen, deren erste die gegenwärtige Folge der Oden unter Beisetzung der Nummern der Metra verzeichnet, deren zweite die Reihenfolge anführt, welche sie etwa in der wiederhergestellten Ordnung erhalten würden. Allerdings soll damit nicht der Anspruch erhoben werden, dass nicht auch eine andere Kombination möglich wäre; denn da es sich um nur drei Arten von Versmassen handelt, so lassen sich die in Frage kommenden Gedichte in verschiedener Weise einstellen.

Tabelle XXVII.

	I.	II.	III.	
1	1	1	1	
2	1	1	1	
3	2	3	4	
4	5	3	6	
5	2	3	4	5
6	1	3	4	
7	1	3	4	
8	1	3	4	
9	1	3	4	
10	1			7

Über das fünfte und sechste Metrum, welche jetzt die Ordnung zu stören scheinen, soll gelegentlich der zwölften Ode gesprochen werden.

CARM. III, 8.

Aliud est, difficultatem loci unius felicissima coniectura expedire, quod subito fit, ab iis etiam, qui Horatium nunquam ante tegerint: aliud, diuturna meditatione formam et consuetudinem ita tenere perceptam. ut sentias falsum et quid solidum crepet, quid non crepet, aure distinguas.

Peerlkamp.

Zeigte das zweite Buch eine nur geringe Störung in der Anordnung der Metra, und forderte dasselbe zunächst nur an zweien Stellen zu einer Untersuchung über die innere Gliederung der Gedichte heraus, so legte sich uns in der Ordnung der Gedichte des dritten Buches nach ihrem Metrum die grösste Zusammenhangslosigkeit und Verschiedenheit mehrerer einzelner Teile bloss. Ist also jenes in diesem Sinne eins der besterhaltenen Bücher, so durften wir das Umgekehrte von diesem behaupten. Eben dies gilt aber für den Verfasser auch von der Beschaffenheit vieler seiner Oden rücksichtlich der Frage nach ihrem einheitlichen Charakter. Allerdings bieten die oben aufgedeckten Gruppen von Gedichten, welche sich aus den Reihen 2 3 4 und 1 3 4 zusammensetzen, nach zwei Seiten hin leider nicht eine Hilfe zu Rekonstruktionen, wie sie uns die Ordnung des ersten Buches gab. Wenn in dieser eine Reihe sich nicht bis zur zehnten Stelle entwickelte, wenn in dieser eine Reihe sich als lückenhaft erwies, so war das ein Fingerzeig für uns, dass wir an einer bestimmten Stelle noch ein bestimmtes Metrum zu suchen hatten, dass an bestimmter Stelle vielleicht zwei Gedichte in eines zusammengezogen seien. Eine Reihe aber von sechs Gedichten in alcäischem Versmasse sagt uns weiter nichts, als dass sie mit den übrigen Reihen als solchen nicht harmoniert, und die Gruppe

```
1  3  4
3  1  3
1  4  4
1  3  4
1
```

verrät in keiner Weise, ob sie der Anfang, die Mitte oder das Ende einer grösseren Kette sei; und wenn gleich die Möglichkeit vorliegt, sie uns entstanden zu denken aus den Reihen

```
1   3   4
—   3   —
1   3   —
1   —   4
—   —   4
1   3   4
1   —
```

und anzunehmen, es seien zwei Gedichte alcäischen, drei sapphischen, drei des dritten asklepiadeischen Versmasses ausgefallen, resp. zusammengezogen, so hätten wir doch nicht die geringste Gewähr dafür, dass einst wirklich grade einundzwanzig Gedichte die Summe der Gedichte und ein Buch bildeten, und könnten einer solchen Annahme nicht mit Sicherheit entnehmen, wo wir die fehlenden Gedichte zu suchen hätten.

Hat nun also eine Untersuchung über den einheitlichen oder nicht einheitlichen Charakter der Gedichte des dritten Buches nicht den Zweck wie die über Gedichte des ersten Buches, nämlich die etwaige frühere Ordnung versuchsweise zu rekonstruieren, so erscheint sie darum doch nicht überflüssig oder entbehrlich. Wenn Haupt in seiner in der Berliner Akademie der Wissenschaften gehaltenen Vorlesung sagt, es sei methodische Untersuchung nötig, damit die Entdeckung von Willkür und Missbrauch frei gehalten werde, so lässt sich dieses Wort hier vielleicht dahin anwenden, dass wir in den ersten beiden Büchern wenigstens eine bestimmte Methode mit Sicherheit erkannt haben, welche der Redaktor der Sammlung Horazischer Gedichte in Anwendung brachte. Ich denke besonders an 1, 7 und 1, 4. Er legte Gedichte gleiches Metrums, welche sich ihm in irgend welcher Beziehung in seinen Augen als gleichartig genug darstellten, zu einem Gedichte zusammen. Damit soll durchaus nicht erschöpft sein, was er sonst etwa gethan hat.

Eine wie reiche Gelegenheit würden nicht viele andere Gedichte, z. B. I, 16 oder II, 13 zu der Frage bieten, ob nicht Einschaltungen oder Zusätze gemacht seien. Aber für die Entscheidung solcher Fragen müsste zuvor wieder ein diplomatisch irgendwie gesicherter Boden bereitet werden, was zur Zeit noch nicht geschehen ist. Einen solchen haben wir aber in dem Zustande des ersten Buches durch den Nachweis gewonnen, dass wenigstens Zusammenschweissungen von Gedichten vorgenommen worden sind, und dieser einen Methode des Redaktors nachzugehen, sind wir demgemäss, wie schon gelegentlich des zweiten Buches gesagt wurde, berechtigt; dies auch da, wo uns die Anordnung der Metra nicht eine Handhabe gelassen hat, ihn zu entdecken. Fehlt uns damit allerdings ein erwünschtes Mittel für unsere Zwecke, so kommt uns dafür anderes zu Hülfe. Nicht nur hat Haupt recht, wenn er ebendort sagt, dass die sicher erkannten Fälschungen die Wahrscheinlichkeit auch der weniger sicher erweislichen erhöhen, sondern die Verfolgung eines und desselben Weges schärft auch den Blick für Orientierung und lässt leichter erkennen, was auf ihn weiter —, was von ihm abführt. Auch würden diese Blätter daher in diesem Sinne unvollständig bleiben, wenn wenigstens nicht diejenigen Gedichte, welche den Charakter von Doppelgedichten zu tragen scheinen, bezeichnet würden. Eine gewisse Ungleichheit in der mehr oder minder eingehenden Behandlung möge in der grösseren oder geringeren Wichtigkeit derselben und in dem Masse ihre Erklärung finden, in welchem der Boden für die einzelnen Untersuchungen vorbereitet oder noch nicht vorbereitet erscheint; ich beschränke mich oft im wesentlichen nur auf die Analyse des Inhaltes der Gedichte.

Von dem zuletzt angedeuteten Standpunkte aus übergehe ich zunächst gänzlich die ersten sechs Gedichte des dritten Buches.

Was Peerlkamp, Gruppe und Lehrs über sie gesagt haben, ist bekannt; mit welchem Rechte sie es gethan, kann nur derjenige beurteilen, der sich imstande fühlt, aller Vorurteile sich entschlagend, auch für seine Empfindung die Möglichkeit zuzulassen, dass wir in der That, wie Peerlkamp es will, es hier oft mit einzelnen Gnomen von zum Teil grosser Kürze zu thun haben. Wer in dieser Bereitschaft an ihre Lektüre geht, in dem wird die Folge der Strophen in III, 2

Angustam amice pauperiem pati.

dulce et decorum est pro patria mori.

virtus repulsae nescia sordidae,

est et fideli tuta silentio
merces,

der Anfang des dritten Gedichtes und der Übergang

> hac Quirinus
> Martis equis Acheronta fugit — —
> Gratum eloquuta consiliantibus
> Iunone divis,

die Themen der vierten Ode:

> Me — — — — texere,
>
> vester, Camenae, — — tollor
>
> vos Caesarem recreatis,
>
> scimus ut impios Titanas sustulerit,

dann Pallas, Vulcan, Apollo, dann *vis consili expers,* dann Gyas, Orion, Tityus und Pirithous — —, alle diese und andere Erscheinungen werden in jedem vorurteilslosen Leser sicherlich den Eindruck eines originalen einheitlichen Charakters dieser Gedichte nicht erwecken. Über den etwaigen Sachverhalt aber Vermutungen auszusprechen, erscheint zur Zeit verfrüht, und nur die Gedichte III, 8, 11, 12, 14, 16, 19, 24, 27, 29 sollen zur Erörterung gelangen.

Carm. III, 8.

Sivry teilt die achte Ode des dritten Buches. Es ist auffallend, dass wieder grade dasselbe Gedicht Peerlkamp und Gruppe ganz verwerfen, Guyet, Meineke, Linker und Prien seine letzte Strophe, Lehrs wenigstens einen Teil derselben. Von Bonfini und Loriti bis zu Schütz hat man sich bemüht, die Ode sicher zu datieren. Sie bietet scheinbar dazu die beste Gelegenheit; denn sie enthält mindestens sieben Punkte, auf Grund deren man unter Zuhilfenahme einer beträchtlichen Zahl von anderweiten litterarischen Zeugnissen meinen müsste, Jahr und Tag ihrer Entstehung mit absoluter Sicherheit bestimmen zu können. Aber so viele Daten sich im einzelnen ermitteln lassen, so schwierig ist es, sie alle mit Leichtigkeit auf einen Punkt zu vereinigen. Wenn Sivry die drei letzten Strophen selbständig machen will, aber andere die letzte Strophe streichen, so bleibt ein tendenzloser Rumpf übrig. Die Ansicht derer, die das ganze Gedicht fallen lassen, wird dadurch unterstützt, dass Diomedes es garnicht anführt. Die vielen sprachlichen Schwierigkeiten haben Bentley und Peerlkamp mit Nachdruck hervorgehoben; sachliche Bedenken erhebt Hardouin in Menge und es erscheint durchaus unvereinbar miteinander und erinnert wider Willen an einen schlechten Scherz, dass in II, 17 Faunus den Dichter errettet und III, 8 letzterer dem Liber dafür ein Dankopfer darbringt! Auch die metrische Beschaffenheit der Ode deutet auf Verschiedenartigkeit einzelner Teile; wenngleich dieselben nicht so durchschlagender Natur sind, dass sie mit entscheidendem Gewichte in die Wagschale fallen könnten. Endlich fällt es auf, dass das Gedicht in seiner Mitte den ebenfalls in der Mitte stehenden Vers einer Ode desselben Buches fast in seiner ganzen Länge wiederholt,

III, 8: hic dies anno redeunte festus,

III, 14: hic dies vere mihi festus,

und dass dieselbe oder eine ähnliche Situation wie in III, 8 auch in III, 29, IV, 11 und I Ep. 5 (vgl. besonders V. 7) mit mehr oder minder denselben Farben oder Worten geschildert wird. Es wiederholt sich also hier, was wir bei I, 7 und andern Gelegenheiten fanden: Nicht ein einzelner Umstand, sondern das auffällige Zusammentreffen so vieler ist es, was Verdacht erregt. Wir beschränken uns nur auf das Notwendigste.

Es ist heller Tag; der Dichter befindet sich im Freien; vielleicht in einer Lichtung im Walde, vielleicht auf freiem Felde an einer Stelle, wo ein Baum gefallen ist, einige andere noch Schutz gegen Sonne und Regen gewähren. Von grünem Rasen ist ein Altar errichtet; Kränze schmücken ihn und glühende Kohlen liegen auf ihm. Opferkuchen und Weihrauch sind zur Stelle, und Sklaven, die ein weisses Böckchen halten, harren des Winkes des Herrn, denn das Opfer soll sofort beginnen. „Und was das alles soll?" fragt der Dichter, indem er annimmt, es überrasche ihn bei diesen Zurüstungen sein Freund, oder er melde sie diesem (IV, 11). „Nichtwahr? Fast sieht es so aus, als wolle hier eine Frau das Matronalienfest begehen, als wäre ich vermählt; denn heute ist ja der erste März. Nichts von alle dem, mein Freund! Ein Dankopfer gilt es einem Gott der Lichtwelt darzubringen. Denn ein Baum wollte mich erschlagen; aber Liber erhielt mir mein Leben. Da gelobte ich ihm ein Böckchen für meine glückliche Rettung und das bringe ich ihm heute dar."

Ich dächte, das wäre genug, und ein Gedicht von folgenden beiden Strophen erfüllte nach allen Seiten hin seine Aufgabe:

> Martiis caelebs quid agam Kalendis,
> quid velint flores et acerra turis,
> plena miraris positusque carbo in
>   caespite vivo,
>
> docte sermones utriusque linguae?
> voveram dulces epulas et album
> Libero caprum prope funeratus
>   arboris ictu.

Wen der Dichter mit *docte sermones utriusque linguae* anredet, bliebe dabei ganz gleichgültig. Denn Mäcen, den nach allen Richtungen so feingebildeten Mann, den hohen Schützer des Horaz und den Freund des Augustus, grade mit diesen Worten anzureden, wäre doch sonderbar und das umsomehr, als Sprachfertigkeit oder Gelehrsamkeit — am wenigsten aber griechische — hierbei doch in keiner Weise in Frage kommt; eher könnte eine solche Anrede einem andern Freunde gelten, einem Griechen wie Heliodor, vielleicht einem solchen, der zwar die römische Sprache, aber noch nicht vollkommen die römischen Sitten kannte.

Aber so will es die Überlieferung nicht. Das Gedicht in seinem gegenwärtigen Umfange fährt fort:

> Hic dies, anno redeunte festus,
> corticem adstrictum pice demovebit
> amphorae fumum bibere institutae
> consule Tullo.

Der Dichter hatte vorhin gesagt: „Ein Baum hätte mich fast erschlagen;" man darf doch nicht annehmen: „vor langer Zeit;" denn in Jahresfrist hätte der Freund das erfahren müssen (*miraris*), wenn anders es ein Freund ist, dem die Worte gelten. Jetzt sind wir vor die Alternative gestellt, belehrt zu werden, entweder dass jener Unfall sich trotzdem schon genau vor einem Jahre zutrug, also auch am ersten März — *hic dies* (vgl. *hodie*) — und da würde es uns wundern, dass erst jetzt nach einem Jahre das Dankopfer dargebracht wird, oder, ebenso auffallend, dass der heutige Tag, nicht der Tag der Rettung, sondern der Tag des Opfers, in Zukunft alljährlich als ein Festtag — *dies anno redeunte festus*, — dadurch gefeiert werden soll, dass allemal ein Krug Wein aus dem Consulatsjahre des Tullus entkorkt wird. Der Dichter müsste in diesem Falle einen guten Vorrat dieser einen Sorte haben; einundzwanzig Amphoren, wenn er auch nur eine Flasche vom Jahre 29 bis zum Jahre 8 alljährlich an diesem Tage trinken wollte; viel mehr, wenn einige Freunde dabei sein sollten. Die Situation hat sich ausserdem hier schon in etwas geändert. Aus dem einfachen, ländlichen Opfer, welches der fromme Dichter dort im Freien darbringen wollte, dem vielleicht auch eine Schale Wein nicht zu fehlen brauchte, will nun vielmehr schon, scheint es, ein fröhliches Gelage werden, bei dem vermutlich ein Krug von dem alten Weine, aber wohl noch mancher von weniger kostbarem wird getrunken werden. — Noch immer im Freien? Hören wir!

> Sume, Maecenas, cyathos amici
> sospitis centum, et vigiles lucernas
> perfer in lucem: procul omnis esto
> clamor et ira.

Es ist in der That, wie wir vermutet. Entweder war jene eine Flasche nur der poetische Ausdruck für eine grosse Zahl (*cyathos centum*), oder es giebt neben dem Tulluswein heute noch vielen andern. Die Situation hat sich nun aber gänzlich verändert. Wir stehen nicht mehr wie zuerst in den Vorbereitungen zum Opfer, es soll nicht erst getrunken werden; sondern das Böckchen ist nun längst geschlachtet, die Amphora ist längst entkorkt, die Sonne ist längst schon untergegangen; Mäcen ist es, dessen Namen der Dichter jetzt nennt, und den er auffordert, die Lampen brennen zu lassen (*perfer*) und zu trinken, bis die Sonne wieder aufgeht. Noch immer im Freien, auf der Halde des Berges oder in der Waldeslichtung? Ich dächte nein. Oder sollte Mäcen, der hochgestellte Mann, der kränkelnde, an Schlaflosigkeit leidende, das wagen dürfen? Ich bin überzeugt, die Scene spielt jetzt in dem Zentrum des Reiches, in welchem alle politischen Nachrichten zusammentreffen; wo sie es sind, welche das Gemüt erregen und beschäftigen, wo nicht ein umgefallener Baum und ein Dankopfer im Freien die einzigen Neuigkeiten des Tages bilden. - Hier soll nun die ganze Nacht hindurch getrunken werden. Weshalb denn nun so lange, so viel? Es ist ein wunderbares Zusammentreffen! · Nicht bloss ist heute vor einem Jahre der Dichter errettet worden, nicht bloss ist heute der Tag, an dem das Dankopfer für jene Rettung dargebracht werden soll, nein, heute, am ersten März kann Octavian auch hoffen, dass er den Janustempel schliessen lassen darf. Denn soweit die Römer vorgedrungen sind, im äussersten Westen, Norden und Osten, überall sind die Feinde geschlagen und haben sich bereits unterworfen oder wollen nunmehr um Frieden bitten. Da hat ja *sospes* denn vielleicht noch eine zweite Bedeutung als die, dass der Freund dem Baume glücklich entgangen ist. Vielleicht ist dieser, wer immer es gewesen sein mag, auch in dem eben beendeten Kriege gewesen, und nun soll auch diese glückliche Rettung gefeiert werden. Wenigstens klingt das Lied, das Lamias glückliche Wiederkehr feiert, ebenso.

Et ture et fidibus iuvat
    placare et vituli sanguine debito
custodes Numidae deos,
    qui nunc Hesperia **sospes** ab ultima

caris multa sodalibus,
    nulli plura tamen dividit oscula
quam dulci Lamiae, memor
    actae non alio rege puertiae.

mutataeque simul togae
    Cressa ne careat **pulchra dies** nota,
neu promptae modus **amphorae**
    neu morem in Salium sit requies pedum.

Sume, Maecenas, cyathos amici
sospitis centum, et vigiles lucernas
perfer in lucem: procul omnis esto
    clamor et ira.

mitte civiles super urbe curas:
occidit Daci Cotisonis agmen,
Medus infestus sibi luctuosis
    dissidet armis.

servit **Hispanae** vetus hostis orae
Cantaber sera domitus catena,
iam Scythae laxo meditantur arcu
    cedere campis.

Hic dies, anno redeunte festus
corticem adstrictum pice demovebit
amphorae fumum bibere institutae
consule Tullo.

Und in der That sind wir doch die Folge der Sätze:

Sume, Maecenas, cyathos amici
sospitis centum;
occidit Daci Cotisonis agmen
    e. q. s.

berechtigt nur so auszulegen, dass wir übersetzen müssen: Nun trinke ungezählt wie viele Becher auf das Wohl des dir erhaltenen **Freundes!** Denn der Feind ist bezwungen u. s. w. Vgl. I, 37 Epod. IX:

Terra marique victus hostis!
Capaciores affer huc, puer, scyphos!

Denn, weil nun Cotiso besiegt war, darum war doch Horaz nicht weniger aus der ihm vom Baume drohenden Gefahr errettet, und weil der Baum ihn nicht erschlagen, darum war doch die Siegesfreude über Cotiso nicht grösser.

Benutzen wir diese Nebeneinanderstellung, um noch das parallele Gedicht III, 14. 1—16 anzureihen, so finden wir auch hier wieder *sospes* in der gleichen Bedeutung und Verbindung. Der Vergleich ergiebt aber auch, dass, wenn die Strophe, *Hic dies e. q. s.* überhaupt zu III, 8 gehört, sie nach der Parallele von III, 14 an der Stelle stehen müsste, an welcher sie S. 300 steht, dass sie also zu den beiden ersten Strophen des Gedichtes nicht gehört; der Schluss aber dieser Strophe: *consule Tullo*, neben den Schluss von III, 14: *consule Manlio* gestellt, beweist andererseits, dass nach Absicht des Dichters die dritte Strophe grade hier das Gedicht schliessen sollte. Umgekehrt steht der Schluss der siebenten und letzten Strophe:

> dona praesentis cape laetus horae et
> linque severa.

parallel dem Schlusse von

> I, 7: nunc vino pellite curas!
> Epod. 13: nunc mollia vino caataque levate!
> **II, 7:** dulce furere est **recepto amico!**
> **IV, 12:** dulce est desipere in loco!

Fast scheint es aber, als setze der Schluss von III, 8 voraus, dass Mäcen, der im Eingang des ganzen Gedichtes als gegenwärtig gedacht ist, noch zu Hause weile und erst von seinen Geschäften abgerufen werden solle. Das Ergebnis der ganzen Untersuchung ist, dass wir in III, 8 zwei Gedichte haben, welche jedes für sich einem scheinbar gleichen, in Wirklichkeit ganz verschiedenen Anlass gelten.

Das erste Gedicht gilt der Errettung (*sospes*) des Dichters bei Gelegenheit des stürzenden Baumes, das zweite der glücklichen Heimkehr (*sospes*) eines Freundes aus dem Kriege, ob nun der Dichter der Heimkehrende ist, ob ein anderer Freund Mäcens und der glücklichen Besiegung des Feindes. Man vergleiche zu dem zweiten Gedichte ausser I, 37 besonders auch noch II, 7, 16 und 28, um die Ähnlichkeit der Situation zu erkennen und anzuerkennen. Beide Gedichte verlaufen ferner, wie der Redaktor sie zurecht gemacht hat, durchaus parallel; denn die dritte und die letzte Strophe sind eben nur Schlussstrophen, wie die von II, 7, IV, 12 u. a., indem sie kräftig zu Heiterkeit und sorgloser Hingabe an die Freude auffordern. Beide Gedichte endlich haben das gleiche Versmass, und diese mehrfachen Berührungspunkte sind es, welche ihre Zusammenlegung veranlasst haben. Maecenas, die Anrede, tritt wieder an den Anfang.

Die Kürze des so entstehenden ersten Gedichtes, III, 8[*], 1—8, anlangend, möge man es neben I, 38, 1—8 stellen, um zu erkennen, dass das so Horazische Weise ist, und dass das Gedicht in dieser Gestalt viel richtiger pointiert und dichterisch reiner empfunden abschliesst, als in der überlieferten.

Dass auch hier in den Argumenten sich der Doppelcharakter des Gedichtes ausprägt, ist selbstverständlich; ich zitiere nur Nitsch. Er sagt: „Horaz stellt sich als trete Mäcen in sein Haus ein, sehe die Opferanstalten und wundere sich, wie ein Hagestolz den heutigen Tag begehen könne. Das giebt dem Dichter Gelegenheit, seinem Mäcen zu sagen, er feyre heute das Fest seiner Erhaltung. — — Davon geht er denn zur Einladung selbst über“. u. s. w.

Acros und Porphyrios Argumente berücksichtigen lediglich die ersten acht Verse. Dass beide zu all den vielen historischen Reminiszenzen des zweiten Teiles der Ode auch nicht eine fördernde Notiz darüber beibringen, welcher Sieg über die Kantabrer, welcher Heereszug der Dacier, welcher Mederzwist, welcher Konsul Tullus gemeint sei, wird niemand Wunder nehmen. Fallen aber alle diese Zeitbestimmungen für III, 8[*] fortan hinweg, dann fällt auch jede Bestimmung für den Zeitpunkt, bis zu welchem Horaz unvermählt blieb, und wir werden einmal mehr misstrauisch gegen den Anspruch seiner alten Biographen, uns in irgend welchem Grade etwas mehr aus seinem Leben berichten zu wollen, als wir selbst noch heute aus seinen Werken schöpfen können.

Porphyrio möge hier noch einen Nachtrag zu II, 18 liefern. Er sagt zu Vers 1: *Non ebur u. a. Haec ode in continentiam scribitur per quam paupertatem suam omnibus diuitiis praefert.* Dagegen sagt er zu Vers 15, wo wir den Anfang eines neuen Gedichtes ermittelten: *truditur d. d. Inuehitur in eos, qui non intellegunt, tempus uitae suae uelociter currere. Nihilominus tamen (non) desinent aedificia domorum ingentia et pretiosa construere, cum potius deberent, si memores mortalitatis essent, sepulcra sibi struere.* Porphyrio sieht also zwei durchaus verschiedene, wenn auch in irgend welchem Punkte der Annäherung fähige Gedichte in II, 18.

CARM. III, 11.

Ist in jenem Gedichte der Widerspruch des Gedankens unerträglich, so ist anderwärts nicht minder unerträglich die Ausspinnung desselben Gedankens an ungehöriger Stelle.

Haupt.

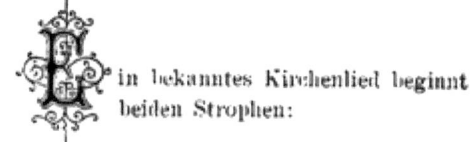in bekanntes Kirchenlied beginnt und schliesst mit folgenden beiden Strophen:

O dass ich tausend Zungen hätte
und einen tausendfachen Mund,
so stimmt ich damit um die Wette
vom allertiefsten Herzensgrund
ein Loblied nach dem andern an
von dem, was Gott an mir gethan.

Ach! nimm das arme Lob auf Erden,
mein Gott! in allen Gnaden hin;
im Himmel soll es besser werden,
wenn ich ein schöner Engel bin;
da sing' ich dir im höhern Chor
viel tausend Halleluja vor.

Der Dichter spricht nur den Wunsch aus, dass er tausend Zungen hätte; hätte er sie, dann würde er unendlich viele Lieder singen; jetzt muss er es unterlassen, und erst, wann er im Himmel sein wird, erst dann wird er viele tausend Halleluja singen. Aber indem er so denkt und sagt, ist wenigstens ein armes Lied zustande gekommen, so schlicht, wie es die schwere Zunge eines Menschenkindes zu lallen vermag, und das Gedicht ist zu Ende.

46

Ähnlich ergeht es dem Dichter von III, 11. Schon das vorhergehende Gedicht, das zehnte des dritten Buches, hatte die Tendenz gehabt, die spröde Geliebte zu erweichen, und der Dichter hatte gesungen: „Und wenn Du eine Barbarin am Don wärest, ich will hier vor Deiner Thüre stehen und flehen, so lange bis Du Dich erweichen lässt.

Extremum Tanain si biberes, Lyce,
saevo nupta viro, me tamen asperas
porrectum ante fores obicere incolis
    plorares Aquilonibus.

Ich will vor Deiner Thüre stehn
Bis ich, mein Liebchen, Dich gesehn,
Und ständ' ich auch die halbe Nacht;
    u. s. w.

Da singt er denn nun in dem elften Gedichte ein gleiches, und indem er Merkur nur bittet, ihm ein Lied zu schenken, welches Lyde erweicht, ist das Lied bereits fertig geworden; es hat dieselbe dichterische Form, wie I, 32.

Mercuri, nam te docilis magistro
movit Amphion lapides canendo,
tuque testudo, resonare septem
    callida nervis.

nec loquax olim neque grata, nunc et
divitum mensis et amica templis,
dic modos, Lyde quibus obstinatas
    adplicet aures.

Poscimur, si quid vacui sub umbra
lusimus tecum, quod et hunc in annum
vivat et plures, age, dic Latinum,
    barbite, carmen.

o decus Phoebi et dapibus supremi
grata testudo lovis, o laborum
dulce lenimen, mihi cumque salve
    rite vocanti.

So könnte auch ein deutscher Dichter den ähnlichen Gedanken in eine ähnliche Form kleiden und singen:

Erklinge, liebe Zither,
    Stimm' an dein süssestes Lied,
Kling' auf zum grünen Gitter,
    Wo eine Rose blüht.

Wenn mir dein Sang nicht bliebe,
    Wer sollt' mein Bote sein!
Sing' du von meiner Liebe,
    Klag' du von meiner Pein!

    Aus deiner Saite spüre
      Sie meiner Liebe Schmerz,
    Kling' du hinauf und rühre
      Das liebe harte Herz!

Denn alle solche Lieder haben in Form und Inhalt, wie angedeutet, das gemein, dass der Dichter sich ein Lied wünscht, und dass das Geständnis dieses Wunsches in dem Augenblicke, wo er ihn ausspricht, sich schon zu diesem Liede selbst gestaltet. Wenn er sagt: „Erklinge, liebe Zither, stimm' an dein süssestes Lied," wenn das Mädchen zur Rose sagt, sie sende sie an Alexis, ihm solle sie die heimlichen Gedanken ihres Herzens zuflüstern, dann braucht die Zither nicht mehr zu erklingen, dann braucht die Rose nicht mehr zu flüstern. Der Dichter hat bereits erreicht, was er will. Wie zart und fein, wie sinnig ist so nicht auch der erste Gedanke, welchem III, 11 entsprungen ist! Wie Chloe I, 23, dem Reh gleich, das vor dem fallenden Blatte erschrickt, den Jüngling flieht, der ihr nahen möchte, so ist Lyde. Noch ist sie mehr Kind fast als gereifte Jungfrau, und wie das junge Ross sich auf der weiten Wiese in ausgelassener Freude tummelt und jeden neckisch flieht, der sich ihm nahen möchte, so lacht und scherzt sie in jugendlichem Übermut, wenn ihr jemand schon von Liebe reden will.

Πῶλε Θρηκίη, τί δή με λοξὸν ὄμμασι βλέπουσα
νηλεῶς φεύγεις, δοκεῖς δέ μ' οὐδὲν εἰδέναι σοφόν;

Quae velut latis equa trima campis
ludit exultim metuitque tangi,
nuptiarum expers et adhuc protervo
cruda marito.

Kein Wort, keine Beteuerung, kein Lied kann sie rühren! „Ach, du o Gott der Gesänge", fleht darum der Dichter inbrünstig, „so gieb du mir denn ein Lied: Du, dessen Leier selbst einen Stein zu rühren vermag, ach, lass auch meinen Lippen ein Lied sich entringen, das endlich auch Lyde rührt. Singt er so nicht ähnlich III, 26:

O quae beatam diva tenes Cyprum et
Memphin carentem Sithonia nive,
regina, sublimi flagello
tange Chloën semel adrogantem!

Aber derjenige, der uns die gegenwärtige Ausgabe des Horaz zusammenstellte, hat den Dichter dieser tief und echt empfundenen Lieder nicht verstanden oder nicht verstehen wollen. Der Eingang sagte ja schon: Merkur! — denn dein

407

Schüler vermochte es ja durch seine Lieder selbst Steine zu rühren — o schenke mir ein Lied, das das Herz meiner Lyde rührt; sie ist gegen mich so hart wie u. s. w. Die Anrufung Merkurs war also bereits und zwar sehr hübsch motiviert. Dem Nachdichter genügte das nicht; er motivierte sie noch einmal: *(nam) tu potes tigres comitesque silvas ducere;* er legte also, was dort Amphion zugeschrieben war, hier nicht wie I, 12 Orpheus, sondern Merkur selbst bei und machte aus dem Lied auf Lyde in Gleichstellung neben I, 10 ein Gedicht auf Merkur oder seine Leier:

Tu potes tigres comitesque silvas
ducere et rivos celeres morari;
cessit inmanis tibi blandienti
   ianitor aulae.

Cerberus, quamvis furiale centum
muniant angues caput eius atque
spiritus taeter saniesque manet
   ore trilingui.

quin et Ixion Tityosque vultu
risit invito, stetit urna paulum
sicca, dum grato Danai puellas
   carmine mulces.

Denn mit Recht sagt Macleane angesichts dieser Strophen von seinem Standpunkte aus: *The common inscription „Ad Mercurium,“ adopted by Bentley and others, is plainly wrong and calculated to mislead. The inscription should be Ad testudinem (to the lyre or shell), if anything: for Mercury disappears after the first two verses. The miracles alluded to, except Amphions, were those of Orpheus, and the lyre in his hands, not Mercury's — which Orelli not perceiving, contradicts himself.*

Aber die Athetesen zu diesen Versen und dem folgenden Teile des Gedichtes von Guyet, Peerlkamp, Gruppe, Lehrs, Philipp Buttmann, Näke, Bernhardy, Meineke, Haupt, L. Müller, Heynemann, Linker, Schwenck, Eichstädt, Lübker, Kirchner, Axt, Martin, Dyckhof, Gesell, H. Müller, Prien, Struve, Hitzig, Scheibe, Regel, Kiessling, Pauly, Heinrich, Weber sind bekannt; möchten doch auch die heutigen Horazfreunde noch Nackes schon oben erwählte Abhandlung über 17—20 lesen! Zu *quin et* ist *quin et* I, 10, 13 und II, 13. 37 zu vergleichen; ebenso darf man darauf hinweisen, dass Orpheus I, 12 seine Kunst nicht Merkur, sondern der Muse dankt.

Ein Anderes ist ein Lied an die Zither, an den Gott der Gesänge, eine Bitte um Erhörung und ein Anderes die Erzählung von einem für ihren Geliebten sich aufopfernden Mädchen.

Audiat Lyde scelus atque notas
virginum poenas et inane lymphae
dolium fundo pereuntis imo
    seraque fata,

quae manent culpas etiam sub Orco.
inpiae (nam quid potuere maius?),
inpiae sponsos potuere duro
    perdere ferro.

una de multis face nuptiali
digna periurum fuit in parentem
splendide mendax et in omne virgo
    nobilis aevum,

'surge' quae dixit iuveni marito,
'surge, ne longus tibi somnus, unde
non times, detur; socerum et scelestas
    falle sorores,

quae, velut nanctae vitulos leaenae,
singulos eheu lacerant: ego illis
mollior nec te feriam neque intra
    claustra tenebo.

me pater saevis oneret catenis,
quod viro clemens misero peperci;
me vel extremos Numidarum in agros
    classe releget.

i, pedes quo te rapiunt et aurae,
dum favet nox et Venus: i secundo
omine et nostri memorem sepulcro
    scalpe querelam'.

Wenn der Anfang des Gedichtes der Absicht desselben nicht entspricht, so haben wir das nicht zu verantworten; unleugbar ist, dass das Gedicht die Bestrafung der Danaiden nicht ausführt, wohl aber Hypermnestra preist und als leuchtendes Beispiel treuer Liebe bis in den Tod hinstellt:

una
splendide mendax et in omne virgo
nobilis aevum!

Dass dieses Gedicht, 11ᵇ, nichts zu thun hat mit dem ersten Gedichte, 11ᵃ, ist längst erkannt worden, und nach dem vorstehenden bleibt nur wenig zu sagen übrig.

Mag der erste Teil von III, 11 immerhin Horazischen Charakter tragen, da Lyde, das kecke, muntere Mädchen geschildert ist, wie Chloe, I, 23 und andere an anderen Stellen, oder mag nun Vers 3—6 noch zu streichen sein, so dass ein erweiternder Dichter diese Verse an die Leier des Merkur eingeschoben und auf sie die folgenden drei Strophen bezogen hätte, so weicht der zweite Teil schon darin von dem sonstigen Ton Horazischer Poesie gänzlich ab, dass er nicht lediglich lyrischen, sondern vielmehr episch-lyrischen Inhaltes ist. Es ist ein auffälliges Zusammentreffen und kennzeichnet die Sachlage bedenklich, dass wir fünf solcher lyrisch-epischen Gedichte im dritten Buche haben: III, 3, III, 4, III, 5, III, 11, III, 27, und dass fast alle durch einen Bedenken erregenden Übergang ihren ersten Teil mit dem zweiten verbinden, dass fast alle das Kreuz der Interpreten bilden. Lassen wir nun also den ersten Teil unangefochten Horaz, so fördert es vielleicht doch die vorliegende Untersuchung, wenn wir einen Augenblick die oft berührte, aber bisher nicht erledigte Frage berühren, welches Gedicht das frühere sei, ob Horaz III, 11, oder Ovids Hypermnestra; Peerlkamp behauptet letzteres, Lehrs jenes. Wer hat recht?

Ich beziehe mich wieder auf Lehrs selbst: diejenige Stelle ist die originale, welche den bezüglichen Gedanken oder das bezügliche Wort notwendig erfordert, welche Gedanken und Wort natürlich erscheinen lässt und darum sich selbst erklärt, ohne einer besonderen Auslegung oder Illustration durch andere Stellen desselben Gedichtes oder gar fremder Schriften bedürftig zu sein; diejenige ist es nicht, wo Wort und Gedanke befremden, sich nicht selbst zwanglos erläutern und ohne Zuhilfenahme specieller Erklärungen nicht verständlich sind.

Der zweite Teil des elften Gedichtes sagt nun der Hauptsache nach folgendes: „Hören soll Lyde von den Strafen, welche die grausamen Töchter des Danaus in der Unterwelt erleiden." Ich will mit dem Dichter nicht rechten, dass er nun die Schrecken der antiken Hölle und die Qualen der Verräterinnen des Brautbettes auch hier wieder grade nicht ausführt, sondern sie eben nur in diesem Exordium selbst erwähnt und damit abgethan sein lässt. Ich kenne seine Absichten nicht genug, und dieser Punkt soll auf sich beruhen bleiben, weil der Dichter im ersten Teile es ja ähnlich machte, wenngleich niemand den Unterschied zwischen dort und hier verkennen wird. „Nur eine", fährt er fort, „handelte nicht so wie sie, und sie soll deshalb gepriesen werden bis in die fernste Zeit!" Wenn der Dichter hier aufhörte, so hätte sein Eingang noch einen Sinn. Nach dem eigentlichen Thema von den grausamen Schwestern würde zum Schluss eine angenehme Perspektive auf den Gegensatz von treuer Liebe eröffnet. Aber der Dichter verweilt noch länger bei dieser Erinnerung und macht sie zum Hauptgegenstande und zum Zweck seiner Darstellung. „Entflieh", sagte sie, „entflieh, so lange die Nacht und die Liebe es gestatten. Weilst du auch nur einen Augenblick länger, so ereilt dich der Tod;

surrum et scelestas
falle sorores!

Was unter diesen Umständen hier die Worte sollen:

„Surge, ne longus tibi somnus, unde
non times, detur,

verstehe ich nicht. Nach gewöhnlicher poetischer Redeweise müssten sie bedeuten: „Steh auf, damit du nicht von derjenigen in ewigen Schlaf versenkt wirst, von der du es am wenigsten befürchtest, nämlich von mir, deiner Braut." Aber das ist widersinnig im Munde derjenigen, die ihn ja wirklich liebt und ihn rettet, die ihn vor den Schwestern und dem Vater warnt, die zugleich sagt:

singulos eheu lacerant: ego illis
mollior nec te feriam neque intra
claustra tenebo;

es erscheint anstössig, im Munde derselben Hypermnestra, dass sie in demselben Augenblick, wo sie Lynkeus zur eiligsten Flucht aus Todesgefahr mahnt, ausdrücklich hinzusetzt, sie werde ihn weder töten noch gefangen halten. Diese Worte aber ohne weiteres sofort auf Danaus und seine übrigen Töchter zu beziehen, verbietet *singulos*, verbietet die Fabel; denn nach dieser lag es eben zunächst Hypermnestra ob, Lynkeus zu ermorden wie jeder einzelnen Schwester ihren Gemahl, und auch darum müsste man *unde* zunächst auf Hypermnestra beziehen. Das alles ist bei Ovid wohlgeordnet und ist in seiner Weise poetisch, ohne widersinnig zu sein. Im Kampfe zwischen ihrer Kindespflicht und ihrer Liebe steht Hypermnestra mit gezücktem Schwerte lange an dem Lager des Lynkeus. Nach ihrem leidenschaftlichen Selbstgespräche weckt sie ihn und sagt: „Steh auf! Lass diese Nacht dir nicht zu einer ewigen werden", und als er noch um eine Erklärung bittet, was das alles, was das Schwert in ihren Händen bedeute, erwidert sie der Situation gemäss: „Entfliehe du, so lange du es kannst; ich muss bleiben!"

Iamque patrem famulosque patris lucemque timebam:
Expulerunt somnos haec mea dicta tuos:
'Surge age, Belide, de tot modo fratribus unus!
Nox tibi, ni properas, ista perennis erit.'
Territus exsurgis, fugit omnis inertia somni.
Aspicis in timida fortia tela manu.
Quaerenti causam 'dum nox sinit, effuge' dixi:
'Dum nox atra sinit, tu fugis, ipsa moror.'

Dass nun Ovid Hypermnestra aus dem Gefängnis, in das sie der Vater geworfen, schreiben lässt und damit erzählt, was weiter aus ihr geworden, das ist natürlich, ja, es ist notwendig; denn wir müssen wissen, weshalb Hypermnestra an Lynkeus schreibt, so lange wir annehmen können, dass sie in der Lage sei, es ihm zu sagen. Dass aber bei Horaz sie ihr Geschick schon vorhersagt, es vorhersagt, ohne dass wir danach fragen, ist unnatürlich. Der Dichter konnte besser schon zweimal aufhören, jedenfalls musste er es hier thun! Dass Danaus ein blutdürstiger, treubrüchiger Tyrann und gegen seine Töchter ein rücksichtslos grausamer Vater ist, wissen wir. Wozu nun uns noch erzählen, dass er Hypermnestra entweder in Ketten legen oder (?) verbannen wird? Unsere Phantasie hätte sich ohne diese Verse das künftige Schicksal der Hypermnestra viel trauriger ausgemalt. Auch ist mir die Figur der Synekdoche bei den Dichtern wohl bekannt, und es erscheint mir vielleicht noch zulässig, dass der Dichter von Kleopatra sagt:

> nec latentes
> classe cita reparavit oras;

dass er aber Hypermnestra sagen lassen kann:

> me vel extremos Numidarum in agros
> classe releget

verstehe ich nicht. Auf einem Nachen lassen sonst Dichter Unglückliche aussetzen, und nach Africa wird jemand einfach verbannt, nötigenfalls zu Schiffe dahin geschickt; aber mit einer Flotte — —?? Dazu in *agros!* Ich dächte etwa in *oras* erwarteten wir. Und nach Numidien? „Danaus" schickt im heroischen Zeitalter seine Tochter nach „Numidien?" Die Sage verweist über Lernä und Phocis hinaus nicht, der Mythus weiss von Pindar und Äschylus bis auf Pausanias, Nonnus und die Scholiasten der Ilias hin von einer Verbannung der Hypermnestra nach Numidien nichts, und vergeblich sieht man sich nach irgend einem solchen Nachweise bei Acro und Porphyrio um. Aber fast sollte man meinen, es zu erraten, von woher unser Dichter sie erfuhr. In den schon von Scaliger für unecht erkannten Versen 85—118 (richtiger 114) der Hypermnestra des Ovid finden sich die mit der Situation des Gedichtes unvereinbaren Verse:

> Bella pater patruusque gerunt, regnoque domoque
> Pellimur, eiectos ultimus orbis habet.
> Ille ferox solio solus sceptroque potitur:
> Cum sene nos inopi turba vagamur inops.

Die zehnte Ode unseres dritten Buches, mit welcher wir schon oben einen Zusammenhang nachwiesen, eröffnete:

> Extremum Tanain si biberes Lyce;

und in der letzten Strophe derselben heisst es: *uer Mauris animum mittas*. Vielleicht lässt sich einst wahrscheinlich machen, dass diese Erscheinungen in irgend welchem Zusammenhange mit einander stehen; an die äussersten Grenzen Numidiens grenzt ja Mauretanien, vielleicht gleichbedeutend mit den äussersten „Äckern" Numidiens, der Deportationskolonie, zu der die „Flotte" des Danaus Hypermnestra tragen soll.

Aber der Dichter ist noch nicht zu Ende. „Entfliehe du," liess er Hypermnestra sagen, „ich bleibe; sei es in Ketten hier oder — — in Numidien; du aber, lässt er sie schliessen, „geh, wohin Liebe und Nacht dich geleiten und setze auf mein Grab einen Leichenstein mit einer Inschrift, die meiner liebend gedenkt." Es thut mir leid um den dichterischen Ausdruck der letzten Strophe; aber ich habe, so oft ich das Gedicht las, mich gefragt: wie? Hypermnestra lebt, sie wird leben bleiben, sei es nun in Argos, sei es in „Numidien," sie ist leben geblieben, denn Lynkeus wird später ihr Gemahl, und doch sagt sie: Entflieh (heute Nacht) und da, wohin du zu Lande oder von einem Schiffe getragen kommst, *pedes quo te rapiant et aurae*, setze mir einen Leichenstein! Da wäre es denn doch vernünftiger gewesen, Lynkeus wäre nach Numidien vorangegangen und hätte Hypermnestra dort erwartet. Kam sie nicht, nun, dann wusste er, sie werde in Argos von ihrem Vater gefangen gehalten. Dann konnte er versuchen, sie zu befreien. Aber ihr einen Leichenstein zu setzen, jetzt, wo sie noch am Leben war, dazu lag doch in der That kein Anlass vor! Ich höre: „Aber Hypermnestra wird doch früher oder später einmal sterben; dann konnte es doch geschehen." Sterben jedoch nicht alle Menschen? Was allen gleich nahe liegt, liegt auch allen gleich fern! Wollte der Dichter sich hierauf beziehen, dann musste Hypermnestra dies auch ahnen und aussprechen, nicht aber das Gegenteil. Dann musste sie sagen: Mich selbst wird mein Vater aus Rache ermorden statt deiner. Dann gedenke meiner nach meinem Tode", nicht aber: „ich werde gefangen gehalten oder verbannt werden, setze du mir einen Leichenstein auf mein Grab." Dazu sind die Formen *oneret, releget* auffällig. Man ist geneigt, in *oneret* einen Konzessivsatz zu erblicken: „Er möge mich immerhin in Ketten schlagen" — „ich will dich dennoch retten." Aber der Nachsatz fehlt. Er steht jedoch bei Ovid. Man vergleiche:

Me pater saevis oneret catenis,
quod viro clemens misero peperci;
me vel extremos Numidarum in agros
classe releget.

Me pater igne licet, quem non violavimus, urat.
Quaeque aderant sacris, tendat in ora faces:
Aut illo iugulet, quem non bene tradidit ensem.
Ut qua non cecidit vir nece, nupta cadam:
Non tamen, ut dicam moriens 'paenitet' ore.
Efficiet, non est, quam piget esse piam.

Auch *sculpe querellam* ist doch für sich allein kaum verständlich; denn *querela* heisst doch nicht schon kurzweg *Grabschrift*.

41

Linker bemerkt in seinem Spicilegium richtig, dass keine Ode des Horaz dreizehn Strophen habe. Wollte man auch alle übrigen Strophen dieses Gedichtes beibehalten, ich glaube, die dreizehnte müsste fallen, so sehr sie auch durch ihren Wohllaut besticht.

Und Ovid? Horaz wird erst durch ihn verständlich! Er gebraucht fast dieselben Worte; nur sind sie bei ihm ebensowohl der Situation gemäss als ohne jeden Widerspruch. Was Hypermnestra vorher sprach, das erzählte sie nur schaudernd aus der Erinnerung jener Nacht, denn Ovid stellt sie in seiner Heroide selbstverständlich nicht in dem Augenblick dar, wo sie, wie bei Horaz III, 11, Lynkeus weckt, also von ihrer Zukunft noch nichts Bestimmtes weiss, sondern bei ihm schreibt sie vom Kerker aus. Sie schreibt:

> At tu, siqua piae, Lynceu, tibi cura sororis,
>   Quaeque tibi tribui munera, dignus habes
> Vel fer opem, vel dede neci, defunctaque vita
>   Corpora furtivis insuper adde rogis,
> Et sepeli lacrimis perfusa fidelibus ossa,
>   Scriptaque sint titulo nostra sepulchra brevi
> 'Exul Hypermnestra... pretium pietatis iniquum...
>   Quam mortem fratri depulit, ipsa tulit.'

Bei Ovid sagt sie also folgendes: *Clausa domo teneor* (XIV, 2); wenn du mich irgendwie liebst, so komm und rette mich; vermagst du mir keine Hilfe zu bringen, so darfst du überzeugt sein, dass du mich damit dem Tode überlässt; *dede neci*. Aber bin ich gestorben, so suche dich wenigstens meiner Leiche zu bemächtigen; denn man wird sie als die eines Mädchens, deren Liebe zu dir als Verrat am Vater und Vaterlande ausgelegt wurde, weder mit den mir gebührenden Ehren verbrennen, noch in heimischer Erde bestatten; vielmehr wird man sie den Tieren zum Frass hinauswerfen. Dann musst du dich wenigstens heimlich meines Leichnams bemächtigen und ihn auf anderer als argivischer Erde bestatten. Auf mein Grab aber schreibe: „Hier ruht fern von ihrer Heimat Hypermnestra; sie musste den Tod erleiden, welchen sie ihrem Geliebten nicht gab."

Ich bin auf einzelne Ausdrücke wie *notas poenas* (Lyde soll die bekannten[!] Strafen hören), *inane dolium lymphae*, *inunt. male* (auf Personen bezogen) *quae velut nanctae vitulos lenenae singulos, ehen! luerant: ego illis mollior* (vgl. III, 10, 16, wo es erträglicher steht); *quod viro misero peperci, nostri memorem* nicht eingegangen; man wird bei Ovid solche kaum finden, und Lehrs' Ausstellungen an Ovid 122—128 sind nicht begründet; bei den letzten beiden Versen übersieht er, dass *catenae* durchaus nicht Horaz entnommen zu sein braucht, weil er im Gegenteil durchaus der Sage gemäss Ovid Hypermnestra schon im Eingange schreiben lässt:

Clausa domo teneor gravibusque coercita vinclis.

Hier ist diese Angabe notwendig; bei Horaz erschien sie vorzeitig, überflüssig und darum an unrechter Stelle, und wie Jani (Prolusio 1775) behaupten konnte, Horaz übertreffe Ovid in Erzählung der Fabel von der Hypermnestra, ist schwer zu verstehen. Es kann nicht der geringste Zweifel darüber bestehen, dass der zweite Teil von III, 11 von Ovid abhängig ist und nicht umgekehrt, denn nach allen Seiten hin ist das Horazische Gedicht das widerspruchsvolle, zerrissene, der dichterischen Einheit entbehrende und für sich allein kaum verständliche. Ovids Gedicht ist soweit wie alle seine Heroiden als solche wohlverständlich, dichterisch richtig concipiert und durchgeführt und auch ohne auffallende sachliche und sprachliche Anstösse. Darum braucht 11) Horaz — das mag für diejenigen bemerkt werden, welche ihm auch ein schlechtes Gedicht durchaus erhalten wollen — noch nicht abgesprochen zu werden. Horaz und Ovid lebten ja eine Reihe von Jahren gleichzeitig und der Meister könnte ja auch einmal mit dem Schüler gewetteifert haben und ihm unterlegen sein: oder beide hätten Kallimachus oder Philetas nachgeahmt und Ovid hätte das bessere Gedicht geliefert. Aus den oben zitierten unechten Versen *(pellimur, ciectos etc.)* aber möchte man allerdings sogar vermuten, dem Verfasser von Horaz III, 11, 47, 48 hätte bereits ein interpolierter Ovid vorgelegen. Auch dass die Schwestern zuerst mit dem verhältnismässig milden Worte *impiae* bezeichnet werden, versteht man nur dann leicht, wenn man Hypermnestra selbst und ihre That bei Ovid stets mit *pia* bezeichnet findet; von Ovid aus verstehen sich auch sofort und besser andere Ausdrücke, *ferire, ne longus tibi somnus detur, ne pater ore et... exitu... querella* u. a., wie zum Teil schon erörtert worden ist.

Wir haben bisher immer nur jeden der beiden einzelnen Teile des Gedichtes für sich allein untersucht. Noch viel ungünstiger für ihre Zusammengehörigkeit gestaltet sich das Ergebnis, wenn wir sie in ihrem Verhältnis zu einander betrachten. Jedoch brauche ich mich hier nur auf Altbekanntes zu beziehen, dass es nämlich widersinnig ist, Lydes Liebe dadurch gewinnen zu wollen, dass ihr die glückliche Ermordung aufgezwungener junger Ehemänner in der Hochzeitsnacht und der traurige Lohn treuer Liebe erzählt wird; von jeher hat man daran Anstoss genommen, dass der Dichter am Ende des ersten Teiles die Danaiden ausführlich erwähnt, mit dem Beginne des neuen Teiles wieder sagt, Lyde solle von ihnen hören und dennoch lediglich bei Hypermnestra stehen bleibt. Uns fällt letztere Erscheinung nicht mehr auf. Denn wir fanden bisher fast stets zwei durchaus verschiedene Gedichte durch ein gemeinsames Band mehr oder minder ungenügend verbunden, mochte dasselbe nun in einem gemeinsamen Gedanken oder einem gemeinsamen Worte bestehen. (I, 1; I, 4; 1, 7; I, 9 u. s. w.) Die Parallele

die modos, **Lyde**, quibus obstinatas
applicet aures.

audiat **Lyde** e. q. s.,

die Danaiden und das gleiche Versmass waren gemeinsame Punkte genug, um beide Oden zu verschmelzen.

Einen wirkungsvollen Vorschlag macht zwar Lehrs, nämlich den, die siebente Strophe, *Audiat Lyde*, zu streichen. Denn in der That, das kurz hintereinanderstehende *poenas* — *poenas* oder *culpas*, das letzte Wort in so ungewöhnlicher Bedeutung, der neue Anfang in der Mitte der Ode, Lyde — Lyden u. a. käme dann in Wegfall; aber weder in die ganze Ode käme darum doch Einheit, noch würden damit alle sonstigen zahlreichen Bedenken gehoben.

Wie jene Widersprüche längst als solche erkannt worden sind, so sieht man die Ligatur auch deutlich durch die ahnungslosesten Argumente hindurch. Oder spricht Porphyrio nicht klar genug, wenn er zu Vers 25, *Audiat Lyde*, anmerkt: *Mira opportunitate de excessu excessum repperit?* Dorighello sagt zu III, 11: *Bipartito dividitur: 24 primis versibus invocatur et laudatur Mercurius et Lyra, non sine causa. Ceteris 28 pariter carmen veluti seiunctum componentibus Poeta vivide et suaviter Danaidum historiam apte narrans ob Lydes oculos ponit supplicium, quod eius crudelitatem consequi poterat.* Und der ehrliche Nitsch schreibt: „Schön ist indes die Wendung des Dichters, wie er auf jene Danaiden selbst kommt. Den Anfang macht eine Anrufung an seine Laute. Er besingt dann die Stärke der Laute, die einst Felsen und Bäume rührte, selbst in der Unterwelt den Cerberus bezähmte und von den Verdammten, von Ixion und den Danaiden mit Vergnügen gehört wurde. Nun ist er bei seinem Gegenstande, und doch scheint das Ganze nur ein Impromptu zu sein" u. s. w. Klotz sah in der Erzählung natürlich nur die Digression glücklicher dichterischer Kühnheit, mit welcher er und andere dichterische Unmöglichkeiten wie I, 7,[b] 1, 9[b] u. a. nicht nur erklären, sondern sogar preisen wollten.

Betonen möchte ich an dieser Stelle noch einmal, dass *Audiat Lyde* nach Inhalt und Form doch durchaus den Eindruck einer Anfangszeile macht. Über die Frage, ob denn auch hier zwei vollständige Gedichte in der Gestalt, wie uns III, 11 jetzt vorliegt, zu einem Gedichte vereinigt seien, möchte ich mit einem bestimmten Urteile zurückhalten. Die metrische Beschaffenheit der verschiedenen Particeen lässt fast andere Entstehungsweisen vermuten. Aber Zweck dieser Blätter ist ja nur der Erweis, dass III, 11 aus zwei einander fremden Teilen besteht. Der dürfte erbracht sein.

CARM. III, 12.

Where the wit is so conscious and elaborate as in Horace's lyrics, it is not too much to expect that we should be able to detect the threads which bind them into their several unities.

Wickham.

e huius carminis, quatuor? partum sit, consilio ac descriptione *varies sunt Interpretum sententiae*, sagt Jani am Ende des vorigen Jahrhunderts. Besenbeck stellte (Erlangen 1791) einen Teil dieser Ansichten zusammen, Baxters, Ramlers, J. F. Schmidts, verwarf alle früheren und gab dann eine neue. Wollte man sammeln, was auch hier von den ältesten bis auf die neuesten Erklärer Verständiges und Unverständiges vorgebracht ist, ich glaube, man könnte fast so viele verschiedene Ansichten als Namen zusammentragen. Einige der gangbarsten sind folgende: Neobule spricht klagend zu sich in allen vier Strophen. — Horaz verhöhnt sie. — Der Dichter tröstet sie. — Der Dichter scherzt. — Neobule will ihre Liebe verschweigen und leugnen. Aber der Dichter ermuntert sie; nur unglücklich Liebende dürften ihrer Liebe nicht nachgeben. Wie glücklich sei sie, da sie ihren Hebrus liebe und wiedergeliebt werde. — Neobule spricht im ersten Verse; in den folgenden lässt sie ihren Oheim sprechen. — Neobule beklagt andere Mädchen in der ersten Strophe, preist sich glücklich in den folgenden. — Der Dichter spricht für Hebrus oder Hebrus fordert durch den Dichter Neobule auf, den Oheim zu verlassen und ihm zu folgen. — Die Ode ist ein Zwiegespräch zwischen Neobule und ihrem Oheim. — Sie ist ein Zwiegespräch zwischen Neobule und Horaz. — Hebrus fordert Neobule auf, sich dem Joche ihres

Oheims zu entziehen und ihrer Liebe zu ihm, Hebrus, nachzugeben. — Der Dichter thut dies. — Ein unglückliches Mädchen richtet im Selbstgespräche die erste Strophe an sich selbst, die zweite an ein glücklich liebendes Mädchen. — Der Dichter spottet Neobules, aber in einer Form, die sie nur noch mehr für Hebrus entflammen soll.

Alle diese Versuche bestätigen nur eines: dass dem Gedichte eine doppelte Natur innewohnt, und dass, was immer vorgeschlagen werden mag, um es als eine einheitliche darzustellen, diese Schwierigkeit ungelöst lässt, insofern als es immer nur einen Teil der Erklärer befriedigt. Zu jeden zwei räumlich geschiedenen Punkten lässt sich allemal ein Punkt, lassen sich mehrere Punkte herausfinden, von denen aus sie unter eine Gesichtslinie fallen und sich decken. Räumlich sind sie darum einander nun noch nicht auch nur um einen Zoll näher gerückt. Dasselbe gilt auf geistigem Gebiete; dass man Gesichtspunkte herausfindet, unter welche sich zwei ihrer Natur nach differente Gegenstände subsumieren lassen, entscheidet in keiner Weise über ihre Zusammengehörigkeit oder Verschiedenheit und beseitigt letztere nicht.

Der gesunde und grade Sinn der Alten, die, frei von dem Drucke einer tausendjährigen Tradition, vor allem doch der Zeit, welcher diese Gedichte angehören, jedenfalls noch nahe standen, vielleicht auch noch über ganz andere Grundlagen verfügten als wir, urteilte anders. Porphyrio, den wir schon mehrfach als wertvoll erkannten, sagt: *Hac ode testatur insuavem esse ritum sine hilaritate et amore, ac deinde puellam quandam captam specie adolescentis describit.* Kann es ein klareres und sichereres Auseinanderhalten beider in dem Gedichte vereinten Stoffe geben als dieses? In dem ersten Teile, so verstehen wir Porphyrio, sagt der Dichter (oder lässt der Dichter jemand sagen), dass ein Leben ohne Liebe und Lust bitter sei. In dem zweiten schildert er ein Mädchen, das von der Schönheit eines Jünglings ergriffen ist. Er unterscheidet hier also auf das deutlichste erstens den Inhalt der ersten Strophe von dem der folgenden als einen in sich durchaus verschiedenen, und zweitens erklärt er die erste Strophe für eine allgemeine Sentenz, die ein beliebiges, oder besser jedes Mädchen (*miserarum*) spricht, das nicht liebt, die andern dagegen lässt er einem bestimmten (*quandam*) Mädchen, der Neobule, gelten, welche von der Liebe zu einem bestimmten Jüngling (Hebrus) ergriffen ist.

Werfen wir einen Blick auf das Gedicht selbst!

Ohne Liebe kein Leben.

Miserarum est neque amori
dare ludum neque dulci mala vino
lavere aut exanimari
metuentes patruae verbera linguae.

Ein Mädchen spricht. „Wie unglücklich,“ sagt es, „sind wir Mädchen doch, wenn wir der Liebe nicht Raum geben, von Liebe nicht sprechen, an Liebe nicht denken dürfen, wenn wir bei jedem Schritte, den wir thun, schon des strengen Oheims Worte fürchten müssen!“

Dass wir in der Strophe die Nachbildung eines Fragmentes von Alcäus besitzen, wird fast allgemein angenommen. Denn die Worte:

Ἔμε δείλαν, ἔμε πασᾶν κακοτάτων πεδέχοισαν.

klingen gar zu deutlich an den Anfang jener Strophe an und haben dasselbe Metrum. Dazu deuten die lateinischen Worte, in denen das Mädchen darüber klagt, dass sie nicht Wein trinken dürfe, auf ein griechisches Vorbild. Grade der Anfang des alcäischen Fragmentes berechtigt auch zu der Annahme, dass *miserarum est* nicht für einen Satz des Dichters allgemeinen Inhaltes, sondern für einem Mädchen als Sprecherin in den Mund gelegt gelten soll. Sagten es uns nicht die Worte des römischen Dichters, so würden uns die des griechischen darüber vergewissern, dass es sich hier um das Selbstgespräch, um die Klage eines Mädchens handelt, das der Liebe in keiner Weise Raum geben darf, eines Mädchens, das darum entweder überhaupt nicht liebt, oder, wenn sie es dennoch thut, in ihrer Liebe nicht glücklich ist. — Es folgen drei andere Strophen.

Amor der Dieb.

Tibi qualum Cythereae
puer ales, tibi telas operosaeque Minervae studium aufert,
Neobule, Liparaei nitor Hebri.

simul unctos Tiberinis
umeros lavit in undis, eques ipso
melior Bellerophonte,
neque pugno neque segni pede victus;

catus idem per apertum
fugientes agitato grege cervos
iaculari et celer arto
latitantem fruticeto excipere aprum.

Ob hier nun der Dichter zu Neobule spricht, oder Neobule mit sich im Selbstgespräche begriffen ist, in jedem Falle bildet den Gegenstand des Gedichtes ein Mädchen, das der Liebe nicht fremd ist, sondern welches umgekehrt so sehr unter ihrem Joche steht, dass kein Webeschiff, keine Spindel, keine Strick- und keine Stickarbeit ihre Hand und ihr Auge zu fesseln vermag. Wenn er zur Jagd geht oder von ihr zurückkehrt, der schöne Jüngling, mit den wallenden, dunkeln Locken, dem muskulösen und geschmeidigen Körper, oder wenn er im Faustkampfe auftritt, wenn er gar auf dem mutigen Ross dahinjagt, ach, da hilft kein noch so emsiges Spinnen, da hilft kein Bücken über die feine Nadelarbeit; da schweifen zuerst die Gedanken und dann die Augen ihm nach, und ehe du dich dessen versiehst, Neobule, ist die Nadel deiner Hand entfallen und Amor, der Schelm, hat Minerva wieder einmal eine Schülerin mehr ungetreu gemacht. Wo ist nun dein Wollkorb? Amor, der Dieb, der hatte es dir, ohne dass du es merktest, schon längst angethan, um nun, in dem Augenblicke, wo du Hebrus nachschautest, ihn dir heimlich wegzutragen!

Auch hier hat uns das Altertum noch ein Fragment gerettet, welches das Vorbild dieses Gedichtes ebensowohl begonnen haben kann wie jenes erste Fragment das erste Gedicht. Das Fragment der Sappho lautet:

> Γλύκεια μᾶτερ, οὔτοι δύναμαι κρέκην τὸν ἴστον
> πόθῳ δάμεισα παῖδος βραδίναν δι᾽ Ἀφρόδιταν.

„Süsse Mutter, ach, Venus hat es mir angethan! Ich kann den Faden nicht mehr einschlagen in das Gewebe und das Schiffchen entfällt meiner Hand vor Sehnsucht nach dem holden Jüngling!" Auch hier leuchtet das griechische Original durch jede Zeile, durch *Cytherae puer ales, Neobule, Hebrus, Bellerophon* u. a. hindurch, wenngleich der Dichter sich bemüht hat seiner Nachbildung durch den Tiber und anderes ein römisches Colorit zu verleihen. So lässt auch Chamisso das Mädchen sagen:

Seit ich ihn gesehen,
　Glaub' ich blind zu sein,
Wo ich hin nur blicke,
　Seh ich ihn allein.

Wie im wachen Traume
　Schwebt sein Bild mir vor.
Taucht aus tiefstem Dunkel
　Heller nur empor.

Sonst ist licht- und farblos
　Alles um mich her,
Nach der Schwestern Spiele
　Nicht begehr' ich mehr;

Seit ich ihn gesehen,
　Glaub' ich blind zu sein;
Wo ich hin nur blicke,
　Seh ich ihn allein.

Ja, bei Goethe spricht Gretchen ähnlich wie Neobule ebenfalls am Spinnrocken!

Gretchen am Spinnrade.

Meine Ruh' ist hin
   mein Herz ist schwer;
ich finde sie nimmer
   und nimmermehr.

Nach ihm nur schau' ich
   zum Fenster hinaus,
nach ihm nur geh' ich
   aus dem Haus.

Sein hoher Gang,
   sein' edle Gestalt,
seines Mundes Lächeln,
   seiner Augen Gewalt.

Und seiner Rede
   Zauberfluss,
sein Händedruck
   und, ach, sein Kuss!

Meine Ruh' ist hin,
   mein Herz ist schwer;
ich finde sie nimmer
   und nimmermehr.

Sehr hübsch erläutert diesen Teil des Gedichtes Paul Knapp von Rom aus (1877). Er sagt: „Worauf es uns hier ankommt, ist dies, dass wir die Quelle, woraus diese Ausdrucksweise stammt, wenigstens im allgemeinen mit Sicherheit bestimmen können. Die eigentümlich pointierte Vorstellung nämlich, dass Eros einer Jungfrau den Wollkorb wegträgt, ist specifisch alexandrinisch und ganz im Geiste der Auffassung, in welcher die Kunst wie die Poesie dieser Epoche den Liebesgott behandelt (vgl. die näheren Ausführungen bei A. Furtwängler: Eros in der Vasenmalerei S. 77 ff.). Grade das in Frage stehende Motiv finden wir in der campanischen Wandmalerei, deren Abhängigkeit von der alexandrinischen Kunst W. Helbig in seinen 'Untersuchungen über die campanische Wandmalerei' überzeugend nachgewiesen hat. Auf dem pompejanischen Wandbild No. 119 (Helbig) trägt ein Eros den Wollkorb der Leda fort; in ähnlicher Weise beschäftigen sich anderwärts Eroten mit Keule und Köcher des Herakles, ebd. No. 1137—1139 u. a. Es ist sicher gerechtfertigt, diesen Tropus zur Bezeichnung der über ein Mädchen kommenden Liebe bei einem alexandrinischen Dichter vorauszusetzen."

Schwer kann man sich Gedichte dieser Art vorstellen, welche ihrem innersten Gedanken nach in noch höherem Grade Gegensätze wären, als diese beiden, 12 und 12*. Nur das Metrum hat sie zusammengeführt, und der Umstand hat sie zusammen belassen, dass beide sich auf Mädchen beziehen. Aber man wird einst vielleicht mehr darüber staunen, dass man dies than konnte, als einen Zweifel darüber aufkommen lassen, ob die beiden Gedichtchen zwei selbständige Lieder darstellen. Man mache die Probe und stelle das erste Gedicht hinter das zweite; jedes bleibt genau, was es war. Zum Beweise, dass der Inhalt von der Folge der Strophen ganz unabhängig ist, darum unabhängig, weil ein Zusammenhang zwischen beiden durchaus nicht besteht. Man wird sich vergeblich bemühen, einen solchen auch nur in der geringsten Spur nachzuweisen. Damit übrigens nicht die Worte fehlen, welche bisher fast noch jedesmal in zwei zusammengelegten Gedichten auftraten, will ich doch auch hier auf *lavere* in der ersten und *lavit* in der dritten Strophe hinweisen; treten sie auch nicht besonders hervor, so sind sie doch vorhanden; dazu ist *lavere* durch seine Form auffällig.

Vor allem muss auch darauf wieder aufmerksam gemacht werden, dass nun wie I, 4. I, 7, I, 9, II, 18, III, 8, die Anrede zu ihrem Rechte gelangt ist. Wie ungeeignet begann das Gedicht früher mit dem vagen *Miserarum est*, ohne dass wir wussten, dass dasselbe in der nächsten Strophe in die direkte Anrede *tibi* übergehen und dann auf ein bestimmtes Mädchen, auf Neobule, bezogen werden sollte. Jetzt werden wir nicht überrascht und nicht enttäuscht: Das erste Gedicht ist eine kleine Studie nach Alcäus, das zweite beginnt, wie es Regel ist auch bei Horaz, damit, dass der Name der angeredeten Person am Anfang des Gedichtes genannt wird.

Ob es vielleicht gar vor der Vereinigung des Gedichtes in eines, bevor man die erste Strophe Neobule wollte sprechen lassen, *miserorum* gelautet hat? Der Anstoss mit dem unrömischen Weintrinken des Mädchens — es nötigt die Scholiasten Neobule zu einer *meretrix* zu machen — fiele dann weg.

Um schliesslich auch diese Art des Beweises nicht fehlen zu lassen, erwähne ich, dass III, 12 auch von anderer Seite als ein Doppelgedicht erkannt worden ist. Gruppe im Äakus und Lowinski (1875) trennen die erste Strophe von den folgenden. — Dürfen wir aber unseren Ausführungen trauen, so hätten wir vielleicht auch hier wieder, wie bei I, 9 und I, 18, zwei vollständige kleine Gedichte des Alcäus und der Sappho, wenn auch nur in freier Nachbildung römischer Dichter vor uns. Sollte es sich nicht empfehlen, zu den Resten der griechischen Dichter, von denen jeder Buchstabe, darf man sagen, gesammelt wird, auch solche Nachbildungen, wie wir sie bei Catull, Horaz u. a. finden, anhangsweise hinzuzuthun? Eine einzige derartige Nachbildung lässt uns den Geist jener Poesie in der That doch besser ahnen, als viele zusammenhangslose Fragmente.

Das Metrum von III. 12.
Die Ordnung der Metra des dritten Buches.

Wenn man Diomedes, Victorinus, Terentianus, Plotius Sacerdos, Acron, Servius, den Kommentator des Cruquius, Cruquius selbst, Bentley, G. Hermann, Lachmann, Rossbach und Westphal, L. Müller, Christs Metrik, seine Verskunst des Horaz und die verschiedensten Ausgaben des Dichters, endlich Kellers Epilegomena durchsieht, welche letztere die Abweichungen der Handschriftenklassen in der stichischen Gliederung der zwölften Ode des dritten Buches verzeichnen, so gewinnt man im wesentlichen als Resultat, dass die beiden ersten Klassen der Handschriften die Ode in solche Kolen ordnen, wie Victorinus, Acro, Atilius und Plotius es wollen, nämlich in zwei Trimeter und einen Tetrameter, und dass fast alle unsere Ausgaben diese Anordnung insofern umkehren, als sie die Strophe aus zwei Tetrametern und einem Dimeter bestehen lassen. Es gehen also dort die kürzeren Verse den längeren voran, hier die längeren den kürzeren. Man gewinnt endlich das lediglich negative Ergebnis, dass weder die alte noch die heutige Metrik irgend ein sicheres Kennzeichen dafür hat, welches die älteste strophische Gliederung des Gedichtes war. Dabei erscheint es bedenklich, eine Teilung in nur drei Zeilen anzunehmen, da dadurch den sämtlichen übrigen vierzeiligen Oden gegenüber eine Ausnahme geschaffen wird. Lachmanns auf Hephästions Notiz, der alcäische ionische Vers laufe κατὰ σχέσιν, gestützte These, dass die ganze Ode eine einzige vierzeilige Strophe bilde, ist nach unserer obigen Ausführung nicht mehr haltbar.

Es fragt sich nun, ob sich vielleicht trotzdem ein Anhalt zur Ermittelung, wenn nicht der ältesten, so doch derjenigen Gliederung gewinnen lässt, in welcher die Ode einst in jene nach dem Metrum geordneten Sammlungen eingestellt worden ist, welche wir in den Tabellen XXIV und XXV als die älteren Bestandteile des dritten Buches nachgewiesen haben.

Die dritte Kolumne der Metra des dritten Buches enthält, wenn man von den sechs ersten Oden im alcäischen Versmasse absieht, Oden im dritten Asklepiadeum. Nur an einer Stelle ist ihre Reihe durch das Metrum ionicum unterbrochen, und wir stellten es oben als möglich hin, dass der einstige Redaktor dieses jenem gleichgeachtet habe. Dazu müsste es denn vor allem nicht dreizeilig, sondern vierzeilig geordnet sein. In der That haben Rossbach und Westphal in dem dritten Teile der älteren Ausgabe der Metrik S. 308, hat Westphal im Philologus nachgewiesen, dass die Alten die Jonier nur in Reihen von zwei, höchstens drei Füssen ordneten, so dass sich die ionische Dekapodie in Distichen entweder von zuerst zwei Dimetern und zwei dann folgenden Trimetern oder in Distichen von alternierenden Dimetern und Trimetern zerlegen lässt.

Stellen wir nun eine Strophe letztgenannter Form neben eine Strophe des dritten Asklepiadeum, in dessen Kolumne das Jonicum scheinbar störend eintrat, so lässt die äussere Gestalt beider in Bezug auf Gleichförmigkeit nichts zu wünschen übrig.

Donec gratus eram tibi,
nec quisquam potior bracchia candidae
cervici invenis dabat,
Persarum vigui rege beatior.

Catus idem per apertum
fugientes agitato grege cervos
iaculari et celer arto
latitantem fruticeto excipere aprum.

Aber wir dürfen noch weiter gehen. Es ist bekannt, dass sich das ionische Metrum wie aus Choriamben bestehend lesen lässt, und stellen wir das Schema der ersten Zeile des dritten Asklepiadeum mit der nunmehrigen ersten Zeile des Ionicum zusammen:

$$- - - \cup \cup - \cup - - $$
$$\cup \cup - - - \cup \cup - -$$

so bemerken wir, dass sich dieselben nicht nur fast durchgehends decken, sondern dass einerseits auch die beiden ersten Silben des Ionicum mit der ersten Silbe des Asklepiadeum gleichwertig sind, andererseits die beiden Zeilen genau gleich viele Silben zählen und sich nur durch die Umstellung einer Kürze unterscheiden, Ähnlichkeiten genug, um die Zeilen, welche in unserm Ohre entgegengesetzten Rhythmengeschlechtern angehören, ja antiker Metrik als durchaus gleich erscheinen zu lassen. Genau dasselbe Verhältnis ergiebt sich bei der Zusammenstellung der beiden zweiten Zeilen.

$$- \cup \cup - - \cup \cup - \cup \cup - -$$
$$\cup \cup - \cup \cup - - - \cup \cup - -$$

Mit dieser Auffassung würde der Umstand übereinstimmen, dass Cäsius Bassus K. 266 sagt, man wolle er die übrigen Horatianischen Metra erörtern, welche er noch nicht berührt habe, jedoch das Ionicum nicht erwähnt, so dass man aus diesem Umstande schliessen dürfte, er habe es mit einem andern identifiziert. Auch an andern Stellen wird das Metrum nicht aufgeführt, wo man es erwartet. Aber die Darstellung des Terentianus lässt die Vermutung offen, dass uns der Teil des Cäsius, in welchem er von diesem Metrum handelte, verloren gegangen ist. Denn dass man auf Heliodor und Juba gestützt zu jener Zeit aus jedem Metrum jedes machte, ist bekannt. Insbesondere liebte man es durch die Anaklasis, Epiploke, Detractio, Adiectio und andere Mittel den Ionicus in andere Formen übergehen zu lassen und sah den Choriambus als ihm ganz nahestehend an. Vgl. Victorinus, K. S. 64, 93 ff.

Wir dürfen somit bis auf weiteres für erwiesen ansehen, dass das Metrum Ionicum in die alten Bestände des dritten Buches als dem Asklepiadeum tertium gleichstehend eingeordnet ist.

Eine Schwierigkeit stellt sich dem Ergebnis entgegen: Es muss, um diese Gliederung durchzuführen, ein Wort gebrochen werden; es ist *operosaeque*. Nun darf man zwar nicht behaupten wollen, dass *que* ein selbständiges Wort sei; denn damit würde man ja den Begriff der Enklisis negieren. Aber eine Wortbrechung dieser Art, besonders bei *que* und dazu in einer Sammlung von Gedichten, welche z. B. in der sapphischen Strophe nicht allein den Adonius mit der vorausgehenden Pentapodie, sondern auch die Pentapodieen unter einander ebenfalls durch die Elision des *e* von *que* verbindet (IV, 2. 23 und C. S. 47), dürfte die Regel nicht sowohl erschüttern, als vielmehr bestätigen. Beseitigen wir somit eine Störung der entdeckten Ordnung des dritten Buches, so trägt gleichzeitig eben dieser Umstand, dass sie sich beseitigen oder wenigstens doch erklären liess, nur dazu bei, uns in der Überzeugung zu bestärken, dass wir uns in der nachgewiesenen metrischen Ordnung des dritten Buches selbst nicht geirrt haben.

Das Resultat berechtigt uns anzunehmen, dass der Ordner auch das fünfte und vierte Asklepiadeum einerseits und das alcäische Versmass andererseits, jedes der beiden letztern ein vierzeiliges Metrum von drei Kolen, in irgend einer Beziehung für ähnlich genug hielt, um auch sie in der ersten Kolumne gegenseitig vertreten zu lassen. Es folgen die Schemata der drei Zeilen des Alcaicum und Asklepiadeum quintum:

I.   — — ᴗ ᴗ — | — ᴗ ᴗ — ᴗ —

II. — — ᴗ ᴗ — — ᴗ — —

III. — ᴗᴗ — ᴗ ᴗ — ᴗ — ᴗ

Mit Hilfe der Katalexis, dreizeitiger Längen u. s. w. konnte man natürlich die Zeilen einander noch näher bringen, als sie jetzt schon erscheinen. Die Differenz beträgt meistens nur eine More; auch diese gleicht sich noch in je zwei Zeilen aus. Jedoch darf es meine Absicht nicht sein, an dieser Stelle auszuführen, ob und in welcher bestimmten Weise man die verschiedenen Verse verglich. Genug, dass man die einen für geeignet hielt, einander zu vertreten, die andern für von ihnen verschieden genug ansah, um sie trotz Nebeneinanderstellung zu unterscheiden.

Im Lichte dieser Ergebnisse, würde sich die Tabelle der Metra des dritten Buches etwa in folgender Gestalt den Augen ihres Ordners haben darstellen lassen:

Tabelle XXVIII.

	III.	II.	I.	
1	1	1	1	
2	1	1	1	
3	1	3	4	
4	1	3	4	
5	1	3	4	5
6	1	3	4	
7	1	3	4	
8	1	3	4	
9	1	3	4	
10	1			7

Beachtet man, dass der Ordnung unserer Horazredaktion mit der bekannten Ausnahme der alcäischen Metra – so ist S. 283 Z. 3 statt asklepiadeisch zu lesen — in den ersten vier Büchern nie gleiche Versmasse aufeinander folgen liess, dass diese Absicht nicht blos der ersten Anordnung des ersten Buches in vier Dekaden zugrunde gelegt, sondern dass sie auch noch später, als man diese Anordnung nach dem Metrum in die gegenwärtige Folge umstellte, beobachtet ist, so gewinnen wir einige, wie es scheint, sichere Schlüsse über den äusseren Zustand der Gedichte. Wir dürfen den Schluss ziehen, dass man es möglichst vermied, Oden gleiches Versmasses auf einander folgen zu lassen, um sie auf diese Weise zu sondern, und wir dürfen also aus ihrer gegenwärtigen Ordnung Vermutungen darüber aufstellen, nicht blos welche Metra man damals für verwandt hielt, wie III, 12 und III, 9, sondern auch welche man für gegensätzlich oder wenigstens different ansah; hierfür hielt man also sicherlich das Asclepiadeum quintum, das kleinere Sapphicum und das Asklepiadeum tertium. Berührten sich aber in dieser Folge wieder die asklepiadeischen Metra, so darf man schliessen, dass man die Systeme zunächst wohl auch nach der Gestalt unterschied, in welcher sie sich dem Auge darboten. Hieraus würde man folgern müssen, dass die Zeilen nicht fortlaufend hintereinander, sondern abgesetzt geschrieben waren, womit übereinstimmt, was wir über die Stellung von III, 12 ermittelten.

Daraus ferner, dass man die alte Ordnung — ich nehme an mit einer gewissen Leichtigkeit — aufzulösen und eine neue, wie die des ersten Buches, herzustellen vermochte, dürfen wir den Schluss ziehen, dass diese Umordnung zu einer Zeit ausgeführt wurde, wo man noch aus Papyrus übertrug. Die Rollen, vielleicht ganz besonders brüchig an denjenigen Stellen, wo die einzeln aufgeklebten Seiten aneinanderstiessen, fielen schliesslich von selbst auseinander oder liessen sich, auf der Rückseite unbeschrieben, leicht auseinanderschneiden und ebenso leicht z. B. in Triaden ordnen. Sie hatten offenbar keine Überschriften irgend welcher Art; denn hätten sie solche gehabt, so wäre jene Massregel, .stets verschiedene Versmasse aufeinander folgen zu lassen, überflüssig gewesen. Dass sie zweckmässig war, bezeugen diejenigen Fälle, in welchen Grammatiker wie Victorinus und Diomedes zwei aufeinanderfolgende Oden gleiches Versmasses sofort für eine halten. Alle Überschriften, welcher Art immer sie sein mögen, insbesondere auch die das Metrum der Ode betreffenden, sind späteren Datums, und wo man, wie zu I. 4, *Ad Sestium*, einen auf Nachrichten, die dem klassischen Altertum entstammen, beruhenden Wert derselben hat nachweisen wollen, müsste man ihre Quelle jedenfalls in andern in späteren Jahrhunderten noch vorhandenen Dokumenten, aber nicht etwa in originalen Überschriften erkennen.

Wenn anders nun unsere Aufstellung der Metra des dritten Buches nicht trügt, wenn anders ferner wir den Folgerungen vertrauen dürfen, die wir aus der Gleichstellung des ionischen Versmasses mit dem dritten Asklepiadeum gezogen haben, dann gewinnen wir folgenden Schluss bezüglich der Tradition der Horazischen Gedichte selbst und bezüglich dessen, was die Tradition uns über die Metrik derselben berichtet. Wir müssen behaupten,

> dass die echte Tradition bezüglich der Gedichte selbst fast bis auf die letzte Spur verloren gegangen ist; dass eben dasselbe bezüglich der Lehren des Altertums über ihre strophische Gliederung gilt.

Wir haben nicht ein einziges Manuskript — auch die Blandinen nicht ausgenommen — welches die zwölfte Ode in der Form des dritten Asklepiadeum gliederte; wir haben keinen alten Metriker, der uns diese Form auch nur andeutungsweise erhalten hätte. Der Gewinn, den wir aber aus diesen neuen Kenntnissen ziehen, ist ein nicht unverächtlicher und in Zukunft vielleicht fruchtbarer. Wir dürfen, wenn auch vorläufig nur in vagester Bestimmung, doch ungefähr folgende

Epochen in der Geschichte der Metrik der Horazischen Gedichte annehmen: 1. Horaz; die Ordnung der alten Bestände des dritten Buches. 2. Die Einordnung derselben in das dritte Buch. 3. Die alten Metriker. Es bestätigen diese Resultate lediglich, was oben über den Wert der Erscheinung gesagt ist, dass die Mehrzahl der Manuskripte I, 7 richtig teilt. Es ist das keine alte Tradition, sondern eine Auflehnung des gesunden Urteils gegen eine verderbte Überlieferung, und Haupt hat recht mit seiner Vermutung, dass unsere sämtlichen Horazmanuskripte wie die des Catull und Lucrez nur von einem einzigen bereits interpolierten Exemplar abstammen. Eine Interpolation wie die in II, 18, Vers 5. 6 *(Attali ignotus heres)* — man beachte, dass diesen zwei zugesetzten Zeilen in der strophischen Gliederung des zweiten Gedichtes genau wieder zwei fehlende Zeilen entsprechen — muss zwischen die Anordnung nach dem Metrum in originaler Form und die Entstehung der späteren metrischen Tradition fallen. Unter solchen, wie ich glaube, neuen Gesichtspunkten wird uns sogar Acro und Porphyrio in einem andern Lichte als bisher erscheinen müssen. Was gilt uns, wenn sie zu allen historischen Daten von III, 8 schweigen, eine Notiz wie die Acros zu II, 12: „*Licymnia aut uxor Maecenatis, aut ipsius Horatii amica*"? Sie sagt, dass sie soviel über den wahren Sachverhalt gewusst haben wie wir noch heute dem verderbten Texte zu entnehmen imstande' sind.

Von der bezüglich der Stellung des ionischen Versmasses im dritten Buche gewonnenen Einsicht aus ist es vielleicht nicht unerspriesslich zu bemerken, dass im zweiten Buche das Hipponakteum, welches in den Tabellen XXI und XXII an die Stelle des sapphischen Versmasses trat, diesem im Vergleich mit dem alcäischen Versmasse an Silbenzahl (36) am nächsten kommt. Denn die sapphische Strophe zählt achtunddreissig, das Alcaicum aber einundvierzig Silben. Jene beiden Versmasse begegnen sich ausserdem dem alcäischen gegenüber mit dem Asklepiadeum quartum auch darin, dass sie mit einer Anakrusis nicht beginnen.

43*

Wie verkehrt der Dichter von einem feierlichen Opfer, das von der Livia und Octavia in Gegenwart des Volkes dargebracht wird, im zweiten Teile auf seine Person übergeht und sich nicht scheut, mit Einladung einer lockeren Dirne sein Triumphlied abzuschliessen, das kann nur leugnen, wer eben leugnen will.

H. Schütz.

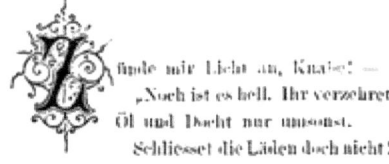

Zünde mir Licht an, Knabe! —
  „Noch ist es hell. Ihr verzehret
Öl und Docht nur umsonst.
  Schliesset die Läden doch nicht!

Hinter die Häuser entwich,
  nicht hinter den Berg, uns die Sonne!
Ein halb Stündchen noch währt's
  bis zum Geläute der Nacht."

Unglückseliger! geh und gehorch'!
  Mein Mädchen erwart' ich;
tröste mich, Lämpchen, indes,
  lieblicher Bote der Nacht!

I, pete unguentum, puer, et coronas
et cadum Marsi memorem duelli,
  Spartacum si qua potuit vagantem
    fallere testa.

dic et argutae properet Neaerae
murreum nodo cohibere crinem:
  si per invisum mora ianitorem
    fiet, abito.

lenit albescens animos capillus
litium et rixae cupidos protervae;
  non ego hoc ferrem calidus iuventa
    consule Planco.

Wenn III, 14 aus nichts weiter bestände als aus den oben neben die deutschen Verse gesetzten Strophen, und es würde nun durch einen Zufall aktenmässig nachgewiesen, dass Goethe die vierzehnte seiner römischen Elegieen nicht nach Properz oder Tibull oder einem andern antiken Vorbild, sondern nach den danebenstehenden Strophen des Horaz gedichtet habe, wer könnte widersprechen? Und wenn man dann darlegte, dass das Goethesche Gedicht in sich leichter verständlich sei,

dass man dagegen die Absicht der Horazischen Verse nicht so klar erkenne, so
würde man folgenden Einwand erheben müssen.

Das Lied, darf man behaupten, ist ein Trinklied, ein Weinlied. Der Dichter
hat gealtert und der Liebende, aber nicht der Trinker.

$$\text{Ἐμοὶ κύπελλον, ὦ παῖ,}$$
$$\text{μελίχρουν οἶνον ἰδὼν}$$
$$\text{ἐγκεράσας φόρισον.}$$
$$\text{ἐγὼ γέρων μέν εἰμι,}$$
$$\text{νέων πλέον δὲ πίνω.}$$

Darum, nach alter Gewohnheit:

$$\text{Φέρ' ὕδωρ, φέρ' οἶνον, ὦ παῖ,}$$
$$\text{μέθυσόν με καὶ κάρωσον}$$
$$\text{τὸ ποτήριον λέγει μοι,}$$
$$\text{ποδαπόν με δεῖ γενέσθαι.}$$

Oder:

$$\text{Φέρ' ὕδωρ, φέρ' οἶνον, ὦ παῖ,}$$
$$\text{φέρε δ' ἀνθεμεῦντας ἡμῖν}$$
$$\text{στεφάνους, ἔνεικον, ὡς δὴ}$$
$$\text{πρὸς Ἔρωτα πυκταλίζω.}$$

Nach alter Gewohnheit, sage ich, ruft der Dichter: „Wein her, Sklave! Der
beste soll mir grade gut genug schmecken! Und Neära soll kommen! Neära —! Hätte
ich einst wohl meine Ungeduld zügeln können wie heute? Aber die Zeit entschwindet,
und die Glut der Jugend mit ihr! Wo ist jetzt die Kampflust hin, mit der ich unter
Plancus' Consulat um eines Mädchens willen mich erhitzen konnte?" Mag man
aber über den Inhalt und die Güte des Gedichtes denken, wie man will, was durch
die obige Nebeneinanderstellung veranschaulicht werden sollte, ist, dass die ersten
Zeilen des lateinischen Gedichtes, dass die ganze erste Strophe den
echt dichterischen Anfang eines Gedichtes bilden und die nun schon fast
regelmässig sich wiederholende Erscheinung kehrt auch hier wieder, dass die Anrede
ungesucht an den Anfang des neuen Gedichtes tritt. Vgl. hierzu besonders I, 9. 13.

Wenn es nun erwiesen wäre, dass die Strophen 5—7 ein selbständiges Gedicht bilden, so könnte die Aufgabe als gelöst angesehen werden. Es blieben dann die ersten vier Strophen übrig und im ungünstigsten Falle würden dieselben ein Fragment bleiben. Aber ich glaube, einen solchen Ausweg zu beschreiten ist nicht notwendig; vielmehr wird jedermann gern zugeben, dass diese ersten vier Strophen ebenfalls ein vollkommen abgerundetes, selbständiges Gedicht darstellen und sich als solches ohne weiteres für unsere Empfindung legitimieren.

Herculis ritu modo dictus, o plebs,
morte venalem petiisse laurum
Caesar Hispana repetit penates
    victor ab ora,

unico gaudens mulier marito
prodeat iustis operata divis,
et soror clari ducis, et decorae
    supplice vitta

virginum matres iuvenumque nuper
sospitum, vos, o pueri et puellae
non virum expertae, male ominatis
    parcite verbis.

hic dies vere mihi festus atras
eximet curas: ego nec tumultum
nec mori per vim metuam tenente
    Caesare terras.

Das Gedicht hat zunächst seinen Anfang; *o plebs*, die Anrede in seinem Eingange, kennzeichnet ihn als solchen; das Gedicht hat ferner einen regelrechten Ausgang; es könnte bereits mit der dritten Strophe schliessen, wo der Dichter zu heiligem Schweigen aufgefordert hat. In Analogie aber zu III, 8 folgt noch ein Vers und, will ich auch seine sonstige Berechtigung und den auffallenden Tonwechsel ununtersucht lassen, so mag doch zugegeben werden, dass

$$-\ -\ -\ \text{tenente}$$
Caesare terras

ein Gedicht wohl rundet und abschliesst, welches der Wiederkehr und dem Einzuge eines Kaisers gewidmet ist.

Es bleibt noch übrig, die beiden Teile in ihrem Verhältniss zu einander zu untersuchen. Sind sie vereinbar? Dass das Gedicht aus zweien Teilen besteht, 1—16 und 17—28, dass eine Kluft zwischen beiden liegt, dass Ton und Inhalt beider in sich grundverschieden sind, bedarf wohl einer Erörterung nicht. Auch nicht eine Silbe, nicht eine leise Idee erinnert im zweiten Teile an den ersten, und die letzte Zeile des Gedichtes, *consule Planco*, hat man seit Wieland mit dem ganzen Gegenstande desselben nur durch die Kraft des inneren Widerspruches in Verbindung zu bringen gewusst. Die widrige Obscoenität desjenigen Inhaltes aber, welcher grade aus der Vereinigung des zweiten Teiles mit dem ersten resultiert, hat noch niemand zu beschönigen vermocht. „Andere Zeiten andere Sitten" mag man wohl zum zweiten Teile allein sagen (*dic et argutae properet Neaerae*); aber dieser Befehl an den Sklaven, nachdem eben der feierliche Einzug des Kaisers, die heiligen Opferhandlungen der Kaiserin und der kaiserlichen Schwester erwähnt worden sind, nach den Worten, welche doch nur sagen: „Schweigt, denn der feierlichste Moment steht bevor" — — das Papier ist doch zu züchtig, als dass der Gegensatz der Scenen in einer ihrem Wesen ganz entsprechenden drastischen Weise wiedergegeben werden könnte. Wie der Dichter sonst den Einzug des Kaisers zu feiern pflegt, das sagt er uns IV, 2, nämlich den Triumphzug begleitend, Freudenrufe erhebend und ein frommes Opfer veranstaltend. Und wenn es hier also heisst:

Tum meae, si quid loquar audiendum, vocis accedet bona pars, et 'o sol pulcher, o laudande!' canam recepto Caesare felix:	tuque dum procedis, 'io triumphe!' non semel dicemus 'io triumphe!' civitas omnis, dabimusque divis tura benignis,

so schliesst Properz ebenfalls ein ähnliches Gedicht in gleicher Weise:

me sat erit Sacra plaudere posse via!

Man sagt also nicht zuviel, wenn man behauptet, dass die beiden Teile von III, 14 sich abstossen, und es wiederholen sich auch hier wieder fast alle jene Erscheinungen, die wir an den gleichen Stellen angetroffen haben. *The parts of ode 16. lib. 2. are so loosely connected as to disfigure a poem otherwise extremely beautiful*, sagt Home. *The first, second, third, fourteenth, twenty fourth, twenty seventh odes of the third book, lie open all of them to the same censure.* Nitsch äussert über III, 14: „Alles bewillkommte den wiederhergestellten Monarchen. Horaz konnte also nicht schweigen. Aber dass ihm diese Bewillkommung schwerlich Ernst war, sagt der Ausgang dieser Ode, wo er den Zurückkehrenden an einen Konsul erinnert, dessen Andenken schwerlich für Augustus angenehm sein konnte. Doch Horaz blieb dem Tone getreu, den er nun einmal von sich angegeben hatte, dass er nur Dichter flatterhafter Liebe und süsser Tändeleien sei, und so konnte auch Augustus nicht sauer sehen, wenn er nach der Erwähnung der öffentlichen

Feyerlichkeiten, die Augustus Rückkehr verursachte, sich selbst zu einem Feste einladet, wo Neären erscheinen, und der Dichter als ein ausgelassener Jüngling droht.“ Man hört aus seinen Worten deutlich heraus, wie er den innern Widerspruch stark empfunden hat, in welchem die beiden Teile zu einander stehen, ein Widerspruch, den Schütz, dessen Worte vor diesen Abschnitt gestellt sind, klar und entschieden zum Ausdruck bringt. In ähnlichem Sinne sagte schon Dacier: „Les quatres premiers quatrains de cette Ode sont graves et serieux, et les trois derniers sont badins et enjoués: aber Sanadon setzt hinzu: „mais la dernière partie ne répond pas assés à la grandeur du sujet.“

Auch ihrem sachlichen Inhalte nach sind die beiden Teile des Gedichtes mit einander unvereinbar. Der erste beginnt mit der Anrede o plebs! Der Dichter steht im Geiste vor der auf dem Forum, vor dem Tempel oder an einem andern öffentlichen Orte harrenden Menge, sieht mit derselben dem Einzuge des Kaisers entgegen und giebt ihr mit den Worten Prodeat und Vos, o pueri et puellae u. s. w. in dem Augenblicke, wo er den Kaiser von fern erblickt, das Zeichen, dass nun der Höhepunkt des Tages erschienen sei. Der Anfang des zweiten Teiles aber,

I, pete unguentum, puer. et coronas

setzt selbstverständlich voraus, dass der Dichter nicht vor der Menge auf dem Forum steht, sondern dass er zu Hause etwa auf dem Ruhebette liegt oder wenigstens doch in jedem Falle in derjenigen Lage sich befindet, in welcher man nach Wein und Kränzen ruft. Das thut aber man doch nicht morgens oder mittags auf offener Strasse oder vor dem Tempel. Es ist dies derjenige Umstand, welcher alte und neue Erklärer nötigt einen Scenenwechsel anzunehmen; einige sagen deshalb ganz richtig geradezu: „Nun (V. 17) geht der Dichter nach Hause.“ Letzterer ist eben in einer derjenigen ähnlichen Stimmung, in welcher Goethe „Zünde mir Licht an, Knabe,“ ruft. Und in welche störende Nähe geraten nicht pueri und puer, mit ihrer verschiedenen Bedeutung, wenn man die beiden Teile nebeneinander belässt! In welche bedenkliche Parallele tritt nicht Augustus selbst und Spartacus, wenn wir uns entsinnen, dass Herkules, mit welchem jener in dem ersten Teile verglichen wird, III, 3. 9 vagus heisst und hier Spartacus „vagus“ genannt wird. Dass die letzte Strophe des Gedichtes mit dem ergrauenden Haare des Dichters, ob man nun das Jahr 729, 730 oder 724 als das Jahr der Rückkehr des Augustus aus Spanien annimmt, zu dem Lebensalter des Dichters, der damals in seinen besten Jahren stehen musste, wenig passt, leuchtet trotz praecanus I Ep. 20 ein. Andere Schwierigkeiten möge man in den Monographieen bei Kraft, Kästner, Wiss, Gröbel, Nadermann, Eichstädt, Rührmund, Schwenk und Bücheler einsehen; von den Editoren hat sie Schütz in seinem kritischen Anhange in das hellste Licht gestellt.

44

Was hier als notwendig erwiesen ist, das hat auch Wiss (1839) schon gelegentlich vermutungsweise geäussert: „*Quam tria tetrasticha ultima nihil plane prae beant, quod cum argumento carminis primario conveniat, sed cujuscunque poematis, quo ad convivium et hilaritatem invitetur, additamentum esse possint, suspicor, istos versus aliunde esse petitos et aut ab aliena manu assutos aut fragmentum alius poematis Horatii adiectos.*" Ebenso teilt die Ode auch Sivry. „*La diversité manifeste des sujets justifie suffisamment le partage qu'on en fait ici.*"

Fragt man, welches die Umstände sind, welche die Vereinigung beider Teile geduldet haben, so darf man zuerst auf das Metrum verweisen, welches bei seiner Häufigkeit dieselbe zwar sicherlich nicht veranlasst, aber doch zugelassen hat. Beide Gedichte reden ferner den *puer*, resp. die *pueri* an, ein Umstand, den zu beachten thöricht erscheinen würde, wenn nicht *uda — uda*, *Tiburnus — Tibur*, in I, 7, die regelmässige Wiederkehr solcher Erscheinungen und wie die Bemerkung des Scholiasten „*nam et hic ad Plancum loquitur*" uns belehrt hätten, dass wir in der That darauf achten müssen. Das für die Zulässigkeit der Vereinigung beider Gedichte entscheidende ästhetische Moment aber dürften dichterische Parallelen gebildet haben und möge deshalb Martial VIII, 45 hier folgen. (Der oben S. 242 zu I, 27 aus Martial zitierte Trinkerscherz, *Laeria sex cyathis*, steht I, 71, nicht 72).

Priscus ab Aetnaeis mihi, Flacce, Terentius oris
redditur: hanc lucem lactea gemma notet.
defluat et lento splendescat turbida lino
amphora centeno consule facta minor.

Einem kritiklosen und des Gefühls für Poesie entbehrenden Redaktor, der dieses Gedicht und I, 36 kannte, wo eine Rückkehr (*Numida sospes ab ultima Hesperia — Caesar cum invenibus sospitibus Hispana ab ora*) ebenfalls mit Wein, Wohlgeruch und — Damalis gefeiert wurde, mochte es sehr wenig ehrerbietig erscheinen, wenn die Rückkehr des Kaisers nicht mindestens ebenso begangen wurde.

Mit Absicht sind hier die Zulässigkeit und die Veranlassung zur Vereinigung beider Gedichte unterschieden worden. Letztere wird sich aus späteren Darstellungen ergeben.

Um Wiederholungen zu vermeiden, darf nicht schon hier III, 8 neben III, 14 gestellt, vielmehr muss auf IV, 11 verwiesen werden, wo ein Teil der bezüglichen Parallelen aus Horaz nebeneinander steht.

Es folge hier das Schema des Metrums der Oden.

III, 14

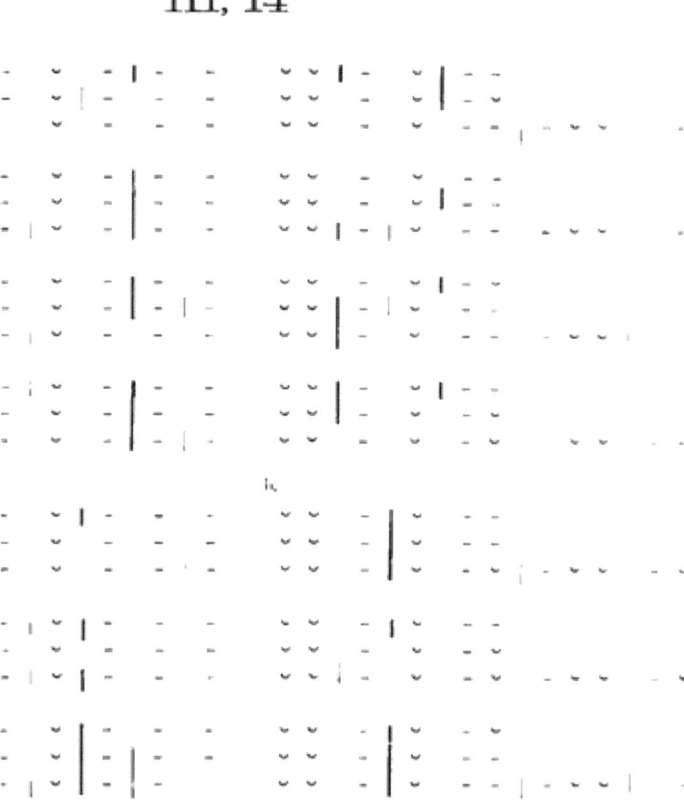

Die Differenz ist augenfällig und bedarf weiterer Ausführungen nicht. Der Elfsilbler des ersten Teiles ist überwiegend gebildet nach der Form:

$$- \smile \quad - \mid - - \quad \smile \smile \mid - \mid \smile \mid - -,$$

die des zweiten nach der Form:

$$- \smile \mid - - \quad - - \mid \smile \smile \quad - \mid \smile \quad - \smile$$

Besonders die Regelmässigkeit der zweiten Hälfte der Verse des zweiten Teiles und die der zweiten, dritten und vierten Strophe des ersten Teiles fällt auf. Eine natürliche Ausgleichung wird man in diesen Differenzen nicht erkennen dürfen; denn weshalb sollen dieselben nur von Teil zu Teil, nicht vielmehr von Strophe zu Strophe oder Vers zu Vers auftreten, weshalb immer nur da, wo wir grundverschiedene dichterische Individualitäten nachgewiesen haben? Darf man unter solchen Umständen noch an einen und denselben Verfasser für beide Teile glauben, an ein und derselben Zeit der Abfassung derselben mit absoluter Sicherheit festhalten?

Die Frage, wie man sich eine derartige Verschiedenheit im Versbau entstanden denken dürfe, beantwortet sich dahin, dass eine abweichende Theorie des Verses notwendig auch eine Verschiedenheit in der Zahl und Stellung der Diäresen bedingt. Der wohlklingende Hexameter hat darum mit dem Schluss des Daktylus nicht zusammenfallende Diäresen, weil über seine Zusammensetzung aus Daktylen keine Differenz besteht. Wer sich nun den sapphischen Vers z. B. aus dem Trochäus, Spondäus, Choriambus und Bacchius entstanden dachte, der hielt sich vielleicht für verbunden, die Diäresen wie beim Hexameter im Widerspruch mit dieser Skandierung eintreten zu lassen und bildete den Vers gern in der Form:

$$- \smile - \mid - - \quad \smile \smile - \smile - \mid - -$$

Hätte ihn dagegen jemand als aus dem zweiten Päon, Daktylus und Ditrochäus bestehend angenommen, so bildete er ihn nach dem Schema:

$$- \smile - - - \mid \smile \smile - \mid \smile - \smile -$$

Die nachklassischen Grammatiker allerdings berücksichtigen in ihren Mustern meistens das Gesetz des Widerspruchs zwischen Diärese und Skansion nicht. Nach ihren Beispielen würde man also den umgekehrten Weg zur Exemplifikation beschreiten müssen.

Carm. III, 16.

On ne sauroit juger en quel temps cette
Ode a esté faite, je crois qu' Horace estoit déjà
vieux.

Es ist merkwürdig, dass grade an derselben Stelle, an welcher wir ein die
triadische Ordnung des dritten Buches störendes Metrum nachwiesen (vgl. Tabelle
XXV), dass grade an dieser Stelle ein Gedicht steht, welches wie I, 28, I, 1, 1, 7,
zu den meistbesprochenen gehört, und es ist bezeichnend, dass Lehrs, dem es doch
gewiss nicht an Entschiedenheit fehlte, durch einen geistreichen Vorschlag oder
durch kühnes Vorgehen Heilung zu schaffen, seine Besprechung dieser Ode mit den
Worten beginnt: „Eine der schwierigsten Aufgaben!" Wiss, Peerlkamp.
Gruppe, Martin, Lehrs u. a. haben mit einem grossen Aufwande von Scharfsinn
zu helfen versucht, meist mit bedeutenden Streichungen; keiner hat es dem
andern recht gemacht, keiner hat in weiteren Kreisen ungeteilte Anerkennung
gefunden. Eine solche endgültige Heilung, welche allen Ansprüchen gerecht würde,
alle Rätsel löste, soll auch hier jetzt schon noch nicht gesucht werden. Denn man
hat nicht bloss nach einer, sondern nach vielen Seiten hin Aus-stellungen gemacht,
nicht nur an der ganzen Ode, sondern auch an einzelnen Teilen derselben. Ganz
besonders tadelt Hardouin viele Stellen, nach ihm Peerlkamp, Martin und
Lehrs. (Vgl. gegen diesen Scheele 1874). Die letzteren beschäftigen uns hier
nicht; die ersteren dürfen wir hoffen wenigstens in der Hauptsache abzustellen.

Inclusam Danaën turris aënea
robustaeque fores et vigilum canum
tristes excubiae munierant satis
    nocturnis ab adulteris,

si non Acrisium, virginis abditae
custodem pavidum, Iuppiter et Venus
risissent: fore enim tutum iter et patens
    converso in pretium deo.

aurum per medios ire satellites
et perrumpere amat saxa potentius
ictu fulmineo: concidit auguris
    Argivi domus, ob lucrum

demersa exitio: diffidit urbium
portas vir Macedo et subruit aemulos
reges muneribus; munera navium
    saevos inlaqueant duces.

„Here he does full justice to the power of gold as corruptor," sagt Lord
Lytton. Das Gedicht beginnt mit dem Gedanken, dass Gold mächtiger auf die Sterb-

lichen wirkt, als alle sonstigen Mittel, welche der Erfindungsgeist der Menschen anwendet. „Wachsamkeit, Stein und Riegel hätten hingereicht, Danae zu schützen, wenn nur Jupiter sich nicht in Gold verwandelt hätte. Gold bahnt sich seinen Weg durch dichte Scharen von Trabanten und sprengt die stärksten Felsen, mächtiger selbst als der Blitz; Gold sprengt Thore, Gold stürzt grosse Könige und überwindet den trotzigen Sinn der Führer gewaltiger Flotten."

Ich will nicht untersuchen, ob hier Amphiaraos und Philipp, der eine nach logischem, der andere nach poetischem Rechte Eingang gefunden haben; im allgemeinen ist der Gedanke einfach und klar und erregt in seinem Fortschritte keinen wesentlichen Anstoss, wenngleich Gesells Bemerkung richtig ist, dass die allgemeine Sentenz ungeeignet in der Mitte zwischen Exemplifikationen steht.

Crescentem sequitur cura pecuniam
maiorumque fames: iure perhorrui
late conspicuum tollere verticem,
    Maecenas, equitum decus.

quanto quisque sibi plura negaverit,
ab dis plura feret: nil cupientium
nudus castra peto et transfuga divitum
    partes linquere gestio,

contemptae dominus splendidior rei,
quam si, quidquid arat inpiger Apulus,
occultare meis dicerer horreis,
    magnas inter opes inops.

purae rivus aquae silvaque iugerum
paucorum et segetis certa fides meae
fulgentem imperio fertilis Africae
    fallit sorte beatior.

quamquam nec Calabrae mella ferunt apes,
nec Laestrygonia Bacchus in amphora
languescit mihi, nec pinguia Gallicis
    crescunt vellera pascuis:

inportuna tamen pauperies abest,
nec, si plura velim, tu dare deneges.
contracto melius parva cupidine
    vectigalia porrigam,

quam si Mygdoniis regnum Alyattei
campis continuem. multa petentibus
desunt multa: bene est, cui deus obtulit,
    parca quod satis est manu.

Auch der zweite Teil des Gedichtes redet vom Gelde, sagen wir: auch vom Golde, obwohl dieses Wort nicht mehr in dem Gedichte vorkommt. Aber in welchem Sinne? „Ich will nicht länger," sagt der Dichter, „mit den Reichen gehen. Des mir bei ihnen auch ferner noch winkenden Goldes mich entschlagend *(transfuga nulus divitum partes linquere gestio),* will ich fortan nur soviel besitzen, als ausreicht, um vor Bedrängnis geschützt zu sein; je mehr meine Habe wüchse, desto mehr Sorgen würde ich gewinnen; aber der Schatten eines Wäldchens, ein silberheller Bach und von meinem Felde soviel Frucht, als ich notwendig bedarf, das ist das, was mein einziges, mein wahres Glück ausmacht; der reichste Fürst kann, wenn ich dies behalte, nicht so glücklich sein, wie ich in meiner Genügsamkeit.

Wollte man in einer ernsten Sache boshaftem Scherze die Zügel lassen, so wäre man berechtigt zu sagen, es sei offenbar, der Dichter habe sich bisher durch Gold und Habsucht blenden, ja, bestechen lassen; sein Gewissen sei wach geworden, und er erkenne, wie das Gold Mäcens oder anderer Reicher ihn bisher bestochen habe; er gehe in sich; er wünsche fortan Mäcen, dessen ganze Partei und seine reiche Gesellschaft zu meiden, bitte ihn, ihm aus früherer Gunst von den Schätzen, die er bisher unrechtmässig erworben, nur sein Gütchen zu lassen, und bitte ihn verblümt, falls er in Zukunft wider Erwarten dennoch einmal mehr bedürfen sollte, ihn nicht in Verlegenheit zu lassen; im übrigen aber nehme er damit nun von ihm Abschied.

Ebenso entschieden, wie jedermann einen derartigen Schluss mit Entrüstung zurückweisen würde, ebenso entschieden darf behauptet werden, dass er aus dem Text in seinem gegenwärtigen Zusammenhange sich begründen liesse. Um so notwendiger ist es, Abhilfe zu schaffen, um so eher ist dies möglich. Denn es ist selbstverständlich, dass da nicht Mäcenas, nicht des Dichters Name stehen darf, wo von der Bestechungskraft des Goldes die Rede ist; sobald der Dichter, unmittelbar nachdem er sie erwähnt hat und scheinbar also im engsten logischen Zusammenhange mit ihr, sei es von sich, sei es von seinem hohen Gönner sprechen wollte, würde er sich oder jenen näher oder ferner in den Schein bringen, als habe er nötig, einen bezüglichen Verdacht von sich oder von jenem abzuwehren. Welch ein Verstoss gegen die gute Sitte! Prüfen wir aber genauer, welches Gold denn in den ersten sechzehn Versen, welcher Besitz dagegen in den übrigen, von der Strophe an gemeint ist, in welcher Mäcenas angeredet wird, so erkennen wir sofort, dass es hier sich um ehrlich erworbenen oder ererbten, „vom Himmel verliehenen" und höchstens durch Sucht nach Reichtum wachsenden, dort um unehrlich, durch Untreue und Bestechung erworbenes Gold, besser noch, dass es sich hier um die Frage handelt, was wahrhaft glücklich mache, dort um die Bestechungskraft des Goldes, zwei Themen, die in keiner Weise mit einander etwas zu thun haben; so dass also das Gedicht ohne jeden Zwang, vielmehr ganz naturgemäss und zum Vorteile für jeden einzelnen, fortan selbständigen Teil sich in zwei besondere Gedichte auflöst. Es wird nach den früheren Erfahrungen wohl niemand überraschen, vielmehr jedermann als eine schon bekannte Erscheinung berühren, dass die Anrede nunmehr am Anfange des neuen zweiten Gedichtes steht, während man früher umgekehrt gerechten Anstoss daran nahm, dass der Dichter erst so spät den hochgestellten Staatsmann anredete, an welchen das ganze Gedicht gerichtet sein sollte. Schon Porphyrios Kommentar drückt dies aus, indem er sagt: *Haec ode in (?) Maecenatem scripta est; quae initium quidem habet ab habitatione Danaes.* Auch weiter bezeugt Porphyrio durch seine Inhaltsangaben einen richtigen Einblick in das wahre Sachverhältnis. Er sagt zum ersten Teile: *Tractat, quae sit vis auri et quantum potentiae habeat. Per quod ostendit in hoc factum fabulam de aureo imbri Danaes, ut ostendatur, nihil non posse pecunia atque auro expugnari.* Ist hier auch nur die geringste Spur davon zu entdecken, dass der Schreiber dieser Worte Vers 17—44 im Auge hatte? Aber durchaus sachgemäss sagt er zu Vers 17: *Reprehendit eos, qui pecuniam sic concupiscunt, tamquam feliciores futuri, cum tanto plus sollicitudinis ac curae habeant, quanto plus adquirant:* offenbar ein Argumentum einer neuen Ode.

Mit meiner Auffassung stimmen die Resultate früherer Untersuchungen wesentlich überein. Schon Guyet wollte nach Marolles den grösseren Teil der letzten Hälfte des Gedichtes entfernen. Peerlkamp bemerkt zu Vers 17: *Crescentem sequitur cura pecuniam. Haec sententia cum antecedenti: Auro omnia cedunt, non satis convenit. ab altera ad alteram fiat transitus, verbi causa in hunc modum: Auro omnia cedunt. Tamen non cupio aurum. Nam non facit nos vere beatos.* Lübker, der Peerlkamp zu widerlegen versucht, kann nicht umhin, zuvörderst in ausführlicher Darlegung den Nachweis zu führen, dass „die Ökonomie des Gedichtes hätte viel einfacher sein können"; insbesondere bekannte er: dass „Der Gedanke Vers 9 f., Gold geht durch die Trabanten hoher Gewalt, durch Felsen mächtig hindurch" weder allgemein, noch als Vorbereitung für den in Vers 17 enthaltenen Grundgedanken ausgesprochen sei. Gruppe, der das Gedicht als „ein im höchsten Grade gestörtes" bezeichnet, das „überladen sich unsicher hin und her wirft und dem der organische Zusammenhang fehlt," verwirft, über Peerlkamp hinausgehend, die vier ersten Strophen, denn Vers 1 (— und die dazu gehörigen folgenden Verse —) seien unmöglich mit dem zweiten Teile des Gedichtes zu vereinigen. Dann lässt er zum Beweise, dass er nicht irrt, das allein übrig bleibende Gedicht richtig mit Vers 17 beginnen, „wobei nun der angeredete Mäcenas in die erste Strophe kommt". So auch Martin (1863). Er ging bekanntlich von ganz andern Gesichtspunkten aus als seine Vorgänger, aber hat mit seinen nur sporadischen Untersuchungen viel Erfolg gehabt, weil er, wie fern auch von der Auffindung des methodisch richtigen Weges, doch in seinen Resultaten sachlich oft durchaus Richtiges fand. Er trifft auch hier wieder das Rechte, indem er das Gedicht teilt, und die erste Hälfte mit Vers 16 enden lässt. Er schliesst: *Simplex carminis ratio et argumentatio est: stropha docet, quanta vis auri sit, antistropha aurum et divitias, quippe quarum incrementum plerumque plurium cupiditas sequatur, negat beatum reddere posse; beatam vitam in contento suis rebus animo esse positum e. q. s.* Seine Anschauung über den Inhalt des ganzen Gedichtes bleibt also trotz der Teilung die meistverbreitete, wie sie auch Baden giebt: *Indholdet af denne Ode er: med Penge kan man udrette alt; men etc.;* aber dass die Gedanken: „Gold besticht, wahres Glück beruht auf Genügsamkeit mit wenigem" keinen Gegensatz bilden, ist klar.

Am besten kennzeichnet sich der Sachverhalt hier wie auch anderswo durch die in gläubigem Sinne geschriebenen Argumente. So sagt Dacier, die Ode habe einen gemischten satirischen und moralischen Charakter; Horaz schreibe zuerst gegen die Habsucht und die üblen Folgen des Reichtums; sein Hauptzweck aber sei, Mäcen für das ihm geschenkte kleine Landgut zu danken! Worauf Vanderbourg denn doch mit Recht bemerkt: *"..mis à ne semble qu' Horace s'y seroit pris d'une manière bien gauche."*

Dass die Gedichte nicht zufällig zu einem verschmolzen sind, was ja bei Gedichten, welche nicht wie I, 1, I, 4, I, 7, I, 28 räumlich getrennt waren, sondern vielleicht unmittelbar auf einander folgten, sehr leicht hätte geschehen können, sondern dass sie absichtlich zu einer Ode zusammengezogen worden sind, haben die oben angeführten Fälle gezeigt und werden noch andere Beispiele erhärten. Dass es aber leicht geschehen konnte, liess nicht allein das gleiche Versmass, sondern auch ein Inhalt zu, der zwar durchaus nicht denselben Gedanken ausdrückte, aber doch verwandte Begriffe enthielt: *aurum, pecunia* u. s. w. Mit einer kleinen Nüancierung des Gedankens des ersten, mit einer scheinbar unbedeutenden Wendung des Inhaltes des zweiten Gedichtes konnte man beide Gedichte ziemlich nahe an einander bringen, und dies thun alle diejenigen Argumente, welche mit spielender Leichtigkeit einen einheitlichen Gedanken für die ungeteilte Ode nachweisen. Es bedarf wohl nicht weiterer Erörterung, worin sie fehlen; haben doch auch die besonnensten Kritiker, wie Bernhardy u. a. anerkannt, dass „Mittelmässiges oder Fremdes in die Ode untergelaufen sei", und macht sich doch, wie bei andern Gedichten derselben Art, so auch hier sogar bei den der Absicht, Kritik zu üben, durchaus fernstehenden Übersetzern die Sachlage dadurch geltend, dass sie ohne eine Ahnung von der Bedeutung ihres Verfahrens bei Vers 17 regelmässig einen Absatz machen!

Es mag schliesslich noch darauf hingewiesen werden, dass die Ode in demselben Versmasse geschrieben ist, wie die oben behandelte, ebenfalls an Mäcen gerichtete zwölfte des zweiten Buches.

Ein Urteil über ihre metrische Beschaffenheit soll hier nicht gefällt werden. Ein auffallender Wechsel im Bau des Verses findet in III, 16 mehr zwischen einzelnen Strophen als zwischen den beiden Gedichten statt. Jedoch gilt auch hier teilweise, was in anderen Fällen hervortritt, dass nämlich ein bestimmter Unterschied sich öfters am Anfang und am Ende der Oden bemerkbar zu machen scheint. Man bringt dies gewiss nicht mit Unrecht, soweit es nicht etwa in einer bestimmten Absicht des Dichters begründet ist, mit späteren Änderungen oder Erweiterungen der Gedichte in Zusammenhang. In dem vorliegenden Falle möchte ich auf den Bau des Verses umsoweniger Gewicht legen, als beide Gedichte in ästhetischer Beziehung einen nur sehr geringen Wert zu haben scheinen und nicht etwa, wie es in andern Fällen vorkommt, auch hierin Gegensätze bilden. Das erste derselben ist fast lediglich mythologisch-historischen Inhaltes und übt in den Philipp betreffenden Zeilen eine unendlich prosaische Wirkung aus, ja, es wird diese Stelle sogar bezüglich ihrer historischen Richtigkeit angezweifelt. Der Zweck des zweiten Gedichtes, so verständlich er in seinem Gedanken ohne eine bestimmte Beziehung ist, wird durchaus unklar und unverständlich, sobald das Gedicht auf ein bestimmtes Verhältnis, auf das von Horaz zu Mäcen, bezogen wird. Was der Dichter und der Freund einfach und schön etwa in I, 1, II, 18*, IV, 3 und an anderen Orten sagt: „Mein ganzes Glück ist mein Lied und deine Freundschaft," das erscheint hier in einem widrigen Realismus und in rhetorisch figuriertem Ausdruck, und nur Zeiten, deren eigener Geschmack kein lauterer war, konnten dies Gedicht bewundern. Abgesehen hiervon ist die Sprache höchst geschraubt, und es fehlt ihr jede Natürlichkeit, soweit sie sich nicht an bessere Vorbilder anlehnt.

Eine andere Frage von Bedeutung ist die über die Stellung der Ode in der Ordnung der Metra des dritten Buches. Es muss bezüglich dieser auf die künftige Erörterung über die Anordnung der ganzen Sammlung verwiesen werden. Hier will ich nur wiederholen, dass das zweite Gedicht, welches auf die inhaltlich in sich geschlossenen Römeroden folgt, an Mäcen gerichtet ist (vgl. I, 20); dass die zweite Hälfte des Buches mit einer Ode an Mäcen beginnt, und dass vor dem Schlussgedichte des Buches ebenfalls ein Mäcen gewidmetes Gedicht steht, in seiner Komposition III, 16 nur zu ähnlich.

CARM. III, 19.   III, 24.

45*

Mea quidem sententia neque Dillenburger neque ceteri interpretes carminis scenam ita perspexerunt aut explanarunt, ut omnes poematis partes apte inter se cohaererent.

Steiner.

Einige der schönsten Poesieen des Altertums, ob sie nun Horazische Originale, oder ob sie nur freie Nachbildungen griechischer Dichtungen sind, hat uns die Zusammenstellung verdunkelt, in welche sie in der uns überlieferten Ausgabe gebracht sind. Weil sie unter eine Nummer einige mehr oder minder gleichartige, aber doch nach Ton und Inhalt mehr oder minder verschiedene lyrische Kleinigkeiten zusammenstellte, sie unter den Schein eines einheitlichen Gesichtspunktes ordnete und wohl gar absichtlich verband und änderte, darum mussten wir bisher die anmutigsten Blüten echt lyrischer Empfindung verkennen und in gewissem Sinne ganz entbehren. Wer trifft nicht bei den alten griechischen Lyrikern, ich erinnere nur an Anakreon, bei Catull und Martial, bei Goethe, Rückert, Heine, ja sogar bei dem überwiegend pathetischen Schiller auf eine recht grosse Zahl von Vierzeilen oder noch kürzeren Gedichten und findet grade an ihnen oft das meiste Gefallen. Bei Horaz findet sich in der überlieferten Ausgabe kein Gedicht von einer vierzeiligen Strophe, nur einige wenige von acht Zeilen. War er denn, wie wir ihn aus seinen sonstigen Dichtungen kennen, wirklich ein so ernster, so gravitätisch einherschreitender Dichter, dass er unter sechszehn Versen nicht gern den Griffel ansetzte? War er denn formell so verschieden von den Dichtern aller Zeiten, dass er nie einen „Einfall" hatte, einen flüchtigen Gedanken, den er poetisch zu einem anspruchslosen, eben in seiner Anspruchslosigkeit reizenden kleinen Liede gestaltete? Oder war er gar so wenig Dichter, dass er sich verbunden fühlte, solche wahr und tief empfundenen griechischen Lieder durch Zusammenschweissung zu entstellen? Ich kann nichts von alledem für wahrscheinlich oder auch nur für möglich halten. Wohl aber halte ich es für selbstverständlich, dass die Form brechen muss, wo der Inhalt in einen neuen Rahmen mit Gewalt hineingezwängt wird, und dass die kleinen Blättchen fallen oder mehrere dieser zu einem grossen zusammengeleimt werden mussten, wenn eine rauhe Hand nun einmal nicht mehr als eine bestimmte Anzahl grosser Blätter haben wollte.

Zwei gelehrte Freunde oder ein Altertumsforscher und ein Dichter sehen sich von Zeit zu Zeit und sind gewohnt, nach Wochen oder Tagen geschäftlicher Thätigkeit eine Stunde in traulichem Gespräche bei einem Glase Herz und Sinn erwärmenden Getränkes zu verbringen. Was Wunder, wenn nun der jüngere oder heiterere, nach dem Geplauder der freundschaftlichen Stunde schon sehnsüchtig verlangende Dichter seinem gelehrten Freunde einmal im Januar also schreibt: „Ob Rom am einundzwanzigsten April des Jahres 753 vormittags oder ob es nachmittags gegründet worden ist, darüber stellen Sie, lieber Freund, die allergründlichsten Forschungen an; aber wann und wo wir uns wieder einmal treffen, um bei dieser sibirischen Kälte uns recht gründlich aufzutauen, das vergessen Sie ganz mir zu schreiben."

> Quantum distet ab Inacho
>   Codrus, pro patria non timidus mori,
> narras, et genus Aeaci
>   et pugnata sacro bella sub Ilio:
> quo Chium pretio cadum
>   mercemur, quis aquam temperet ignibus,
> quo praebente domum et quota
>   Paelignis caream frigoribus, taces.

Jeder Zusatz, und wäre es ein Wörtchen, läuft dem Zwecke der Verse zuwider. Der Dichter verstummt absichtlich; denn in diesem Verstummen beruht die Kraft der freundschaftlich dringenden Mahnung eine umgehende Antwort zu geben. Lehrs vermisst hier nicht mit Recht einen weiteren Schluss. Ein solcher könnte nur in Prosa hinzutreten und würde etwa lauten: „Überbringer dieser wartet auf Antwort." Bei uns würde dies auf der Aussenseite des Billets durch die bekannten abkürzenden Buchstaben ausgedrückt werden.

Leidet es also die poetische Gerechtigkeit nicht, hier das Gedicht noch, in welcher Gestalt es immer sein könnte, zu erweitern, so ist es gegen alle Gesetze der Logik den Dichter so fortfahren zu lassen, wie die Überlieferung es will.

———

Da lunae propere novae
    da noctis mediae, da, puer, auguris
Murenae: tribus aut novem
    miscentur cyathis pocula commodis.
qui Musas amat impares,
    ternos ter cyathos attonitus petet
vates; tris prohibet supra
    rixarum metuens tangere Gratia.

Auch ein lyrisches Gedicht ist kein Rösselsprung! *The thoughts even of a lyrical poem do not follow one another et haphazard,* sagt Wickham mit Recht. *If the links be forged by logic, yet the feelings must be such as can be traced, and the mind cannot be really in sympathy with the poem, unless consciously or unconsciously it follows them.* Denn hier springt der dichterische Gedanke in der That in der willkürlichsten Weise, so dass wir ihm nicht unbewusst, noch weniger bewusst folgen können. Was hat jene so einfache, in sich durchsichtige und sich selbst erläuternde Einladung oder Aufforderung, was hat sie damit zu thun, dass heute Neumond ist, dass Murena heute zum Augur erwählt wurde oder sein Amt antrat, und dass darum der Dichter ein paar jubelnde Verse hinwirft, in denen er sich schon in das Festgelage, das Murena ihm und seinen übrigen Freunden geben wird, die *cena adiicialis,* bei der wie bei einem Mahl der salischen Priester köstlicher Wein getrunken werden soll, mitten hineinversetzt und im voraus in lebhafter Weise ausmalt, wie er dem Weindiener zurufen wolle, ihm von dem stärksten Gebräu aufzumischen, welches er unter dem Banne der Göttin des Anstandes nehmen dürfe; denn der Dichter wolle auf das Wohl seines Freundes trinken, der heute Augur geworden, der als solcher von jetzt ab, vielleicht schon heute um Mitternacht *(da noctis mediae)* die *signa ex caelo* und *ex avibus* beobachten werde. Also neun Becher her auf des Terentius Wohl nach der Zahl der Buchstaben seines Namens!

Nichts haben diese beiden Gedichte mit einander gemein als das gleiche Versmass und die Beziehung auf ein fröhliches Weintrinken. Sie schliessen sich aber von einander aus durch die grundverschiedenen Anlässe und durch die durchaus unvereinbaren Situationen, welche beide zur Voraussetzung haben. Dort ist es die überhaupt jetzt herrschende Kälte und das Bedürfnis, nach des Tages Last auch einmal fröhlich zu plaudern, was das Billet veranlasst. Hier ist es der specielle Tag, der erste des Monats, der als solcher doch nicht kälter ist als alle übrigen, und ein besonderes Ereignis im Leben des Freundes, was das Fest veranlassen soll. Natürlich konnte der Dichter der ersten Strophen sich im Geiste schon in das fröhliche Zusammensein versetzen, zu welchem er in den ersten Strophen anregen will. Aber dann durfte er nicht an die Stelle des Namens des angeredeten Freundes, ohne uns Zeit zu lassen, uns hineinzufinden, plötzlich den *puer* setzen, an den jetzt das Gedicht gerichtet erscheint wie I, 9, und der deshalb hier so befremdend eintritt, wie in der neunten Epode. Diesen Missstand haben alle drei Gedichte gemein, und was wir in einem uns gefallen lassen könnten, macht uns bei dreien dreifach argwöhnisch, umsomehr, wenn sie alle drei an derselben neunten Stelle stehen. Wollte der Dichter uns in seiner zweiten Strophe schon an Ort und Stelle versetzen, so musste er uns vorher doch dazu einen Raum in unserer Phantasie schaffen, aber nicht ihn absichtlich beseitigen; das aber geschieht, wenn er sagt, der Freund verschweige, wo sie sich treffen sollen; dann musste er seinen Freund uns nicht als in Altertumsstudien tief vergraben, sondern als seinen vornehmen und fröhlichen Freund Murena vorstellen. Und wollten wir über den Inhalt noch nachdenken, die Form sagt uns deutlich, dass wir im neunten Verse den Anfang eines Gedichtes vor uns haben. Da steht, wie üblich, die Anrede voran, und die Worte sind nichts anderes, als unser deutsches „Wein her, Wein her," als „Schenk mir ein vom besten Fass," jenes *I, pete unguentum puer,* oder die griechischen Zeilen des Anakreon, die wir oben zitierten: Φέρ' ὕδωρ, φέρ' οἶνον, ὦ παῖ, φέρε δ' ἀνθεμεῦντας ἡμὶν στεφάνους und Φέρ' ὕδωρ, φέρ' οἶνον, ὦ παῖ, μέθυσόν με καὶ κάρωσον.

Nach dem Anfange des hübschen Liedes, das uns unter I, 38 aufbehalten ist,

> Persicos odi, puer, adparatus,
> mitte sectari, rosa quo locorum
> sera moretur.

sollte man meinen, das nächste Lied beginne bei den Worten:

> Parcentes ego dexteras
> odi: sparge rosas.

Die Überlieferung will es anders; ich mag nicht entscheiden, ob mit Recht; aber mit Unrecht hat sie, um eine feste Verbindung zu schaffen, an die Grazie, welche vorher bei dem hohen Feste der vornehmen Römer doch nur, um den feinen aristokratischen Ton auch bei grosser Freude und edlen Weinen zu wahren, angerufen war, ihre „nackten" Schwestern geheftet, die doch hier nicht zu erscheinen brauchten, wo es nicht gilt, wie I, 4 einen Tanz im Freien aufzuführen. (Vgl. noch I, 19 und I, 30.) Sollten also wirklich die nächsten Zeilen, die lebhaft an das θέλω, θέλω μανῆναι Anakreons und andere, Horazische Stellen erinnern, schon zu dem neuen Gedichte gehören — denn das zweite schloss mit dem sechszehnten Verse — so könnte die Anfangszeile nur verdrängt sein, und mit einem Ersatzverse lautete das dritte Gedicht dann:

> Parcis deripere amphoram?
> insanire iuvat! cur Berecyntiae
> cessant flamina tibiae?
> cur pendet tacita fistula cum lyra?
>
> parcentes ego dexteras
> odi: sparge rosas; audiat invidus
> dementem strepitum Lycus
> et vicina seni non habilis Lyco.

Der Dichter will sich ausgelassener Freude hingeben. „Warum ertönen die Flöten noch nicht? Herab mit der schweigsamen Laute von dem Pflocke! Nun Rosen

46

gestreut mit vollen Händen, und Kuss und Wein ohne Ende! Und Jubelgesang, dass Lycus es höre, der Neidhart, der nun allein sitzen muss ohne Sang und Trank und — ohne Kuss!"

Dass die letzten Zeilen:

> Spissa te nitidum coma,
>> puro te similem, Telephe, Vespero
> tempestiva petit Rhode:
>> me lentus Glycerae torret amor meae.

zu den vorhergehenden unmöglich, selbst nicht mit einiger Nachsicht hinzugezogen werden können, ergiebt sich daraus, dass der Dichter jenes Liedes glücklich liebt, oder wenigstens in so glücklicher, freudiger Stimmung sich befindet („insanire juvat"), dass man eine unerwiderte Liebe bei ihm nicht voraussetzen darf. Auch der Umstand, dass Lycus sich vergeblich um seine Nachbarin bemüht, lässt annehmen, dass ihm, dem ausgelassen freudigen Dichter, es nicht so ergehe. Wohl aber ergeht es so dem Freunde des Telephus; er liebt nicht glücklich. „Dich, o Telephus, der du mit deinen schimmernden Locken schön bist wie der Abendstern, wenn er in voller Pracht strahlt, dich liebt die erblühte Rhode (Rosa); mich, ach, den sehnsüchtig liebenden, lässt meine Glycera schmachten!" Die beiden letzten Gedichte haben ausser dem Versmasse nur die „Rosen" gemein, und das hat sie zusammengeführt. Mit den ersten Zeilen des ungeteilten Gedichtes sie zu vereinen, ist ebensowenig möglich, da die ganze Situation dort den tiefsten Winter (frigora), hier Hochsommer (spargę rosas) zur Voraussetzung hat, genau wie I, 9.

Einen wie weiten Weg haben wir durchwandern müssen! Von dem Freunde, der über griechisch-historischen Studien sitzt — alle Einzelheiten: Inachus, Kodrus, Äakus, die Ilias, der Chierwein, deuten auf ein griechisches Original, und nur die Pälignerkälte, vielleicht statt des „thrakischen" Winters bildete eine Ausnahme — bis zu dem Festmahl des zum Augur erwählten Murena in durchaus römischer Umgebung, dann zu dem Jubel eines Anakreontikers, um endlich bei der elegischen Strophe anzulangen, mit welcher der Dichter über die Sprödigkeit seines süssen Mädchens, seiner Glycera klagt! Wie konnten wir früher doch ohne Bedenken und in einem Zuge durch das ganze Gedicht hindurcheilen und erfuhren zum Schlusse, dass der gelehrte Altertumsforscher sich des dichterischen oder Sklaven-Namens Telephus erfreue („Förster i 26. v. uppgifves ett [fingeradt] namn pro den tilltalade." Frigell; ebenso Düntzer), erfuhren dass der Dichter beabsichtige, mit ihm, der gefälligen Rhode, der spröden Glycera und Murena zusammen trotz des Einspruches der Thalia und ihrer beiden nackten Schwestern in Gegenwart des oder der aufwartenden Sklaven einen höllischen Lärm zu veranstalten, über den die ganze Nachbarschaft sich entrüste! Bei einem solchen Vorhaben konnte Freund Telephus es natürlich dem Dichter nicht übel nehmen, wenn dieser auch zum voraus schon (?) über sein Geizen mit Rosen schalt, die jetzt allerdings bei der herrschenden Pälignerkälte nicht anders als sehr teuer sein konnten, und dass er den Sklaven im voraus zurief, nicht so sparsam mit denselben umzugehen. Er, nicht der Wirt etwa, befehle ihnen mehr derselben zu streuen! Nur das wundert mich, dass Telephus oder Murena, der Augur, einen Mann mit dem zweideutigen Namen *Lycus, lupus — nomen et omen —* so lange in seiner Nähe gelitten hat. Nun, hoffentlich bleibt er in Zukunft von ihm fern.

Ernsthaft gesprochen hebt sich nun der anstössige Widerspruch, der früher zwischen Telephus I, 13, IV, 11 und III, 19 bestand: *„In the first of these he is a 'puer facens' with 'coreis rosca' and 'coxea bracchia', with whom Lydia is passionate'y in love. Here he is a bookworm given to antiquarian and historical researches. But it looks rather ill, that this wellbred learned Greek, who lived on such intimate terms with Horace, is never heard of in any other place (Madvern).*

Librum implere possis necrculis interpretum sententiis de argumento et significatione huius carminis. Et est area sine calce" sagt Peerlkamp. Er behält Vers 1—8 und druckt den Rest kursiv. Wie Wickham hervorhebt: *With a sudden change he fancies the banquet already prepared,* so merkt Peerlkamp zum neunten Verse an: *Jam est in convicio poeta, quod nondum erat constitutum;* er fragt weiter, weshalb die Grazie hier mit ihren Schwestern erscheine, und sagt, dass *insania* allerdings unseres Dichters Weise sei; aber man vermisse hier den Anlass zu diesem Grade der

Freude. Und dann hätten die ersten Verse des Gedichtes ja ein *convivium de symbolis* angemeldet; wie könne man bei einem solchen über Sparsamkeit mit Rosen, Rosen im Winter klagen. Endlich befinde sich der Dichter hier im Hause des Telephus, derselbe Dichter, der im Eingange des Gedichtes nicht gewusst, wann und wo ein Pickenick zusammenkommen solle. Lehrs konstatiert einen unheilbaren Bruch bei Vers 8 und Sivry teilt das Gedicht in Vers 1—8, 9—17 und 18—28, indem er den letzten Teil für ein Gedicht nach Alkman oder Anakreon erklärt. Die ungerade Zahl der Verse ist unannehmbar, und dass man 16—24 und 25—28 wieder unter sich selbständig machen muss, dürfte nach den obigen Ausführungen nicht zweifelhaft sein. Dass aber sowohl Sivry, Lehrs und Peerlkamp, als die oben von mir gegebene Gliederung sich auf Thatsachen stützen und von Thatsachen ihren Ausgang nehmen, die in der Natur der ungeteilten Gedichte verborgen liegen, das bezeugt in überraschender Weise auch eine Analyse dieser Ode, welche von durchaus traditionsgetreuem Standpunkte aus Lord Lytton in einer Anmerkung giebt. Dieselbe folgt genau den einzelnen Stationen meiner obigen Entwickelung, natürlich mit Deutungen, wie sie die frühere Notlage eben erzwang. „*The graduated process*, sagt er, *of a drinking-bout is most naturally simulated in these verses. First stage, the amiable expansion of heart in the friendly toast — the toleration of differing tastes; — each man may drink as much as he likes. Secondly, the consciousness of getting drunk, and thinking it a fine thing: — joy to go mad. Thirdly, the craving for noise: — let the band strike up. Fourthly, a desire for something cool; — roses in ancient Rome — soda-water in modern England. Fifthly, the combative stage; — aggressive insult to poor old Lycus. Sixthly, the maudlin stage, soft and tender: — complimentary to Telephus, and confidingly pathetic as to his own less fortunate love-affairs.*"

So dürfen wir uns auch nicht wundern, überall auf entgegengesetzte Auslegungen und auf offene Fragen zu stossen. Wenn Dacier zu Vers 9 sagt: „*Il semble que cette Ode ait été faite à table*," so erwidert Sanadon ganz entschieden: „*Il ne faut pas s'imaginer que cette ode fut faite à table.*" Zur letzten Strophe merkt Dacier ausdrücklich an, dass der Dichter sie mit der vorhergehenden nicht verbunden habe. Steiner konstatiert mit Recht, die Schwierigkeit sei ungelöst geblieben, dass im Eingange des Gedichtes der Ort des Mahles als unbekannt, im dreiundzwanzigsten Verse aber als bekannt vorausgesetzt werde, und wenn Wiss den Widerspruch der Jahreszeiten dadurch hinwegschaffen will, dass er sagt „Pälignerkälte" mache noch nicht Winter, so ist dies doch eine Entgegnung, welche der Sprache die Fähigkeit abspricht, unsere Gedanken auszudrücken und uns zumutet, ziemlich das Umgekehrte von dem zu verstehen, was das Wort besagt.

Porphyrio hat auch hier wieder sein charakteristisches „*deinde*" nach Vers 8. (*Deinde conversus ad puerum hortatur, ut inpari numero cyathorum pota-*

tiones faciat). Zu den letzten Strophen giebt er ebensowenig ein Argument wie Acro. Es ist aber bezeichnend für das, was wir an beiden für die Erklärung sonst so wichtigen Glossatoren haben, dass sich ihnen auch nicht eine einzige Notiz zu diesem Gedichte über den Adressaten der beiden ersten Strophen (*„Telephum, Graecum poetam, sodalem suum alloquitur"!*), über Murena, über den Anlass zu dem Feste desselben, oder über die etwaigen griechischen Vorbilder der letzten beiden Strophen entnehmen lässt. Dies gibt uns die traurige Gewissheit, dass sie selbst wohl nicht mehr in der Lage waren, sich diese und ähnliche Nachrichten zu verschaffen.

Ich bezog mich einmal auf Erscheinungen in der Litteratur des mittelalterlichen Epos, um eine Parallele für Erscheinungen auf unserem Gebiete beizubringen. Hier, wo wir nicht nur zwei, sondern vier kleine Gedichte unter einer Nummer antreffen, die alle, in sich durchaus verschieden, unter die gemeinsamen Begriffe des Weintrinkens und der Rose gestellt und durch sie nur locker verbunden sind, mögen Demogeots Worte folgen. Er sagt: *La longueur des chants épiques* (20 000—40 000 Verse) *suppose la chance d'être lu indépendamment de celle d'être chanté. Les jongleurs n'eussent pas pris la peine de construire un long ouvrage dont personne n'eût pu contempler l'ensemble. Il est donc probable qu'il y eut d'abord sur les divers sujets qu'embrassent ces longues épopées des poèmes plus courts, plus simples, plus populaires, plus primitifs que ceux qui nous restent. Fauriel, à qui nous empruntons cette remarque, en a recueilli des preuves aussi curieuses que concluantes. Ainsi il arrive souvent qu'un manuscrit renferme sous un seul titre plusieurs morceaux divers relatifs au même événement; ce sont deux ou plusieurs poèmes sur le même sujet, que le rédacteur aura recueillis de la bouche des jongleurs et fondu ou plutôt juxtaposés dans sa recension. En voici un exemple tiré d'un des endroits les plus remarquables de la chanson de Roland.* Er bringt dann ein Beispiel bei, in welchem dasselbe Thema dreimal hintereinander behandelt ist und bemerkt: *Il y a des Chansons de Geste où ces variantes successives sont au nombre de cinq ou six. J'en ai compté neuf de suite dans celle de Berte aux grans piés.* Ich sehe für ähnlich entstanden auch diese Zusammenstellungen an, und es wird sich später Gelegenheit finden, diese Art und Weise der Redaktion als die eines bestimmten Zeitalters und auf mehr als nur den einen Horaz angewandt nachzuweisen.

Es folge das metrische Schema der Gedichte. Man wird auch ohne weitere Erläuterung mit dem Eintritt des neuen Gedichtes allemal einen Wechsel in der Tendenz der Diäresen wahrnehmen. Ganz besonders auffällig ist derselbe in den Versen 17—20, die wir als möglicherweise eingeschobene hinstellten.

III, 19^{a.}

b.

c.

d.

Mögen nun die angedeuteten Differenzen bedeutend oder unbedeutend erscheinen, jedenfalls sind sie in einem gewissen Grade vorhanden und fallen mit den Stellen zusammen, in welchen sich ein Wechsel im Inhalt markiert.

Carm. III, 24.

Die vierundzwanzigste Ode des dritten Buches beginnt:

Intactis opulentior
    thesauris Arabum et divitis Indiae
caementis licet occupes
    Tyrrhenum omne tuis et mare Apulicum:

si figit adamantinos
    summis verticibus dira Necessitas
clavos, non animum metu
    non mortis laqueis expedies caput.

„Und wäre die halbe Welt dein,“ sagt der Dichter, „du kannst mit allen deinen Schätzen deine Seele nicht von der Furcht vor dem Tode, dein Haupt nicht aus der Gewalt des Todes erlösen.“ Es lässt sich also durch keine Künste der Interpretation, welche immer es sein möchten, wegleugnen, dass die Strophe in dem Gedanken gipfelt: Auch der reichste Mann muss sterben. Denn der Dichter bleibt nicht dabei stehen, dass er von Todesfurcht spricht, sondern er bezeichnet ausdrücklich den Tod selbst als die Macht, von welcher auch der höchste Preis nicht loskaufen kann. Diese acht Zeilen stehen also mit I. 4. 13 ff., II, 14, II, 18. 29, zu welcher Stelle wir sie oben S. 268 stellten, mit IV, 7. 25 ff. u. a. parallel. Demgemäss müssten wir erwarten, dass der Dichter auch ähnlich wie II, 14 fortfahren, dass er einfach bei der Ausführung dieses Gedankens stehen bleiben, oder aber, falls er, wie er es thut, mit *melius* aufs neue einsetzt, sagen wird: „Besser ergeht es den Scythen, die sterben nicht“; oder, wenn er dies, wie natürlich, nicht konnte, dass er dann wenigstens etwa sagte: „die haben keine Furcht vor dem Tode; denn

devota morti pectora liberae

sterben sie“, oder ähnlich. Aber auch davon sagt er nichts, garnichts. Im Gegenteil lässt seine Bemerkung:

aut peccare nefas aut pretium est mori

darauf schliessen, dass er der Ansicht ist, die Scythen hielten den Tod für ein grosses Übel, ebensosehr wie die Römer. Schon die Verbindung durch „*melius*“ ist durchaus unlogisch und auf keine Weise zu rechtfertigen. Denn die Gedankenverbindung und die Satzfolge: „Trotz der grössten Reichtümer musst du sterben; die Scythen leben besser" ist durchaus sinnlos, und nur durch den guten Willen, der dem Gedichte meistens entgegengebracht wird, nur dadurch kommt ein vernünftiger Zusammenhang in diese Worte hinein, dass man statt dessen liesst: „Im Vergleich mit dir, der du unersättlich und verbrecherisch stets nach mehr Schätzen jagst, lebt der Scythe besser" — was doch aber nicht dasteht. Es gilt hier, was an andern Stellen geltend gemacht worden ist und geltend gemacht werden wird: Das Mindeste, was man von jedem Dichter, ganz besonders aber von einem berühmten, sei er jung oder alt, verlangen darf, ist, dass er seine Muttersprache wenigstens doch insoweit beherrscht, dass er denjenigen Gedanken auszudrücken vermag, den er zum Ausdruck bringen will. Kein Dichter, darf man wiederholen, ist so elend, am wenigsten Horaz — *quo vitio minime tenebatur* — dass er sagt: „Auch wenn du noch so reich wärest, du musst dennoch sterben," während er sagen will: „Und wenn du auch noch so reich wärest, es macht dich nicht glücklich, so lange du nicht tugendhaft bist."

Das Gedicht lässt nun also in ziemlich prosaischer Anschauungsweise eine Schilderung der Sitten der Scythen und Geten folgen, wie sie wohl ähnlich Dio Chrysostomus in seinen Getica gegeben haben mag (vgl. Hermann Haupt 1884), zu einer Zeit, wo man es liebte, gleich Tacitus die Völker des Nordens in ihrer angeblichen paradiesischen Sittenunschuld zu der Sittenverderbnis der Römer in Gegensatz zu stellen. So schufen auch bei uns die verderbten Verhältnisse des achtzehnten Jahrhunderts die dichterischen Gestalten der Schweizer als eines idealen Hirtenvolkes, Werthers Leiden und Paul et Virginie.

Campestres melius Scythae,
   quorum plaustra vagas rite trahunt domos,
vivunt et rigidi Getae,
   immetata quibus iugera liberas

fruges et Cererem ferunt,
   nec cultura placet longior annua,
defunctumque laboribus
   aequali recreat sorte vicarius.

illic matre carentibus
   privignis mulier temperat innocens,
nec dotata regit virum
   coniunx nec nitido fidit adultero.

dos est magna parentium
   virtus et metuens alterius viri
certo foedere castitas,
   et peccare nefas aut pretium est mori.

Von der Todesfurcht oder Todesverachtung der Scythen wird hier durchaus nichts erwähnt. Auch ein innerer Gegensatz, auf den es hier etwa ankäme, lässt sich nicht entdecken. Denn falls wir den Dichter dahin richtig auslegen, dass er in den ersten Zeilen uns zu verstehen geben wollte: „Es bemühen sich heutzutage viele, ihren Landbesitz sogar bis in das Meer hinein auszudehnen," so sind die Verhältnisse der Geten, die er uns nun schildert, wenigstens in dieser Beziehung nicht geeignet, einen Gegensatz dazu zu bilden. Denn Völker, die noch in so glücklichen Verhältnissen, in so länderreichen Gegenden wohnen, dass sie auf ungemessenen Fluren ihre Saaten bestellen, und dass ohne mühevolle Kultur die Erde ihnen freiwillig reiche Frucht trägt *(immetata quibus iugera liberas fruges et Cererem ferunt)*, die, sobald ihnen ihr Feld nicht länger gefällt, nur den Wohnsitz zu wechseln brauchen, solche Völker darf man doch in der That nicht dem Ungenügsamen, Habgierigen als Muster der Enthaltsamkeit entgegenstellen. Da braucht der Schwiegersohn denn auch keine andere Mitgift als nur noch Tugend und Tapferkeit; denn wozu sollte er den Meeren Land abzuringen suchen, welches in unermesslichen Strecken ihm zu Gebote steht! So widersinnig dieses wäre, so wenig stehen also diese Strophen in Gegensatz gegen die ersten beiden, und der dem Anscheine nach durch *melius* herbeigeführte Verland ist in Wirklichkeit keiner. Dass nun den Scythen und Geten *licentia* vorgeworfen wäre, wird niemand behaupten wollen. Soll also in den folgenden Strophen:

> O quisquis volet inpias
>   caedes et rabiem tollere civicam,
> si quaeret 'pater urbium'
>   subscribi statuis, indomitam audeat
>
> refrenare licentiam,
>   clarus post genitis: quatenus, heu nefas,
> virtutem incolumem odimus,
>   sublatam ex oculis quaerimus, invidi.

diese *licentia* irgendwo einen Gegensatz haben, so könnte dieser nur in den ersten beiden Strophen des Gedichtes zu suchen sein. Dort aber ist sie ebensowenig erwähnt; dort stand nur, wissen wir, dass selbst der grösste Reichtum nicht vor Todesfurcht und vor dem Tode schützt. Offenbar fängt vielmehr mit diesen Strophen ein neues Thema an, welches, ohne auf den Tod, ohne auf die Scythen und Geten sich zu beziehen, einfach sagt: Wer die Schäden unserer Zeit *(caedes* und *rabies)* heilen wollte, — o möchte das doch jemand thun! — der muss die Zügellosigkeit der Generation in ihrer Wurzel anfassen und mit Ernst und Strenge gegen sie einschreiten.

Quid tristes querimoniae,
    si non supplicio culpa recidilur,
quid leges sine moribus
    vanae proficiunt, si neque fervidis

pars inclusa caloribus
    mundi nec Boreae finitimum latus
duratacque solo nives
    mercatorem abigunt, horrida callidi

vincunt aequora navitae,
    magnum pauperies obprobrium iubet
quidvis et facere et pati,
    virtutisque viam deserit arduae?

vel nos in Capitolium,
    quo clamor vocat et turba faventium,
vel nos in mare proximum
    gemmas et lapides, aurum et inutile,

summi materiem mali,
    mittamus, scelerum si bene paenitet,
eradenda cupidinis
    pravi sunt elementa, et tenerae nimis

mentes asperioribus
    formandae studiis. nescit equo rudis
haerere ingenuus puer
    venarique timet, ludere doctior,

seu Graeco iubeas trocho,
    seu malis vetita legibus alea,
cum periura patris fides
    consortem socium fallat et hospitem

indignoque pecuniam
    heredi properet. scilicet improbae
crescunt divitiae: tamen
    curtae nescio quid semper abest rei.

Es bedarf nicht eines weiteren Eingehens auf die Frage, wie enge oder wie lose auch diese Strophen noch untereinander verbunden sind. Genug, dass zwischen Vers 25—64 und 1—8 und 9—24 ein innerer Zusammenhang nicht besteht. Nur das Versmass und das Wort *virtus* verbindet äusserlich den zweiten und dritten Teil miteinander.

Übrigens hat der Dichter recht, wenn er sagt, gegen schrankenlose Ausgelassenheit hülfen nicht Klagen; mit strengen Strafen müsse gegen sie eingeschritten werden. Aber dann musste er nicht als deutliche Beispiele der Ausartung guter Sitten den Kaufmann und den Schiffer anführen, welche ihr Beruf den Gefahren des Meeres, wie des nordischen und südlichen Himmels Trotz zu bieten nötigt; dann durfte er uns nicht auffordern, danach zu streben, die goldene Zeit durch Entäusserung von allem Besitze zurückzuführen. Denn jene sind kein Beispiel der *licentia*, dieses sind keine Strafen. Wenn der Knabe am Jagen und Reiten wieder seine Lust haben soll und wenn schliesslich, wie am Schlusse von III, 16, gesagt wird, dass derjenige, der sich mit unrechtem Gut bereichert, auch an der wachsenden Habe nie genug hat, so vermisst man auch hier die Gegensätze der Verweichlichung und der Habsucht, mit welchen die *licentia* doch nicht ohne weiteres zu identifizieren ist.

Jedoch interessieren uns, wie gesagt, nicht sowohl die Widersprüche, welche sich innerhalb der einzelnen Teile befinden, als vielmehr diejenigen zwischen den Teilen selbst. In dieser Beziehung vermag ich nur folgende von einander durchaus unabhängige Gedanken in dem Gedichte zu erkennen:

1. Vom Tode kauft kein Reichtum los (1—8).
2. Die Scythen und Geten führen ein von der Sorge um das tägliche Brot freies, idyllisches, sittenreines und sittenstrenges Leben (9—24).
3. Wer sich ein Verdienst um das Vaterland erwerben will, der muss den Mut haben der *licentia* mit Strenge entgegenzutreten (25—36).
4. Die goldene Zeit führen wir nur zurück, wenn wir unser Herz von jeder unreinen Begier frei machen (37 ff.). Wir brauchen Rückkehr zur Natur; denn wir suchen jetzt unser Glück auf Wegen, die nicht zum Ziele führen.

Man mache auch hier wieder die Probe, lasse das Gedicht bei Vers 9 (etwa mit Veränderung von *melius* in ein geeignetes Wort im Sinne von *lutes*), bei Vers 25, bei Vers 33 beginnen, und man wird sich überzeugen, dass allemal nicht nur nichts vermisst wird, sondern auch, dass diese Verse den regelrechten Anfang von Strophen bilden, welche gegenwärtig zu den vorhergehenden und folgenden in Widerspruch oder - was noch schlimmer ist — in eine schiefe Gedankenverbindung treten. Mit gleicher Leichtigkeit schliesst man einzelne Teile aus oder schliesst man das Gedicht bei Vers 50. Zu jedem einzelnen Abschnitt finden sich ungesucht Parallelen in den übrigen Oden, besonders aus III. 1—6, (vgl. Rührmund) und aus den Epoden. Wenn Peerlkamp irgendwo sagt, Horaz erkenne er nur da an, wo man ohne Schaden nichts hinzusetzen und nichts hinwegnehmen könne, so bezeichnet er damit richtig das Wesen eines lebendigen, eines organischen Ganzen. Hält III, 24 diese Probe aus? Man vergleiche den Anfang und das Ende und die einzelnen Teile untereinander!

„Und wir sind nicht die ersten, die dies empfinden" darf man auch hier sagen. Homes Urteil über III, 24 haben wir zu III, 14 angeführt. Auch Prien scheidet 1—8 (ohne 3 und 6), 7—16 und 17 ff., Martin lässt mit Vers 25 seine Antistrophe beginnen, und wenn Porphyrio zu Vers 25 wieder bemerkt: „Non recte a superiore ode haec separata sunt." so würden wir aus diesen Worten das Zeugnis gewinnen, dass vor **Porphyrio III. 24** an dieser Stelle geteilt worden ist, falls man sich für die Originalität jeder seiner Zeilen verbürgen könnte. Auch die metrische Beschaffenheit der einzelnen Teile scheint öfter Wechsel in der Behandlung des Verses zu verraten, ein Punkt, an welchen spätere, zeitgemässere Forschungen einst vielleicht mit mehr Vorteil anknüpfen werden.

Es mögen hier noch die einzelnen kleinen Gedichte von III, 19 zusammengestellt werden.

Insanire iuvat!

Parcis deripere amphoram?
    insanire iuvat! cur Berecyntiae
cessant flamina tibiae?
    cur pendet tacita fistula cum lyra?

parcentes ego dexteras
    odi: sparge rosas; audiat invidus
dementem strepitum Lycus
    et vicina seni non habilis Lyco.

Da auguris Muraenae!

Da lunae propere novae,
    da noctis mediae, da, puer, auguris
Muraenae: tribus aut novem
    miscentur cyathis pocula commodis,
qui Musas amat impares,
    ternos ter cyathos attonitus petet
vates; tris prohibet supra
    rixarum metuens tangere Gratia.

Taces!

Quantum distet ab Inacho
    Codrus, pro patria non timidus mori
narras, et genus Aeaci
    et pugnata sacro bella sub Ilio:
quo Chium pretio cadum
    mercemur, quis aquam temperet ignibus,
quo praebente domum et quota
    Paelignis caream frigoribus, taces.

Rhode et Glycera.

Spissa te nitidum coma,
    puro te similem, Telephe, Vespero
tempestiva petit Rhode;
    me lentus Glycerae torret amor meae.

Die Einheit des lyrischen Gedichtes ist von der des epischen und dramatischen wesentlich verschieden; der Begriff der Episode findet hier keinen Platz.

Vischer.

Man darf im Interesse der Förderung der Horazstudien nichts mehr bedauern, als dass Lehrs den Abschnitt über unsere Ode mit den Worten begann: „Ein blödsinniges Gedicht!“, und dass er an einigen anderen Stellen ähnliche Ausdrücke gebrauchte. Nicht seine Gründe, nicht die von ihm aufgeworfenen Bedenken waren es fortan, denen man in erster Reihe Aufmerksamkeit zuwandte, sondern man eröffnete die Kritik seines Werkes mit einer Blumenlese solcher Dikta, und die Arbeit war gethan! Von Horaz meinte man nun eine rücksichtslose und destruktive Kritik abgewehrt zu haben und entrüstete sich für — nun! Möchte es einmal festgestellt werden können, wer Horaz so unverständig zugerichtet hat! Jedenfalls ergriff man die Waffen gegen einen Freund des Dichters und schützte den, der seine Gedichte geschändet, und der Wissenschaft und der Wahrheit über Horaz wurde auf Dezennien hinaus Eintrag gethan; denn die vielen geistreichen und richtigen Bemerkungen des Verfassers des Aristarch blieben mehr oder minder unbeachtet und unverwertet. Nun ist und bleibt es wahr, dass jener Ausdruck verletzt, und dass III, 27 nicht schlimmer und nicht besser ist als etwa III, 16 und manche andere Gedichte. Aber dass dies in seiner gegenwärtigen Verfassung den Anforderungen des gesunden Menschenverstandes darum mehr oder weniger Rechnung trüge, weil Lehrs sie mehr oder weniger hart gescholten hat, das zu behaupten wird niemand geneigt sein.

Auch steht Lehrs mit seinem scharfen Urteile durchaus nicht allein; denn wenn Schwenck sagt, die Ode sei so absurd, dass kein vernünftiger Dichter sie schreiben konnte, wenn Riese sich dahin äussert, dass diese ganze Ode anerkanntermassen zuerst für unecht erklärt werden müsste, wenn man eben ganze Gedichte verwerfen dürfte, so begegnet sich ihr Urteil doch nur mit dem von Lehrs, thatsächlich ist es dasselbe, wenn Francis von ihr sagt: *„This is allowed by all the Commentators to be one of the most difficult Odes in Horace"* und wenn andere sie als vollgepfropft von Schwierigkeiten, voll von Schwierigkeiten in jedem Worte und in der ganzen Auffassung bezeichnen.

Dass das Beispiel der Europa nun gerade wider alle Logik von dem Dichter herangezogen sein müsste, möchte ich allerdings nicht in erster Reihe mit Lehrs behaupten. Das Gedicht ruft, könnte man annehmen, Galatea zu: *Sis felix ubicunque mavis et memor nostri vivas.* „Willst du mich denn, o Galatea, durchaus verlassen, so scheide ich von dir, wenngleich mit blutendem Herzen. Mögest du glücklich leben, wo immer es sei und es nie bereuen, dass du mich, den dich innig liebenden, verlassen hast. Aber auch Europa verliess einst die Heimat und alles was ihr dort teuer war und musste es zunächst bitter bereuen." In dem nicht durch eigenes Verdienst, sondern nur durch den, von Europa nicht vorhergesehenen, Willen der Götter herbeigeführten dennoch glücklichen Ausgang der Meeresfahrt der Tochter Agenors könnte man den Wunsch des Dichters wiederholt finden, dass sich trotz aller augenscheinlichen Gefahren des Unternehmens die endliche Zukunft der Galatea dennoch dauernd glücklich gestalten möge. Wenn also Perrault und mit ihm G. E. Müller (historisch-kritische Einleitung zur Kenntnis und Gesch. der lat. Schriftst. A—Mela. 1747—51) fragt, was die Fabel der Europa wohl an Kraft besitze, Galatea, von ihrer Seefahrt abzuraten, wenn sie höre, dass Europa die Gemahlin Jupiters geworden und ein Erdteil nach ihr den Namen erhalten habe, so antwortet ihnen zwar Haymann (Dresden 1771), Horaz meine, es sei ein leerer Ruhm der Europa gewesen, wenn sie zeitweise Jupiter angehört habe, nicht anders wie Ikarus, der dem Meere seinen Namen gab, beides Andenken *temeritatis.* *„Nec uxor notat hic legitimam conjugem, sed amicam potius aut pellicem."* Aber auch ohne diese ungünstige Auslegung des endlichen Geschickes der Europa lässt sich ja, wie gezeigt wurde, Perraults Einwand zum Vorteil für die Ode wenden. In der That fasst so den Inhalt auch z. B. A. Frigell (Kommentarier. Upsala, 1870) auf, wenn er den

Dichter Galatea zuerst Glück wünschen, dann aber sagen lässt: „Besinna lik-väl, att en resa öfver Adriatiska hafvet om hösten är farlig. Likasom du nu later utlocka dig af den klara nordvestvinden, så vågade fordom Europa anförtro sig åt tjurens rygg för att från Asiatiska kusten blifva buren till Creta; men sorg, ånger och förtviflan blef följden af hennes öfverdåd. Dock slutades för henne allt lyckligt, och jag vill hoppas, att det äfven så må gå med dig." Ebenso sagt auch Nitsch: „Das gegenwärtige Gedicht ist ein Glückwunsch auf ihre Reise, von welcher der Dichter ihr weder aus gewöhnlichen übeln Vorbedeutungen noch aus Furcht des Meeres abraten will, sondern das erste verwirft und von dem zweiten sich das Beste verspricht."

Wenn ferner das Gedicht eine andere Version der Fabel von Europa vor-aussetzt, als wir sie aus Ovid kennen, so berechtigt uns das nicht, nun sofort alles für inkongruent zu erklären, was grade mit diesem Dichter nicht übereinstimmt. Oder ist Euripides' Elektra etwa darum unlogisch, weil sie von der von Sophokles und Äschylus überlieferten Fabel abweicht? Eine griechische Mythe im römischen Dichter kann ja selbstverständlich kaum anders als in letzter Stelle auf griechische Quellen zurückgehend gedacht werden. Da fehlt uns denn für von der gewöhnlichen Tradition abweichende Darstellungen oft jede Kontrolle für den Grad der Selbstän-digkeit des Römers. Wenn III, 27 die Fabel so darstellt, als wenn Europa von dem Stiere nicht wider Willen entführt sei, sondern kühn *Gott[es]* sich ihm zur Meeres-fahrt anvertraut hat, — diese Vorgeschichte wird von dem Gedichte eben nur voraus-gesetzt, nicht selbst gegeben — und wenn es eine solche Version der Fabel gab, so fällt auch ein grosser Teil der Ausstellungen, die man mit Peerlkamp und Lehrs zu machen berechtigt ist. Und dass es eine solche Darstellung nicht gegeben, wer will es beweisen? Es ist das ein Recht des Dichters, sich den Stoff nach seinen Be-dürfnissen zurechtzulegen, und Moschos zeigt, dass man es auch mit diesem Gegen-stande thatsächlich so gehalten habe. Europa sieht bei ihm ein Traumbild (vgl. in unserer Ode V, 39 *ludit imago vana, quae porta fugiens eburna somnium ducit*) mit einem solchen Anscheine lebensvoller Wirklichkeit, dass er sagt: *τὰ γὰρ ἄι ἔναρ εἴδεν ὕπαρου.* Zwei Frauen, Asien und Europa, bemühen sich um die Königs-tochter, die letzterem Weltteile ihren Namen geben soll und da heisst es ausdrück-lich von dem fremdländisch gekleideten Weibe:

ἡ δ' ἑτέρη κρατερῇσι βιωμένη παλάμῃσιν
εἷρπέν οὐκ ἀέκουσαν, ἐπεὶ φάτο μόρσιμον εἶμεν
ἐκ Διὸς αἰγιόχου ῥέος ἔμμεναι Εὐρώπην.

Man vergleiche hiernach nun die ganze Idylle, insbesondere das Gespräch zwischen Zeus und Europa auf dem Meere, in welchem letztere schon den Gott zu dem Stiere ahnt, und man wird finden, dass gar keine oder nur eines Haares Breite die Voraussetzung, welche III, 27 notwendig macht, dass nämlich Europa ursprünglich willig und gern den Vater und das Vaterland verlassen, von der Darstellung des Moschos trennt. Dass sie später zunächst Reue empfindet, ist nur ein Beweis für diese Auffassung. Der Traum, das *modo multum amati monstri* neben der Schilderung bei Moschos, wie Europa den Stier liebkost, der Vergleich von III, 27. 31. 32 mit Moschos 128. 129, von 34. 35 mit 141. 142 u. a. lassen es übrigens kaum zweifelhaft erscheinen, dass beide Gedichte direkte oder indirekte Beziehungen zu einander haben.

Aber soviel wird man trotz alledem bei näherer Prüfung dennoch zugeben müssen, dass abgesehen von dem hervorgehobenen Punkte, in welchem Galateas Scheiden und Europas Verlassen der Heimat sich berühren, die ganze Fabel gar zu locker, man möchte sagen garnicht mit dem Eingange des Gedichtes verbunden ist, und mit Recht sagt Theodore Martin (London 1860) in den Anmerkungen zu der englischen Übersetzung der Ode: *The transition to the story of Europa is abrupt according to our notions.* „So reisse dich denn los von mir," ruft der Dichter der Geliebten zu, „lebe wohl, reise glücklich. Jedoch welche Gefahren, welche Stürme dich auf dem Meere erwarten, das habe ich erfahren. So hat auch Europa dem Meere anfangs mutig sich anvertraut; aber —" und nun bleibt die von uns erwartete Schilderung der Schrecken des Meeres, die Europa betrafen, aus, das Meer wird garnicht erwähnt, und wir werden sofort nach Kreta versetzt! Auch Moschos schildert keineswegs eine gefährliche Meeresfahrt. Umgekehrt erzählt er, wie zwar anfangs Europa zu erschrecken geneigt sein mochte, aber wie vor dem Herrscher des Himmels und der Erde auch die Fluten sich beugen und vor dem Götterkönige die Wogen des Meeres sich glätten.

In der That muss man gestehen, dass man dem Namen nach für „Galatea" (γαλήνη) auch bei Horaz nichts anderes erwarten möchte, als eine glückliche Fahrt über das Meer. Will doch die ganze Fabel von Europa, welche von einem Stiere über das weite Meer getragen wird, nach dieser Seite hin eben auch von einer wunderbar glücklichen Fahrt erzählen, und in diesem Punkte würden sich also der Name der Galatea und die Sage von der Europa ungezwungen und natürlich berühren. Dies aber ist zugleich derjenige Punkt, in welchem der Dichter von III, 27 in der gegenwärtigen Gestalt der Ode eine dahinzielende Erwartung weder erfüllt, noch auch erfüllen darf. Denn III, 27 handelt im Eingange sowohl wie in der Strophe, welche Galatea anredet, lediglich von solchen Reisen, welche unter unglücklichen Vorzeichen unternommen, welche von unglücklichen Ereignissen betroffen worden sind. Also selbst wenn der Dichter eine glückliche Meeresfahrt der Europa hätte schildern wollen, so hätte er es nur im Widerspruch

mit den ersten sechs Strophen thun können. Denn wenn er sich nicht selbst widerlegen wollte, so durfte er, nachdem er, erfüllt von banger Ahnung, ausgerufen:

> sed vides, quanto trepidet tumultu
> pronus Orion: ego quid sit ater
> Hadriae novi sinus et quid albus
> peccet Iapyx.

nicht grade umgekehrt Meeresstille und glückliche Fahrt schildern, wie wir sie
in jedem Falle auch in III, 27 für Europa voraussetzen müssen. Hier
ist es, wo Moschos, der dem Dichter doch sicher nicht unbekannt war, mit seinem
von Malern mannigfach ausgeführten Bilde einsetzt:

> ἡ δὲ τὸ ἐρχομένοιο γαληνιόωσα θάλασσα,
> καὶ δ' αὐτὸς μαφίδοντος ὑπεὶρ ἅλα Ἐννοσίγαιος
> κῦμα κατιθύνον ὁδίην ἡγεῖτο κελεύθου
> αὐτοκασιγνήτῳ κ. τ. λ.

Dies ist zugleich der Punkt, in welchem sich für mich die Frage nach der
Zusammengehörigkeit zunächst von Vers 1—24 und 25—76 entscheidet, und da Europa
jedenfalls eine glückliche Fahrt mit einem schliesslich glücklichen Ausgange machte,
für Galatea aber eine unglückliche Fahrt mit einem möglicherweise unglücklichen
Ausgang gefürchtet wird, so muss zunächst Vers 25 bis 76 von dem ersten Teile
abgetrennt und zu einem selbständigen Gedichte gemacht werden. Bleibt es doch
auch dann noch länger als die Erzählung von Hypermnestra, III, 11, 25—52, und
gilt doch beiden Gedichten das Wort Vischers, welches wir diesem Abschnitte
vorangestellt haben, dass das lyrische Gedicht als solches eine Episode
nicht zulässt.

Lusit Europe et niveum doloso
credidit tauro latus et scatentem
beluis pontum mediasque fraudes
palluit audax,

nuper in pratis studiosa florum et
debitae Nymphis opifex coronae,
nocte sublustri nihil astra praeter
vidit et undas,

quae simul centum tetigit potentem
oppidis Creten, pater, o relictum
filiae nomen pietasque dixit
victa furore!

unde quo veni? levis una mors est
virginum culpae. vigilansne ploro
turpe commissum, an vitiis carentem
ludit imago

48*

vana, quae porta fugiens eburna
somnium ducit? meliusne fluctus
ire per longos fuit, an recentes
    carpere flores?

si quis infamem mihi nunc iuvencum
dedat iratae, lacerare ferro et
frangere enitar modo multum amati
    cornua monstri.

inpudens liqui patrios penates,
inpudens Orcum moror, o deorum
si quis haec audis, utinam inter errem
    nuda leones!

antequam turpis macies decentes
occupet malas teneraeque sucus
defluat praedae, speciosa quaero
    pascere tigres.

vilis Europe, pater urguet absens,
quid mori cessas? potes hac ab orno
pendulum zona bene te secuta e-
    lidere collum.

sive te rupes et acuta leto
saxa delectant, age te procellae
crede veloci, nisi erile mavis
    carpere pensum

regius sanguis dominaeque tradi
barbarae paelex, aderat querenti
perfidum ridens Venus et remisso
    filius arcu.

mox, ubi lusit satis, 'abstineto'
dixit 'irarum calidaeque rixae,
cum tibi invisus laceranda reddet
    cornua taurus.

uxor invicti Iovis esse nescis.
mitte singultus, bene ferre magnam
disce fortunam; tua sectus orbis
    nomina ducet'.

Obwohl sich so ein selbständiges Gedicht, welcher Güte immer, ergiebt und für die letzten zwölf dieser dreizehn Strophen eine andere Disposition durchaus unthunlich ist, halte ich es gleichwohl für möglich, dass sie alle nur eine Erweiterung der ersten Strophe darstellen, welche sehr wohl in folgender Weise den Schluss eines vorhergehenden Gedichtes bilden konnte.

Sis licet felix, ubicumque mavis
et memor nostri, Galatea, vivas,
teque nec laevus vetet ire picus
    nec vaga cornix.

sed vides quanto trepidet tumultu
pronus Orion: ego quid sit ater
Hadriae novi sinus et quid albus
    peccet Iapyx.

sic et Europe niveum doloso
credidit tauro latus et scatentem
beluis pontum mediasque fraudes
    palluit audax.

„Du willst in dieser Jahreszeit eine Seereise wagen? So liess auch Europa einst kühn sich dem Meere entgegentragen; als sie aber weiter nichts mehr über sich sah als den Himmel und um sich nur den grenzenlosen Ozean, da erbleichte sie."

Es bleiben uns von III. 27 noch vierundzwanzig Verse, auch sie noch ausreichend, um einen Band mit der Erörterung der Schwierigkeiten zu füllen, welche von Acro an bis auf Landinus, Cruquius, Dacier, Hardouin, Sanadon, Galiani, Rodeille, Bentley, Sivry, Jani, Nitsch, Mitscherlich, Zeune, Vanderbourg, Peerlkamp, Struve, Düntzer, Lübker, Döring, Orelli, Meineke, Haupt, Nauck, Dillenburger, Dauber, Frank, Kiesel, Schulze, Ritter, Schwenck, Müller, Schüter, Gruppe, Maclean, Lehrs, Schütz u. a. beregt worden sind und welche noch vermehrt werden könnten, wollte man fragen, ob die Trächtigkeit der Hündin und der Wurf der Füchsin zu dem Untergang des Orion zur Zeit des Horaz und wie dieser zum Iapyx allein oder zum Iapyx und Auster gleichzeitig passt. Am meisten stören die Widersprüche und die Wiederholungen. Die Widersprüche sind so lange nicht besonders lästig hervorgetreten, als für sie die Voraussetzung gelten konnte, dass sie sich auflösen lassen müssten, weil das Gedicht ein einheitliches sei. Sobald das Urteil unter diesem Zwange nicht mehr steht, treten sie von selbst mehr in den Vordergrund. Ich erwähne nur einige.

Der erste Vers wendet sich gegen persönlich Verhasste, gegen Unfromme (*impios*); Vers 21 wünscht alles Unheil den Feinden des Vaterlandes (*hostium uxores et q. s.*). Die ersten drei Strophen haben eine beabsichtigte Landreise zur Voraussetzung, die folgenden vier eine Seereise. Für jene erwähnt das Gedicht Vers 1—12 die Schleiereule, den Hund, den Wolf, Lanuvium, den Fuchs, die Schlange, die Reiseponies, den Sumpfvogel, den Regen und den Raben; für diese die Seekrähe (*zauριξ*; vgl. III. 17), den Aufruhr der Elemente, den Orion, das schwarze adriatische Meer, die Stürme, das von dem Wogenanprall erdröhnende Ufer. Vers 20 nimmt als Segelwind Nordwest, also etwa eine Fahrt von Italien nach Griechenland an. Vers 22 Süd, also unter Umständen eine Fahrt von Griechenland nach Italien, und dass *Aust.i* nicht *astri* zu lesen, dass, wenn ein Verderbnis vorliegt, dieses in *orientis* zu suchen ist (der Sinn erfordert etwa, wie Schäfer richtig bemerkt, *succeientis*), das lehrt uns *Cruquius*. Am widerspruchsvollsten erscheinen die mit den uns bekannten auguralen Anschauungen der Römer unvereinbaren Deutungen, welche *rava lupa decurrens ab agro Lanuvino, corvus solis ab ortu, horus pinos* in dem Gedichte zur Voraussetzung haben. Es ist nur der gute Wille der Mehrzahl der Kommentatoren, welcher diese teils miteinander, teils mit augurischer Technik unverträglichen Vorbedeutungen hat gelten lassen. Für den Reisenden galt als glücklich, was von rechts her kam; *corvus* und *cornix* bedeuten Glück, diese von Osten, jener aber von Westen heranfliegend, und der von der linken Seite kommende Specht kann Unglück nur nach griechischer Orientierung ankündigen, von welcher doch die Verse 1—12 nicht ausgehen.

Die Wiederholungen werden sich am besten übersehen lassen, wenn nicht nur die einzelnen Wörter: *parra, divina imbrium imminentum avis, corvus osen — cornix, picus; impios — hostium uxores puerosque* u. s. w., sondern die ersten sechs Strophen unter Umstellung der vierten und fünften zum Vergleiche neben einander gestellt werden.

Impios parrae recinentis omen
ducat et praegnans canis, aut ab agro
rava decurrens lupa Lanuvino
    fetaque vulpes;

rumpat et serpens iter institutum,
si per obliquum similis sagittae
terruit mannos; ego cui timebo
    providus auspex,

antequam stantes repetat paludes
imbrium divina avis imminentum,
oscinem corvum prece suscitabo
    solis ab ortu,

Hostium uxores puerique caecos
sentiant motus orientis Austri et
aequoris nigri fremitum et trementes
    verbere ripas,

sic licet felix ubicumque mavis
et memor nostri, Galatea, vivas,
teque nec laevus vetet ire picus
    nec vaga cornix.

sed vides, quanto trepidet tumultu
pronus Orion? ego quid sit ater
Hadriae novi sinus et quid albus
    peccet Iapyx.

Man erkennt nunmehr, dass es sich hier nicht um Wiederholungen in e i n e m Gedichte handelt, nicht um Widersprüche in e i n e m Gedichte, — und auch solche lässt ein halbwegs besonnener Dichter sich nie zu Schulden kommen — sondern um die doppelte Ausführung eines verwandten, um nicht zu sagen ein und desselben, Stoffes. Eben diese Verwandtschaft des Inhaltes im allgemeinen ist es, welche die Vereinigung widerstreitender Elemente im einzelnen herbeigeführt und verschuldet hat, und die sechste Strophe, *hostium* u. s. w., verdankt wohl nur u. a. jenem beabsichtigten Parallelismus und der Absicht ihre Entstehung, im Sinne der ersten Strophe einen Übergang zu Europa zu bahnen. Von diesem Standpunkte aus darf man auch Schäfers unter andern Umständen willkommene Bemerkung nicht gutheissen, unter dem *aris imbrium imminentum divina* könne die *cornix* nicht verstanden werden, da Horaz sich dann wenige Verse später wiederholen würde. Grade darum, dürfen wir sagen, ist *cornix* unter jenem Ausdrucke zu vermuten, und nicht ein anderer Vogel aus der Schar der *corvi, mergi, fulicae, grues, alcyones, noctuae, graculi, anates, hirundines, anseres, gaviae, ardeae* zu wählen; es ist dieses eben wieder diesele Erscheinung, welche wir bei I, 1, I, 4, I, 7, I, 28 u. s. w. antrafen und ferner antreffen werden, und die Wiederholungen wie die Widersprüche und andere Schwierigkeiten werden zum grossen Teile mit einem Schlage beseitigt, sobald das Gedicht geteilt wird. Auch dann bleibt noch *asper*: es bleibt der wichtige Widerstreit zwischen Iapyx und Auster; aber die den Zusammenhang störende sechste Strophe ist schon lange von den kompetentesten und selbst von sonst konservativen Kritikern verworfen worden; ich nenne von jenen und diesen nur Meinecke, Linker, Schütz; kommt sie in Wegfall, dann dürften wenigstens jetzt grade die Bedenken beseitigt sein, welche die ganze Ode in ihrer Einheit bisher so anstössig erscheinen liessen.

Zu den übrigen Gründen, welche für diese Teilung sprechen, tritt vor allem hinzu, dass nun wie in I, 4, I, 9, III, 8 und später in anderen Gedichten die Anrede in Vers 14 an eine ihr gebührende Stelle, an einen Anfang gerückt ist und mit dem ganzen Gedichte dort mit der ihr von Natur zukommenden Stelle auch an Natürlichkeit des Ausdrucks und an Wirkung gewinnt. Über die Zugehörigkeit der sechsten Strophe zu den beiden vorhergehenden, ob sie allein oder auch noch die folgende oder keine von beiden sich anschliessen muss, soll übrigens hier nicht entschieden sein.

Es ist oben die Frage zur Erörterung gebracht, welches Gedicht wohl das ältere ist, III. 11 oder Ovids Hypermnestra. Ich möchte hier dazu auffordern, von demselben Gesichtspunkte aus III. 27. ff. mit Properz I, 8 zu vergleichen, einem Gedichte, welches nicht allein in der ganzen Situation, sondern auch durch einzelne Wendungen und Namen, unter diesen sogar „*Galatea*", an unser Gedicht in auffallendem Grade erinnert, nur dass es auch seinerseits nicht wie III. 27 an Widersprüchen und Schwierigkeiten jeder Art leidet.

Carm. III, 29.

Wenn irgend eine Ode Verdacht erregt, wenn
irgend eine die Kennzeichen eines rhetorischen
Machwerks an sich trägt, so ist es diese.

Gruppe.

Hier steht der Name des Angeredeten einmal am Anfange eines vielbesprochenen Gedichtes. Aber die Einheit desselben, das ohnehin mehr den Charakter einer Epistel als einer Ode trägt, darzulegen, bemühen sich dennoch die Erklärer in verschiedenster Weise. „Es bestehe offenbar aus zwei Teilen," sagt Düntzer nach einer sehr eingehenden Analyse; eigentlich aber, führt er dann fort, bestehe es nicht aus diesen beiden Teilen, sondern noch besser sei es, wenn man es noch anders verstehe — ein Merkmal, aus dem sich erkennen lässt, wie schwer es auch dem besten Bemühen wird, hier einen einheitlichen Charakter nachzuweisen. Andere Ausleger wenden sich anderen Wegen zu. Können sie selbst sich der Einsicht nicht verschliessen, dass die gegenwärtige Folge der Strophen widerspruchsvoll ist, so nehmen sie an, was dort stehe, stehe nicht dort; Horaz sage nicht, was er meine, sondern er meine das Umgekehrte von dem, was er sage. Man sollte doch aber behaupten dürfen, dass, wenn Horaz hier scherzen wollte, er wenigstens den Ausdruck insoweit beherrscht habe, dass die gelehrtesten Männer, die besten Kenner und selbst dichterisch angelegte Übersetzer dann auch einen Scherz als solchen erkannt hätten. Seit dem Ende jener Zeit daher, in welcher man echte und rhetorische Dichtung nicht unterschied, ja, letzterer vielleicht gar den Vorzug gab, seit man aufhörte, um einer sentenziösen Stelle willen ein ganzes Gedicht zu preisen und über dem Teile das Ganze nicht mehr übersah, hat es nicht an Stimmen gefehlt, welche grade dieses Gedicht, wenn irgend eines, nach seinem Zusammenhange und auch nach Inhalt und Sprache angegriffen habe. Uns interessiert hier zunächst nur der Zusammenhang. Ihn unterziehen wir einer kurzen Erörterung.

Tyrrhena regum progenies, tibi
non ante verso lene merum cado
   cum flore, Maecenas rosarum et
     pressa tuis balanus capillis

iam dudum apud me est: eripe te morae,
nec semper udum Tibur et Aesulae
   declive contempleris arvum et
     Telegoni iuga parricidae.

fastidiosam desere copiam et
molem propinquam nubibus arduis;
   omitte mirari beatae
     fumum et opes strepitumque Romae.

plerumque gratae divitibus vices,
mundaeque parvo sub lare pauperum
   cenae sine aulaeis et ostro
     sollicitam explicuere frontem.

Horaz lädt Mäcen ein. Er lädt ihn ein und schildert die Vorbereitungen zu seinem Empfange genau so, wie er IV, 11 Phyllis zu Mäcens Geburtstag einlädt und dort seine Vorbereitungen schildert, ähnlich wie III, 8, ähnlich wie I Epist. 5 und an noch anderen Stellen. Ob man nun *ne semper* oder mit Hardinge und Markland *ut semper* oder noch anderes liest, ob man *una semper* zu *udum* oder zu *contempleris* zieht, der Gedankengang erfordert zu erkennen, dass hier folgt: 1. „Ich erwarte dich schon lange (*Tyrrhena — est*). 2. Verlass den Ort oder die Orte, wo du dich aufzuhalten pflegst, sei dies nun Rom und Tibur oder Rom allein. 3. Möge deine sorgenvolle Stirn sich unter meinem einfachen Dache glätten." Diese Folgen lassen es unthunlich erscheinen, Vers 6 dahin abzuändern, dass der Dichter Mäcen etwa nach Tibur einlüde; denn wie *desere copiam* eine nachträgliche Ausführung erhält, so ist man gehalten, eine solche auch für *eripe te morae* zu erwarten und dieselbe in *ne contempleris* zu erkennen. Ohne diese Voraussetzung würde ein fortwährendes Hinundherspringen des Inhaltes entstehen. Wir müssen also annehmen, Horaz lade Mäcen über Tibur hinaus auf sein Gütchen ein, und dazu passt ja der Inhalt der vierten Strophe. — Es folgen zunächst diese zwei Strophen:

Iam clarus occultum Andromedae pater
ostendit ignem, iam Procyon furit
   et stella vesani Leonis,
     sole dies referente siccos;

iam pastor umbras cum grege languido
rivumque fessus quaerit et horridi
   dumeta Silvani caretque
     ripa vagis taciturna ventis.

Die in den ersten vier Strophen enthaltene Einladung begann mit iam*dudum apud me est merum cum flore et rosarum balanus*. Soll man die dort vorausgesetzte und geschilderte Situation wiedergeben, so ist offenbar, dass die Vorbereitungen zu einer in der vierten Strophe erwähnten *cena* bereits in ihren Einzelheiten getroffen sind, dass der Krug bereits mit frischen Blumen umkränzt ist und Mäcens Eintreffen dicht bevorsteht. Denn andernfalls würden doch die Blumen welken und die Salbe verduften. Das hier folgende *iam, iam* setzt eine ganz andere Situation voraus; hier heisst es, die heissesten Tage seien herangekommen. *„The dogdays are beginning: in the country they are thinking only of getting into the shade and to the river-banks."* (Wickham.) Danach müsste man annehmen, schon seien über der Zögerung Mäcens den Dichter zu besuchen nicht bloss Stunden verflossen; denn um solche könnte es sich in den ersten Strophen doch nur handeln; sondern bereits Tage und Wochen, eine Voraussetzung, welche zu der erstgeschilderten Situation in keiner Weise passt. Aber nicht dies allein. Denn in den ersten vier Strophen handelte es sich um den Gegensatz des reichen, üppigen und geräuschvollen Rom zu dem einfachen, anspruchslosen und stillen Landhause des Horaz. Soll man hier aber, in diesen beiden und dann in den folgenden acht Strophen:

Tu civitatem quis deceat status
curas, et urbi sollicitus times
  quid Seres et regnata Cyro
    Bactra parent Tanaisque discors.

prudens futuri temporis exitum
caliginosa nocte premit deus
  ridetque, si mortalis ultra
    fas trepidat. quod adest memento

componere aequus: cetera fluminis
ritu feruntur, nunc medio alveo
  cum pace delabentis Etruscum
    in mare, nunc lapides adesos

stirpesque raptas et pecus et domos
volventis una, non sine montium
  clamore vicinaeque silvae,
    cum fera diluvies quietos

inritat amnes. ille potens sui
laetusque deget, cui licet in diem
  dixisse 'vixi': cras vel atra
    nube polum pater occupato,

vel sole puro; non tamen inritum,
quodcumque retro est, efficiet neque
  diffinget infectumque reddet,
    quod fugiens semel hora vexit.

einen Gegensatz erwarten, so könnte es nur dieser sein: „Die heissesten Tage haben schon lange angebrochen; du jedoch bist noch immer nicht zu mir in das kühle Sabinerland heraufgekommen." Nicht allein dass dieser Gegensatz nun nicht zum Ausdruck gelangt, sondern statt dessen tritt ein ganz anderer ein: „Die heissesten Tage sind erschienen", und dann, ohne dass ein Zusammenhang angedeutet wäre: „Du trägst dich noch immer mit Sorgen für das Gemeinwohl!" Nun liesse sich für diese Wendung, wenn nicht eine ausreichende Entschuldigung, so doch vielleicht eine Erklärung finden, wenn die weitere Folge wenigstens befriedigte. Der Dichter könnte fortfahren: Lass für kurze Zeit die Sorgen; die Verhältnisse (vgl. III, 8) erlauben, die Jahreszeit fordert es. Aber auch nicht einmal dies thut er. Man wundert sich billig, dass die Sorgen für das Gemeinwohl ruhen sollen, weil es Hochsommer ist. Denn wenn Serer, Baktrer, und Scythen nun einmal zur Zeit der grössten Hitze zum Kriege rüsten, darf Mäcen ihnen doch nicht sagen lassen, es sei jetzt nicht die ihm gelegene Jahreszeit dazu. Noch weniger aber darf der Dichter, wie er es hier thut, dem hohen Staatsmanne schreiben, er möge doch solche Gedanken überhaupt unterlassen. *„Quod adest memento componere aequus: cetera fluminis ritu feruntur! Ille laetus deget, cui licet in diem dixisse Vixi.*

> — — — cras vel atra
> nube polum pater occupato
> vel sole puro!

Das heisst ohne Übertreibung ungefähr soviel wie: „Sorge für das Heute. *Demain le déluge!"* — und Ritter fühlt sich mit Recht an I, 9 erinnert, wo der Jüngling aufgefordert wird, den Tag zu geniessen. Durfte man sich ferner darüber wundern, dass der Dichter, wenn er Mäcen im heissen Sommer in die Sommerfrische einlädt, statt ihrer Kühle schildert, wie dort bei ihm alles vertrockne, die Herden schmachten und schwüle Windstille sich über das Land gelagert habe, so blicken wir jetzt zurück und fragen, wo denn die Einladung bleibe. Wir bemerken mit Verwunderung, dass weder hier noch später mehr die Rede von ihr ist. Ist das ein organisches Ganzes?

Das Gedicht ist damit noch nicht einmal zu Ende. Es folgen noch diese vier Strophen:

Fortuna saevo laeta negotio et
ludum insolentem ludere pertinax,
transmutat incertos honores,
nunc mihi, nunc alii benigna.

laudo manentem: si celeres quatit
pennas, resigno quae dedit et mea
virtute me involvo probamque
pauperiem sine dote quaero.

non est meum, si mugiat Africis
malus procellis, ad miseras preces
decurrere et votis pacisci,
ne Cypriae Tyriaeque merces

addant avaro divitias mari:
tunc me biremis praesidio scaphae
tutum per Aegaeos tumultus
aura feret geminusque Pollux.

Stellt man der ersten derselben I, 34 zur Seite:

> — — hinc apicem rapax
> Fortuna cum stridore acuto
> sustulit, hic posuisse gaudet,

und III, 16:

> — — nil cupientium
> nudus castra peto,

49*

so erkennt man, dass wir oben die letztere Stelle nicht unrichtig dahin auslegten, dass Horaz sich dort seines bis dahin erworbenen Besitzes entledige; denn: *„resigno quae dedit"* heisst es auch hier. Auch ist es auffällig, dass der Dichter in der vierten Strophe von III, 29 sich ausdrücklich als „arm" bezeichnet. Hier, in der vierzehnten, scheint er es nur als möglich hinzustellen, dass die Glücksgöttin ihn wieder arm machte, wenn sie ihm etwa nähme, was sie ihm gegeben; er ist hier also so ganz arm noch nicht und und III, 29. 53. 54 müsste jedenfalls vor III, 16 fallen. Beide Gedichte haben nach Inhalt, Ton und Zusammenhangslosigkeit eine nicht angenehm berührende Ähnlichkeit. Versteht man übrigens wohl, dass der Dichter unter der *Fortuna manens* diejenige begreift, welche ihm sein auf die Fähigkeit zu resignieren begründetes Glück und innere Zufriedenheit verleiht, so ist der Ausdruck doch auffällig. Denn auf diese Weise braucht er das Wort in doppeltem Sinne, einmal als die Glücksgöttin und gleichzeitig als dasjenige Glück, welches ihm noch bleibt, wenn jene die Flügel schüttelt, sprachlich oder vielmehr begrifflich unmöglich!

Endlich begreift man auch wohl leicht, dass der Zusammenhang zwischen diesem dritten und dem vorhergehenden zweiten Teile auf die Weise hergestellt werden soll, dass man verbindet: „Nimm den Augenblick wahr, denn das Glück ist unbeständig!" Denn so lässt sich die zwölfte Strophe mit der dreizehnten leicht verbinden. Aber auch mit den beiden ersten Teilen? „Besuche mich, denn es ist zu deinem Empfange alles bereit!" — „Lass du die Staatsgeschäfte ruhen!" Und nun: „Wenn mich Fortuna wieder arm machen sollte, so werde ich kraft meiner Jugend leichtes Herzens auf das verzichten, was sie mir (— vielleicht gar: „Durch dich, o Mäcen!" —) verliehen hat." In welchem Zusammenhange steht dieser Gedanke mit der Einladung, in welchem mit dem zweiten Teile? Überhaupt in irgend welchem? Es muss wiederholt werden: Nicht als ob sich nicht irgend welch ein Zusammenhang herstellen liesse. Wer vermöchte das nicht! Sondern wo ist derselbe bereits hergestellt von einem seiner Sprache und seiner Sache durchaus mächtigen Dichter? Im gewöhnlichen Leben nennt man eine derartige Aneinanderreihung von Gedanken „aus dem Hundertsten in das Tausendste kommen" und bezeichnet sie kurzweg als zusammenhangslos.

Der Leser fragt, was denn nun mit III, 29 werden solle, ob es ein, ob es zwei, ob es mehr Gedichte darstelle. Ich habe, obwohl ich hier ausnahmsweise nicht die Absicht haben konnte, mehrere durchaus selbständige Gedichte nachzuweisen, wie II, 12 nur das negative Ziel verfolgt, darzulegen, dass das Gedicht in seiner überlieferten Verfassung einen einheitlichen Charakter jedenfalls nicht besitze. Übrigens aber könnte nur für die fünfte und sechste Strophe die Möglichkeit der Selbständigkeit bestritten werden; die andern Partieen widerstreben einer solchen durchaus nicht.

Man weiss, wie grade der Enneasyllabus alcaicus des Horaz mit der minu-
tiösesten Sorgfalt studiert, wie die Ergebnisse dieser Forschungen in Gesetzen und
Zahlen verzeichnet worden sind und wie diese Untersuchungen thatsächlich ganz
bestimmte Differenzen zwischen den verschiedenen Büchern der Oden ergeben haben,
so dass bald die ersten beiden zu den beiden letzten, bald die ersten drei Bücher
zu dem vierten in Gegensatz treten. Waltz, Schiller und andere geben hierüber
ausführliche Auskunft. Zu den sichersten Beobachtungen nun gehört, dass der
hyperkatalektische iambische Dimeter als regelmässige Zäsur diejenige aufweist,
welche nach dem dritten Iambus einfällt, nämlich 280 Male in 317 Versen. Sehr
sparsam sind im ersten und zweiten Buche diejenigen Fälle verstreut, in welchen
die Hephthemimeres eintritt; nicht ganz so selten ist sie im dritten und im vierten
Buche, aber sie bildet darum selbstverständlich, nimmt man an, nirgends die Regel.
Darauf hin vergleiche man nun die Neunsilber des dritten Abschnittes der Ode,
Tu civitatem, Vers 25 - 48, mit dem vorhergehenden und folgenden, und man kann
leicht erkennen, was den Verfasser gegen seine ursprüngliche Absicht bewog, das
metrische Schema der Ode abdrucken zu lassen. Man wird nämlich finden, dass dieser Abschnitt in einen Gegensatz zu den übrigen tritt, wie er sich schärfer kaum
ausprägen kann. Hier handelt es sich nicht mehr um ein Schwanken der Schale, um
eine mehr oder minder geringe Neigung derselben, sondern um eine durchweg beobachtete Regel, welche in klarem Gegensatz zu der sonst giltigen steht. Wo aber
ein Teil sich so deutlich von den übrigen abhebt, wo eine metrische Differenz so sicher
erkennbar heraustritt, da gewinnen eben hierdurch auch diejenigen Unterschiede an
Bedeutung, in denen sich nicht sowohl klare Gegensätze zeigen, als vielmehr nur
ein Überwiegen der Erscheinungen nach der einen oder der anderen Seite hin her-
ausstellt, also Fälle, welchen man sonst eine entscheidende Bedeutung darum beizu-
messen zögern würde, weil man dem Zufall einigen, jedenfalls allerdings auffallenden
Einfluss zuschreiben könnte. Von diesem Gesichtspunkte aus vergleiche man nun
auch die Zehnsilber und die Elfsilber, und man wird erkennen, dass nicht ein einziger Abschnitt sich vorfindet, welcher nicht in der einen oder in der anderen Beziehung zu den übrigen Teilen in einen Gegensatz derart tritt, dass hier als Regel
erscheint, was dort eine Ausnahme bildet oder umgekehrt, dass hier Ausnahme, was dort
die Regel ist. So gehen die Hendekasyllaben des ersten, zweiten und vierten Teiles
meistens auf Längen aus, während bei dem dritten Abschnitte die kurzen
Endsilben des Verses in augenfälliger Weise hervortreten und überwiegen. Der dritte
Abschnitt allein gestattet in den Dekasyllaben einen Einschnitt nach dem zweiten
Trochäus und die Diärese nach der ersten Silbe dieser Verse, welche in dem dritten
und vierten Abschnitte überwiegt, bildet in den ersten beiden Abschnitten eine Ausnahme. Die Zehnsilber von b sind beide ganz gleich gebaut, eine Erscheinung,

III, 29.

1. Die Enneasyllaben.

a.

```
- | -  ⏑ | -  -  -  -  | ⏑  -  | ⏑        3
-  -  -  ⏑ | -  -  -  -  ⏑ | -  -  ⏑        7
-  -  -  ⏑ | -  -  -  -  | ⏑  -  -        11
-  -  | ⏑ | -  -  -  -  | ⏑  | -  -        15
```

b.

```
- | -  ⏑ | -  -  -  -  | ⏑  -  ⏑        19
-  -  -  ⏑ | -  -  -  -  | ⏑  -  ⏑        23
```

c.

```
- | -  ⏑ | -  -  -  ⏑  | -  -  -        17
-  -  -  ⏑ | -  |  -  -  -  | -  -        23
- | -  ⏑ | -  -  -  ⏑  | -  -  -        35
-  -  -  ⏑ | -  -  -  ⏑  | -  -  -        39
-  -  -  ⏑ | -  -  | -  ⏑  | -  -  -        43
-  -  -  ⏑ | -  -  -  ⏑  | -  -  ⏑        47
```

d.

```
-  -  ⏑ | -  -  -  -  | ⏑  -  -        51
-  -  ⏑ | -  -  -  -  | ⏑  -  ⏑        55
-  -  ⏑ | -  | -  -  -  | ⏑  -  -        59
-  -  | ⏑ | -  -  -  -  | ⏑  -  -        63
```

welche sich sonst nicht von zwei Versen eines und desselben Abschnittes nachweisen
lässt. Auch in den anderen Versarten haben diese beiden Strophen stets mehrere
Einschnitte gemeinsam. So lässt ferner der erste Abschnitt, Vers 1—20, nur ein einziges
Mal einen Einschnitt nach der sechsten Silbe der Hendekasyllaben zu, während
derselbe in den übrigen Teilen fast in der halben Zahl der Verse erscheint. Ebenso
tritt im vierten Abschnitt nur einmal die in den übrigen Hendekasyllaben fast regelmässige Trithemimeres auf. Der zweite und dritte Abschnitt gestatten niemals den
Einschnitt nach der vierten Silbe, welchen der erste und der vierte Teil je einmal
einführen. Der zweite Abschnitt zeigt nicht ein einziges Mal den Wortausgang nach

2. Die Dekasyllaben.

a.

– ‿ ⁞ ‿ – ⏐ ‿ ‿ – ⏐ ‿ – – –			4
– ‿ ‿ – ⏐ ‿ ‿ ⏐ – ‿ – –			8
– ⏐ ‿ ⏐ ‿ – ⏐ ‿ ‿ – –			12
– ‿ ‿ ⏐ – ‿ – ‿ – ‿			16

b.

– ‿ ⏐ ‿ – ⏐ ‿ ‿ – ‿ ⏐ – –			20
– ‿ ⏐ ‿ – ‿ ‿ – ‿ ⏐ – –			24

c.

– ‿ ‿ – ‿ – ‿ – –			28
– ⏐ ‿ ‿ – ‿ ⏐ – ‿ ⏐ ‿ – –			32
– ‿ – ⏐ – ‿ ‿ – ‿ – –			36
– ‿ ‿ ⏐ – ‿ ‿ – ‿ – –			40
– ‿ ‿ – ⁞ ‿ ‿ ⏐ – ‿ – –			44
– ⏐ ‿ – ‿ ‿ – ⏐ ‿ ⁞ – –			48

d.

– ⏐ ‿ ‿ ⏐ ‿ – ‿ ‿ – ‿			52
– ‿ ‿ – ‿ ‿ ⏐ – ‿ ⁞ – –			56
– ⏐ ‿ ‿ – ‿ ‿ – –			60
– ‿ ‿ – ‿ ‿ ⏐ – –			64

dem ersten Spondeus, welchen der vierte Abschnitt fast regelmässig beobachtet, die übrigen Abschnitte wenigstens doch mehrfach zulassen; der erste Abschnitt allein schneidet einmal die letzte Silbe des Verses ab. In den Enneasyllaben findet sich ausser dem erwähnten Hauptunterschiede kein Einschnitt nach der ersten Silbe im vierten Teile, keiner nach der zweiten im zweiten und dritten Teile u. s. w., und derselbe dritte Abschnitt, welcher regelmässig die Hephthemimeres beobachtet, lässt auch ganz allein einmal einen Einschnitt nach der fünften Silbe zu.

Durch diese Gegensätze gewinnt aber nicht bloss die Analyse der neunundzwanzigsten Ode des dritten Buches eine Stütze, sondern auch jene Differenzen, welche sich in früheren Fällen: I, 4, I, 7, I, 9, III, 14, III, 19 u. a. herausstellten, gewinnen dadurch erneut an Bedeutung.

3. Die Hendekasyllaben.

a.

(metrical scansion, lines 1–16)

1

5

9

13

b.

17

21

c.

25

29

33

37

41

45

d.

49

53

57

61

Das vierte Buch der Oden.

— summae librorum Msstorum auctoritati in scriptis veterum restituendis accedat item necesse est ratio, qua, quod suapte virtute praestet et in artis praecepta linguaeque leges et poetae ingenium conveniat, deligamus et praeter testium quantumvis vetustorum reverentiam probemus."

Ritschl.

Als wir die Untersuchungen über das erste Buch der Oden des Horaz begannen, wiesen wir auf die Zehnerzahl der Gedichte der meisten Bücher der Sammlung hin. Damals stand besonders das erste, das vierte Buch der Oden, das der Epoden und das zweite Buch der Satiren der Annahme entgegen, dass einst alle Bücher mit Ausnahme des zweiten Buches der Episteln je eine Dekade gebildet haben möchten. Die Sachlage hat sich mittlerweile insofern wesentlich geändert, als wir für das erste Buch wohl bis zur Überzeugung einen einstigen Bestand von vier Dekaden, zwei Syzygien, und für die folgenden Bücher einen Zustand nachgewiesen haben, der nicht mehr die Voraussetzung zulässt, dass die traditionelle Anordnung der Gedichte eine ungestörte Ordnung erster Hand sei. Und war denn dieser Gedanke als solcher ein durchaus unerhörter, neuer? Ist nicht vielmehr, soviel wir heute von Horazhandschriften und Ausgaben wissen, so lange die Frage nach Echtheit und Unechtheit Horazischer Dichtungen aufgeworfen ist — und sie besteht seit dem zweiten Jahrhundert unserer Zeitrechnung — ist nicht allezeit bekannt gewesen, dass nicht nur in Buchstaben und Worten, in Zeilen und Strophen, sondern auch in der Abteilung ganzer Gedichte und in der Ordnung der ganzen Bücher unter einander von jeher grosse Verschiedenheiten bestanden haben? Die Übereinstimmung, welche heute hergestellt, ist, übrigens weit entfernt davon, dass sie in allen Punkten thatsächlich bestände, hat sich zum grossen Teile nur durch Zufälligkeiten, zum grossen Teile nur durch den Buchdruck herausgebildet. Wenn Victorinus oder Diomedes statt Mavortius unseren Kanon konstituiert hätten, so würden wir heute nachweislich eine ganz andere Zählung haben als die gegenwärtig geltende, und auch die bevorstehenden Erörterungen über das vierte Buch werden ergeben, dass, wenn Porphyrios Urteil in Geltung geblieben wäre, wir mindestens sechzehn, aber nicht funfzehn Oden im vierten Buche zählen würden, Grund genug, um vorurteilslos nunmehr an die Prüfung des letzteren heranzugehen. Auch der Umfang des vierten Buches, 582 Verse, lässt sehr wohl die Möglichkeit zu, dass in ihm mehr als funfzehn oder nach Porphyrio sechszehn Oden enthalten seien, dass also auch dieses Buch wie das zweite eine Syzygie darstelle; denn er übertrifft sogar noch den des zweiten Buches mit seinen zwanzig Gedichten um zehn Verse. Die ersten zehn des letzteren enthalten 264, die zweiten zehn 308 Verse. Die ersten sieben Gedichte des vierten Buches mit 312 und die übrigen acht mit 270 Zeilen kommen jenen Zahlen ziemlich nahe.

Nun hat Kiessling darauf aufmerksam gemacht, dass das zweite Buch halbsoviel Oden zählt als das erste, das vierte halbsoviel als das dritte und erkennt in dem Rythmus dieser Zahlen Absicht und nicht einen blossen Zufall. Da nach den obigen Untersuchungen über das dritte Buch, nach Tabelle XXIV bis XXVIII, es über jedem Zweifel feststehen dürfte, dass das dritte Buch in der Gestalt, in welcher es uns vorliegt auf dreissig Oden und keine andere Zahl als diese, dass es sogar erkennbar in zwei Teile zu je funfzehn Oden geordnet ist, — dieser Punkt kommt später zu eingehenderer Erörterung — so darf man dieser Möglichkeit auch nicht widersprechen. Ist es doch denkbar, dass jede beliebige Ordnung, die wir etwa nachweisen, eine neue vielleicht nur geringe Abänderung von einem bestimmten Standpunkte aus erlitten hätte. Aber die Analogie und gewisse später zu entwickelnde Gründe nötigen, zunächst unbeschadet jener Ansicht anzunehmen, dass auch das vierte Buch zwanzig Oden gezählt habe. Überschreitet doch schon die alleinige Zählung des Porphyrio die Zahl funfzehn, werden wir doch auf die Frage nach dem einstigen Bestande auch des dritten Buches noch einmal zurückkommen müssen und nehmen wir doch auch sonst zunächst nur Zehner- und Zwanzigerzahlen wahr.

Da im Eingange dieser Blätter aber auch auf die in metrischer Beziehung erwähnenswerte Stellung einiger Oden, IV, 8 und IV, 10, und zwar im Zusammenhange mit der Ordnung der Metra des ersten Buches hingewiesen wurde, so erscheint es notwendig, auch hier wieder zunächst den Bestand des vierten Buches zu verzeichnen. Dabei belasse ich dem Metrum diejenige Ziffer, welche es im ersten Buche erhalten hat und stelle das Archilochium primum dem Archilochium quartum gleich.

1.	Intermissa, Venus, diu.	Asclepiadeum tertium.	3.
2.	Pindarum quisquis studet aemulari.	Sapphicum.	2.
3.	Quem tu, Melpomene, semel.	Asclepiadeum tertium.	3.
4.	Qualem ministrum fulminis alitem.	Alcaicum.	9.
5.	Divis orte bonis, optime Romulae.	Asclepiadeum quartum.	6.
6.	Dive, quem proles Niobea magnae.	Sapphicum.	2.
7.	Diffugere nives, redeunt iam gramina.	Archilochium.	4.
8.	Donarem pateras grataque commodus.	Asclepiadeum primum.	1.
9.	Ne forte credas interitura, quae.	Alcaicum.	9.
10.	O crudelis adhuc et Veneris.	Asclepiadeum secundum.	10.
11.	Est mihi nonum superantis annum.	Sapphicum.	2.
12.	Iam veris comites, quae mare.	Asclepiadeum quartum.	6.
13.	Audivere, Lyce, di mea vota, di.	Asclepiadeum quintum.	5.
14.	Quae cura patrum quaeve Quiritium.	Alcaicum.	9.
15.	Phoebus volentem proelia me loqui.	Alcaicum.	9.

Nehmen wir nun an, dass das vierte Buch seinem Umfange entsprechend
einst nicht fünfzehn, oder nach Porphyrio (vgl. die elfte Ode) sechszehn, sondern, der
nächsten Dekadenzahl entsprechend, zwanzig Gedichte gezählt habe, und vergleichen
wir den obigen Bestand mit dem der beiden ersten Dekaden des ersten Buches,
so ergiebt sich, dass jenes enthält Gedichte im

Asclepiadeum primum.	1.	Asclepiadeum quintum.	1.
Sapphicum prius.	3.	Asclepiadeum quartum.	2.
Asclepiadeum tertium.	2.	Alcaicum.	4.
Archilochium.	1.	Asclepiadeum secundum.	1.

Das Alcmanium fällt im vierten Buche ganz aus. Es kommt ausser im ersten
Buche nur noch einmal, unter den Epoden, vor und dort in einem Gedichte, welches
in zwei selbständige Teile sich nicht zerlegen lässt. Es würde also selbst zu dem
Versuche einer Umstellung in das vierte Buch um zwei Stellen zu füllen nicht ausreichen. Ebenso finden wir das grössere sapphische Versmass im vierten Buche
nicht. Konnte ihm doch gegenüber den in achter und neunter Stelle sonst regelmässig wiederkehrenden je zwei alcäischen Versmassen eine originale Stelle auch im
ersten Buche nicht eingeräumt werden. Nehmen wir nun an, das vierte Buch wäre
ursprünglich ebenso geordnet gewesen, wie das erste, beachten wir ferner die Folge
der Metra ohne Rücksicht auf etwa entstandene Lücken oder Einschiebungen, und

heben wir die an solcher Stelle stehenden Metra durch den Druck hervor, benutzen wir endlich die nicht in diese Ordnung fallenden Nummern zur Füllung der ihnen in ungestörter Ordnung gebührenden Stellen, so können wir nachstehende Tabelle konstruieren:

T a b e l l e XXIX.

	1.	2.	3.	4.	5.	6.	7.	8.	9.	10.
I.	1	2	3	4		6	2	9	9	10
II.		2	3		5	6		9	9	

Die vielleicht noch an originaler Stelle stehenden Oden des vierten Buches könnten also sein: die zweite, dritte, fünfte, neunte, zehnte; es sind neun unter fünfzehn. Dabei stände die dreizehnte ihrem ursprünglichen Standpunkte wenigstens noch sehr nahe; mindestens zwei Oden alcäischen Versmasses stehen auch hier zusammen und am Ende des Buches. Ob übrigens die achte Ode dabei durchaus zur ersten, ob sie richtiger zur zweiten Hälfte gezählt wird oder ob noch ein Drittes möglich ist, muss hier durchaus unentschieden gelassen werden.

Die Thatsache, dass die Ordnung der Metra jedenfalls eine stark gestörte ist, erklärt sich durch die oben zum ersten Buche gemachte Bemerkung. Wer die metrische Ordnung in eine Ordnung nach dem Inhalt verwandelte, konnte anfangs die alte Ordnung mehr oder minder bestehen lassen; je weiter seine Umstellung vorschritt, desto mehr musste sie sich geltend machen, da nicht allein hier wie vorher nur Abänderungen getroffen wurden, sondern das Terrain, auf welchem die neuordnende Hand sich nunmehr bewegte, schon durch die vorhergehenden Eingriffe sehr lückenhaft geworden sein musste; so dürfen wir nach Tabelle XXIX in der letzten Dekade auch die wenigsten originalen Stellungen erkennen und weist sie die meisten Lücken auf. Es wiederholt sich dieselbe Erscheinung, die wir beim ersten Buche antrafen.

Wollten wir nun hier nur der Absicht nachgehen, die Tabelle zu füllen, so hätten wir das achte, siebente, dreizehnte, sechste und zehnte Gedicht in Beziehung auf die Einheit ihres Charakters zu prüfen. Die Erfahrung hat aber gelehrt, dass auch über das Bedürfnis der Lücken hinaus Veränderungen mit der originalen Form der Gedichte vorgenommen sind. Wir berücksichtigen daher nicht allein das Bedürfnis, sondern prüfen jede Ode, die dazu herauszufordern scheint.

Denique sit quidvis simplex dumtaxat et unum.

Horat.

Wenn wir auf I, 1, 4, 7, 9, 27, 28, II, 18, III, 8, 11, 12, 14, 16, 19, 27 zurückschauen, bemerken wir, dass Oden von 36, 20, 32, 24, 24, 36, 40, 28, 52, 16, 16, 44, 28, 76 Versen sich als solche von 16, 16, 12, 8, 16, 16, 8, 12, 8, 16, 16, 16, 12, 26 (?), 8, 16, 12, 28, 4, 12, 16, 12, 16, 28, 8, 8, 8, 4, 12, 12, 52 Zeilen ergeben haben. Dabei trugen die längeren Gedichte von achtundzwanzig und zweiundfünfzig Versen, III, 11^b, III, 16^b, III, 27^b, einen stark unhorazischen Charakter und III, 11^b wurde gradezu als nachovidisch erwiesen. Auch schon von diesem Standpunkte aus erscheinen viele Gedichte des vierten Buches verdächtig. Drei Gedichte, das zweite, vierte und elfte, zählen zusammen fast zweihundert Verse. In vierzehn von den oben behandelten sechszehn Gedichten stellte sich ferner heraus, dass die Anrede am Anfange, nicht in der Mitte oder am Ende des Gedichtes stand. In beiden Beziehungen erregt das zweite Gedicht des vierten Buches, ein Gedicht von sechszig Versen, unsere Aufmerksamkeit. Wir treten demselben daher näher.

Der erste Teil desselben reicht zweifellos vom ersten bis zum vierundzwanzigsten Verse. Auch hier schon findet die erste Strophe in den folgenden fünf keine Berücksichtigung. Nachdem der Dichter gesagt hat:

> **P**indarum quisquis studet aemulari,
> ille ceratis ope Daedalea
> nititur pennis, vitreo daturus
> nomina ponto.

führen dieselben, mit den Worten *monte decurrens celut amnis* beginnend, den Namen *Pindarus* wiederholend, lediglich den Gedanken aus, dass Pindar immer gross ist, sei es in der Hymne, sei es in dem Threnos, sei es in andern Sangarten, während die erste Strophe Pindar in Gegensatz zu seinen Nachahmern stellte:

Monte decurrens velut amnis, imbres
quem super notas aluere ripas,
fervet inmensusque ruit profundo
    Pindarus ore,

laurea donandus Apollinari,
seu per audaces nova dithyrambos
verba devolvit numerisque fertur
    lege solutis;

seu deos regesve canit, deorum
sanguinem, per quos cecidere iusta
morte Centauri, cecidit tremendae
    flamma Chimaerae;

sive, quos Elea domum reducit
palma caelestes, pugilemve equumve
dicit et centum potiore signis
    munere donat;

    flebili sponsae iuvenemve raptum
    plorat et vires animumque moresque
    aureos educit in astra nigroque
      invidet Orco.

Es folgt dann ein neuer Teil von acht Versen, der ohne Rücksicht auf den Inhalt der zweiten bis fünften Strophe zu nehmen, und Antonius anredend, den Gegenstand der zweiten Strophe noch einmal aufnimmt und so lediglich eine schlechte Variation derselben darstellt.

Monte decurrens velut amnis, imbres
quem super notas aluere ripas,
fervet inmensusque ruit profundo
    Pindarus ore.

Multa Dircaeum levat aura cycnum,
tendit, Antoni, quotiens in altos
nubium tractus: ego apis Matinae
    more modoque

    grata carpentis thyma per laborem
    plurimum circa nemus uvidique
    Tiburis ripas operosa parvus
      carmina fingo.

Wie locker der Zusammenhang der bisher genannten Verse ist, erkennt man an der Leichtigkeit, mit welcher sie sich ohne Anstoss folgendermassen zusammenfassen lassen:

Pindarum quisquis studet aemulari,
Ille ceratis ope Daedalea
nititur pennis: ego apis Matinae
    more modoque

grata carpentis thyma per laborem
plurimum circa nemus uvidique
Tiburis ripas operosa parvus
    carmina fingo.

Man sollte meinen, der Gegenstand sei nun erschöpft: „Pindar ist ein grosser, ich bin ein unbedeutender Dichter." Aber das Gedicht hebt noch einmal, zum dritten Male, von neuem an und bringt noch einmal — dies geschieht zum zweiten Male — einen Gegensatz: „Du wirst in höherem Liede Cäsar preisen; ich werde mich mit Beifallsrufen begnügen." Was der dritte Teil mit Pindar, was er mit dem zweiten Teile und was dieser wieder mit der zweiten bis zur sechsten Strophe zu thun habe, lässt sich ohne weiteres nicht erkennen. Man darf behaupten, alle diese drei Teile seien durchaus zusammenhangslos. Erst durch den Machtspruch der Tradition, welche gebietet, die Teile sollen zusammengehören, sie müssen ein zusammenhängendes Ganzes sein, werden sie zu einem solchen. Dann allerdings werden sie es im Vergleich mit anderen Gedichten mit einer gewissen Leichtigkeit, und falls der angebliche Zusammenhang nicht schon tausendmal nachgewiesen wäre — es wäre ein Leichtes, diesem Mangel abzuhelfen. Aber auch an Einwänden und Bedenken hat es nicht gefehlt.

Von jeher war es aufgefallen, dass der Name Julius Antonius getrennt auftrat, eine Erscheinung, so anstössig, dass sie unwillkürlich an jene Anekdote erinnerte, in welcher zwei, eine mehrstündige Fahrt machende Reisende so einsilbig sind, dass der erste derselben eine Bemerkung am Anfange der Fahrt hinwirft, der andere das zu dieser Bemerkung gehörige Wort aber erst am Ende der Reise hinzusetzt, oder an jene, in welcher das erwartete Echo erst nach einer halben Stunde und zwar in Gestalt der der gestellten Frage entsprechenden Antwort wiederkommt. Dieser Anstoss ist nun zwar gehoben. Statt *Iule* schreibt man — zum vierten Male im vierten Buche — *ille*. Aber es ist damit nur ein Stein des Anstosses gehoben. Der andere steht noch unbewegt da: es ist die Anrede „Antoni", in der Mitte des Gedichtes, im sechsundzwanzigsten Verse. Für den syntaktischen Bau der Strophe, wie für den Inhalt bleibt dieselbe jedoch zunächst ganz wirkungslos, da der Dichter nur von sich und Pindar spricht, Antonius aber erst in der drittfolgenden Strophe mit *concines* in die Rede verflicht. Wie erwähnt, wiederholen die Worte *Multa Dircaeum* et. nur den Gedanken der ersten Strophe; sie kommen in dem Bilde II, 20

> Non usitata nec tenui ferar
> penna biformis per liquidum aethera vates,

fast ebensosehr gleich, als sie dieser Stelle sachlich widersprechen.

Wozu die Wiederholung dieses weniger gelungenen Bildes nach der ersten und besonders nach der zweiten Strophe des Gedichtes dienen soll, erkennt man leicht. Es ist ein neues Atemholen, um einen Gegensatz zu dem folgenden *ego* und von diesem zu dem wieder neuen Gegensatze *concines maiore plectro* zu gewinnen.

Die nun folgenden Verse, so viel sie auch als Beweisstellen zur Charak-

teristik Horazischer Dichtungsweise angeführt werden und so grossen Schein aner-
kannter Originalität sie immerhin dadurch gewonnen haben mögen, erregen dennoch
den Verdacht, lediglich aus andern Stellen zusammengewebt zu sein. Wenn in
III, 4. 9, *Me fabulosae et.*, Horaz beigelegt wird, was Sueton kritiklos von
Augustus erzählt, und wenn dort im Walde Tauben das Laub, wie auf Platos
Lippen Bienen den Honig trugen, — auch den Schwan, IV, 2. 25, setzt der Mythus
in eine ähnliche Beziehung zu Plato — so erscheint hier Horaz selbst unter
dem Bilde einer Biene. Neben das vielerwogene *plurimum* und *uvidi Tiburis* in
Vers 30 stellt sich unwillkürlich das berüchtigte *plurimus* und *uda* — *Tiburna
pomaria* aus I, 7; neben *circa nemus carpentis thyma* stellt sich ebenso aus I, 17
quaerunt per nemus thyma; zu *operosa* fällt uns III, 1 und III, 12 ein und zu *apis*
und *Matinum* erinnern wir uns leicht an I, 28 und III, 16. Und wenn dieses insgesamt noch nicht auffällig sein sollte, so macht gewiss nachstehende Zusammenstellung stutzig, die doch aber nur zu dem Vorhergehenden hinzukommt, um das
Mass vollzumachen.

— circa nemus uvidique Tiburis ripas; operosa carmina fingo.	Sed quae **Tibur** aquae praefluunt et spisae **nemorum** comae fingent.

Es könnte diese Zusammenstellung sogar noch erweitert werden. Aber gewiss genügt sie, um, nachdem wir oben den Sinn der beiden Strophen, 25—32, als
eine Wiederholung des der ersten Strophe, resp. als widerspruchsvoll nachgewiesen, nun
auch die Worte als wenig original erscheinen zu lassen. Dazu macht *ego, more mo-
doque, per laborem plurimum (?)*, *circa* und *parvus* hier einen recht prosaischen
Eindruck. Haben wir endlich viel Anlass, für den Namen des Angeredeten uns zu
erwärmen? — So bekannt und so oft auch die Worte *ego operosa carmina fingo* benutzt
worden sind, um Horaz' Dichtungen und seine Dichtungsweise zu charakterisieren,
erscheinen sie doch durchaus unpassend für beide Zwecke. Die echten Lieder des
Horaz, ich denke an Lieder wie I, 3. 1—8, 19, 31, 38, III, 26, 28 u. a., atmen eine
solche Leichtigkeit und Zartheit, dass sie zwar als das Produkt langer Übung
und fleissiger Feile, aber durchaus nicht als mosaikartige Arbeit erscheinen und
Horaz, von dem Ballast fremder mythologischer und anderer Zuthaten und ihm
fälschlich zugeschriebener Gedichte befreit, verdient dieses Beiwort sicherlich
nicht.

Ob wir nun Vers 25—32 als ein selbständiges Gedicht hinstellen — denn
es würde unter Umständen sich als ein solches auffassen lassen — oder nicht, in
jedem Falle gewinnen wir von Vers 33 an:

Concinet maiore poëta plectro
Caesarem, quandoque trahet feroces
per sacrum clivum merita decorus
    fronde Sygambros;

quo nihil maius meliusve terris
fata donavere bonique divi
nec dabunt, quamvis redeant in aurum
    tempora priscum;

concinet laetosque dies et urbis
publicum ludum super impetrato
fortis Augusti reditu forumque
    litibus orbum.

tum meae, si quid loquar audiendum,
vocis accedet bona pars, et 'o sol
pulcher, o laudande!' canam recepto
    Caesare felix;

tuque dum procedis, 'io triumphe!'
non semel dicemus 'io triumphe!'
civitas omnis dabimusque divis
    tura benignis.

ein neues Gedicht, welches von Pindar sowohl wie von der der Pindarischen entgegengesetzten Dichterweise ganz absieht und zu einem neuen Stoffe übergeht. Grade aber von diesem Standpunkte aus darf man in Vers 25—32 nicht sowohl ein selbständiges Gedicht, als vielmehr Verse erkennen, welche *ad hoc* zu beiden, zu dem ersten Gedichte, Vers 1—24, und dem zweiten hinzugedichtet sind. Es begegnet uns hierin keine neue Erscheinung. Um I, 7ᵃ und I, 7ᵇ zu verschmelzen, wurden vermutlich zwei Verse im ersten auf *Tibur* auslaufenden Gedichte gestrichen und zum zweiten zwei das Wort *Tibur* enthaltende Zeilen hinzugefügt, und der Scholiast durfte sagen: *nam et hic ad Planeum loquitur, in cuius honorem et in superiori parte Tibur laudavit.* Um I, 9ᵃ und 9ᵇ zu verschweissen, wurde ein Gemeinplatz eingeschoben, der durch die Hinweisung auf die Götter von dem einzelnen kalten Wintertage zu der Aufforderung die flüchtige, holde Zeit zu geniessen überleiten sollte. Zwischen *Archytas*, der auf dem Lande, und dem Schiffer, der auf dem Meere umgekommen, wurden in I, 28 vier Zeilen eingelegt, in welchen das Meer als das todbringende erwähnt wurde. Und wie andere Gedichte fast allemal noch durch wiederkehrende Worte verbunden waren, so findet sich auch hier *mores* im dreiundzwanzigsten und *more* im achtundzwanzigsten Verse. Ebenso hat man schon längst bemerkt, dass es durchaus folgewidrig ist, zu sagen: „Wer Pindar nachfliegen will, der macht sicherlich seinen Namen dadurch zum ewigen Denkmal der Blossstellung; darum versuche du es, o Freund, ich werde es bleiben lassen." Oder wenn es doch jemand für folgerecht erklären sollte, dann darf man es um so sicherer für unmöglich erklären, dass das Gedicht an einen vornehmen, befreundeten und verehrten Mann geschrieben ist.

    „Jedoch haben wir denn schon zwei Gedichte, die als selbständige Ganze angesehen werden?" wendet vielleicht jemand ein und erinnert daran, dass mit der siebenten und achten Strophe auch die Anrede und überhaupt diejenigen Verse fallen, welche man, soll einmal geteilt werden, notwendig als einleitenden Gedanken und dazu bedarf, um den Gegensatz zu *concines majore poeta plectro* bilden. Der Gegensatz aber, erwidere ich, wird durch das folgende *Tum meae* gebildet und einer dieser beiden Gegensätze ist zuviel. Was den Namen anbetrifft, — nun nötigenfalls müssten wir es lernen, ihn zu entbehren; ist einmal eine fremde Hand über frühere Sammlungen gekommen — und das dächte ich, stand doch fest auch schon vor dem Erscheinen dieser Blätter — so kann heute niemand mehr erweisen, was alles sie weggelassen hat. Aber wir brauchen die Anrede nicht fallen zu lassen; wir setzen sie an einer andern Stelle, Vers 41, ein. Was jedoch den Einwand anbetrifft, das Gedicht wäre nun ohne Haupt, so werden zwei Parallelen sofort erweisen, dass dies keineswegs der Fall ist; im Gegenteil wird sich ergeben, dass jede vor Vers 33 etwa vorgesetzte Zeile einem horazischen Anfang zuwider wäre. Ich setze Lachmanns wahrhaft divinatorische Konjektur in den Text ein; sie gewinnt jetzt erst, wird man bemerken, wahres Leben. Eine kleine Änderung von I, 6 möge man durch räumliche Rücksichten entschuldigen und nachsichtig beurteilen.

Scriberis Vario fortis et hostium
victor, Maeonii carminis alite,
    quam rem cumque ferox navibus aut equis
        miles te duce gesserit.

nos, Agrippa, probus dicere te pudor
imbellisque lyrae Musa potens vetat
laudes egregii Caesaris et tuas
    culpa deterere ingeni.

    nos convivia, nos proelia virginum
    sectis in invenes unguibus acrium
        cantamus, vacui, sive quid urimur,
            non praeter solitum leves.

Nolis longa ferae bella Numantiae
nec durum Hannibalem, nec Siculum mare,
Poeno purpureum sanguine, mollibus
    aptari citharae modis,

Maecenas: melius ipse pedestribus
dices historiis proelia Caesaris
Augusti, melius ducta sacra via
    regum colla minacium.

Me dulces dominae Musa Licymniae
cantus, me voluit dicere lucidum
fulgentes oculos et bene mutuis
    fidum pectus amoribus.

Concinet maiore poeta plectro
Caesarem, quandoque trahet feroces
per sacrum clivum merita decorus
    fronde Sygambros,

Antoni, laetosque dies et Urbis
publicum ludum super impetrato
fortis Augusti reditu, forumque
    litibus orbum.

        Tum meae, si quid loquar audiendum,
        vocis accedet bona pars, et 'o sol
        pulcher, o laudande!' canam recepto
            Caesare felix.

Es folgen endlich noch zwei Strophen, welche zwar, wenn man Geschmacklosigkeit und Fremdartigkeit der aneinander gereihten Gedanken für verträglich mit den Gedichten guter Dichter hält, hier noch Platz finden könnten, andernfalls aber nur als eine ungehörige Zudichtung erscheinen. Der Dichter hatte gesagt: Ein Grösserer als ich wird Cäsars Thaten besingen; ich vermag nur „*Triumph, Triumph!*" auszurufen und „den Göttern zu danken." Diesen einfachen, klaren und in I, 6 auch nur in dieser Form ausgeführten Gedanken folgt nun die Parallele eines neuen, vierten Gegensatzes: „Du wirst eine Hekatombe opfern; ich ein Kalb," eine geschmacklose Ausführung des *dabimusque divis tura benignis.* Man erkennt jetzt, weshalb *concines* nicht *concinet* gelesen werden sollte; denn *concines* ergab den wiederkehrenden Gegensatz: du — ich, du — ich und der grössere Dichter wurde so auch zum reicheren Mann, der reichere Mann zum grösseren Dichter, ein Gedanke, der schon als solcher uns nicht anspricht.

Te decem tauri totidemque vaccae, me tener solvet vitulus, relicta matre qui largis iuvenescit herbis in mea vota,

fronte curvatos imitatus ignes tertium lunae referentis ortum, qua notam duxit, niveus videri, cetera fulvus.

Was, glaube ich, nunmehr für jedermann leicht erkennbar ist, das hat teilweise bereits Peerlkamp ebenso entschieden wie zutreffend ausgesprochen. Er sagt zu *concines maiore poeta plectro: Adhuc omnia sunt pulchra et Latina et nativum illum Romanae poeseos colorem referentia. In versibus, qui sequuntur, pleraque contra: neque ipsi cum priore carminis parte genuina cohaerent. Horatius dixerat: Quicumque Pindarum aemulari studet, rem suscipit periculosam. Tanti spiritus ille est poeta.* — — *Hic explicit carmen de laudibus Pindari. Altera pars est tota de laudibus Augusti.* Halten wir diese doch gewiss richtige Inhaltsangabe Peerlkamps fest.

Auch Porphyrios Inhaltsangaben entsprechen wieder genau der Sachlage. Zu dem ersten Teile sagt er, dass derselbe die *laudes Pindari* enthalte; zu *Concines* bemerkt er einfach: *Concedit Antonio Iulo, ut ipse potius triumphos Caesaris scribat e. q. s.,* ohne auf Pindar und das Vorangegangene irgend welche Rücksicht zu nehmen. — Übrigens — merke ich hier an — dürfte die differierende Fassung der beiden Scholien des Porphyrio zu *Matinus* I, 28 und IV, 2 wohl auf ein verschiedenes Zeitalter der Abfassung deuten.

In gleichem Sinne wie Peerlkamp spricht sich Gruppe aus: „In der überlieferten Gestalt, bemerkt er, — — ist das Gedicht durchaus unvernünftig. Denn derselbe Antonius, der mit Augustus am Triumph teilnehmen wird, erscheint hier als Dichter und zwar als ein solcher, dem Horaz mehr zutraut als sich selbst, ja, der nach der Führung des Ganzen dem Pindar sich anschliessen darf! Und nun wieder sagt Horaz ihm, wie gefährlich es sei, dem Pindar nacheifern zu wollen; es sei dies ein Beginnen gleich dem des Ikarus! — — Aber auch, wenn — Horaz nicht mehr in Antonius den überlegenen Dichter erkennt, sondern hier von einem dritten" [concinet] „und ganz allgemein spricht, so ist darum das Gedicht noch keineswegs in Ordnung; denn es bleibt ebenso auch für diesen Dichter, der nach dem Zusammenhange den Augustus pindarisch feiern soll, der Widerspruch, dass nach dem Eingang dies überhaupt ein Missliches sei, etwas, vor dem ernstlich gewarnt wird. Ausserdem nun aber bleibt auch das Missverhältnis des langen Verweilens bei Pindar, während der Mittel- und Schwerpunkt doch offenbar Antonius und noch mehr Augustus ist."

Teilen wir demnach fortan IV, 2 in zwei Gedichte, 1—24 und 33—60, und lassen es unbestimmt, ob auch V. 1—4 und 25—32 den Anspruch auf Selbständigkeit erheben oder nicht, so mache ich noch zunächst darauf aufmerksam, dass die Verse 5—24 in syntaktisch durchgehends verbundener Rede verlaufen, die Verse 25—60 dagegen sich in durchgehends verbundenen Strophenpaaren von je acht Versen darstellen. So erschien auch I, 7" und II, 18", jenes um zwei Verse, die es mit I, 7" verbunden und dort fehlten, vermehrt, dieses, II, 18" um zwei Verse, welche bei II, 18" überzählig waren, verkürzt.

In der auffallendsten Weise wird die vorstehende Analyse endlich auch durch metrische Erscheinungen erhärtet. **Mit dem Inhalte wechselt jedesmal die Art der Zäsur:** In der ersten, siebenten und achten Strophe erscheint nur die Penthemimeres, jede der zweiten bis sechsten und neunten bis dreizehnten Strophe enthält je eine oder zwei Zäsuren nach dem dritten Trochäus. Die Verse, welche der letzteren Art des Einschnittes unterliegen, sind Vers 7, 9, 13, 17, 23, 33, 34, 37, 41, 47, 49 und 50.

Meine Bemerkung, wie leicht sich Vers 1—3 mit Vers 26—32 vereinigen lässt, dürfte unter dieser Beleuchtung nur noch zutreffender erscheinen.

Es verdient bemerkt zu werden, dass die Verse, in welchen die Zäsur nach dem Trochäus hinter die enklitischen — *que* und — *re* tritt, hier sich unterschiedslos in diejenigen Gruppen von Strophen stellen, in welchen andere Zäsuren dieser Art vorkommen und dass sie nicht etwa allein in solchen Partieen sich zeigen, in welchen die trochäische Zäsur nicht vorkommt. Wäre letzteres der Fall, so wäre man eher zu dem Schlusse berechtigt, dass der bezügliche Verfasser, wie es oft vermutet worden ist, in einer solchen Zäsur eine trochäische überhaupt nicht erkannt hat. Der wirkliche Sachverhalt berechtigt uns umgekehrt zu der sicheren Annahme, dass er einen metrischen Unterschied von der letzteren in ihr nicht sah, und halte ich eine derartige Voraussetzung für unmöglich. Ich habe schon oben gelegentlich erwähnt, dass, wenn anders — *que* und — *re* wirklich Enklitiken sind, sie doch mit denjenigen Silben, an welche sie sich anlehnen, zu einem Worte verwachsen, — oder aber die Bezeichnung Enklisis wäre inhaltslos, und — *que* und — *re* wären selbständige Wörter. Dazu erwäge man die syntaktische Fügung, welche durch die Nachstellung dieser Partikeln erwächst und sage, ob es möglich ist, die Rede durch eine Pause dieser Art zu gliedern:

Seu deus reges — ve canit, deorum u. s. w.

Caestrem quando — que trahet leroces u. s. w.

Erscheint uns bezüglich des letzteren Verses fast sogar die Fragestellung selbst widersinnig, da *quandoque* hier doch ein Wort ist und *que* garnicht die Bedeutung von *und* hat, so erkennt man, dass in dem ersten Beispiel — *ve* hinübergezogen zu *canit* und getrennt von *reges* den Satz gradezu unverständlich machen und Unsinn ergeben würde. Die Häufigkeit der Zäsuren nach — *que* und — *re* wird man also richtiger durch die Gefügigkeit erklären müssen, welche diese Partikeln dem Ausdrucke verleihen, nicht dadurch, dass man meint, der Dichter habe sie den trochäischen Zäsuren garnicht zugezählt.

Carm. IV, 3.

— dulci decipimur sono."

Horaz.

'

Schon oben (S. 264), gelegentlich der Untersuchung über II, 18, wurde nur die erste Hälfte von III, 3 neben I, 1, I, 7*, II, 18* gestellt, um zu zeigen, wie diese Gedichte gleichmässig pointiert auslaufen. Der Gegensatz, den dieselben gemeinsam haben, ist dort entwickelt: „Nicht die Rennbahn, nicht äussere Ehren oder Schätze sind mein Glück, sondern mein Lied." „Nicht Rhodos oder Mytilene entzücken mich, sondern Tibur." Nicht Gold und Elfenbein sind mein Reichtum, sondern mein Sabinum und mein Lied." Ebenso heisst es IV, 3: „Nicht der Sieg im Faustkampfe, nicht der Sieg mit dem Viergespann, sondern das äolische Lied wird den Lorbeer, in Tiburs Hainen gepflückt, um meine Schläfe winden." Trägt das Gedicht, wie so viele andere, zunächst ein griechisches Gewand, *Melpomene, labor Isthmius, pugil, currus Achaicus, Aeolio carmine,* so erhält dasselbe durch Tibur und das Kapitol zwar ein gemischtes Colorit (Vgl. III. 19*); aber man weiss, wie diese römische Färbung zwar störend eintreten kann, den ursprünglichen Ton jedoch nicht zu überdecken vermag; ist doch insbesondere das Kapitol, wenn man will, leicht entbehrlich. Auch muss bemerkt werden, dass das „äolische Lied" hier durchaus nicht wie II Epp. 19 im besonderen ein auf römischen Boden verpflanztes griechisches Lied bezeichnet, sondern nur ein äolisches Lied im allgemeinen; denn es ist hier nicht andern Liedern, sondern den andern Wegen gegenübergestellt, auf denen man sich einen Siegerkranz zu erwerben imstande ist.

Schliesst sich nun so IV, 3. 1—12 in sich vollkommen ab, so behandeln die letzten drei Strophen ein Thema, welches, wie verwandt immer es durch den sachlichen Inhalt dem des ersten Teiles sein mag, doch formell von jenem grundverschieden ist. Nicht andern Wegen zum Ruhm wird die Dichtung hier entgegengestellt, sondern der Dichter stellt sein Unverdienst gegen das Verdienst der Muse, die ihn begeistert. Nehmen wir die entbehrliche vierte Strophe zu der fünften und sechsten hinzu, so sagt der Dichter sogar, dass er zunächst garnicht berühmt (V. 12) gewesen, sondern im Gegenteil lange angefeindet worden ist. Aber die Muse, welche auch dem stummen Fische, wenn sie wollte, die Gabe des Gesanges verleihen könnte, sie sei es, die auch ihm, dem römischen Sänger, Lieder geschenkt habe; falls er gefallen sollte, so sei das allein ihr Werk, das Werk der Muse. Ist der Dichter dort von der grössten Zuversicht beseelt, dass Melpomene, wen immer sie anlächle, berühmt mache, so ist es hier zweifelhaft, ob er es sei; bewegt sich jenes Gedicht fast durchweg auf griechischem Boden, so dieses fast durchaus auf römischem, und lässt es dort einen Dichter voraussetzen, der im griechischen musischen Wettspiele durch das äolische Lied den Sieg davontragen will, so führt sich der Dichter hier als *Romanae fidicen lyrae* ein. Es mögen die beiden Gedichte mit Auslassung der beiden entbehrlichen Strophen folgen.

Quem tu, Melpomene, semel
  nascentem placido lumine videris,
illum non labor Isthmius
  clarabit pugilem, non equus inpiger

curru ducet Achaico
  sed quae Tibur aquae fertile praefluunt,
et spissae nemorum comae
  fingent Aeolio carmine nobilem.

O testudinis aureae
  dulcem quae strepitum, Pieri, temperas,
o mutis quoque piscibus
  donatura cycni, si libeat, sonum,

totum muneris hoc tui est,
  quod monstror digito praetereuntium
Romanae fidicen lyrae:
  quod spiro et placeo, si placeo, tuum est.

Man beachte, wie *Pieri* auch hier wieder ungesucht und ungezwungen in die erste Zeile des zweiten Gedichtes tritt.

Alle diese Farbenelemente: Melpomene, welche III, 30 ihren Lorbeer in Delphi bricht, den Hain von Tibur, die Macedonierin, jene oben genannten griechischen und diese römischen Tinten beieinanderzulassen verbietet der gute Geschmack; zusammenbringen konnte sie nur ein Zeitalter, welches nicht mehr original oder national empfand, sondern mythologischen und dichterischen Zierrat nur nahm, wo es ihn fand, aus der Rüstkammer rhetorischer Reminiszenz. War dieses das klassische Zeitalter des Horaz? Meine Frage gilt natürlich nur dem Nebeneinander sämtlicher Teile, nicht den einzelnen derselben.

Die Kritik ist an dem Gedichte trotz seiner Berühmtheit nicht vorbeigegangen. Unter Berufung auf den Kommentator des Cruquius, der die vierte Strophe nicht berücksichtigt, und verschiedene Ausdrücke derselben bemängelnd, hatte Peerlkamp die Verse 13—16 verworfen. Mit dem Kommentator stimmen Acro und Porphyrio überein: *Hac ode adfirmat, studio poetico deditum nulli posse alii se vacare; deinde deorum subiungit laudes.* Peerlkamp stimmten Gruppe und E. C.

52*

Francke (1865) bei. Letzterer macht geltend, dass erstens die Verbindung, welche man zwischen dem ersten Teile und dem zweiten nachweisen wolle *(ex quibus ego quoque sum: nam me u. s. w.)*, fehle. Die vierte Strophe fülle diese Lücke nur schlecht aus. Zweitens sagt er: wenn der erste Teil wie I, 1 ausdrücke, dass den Dichter nur der Dichterlohn anlocke, so sei etwas hiervon ganz Verschiedenes die Frage, ob der Dichter seinen Lohn erreiche oder nicht erreiche. Auch Axt erklärte mit dem ganzen Gedichte sich nicht einverstanden und verwarf die ganze zweite Hälfte. Ich entnehme daraus wie zu I, 28 nur das Zeugnis, dass eben die beiden Teile mit einander nicht vereinbar sind.

Es wird wohl kaum jemand geben, der unser Gedicht anders als aus zwei Teilen bestehen lässt, 1—12 und 13—24, gleichviel wie er nun über die Zusammengehörigkeit derselben denken mag. Ist diese Behauptung richtig, so wird es auch niemand geben, der bestreiten könnte, dass in dem folgenden metrischen Schema der Ode mehrere Differenzen augenfällig zu Tage treten. Dieselben bedürfen einer Erläuterung nicht. Ich wiederhole auch hier, dass sie mir selbst unwichtig erscheinen würden; nur müssten sie nicht genau an den Stellen eintreten und aufhören, wo jedermann einen neuen Teil aufhören und beginnen lässt, nicht gerade da, wo die Analyse einen Wechsel des Inhaltes nachgewiesen hat.

Als nicht von Wichtigkeit habe ich es ausser bei I, 7 stets unterlassen, solche Unterschiede auf differierende metrische Doktrinen zurückzuführen. Hier will ich nur auf Victorinus K. VI, 146, 147, 160, 161 und 162, 163 hinweisen, wo der Glykoneus sowohl wie der Asklepiadeus in ihrer Herkunft und in ihren Formen in verschiedener Weise entwickelt werden.

IV, 3

a.

b.

CARM. IV, 4. 6. 7. 8.

Solet enim Horatius in omnibus fere scriptis suis eas personas quibus quaeque destinavit primis versibus vel strophis nominatim alloqui, ita ut inde etiam ipsa urbis Romae v. 37 compellatione quasi novum novi argumenti atque carminis initium indicetur.

Schatzmayr.

nter den Gedichten des vierten Buches ist das vierte das längste. Es zählt sechsundsiebzig Verse und wird in seiner Ausdehnung nur noch von III, 4, „longum melos", mit achtzig Versen übertroffen. Die Ode teilt sich selbst naturgemäss in drei Teile: 1—28; 29—36; 37—76. So will es auch ein englischer Herausgeber, dessen ästhetisches Urteil ich allerdings nicht teile. Er sagt: *The first Part of it is of a Strain almost beyond Pindaric; the Middle is elevated by a noble, just, pathetic Morality; and the Conclusion is wrought with a masculine and vehement eloquence.* — Der erste Teil feiert den Sieg des Drusus über die Vindeliker; der zweite führt den Schlussgedanken des ersten Teiles selbständig aus; der dritte ist ein Preislied auf das Geschlecht der Neronen, insbesondere auf Gaius Claudius Nero und seinen in der Schlacht bei Sena erfochtenen Sieg über Hasdrubal. Mit Auslassung der allgemein verworfenen Verse 17 bis 22 stellen sich die beiden Hauptteile folgendermassen dem Auge dar:

IV, 4 [a.]

Qualem ministrum fulminis alitem,
cui rex deorum regnum in aves vagas
    permisit expertus fidelem
    Iuppiter in Ganymede flavo,

olim iuventas et patrius vigor
nido laborum propulit inscium,
    vernique iam nimbis remotis
    insolitos docuere nisus

venti paventem, mox in ovilia
demisit hostem vividus impetus,
    nunc in reluctantes dracones
    egit amor dapis atque pugnae;

qualemve laetis caprea pascuis
intenta fulvae matris ab ubere
    iam lacte depulsum leonem
    dente novo peritura vidit:

videre Raeti bella sub Alpibus
Drusum gerentem Vindelici; diu
    lateque victrices catervae
    consiliis iuvenis revictae

sensere, quid mens, rite, quid indoles
nutrita faustis sub penetralibus
    posset, quid Augusti paternus
    in pueros animus **Nerones.**

Um damit zu beginnen, kommt mit dieser Restitution nicht allein die Anrede
in Vers 37, *o Roma*, in Stellung wie in Wirkung, zu ihrem natürlichen Rechte, sondern auch Drusus einerseits und das ganze Geschlecht der Neronen andererseits.
Denn es war bisher dem ersteren gegenüber nicht angemessen, auf Drusus allein
als den Besieger der Rhäter und Vindeliker die Aufmerksamkeit hin- und sie dann
von ihm abzulenken auf einen seiner Vorfahren und auf eine That desselben, welche in
der in dem zweiten Gedichte ausgeführten Weise, als eine Errettung des Vaterlandes
von seinem Untergange, die Erfolge des Drusus über kleine Gebirgsstämme als unbedeutend erscheinen lassen musste, mochten jene Völkerschaften immerhin jahrelang
sich tapfer verteidigt haben. Auch das ganze Geschlecht der Neronen kann nur gewinnen, wenn es nun sich allein eine Ode gewidmet sieht, die mit vollem Rechte die
Hauptstadt des Reichs und das ganze Reich mit ihr in wohlbegründeter Weise daran
erinnert wird, dass sie ihre ganze Existenz jenem ruhmreichen Geschlechte in Gaius
Claudius Nero verdanke, der einst den über Sein und Nichtsein der Republik
entscheidenden Sieg am Metaurus errang. Was die einzelnen Oden so an
Schönheit, an Rundung und Geschlossenheit gewinnen, das verloren sie bisher in
ihrer Ungeteiltheit, und bei erneutem Lesen wird man nun leicht merken, dass der
Gedanke sich früher vom ersten bis zum vierundzwanzigsten (28) Verse in dem Lobe
des Drusus schwunghaft weiterbewegte, dass er dann durch einen Gemeinplatz zwei
Strophen hindurch bei dem Lobe des Augustus festgehalten wurde und dass er endlich
von neuem mit der Anrede an die Stadt Rom pathetisch anhob, um ohne jede engere
Verbindung mit den beiden ersten Teilen und ohne jeden Rückblick auf sie fortan allein

Quid debeas, o Roma, Neronibus,
testis Metaurum flumen et Hasdrubal
  devictus et pulcher fugatis
    ille dies Latio tenebris,

qui primus alma risit adorea,
dirus per urbes Afer ut Italas
  ceu flamma per taedas vel Eurus
    per Siculas equitavit undas.

post hoc secundis usque laboribus
Romana pubes crevit, et impio
  vastata Poenorum tumultu
    fana deos habuere rectos,

dixitque tandem perfidus Hannibal:
cervi, luporum praeda rapacium,
  sectamur ultro, quos opimus
    fallere et effugere est triumphus.

gens, quae cremato fortis ab Ilio
iactata Tuscis aequoribus sacra
  natosque maturosque patres
    pertulit Ausonias ad urbes,

duris ut ilex tonsa bipennibus
nigrae feraci frondis in Algido,
  per damna, per caedes, ab ipso
    ducit opes animumque ferro.

non hydra secto corpore firmior
vinci dolentem crevit in Herculem,
  monstrumve submisere Colchi
    maius Echioniaeve Thebae.

merses profundo; pulchrior evenit:
luctere; multa proruet integrum
  cum laude victorem geretque
    proelia coniugibus loquenda.

Carthagini iam non ego nuntios
mittam superbos; occidit, occidit
  spes omnis et fortuna nostri
    nominis Hasdrubale interempto.

nil Claudiae non perficient manus,
quas et benigno numine Iuppiter
  defendit et curae sagaces
    expediunt per acuta belli.

---

bei dem Lobe des alten Claudius Nero zu verweilen und in neuem kräftigen Weiter-
schreiten zum Ende zu gehen.

Ein besonderes Wort erfordern vielleicht die fortan ausfallenden Strophen.
Vers 29—36. Gerade sie sind wegen ihres sententiösen Inhaltes vorzugsweise
beliebt. Aber je sententiöser der Inhalt und die Form, desto ferner stehen sie dem
eigentlichen Wesen der Poesie und desto mehr fordern sie das Urteil heraus:

Fortes creantur fortibus et bonis;
est in iuvencis, est in equis patrum
  virtus, neque imbellem feroces
    progenerant aquilae columbam:

doctrina sed vim promovet insitam,
rectique cultus pectora roborant;
  utcumque defecere mores,
    indecorant bene nata culpae.

Bei erneuter Durchmusterung wird man finden, dass bei aller Beliebtheit
der einzelnen Zeilen, — auch diese sind nicht ohne jeden Anstoss — das Ganze doch
eine Kette von Bedenken ist; ich erwähne zunächst nur das Bild der jungen Stiere

und jungen Hengste, welche die jungen Claudier und Livia nun auf sich und den fraglichen Vater des Drusus zu deuten hatten. Ein Dichter mag ja immerhin einmal derartige Bilder ohne eine besondere direkte Beziehung anwenden können; aber dafür, dass sie ähnlich und ohne Anstoss zu erregen in der Litteratur des augusteischen Zeitalters in gleicher Weise speciell auf Augustus und sein Haus bezogen worden wären, ist ein Beweis bisher noch nicht erbracht worden. Und ist gleich dem Reinen alles rein, diese mehr oder minder eingehende und in der Entscheidung fragliche Erörterung der Vererbungstheorie ist doch wahrlich ebenso peinlich, wenn sie für die Söhne, die Mutter und den zweiten Vater bestimmt gedacht wird, als unpoetisch; sie ist mehr für eine kräftige, rhetorisch gefärbte Prosa, als für den Dithyrambus geeignet. Man kann aber gradezu behaupten, dass der Dithyrambus in diesem Gedichte genau an der Stelle aufhört, wo dieser Inhalt beginnt. Die negative Umkehrung des ersten Satzes, *neque inbellem feroces progenerant aquilae columbam*, ist eine entbehrliche und darum verwerfliche Wiederholung von *fortes creantur fortibus* und ohne jeden Anhalt; denn nach dem ersten Bilde, welches eine unmittelbare Beziehung auf Tiberius Nero (nach Gellius bedeutete *nerio*, ein sabinisches Wort, *fortitudo*) und seine Söhne zur Voraussetzung hat, sieht man sich mit Recht, aber vergeblich nach den Personen um, auf welche die Taube und ihr Vater gedeutet werden soll. Das nachgestellte „*sed*" am Anfange der zweiten Strophe ist fast unerhört, der Ausdruck matt, der Gedanke geschraubt und die Beziehung auf Augustus nicht sofort bereit; der Schluss *utcunque defecere mores, dedecorant bene nata culpae* als eine Zuschrift an hochstehende Personen von erschreckender Unvorsichtigkeit, dies besonders Augustus gegenüber, wenn anders Sueton zu glauben ist, und zu allem andern eher geeignet, als zu einem Enkomion auf eine bestimmte Familie, ganz gleich ob von fleckenlosem oder nicht unbeflecktem Rufe. Mit Recht tadelt Hardouin die Wendung *rectique cultus pectora roborant* und *utcunque*; mit Recht bemerkt G. E. Müller (Dresden 1737), der erstere Satz sei überhaupt nicht richtig, der negative besage, „dass der Tapfere keinen Schwanzaffen erzeuge", und was Haymann in seinen *vindiciae adversus Perraultum* (Dresden 1771) gegen ihn einwendet, ist inhaltlos. Es würde nur dem Geschmack des Dichters dieser beiden Strophen entsprechen, *dedecorant* neben den sonstigen *des* zu lesen, wie ich es später als wahrscheinlich nachweisen werde, dass IV, 2 *Iule* und nicht das bessere *ille* in unserem Archetyp gestanden hat. Auch der Singular *inbellem columbam*, *defecere mores, bene nata* sind nicht gutzuheissen.

Aber nicht bloss diese allgemeinen Rücksichten lassen diese beiden Strophen als hier unzulässig erscheinen, sondern im besonderen die bekannte Thatsache, dass Drusus trotz des Staatsanzeigers und trotz der von Augustus aufgeführten Komödie, nach Dio Cassius, Tacitus und Sueton garnicht für einen Sohn des Tiberius Claudius galt. Die denkbar heikelsten Fragen, welche überhaupt hätten aufgebracht werden können, wären also durch diese beiden Strophen von dem Dichter selbst dem Kaiser gegenüber zur Sprache gebracht worden. — Wenn hier grade die sententiöse Stelle die Beseitigung trifft, so teilt sie ihr Schicksal mit IV, 8, 28, *dignum laude virum*, mit I, 9, 13 ff, mit I, 28, 17, *Dant alios Furiae*, und mit anderen Stellen. Es sind dies die Verse der Mitte, welche die Bestimmung hatten, den Bruch zu verkleiden, eine Bestimmung, welche sich auch im vorliegenden Falle nachweisen liesse.

Auch hier finden wir den dargelegten Sachverhalt mehr oder minder übereinstimmend bereits von früheren Stimmen bezeichnet. Acro und Porphyrio wissen in ihren Argumenten nichts von einem Lobe der Familie der Neronen, sondern nur des Drusus. Die Athetesen von Faber, Lambin, Guyet, Buttmann, Peerlkamp, Struve, Meineke, Prien, Martin, Gruppe, Heynemann, Gesell, Linker, Weber, Franke, Lehrs sind zahlreich. Horaz selbst darf nirgends mit mehr Recht als hier angerufen werden, da das Gesetz der Einheit, das er zum Ausgangspunkt seiner Dichtkunst macht, kaum anderswo so gröblich verletzt ist als hier. Auch Jani erkennt hier eine „Digression", wie der Euphemismus lautet, an. Klotz sagt: IV, 4 vereinige alles, was er über die glückliche „Kühnheit des Horaz vorgebracht; und wenn Francis zuerst äussert: *One geometrical, methodical Rule may look upon this ten last Strophes as the Wandering of an irregular Imagination, so* hätte er richtiger an diesem Urteile festgehalten, als dass er es einzuschränken sucht.

Die eingehendste Behandlung hat die Ode von F. Schatzmayr, *Studia Horatiana*, Gotha bei Thienemann 1863, gefunden, eine durch ihre Gründlichkeit und ihr Urteil ausgezeichnete kleine Schrift, welcher nichts weiter als die verdiente Anerkennung und Verbreitung fehlt. Er giebt den ersten achtundzwanzig Strophen folgende durch ihre Harmonie und ihren symmetrischen Bau ausgezeichnete Gestalt:

Qualem ministrum fulminis alitem
olim iuventas et patrius vigor
   ventique iam nido repulso
     insolitos docuere nisus

qualemve laetis caprea pascuis
intenta fulvae matris ab ubere
   iam et lacte depulsum leonem
     dente novo peritura vidit:

videre Raetis bella sub Alpibus
Drusum gerentem Vindelici — cui
   lataeque victrices catervae
     consiliis iuvenis revictae —

sensere, quid mens rite quid indoles
nutrita faustis sub penetralibus
   posset, quid Augusti paternus
     in pueros animus Nerones.

Er verwirft dann wie ich die beiden folgenden Strophen, Vers 29—36, und erkennt in den letzten zehn Strophen ein nachhorazisches, durch mythologische Zuthaten erweitertes Gedicht. Er macht ebenfalls vor allem geltend, dass dasselbe einen neuen Gegenstand behandelt und dass der Beginn des neuen Themas sich in dem asyndetischen siebenunddreissigsten Verse deutlich markiere; vgl. die diesem Abschnitt vorgesetzten Zeilen. Nun sei es ferner nach Sueton, Dio und Plutarch u. a. erwiesen, dass schon seit 729 zwischen dem julischen und dem claudischen Geschlechte Zwistigkeiten schlichen; daraus folge die Unmöglichkeit, dass Horaz mit dem ersten Teile des Gedichtes zugleich diesen dem Kaiser im Jahre 739 habe übersenden können. Ausserdem scheine er den Anschluss von IV, 5 an IV, 4 zu hindern und sei seinem Inhalt und zum Teil auch Wortlaute nach Livius, Vellejus u. a. entnommen. Weniger interessieren uns hier diejenigen Gründe, durch welche er das Gedicht als nicht von Horaz herrührend erweist; denn auch bei III, 11 und andern Gelegenheiten habe ich diese Frage nur als Mittel zum Zweck, d. h. zum Nachweis der Nichtzusammengehörigkeit der einzelnen Teile der Gedichte erörtert. Sie sind kurz folgende. Horaz rede fast nie die Stadt „Rom" an, nur die Römer, den Römer, *urbs* u. a.; Vers 37 schliesse sich eng an Vers 28 an *(in pueros Nerones: quid debeas Neronibus)* und verrate den Interpolator; *testis* statt *testantur* sei eine Wiederholung — ich möchte sagen, dieselbe fremde Hand — von III, 4. 69; *dixitque* führe nicht zum Anfange, sondern zu *post hoc* zurück; alle solche langen Reden, wie die Hannibals, seien nur „angenäht"; *opimus* in der hier gebrauchten Bedeutung gehöre der silbernen Latinität an, ebenso *adoren*. (Vgl. *Sen. Ep. 114. 10: Tum assuerit e. q. s.*) *Tenebris* endlich mit langer Vorletzter sei unhorazisch.

Ich müsste wieder Seiten mit dem Abdruck des metrischen Schemas der Ode füllen. Es ist dessen vielleicht schon zuviel geschehen, und wozu noch viele Worte, wo die Thatsachen so laut und unwiderleglich sprechen! Nur in den als interpoliert nachgewiesenen Strophen, der fünften, neunten, und in den dann folgenden fehlt die regelmässige Zäsur des Dimeter iambicus, der Einschnitt nach der sechsten Silbe, und nicht allein Vers 18—22, 29—36, sondern der ganze zweite Teil erweist sich auch auf diese Weise als metrisch different von dem ersten. Man vergleiche *(per omne), mores, Eurus, patres, (ab ipso), Colchi, nostri.*

CARM. IV, 6, 7, 8,

Die lyrische Poesie hat nicht sowohl bestimmten Körper als bestimmten Duft. Man vernimmt in ihr die Persönlichkeit und ihre Art wie eine bestimmte Atmosphäre.

Vischer.

Sicherlich ist es nicht ohne Bedeutung, dass der älteste und beste Codex des Acro in seiner Inhaltsangabe auch nicht die mindeste Spur davon verrät, dass er auch den zweiten Teil der sechsten Ode des vierten Buches zu dem ersten gezogen habe; er sagt: *Apollinis laudem refert quoniam servavit eum auctorem originis romanae prosentice tetracolos* (.L) und ebenso oder ähnlich *E* und *γ*; und die Inhaltsgabe des Porphyrio: „*Hac ode hymnum Apollinis continet, qua commendat ei carmina sua*" (1—28) „*et simul alloquitur pueros puellasque, quos carmen docet saeculare*" verrät mit ihrer äusserlich losen (*et simul* wie sonst *deinde*), innerlich gänzlich entfallenden Verbindung gar zu deutlich, dass sie ihre für den etwaigen Zusammenhang beider Teile nichts beweisende Entstehung einfach den Worten des zweiten Teiles: *saeculo festas referente luces* verdankt, nicht etwa einer einheitlichen Anschauung des Kommentators. Auch die meisten Herausgeber zerlegen das Gedicht in zwei sich deutlich von einander abhebende Teile und nur wenige geben sich die Mühe einen inneren Zusammenhang da nachzuweisen, wo er für das unbefangene Urteil und für ein nüchternes Wortverständnis doch einmal nicht vorhanden ist.

Der erste Teil wendet sich anredend an Phöbus, preist ihn in seinen Thaten und bittet ihn um Schutz für den Dichter.

Dive, quem proles Niobea magnae
vindicem linguae Tityosque raptor
sensit et Troiae prope victor altae
    Phthius Achilles,

ceteris maior, tibi miles impar,
filius quamvis Thetidis marinae
Dardanas turres quateret tremenda
    cuspide pugnax.

ille, mordaci velut icta ferro
pinus aut impulsa cupressus Euro,
procidit late posuitque collum in
    pulvere Teucro.

ille non inclusus equo Minervae
sacra mentito male feriatos
Troas et laetam Priami choreis
    falleret aulam,

sed palam captis gravis, heu nefas, heu,
nescios fari pueros Achivis
ureret flammis, etiam latentem
    matris in alvo:

ni tuis victus Venerisque gratae
vocibus divum pater adnuisset
rebus Aeneae potiore ductos
    alite muros.

doctor argutae fidicen Thaliae,
Phoebe, qui Xantho lavis amne crines,
Dauniae defende decus Camenae,
    levis Agyieu.

Der zweite Teil redet Phöbus nicht wieder an, nur referierend erwähnt er ihn und Artemis; er wendet sich an einen Chor von Knaben und Mädchen und fordert ihn auf, den Takt eines Festliedes gut zu beachten.

VI^{b.}

Spiritum Phoebus mihi, Phoebus artem
carminis nomenque dedit poëtae.
virginum primae puerique claris
    patribus orti,

Deliae tutela deae fugaces
lyncas et cervos cohibentis arcu,
Lesbium servate pedem meique
    pollicis ictum.

rite Latonae puerum canentes,
rite crescentem face Noctilucam,
prosperam frugum celeremque pronos
    volvere menses,

nupta iam dices: 'ego dis amicum,
saeculo festas referente luces,
reddidi carmen, docilis modorum
    vatis Horati.'

Was hat dies mit einer Anrede an Apollo gemein? Dass die Hymne an Phöbus gerichtet ist, dass an dem Festtage auch Apoll angesungen werden wird, das ist ja doch ein äusserlicher Zufall, der dem Gedichte nun und nimmer eine einzige Gedankenreihe zu geben vermag. Das Auseinanderfallen eines Gedichtes, dessen eine Hälfte gänzlich füllende Digression doch nur dann zu erklären wäre, wenn man ihm hohen lyrischen Schwung zuerkennen wollte, dieses Auseinandergehen eines also doch nur in diesem Falle hoch lyrischen Gedichtes in zwei mehr oder minder befremdend disparate Teile würde vielleicht nichts Bedenkliches gehabt haben, die Bedenken hätten vor der Thatsache verstummen müssen, dass es einmal so sei, wenn wir kein Beispiel dafür hätten, was wir in einem solchen Falle der vorliegenden Horazredaktion zuzutrauen haben; seit wir aber viele Gedichte in dersel-

ben als unrichtig zusammengelegt erkannt, muss dieser auffallende Umstand die
Frage aufdrängen, ob da, wo fast alle Herausgeber, auch diejenigen, welche an
Interpolationen nicht glauben, zwei deutlich geschiedene Teile erkennen und manche
Bedenken aufwerfen, nicht vielmehr zwei selbständige Gedichte anzunehmen
sind. Diese Frage wird denn auch von einer ganzen Reihe von Autoritäten bejaht.
Schon Dacier hatte beide Teile der Ode, deren verschiedenen Inhalt er richtig angiebt, scharf gesondert und mit klaren Worten ihre Nichtzusammengehörigkeit angedeutet: *Ces quatres strophes*, sagt er von dem zweiten Teile, *doivent être un peu
séparées des autres*. Sanadon ging aber bereits weiter. Er trennt diese vier
Strophen von dem ersten Teile ganz ab, fügt sie dem Carmen saeculare hinzu und
giebt dann mit grosser Klarheit die Gründe an, welche den ersten Teil mit dem
zweiten ungehöriger Weise verbunden hätten: das gleiche Versmass und das Wort
Phöbus, derselbe Vorgang wie bei I, 7. Aber der erste Teil sei eine Hymne, der
andere offenbar nicht; denn dort werde Apollo, hier würden die Kinder angeredet.
Auch Anchersen (1752) und Jones zogen die ganze Ode zum Carmen saeculare und
wurden dadurch genötigt, ihren Teilen eine ganz andere Bedeutung zu geben als
denen einer einheitlichen Ode. Dass Valart die Ode aus eigener Initiative (*condente
ipso contextu*) teilte, ist schon oben S. 64 erwähnt. Philippe, Francis und andere
thaten dasselbe. *Quomodo hi versus*, merkt Peerlkamp zu den Versen *Spiritum
mihi et*, bis zum Ende an, *quos obelo confixi, cum antecedentibus connectantur, ego me
nescire fateor. Horatius adhuc laudaverat Apollinem et hymnum ita finit, ut suam
laudem Deo commendaverit. Est hoc integrum carmen, cujus ratio et consilium in
hoc manifeste apparent. Nunc subito in tenebras et difficultates transferimur, quae
ne tum quidem tolles, si cum Sanadono hic initium novi carminis facias.*

In der Hauptsache zu demselben Resultate, aber von einem ganz andern Standpunkte aus und auf ganz anderm Wege, sind (1777) Sivry und (1858) Bücheler gelangt.
Letzterer geht von dem unmittelbaren Eindruck aus, den die Ode auf ihn beim Vorlesen
in deutscher Übersetzung gemacht habe. Dann nimmt auch er Anstoss daran, dass
der Dichter, der im Eingange der Ode Apollo in der zweiten Person anredet, im
neunundzwanzigsten Verse von ihm in der dritten Person spricht, anstatt fortzufahren:
Tu mihi spiritum dedisti, vos autem virgines puerique e. q. s. Drittens hebt er hervor, dass im ersten Teile Apollo allein, im zweiten plötzlich auch Diana gefeiert
wird. „Und ferner", fragt er, „sieht denn nicht jeder mit horazischer Dichtung auch
nur mässig Vertraute den Unterschied der Diktion und des ganzen Tones zwischen
dem ernst erhabenen Hymnus und den leicht spielenden vier letzten Strophen?"
Endlich, meint Bücheler, ist die stolze Äusserung des dichterischen Selbstbewusst-
seins (V. 29) nicht eben fein und schicklich in ebendemselben Liede, in welchem
Apollo als *magnae mentis linguae* besungen wird. Er widerlegt dann noch
Mitscherlich, geht auf Peerlkamp ein und wendet sich gegen Linker, welcher seiner
Meinung nach „extensiv nicht so arg, aber weit ärger fehlt, wenn er durch Beseiti-

54

gung der mit Grammatikergelehrsamkeit vollgestopften Endstrophe des Hymnus (V. 25—28) zwischen dem ersten und dem zweiten Teile der Ode einen Zusammenhang herzustellen vermeinte." Letzterer traf in der Verwerfung dieser Strophe meiner Meinung nach grade das Richtige, nur hat Bücheler gegen ihn in der Teilung des Gedichtes recht. Auf der Philologenversammlung in Breslau (1857) äusserte nämlich Linker: „Wenn ich endlich in meiner Ausgabe geltend gemacht habe, dass der Name des Daunus überhaupt, wo er in unserm Texte des Horaz begegnet, nicht dem Dichter selbst, sondern den Vergilischen Reminiszenzen eines Interpolators seinen Ursprung verdanke, so stützt sich dies nicht auf meine Behauptung *a priori*, sondern auf meine Betrachtung der einzelnen Stellen Carm. II, 1—34 (Ritschl, Rhein, Museum XI, 636), IV, 6. 27. 14. 26, denen noch die fabelhafte Daunias I, 22, 14 sich würdig beigesellt." Auch Gruppe und Martin verwarfen dieselbe siebente Strophe. Sanadon hat ganz Recht: „denn auch hier ist von Phöbus die Rede"; das ist derselbe Grundsatz hier angewandt, wie I, 7, wo der Scholiast sagte: *nam et hic Tibur laudatur.* Wir erkannten aber, dass dort, damit Tibur auch im zweiten Teile erwähnt würde, zwei Verse eingeschoben waren. — Dass ich richtig teile, dessen versichert mich u. a. Pfenner (1867), der in der Verteidigung der Ode gegen Peerlkamp, also von einem dem meinigen entgegengesetzten Standpunkte aus, in der siebenten Strophe diejenige erkannt, welche die beiden Teile des Gedichtes verbindet.

Der erste Teil des Gedichtes endet mit den Worten: *ductos alite muros.* Die Lesart der drei Manuskripte des Torrentius und anderer: „*Ductor*", erscheint uns nach den bisher bemerkten ähnlichen Erscheinungen nicht mehr bedeutungslos. Ob man *ductor* oder *ductos*, jedenfalls fängt mit einem dieser beiden Worte nach *ductos* diejenige Strophe an, welche, in Ton und Inhalt von dem ersten Teile wesentlich abweichend, zu dem zweiten fremdartigen Teile durch das gemeinsame Wort *Phoebe* überleitet. Das Wort *ductor*, in der goldenen Latinität überwiegend nur von dem Fechtmeister gebraucht, ist ebenso wie *ductor* hier so auffallend, das Beiwort Agyieus so isoliert dastehend in der römischen Litteratur, das Bild von Apoll, der seine wallenden Locken im Wasser der Quelle netzt, Ode III, 4. 61 gegenüber so wenig original, dass ich in dieser Strophe diejenige erkennen muss, welche lediglich zu dem Zwecke gedichtet ist, um dem in Vers 1 stehenden Subjekte sein scheinbar oder wirklich fehlendes Prädikat zu geben und so eine Brücke zum folgenden zu bilden, ohne dass freilich diese Absicht erreicht wäre. Martin, der diese Strophe mit der ersten zusammenstellt, hat diese Parallele vollkommen richtig erkannt. Der Interpolator dichtete eben 25—28 nach dem Vorbilde von 1—4 hinzu; daher die Ähnlichkeit, nicht aber etwa, weil sie eine originale Strophe wäre; eine solche Originalität würde Horaz gleichzeitig zum Plagiator seiner selbst machen. Nicht bloss diese Strophe (25—28), sondern auch noch Vers 29. 30 könnte man als in diesem besonderen Sinne hinzugedichtet vermuten, und sie sind sogar von entgegengesetztem Standpunkte aus als solche erkannt worden (Keller); denn die Fortsetzung schliesst sich mit einem harten Asyndeton an, und erst mit Vers 31 fühlt man sich wieder auf festem Boden. —

Carm. IV. 7.

„Eine schlimme Sache kann nie dadurch besser
werden, dass man auf eine noch schlimmere verweist."

„Wie könnte wohl die vierte Ode des ersten Buches aus zwei Gedichten
bestehen", wird das Vorurteil wohl einwenden, „da doch die schöne siebente Ode des
vierten Buches denselben Gedankengang hat! Sie beweist ja klar die Unrichtigkeit
jener Teilung." Einem solchen Einwande ist als Motto für diesen Abschnitt der
Satz entgegengestellt, dass eine schlimme Sache durch Berufung auf eine noch schlimmere nie besser werden könne. Wer jenen Einwand zu erheben geneigt sein
möchte, hat er auch schon die Waffe geprüft, mit welcher er kämpfen wollte? Hat
er schon einmal ernstlich den Zusammenhang von IV, 7 erwogen, der nicht allein
dem von I, 4 an angeblicher innerer Festigkeit gleichkommen, sondern jenen an
Stärke und Unangreifbarkeit sogar noch soweit übertreffen soll, dass er das Treffen
gewinnen macht, was jener schon verlor? Man darf behaupten, dass wenn in I, 4
kein Zusammenhang zwischen den beiden Teilen besteht, dies noch weniger bei
IV, 7 der Fall ist.

Das Gedicht beginnt mit einer Schilderung des Frühlings. Schon ist er
eingezogen, schon ist er da:

I. 4 [b]	IV. 7 [a]
Solvitur acris hiemps grata vice veris et Favoni,	Diffugere nives, redeunt iam gramina campis
trahuntque siccas machinae carinas,	arboribusque comae;
ac neque iam stabulis gaudet, pecus aut arator igni,	mutat terra vices et decrescentia ripas
nec prata canis albicant pruinis,	flumina praetereunt;
iam Cytherea choros ducit Venus imminente luna,	Gratia cum Nymphis geminisque sororibus audet
iunctaeque Nymphis Gratiae decentes.	ducere nuda choros.

Es fällt zwar auf, dass die Grazien und Nymphen im Gegensatz zu den
dezenten Schwestern in I, 4 sich hier schon nackt oder im günstigsten Falle doch
in leichter Hülle in das Freie wagen, obwohl augenscheinlich der Frühling eben
erst beginnt; jedoch soll dies ebensowenig urgiert werden, wie die Abhängigkeit der
ersten sechs Zeilen hier von den ersten sechs Zeilen dort. Aber das darf man
dann auch um so nachdrücklicher hervorheben, dass hier von einem Vergehen des
Winters, in einem anderen Sinne als es sachlich notwendig ist, wenn von der

Anbruch des Frühlings gesprochen wird, ebensowenig die Rede ist, als von dem Vergehen des Frühlings. Die Zeilen besagen durchaus nichts mehr, als dass der Frühling da ist, sie bilden ein Frühlingsgedicht, ohne dass ich im entferntesten geneigt wäre, dasselbe in dieser Fassung und in diesem Umfange zu loben. Eine Beziehung auf das schnelle Entschwinden des Frühlings, den Gedanken, dass er es sei, der den Winter vertrieben habe, einen Zusammenhang mit den folgenden Teilen des Gedichtes sucht man in diesen ersten sechs Zeilen vergebens; er ist in ihnen nicht nachweisbar. Die beiden Zeilen:

immortalia ne speres, monet annus et almum
quae rapit hora diem.

sollen diesem Mangel offenbar abhelfen. Aber sie entsprechen ihrer Aufgabe nur schlecht; sie sagen nicht, wie sie es müssten, dass der Frühling uns an die Flüchtigkeit der Zeit mahne — auch thut er dieses ja in der That garnicht; — er fordert uns ja nur zum Genuss der schönen Natur auf — sondern dass das Jahr uns daran erinnert und die Hore oder die Stunde, die den holden Tag entführt. Die Wendung: *Immortalia ne speres* ist um so ungeschickter, als in den ersten Zeilen gar keine Veranlassung vorlag, auf eine ununterbrochene Dauer des Irdischen zu rechnen, da ja erst von dem Einzuge des Frühlings, nicht von seiner Dauer die Rede war. So passt auch das Folgende nicht zu diesen zwei Zeilen; denn in ihnen werden epexegetisch nicht die holden Stunden und Tage, sondern unterschiedslos alle Jahreszeiten aufgeführt, dieses Mal aber in einem ganz andern Sinne als in den ersten sechs Versen der Frühling. Handelte es sich dort um die Schilderung einer mit ihren Reizen eintretenden Jahreszeit, so werden jetzt die Jahreszeiten aufgezählt, nicht insoweit sie dauern, sondern insofern sie einander ablösen und verschwinden. Um dem Auge des Lesers den Vergleich mit dem folgenden, wieder durchaus selbständigen Gedichte zu erleichtern, stehe auch dieses sofort daneben.

b.
IV, 7

Frigora mitescunt Zephyris, ver proterit aestas
   interitura, simul
pomifer autumnus fruges effuderit, et mox
   bruma recurrit iners.

damna tamen celeres reparant caelestia lunae:
   nos, ubi decidimus,
quo pius Aeneas, quo Tullus, dives et Ancus,
   pulvis et umbra sumus.

c.
IV, 7

Quis scit an adiciant hodiernae crastina summae
   tempora di superi?
cuncta manus avidas fugient heredis, amico
   quae dederis animo.

cum semel occideris et de te splendida Minos
   fecerit arbitria,
non, Torquate, genus, non te facundia, non te
   restituet pietas:

inferis neque enim tenebris Diana pudicum
   liberat Hippolytum,
nec Lethaea valet Theseus abrumpere caro
   vincula Pirithoo.

Der einfache Gedanke: „Das Jahr verjüngt sich; ist aber unser Weg einmal vollendet, so sind wir Staub und Asche" findet hier einen ebenso klaren wie verständlichen Ausdruck, und das kleine Gedicht schliesst in einer Weise, wie es besser pointiert nicht schliessen könnte. Dass dieser Gedanke mit einer Schilderung des Frühlings nichts zu thun hat, dass diese beiden Gedanken, wo und wie immer sie auch zum Ausdrucke gelangen mögen, mit einander sich kaum zufällig in einzelnen Worten decken können, ist offenbar, und ein Vergleich der ersten sechs Zeilen mit Vers 9—16 erhärtet dies in unwidersprechlicher Weise.

Scheinbar mehr verwandt, in Wirklichkeit aber ebenfalls in seinem Wesen verschieden, folgt dann ein neues Gedicht. Das zweite allerdings wie das dritte, beide kommen darin überein, dass sie das diesseitige Leben in seiner Unwiederbringlichkeit hinstellen. Insofern könnten sie hier als Paralleldichtungen gelten, und sie sind dieses auch vielleicht thatsächlich. Sie weichen aber darin von einander ab, dass das erstere der ewigen Dauer der Natur die Endlichkeit des menschlichen Lebens, das zweite dem irdischen Dasein das Leben im Jenseits entgegenstellt, eine Verschiedenheit der Vorstellungsweise, welche eine Gleichstellung nicht zulässt. Dort heisst es nämlich: *Nos ubi decidimus, Pulvis et umbra sumus*, *umbra* doch offenbar als erweiterndes Synonym für *pulvis*: „Staub und Asche," sagen wir. Wollte man *umbra* zu den Schatten machen, als welche wir nach antiker Ansicht auch nach unserm Tode noch fortdauern, so widerspräche das gradezu der Intention des Dichters. Denn zu der ewigen Wiederkehr des Jahres, zu dem steten Wandel der Himmelskörper träte dann nicht mehr ein „Aufhören unseres Lebens" in scharfen Gegensatz, sondern derselbe würde stumpf durch die Bemerkung, dass wir nicht ganz sterben, sondern nach dem Tode wenigstens doch ein Scheinleben fortführen. Schiller hat darum den Mond, *Lunae* heisst es hier, in seinem Wechsel grade umgekehrt nicht als das Widerspiel des irdischen, sondern als das Symbol des diesseitigen und jenseitigen Daseins des Menschen gebraucht.

Doch in den grossen Weltenlauf
Ward euer Ebenmass zu früh getragen.
Als des Geschickes dunkle Hand,
Was sie vor eurem Auge schnürt,
Vor eurem Aug' nicht auseinander band.
Das Leben in die Tiefe schwand,
Eh es den schönen Kreis vollführte —
Da führtet ihr aus kühner Eigenmacht
Den Bogen weiter durch der Zukunft Nacht:

Da stürztet ihr euch ohne Beben
In des Avernus schwarzen Ocean,
Und trafet das entflohne Leben
Jenseits der Urne wieder an:
Da zeigte sich mit umgestürztem Lichte,
An Kastor angelehnt, ein blühend Polluxbild:
Der Schatten in des Mondes Angesichte,
Eh sich der schöne Silberkreis erfüllt.

In dem folgenden Gedichte aber wird ein Ableben auf der Oberwelt, die Voraussetzung für *pulvis*, garnicht erwähnt; hier wird garnicht angenommen, dass wir aufgehört hätten zu existieren. Wir existieren, wenngleich allerdings nur in der

Unterwelt, wo Minos über uns richtet und wir eine unserem irdischen Leben entsprechende Existenz weiterführen. Stellt jenes Gedicht einfach nur Sein und Nichtsein gegenüber, so dieses das irdische Dasein und das Dasein nach dem Tode. Folgerecht fordert das leztere darum zum Lebensgenusse auf dieser Erde auf. „Geniesse,“ sagt es, „so lange du es kannst. Denn bist du tot, so kannst du zu dem, was dir hier lieb ist, nicht mehr zurück!“ — Tritt die Anrede, *Torquate*, nun gleich nicht genau an den Anfang eines längeren Gedichtes, so steht sie doch wenigstens nicht an dem Ende eines solchen; um so mehr Stellung gewinnt sie, wenn man, was sich fast am meisten empfiehlt, eine Verbindungsstrophe in der drittletzten erkennt oder die letzte für einen integrierenden Teil des Gedichtes ansieht. Der Vergleich mit IV, 6 lässt sie fast als überflüssig erscheinen, und ich lege auf sie keinen besonderen Wert; noch weniger auf die ersten sechs Zeilen, welches Inhaltes immer sie sein mögen. — Wie die ästhetische Selbständigkeit der beiden herausgehobenen Teile sich an Horazischen Parallelen als berechtigt erweist, lehrt die oben, S. 266, 267, gemachte Zusammenstellung. Wir griffen dort unserer Erörterung vor.

Ich unterlasse es, was hier vorgetragen ist, durch andere Stimmen zu stützen. Es genüge darauf hinzuweisen, dass auch hier Porphyrio in seiner Inhaltsangabe lediglich die ersten sechs Verse berücksichtigt: *Carmen hoc verni temporis continet descriptionem.* Vanderbourg bemerkt ausdrücklich zu demselben: *Horace peint dans ces vers le milieu du printemps, et non son arrivée.* Wie ich den Übergang von diesen Versen zu den folgenden als unzureichend bezeichnet habe, so merkt Peerlkamp zu Vers 7, *Immortalia ne speres*, an, dass doch niemand so thöricht sei, auf Unsterblichkeit zu rechnen, resp. dass uns daran nicht erst das Jahr und die Stunde zu erinnern brauche. Und wie der einzelne Frühling mit dem Wechsel aller Jahreszeiten vertauscht werden muss, um logische Folge in das Gedicht zu gewinnen, lehren die Inhaltsangaben, welche diese Begriffe unmerklich vertauschen; man vergleiche z. B. Macleane und Wickham.

Empfiehlt sich die ganze Ode nicht durch besonders gelungene Versifikation, wie denn z. B. abgesehen von zwei Fällen sämtliche Hexameter auf zweisilbige Wörter ausgehen! — so bestätigt der Versbau der einzelnen Teile dennoch die obige Abgrenzung derselben. Die ersten und die letzten Verse, auf welche wir den geringsten Wert legten, beginnen mit Ausnahme des dritten Verses (*Gratia*, ein Name) mit Spondeen. Der vierte Hexameter fällt durch seine Hephthemimeres auf. Mit dem Beginn der dritten Strophe tritt ein Wechsel im Versbau ein. Den ersten Fuss bilden fortan stets Daktylen, den zweiten fast allemal Spondeen, und nach der ersten Länge des vierten Fusses treten mit Ausnahme eines Falles stets Diäresen ein. Von der dritten und vierten Strophe heben sich die beiden folgenden wieder dadurch ab, dass der Spondeus des zweiten Fusses regelmässig durch einen Daktylus ersetzt wird.

Carm. IV, 8.

Dass aber der Text des Horaz starke und,
wie wir sahen, alte Verderben erlitten hat, das
sollten die Verehrer würdiger Pergamene doch
aus den Stellen kennen lernen, die völlig sinnlos
sind.

Haupt.

Unter denjenigen horazischen Gedichten, deren Litteratur überreich ist,
nimmt das achte des vierten Buches eine der ersten Stellen ein. Man darf billig
zweifeln, ob nach I, 28 ihm ein anderes den Rang streitig macht, und man erschrickt
bei dem Gedanken, dass man es sich zur Aufgabe stellen könnte, was über IV, 8
geschrieben ist, gesichtet vorzutragen. Das Glück will, dass eine Nötigung
hierzu nicht vorliegt. Fast alle Untersuchungen über IV, 8 galten nicht sowohl der
Frage, mit welcher wir uns hier beschäftigen, der nach dem einheitlichen Charakter,
der Idee des ganzen Gedichtes, als vielmehr der mehr oder minder ausgedehnten
Interpolation der zweiten Hälfte der Ode. Darf also füglich fast alles, was über
IV, 8 geschrieben ist, beiseite gelassen werden, so geben die Resultate jener kritischen
Studien gleichwohl das Anrecht, wenigstens an dieser Stelle daran zu erinnern,
dass die vorliegenden Untersuchungen der Tradition der horazischen Gedichte fürwahr insofern nicht zu nahe treten, als sich heute kaum noch jemand findet, der nicht
wenigstens die Unechtheit von IV, 8. 17 als allgemein zugestanden voraussetzt.
Und doch giebt es kein Manuskript, welches nicht auch diesen Vers enthielte. Für
welch eine Tradition könnte die Kritik sich also nun noch ereifern? Giebt es für
Horaz noch eine makellose Überlieferung, der man unbedingt trauen darf? Wer
hat den Archetypus redigiert, in welchem auch IV, 8. 17 stand? Kennt man denn
diese Hand so genau, dass es eine Ehrenpflicht wäre, für sie einzutreten? Ich
dächte, sie sei die eines in mehr als einer Beziehung durchaus unzureichend gebildeten Mannes gewesen, so unzureichend gebildet, dass man gegen sich selbst fehlt
wenn man meint, der Griffel, welcher die Vierzahl der Strophen nicht schonte,
die römische Geschichte in ihren Elementen nicht kannte, den Vers ohne Cäsur liess,
könnte andere Gedichte unentstellt gelassen und ästhetischen Gesetzen Rechnung
getragen haben. Ich darf also wenigstens bei IV, 8 vielleicht auf ein entgegen-
kommendes Urteil hoffen.

Non incisa notis marmora publicis,
per quae spiritus et vita redit bonis
post mortem ducibus, clarius indicant
laudes, quam Calabrae Pierides; neque

si chartae sileant, quod bene feceris,
mercedem tuleris. quid foret Iliae
Mavortisque puer, si taciturnitas
obstaret meritis invida Romuli?

caelo Musa beat. sic Iovis interest
optatis epulis inpiger Hercules:
clarum Tyndaridae sidus ab infimis
quassas eripiunt aequoribus rates.

Wenn wir nur vorstehende drei Strophen kennten — ich habe, ohne auf die Auslassungen in der Mitte hier wie anderswo ein besonderes Gewicht zu legen, nur dem in den Versen enthaltenen Gedanken einen möglichst klaren und einfachen Ausdruck geben wollen — wer würde zu dem Anfange des Gedichtes etwas hinzuzudenken sich getrieben fühlen? Ich glaube niemand. Die Idee ist einheitlich und deutlich und gelangt zu vollem und wohlgerundetem Ausdruck. Das Gedicht sagt: „Kein Marmor, kein Denkmal kann den Helden so feiern, wie das Lied des Dichters. Der Dichter ist es, der ihm Unsterblichkeit verleiht." Die Form in welcher dieser Gedanke ausgesprochen wird, kann amplificiert, variiert und auf manche noch andere Weise ausgeschmückt werden; in sich bedarf er weder irgend welcher Erweiterung, noch auch ist er solcher fähig. Das beweist denn auch der erste Teil von IV, 8, mit welchem er in der Tradition verbunden erscheint.

Donarem pateras grataque commodus,
Censorine, meis aera sodalibus,
donarem tripodas, praemia fortium
Graiorum, neque tu pessima munerum

ferres, divite me scilicet artium,
quas aut Parrhasius protulit aut Scopas,
hic saxo, liquidis ille coloribus
sollers nunc hominem ponere, nunc deum:

sed non haec mihi vis, non tibi talium
res est aut animus deliciarum egens.
gaudes carminibus: carmina possumus
donare et pretium dicere muneri.

„Nicht Marmorstatuen und nicht Kunstwerke berühmter Meister besitze ich, dass ich sie dir schenken könnte, aber Lieder, Lieder sind mein, und sie kann ich dir, o Freund, widmen und ihnen dadurch Wert verleihen." Wie einfach, wie natürlich und darum wie ansprechend ist dieser Gedanke und die Form, in welcher er auftritt! Wie unendlich prosaisch wird er durch den Zusatz, dass der Dichter auch den Wert von Gedichten auseinanderzusetzen imstande sei und dadurch dass er denselben deswegen auch in aller Breite auseinandersetzt! War zudem Censorinus, der Freund des Horatius, ein Feldherr, der Scipio, Heroen und Göttern an die Seite gesetzt werden konnte, ohne dass es ihn beschämte? So bekannt es ist, möge hier dennoch das Widmungsgedicht stehen, welches unsere jetzige Catullsammlung einleitet; die Parallele ist nicht ohne Belehrung.

Quoi dono lepidum novum libellum
arida modo pumice expolitum?
Corneli, tibi: namque tu solebas
meas esse aliquid putare nugas,
iam tum cum ausus es unus Italorum
omne aevum tribus explicare chartis
doctis, Iuppiter, et laboriosis.

quare habe tibi quidquid hoc libelli,
qualecumque, quod, o patrona virgo,
plus uno maneat perenne saeclo.

„Censorinus, an Gedichten hast du ja deine Freude; nimm diese Gedichte hier und lass mich glauben, dass sie nun einigen Wert haben"; so hiess es bei Horaz. „Cornelius, heisst es bei Catull, du meintest ja immer freundlich, meine kleinen Lieder seien etwas; nimm sie hiermit freundlich an, was immer sie wert sein mögen." Hat man bei Catull je eine Fortsetzung vermisst? Unter solchen Umständen kann bei Horaz auch nur eine Lesart im letzten Worte des Gedichtes die richtige sein und das ist *muneri*. Denn *muneris* ist nur durch die Absicht zum folgenden Gedichte überzuleiten entstanden.

Jede weitere Kritik ist nicht Aufgabe dieser Blätter. Nur vorübergehend darf ich deshalb darauf hinweisen, wie das Gedicht in einer sehr grossen Zahl von Stellen sich mit andern, teils horazischen (vgl. III, 25 extr., II Epp. 1. 248—250), teils nicht horazischen, deckt. Berücksichtigt man nun, dass die Abfassung der Ode besten Falls kurz vor den Tod des Horaz fallen könnte (Suet. Aug. 31, Lamprid. Alex. 28, Ovid Fast. V. 563, Gell. IV. 11, Plin. H. N. XXII. 6. 13, wozu Mommsen, Mon. Ancyr. und C. I. L. 1 S. 387 und 281 hinzuzuziehen ist), wie aber IV, 8. 6 verglichen mit Properz IV, 8. 9 ff., nur in dasselbe Verhältnis zu dieser Stelle tritt, wie Horaz III, 11 zu Ovids Hypermnestra, d. h. wie die Horazische Stelle geschraubt und bedenklich, die des Properz natürlich und elegant erscheint, so kann man sich den ernstesten Zweifeln au der Autorschaft des Horaz auch für diese Gedichte nicht verschliessen. Besonders mache ich auf *ponere* aufmerksam; in beiden Gedichten, bei Properz wie bei Horaz, kommt es vor; aber bei Properz unanstössig:

in Veneris tabula summam sibi ponit Apelles,

bei Horaz in abweichendem und nicht anmutendem Sinne *(sollers hominem ponere)*. Bei Porphyrio finden wir im Argument das bekannte *deinde*.

———

Das metrische Schema bestätigt wiederum auf das sicherste unsere Teilung: Die Verse des ganzen ersten Teiles laufen auf kurze Endsilben aus mit Ausnahme von drei unter zwölf: *Scopas, muneri* (statt *muneris*) und *egens;* die Verse des zweiten Teiles gehen auf Längen aus mit Ausnahme von drei bis vier unter achtundzwanzig. — Diese und ähnliche Thatsachen, welche ihrer objektiven Natur nach unwidersprechliche Beweise darstellen, können unmöglich früher unbekannt gewesen sein; denn welcher Buchstabe, welche Silbe wäre im Horaz wohl ungeprüft geblieben! Aber sie mussten Schwerter in der Scheide bleiben, so lange nicht die Methode des Zusammenlegens von Gedichten entdeckt war, deren man sich bei der Herstellung unserer jetzigen Redaktion bedient hatte, so lange sie für eine Ausgabe erster Hand gehalten werden musste.

CARM. IV, 9

— servetur ad imum, qualis ab incepto processerit et sibi constet.

Horaz.

Schon häufig ist nachgewiesen worden, wie konservative Herausgeber in ihren Analysen Gedichte des Horaz in ihre selbständigen Elemente zerlegt und damit eine Kritik geübt haben, die sie selbt am wenigsten ahnten. So sagt auch Jani in seiner Inhaltsangabe der neunten Ode des vierten Buches: *Primum immortalia fore praedicit carmina sua lyrica licet forte majores se, alio quidem in genere, poetas Roma habeat; quemadmodum neque Homeri magnitudo impediat, quominus et lyrici poetae Graecorum vivant et floreant. Tum transit, (quae velut altera pars Odes est) ad vim poeseos universae. — — Denique ad ipsum M. Lollium, ad quem carmen scriptum est, convertitur.* Kurz und klar unterscheidet eben diese drei Teile der Ode *Urbano Campos (Horacio Español): Asegura Horacio, que no morirán sus escritos; que la virtud sin el arrimo de la poesía perece por olvidada; que cantará los glorias de Lolio, y celebrará sus virtudes.* Es ist diese Gliederung der Ode diejenige, welche das Resultat jeder eingehenden Betrachtung sein muss, wenn man von etwaigen kleineren Bestandteilen absicht, die sich dem Gefühle als fremdartige aufdrängen, und sie kommt vollkommen mit der von Dacier, Sanadon, Francis u. a. überein; des ersteren Worte übersetzt Jani wohl nur, da Dacier ebenso sagt: *Horace a divisé cette ode en trois parties: dans la première il loue ses vers, et combat une erreur* in abweichender Bedeutung bei Horaz; und die Bedeutung in II, 14, 6 und an unserer Stelle schliessen sich gegenseitig aus. Der Gebrauch von *carere* an dieser *naturelle à beaucoup de gens qui croyent que dans un art il n' y a que les premiers qui doivent être considerés. Dans la seconde il loue la Poésie en général etc.* Aber Sanadon setzt zu dieser Unterscheidung, welche auch er adoptiert — *L' ode d'Horace est proprement un composé de trois éloges. Le premier tombe sur ses vers, le second sur la poésie en général, et le dernier sur Lollius* — schon hinzu: *Il me semble cependant que le poète s' y prend d' un peu loin pour venir au héros de sa pièce.* Es ist nämlich klar, dass wenn der Dichter wirklich von der Unsterblichkeit seiner Gedichte sich zu dem Lobe des Lollius einen Weg bahnen wollte, dass es dann naturgemäss heissen musste: „Meine Lieder werden leben, in meinen Liedern auch du, o Lollius.‟ Die Einschiebung eines Gedankens zwischen diese beiden so einfachen und natürlichen Glieder kann nur störend wirken und mit Recht macht Peerlkamp geltend: *Iam inter priora illa:* „*Mea carmina non peribunt. fuere multi fortes ante bellum Trojanum. sed ignoti, quia vatem non habuerunt*‟ *nulla est conversio. sed impeditior cogitationis cursus.* Wäre es doch überhaupt, muss man sagen, natürlicher gewesen, dass, wenn der Dichter den Lollius preisen wollte, er dann mit dem Lobe des Lollius begonnen hätte, nicht mit dem seiner eigenen Verse. Oder können wir uns z. B. das Carmen saeculare mit dem Selbstlobe des Horaz beginnend denken? Und ist es doch auch wenig angemessen, vielmehr zweckwidrig, zu sagen: „Wenn ich neben Homer auch nur ein Dichter zweiten Ranges bin, ich will mich dennoch bemühen, dich durch mein Lied unsterblich zu machen‟; so wenigstens wird der Dichter interpretiert. Zweckmässiger würde er sagen: „Durch dich, o Lollius, wird mein Lied ewig leben; wenn ich dich preise, wirst du ihm Unsterblichkeit verleihen.‟

Unanstössig ist jeder Gedanke für sich allein: 1. Mein Lied wird nicht vergehen, wenn ich auch nicht Homer bin. Denn auch ich habe geliebt und gelitten wie Alcäus und Sappho. — 2. Das Lied des Sängers trägt auf seinen Schwingen den Namen des Helden der Unsterblichkeit zu. — 3. Dich will ich preisen, o Lollius! So dürfen wir uns nicht wundern, wenn, um den Gedankengang des Gedichtes weniger anstössig zu machen, entweder einzelne Strophen oder ganze Teile gestrichen worden sind (Peerlkamp, Martin, Gruppe, Lehrs), ohne dass auch diese Massnahme ganz befriedigt hätte.

Untersuchen wir denn selbst das Gedicht. Am störendsten wirkt, wie schon bemerkt, der Eintritt des mittleren Teiles. Von ihm grade bemerkt Dillenburger: *Septima strophe, quae medium carminis locum occupavit, principalem habet sententiam, ex qua religatae et eae, quae praecedunt, et eae quae sequuntur. quasi ex communi fonte profluunt.* Grade diese Strophe hat aber auch im besonderen mannigfachen Anstoss erregt. *Inlacrimabiles* findet sich nur noch einmal

Stelle ist nicht der, den wir bei Horaz anzutreffen gewohnt sind; auffällig ist *longa* als Attribut von *nox*; kaum ein Erklärer glaubt an *rate sacro* vorübergehen zu dürfen, welches durch die parallele Stelle aus Ovid mehr verdächtigt als entschuldigt wird, und der ganze Ton und die Sprache tragen genau dasselbe Gepräge, wie die der Kommissur von I, 28 nächststehenden Verse:

> — sed omnes una manet nox
> et calcanda semel via leti.

wozu auch der vielberufene Vers (I, 4 ᴸ)

> Iam te premet nox fabulaeque Manes

als eine nicht grade günstige Paralle hinzutritt. — Porphyrio schweigt zu allen diesen Versen. Aber dies erinnert uns zur rechten Zeit an jetzt bereits mehrfach nachgewiesene Erscheinungen. Eben dieser Dreiteilung, welche IV, 9 zeigt, begegneten wir ähnlich bei I, 9, wo vier ungeeignete Verse die Verbindung zwischen zwei disparaten Gedichten herstellen sollten; ebenso bei I, 28, ebenso bei IV, 2, IV, 4, IV, 6, und alle Schwierigkeiten der Ode, mit denen wir uns zur Zeit beschäftigen, sind mit einem Male gehoben, wenn wir in den Versen 25—28 die Kommissur von zwei Gedichten erkennen, welche nach Zweck und Ziel mit einander nichts gemein haben. Dann ist es plötzlich klar, weshalb Dillenburger aus diesen Versen das belebende Element nach beiden Seiten der Ode ausströmen sieht, nach vorwärts, wie nach rückwärts! Der Redaktor setzte eben in die Mitte einen Gedanken ein, der zum Kitt für Verse dienen sollte, welche ohne einen solchen sich garnicht, durch denselben nur dürftig vereinigen lassen; entfernen wir ihn, so gewinnen wir zwei Gedichte, deren einzelne, auch als solche nicht unangefochten gebliebene Teile ich hier als nicht in meinem Zweck liegend einer Erörterung nicht unterziehen kann, die aber als selbständige Gedichte doch einen einheitlichen Gedanken darstellen und ausführen (Vgl. 1—12; 30—44).

Von allen Bedenken, welche IV, 9 erregte, habe ich bisher eins noch gänzlich unerwähnt gelassen. Die Worte *Ne credas* neben welchen man *Lolli* erwarten musste, bleiben ohne diesen Zusatz, obwohl er unentbehrlich ist, sobald sie einer Person allein gelten sollten. Erst gegen das Ende, nachdem Horaz sich selbst und nachdem er dann alle Dichter gefeiert, erst dann wendet er sich an Lollius, erst dann redet er ihn an. Wir entheben dem Gedichte die Kommissur und der Name des Lollius, steht da, wo er naturgemäss stehen muss, am Anfang der Ode, und Horaz beginnt das Lied, welches einen der an höchster Stelle stehenden Staatsmänner feiern soll, nicht mit seinem eigenen Namen, dem Lobe des Dichters, sondern mit dem des Lollius. Wir erhalten dann wieder zwei Oden von je vierundzwanzig Versen.

Es mögen nunmehr die beiden Gedichte unabhängig von einander folgen, damit der Leser so an ihnen sein Urteil zu kontrollieren imstande ist.

IV, 9 ^a.

Ne forte credas interitura, quae
longe sonantem natus ad Aufidum
  non ante volgatas per artes
    verba loquor socianda, chordis:

non, si priores Maeonius tenet
sedes Homerus, Pindaricae latent
  Ceaeque et Alcaei minaces
    Stesichorique graves Camenae,

nec, si quid olim lusit Anacreon,
delevit aetas; spirat adhuc amor
  vivuntque commissi calores
    Aeoliae fidibus puellae.

non sola comptos arsit adulteri
crines et aurum vestibus inlitum
  mirata regalesque cultus
    et comites Helene Lacaena,

primusve Teucer tela Cydonio
direxit arcu; non semel Ilios
  vexata; non pugnavit ingens
    Idomeneus Sthenelusve solus

dicenda Musis proelia; non ferox
Hector vel acer Deiphobus graves
  excepit ictus pro pudicis
    coniugibus puerisque primus.

IV, 9 ^b.

Paulum sepultae distat inertiae
celata virtus: non ego te meis
  chartis inornatum silebo,
    totve tuos patiar labores

impune, Lolli, carpere lividas
oblviones. est animus tibi
  rerumque prudens et secundis
    temporibus dubiisque rectus,

vindex avarae fraudis et abstinens
ducentis ad se cuncta pecuniae
  consulque non unius anni;
    sed quotiens bonus atque fidus

iudex honestum praetulit utili,
reiecit alto dona nocentium
  voltu, per obstantes catervas
    explicuit sua victor arma.

non possidentem multa vocaveris
recte beatum: rectius occupat
  nomen beati, qui deorum
    muneribus sapienter uti

duramque callet pauperiem pati,
peiusque leto flagitium timet,
  non ille pro caris amicis
    aut patria timidus perire.

vixere fortes ante Agamemnona
multi; sed omnes inlacrimabiles
  urguentur ignotique longa
    nocte, carent quia vate sacro.

Ad mulierem loquitur, cuius nomen non ostendit.

Porphyrio zu IV. 11. 21.

uch wenn das vierte Buch eine Zehnerzahl von Oden umfasste, würde die elfte Ode desselben durch ihren Inhalt mehrfach die Aufmerksamkeit auf sich lenken. Hören wir zunächst diesen.

„Alter Wein," beginnt der Dichter, wie III, 8 und III, 29, „liegt bereit; Eppich und Epheu ist in Menge vorhanden; das Haus erglänzt von Silber; der Altar ist bekränzt, das Opferlamm wartet schon darauf geschlachtet zu werden; geschäftig eilen Sklaven und Sklavinnen durch die Zimmer und der Rauch von dem schon angezündeten Holze steigt in hastigen und dunkeln Wirbeln empor." Wessen Haus ist das? Welcher vornehme Römer lässt hier, wie es scheint, seine Schar von Dienern und Dienerinnen im hohen Frühling seine mit silbernem Gerät prächtig ausgeschmückten Säle zum Empfange, wie man vermuten muss, doch mindestens mehrerer Gäste herrichten? Horaz? Unser Horaz, der allen Prunk verschmäht, dem eine Blume mehr als nur die einfache grüne Myrte schon nicht nach Herzens Wunsch Horaz, dem sonst oft ein Diener genug und dessen höchstes Glück das ruhige Thal und Einsamkeit am murmelnden Quell unter dem Schatten der Pinie ist, er, der sich in der folgenden Ode als nicht reich bezeichnet? Ich kann es nicht glauben, dass er es ist, der hier spricht und würde es für überflüssig halten, wollte ich die Absurdität einer gegenteiligen Meinung durch Fragen, ob er inzwischen seinen Geschmack geändert und vornehm und reich geworden, erweisen. Aber gut: Horaz dennoch lädt also in solcher Weise Phyllis aus IV. 2 — nicht Lydia oder Lyce — ein, mit ihm den Geburtstag Mäcens in der angedeuteten Weise festlich zu begehen, Mäcens, seines vornehmen Freundes, zu dem er also, wir erfahren nicht weshalb, heute nicht geladen ist. Phyllis weiss von diesem Geburtstag nichts;

sie hat auch vorher durch Horaz davon nichts erfahren, und damit sie sich leichter in die ganze Zurüstung hineinfinde, bemerkt er ihr ausdrücklich, in wie hohem Grade Mäcen ihm teuer sei. Denn auch damit ist sie nicht bekannt.

Welchen Fortgang sollen wir nun erwarten? Ich denke den, welchen wir sonst bei Horaz antreffen. Also z. B. III, 28: „Zögerst du noch, mit der fröhlichen Feier des Neptunfestes zu beginnen, Lyde? Und doch siehst du die Sonne sich schon neigen. Her mit dem Wein! Und nun lass uns singen und trinken, singen, bis die Nacht ihre schattigen Schwingen über uns und unsere Liebe senkt. (Vergleiche auch III. 8, II, 7 u. a.) Nicht so hier. Horaz erwartet zwar sicher, dass Phyllis kommen wird; er scheint doch ihretwegen grade diese Pracht und diesen Aufwand zu entfalten, oder sie ist vielleicht gar schon da. *„Multa qua religata fulges.“* (*Fulgeo* oder *fulgo*? Der Zusammenhang verlangt *fulgo*, in welchem Sinne Cod. V. des Cruquius richtig paraphrasiert: *„fulges id est: fulgere poteris — —; non enim ad se coronatam venire cupit, sed invitat, ut apud se coronetur“*: ebenso Ascensius: *„qua c. r. fulges id est fulgebis. Est enim hic futuri temporis tertiae conjugationis, nam a secunda deposito e fiunt tertiae verba ut ferreo et ferro, etc.“* [Die letzten Worte sind in der Henricopetrina von 1580 fehlerhaft und unverständlich abgedruckt.] Wenn Ritter behauptet, Phyllis sei gegenwärtig, wie das Ende des Gedichtes beweise, so übersieht er das *„adroceris“* und schafft so zwischen diesem Worte und *condisce* nur einen neuen Widerspruch. Auch Bücheler (1870) will das Futurum von *fulgo*.) Aber Horaz sieht sich doch genötigt, ihr ernstlich zu Gemüte zu reden, ihm seine ganze Neigung zu schenken; Phaeton und Bellerophon mögen sie warnen, noch ferner an Telephus zu denken; Phyllis sei arm und ehrbar (*non lasciva*); sie möge sich mit Horaz, der, wie wir schliessen müssen, auch arm trotz seines silbernen Hausrates sei und schon altere, und mit seiner allerdings von ihr unerwiderten Liebe begnügen; sie möge jedenfalls kommen; er wolle sie Lieder lehren — heute? — die sollen den düstern Gram, der ihn — heute? — quält, wenn nicht verscheuchen, das scheint nicht möglich, aber doch wenigstens mindern.

So das Gedicht, wie es nun als ein ungeteiltes dasteht. Es ist nach dieser durchaus ungeschminkten Wiedergabe wohl nicht mehr nötig, alle Widersprüche, alles Anstössige im einzelnen aufzudecken. Auf die fröhliche Einladung einer vertrauten Geliebten zu einem glänzenden Abend bei einem Wohlhabenden folgt die trübselige Äusserung eines alten grämlichen und ungeliebten Armen. Es kann nichts Widerspruchsvolleres geben, und jede Erklärung, Erläuterung, Beschönigung, — man halte solche mir nicht entgegen; sie ist zu leicht zu finden — ist eben nur eine Beschönigung, ein Hineintragen und Hineinerklären dessen, was nicht dasteht, und die wunderlichen Auslegungen, die Cruquius' gelehrte Freunde Pantinus und Laurinus zu dem *Apium* machen, bestätigen nur die Inkongruenz der Stimmung im ersten und im zweiten Teile des Gedichtes. Also weg mit diesen Widersprüchen

-3 7 -

und dem wirklichen Sachverhalt sein Recht! Wenn wir irgend welchen Glauben
daran haben, dass das, was Porphyrio sah, hin und wieder noch wenigstens in
etwas richtiger war, als was wir heute drucken, so ist kein Zweifel, dass es das allein
Richtige ist, wenn wir bei Vers 21 eine neue Ode ihren Anfang nehmen lassen.
Porphyrio sagt zu der Stelle: *...ad mulierem loquitur, cuius nomen non ostendit.*"
Wie? Der Dichter verrät den Namen des Mädchens nicht, welches er anredet?
„Ad Phylliden loquitur" müssten wir erwarten, wenn er beide Oden als eine gelesen
hätte; denn klar und deutlich sagt er zum ersten Verse, resp. zur ersten dieser
beiden Oden: *Significat, se diem natalem Maecenatis velle celebrare; loquitur autem
ad Phyllidem amicam.* Aber dass er sie richtig noch als zwei Oden vor sich
hatte, bezeugt der Tenor des Scholions, mit dem er den Inhalt der ganzen
Ode als einer neuen selbständigen angiebt, und so merkt auch Meyer richtig
zu dieser Stelle an: *Apparet alterius carminis hoc exordium visum esse Porphyrioni.*
Fast ebendasselbe müssen wir aus Acro schliessen. Er sagt zu Vers 21: *Tel.
q. t. p. v. Amavit. Utrum ad eandem Phyllidem an ad aliam loquatur, incertum
est, quia non prodidit nomen.* Das kann nur schreiben, wer ein zweites Gedicht
erklärt, nicht wer ein und dasselbe erläutert; denn wer vermutet sonst in der
regelmässig wiederkehrenden Anrede plötzlich eine andere Person? Wenn doch nicht,
so wäre das nur ein Beweis, dass Acro der Sinn dieser Strophe so befremdet hätte,
dass er ihn mit der Anrede an die erstgenannte Person unvereinbar fand.
Denn Ascensius sagt vom Standpunkt der einen Ode aus ganz folgerecht: *Ne
autem dicat Phyllis se nolle ais Telepho abire: ait, puella dixit et lascivia occupavit
Telephum:* er setzt sie mit Recht in den Armen des Telephus voraus — wenn sich
dies nur mit dem *petere,* mit dem *non lascira,* wenn es sich überhaupt nur mit der
ganzen Situation vertrüge. Peerlkamp, obwohl er ja von einem ganz anderen Gesichtspunkte aus das Gedicht beurteilt, streicht aus den gewichtigsten Gründen nicht nur
die zweite und dritte Strophe, sondern er erkennt dem ganzen zweiten Gedichte weder
nach Wort noch nach Inhalt die Farbe der goldenen Latinität zu; er spricht es daher
Horaz ab; mit der Streichung jener zwei Verse sind nämlich die grössten Anstösse
nicht beseitigt. Das ganze Gedicht verwirft auch Martin. Gruppe schliesst das
ganze Gedicht deshalb mit dem zwanzigsten Verse, ein Mittel, welches eben insofern
hilft, als er den dem ersten Teile vollkommen fremden, ihm widersprechenden
zweiten Teil entfernt. Er sagt unter anderm: „Alles was folgt (nach Vers 20),
trägt das Gepräge des Herbeigezogenen und Zusammengewürfelten. — — Vers 21.
Telephum, quem tu petis, ist ohne Zusammenhang etc." Lehrs spricht sich
sehr hart über den Zusammenhang der Oden aus, verwirft einiges und will mit
Umstellungen helfen. Natürlich reichen letztere nicht aus, wo es sich um zwei
ganz verschiedene Gedichte handelt. Wie schwer auch sonst manchem Herausgeber
die Vereinigung beider Teile geworden ist, darf man aus Baden schliessen, dessen

Inhaltsangabe mit den Worten endet: *„I det mindeste bør Slutningen af Stykket fra Vers 21 sig paa denne Maade forbinde med det foregaaende."* Prien kam der Wahrheit insofern etwas näher, als er mit Auslassung der zweiten Strophe die beiden Gedichte als parallele und korrespondierende Teile gegeneinander stellte. Den ganzen Sachverhalt hat auch hier wieder Sivry richtig erkannt, der beide Gedichte selbständig macht und zu Vers 21 einfach bemerkt: *„Ici commence une nouvelle Ode."* — Das *tu* in dieser Zeile stellt übrigens die von uns so oft nachgewiesene Anrede am Anfang des Gedichtes dar.

Es ist bekannt, dass ein Hauptunterschied in der Metrik der verschiedenen Teile der vier Bücher der Lieder des Horaz u. a. darin besteht, dass die trochäische Zäsur im sapphischen Verse in den beiden ersten Büchern unter 285 Fällen nur siebenmal (wir können bereits sagen nur viermal), im dritten Buche unter 168 Fällen kein einziges Mal, zweiundzwanzigmal dagegen im vierten Buche auftritt. Ebenso ist bekannt, dass Horaz in den Oden im Gegensatz zu den Satiren und Episteln die Synaloiphe möglichst meidet, und die Zahl der Fälle, in denen sie vorkommt, mindert sich ganz beträchtlich, wenn die bisher als interpoliert nachgewiesenen Strophen in Wegfall kommen.

In beiden Beziehungen treten die von mir getrennten Gedichte in Gegensatz: Drei der vier Strophen des zweiten Gedichtes enthalten trochäische Zäsuren, zwei derselben eine Verschleifung; von beiden Erscheinungen ist der erste Teil frei. Ich stelle zur Veranschaulichung des Sachverhaltes beide Gedichte nebeneinander und mache im Texte des zweiten die bezüglichen Stellen und ein misstönendes Homoioteleuton kenntlich. (Der Bau der Verse ist in jedem Gedichte von so strenger Regelmässigkeit und der Wechsel hierin tritt in dem ersten Gedichte so markiert auf, dass man sich genötigt sieht, in der dritten und vierten Strophe desselben eine Interpolation zu vermuten.)

Übrigens erschöpft die trochäische Zäsur des zweiten Teiles als solche, wie es mir scheint, keineswegs die metrische Verschiedenheit in diesem Punkte, vielmehr stellt sie sich mir als die Folge einer gegensätzlichen Auffassung des sapphischen Hendekasyllabus überhaupt dar. Schon zu I, 10 merkte ich etwas Ähnliches an. Auch hier, dünkt mich, darf man Versen, wie folgenden

Telephum quem tu | petis, occupavit

Spes et exemplum | grave praebet aliis

kaum die Penthemimeres zuerkennen; sondern er will meiner Meinung nach wie diese r:

femina — condisce modos, | amanda,

so gelesen werden, dass die Hauptzäsur vor das letzte Wort und eine Nebenzäsur hinter das erste fällt. So wenigstens verlangt und erlaubt es allein der natürliche Rhythmus der Verse. Hierzu stimmt die Beobachtung, dass der zweite Teil mit zweien Ausnahmen auf drei- oder mehrsilbige Wörter ausgeht. Abgesehen von den schon vorher als abweichend gebaut bezeichneten Versen neigt der erste Teil zu dieser Gliederung nicht. Aber die angegebenen metrischen Differenzen sind nicht die einzigen, welche hervortreten. Von andern erwähne ich nur, dass die Hendekasyllaben des zweiten Teiles mit Ausnahme von zwei Versen, also zehn von zwölf, stets mit einem Kretikus und folgendem Spondeus, zwei Drittel des ersten dagegen mit einem Trochäus und folgendem Molossus beginnen. Auch bildet der erste Teil den Pyrrhichius mit Vorliebe aus einem zweisilbigen Worte.

IV, 11[a].

Est mihi nonum superantis annum
plenus Albani cadus; est in horto,
Phylli, nectendis apium coronis;
    est hederae vis

multa, qua crines religata fulges;
ridet argento domus; ara castis
vincta verbenis avet immolato
    spargier agno;

cuncta festinat manus, huc et illuc
cursitant mixtae pueris puellae;
sordidum flammae trepidant rotantes
    vertice fumum.

ut tamen noris, quibus advoceris
gaudiis: Idus tibi sunt agendae,
qui dies mensem Veneris marinae
    findit Aprilem.

IV, 11[b].

Telephum, quem tu petis, occupavit
non tuae, sortis iuvenem puella
dives et lasciva | tenetque grata
    compede vinctum.

terret ambustus Phaethon avaras
spes, et exemplum grave, praebet ales
Pegasus terrenum equitem gravatus
    Bellerophonten,

semper ut te digna | sequare et ultra
quam licet sperare | nefas putando
disparem vites, age iam, meorum
    finis amorum

(non enim posthac alia calebo
femina), condisce | modos, amanda
voce quos reddas; minuentur atrae
    carmine curae.

iure sollemnis mihi sanctiorque
paene natali proprio, quod ex hac
luce Maecenas meus adfluentes
    ordinat annos.

Ich glaube, das Bild spricht ebenso laut, als die vorherangeführten Gründe, und besiegelt das Schicksal der Ode, die geteilt fortan ein ungleich fröhlicheres Dasein führen wird. Jeder Teil ist nun in sich wohl verständlich. „Komm, Phyllis,“ heisst es in dem ersten, „es ist alles bereit.“ „Lass ab!“ in dem andern, und keiner von beiden gerät weiter mit seinem Nachbarn in den Widerspruch, in welchen früher jeder einzelne mit dem Ganzen treten musste.

Den Abschnitt möge folgende Zusammenstellung horazischer Parallelen schliessen. Können dieselben wohl einen Verfasser haben?

III, 8.

Martiis caelebs quid agam Kalendis,
quid velint flores et acerra turis
plena miraris positusque carbo in
 caespite vivo,

docte sermones utriusque linguae.
voveram dulces epulas et album
Libero caprum prope funeratus
 arboris ictu.

hic dies, anno redeunte festus,
corticem adstrictum pice demovebit
amphorae fumum bibere institutae
 consule Tullo.

III, 29.

Tyrrhena regum progenies, tibi
non ante verso lene merum cado
 cum flore, Maecenas, rosarum et
 pressa tuis balanus capillis

iam dudum apud me est: eripe te morae,
nec semper udum Tibur et Aefulae
 declive contempleris arvum et
 Telegoni iuga parricidae.
Omitte mirari e. q. s.

III, 14.

Hic dies vere mihi festus atras
eximet curas: ego nec tumultum
nec mori per vim metuam tenente
 Caesare terras.

I, pete unguentum, puer, et coronas
et cadum Marsi memorem duelli,
Spartacum si qua potuit vagantem
 fallere testa.

die et argutae properet Neaerae
murreum nodo cohibere crinem:
si per invisum mora ianitorem
 fiet, abito.

lenit albescens animos capillus
litium et rixae cupidos protervae;
non ego hoc ferrem calidus iuventa
 consule Planco.

IV, 11[a].

Est mihi nonum superantis annum
plenus Albani cadus; est in horto,
Phylli, nectendis apium coronis;
 est hederae vis

multa, qua crines religata fulges;
ridet argento domus; ara castis
vincta verbenis avet immolato
 spargier agno;

cuncta festinat manus, huc et illuc
cursitant mixtae pueris puellae;
sordidum flammae trepidant rotantes
 vertice fumum.

ut tamen noris, quibus advoceris
gaudiis: Idus tibi sunt agendae,
qui dies mensem Veneris marinae,
 findit Aprilem,

iure sollemnis mihi sanctiorque
paene natali proprio, quod ex hac
luce Maecenas meus adfluentes
 ordinat annos.

I. Ep. 5, 7. 8.

Iamdudum splendet focus et tibi
munda supellex.
mitte leves spes et certamina divitiarum.

IV, 11[b].

Telephum, quem tu petis, occupavit
non tuae sortis iuvenem puella
dives et lasciva, tenetque grata
 compede vinctum.

terret ambustus Phaëthon avaras
spes, et exemplum grave praebet ales
Pegasus terrenum equitem gravatus
 Bellerophontem,

semper ut te digna sequare et ultra
quam licet sperare nefas putando
disparem vites, age iam, meorum
 finis amorum

(non enim posthac alia calebo
femina), condisce modos, amanda
voce quos reddas: minuentur atrae
 carmine curae.

CARM. IV, 12.

Nicht weniger zwingend ist die Notwendigkeit, eine Fälschung anzunehmen da, wo der Dichter sich selbst widerspricht.

Haupt.

oraz hat ein Frühlingslied geschrieben. Dasselbe ist lange Zeit mit einem andern Gedichte zusammengeworfen, nun aber sich zu selbständiger Existenz zurückgegeben worden; es ist Carm. I, 4 (1—12). Ebenso hat Catull ein kleines Gedicht verfasst, eine Einladung an einen Freund, ihn zu besuchen. Beide sind berühmte Dichter, Dichter ersten Ranges, die uns wohl sagen können, wie man Sachen derart anzufangen habe, wenn sie gefallen sollen. Endlich giebt es aber noch ein zweites Gedicht von Horaz, IV, 12 welches gleichzeitig sowohl den Frühling besingt, als auch einen Freund zum Besuche einlädt. Wir können nicht umhin, uns diesen willkommenen Zufall zu nutze zu machen; wir stellen jene beiden Einzelgedichte neben dieses beide Zwecke in sich vereinigende Gedicht und sehen, wie sie sich neben einander ausnehmen. Dabei muss bemerkt werden, dass die Parallele, welche das Catullische Gedicht zu dem zweiten Teile des Horazischen darbietet, nicht eine gesuchte, sondern eine längst bekannte ist. So sagt z. B. Theodore Martin (London 1860): *Catullus, in much the same strain, invites his friend Fabullus to dinner, promising to find the perfume, on condition that Fabullus brings with him all the other requisites.* — Man beachte im folgenden den durch den Druck hervorgehobenen Parallelismus in Gedanke und Wort und die Geschlossenheit der nebeneinandergestellten Gedichte.

577

Frühlingslied.

Solvitur acris hiemps grata vice veris et Favoni,
  trahuntque siccas machinae carinas,
ac neque iam stabulis gaudet pecus aut arator igni,
  nec prata canis albicant pruinis.

iam Cytherea choros ducit Venus imminente luna,
  iunctaeque Nymphis Gratiae decentes
alterno terram quatiunt pede, dum graves Cyclopum
  Volcanus ardens urit officinas.

nunc decet aut viridi nitidum caput impedire myrto,
  aut flore, terrae quem ferunt solutae:
nunc et in umbrosis Fauno decet immolare lucis,
  seu poscat agna sive malit haedo.

Iam veris comites, quae mare temperant,
impellunt animae lintea Thraciae:
iam nec prata rigent, nec fluvii strepunt
  hiberna nive turgidi.

nidum ponit, Ityn flebiliter gemens,
infelix avis et Cecropiae domus
aeternum obprobrium, quod male barbaras
  regum est ulta libidines,

dicunt in tenero gramine pinguium
custodes ovium carmina fistula
delectantque deum, cui pecus et nigri
  colles Arcadiae placent.

Einladung an einen Freund.

Cenabis bene, mi Fabulle, apud me
paucis, si tibi di favent, diebus,
si tecum attuleris bonam atque magnam
cenam, non sine candida puella
et vino et sale et omnibus cachinnis.

haec si, inquam, attuleris, venuste noster,
cenabis bene: nam tui Catulli
plenus sacculus est aranearum.
sed contra accipies meros amores
seu quid suavius elegantiusvest:

nam unguentum dabo, quod meae puellae
donarunt Veneres Cupidinesque,
quod tu cum olfacies, deos rogabis,
totum ut te faciant, Fabulle, nasum.

Adduxere sitim tempora, Vergili:
sed pressum Calibus ducere Liberum
si gestis, iuvenum nobilium cliens,
  nardo vina merebere.

nardi parvus onyx eliciet cadum,
qui nunc Sulpiciis accubat horreis,
spes donare novas largus amaraque
  curarum eluere efficax.

ad quae si properas gaudia, cum tua
velox merce veni: non ego te meis
immunem meditor tinguere poculis,
  plena dives ut in domo.

verum pone moras et studium lucri,
nigrorumque memor, dum licet, ignium
misce stultitiam consiliis brevem:
  dulce est desipere in loco.

Wenn wir denn nun eine zuverlässige Tradition besitzen, so sind wir berechtigt oder richtiger: genötigt anzunehmen, dass Horaz, der ja Catulls Gedichte wohl noch besser kannte als wir, der gewiss imstande war, ein Frühlingsgedicht und eine Einladung an einen Freund zu unterscheiden, der endlich vielleicht auch gar ein klein wenig Geschmack und Kunstverständnis besessen haben mag, die Zusammenfassung jener zwei Gedanken in einen, die Zusammenlegung solcher zwei Gedichte in eines für schöner gehalten hat als ihre dichterische Selbständigkeit. Catull hat dann eben seine Sache nicht recht verstanden, und Horaz, wenn immer er seinem Rufe gemäss in IV, 12 als einem einheitlichen Gedichte einiges besseres Verständnis in poetischen Dingen bewiesen hätte, wäre diesem seinem glücklicheren Kunstverständnis ungetreu geworden, als er in I, 4, falls unsere Ausführungen darüber richtig waren, nur ein Frühlingsgedicht allein dichtete. Er sowohl wie jener musste nach dem Muster von IV, 12 in der uns überlieferten Gestalt arbeiten. Catull musste seiner Einladung an einen Freund ein Frühlingsgedicht voran-, Horaz zu seinem Frühlingsgedichte etwas beliebiges anderes hinzudichten, ein Trinklied im Winter, die Beschreibung einer Jagd oder eines Wettrennens oder auch, wie er es ja nach der Tradition wirklich gethan haben soll, ein Lied, das uns daran mahnt, dass der Tod reich und arm holt (I, 4). Denn darin, so sagt unser bisheriger Horaz den goldenen Regeln seiner Ars poetica entgegen, besteht das Wesen der praktischen Poesie, dass man anders dichtet als man lehrt, dass man anders anfängt als man aufhört, anders fortfährt als man begonnen hat. Man setzt z. B. mit einem Frühlingsliede ein, I, 4, IV, 7 oder IV, 12, und dann hat man freie Hand; entweder macht man dann ein Lied auf die Flüchtigkeit des Lebens, ein Sterbelied: I, 4, IV, 7, oder ein anakreontisches, zum Lebensgenuss ermunterndes, oder aber man lässt eine Einladung zu einem Abendessen mit feinen Weinen und einiger Ausgelassenheit folgen IV, 12. Wozu gäbe es sonst Phantasie, wenn sie nicht mindestens in solcher Weise umherspringen könnte!

Wenigstens wäre uns noch der Weg gezeigt, wie wir die auf der linken Seite stehenden Gedichte jener beiden genialen Männer nach Anleitung von IV, 12 verbessern können: Wir reduciren entweder das Metrum von I, 4 auf Phaläcien oder setzen Catulls Gedicht in das Archilochium quartum um; nötigenfalls schieben wir in den Anfang des zweiten Gedichtes noch einen Gedanken ein, z. B. dass die frische Luft den Appetit rege macht o. ä. In beiden Fällen haben wir dann in einem Gedichte, was auch IV, 12 in seiner jetzigen Gestalt uns vereinigt bringt: einen echt poetischen Anfang, in dem wir die Wölkchen ziehen zu sehen und den linden Hauch, der leise die Segel bläht, zu atmen glauben, und dazu einen Schluss, der die gemischtesten Gefühle in uns erregt, einen im Vergleich mit dem geistreichen Gedichte Catulls nicht grade sehr fein ausgeführten Scherz, die Erinnerung an den Tod und ohne besonderen Anlass die Aufforderung sich rechtzeitiger Ausgelassenheit hinzugeben.

Wer überzeugt ist, dass die Tradition unseres Horaztextes durchaus zuverlässig ist, der müsste billiger Weise die vorstehende Ausführung annehmen können und Catulls Gedicht und I, 4 durch Vereinigung wirklich für verbesserungsfähig halten. Wer das Gesagte recht versteht, der muss umgekehrt sich durch den blossen Vergleich jener beiden Gedichte mit IV, 12 überzeugen, dass uns in dieser Ode zwei ausser im Metrum in jeder Beziehung, auch nach Ton und Inhalt grundverschiedene Gedichte vorliegen. Aber folgen wir noch für einen Augenblick der Ode, sowie die Tradition sie uns überliefert hat.

Horaz, müssen wir annehmen, ist in Rom. Wenn etwa, um das Gedicht ausreichend zu erklären, das Gegenteil behauptet werden sollte, so ist uns wenigstens ein Anhalt dafür irgend welcher Art nicht geboten. Vielmehr dürfen wir für zugegeben annehmen, dass es sich unwidersprochen um Rom handelt, wenn Porphyrio zu Vers 18 sagt: *Sulpicii Galbae horrea dicit; Acro: Sulpicia horrea dicebantur, ubi nunc Galbae.* Der Frühling wird nicht mehr erwartet, sondern er ist vielmehr schon erschienen. *Veris comites* spricht in unzweideutiger Weise. Die linden thracischen Lüfte, *animae Thraciae*, schwellen schon wieder die Segel, sie haben den Frühling nach Rom gebracht. Nach Rom? Ich dächte, das wäre ebenso wunderbar, als wenn der deutsche Dichter von dem „*linden Nordost*" den Frühling nach Deutschland bringen lassen wollte! Nur der Zephyrus oder Favonius führt den Frühling dorthin, und eben noch an der Schwelle, um durch IV, 12 als ein einheitliches Gedicht hindurchzugehen, sind wir schon zur Umkehr genötigt. Denn thracischer Wind kann nur für östlich gelegene Landschaften, Byzanz und Kleinasien, den Frühling in das Land führen, und die Hinweisung auf jene Stelle in der Ilias, wo Thracien als der Sitz des Boreas und des Zephyrus erwähnt wird, hat eben für Troja sehr viel Sinn, aber keinen für Rom; denn der Zephyrus kann doch nicht rückwärts blasen. Sulpicius verträgt sich nicht mit ihnen, und wollen wir beiden ihr gutes Recht werden lassen, so müssen wir die Ode in zwei Gedichte zerlegen. Dass dies allein das Richtige ist, dessen versichern uns beste Autoritäten und Gründe.

„*Iterum veris tempus describit*" lautet es bei Porphyrio zu Vers 1. Es berechtigt dies zu der Annahme, dass dem Schreiber dieser Worte und folgender bei Acro: — *scribit veris tempus esse aptum navigio* IV, 12, 1—12 noch als ein selbständiges Gedicht vorlag. Denn nur in diesem Falle konnte *adducere sitim tempora* und der Hauptinhalt des ungeteilten Gedichtes, eine Einladung zum Weingelage, unberücksichtigt bleiben. Allerdings stehen die Worte bei Acro durch Überarbeitung in anderer Verbindung. Aber dass sie überarbeitet sind, dass auch Acro in der That zwei Gedichte in IV, 12 sah, das bezeugt sein Scholion zu eben jenen Worten. Denn zu *adducere sitim tempora* sagt er: *sitim pro* **aestate** *posuit* ein Scholion, das auch mit dem zum dritten Verse: *Ipso enim tempore et hiemps clauditur et veris amoenitas aperitur, quo Favonius coeperit flare* (so auch Locher, *sitim aestatem*) geradezu unvereinbar ist. Dieser Widerspruch zwischen den verschiedenen Jahreszeiten, welche die beiden Gedichte voraussetzen, haben Lambin veranlasst einzuwenden: *Jam vero, quod alii dicunt, hic aestatem perspicue describi vel ex hoc versu (Adducere) intelligi posse, dico cum referendum esse non ad anni, sed ad diei tempus: nempe ad horam diei septimam aut octavam, seu potius nonam ac decimam; quo tempore Romani cenare solebant. Quod si quis contendat pertinacius ad anni tempus esse referendum, respondebo, in Italia cernuum tempus multo calidius et siticulosius esse quam in Gallia.* Darauf ist zu erwidern, dass, wenn man IV, 12 als eine Ode liest, es widersinnig ist, zu schliessen, über dem Eintritt des Frühlings sei es Nachmittag oder Abend geworden und dass, wengleich der Frühling in Italien wie ausnahmsweise auch bei uns immerhin selbst heisse Tage haben mag, darum dies doch nicht zulässt, den Frühling in demselben Augenblick, wo die Flüsse eben erst aufgehört haben, vom schmelzenden Schnee zu schwellen und die Fluren, vom Reife zu starren, nun auch schon als diejenige Jahreszeit zu denken, welche uns durstig macht. Dazu eben hat die Sprache ihre Mittel, der Dichter die Herrschaft über sie und mit ihr über uns, unsere Stimmung und unsere dichterische Empfindung, damit er uns genau dasjenige empfinden lassen kann, was er will. Vermag er das nicht, so ist er ein Stümper. Gelangen doch in der That Dacier und Sanadon dahin, Horaz nachzuweisen, wie sehr er sich in der Wahl der Beiwörter vergriffen habe! Den Einwand aber, es handele sich um eine Einladung für eine künftige Jahreszeit, hätte man in der That angesichts des *velox veni = propera* nicht erst versuchen sollen. Ebensowenig darf man Torrentius hören, wenn er sagt: *Nam animae Thraciae non incunctae dicuntur venti omnes, quorum veluti sedes ac domicilium quoddam Thracia est.* Es wird so oft vergessen, dass es Worte giebt, die einen Sinn haben, und blosse Wörter, dass eine beliebige Entgegnung doch nicht immer schon eine Widerlegung ist; es will in Gedichten Verstand und Empfindung befriedigt werden, nicht das Ohr. Die Meinung, das ganze Gedicht oder wenigstens der zweite Teil könne an Vergil, den Dichter, gerichtet sein, das Wort *lucrum* sei ein Scherz, da es sich um ein Tauschgeschäft von Wein gegen Narde handele (Peerlkamp), trifft eben auch nicht; denn der Dichter sagt: *verum pone lucrum*, lass den Handel: er müsste umgekehrt sprechen, wenn er Vergil durch diese Worte zu dem Austausche einlüde, er müsste ihn auffordern sein Dichten zu lassen und statt dessen dem *lucrum* nachzugehen. Mit der Teilung der Ode fallen alle diese Schwierigkeiten, und wenn zum Anfang des dann ersten und zu dem des dann zweiten Gedichtes auch zwei verschiedene Stellen griechischer Dichter angeführt werden, ein Frühlingslied aus der Anthologie (ἤδη χιλιδονία χλιδῶσι κ. τ. λ.) und das fünfundvierzigste Fragment des Alcäus, und wenn die zweite dieser Stellen mit Recht hierher gezogen würde, dann wiederholte sich hier nur, was wir bei III, 12 fanden, dass jedes besondere Gedicht auch sein besonderes griechisches Muster hätte. Aber wir bedürfen dessen nicht; Catull ist uns genug.

Für die Übersetzung eines griechischen Originals erklärt Vers 1—12 Sivry, der mit richtigem Blick die Ode teilt, indem auch er behauptet, dass nur ein Grieche in Kleinasien von thracischen Frühlingswinden sprechen könne. Klotz meinte zwar vor ihm gegen Hardouin und Tanaquil Faber, dass die Winde hier so genannt würden, wie der Schnee III. 25. „*Sithonia nive, id est tali, quali est in Thracia.*" Nur vergisst er, dass Horaz sonst umgekehrt den Schnee und den kalten Nordwind in Thracien hausen lässt, nicht den Frühling und dass nach ihm somit Horaz

etwa gesprochen hätte, als sagten wir: „Schon blähen des Nordpols Lüftchen, die
Gespielen des Frühlings, die Segel u. s. w." — Nach Sivry hat auch Gruppe das
Gedicht mit dem dreizehnten Verse beginnen lassen, indem er sich gegen den ersten
Teil indifferent verhielt; jedenfalls sah also auch er in Vers 13–24 ein vollständiges
Gedicht.   Es wird dem Leser nicht entgangen sein, dass auch hier wieder die
Anrede an den Anfang einer neuen Ode tritt. Noch ist zu beachten,
welcher Rückschluss aus der obigen Zusammenstellung von IV, 12 mit I, 4" und
Catull und aus der Teilung von IV, 12 sich nicht nur für I, 4" allein, sondern
auch für beide Frühlingsgedichte. I, 4" und IV, 12", zugleich ergiebt. Daraus, dass
beide mit Stoffen, die sowohl mit den Gedichten selbst wie untereinander heterogen
sind, verbunden worden, folgt die Selbständigkeit beider, und die Selbständigkeit des
einen erweist zugleich wechselsweise die des andern.

Die zweite Strophe des ersten Gedichtes hebt sich durch ihren der Tendenz
des Gedichtes fremdartigen mythologischen Stoff von den beiden übrigen unvorteil-
haft ab, ein Sachverhalt, der bei der Zusammenstellung mit I, 4" klar hervortritt.
Sie ist von Prien (Rhein. Mus. 13. 350) und Gesell (1855) verworfen und letzterer
begründet sein Urteil ausführlich.   Auch metrisch unterscheidet sie sich von denselben.
Sind diese überwiegend nach dem Schema

$$\_ \smile \smile \_ \mid \_ \smile \smile \_ \smile$$

geformt, so baut jene, wie es scheint, beide Hälften des Verses lieber choriambisch:

$$\_ \smile \smile \_ \smile \_ \mid \_ \smile \smile \_ \smile \smile$$

Das zweite Gedicht lässt einen strengeren Bau in dieser Weise nicht er-
kennen; jedenfalls bildet es die drei ersten Silben des Verses nicht wie das erste mit
Vorliebe aus einem Molossus. An dem Ende des Verses lässt es häufiger kurze
Silben zu.

Zu IV. 9. 28 32 mag hier nachgetragen werden, dass sich mit dem
Eintritt der achten Strophe sofort altgewohnte Erscheinungen wiederholen. Ausser
den schon S. 430. 431 erwähnten die Elision in *ante Agamemnona; fortes,* dasselbe
betonte Wort wie IV, 25 ff.; endlich die seltenere Quantität von *sacro.* Denn in den
dreiundzwanzig Stellen, in welchen *sacr —* in den Oden und Epoden vorkommt, ist
diese Silbe siebzehn Male kurz, lang in einigen interpolierten Stellen, II, 13. 29 u. a.
Auch hier trifft, wie wir sehen, unsere oben gemachte und Linkers Bemerkung zu, dass dreizehn Strophen für Horazische Gedichte sich nicht annehmen
lassen. Linker sowohl wie Prien verwerfen mehrere Strophen des Gedichtes,
eine Frage, welche wir hier nicht weiter verfolgen.

Pherecratiis usus est Horatius libro primo quater, tertio bis, quarto bis.

Victorinus.

Soviel darf man der Phantasie des Dichters einräumen, dass es ihr freisteht, an der Hand auch ferner liegender Vergleichungspunkte von Bild zu Bild, von Gegenstand zu Gegenstand zu eilen, so bedinglich, dass allezeit der Ausgangspunkt und das von demselben aus in das Auge gefasste Ziel festgehalten wird; *semper ad eventum festinat;* mag immerhin die Bahn in kühnem Aufsteigen sich bald heben, bald senken, mag die Phantasie auch scheinbar von den Enden der Erde ihre Bilder nehmen, sie darf nicht richtungslos zu diesen Seiten selbst abschweifen und bei ihnen statt bei den Zielen ihren Flug hemmen; sie darf die Bilder nicht ordnungslos und verwirrend durcheinanderwerfen, darf nicht die Richtungen selbst vertauschen, nicht auf Wege zurückschauen, die sie nicht zurückgelegt hat. Solcher Fehler aber macht sich der Dichter der dreizehnten Ode in der überlieferten Gestalt schuldig.

Audivere, Lyce, di mea vota, di
audivere, Lyce: fis anus, et tamen
    vis formosa videri,
      ludisque et bibis impudens,

et cantu tremulo pota Cupidinem
lentum sollicitas. ille virentis et
    doctae psallere Chiae
      pulchris excubat in genis.

importunus enim transvolat aridas
quercus et refugit te, quia luridi
    dentes te, quia rugae
      turpant et capitis nives,

nec Coae referunt iam tibi purpurae
nec cari lapides tempora, quae semel
    notis condita fastis
      inclusit volucris dies.

Auf den rosigen Wangen seiner jugendschönen, in ihren üppigen Reizen prangenden Chia thront Cupido. Man sollte nun meinen, der Gott der Liebe hätte dort heimatlich sein Hoflager aufgeschlagen; denn der Dichter wird dem reizenden Mädchen, das ihn durch die Lieder, die es zur Zither singt, so ganz bezaubert, seine blühenden Wangen doch nicht nur für Augenblicke zuerkennen oder in seiner leidenschaftlichen Glut nüchtern berechnen, ob und wann auch seine Geliebte aus Chios der Zeit zum Raube fallen und die Rosen ihrer Wangen sich entblättern werden. Aber ich will mit ihm nicht hier schon rechten. Auch dem in Chias Blüten versteckten Liebesgott verleiht er Flügel und lässt ihn flattern — es fällt mir auf: von Baum zu Baum, um die trockenen Eichen, d. h. hier, um mit ihren gelben Zähnen, Runzeln und grauen Haaren die frühere Geliebte des Dichters, ein Mädchen, nicht aus Chios, sondern aus Lycien, Lyce, zu überfliegen. Der Weg, welchen der Dichter unserer Phantasie hier zumutet, ist fürwahr kein ebener. Ich erwartete, er würde sagen, entweder Cupido habe Lyces Runzeln gemieden und sei auf die Wangen seiner Chia geeilt, oder er habe die vertrocknete Eiche überflogen (?), um sich in dem grünen Laube zu verstecken (I, 25). Aber nichts von dem; die Bilder wechseln in bunter Folge und ziehen uns weiter, ohne dass wir geeignet rasten könnten. Jetzt erscheint wieder ein neues. Der Liebesgott mit seinen Flügeln — er ist mir wohlbekannt. Auch dass wir die Zeit flüchtig enteilen lassen und ihr Flügel leihen, weiss ich wohl. Aber wie der Dichter es thut, dass er neben den geflügelten Gott der Liebe, — wer erschaut ihn nicht innerlich! — neben ihn, den gestaltvollen, göttlichen Knaben, nun die geflügelte Zeit stellt, — wie sieht sie, die vielgestaltige oder gestaltlose denn aus? — um beide nun neben einander herfliegen zu lassen, das will mir nicht gefallen. Allerdings auch sie, die Zeit, macht nur mässigen Gebrauch von ihren mächtigen Schwingen; sie hat die Jugend Lyces auf denselben nicht fortgetragen, sondern sich Musse genommen, um die Zahl der entschwundenen Lebensjahre Lyces in die im Tempel aufbewahrten Fasten einzutragen. Mindestens die dritte Strophe also würde besser fehlen.

Wir mussten den Eindruck gewinnen, dass wir einen Ruhepunkt, besser: unser Ziel erreicht hätten; Lyce ist alt geworden. Cupido hat sie verlassen; er hat nun auf der schönen Chierin Wangen sein Lager aufgeschlagen; sie ist es, der nun der Dichter dient; ist das nicht genug? Was solls noch mehr? Nicht so unser Gedicht. Mit der fünften Strophe hebt es von neuem an:

Quo fugit Venus, heu, quove color? decens
quo motus? quid habes illius illius,
    quae spirabat amores,
        quae me surpuerat mihi.

felix post Cinaram notaque et artium
gratarum facies? sed Cinarae breves
    annos fata dederunt,
        servatura diu parem

cornicis vetulae temporibus Lycen,
possent ut iuvenes visere fervidi
    multo non sine risu
        dilapsam in cineres facem.

Der Liebesgott allerdings hat sein Ansehen bei dem Dichter bereits verloren; die Liebesgöttin ist es, die jetzt in seinen Augen regiert, und wenn er nach *transvolat* und *volucris* nunmehr *fugit Venus* sagt, so klingt es, als sei auch Venus auf Flügeln enteilt. Und deren darf sie sich doch nicht rühmen! Aber wir müssen uns in das finden, was das Gedicht verlangt: Venus ist von Lyce gewichen und hat sich — jedoch als Cupido auf den Wangen Chias niedergelassen; denn so steht es vorher, im fünften Verse. Was ist nun ohne sie die arme Lyce! Kann sie sich wohl vergleichen mit — du erwartest: mit Chia? An die denkt der Dichter schon lange nicht mehr! Cinara meint er, seine reizende Cinara, bei deren Namen, ach, noch heute sein Herz schwer wird! Er kann nicht aufhören um sie zu trauern und grollt mit dem Geschick noch jetzt, dass es Cinara in der Jugend ihrer Jahre ihm raubte, um Lyce alt werden zu lassen wie eine Krähe. Auch diese hat Flügel; es ist die dritte oder vierte geflügelte Gestalt sie bleibt uns wenigstens, wenngleich Lyce zur Fackel wird und in Asche zerfallen muss.

Dass man einer solchen prüfenden Betrachtung des Gedichtes eine andere entgegenstellen kann, die nicht nur äusserlich zusammenknüpft und aneinandernötigt, was sich leicht nicht fügen will, sondern eine solche, die von Würde, Ernst und Begeisterung für die dem Buchstaben schulmeisterlichen Gesetzes nicht unterworfene dichterische Phantasie getragen ist, das weiss ich wohl. Aber alles sittliche Pathos, alles warme Interesse für Dichtung und Dichter ist doch nur da berechtigt, wo es gilt, für eine in ihren Rechten und in ihrer Originalität gesicherte, für eine bessere Sache einzutreten und Frevel abzuwehren. Ist denn hier das Bessere als solches schon erwiesen? Ist die Originalität schon ausreichend, anders als von der Sache, um die es sich handelt, bezeugt? Hier soll ja erst ermittelt werden, welches denn das Bessere sei, welche Gedichte den Dichter mehr ehren, das vorliegende eine, von der Tradition überlieferte, oder diejenigen zwei, welche sich bei näherer Betrachtung ergeben. Das ältere Dogma ist keineswegs unter allen Umständen auch das bessere.

Dass zuerst Cupido, dann Venus, zuerst Chia, dann Cinara, in der Mitte der geflügelte Tag die Herrschaft führen, das sind Thatsachen, welche keine noch so geschickte Interpretation hinwegleugnen kann; das sind aber auch zugleich solche, welche in einem Gedichte sich nicht gut vereinigen lassen. Aber alle diese Widersprüche werden gelöst, wenn wir das Gedicht teilen; dann herrscht dort Cupido, hier Venus, dort Chia, hier Cinara. Oder muss es nicht bloss unser dichterisches, sondern auch sittliches Gefühl, unser Interesse für den Dichter beeinträchtigen, wenn derselbe in einem Atemzuge wehmütig seiner teuern, ihm zu früh entrissenen Cinara gedenkt, Lyces spottet und sich Chias erfreut? Es wird hier ein Gefühl verletzt, welches, unabhängig von Zeit und Sitte, tief in uns ruht, so dass auch eine libertine

Anschauung von solchen, so sehr alles Charakters entbehrenden Äusserungen mit Widerwillen erfüllt werden muss. Wollte man aber alles dies ignorieren: dass Cinara in dem zweiten Teile der Ode anstatt Chia erwähnt wird, oder vielmehr, dass der Dichter jetzt Chia liebt, aber im ersten Gedichte früher Lyce, im zweiten früher Cinara, ist schon allein ein entscheidendes Moment. Wie einheitlich das erste Gedicht nach der Teilung sich rundet, ist oben angedeutet worden; mag man es nun aus zwei oder vier Strophen bestehen lassen, es enthält einen von dem des zweiten wesentlich verschiedenen Gedanken: „Du wirst alt, Lyce," sagt der Dichter; „jetzt liebe ich Chia statt deiner." Auch, das zweite Gedicht ist dann als solches wohl gerundet: „Wo bist du hin, holde Lyce, die einst mich meine Cinara vergessen liess! Ach Cinara ist tot und du bist alt und hässlich!" Das Gedicht ist in seiner einfachen Konstruktion leicht verständlich, nur das ist bisher nicht bemerkt worden, dass es wesentlich auf ein Wortspiel ausläuft: *Cinara — cineres; facies — facem.*

Felix post Cinaram, notaquo et artium
gratarum facies ? sed Cinarae breves
  annos fata dederunt
    servatura diu parem

cornicis vetulae temporibus Lycen,
possent ut iuvenes visere fervidi;
  multo non sine risu
    dilapsam in cineres facem.

Wir haben bis jetzt nur innere Gründe für die Teilung der Ode entwickelt: es ist Zeit zu fragen, ob es nicht auch noch andere als solche giebt. Vor allem möge denn Victorinus zeugen, dessen Worte (K. 165) lauten: *Pherecratiis usus est libro primo quater, tertio bis, quarto bis.* Wenn wir für das vierte Buch ebenfalls zwei Dekaden vermuten müssen, so darf es wohl nur unserer Erwartung entsprechen, wenn auch das Metrum Asklepiadeum quintum paarweise auftritt. Das Zeugnis des Victorinus ist durchaus unverdächtig. Während sonst die Manuskripte hinundwieder schwanken, verzeichnet Keil nicht eine einzige abweichende Lesart zu dieser Stelle. Dass auch nicht etwa eine Verschreibung oder ein Druckfehler vorliege, dessen versichert er uns S. 178 durch die Bemerkung: *„quamquam ibi de quarto libro erratum est."* So ist kein Grund vorhanden, weshalb wir dies Zeugnis ablehnen sollten; wird doch das Auftreten des Pherekrateus in dem ersten und dem dritten Buche durchaus richtig angegeben. Anzunehmen, dass eine Verwechslung mit dem im vierten Buche ausser dem Pherekrateus allein noch vorkommenden siebensilbigen Verse, der heroischen Penthemimeres vorliege, verbietet sich nicht allein durch den metrisch ungleichen Wert beider, sondern auch dadurch, dass derselbe an seiner Stelle richtig aufgeführt ist. Man braucht überhaupt nur einen flüchtigen Blick auf das zu werfen, was Victorinus über diesen, wie über den Phere-

krateus sagt, welchen letzteren er allerdings nach seiner Weise in einen halben
Hexameter priapeus verwandelt, um jenen Gedanken als absolut unzulässig zurückzuweisen. Nun halte ich es zwar nicht für wahrscheinlich, dass Victorinus sich
einer Horazausgabe bedient habe, welche, unserem Archetyp an Alter überlegen,
noch eine wesentlich verschiedene Redaktion repräsentiert hätte. Denn sämtliche uns zugänglichen Zeugnisse des Altertums haben bis auf die an
ihrer Stelle erwähnten Ausnahmen die noch jetzt giltige Zählung der Gedichte
zur Voraussetzung, und wenn Victorinus eine frühere, durch die gegenwärtigen
Forschungen erschlossene Anordnung vor sich gehabt und seine Numerierung
zu Grunde gelegt hätte, so würde wohl auch nicht eine derselben mit unserer stimmen.
Wo dieselbe von der letzteren differiert, beruht dies auf ganz anderen, teilweise schon
angegebenen Gründen. Dagegen halte ich es wohl für möglich, dass er entweder
sich auf ältere Quellen stützte, die er in einzelnen Fällen unkorrigiert übernahm,
oder dass in seinem Exemplare unsere Ode, wie I, 7, in der Mehrzahl der Handschriften geteilt auftrat. Das Unangemessene der gegenwärtigen Ordnung trat an
einzelnen Punkten dem natürlichen Gefühle vielleicht so verletzend entgegen, oder
alte Überlieferungen wirkten an einzelnen Stellen noch so mächtig, dass innerhalb
des gegenwärtig gegebenen Rahmens mancherlei verschiedene Teilungen
umliefen. Beispiele von solchen differierenden Zählungen begegnen uns auch
sonst sehr häufig. Man korrigierte an einer Stelle — grade Horaz war
meistens zur Hand, um die Möglichkeit sofortiger Korrektur zuzulassen — aber
man liess andere Stellen unverändert stehen. Ein entscheidendes Urteil würde eine
besondere und eingehende Untersuchung erfordern, die wohl kaum ohne erneute
Revision der Handschriften ausgeführt werden könnte. Denn auch die sorgfältigsten
und gewissenhaftesten Herausgeber der Gegenwart haben naturgemäss dem Drucke
der übermächtigen Tradition erliegen und Fehler und irrige Angaben da sehen
müssen, wo wertvolle Reste alter Überlieferungen durchschimmerten; sie haben dieselben,
öfter sie kennzeichnend, noch öfter stillschweigend geändert, am öftesten wohl sie
ignoriert und ihren Inhalt, überhaupt ihr Vorhandensein als durchaus wertlos nicht
erwähnt. (Hauthal, Acro und Porphyrio, zu II Serm. 2, 11: „*Titurdam hi
est de codicibus quibusdam qui inde ab h. u. norum satiram statuunt e. q. s.* Dazu
seine Anm. *ibid.* S. 348, 9 ff.) Wie wichtig gerade diese Notizen sind, wird sich
unten gelegentlich der zweiten und dritten Satire des zweiten Buches ergeben.)
Mit der Zerlegung der Ode in zwei selbständige Gedichte trifft auch die Thatsache
überein, dass Erklärer und Übersetzer dasselbe in zwei Teile zerlegen, deren zweiter
mit dem siebzehnten Verse beginnt. Wir könnten somit das erste Gedicht von 1—16,
das zweite von 17—28 reichen lassen. Die Erfahrung hat uns aber gelehrt, dass zwischen zwei ehemals selbständigen Ganzen oft ein Bindeglied eingeschoben ist. Die
vorangegangenen Ausführungen lassen in der That die vierte Strophe schon in

künstlerischer Beziehung als verdächtig erscheinen, insofern statt des konkreten Bildes Kupidos plötzlich die Personifikation des geflügelten Tages eintritt. Auch andere Umstände: *fastis*, welches auffällig auf IV, 14. 4, *per titulos memoresque fastos*, hinweist und besonders das prosaische und wenn nicht im trivialsten Sinne zu nehmen, schwer verständliche *notis* kommen hinzu. Dagegen muss umgekehrt bemerkt werden, dass die *Coae purpurae* den Übergang zu dem ersten Verse der folgenden Strophe, besonders zu dem Begriffe *color* vermitteln. Wäre die Frage nach der Authenticität der Gegenstand dieser Untersuchung, so könnte man mehr noch an der dritten Strophe Anstoss nehmen (Vgl. oben). Denn es liegt in der Situation, dass der Dichter sich doch nur gegen ein aus der ersten Blüte seiner Jahre heraustretendes junges Mädchen höhnend wenden, dass nur zu einem solchen er sagen kann: *fis anus et tamen vis formosa videri*, nicht aber schon zu einem wirklich ergrauten und vertrockneten alten Weibe; ein solches aber ist Lyce in der dritten Strophe *(aridas quercus, rugae, capitis nives.)*

Wir konnten früher oft bemerken, dass in Doppelgedichten Wiederholungen auffallender Art vorkamen (I, 7: *Albuneus — albus, udo — udo;* I, 28: *Te maris — me quoque* u. s. w.) Die ersten Ausführungen überheben uns der Mühe diese Thatsache als auch hier vorhanden nachzuweisen. Lyce — Lyce, Cupido — Venus, Chia — Cinara, *(arida quercus — fax dilapsa in cinerem)*, das waren ja grade die Etappen, an welchen wir die Unvereinbarkeit beider Teile des einen Gedichtes nachwiesen; es möge darum genügen, hier zu bemerken, dass die Gedichte eben Parallelen sind, die dem unkritischen Ordner besser hintereinander oder in eins geschrieben als getrennt von einander zu stehen schienen.

Auch die metrische Beschaffenheit der beiden Teile lässt Differenzen an den Tag treten, welche dem blossen Zufall nicht zuzuschreiben sind. Um nur einige der markantesten zu erwähnen, gehen sämtliche Glykoneen der ersten vier Strophen auf Längen, die der letzten drei auf Kürzen aus. Sämtliche Asklepiadeen des zweiten Gedichtes zerfallen in ihrer ersten Hälfte in einen Molossus und einen Anapäst, d. h. also sie enthalten durchweg eine Zäsur hinter der dritten Länge. Das erste Gedicht kennt diese ausnahmslose Gliederung nicht, sondern vernachlässigt sie in der Hälfte der Verse. In mehreren andern Fällen kehrt sich wenigstens das Überwiegen der Erscheinungen um. Sie sind unerheblich neben den genannten.

Zur Wiederherstellung der Ordnung des vierten Buches.

Man darf behaupten, nur ein Text des Horaz ist überliefert.

Haupt.

ir verliessen das vierte Buch, als wir gefunden hatten, dass sich noch jetzt für das vierte Buch nach der Folge der Metra des ersten Buches diese Tabelle herstellen lasse:

Tabelle XXIX.

I.	1	2	3	4		6	2	9	9	10
II.		2	3		5	6		9	9	

Seitdem ist die zweite, dritte, vierte, sechste, siebente, achte, neunte, elfte zwölfte und dreizehnte Ode als der Teilung bedürftig erwiesen worden. Es sind das in vorstehender Tabelle die Metra 2, 3, 9, 2, 4, 1, 9, 2, 6, 5, und wir sind imstande der ergänzten Tabelle folgendes Ansehen zu geben:

Tabelle XXX.

1.	2.	3.	4.	5.	6.	7.	8.	9.	10.
I. 1	2	3	4	5	6	2	9	9	10
II. 1	2	3	4	5	6	2	9	9	

So würden wir, abgesehen von dem Alcmanium und der letzten Stelle, für das vierte Buch das Material nachgewiesen haben, aus welchem sich zwei Dekaden in der Folge der Metra der ersten beiden Dekaden des ersten Buches herstellen liessen. Bezüglich des fehlenden zweiten Gedichtes im Asclepiadeum secundum ist es schwer, eine Vermutung auszusprechen. Der gegenwärtige Zustand unserer Horazredaktion lässt jede Möglichkeit zu. Dabei muss beachtet werden, dass zwar einige der geteilten Gedichte durch eingelegte Strophen mehr oder minder deutlich verrieten, dass sie, wie I, 7, in der nachweisbaren Absicht zusammengebracht seien, ein Gedicht aus ihnen zu machen. Man darf hierher IV, 2, 4, 6. 9 rechnen. Andere dagegen tragen nicht die Spuren solcher Ineinsformung; sondern wie bei I, 4 ist es vielmehr wahrscheinlich, dass nur die Aufeinanderfolge bei gleichem Metrum oder der ähnliche Inhalt sie zusammengeführt habe. Solche Gedichte dürften IV, 7[b] und 7[f], 8, 11, 12, 13 sein. Diese Zahl kommt derjenigen nahe, welche fehlt, um die traditionellen fünfzehn Gedichte auf die Zahl von zwanzig zu bringen; sie deckt vier der Lücken, welche in Tabelle XXIX blieben, d. h. fast soviel als bei dem Mangel eines Seitenstückes zu IV, 10 überhaupt gedeckt werden können, und so erscheint es sehr wohl als möglich, dass nur durch Ineinsschreibung das vierte Buch von zwanzig auf fünfzehn Oden reduziert ist. Erinnern wir uns nun, dass es nur der Zurückstellung von I, 7[b] und I, 4[b] an ihre frühere Stelle in der zweiten Dekade bedurfte, um dem ersten Buche seine vier Dekaden, vierzig Gedichte statt achtunddreissig, wiederzugeben, berücksichtigen wir ausserdem, dass die Manuskripte, wie ich ausführen werde, grade drei von siebzehn Epoden und grade zwei von achtzehn Sermonen teilen, so brauchte die Behauptung, dass unsere Horazausgabe einst in je zwanzig Gedichte zerfiel, niemandem mehr unwahrscheinlich und zunächst bis einschliesslich des vierten Buches nicht mehr als nicht erweisbar oder unerwiesen zu erscheinen.

Würfe man die Frage auf, welchen Anlass man denn gehabt, zwanzig Gedichte zu fünfzehn zusammenzuziehen, so würde ich auf Ovid verweisen.

Qui modo Nasonis fueramus quinque libelli,
tres sumus, hoc illi praetulit auctor opus.
ut iam nulla tibi nos sit legisse voluptas,
at levior demptis poena duobus erit.

Man stellte offenbar die drei Bücher, welche jetzt 15, 19. (20?) und 15. zusammen 49 (50?) Gedichte zählen, aus fünf Dekaden her, in welche sie vorher verteilt gewesen waren. Wer es that und weshalb? Wer vermöchte das zu sagen! Aber sicherlich wohl nicht Ovid selbst, sondern eher der Redaktor eines Buchhändlers, vielleicht um sie in drei Rollen billiger als in fünf herstellen zu können. Eine andere Frage ist die, weshalb man denn aus der Ordnung nach dem Metrum in eine andere, in die nach dem Inhalt — sie soll im folgenden Bande aufgedeckt werden — überging, weshalb man so vielfach Gedichte zusammenschweisste. Auf klassische Zeiten sind noch allemal Zeiten des Niederganges gefolgt; Zeiten, welche nicht bloss in eigenem geistvollen und künstlerischen Schaffen, sondern auch in Geschmack und Kunstverständnis den vorangegangenen ungleich waren. In solchen löst sich Poesie in Prosa auf, und nicht der einzelne feingeschliffene Diamant, sondern Haufen von Steinen, Massen sollen wirken. Das litterarische Interesse und der Wunsch, alles zu besitzen, wird dann die treibende Kraft, nicht mehr der reine Genuss an idealen Einzelwerken. Wie heute eine Einzelschrift von Schiller oder Goethe vergleichsweise selten, meistens ihre sämtlichen Werke oder wenigstens doch sämtliche lyrische Gedichte, sämtliche Dramen o. ä. gekauft werden, wie der spekulative Buchhandel seit der Erfindung der Buchdruckerkunst sogar darauf ausgegangen ist, sämtliche griechische Redner, sämtliche Historiker, sämtliche Epistolographen und darüber hinaus in einzelnen Bänden oder Sammlungen zu vereinigen, so vereinte man auch im Altertum zu gewissen Zeiten die Klassiker in Gesamtausgaben. Und wie heute leicht die vollständigste und billigste aber kritisch wertloseste Ausgabe in Bezug auf ihre Verbreitung den Sieg über alle kritisch wertvolleren davontragen kann — giebt es doch, glaube ich, eine Ausgabe des ganzen Shakespeare zu einem Schilling — so musste das sicherlich im Altertum in weniger kritischen Zeiten nicht nur ebenso leicht, sondern noch leichter vorkommen können, am leichtesten bei einem Schulbuche; denn dies musste möglichst billig und vollständig zugleich sein. Für ein solches gilt aber die uns überkommene Horazausgabe; — ob mit Recht, muss ich bezweifeln. Denn der Inhalt eines Teiles der Epoden und der im epischen Versmasse abgefassten Dich-

tungen eignete sich für ein Schulbuch ebensowenig im Altertum wie heute, im Gegenteil: die Muttersprache machte sie dazu noch weniger geeignet, und doch sind auch die
Sermonen und Episteln in derselben Weise untereinander und zu den Oden geordnet,
wie diese unter sich, so dass die ganze Sammlung unzweifelhaft eine einheitliche ist
und die Annahme, die Oden allein seien für den Schulunterricht redigiert worden,
nicht zulässig erscheint. Nun liesse sich leicht denken, dass Gedichte, die ursprünglich durch ein kleines Zeichen, einen Paragraphos oder ein ähnliches, deutlich genug
geschieden unter einer Nummer standen, schon durch den allmählichen Wegfall dieser
Zeichen schliesslich in eins zusammengeflossen seien. Aber nicht dies allein. In Zeiten
der geschilderten Richtung liebte man auch, wie gesagt, die Masse, und das Längere
erschien als das Vorzüglichere. (Vgl. Tausend und eine Nacht; die französischen und
deutschen Rittergedichte und Ritterromane des Mittelalters; die beiden Vorepen
des Gudrunliedes u. a.) Wie man daher mit dem Reiz einer griechischen Komödie
des Menander nicht zufrieden war, sondern den litterarischen Gaumen durch Inein-
anderwebung zweier, sogar von nicht demselben Verfasser herrührender, reizen und
den Magen durch die Länge des Stückes füllen musste, und wie man solche schon in
ihrer Entstehung hermaphroditen Stücke noch durch weitere Einlagen interpolierte,
so handelte man gewiss kaum anders auf dem Gebiete der lyrischen Poesie. Aber
nicht Ovid selbst nahm mit seinen Werken solche Umarbeitung vor, nicht Horaz,
sondern ein an Geschmack und kritischem Kunstverständnis armes Zeitalter. Es will mir
von diesem Standpunkte aus immer befremdlich erscheinen, dass wir von all den vielen
Dichtern, die in der klassischen Zeit nach Horaz in äolischen Formen dichteten,
und denen gegenüber er sich doch nur den der Zeit nach ersten nennt, nichts,
durchaus garnichts besitzen. Ausser, ich glaube, zwei Gedichten im sapphischen
Versmass bei Statius, ausser einem eben solchen Gedichte in der Anthologie, einigen
Einlagen bei Seneca, und einigen wenigen anderweit verstreuten Gedichten und
Fragmenten ist uns in äolischen Formen aus dieser Zeit nichts erhalten. Sollte man
nicht wenigstens einige derselben in unserer Gedichtsammlung untergebracht haben?
Ich erinnere an III, 11^a, III, 27^b und besonders an IV, 4^b, ein Gedicht, das man
sich kaum unter Augustus, sondern wohl nur in der Zeit von Tiberius bis auf Nero
entstanden denken kann. Jedoch zu unserer Aufgabe!

Ausser den vier Gedichten, welche wir zur Ausfüllung der beiden Dekaden
gebraucht haben, bleiben uns wie nach der Untersuchung über das erste, zweite
und dritte Buch noch einige weitere übrig: 3, 4^a, 6, 9^a. (Ich nehme Anstand 7^a
als ein selbständiges Gedicht zu bezeichnen.) Der ganze Vorrat würde ausreichen,
um den beiden Dekaden des vierten Buches nötigenfalls auch diejenige Gestalt zu
geben, welche den beiden letzten Dekaden des ersten Buches als eine möglicher Weise
einstmals bestandene zuerkannt wurde, wenngleich es wahrscheinlicher sein dürfte,
dass die vier Dekaden des ersten Buches ursprünglich ganz gleich geordnet waren;

nur der vorhandene Bestand zwingt zur Zeit, einen Unterschied in der Ordnung der beiden Teile des ersten Buches anzunehmen.

Mit ein paar kurzen Worten erörtere ich noch die Folge, in welcher einst die Gedichte des vierten Buches auftraten, falls sie nach der Ordnung der Metra des ersten Buches aneinandergereiht waren. Bei der Unsicherheit des Gegenstandes kann es nur darauf ankommen, flüchtig anzudeuten, dass das Material zu einer auch durch ihren Inhalt befriedigenden Folge vorhanden war. Die Frage bezieht sich ihrer Natur nach hier fast nur auf die ersten und letzten Gedichte.

Dass der Inhalt der ersten Zeilen von IV, 1 dem von I, 19, dem einleitenden Gedichte der zweiten Syzygie, fast wörtlich entspricht, ist schon oben, S. 226, bemerkt. Sehr wohl geeignet zu einleitenden und schliessenden Gedichten waren auch 9^a, 3^a und 3^b, letztere Gedichte im Metrum Horatianum, falls dieses die Dekaden einmal eröffnet haben sollte. Ihrem Metrum nach sind aber vor allem IV, 8^a und 8^b Anfangs- oder Schlussgedichte, und dieser Bestimmung entspricht auch durchaus ihr Inhalt. In der gegenwärtigen Ordnung finden wir sie an dem Ende der ersten Dekade, und 8^b ist sicherlich, wie nachgewiesen werden soll, als Schlussgedicht verwendet worden. Ist es doch auch jetzt noch das zehnte in der sofort aufzuweisenden Reihe. Dass IV, 10 jetzt am Ende einer Dekade steht, ist vermutlich nur ein Spiel des Zufalls; denn in der noch gegenwärtig erkennbaren Ordnung steht es an der dritten Stelle der zweiten Dekade; vgl. die folgende Seite. Aus seinem Inhalt lässt sich ebensowenig wie aus dem von I, 11 ein Schluss auf eine ehemalige dekadische Stellung ziehen.

Verglich ich oben 8^b mit dem einleitenden Gedicht bei Catull, so will ich nicht unterlassen zu bemerken, dass letzteres gleichwohl ursprünglich am Ende eines Buches gestanden haben mag. Wenigstens hiess dessen eine Gedichtsammlung der *Passer Catulli* nach dem ersten Worte des zweiten, nicht des ersten Gedichtes. Zu glauben, dass wir Catulls Gedichte in originaler Folge besitzen, ist mir unmöglich. In vierter Stelle und parallel mit I, 4 konnten IV, 7^a und 7^b stehen. Die achte und neunte Stelle, im ersten Buche regelmässig von zwei Gedichten im Metrum Alcaicum ausgefüllt, konnte von IV, 4^a, 4^b, 9^a, 9^b, oder 14 und 15 besetzt sein; unter ihnen sind vier Gedichte dem Lob des Augustus, der Julier und der Claudier gewidmet. — Ganz andere Rücksichten haben die jetzige Folge bestimmt. Sie können erst später zur Erörterung gelangen. Wenigstens aber ist es wohl notwendig an dieser Stelle anzugeben, welche zwanzig Gedichte also es waren, die das vierte Buch bildeten, als es in der seiner jetzigen nächstvorangehenden Gestalt noch zwanzig Gedichte zählte. Wir haben fünfundzwanzig Gedichte im vierten Buche unterschieden, und es lässt sich scheinbar die Frage nicht beantworten, welches denn jene zwanzig gewesen seien. Unter Zuhülfenahme aber von später vorzutragenden Merkmalen ergiebt sich als der ehemalige Bestand der beiden Dekaden des vierten Buches folgender:

Erste Dekade.

1. Intermissa, Venus, diu.
2. Pindarum quisquis studet aemulari.
3. Multa Dircaeum levat aura cycnum.
4. Quem tu, Melpomene, semel.
5. Qualem ministrum fulminis alitem.
6. Quid debeas, o Roma, Neronibus.
7. Divis orte bonis, optime Romulae.
8. Dive, quem proles Niobea magnae.
9. Diffugere nives, redeunt iam.
10. Donarem pateras grataque.

Zweite Dekade.

1. Ne forte credas interitura, quae.
2. Paulum sepultae distat inertiae.
3. O crudelis adhuc et Veneris.
4. Est mihi nonum superantis annum.
5. Telephum, quem tu petis, occupavit.
6. Iam veris comites, quae mare.
7. Adduxere sitim tempora, Vergili.
8. Audivere, Lyce, di mea vota, di.
9. Quae cura patrum quaeve Quiritium.
10. Phoebus volentem proelia me loqui.

Leicht liessen sich hiernach Tabellen für eine ehemalige Ordnung nach dem Metrum derart konstruieren, dass man nunmehr die Nummern dieser zwanzig Oden, resp. der Teile derselben, wie 8°, 8° u. s. w. und dann die Anfangszeilen der Oden in das Schema einsetzte. Dieselben würden einen nur ideellen Wert haben. Aus dem Umstande, dass 4ᵇ eine selbständige Nummer in dem Bestande der ersten Dekade führte, also nicht etwa nur für einen Zusatz zu 4ᵃ angesehen werden kann, und aus der Voraussetzung, dass die Entstehung dieses Gedichtes nicht mehr unter die Regierungszeit des Augustus fällt, ergiebt sich der Schluss, dass auch die Entstehungszeit der der gegenwärtigen nächst vorausliegenden Anordnung nicht vor Tiberius gesetzt werden darf.

Das Buch der Epoden.

EPOD. 2. 9. 17.

Zur Ordnung der Metra des Buches.

„Die Gedichte des Horaz sind nicht zusammengebrochen, nicht zertrümmert, sie sind vielmehr verschüttet, und es gilt sie auszugraben; nur darum ist diese Arbeit lohnend, nur darum in nicht wenigen Fällen die Herstellung möglich."

Unzweifelhaft gehört die Bemerkung, dass diejenigen Epoden, welche in dem gleichen, sogenannten iambischen Versmass des Archilochus geschrieben sind, eine Zehnerzahl bilden, zu den frühesten, die in dieser Richtung gemacht worden. Es wäre wunderbar, wenn vielleicht grade sie eingeschränkt werden und ihre Kraft verlieren müsste. Auf jene zehn folgen sieben Epoden in einem anderen Versmasse, eine ungerade Zahl, die gänzlich ausserhalb des Rhythmus der Zahlen zu liegen scheint, in welchen sich die Summen der Gedichte der übrigen Bücher bewegen. In der That bestätigen auch mehrere nicht unwichtige Manuskripte die gegenwärtig übliche Zählung der Epoden nicht, weder jene Zehn noch diese Sieben, und wenn also die obenerwähnte Bemerkung bezüglich der zehn Epoden gleiches Versmasses sich nicht auf unsere gedruckten Ausgaben, sondern allein auf handschriftliche Zeugnisse stützte, würde ihr eine nicht unbedeutende Anzahl derselben entgegenstehen. Drei Epoden sind es nämlich, welche von Manuskripten geteilt werden, und wenn auch nicht darin Uebereinstimmung in allen bezüglichen Handschriften herrscht, dass sie allemal gleichzeitig alle drei Gedichte teilen, so kommen sie doch insgesamt darin überein, dass sie nicht siebzehn Epoden, sondern mehr zählen und dass, wenn man ihre verschiedenen

Zeugnisse gleichzeitig berücksichtigt, sie zwanzig Epoden insgesamt zählen; mehrere derselben haben jedenfalls neunzehn Gedichte. Es erscheint wünschenswert hier einige Notizen über Handschriften zusammenzustellen, welche jene drei Gedichte. Epod. 2, 9, 17 teilen.

Zu Vers 23 der zweiten Epode bemerkt Keller in den Epilegomenen: „In den Handschriften A' C λ h φ γ g beginnt hier eine neue Epode." Das sind der Parisinus A, der Ambrosianus a. der Monacensis 14685, der Parisinus λ, der Leidensis l, die Parisini 7976, 8072, 7975, und der Gothanus B 61, d. h. also gradezu ein Teil der besten Autoritäten. Er fährt fort: „Auch in L" (*Lipsiensis* I. 4. 38) „steht eine grosse schwarzrotgelbe Initiale, *cons.* M" (Mellicensis); γ g sind ohne Überschrift in A' C λ h aber findet sich folgende: *Introducit quendam feneratorem loquentem.* Dazu in A' C h noch der Zusatz: *et laudantem vitam quietam — —;* φ hat die Überschrift *Laudatio ruris.* in Acr. (schol A) steht: *Metrum quod supra.* Die Ausgabe von 1864 erwähnt zu diesen Manuskripten noch den Bernensis 21, den Montepessulanus, den Nostradamensis 1864, und zwei Blandinen. Auch Hauthal merkt diese Teilung dieser Ode in mehreren Manuskripten und alten Drucken zu Acro an. Aber hiermit ist der Thatbestand durchaus nicht erschöpft. Auch der zu I. 7 erwähnte Codex in Upsala teilt die zweite Epode, und so könnte man noch manche andere hierhergehörige Notiz beibringen.

Zum siebenundzwanzigsten Verse der neunten Epode notiert Keller (1864): „*Novam epodam incipiunt* A c β φ h n"; also der Parisinus 7900ᵃ, das Lemma der Acronischen Scholien desselben, der Bernensis, der Montepessulanus, der Parisinus 7976 und der Nostradamensis 184. Hauthal zu derselben Stelle merkt bei Acro auch noch an: In A Acr. h. l. *stat inscriptio: Ad caesarem devictus antonius.*

Zum dreiundfünfzigsten Verse endlich der siebzehnten Ode finden wir bei Keller (1864): „*Negat Canidiam sibi reconciliari ideo quoniam eius maleficium vulgaverit* B γ λ"; d. h. also: Der Bernensis 263 und die Parisini 7975 und 7972. Hierbei ist aber zu beachten, dass der Bernensis die beiden Teile des Gedichtes I.—52, 53—81. nicht hintereinander, etwa nur durch eine Zeile getrennt, sondern an zwei verschiedenen Stellen, den zweiten Teil zuerst. fol. 173, den ersten später, fol. 182, giebt. also durchaus als zwei in jeder Beziehung unabhängige Gedichte. Vgl. Orellis Vorrede. Mit diesem Sachverhalt stimmt überein, was Hauthal zu Acro bemerkt: *„Notandum, in K*[?] *(Taurinensis Horatii codex I. VI. 2) .u. 1—52 in posteriore parte codicis esse positos, versus autem 53—58 (81?) in priore, ita ut versum 52 in parte posteriore excipiat Ars poetica.*" Was Hauthal (1859) bezüglich des Cod. Rom. Vat. 4611 (γ) erwähnt: *„Ad epodi ultimi — partem posteriorem a. v. 53 extat solummodo argumenti initium usque ad v. respondentem"* scheint auch hier ein geteiltes Gedicht zur Voraussetzung zu haben. Ebenso teilen die Epode der Kopenhagener Codex 2016, drei Leipziger Codices und manche andere; der Gegenstand ist meistens für so unwichtig gehalten worden, dass er selten notiert worden ist. Auch in alten Drucken ist die Teilung des siebzehnten Gedichtes nicht selten, wir treffen sie z. B. in dem des Landinus vom Jahre 1476, in der Veneta vom Jahre 1481, in dem des Ascensius, Fabricius und Höniger.

So führt denn auch z. B. Marius Victorinus ohne die letzte Epode bereits siebzehn Gedichte auf, und nimmt man als wahrscheinlich an, dass auch sein Horaz wie so viele andere das siebzehnte geteilt gab, ohne dass er wegen des gleichen Versmasses die beiden aufeinander folgenden Gedichte doppelt zählte — denn so numerierte er ja auch zwei aufeinander folgende Oden alcäischen Versmasses immer nur als eine — so hätte auch er mindestens neunzehn Gedichte im fünften Buche gezählt. Die beiden besten Codices des Victorinus A und B, der Palatinus und der Parisinus beziffern nämlich *Horrida tempestas* übereinstimmend als die vierzehnte Ode, der Palatinus derselben auch *Petti, nihil me* als die zwölfte und so weiter, so dass *Altera iam teritur* die siebzehnte, *Iam, iam* die achtzehnte Epode wird. Erst Camerarius bedient sich der heutigen Zählung. Es ist daher wohl kaum ein Zweifel, dass bei Victorinus (K. 169, 30) zu lesen ist: *et quae sequuntur usque* undecimam statt *usque in decimam* und *undevies* statt *devies*, oder die Ziffern müssten im Widerspruch gegen den Text in diesen hineingetragen sein. Immerhin hätten wir auch in ihnen sehr alte Zeugnisse für die Teilung der neunten Epode. Denn von ihr geht die differente Zählung des Victorinus augenscheinlich aus. So liessen sich noch manche andere Zeugnisse jeder Art anführen.

Wenn wir nun nur die Aufgabe hätten, einen solchen auf äussere Gründe gestützten Beweis zu führen, so hätten wir schon jetzt nachgewiesen, dass auch das Buch der Epoden einst in zwanzig Gedichte, eine Syzygie von zwei Dekaden, geordnet gewesen ist. Aber es handelt sich doch noch mehr darum, ob diese angeführten Teilungen auch innerlich begründet sind. Denn zu I. 7 wurde bemerkt, dass wir in solchen Erscheinungen nicht ohne weiteres eine alte, auf originale Unterlagen zurückgehende Tradition, sondern nur das Durchbrechen des gesunden Urteils zu erkennen hätten. Aus diesem Grunde ist es notwendig, noch die drei Epoden kurz zu untersuchen.

Epod. 2.

Quibus bonis hominibus primum respondendum est, carmina universe praecipue autem Horatiana non ulla longitudine externa, sed solis internis virtutibus certisque artis lyricae, linguae, historiae ment isque humanae legibus esse metienda atque aestimanda.

Schatzmayr.

Beatus ille, qui procul negotiis,
    ut prisca gens mortalium,
paterna rura bobus exercet suis,
    solutus omni faenore,

neque excitatur classico miles truci,
    neque horret iratum mare,
forumque vitat et superba civium
    potentiorum limina.

ergo aut adulta vitium propagine
    altas maritat populos,
aut in reducta valle mugientium
    prospectat errantes greges,

aut pressa puris mella condit amphoris,
    aut tondet infirmas oves;
vel cum decorum mitibus ponis caput
    Autumnus agris extulit,

ut gaudet insitiva decerpens pira,
    certantem et uvam purpurae,
qua muneretur te, Priape, et te pater
    Silvane, tutor finium.

(Die ausgelassenen Verse 13. 14:

    inutilesve falce ramos amputans
    feliciores inserit,

dürften, wie der Vergleich mit Vers 9. 10 und die vorstehende strophische Gliederung, 20 statt 22 Verse, erweist, ein Zusatz sein, der Cicero *de sen.* 15. 53 entnommen ist.)

Das Gedicht beginnt mit einem *beatus ille.* Es weist von dem Dichter und seinem Kulturkreise weg in die Ferne, in einen Zustand, nach dem er sehnsüchtig hinschaut, weil sein Gemüt von allem dem sich beschwert und niedergedrückt fühlt, was in dem Lande seiner Sehnsucht nicht auf dem Menschen lastet und weil er dort, wo er weilt, von dieser Last sich nicht befreien kann. Dass er uns in die

goldene Zeit, in das Reich der Träume verweist, das besagt deutlich der zweite
Vers der ersten Strophe:

ut prisca gens mortalium,

den denn auch Acro mit diesem Ausdrucke selbst erläutert: *Antiquitatem significat,
cuius aurea saecula credita sunt.* Es spricht nicht ein Wucherer diese Worte.
Denn wie es widersinnig ist, in dem Gemüte eines moralisch verkommenen und in
seiner Schlechtigkeit verhärteten Menschen, der grade vermöge dieser seiner Unsitt-
lichkeit aus den Schäden der Kulturwelt mit Genugthuung seinen Vorteil zieht,
die Sehnsucht nach einer moralisch bessern Welt entstehen zu lassen, es müsste
denn sein, dass der Dichter durch den Ausdruck der Reue und Busse es uns als
möglich erscheinen lässt und unserem intellektuellen wie ästhetischen Verständnis
als wahrscheinlich vermittelt, so hat auch nur der alle Poesie vernichtende und dem
Ton und Inhalt des ersten wie des zweiten Teiles widersprechende Schluss des Gedichtes zu einer der Situation und dem Zusammenhange widersprechenden Auslegung
der vierten Zeile, *solutus omni faenore,* verleiten können. „Selig der Mann," sagt
der Dichter, „der wie in der goldenen Zeit die von den Vätern ererbte Flur mit
seinen ihm selbst gehörigen Stieren bestellt, ohne dass drückende Schulden auf ihm
lasten." Seine Stiere sollen es sein, mit denen er pflügt, nicht die des hartherzigen
Besitzers in der Stadt, dessen Pächter er aus dem früheren Eigentümer geworden
ist; sein Stückchen Land möchte er bebauen, nicht das eines Fremden, sei es dass
es diesem schon gehört, sei es dass unerschwingliche Schulden den Besitz kaum mehr
als sein Eigentum erscheinen lassen; *solutus* möchte er sein, befreit von den Banden,
die ihn jetzt fesseln und sein Gemüt nicht zur Ruhe und Sorglosigkeit gelangen
lassen. (Es ist richtig, dass *faenus* eigentlich der Ertrag heisst, darum auch die
Zinsen, die der Wucherer nimmt; aber die Bedeutung einer erdrückenden Schulden-
last hat das Wort schon bei Livius häufig.)

Das idyllische Leben, das solch ein Landmann führen könnte, der noch
wie in der goldenen Zeit von Pacht und Schulden, von Krieg und gefahrvoller
Seefahrt, von den Rechtshändeln und dem Übermut der reichen Grossen nichts
wüsste, wird dann bis zum zweiundzwanzigsten Verse noch weiter ausgemalt. Der
Dichter begleitet ihn durch die drei Jahreszeiten seiner Thätigkeit, indem er
in richtigem Kunstverständnis die Schilderung des kalten und stürmischen Winters, überhaupt alles, was den Frieden, den das Gedicht atmen soll, stören könnte,
also auch den Krieg zwischen Wolf und Lamm (opp. V. 60 *haedus ereptus lupo*,
ganz auslässt. Er schildert, wie der Landmann im Frühling die jungen
Weinsprossen um die Pappel rankt, im Sommer die Schafe schert und den Bienen
den Honig nimmt, im Herbst seine Freude daran hat, die purpurne Traube, den
roten Apfel und die gelbe Birne zu pflücken und so schliesslich dem Priapus und

Silvanus, dem Schützer der Grenze, das Erntefest zu feiern. Dies ist auch die Grenze *(finis)* des ersten Gedichtes. Denn nun folgt zunächst nicht die fortgesetzte Schilderung des Lebens des Landmannes der goldenen Zeit, der in ruhiger, sorgenloser und damit beglückender Thätigkeit die einfachen Geschäfte besorgt, welche die damals noch freigebige Natur von ihm verlangte, sondern nun spricht ein Städter, „der endlich entflohen des Zimmers Gefängnis und dem engen Gespräch, freudig sich rettet zu der Natur." Er sucht sie auf, nicht weil sie ihm für Augenblicke die goldene Zeit zurückzuführen scheint, sondern, weil nach der Hast und Aufregung des grossstädtischen Lebens dort seine Nerven vorübergehend zur Ruhe gelangen sollen, weil sein überreizter Gaumen nur dort die für ihn allein noch mögliche Abwechslung finden kann, weil seine Phantasie, nachdem der Glanz grossstädtischen Lebens für ihn erblasst ist, nur noch in der Ausmalung ländlichen Sports, der Hetze und des Vogelstellens oder eines *dolce far niente* ihr Vergnügen findet.

Libet iacere modo sub antiqua ilice,
   modo in tenaci gramine:
labuntur altis interim ripis aquae,
   queruntur in silvis aves,

fontesque lymphis obstrepunt manantibus,
   somnos quod invitet leves.
at cum tonantis annus hibernus Iovis
   imbres nivesque comparat,

aut trudit acres hinc et hinc multa cane
   apros in obstantes plagas,
aut amite levi rara tendit retia
   turdis edacibus dolos,

pavidumque leporem et advenam laqueo gruem
   iucunda captat praemia.
quis non malarum quas amor curas habet
   haec inter obliviscitur?

quodsi pudica mulier in partem iuvet
   domum atque dulces liberos,
Sabina qualis aut perusta solibus
   pernicis uxor Apuli,

sacrum vetustis exstruat lignis focum
   lassi sub adventum viri,
claudensque textis cratibus laetum pecus
   distenta siccet ubera,

et horna dulci vina promens dolio
   dapes inemptas apparet:
non me Lucrina iuverint conchylia
   magisve rhombus aut scari,

si quos Eois intonata fluctibus
   hiems ad hoc vertat mare,
non Afra avis descendat in ventrem meum,
   non attagen Ionicus

iucundior, quam lecta de pinguissimis
   oliva ramis arborum,
aut herba lapathi prata amantis et gravi
   malvae salubres corpori,

vel agna festis caesa Terminalibus,
   vel haedus ereptus lupo.
has inter epulas ut iuvat pastas oves
   videre properantes domum,

    videre fessos vomerem inversum boves
      collo trahentes languido,
    positosque vernas, ditis examen domus,
      circum renidentis Lares.

„Welch Vergnügen", ruft dieser Städter aus, „im jungen Grase zu liegen" (*in tenaci gramine*, sagt er, weil er *tenero*, IV, 12, sagen möchte, dies aber nicht leicht sich in den jambischen Vers fügt) „am murmelnden Bache, wenn die Vögel singen und die Bäume leise rauschend uns in den Schlaf wiegen." Es ist jener Städter, der II, 3 uns zurief, dass der Genuss der Natur eher die Sorgen verscheuche als alles Gold des Inachus, jener Dichter, der I, 1 malt, wie den einen dieser, den andern jener Erfolg beglücke, erreichbar im rastlosen Jagen und Streben der unnatürlichen und übertriebenen Verhältnisse der Grossstadt; wie es aber seine Freude sei, fern von dem Getriebe dieser Welt im kühlen Hain allein der Muse zu leben. Als derselbe legitimiert er sich auch durch den analogen Gebrauch des *iuvat*, auf welchem die Gliederung von I, 1 beruht (*sunt quos — est qui*). Denn er setzt mit dem synonymen *libet* ein, gebraucht *iuvat* im neunundreissigsten Verse, wenngleich hier in veränderter Bedeutung, im neunundvierzigsten und einundsechzigsten und führt sich im neunundvierzigsten Verse, *non me Lucrina iuverint conchylia*, und im einundsechzigsten, *has inter epulas ut iuvat pastas oves videre*, als denjenigen ein, der diese Freuden thatsächlich geniesst.

Wie anders der Dichter des ersten Teiles der zweiten Epode! Er spricht von dem Landmanne nicht so, als wäre er selbst dieser, sondern wie von dem Menschen der unerreichbaren, weil für immer entschwundenen goldenen Zeit. Muss also im neunzehnten Verse übersetzt werden: „Wie freut er sich," so heisst *ut iuvat* im eben angeführten einundsechzigsten Verse nach dem vorausgegangenen *non me iuverint*: „Wie freue ich mich"; im zweiten Teile spricht also der Landmann oder vielmehr der Städter selbst, im ersten wird von ihm als von einer dritten Person gesprochen.

So folgt denn nun nach Anleitung von I, 1 eine neue Reihe von Gemälden der Jahreszeiten. Der Dichter hat in dem ersten Gedichte wohl schmerzlich eine Schilderung des Winters vermisst. Diesen lässt er darum schleunigst anbrechen: *At cum tonantis annus hibernus Iovis imbres nivesque comparat*. In den ersten sechs Versen schilderte er den Sommer, nun den Herbst, um dann noch einmal wie der erste Dichter bei dem das ländliche Jahr schliessenden Feste des Grenzgottes (*Terminus*) anzulangen, nur dass dort, der Sitte der goldenen Zeit entsprechend, unblutige, hier aber folgerecht blutige Opfer dargebracht werden, Lämmer, welche dem Wolfe entrissen wurden. Wenn dies nicht Wiederholungen sind, wenn hier nicht zwei, immerhin in verschiedenem Geiste und Geschmack komponierte Paralleldichtungen vorliegen, so giebt es solche überhaupt nicht. Ich stelle einige Stellen nebeneinander.

Paterna rura bobus exercet suis,
  aut in reducta valle mugientium
prospectat errantes greges
  aut tondet infirmas oves;

vel cum decorum mitibus pomis caput
  Autumnus agris extulit,
ut gaudet insitiva decerpens pira,
  certantem et uvam purpurae,
qua muneretur te, Priape, et te, pater
  Silvane, tutor finium.

Iuvat pastas oves
  videre properantis domum,
videre fessos vomerem inversum boves
  collo trahentes languido,

incundior, quam lecta de pinguissimis
  oliva ramis arborum,
aut herba lapathi prata amantis et gravi
  malvae salubres corpori,
vel agna festis caesa Terminalibus,
  vel haedus ereptus lupo.

Zu dieser Wiedergabe und Entgegenstellung der beiden dichterischen Gemälde ist Vergil, Georg. II, 358 ff. zu vergleichen; auch dort ist u. a. das Glück des Landlebens ausdrücklich in die goldene Zeit versetzt, welche blutige Opfer ausschloss:

inpia quam caesis (gens) ante est epulata iuvencis
aureus hanc vitam in terris Saturnus agebat.

Die vorstehend für die Teilung der Ode geltend gemachten Gründe werden durch den Umstand unterstützt, dass prosodisch und metrisch auffallende Erscheinungen genau mit dem dreiundzwanzigsten Verse einsetzen. (Vgl. V. 23. 35. 35. 62. 65.). Auch die Art, wie Vers 23 einsetzt, ist auffällig. „*Ut gaudet*“ hatte es zuletzt geheissen. Man sollte nun erwarten, dass der Dichter jetzt fortführe wiederum mit „*ut gaudet*“, mit „*aut*“ mit einem: „Ein anderes Mal“ oder: „Im Frühling dagegen“; aber nichts von dem allen; er setzt ein, wie man eben ein Lied nicht fortsetzt, sondern wie man es beginnt und wie wir solch einen Anfang z. B. in unserm deutschen Liede: „Im Wald und auf der Haide, da hab' ich meine Freude“ fast in derselben Gestalt wiederfinden.

Dieses Doppelwesen des Gedichtes ist auch schon vor mir bemerkt worden. In seinem Minos schliesst Gruppe sein Urteil über das Gedicht mit den Worten: „Ich vermute eben nur im allgemeinen, dass hinter unserem Gedichte noch ein anderes, etwas kürzeres verborgen liegen könnte, das feiner abgewogen und geistreicher verbunden wäre und eben darum mit mehr Recht dem Horaz gehörte"; und im Äakus sagt er: „Auch bei Vers 23" — es ist derselbe, an den ich den Anfang des neuen Gedichtes setze   „unterbricht ein Bild der Ruhe und des Nichtsthuns die Reihe der Geschäfte."

Zu fast demselben Resultate, teilweise mit denselben Gründen, ist (1880) auch O. Bock gelangt, nur dass er zwei in ihrem Inhalte gegensätzliche Teile einer Ode in den beiden Gedichten erkannt. Er bezieht sich auf die von mir oben angeführten handschriftlichen Zeugnisse und sagt: *Quibus codicibus prorsus neglectis et a totum epodum viri docti ad unum omnes Alfio faeneratori tribuerent, a vero, ni fallor, aberrarunt.* Die Argumente der Handschriften, meint er, bezeugten den Gegensatz der beiden Teile, 1—22 und 23 ff. Auch die der Codices B und q passten nur auf den ersten Teil, und Codex φ gebe am Rande zu Vers 23 die geeignete neue Überschrift wie A λ, obwohl er die Epode ungeteilt weiterführe. Was wolle das Gemälde ländlichen Glückes, Vers 1—22, in Alfius Munde? Sei er Soldat, Kriegsmann oder Seefahrer, dass er so sprechen könnte? Er sei nur Wucherer. Und geeignet schliesse dies Gedicht mit Erwähnung der ländlichen Gottheiten Priapus und Silvanus. Der zweite Teil passe eher zu Alfius. Trägheit, Jagdlust, Liebesabenteuer und Übersättigung an städtischer Ausschweifung treiben ihn hinaus u. s. w. Dass im besonderen Alfius garnicht hierher gehört, habe ich oben bemerkt. Bock hat darin aber Recht, dass im zweiten Teile ein ganz anderer Mann spricht als im ersten. Die Handschriften lassen also mit dem dreiundzwanzigsten Verse vollkommen richtig ein neues Gedicht beginnen.

Epod. 9.

Die specifische Natur des Gefühls ist sich überall gleich.

Vischer.

Mit der Teilung des zweiten Gedichtes hätten wir zunächst achtzehn Gedichte für das Buch der Epoden gewonnen. Das neunte Gedicht steht genau in der Mitte der früheren siebzehn Epoden, und wenn das erste oder zweite Gedicht der zweiten Hälfte des Buches wie Epod. 1. Carm. I. 1, I, 20, III. 16, I Serm. 1. Mäcen gewidmet wäre, so müsste es an diesem Orte zu suchen sein. Es berührt darum wunderbar, dass genau an derselben Stelle, wo uns eine oder zwei Epoden fehlen, wo wir nämlich nicht nur eine neunte, sondern nach Einrechnung von 2^b und 17^b auch noch eine zehnte, elfte oder zwölfte Epode suchen würden, von welchen beiden die letztere dann Mäcen anreden müsste, dass an dieser Stelle wir statt zweier Oden nur eine finden, dass aber diese allerdings dennoch Mäcen anredet, dass grade diese von einer Anzahl von Manuskripten ersten Ranges geteilt wird, und dass grade diese Epode wieder wie ehedem I, 28, I, 7, I, 1 u. s. w. zu denjenigen gehört, welche den Scharfsinn der Interpreten am häufigsten und — darf man wohl sagen — bis heute erfolglos herausgefordert hat. Auch hier kann keine Kunst das zweite *Caecubum* hinwegschaffen, welches das erste *Caecubum* gradezu ausschliesst und unmöglich macht, oder umgekehrt, sie kann nicht das erste beseitigen, damit das zweite eine Stelle gewinne, und keine noch so eingehende Erörterung und Vertiefung in den Sinn und Gedankengang des Gedichtes kann uns überzeugen, dass wir unrichtig empfinden, wenn unser unmittelbares Gefühl uns sagt, dass der Eingang des Gedichtes — *Quando repostum* — in weicher und schmerzbewegter Stimmung an die Zeit erinnert und sehnsüchtig ihre Wiederkehr herbeiwünscht, wo es den Freunden gestattet war, eines Sieges gewiss, sich einen

Augenblick dem Genuss und festlichem Frohsinn hinzugeben, dass dieser Eingang
also unter dem Drucke einer trüben Zeit geschrieben, dass der Schluss des
Gedichtes dagegen — *capaciores affer huc, puer, scyphos* — der Ausdruck einer
gehobenen, triumphierenden, ja, im höchsten Grade siegesfreudigen Stimmung ist.
Die schönen Darlegungen, welche uns noch die letzten Jahre gebracht haben, vermögen nur entweder Schwierigkeiten im einzelnen wegzuschaffen, oder über den
Eindruck für so lange hinwegzutäuschen, als man sie liest, nette poetische
Schöpfungen, welche durch Einlegung von Erwägungen und durch Einsetzung von
neuen Anschauungen vielleicht für sich selbst den Übergang von der ersten
Stimmung zu der zweiten vermitteln, die aber nicht imstande sind, die Kluft überbrückt zu erhalten, sobald man wieder zu dem Gedichte selbst zurückkehrt. Der
schwarze Punkt erscheint wieder, auch wenn er eben mit allen Mitteln der Kunst
weggewaschen worden ist.

Epodus
ante proelium apud Actium commissum,
sed ante Sextum Pompeium devictum
factus.

Quando repostum Caecubum ad festas dapes,
　victore laetus Caesare,
tecum sub alta (sic Iovi gratum) domo,
　beate Maecenas, bibam,
sonante mixtum tibiis carmen lyra,
　hac Dorium, illis barbarum?
ut nuper, actus cum freto Neptunius
　dux fugit ustis navibus,
minatus urbi vincla, quae detraxerat
　servis amicus perfidis.

Romanus, eheu, (posteri negabitis)
　emancipatus feminae
fert vallum et arma miles, et spadonibus
　servire rugosis potest,
interque signa turpe militaria
　sol aspicit conopium.
ad hoc frementes verterunt bis mille equos
　Galli, canentes Caesarem,
hostiliumque navium portu latent
　puppes sinistrorsum citae.

Wenn z. B. Johanssen (Kristiania 1875) sagt: „Fortolkerne siger i Almin-
delighed, at Digtet er skrevet lige efter den förste Efterretning om Slaget ved
Aktium og er en Udtalelse for Mäcenas at Digterens Gläde over Cäsars Seier og
Haab om snart at kunn feire den hos Mäc. med en munter Fest", so widerspricht
dem eben der Eingang des Gedichtes, dieses aus tiefster Brust aufsteigende *Quando*,
für welches letztere Plüss die Parallelstellen und die sich aus denselben ergebende
allein richtige Auffassung nachgewiesen hat; so widersprechen dem die Präsentia
fert, potest, aspicit und die Klage des Dichters über die Schmach, dass solche Zu-

stände wie die von ihm geschilderten noch andauerten. Denn dies eben liegt in dem wiederholten Präsens dieser Verben. Wenn es wahr wäre, dass die Nachricht von dem Siege bei Aktium kurz vor Abfassung der ersten Zeilen des Gedichtes eintraf, so war es unnatürlich in diesen Schmerzenslauten zu klagen und wehevoll auszurufen, wann endlich wohl wieder einmal ein Tag der Freude erscheinen werde.

Wie der Dichter sich nach dem Siege verhalten hat, das lehrt uns Carm. I, 37: *Nunc est bibendum! Antehac nefas depromere Caecubam, dum regina parabat et.* und Weisse (Kristiania 1875), greift doch nur zu einem Gewaltmittel, wenn er sagt: Horats vil i linjerne 11—16 skildre situationen, hvordan det havde taget sig ud i Antonius's og Kleopatras hær, og derfor står verberne i præsens historicum. Und wenn ebenderselbe behauptet: Sadan som epoden star i vore udgaver — et punkt, hvortil jeg siden skal komme tilbage — falder den i fem hoveddele. I den første (1—10) opfordrer Horats Mæcenas til ved et festligt lag at højtideligholde sejeren, ligesom for sex år siden, da Sextus Pompejus var slagen; und vorher: dens indhold er væsentlig jubel over sejeren ved Aktium, som Oktavian vandt den 2de september 723, og hvorom budskabet, netob kort før digtet forfattedes, synes at være kommen til digterens kundskab —, so ist doch weder das eine noch das andere ganz zutreffend, und er macht diese Angaben darum nicht ohne Vorbehalt und sagt dies nur, um zu der unten zu erwähnenden richtigeren Auffassung zu gelangen.

Zu den genannten Umständen kommt die Anrede an den Sklaven gegen den Schluss des Gedichtes hinzu. Wir haben aus zahlreichen früheren Fällen den Satz gewonnen, dass eine solche Anrede nicht ohne weiteres als in Horazischer Weise liegend, nicht ohne weiteres als an rechtmässiger Stelle stehend anzunehmen, dass sie vielmehr in fast allen bisher untersuchten Fällen das sichere Vorzeichen eines zweiten Gedichtes hinter dem ersten ist. Vgl. insbesondere I, 9.

De fuga Antonii.

Terra marique victus hostis punico
   lugubre mutavit sagum,
aut ille centum nobilem Cretam urbibus,
   ventis iturus non suis,
exercitatas aut petit Syrtes Noto,
   aut fertur incerto mari.

capaciores adfer huc, puer, scyphos
   et Chia vina aut Lesbia,
vel quod fluentem nauseam coherceat
   metire nobis Caecubum.
curam metumque Caesaris rerum iuvat
   dulci Lyaeo solvere.

Dieser ganzen bisher entwickelten Sachlage entspricht es, wenn wir mit den Scholien und zum Teil auch mit den Überschriften die erste Hälfte des Gedichtes ansehen als den Ausdruck der schwermütigen Stimmung, in welcher der Dichter in Erinnerung des freudigen Festes, welches er mit Mäcen zur Feier des über Sextus Pompeius erfochtenen Sieges beging, einen endlichen gleichen Sieg mit gleicher Siegesfeier über Antonius und Kleopatra herbeisehnt, den zweiten Teil aber mit der Überschrift *de fuga Antonii* oder *Ad Caesarem devictus Antonius* (Cod. A bei Hauthal) als Triumphlied auf den nicht mehr herbeizusehnenden, sondern nunmehr bereits erfochtenen Sieg.

Dann ist alles in Ordnung, dann ist Raum für den doppelten Cäkuber, dann Raum für die doppelte Anrede, dann widersprechen sich nicht Anfang und Ende und dann finden alle Schwierigkeiten in der Deutung und in den Bezügen der einzelnen Stellen ihre Lösung, wenigstens insoweit, als sie nicht von specieller Worterklärung oder Wortdeutung abhängen.

Nur ein Bedenken scheint der Teilung des Gedichtes noch entgegenzustehen. Die Handschriften, welche uns dieses Mal doch allein die erste Veranlassung zu der Teilung des Gedichtes gaben, beginnen das neue Gedicht mit Vers 27: *Terra marique victus*; hier aber beginnt nicht erst der Stimmungswechsel in dem Gedichte, auf welchen wir so grossen Nachdruck legten, sondern dieser ist schon mit Vers 21, *Io triumphe*, eingetreten, und grade dieser und die folgenden Verse markieren ihn so kräftig.

> Io triumphe, tu moraris aureos
> currus et intactas boves?
>
> io triumphe, nec Iugurthino parem
> bello reportasti ducem,
>
> neque Africanum, cui super Carthaginem
> virtus sepulchrum condidit.

Was sollen wir sagen? Lassen wir diese Verse bei dem ersten Gedichte, so bedarf die ganze Epode überhaupt der Teilung nicht; stellen wir sie aber in Widerspruch mit den Handschriften zu dem zweiten Gedichte, so untergraben wir dieselbe Autorität, auf welche hin wir die Teilung der Ode an dieser Stelle vornahmen. Nun wäre es ja möglich, gegen dieses letzte Hindernis einzuwenden, dass eine Teilung richtig indiciert vorläge, nur dass sie durch ein späteres Versehen der Schreiber an die falsche Stelle gerückt wäre. Aber der Consensus sämtlicher in Frage kommenden Manuskripte warnt davor, ihnen leichtsinnig zu widersprechen, und die Analogie früher als Doppelgedichte erfundener Oden weist auf eine andere Lösung hin. Wir fanden stets da, wo durch unmittelbares Aneinanderrücken zweier in ihren Berührungspunkten sich widerstrebenden Gedichte ein Hiatus entstand, ein Bindeglied eingeschoben. So lange wir nichts Besseres entdecken, dürfen wir annehmen, dass auch hier ein solches eingeschoben sei und erhalten dann zwei Gedichte, von denen das erste das später geschriebene ist, geschrieben zu einer Zeit, als der Veteranenaufstand in Italien im Winter 31/30 und die noch nicht erfolgte endgültige Niederwerfung des Antonius trotz des bei Aktium erkämpften Sieges, trotz der Ergebung des Landheeres und trotz der Flucht der nun im Hafen sich bergenden Flotte den endlichen Ausgang des Kampfes zwischen Ost und West um die Herrschaft über die Welt wieder ebenso zweifelhaft erscheinen lassen mochte als vor der Schlacht bei Aktium, geschrieben also zu einer Zeit, wo sich sehr wohl der sorgenbeschwerten Brust eines Freundes Mäcens sehnsuchtsvolle Seufzer um Ruhe entringen konnten. Das zweite Gedicht wäre dann früher geschrieben, nämlich unter dem Eindruck der Nachricht von dem Siege bei Aktium und der Flucht des Antonius — man wusste noch nicht, wohin er geflohen sei — zu einer Zeit, wo man den Krieg nun für bereits endgültig entschieden hielt und nicht ahnte, dass er sich noch fast ein Jahr lang hinziehen sollte. Mit dieser Verstellung der Gedichte hängt es vielleicht zusammen, dass Hanthal bemerken muss: *In omnibus fere libris argumentum primo scholio postpositum est.* Fallen übrigens die Verse 21—26, von denen einige schon von Schwenk verworfen worden sind, so fallen auch die so schwer ausreichend zu erklärenden Ausdrücke in denselben weg, so fällt besonders der schwer zu deutende Vers mit dem *Africanus,* in dessen Verfasser wir dann den von IV, 8, 17 ff. wiederzuerkennen geneigt sein werden, um so mehr, als auch diese sechs Verse sich ohnehin den vorhergehenden Strophen von je acht Versen nicht fügen.

Auch hier wieder ist schon vor mir nahezu das Richtige getroffen worden. Weisse, den ich oben anführte, sagt am Schlusse seiner Konkurrenzabhandlung: „Jeg kommer endelig til det punkt, som i begyndelsen af forelæsningen blev opsat indtil videre. Det kan ikke nægtes, at den i v. 33 fremsatte opfordring til slaven om at bringe større bægere o. s. v. og erklæringen om, at digteren strax vil drikke og slå alle sorger over Cæsars sag bort, kommer meget overraskende. Det forudsætter en ganske usædvanlig drikkelyst, at han begynder med at opfordre Mæcenas til at holde fest og ender med at forlange vin strax, og ikke det alene, men de fineste vine, sådanne som man netop kun tager frem til gjæstebud.“ Er geht dann auf Ritters bekannte Auskunftsmittel ein, widerlegt sie und fährt fort: „Jeg kan derfor ikke værge mig mod det indtryk, at slutningen er et digt for sig, som er kommen i forbindelse i hdskr. med et endet i samme metrum, fordi indholdet i begge drejer sig om det samme, jubel over Aktiumsejeren — ein Grund, den ich eben nicht zugeben kann, da ich umgekehrt im Eingange des Gedichtes die entgegengesetzte Stimmung erkenne. — Mig synes det altså, som om v. 1—26 er en epode for sig, som netop der får en fortræffelig afslutning, og 26—38 er en anden, som tilfældigt og urigtigt er kommen i forbindelse med den første.“ Die Schwierigkeit bei dieser Teilung ohne Beseitigung von 20—26 braucht Weisse allerdings nicht zu bemerken, da er ja auch in den ersten Strophen des Gedichtes Jubel über den Sieg von Aktium erkennt. Johannsen hebt wieder eben diese Schwierigkeit hervor, aber sagt: „Afgjorelsen er endnu ikke kommen, men med Digterens Seerblik skuer han allerede i Aanden og forkynder Cæsars Seier og

Triumph, mens Fienden flakker raadvild om." Es ist vielleicht nicht unzeitig, darauf aufmerksam zu machen, dass nun nach Teilung des Gedichtes auch die beiden letzten Verse:

> Curam metumque Caesaris rerum iuvat
> dulci Lyaeo solvere.

eher eine zulässige Auslegung gewinnen, als bisher, wo man sie mit dem Anfange des Gedichtes zusammenhalten musste. Nachdem der Dichter triumphierend das Gedicht mit dem Ausrufe einleiten durfte: *Terra marique victus hostis!*, da kann er nun doch mit Fug und Recht alle das Herz beengende Sorge in Cäkuber ertränken, aber in Cäkuber wenigstens, der nun aus grossen Humpen getrunken wird, nicht mehr in Sabinerwein oder Wasser. (Vergl. zu dieser Frage Bücheler, *coni.* 13.)

Grade der Cäkuber übrigens, der in beiden Gedichten vorkommt, hat neben dem den beiden Gedichten gemeinsamen politischen Inhalt und dem Metrum das Zusammenwerfen derselben veranlasst. (Vergl. I, 7 Tibur u. a.)

Es giebt noch ein Zeugnis, zwar nicht aus dem klassischen Altertum, aber doch mehr als tausend Jahre alt, welches uns sagt, dass zur Zeit seiner Niederschrift sein Verfasser einen Horaz kannte, in welchem er ein Siegeslied las, welches so wirkungsvoll mit *Terra marique victus* begann, dass er glaubte, selbst als Dichter nichts Besseres thun zu können, als ein Lied auf den Sieg seines Kaisers Hludowig mit fast eben diesen Worten zu beginnen. Auf der Stadtbibliothek zu Leipzig befindet sich eine Handschrift aus dem zehnten Jahrhundert, R. I, 74, die auf Blatt 13 von neuer Hand ein Gedicht in der bekannten Weise mittelalterlicher Nachbildung der sapphischen Strophe enthält. (Vgl. Haupt, opp. I, S. 287). Die vier ersten Zeilen lauten:

> Terra marique victor honorande
> Caesar auguste Hludovice, Christi
> dogmate clarus, decus aevi nostri
> spes quoque regni!

Es darf wohl kein Zweifel darüber bestehen, dass der Verfasser den Anfang dieser Verse dem Anfang des Epodus 9, vermutlich der zehnten Epode in seinem Horaz, nachbildete.

Epod. 17.

Jam v. 52 carmen absolutum videri poterat.

Jani.

Die Anzahl von zwanzig Epoden ist nachgewiesen bis auf eine. Aber auch hier sind oben schon Zeugnisse von Handschriften und Drucken beigebracht worden, welche die siebzehnte Ode in zwei Gedichte zerlegen. Die Zahl derselben liesse sich leicht verdoppeln und verdreifachen. Auch ist meine Aufgabe dieses Mal eine ganz andere als sonst. Es behauptet in dem vorliegenden Falle niemand, dass Epod. 17, 1—81 ein Gedicht sei in dem Sinne, dass eine Idee sich in einem organischen Ganzen verkörpert hätte, dass Anfang, Mitte und Schluss nur einmal in diesem Gedichte sich nachweisen liessen und dass mit der Teilung desselben bei Vers 52 ein lebendiges Ganzes in zwei fortan tote Körper zerschnitten würde. Vielmehr fasst jedermann die Epode als aus zwei Körpern bestehend auf, als Bitte und Antwort; über den Punkt, wo die erste endet, die zweite beginnt, herrscht nicht die mindeste Differenz; es giebt keine Ausgabe, welche diese Stelle nicht deutlich markierte, und kaum möchte wohl unter diesen Umständen jemand einen besonderen Wert darauf legen, ob das Gedicht mit ein oder mit zwei Nummern versehen wird; denn die Sachlage ändert sich dadurch eben nur in dieser Beziehung, in keiner weiter. Auch welches dieser beiden Gedichte man vorangehen, welches man folgen lässt, ist fast gleichgültig; denn innerliche Beziehungen des einen Gedichtes auf das andere lassen sich kaum nachweisen; besten Falles wären sie belanglos, und am lautesten sprechen in dieser Beziehung jene Handschriften, welche in der That die Gedichte als zwei mit einander in keinem Zusammenhang stehende trennen und das letzte voranstellen. Auf den undankbaren Inhalt des Gedichtes eingehen, hiesse deshalb Mühe verlieren. Man braucht nicht zu beweisen, was niemand bezweifelt. Die folgenden Überlegungen werden die Behauptung, dass Epod. 17 als aus zwei selbständigen Gedichten bestehend anzusehen sei, unterstützen.

Zur Ordnung der Metra des Buches.

Wie oben nachgewiesen ist, haben zweifellos in älterer Zeit Handschriften existiert, welche, aus welchen Gründen auch es geschehen sein mag, im Buch der Epoden zwanzig Gedichte zählten, falls sie alle drei Teilungen, die noch heute in Manuskripten verstreut nachweisbar sind, beobachteten.

Aber nicht dieser Nachweis allein ist der Gegenstand dieser Blätter. Wir behaupten gleichzeitig, dass der gegenwärtig, wie die Zusammenziehung von zwanzig Gedichten in siebzehn beweist, auch schon gestörten Ordnung eine andere, nicht nach dem Inhalt, sondern nach dem Metrum angelegte Ordnung vorangegangen sei. Es fragt sich, ob wir solche auch für das Buch der Epoden zu vermuten, und ob wir uns dieselbe dann als von der gegenwärtigen abweichend vorzustellen haben.

Man erkennt noch jetzt, wie die beiden ersten Dekaden des ersten Buches der Oden so geordnet waren, dass sie mit Langzeilen, d. h. mit Gedichten begannen und schlossen, welche κατὰ στίχον laufen.

Auch das dritte Buch schloss mit einem monostichischen Gedichte und ebenso wies das vierte Buch der Oden am Ende der ersten Dekade ein Gedicht desselben Versmasses auf, IV, 8, ein Gedicht, welches, geteilt, mit IV, 10 zu drei von den erforderlichen vier Anfangs- und Schlussgedichten das Material giebt. Es ist ein für diese Nachlage willkommener Umstand, dass die siebzehnte Epode nicht allein ebenfalls eine monostichische Form hat, sondern eine mehr als tausendjährige Tradition sie uns auch in zwei Gedichte geteilt überlieferte. Wir gewinnen damit zwei Epoden, welche κατὰ στίχον laufend die beiden Dekaden des Buches der Epoden ebenso schlossen, wie mehrere andere Dekaden begonnen oder wenigstens geschlossen haben.

Von den verbleibenden achtzehn Gedichten werden zwölf von dem gleichen, sogenannten iambischen Metrum, sechs von anderen epodischen Systemen getragen; unter letzteren haben zwei (14, 15) das gleiche Versmass. Es liegt damit hier eine

doppelte Möglichkeit vor. Beobachtete der Ordner den in den Büchern der Oden ange-
wandten Grundsatz, so liess er möglichst nicht zwei gleiche Versmasse auf einander
folgen, sondern, so weit der Vorrat reichte, sie wechseln. Für eine nach diesem
Prinzip angelegte Ordnung reichen die Metra des Buches nur zum Teil aus. Nennen wir
das Metrum iambicum a, die vier folgenden epodischen Masse b, c, d, e, die beiden
gleichen f und den stichisch wiederholten iambischen Trimeter g, so lassen sich etwa
folgende beide Reihen herstellen:

$$a \quad f \quad a \quad b \quad a \quad c \quad a \quad a \quad a \quad g$$
$$a \quad f \quad a \quad d \quad a \quad e \quad a \quad a \quad a \quad g$$

d. h. die Zahl der Metra genügt nicht ganz, um eine stete Abwechslung herbeizu-
führen; aber die Reihen hätten immerhin einige Ähnlichkeit mit früheren.

Beobachtete der Ordner aber das umgekehrte Prinzip, liess er möglichst gleichartige Metra auf einander folgen und stellte er nach Analogie der ganzen Horazausgabe, welche in fünf Büchern nur lyrische, in den übrigen fünf nur epische Versmasse aufweist, in einer Dekade die iambischen, in der anderen die iambisch-epischen
zusammen, so konnte er mit den vorhandenen auch dieses nur insoweit durch-
führen, als er etwa folgende Reihen bildete:

$$f \quad a \quad a \quad a \quad a \quad a \quad a \quad a \quad a \quad g$$
$$f \quad a \quad a \quad a \quad a \quad b \quad c \quad d \quad e \quad g$$

Darin, dass das Versmass der elften Epode nur drei Daktylen neben sonst
lauter Iamben enthält, während die folgenden Versmasse den iambischen Trimeter
durch den daktylischen Hexameter ersetzen, könnte man geneigt sein, die erste
Stufe des Überganges von den iambischen zu den iambisch-epischen Versmassen
zu erblicken. — Der früher als zuverlässige Thatsache geltende Satz, dass Horaz
mit nicht weniger und nicht mehr als zehn Gedichten gleiches Versmasses das Buch
der Epoden eröffnete, muss jedenfalls fortan als nicht mehr zutreffend gelten.

———————

Dass hier das Gedicht nicht in Ordnung sei, davon wird sich bald überzeugen, wer es nur aufmerksam betrachten will.

Gruppe.

Zwanzig Gedichte hat das zweite Buch der Episteln, zehn das erste Buch der Sermonen, aber das zweite Buch derselben nur acht. Ist es nun wirklich Zufall, dass eine Anzahl trefflicher Manuskripte zwei Satiren teilen, grade soviel als hinreicht, damit aus achtzehn ebenfalls zwanzig werden? Wir müssen fragen, ob die Handschriften, oder ob unsere heutigen gedruckten Exemplare recht haben, welche von einer Teilung weder der zweiten noch der dritten Satire etwas wissen.

Die Untersuchung über die siebente Ode des ersten Buches begann mit der Erklärung, dass nach Absicht der gegenwärtigen Redaktion I, 7 zweifellos ein Gedicht bilde, nicht zwei. Die Behauptung stützte sich auf die vermutlich vorliegende Verkürzung des ersten Teiles und Erweiterung des zweiten um zwei Verse innerhalb der Summe von 4 ∨ 8 Versen, eine Veränderung, die sich noch in der gestörten strophischen Gliederung beider Teile ausspricht; sie stützt sich auf den Inhalt und die metrische Eigentümlichkeit der beiden eingeschobenen Verse, welche durch *Tibur* beide Teile verbinden. (Vgl. II, 18). Und wenn also die besten Manuskripte die Ode dennoch teilen, so berechtige dazu, wurde behauptet, nicht die jetzige Gestalt des Gedichtes, sondern es sei das ein Akt der Auflehnung des gesunden Menschen, verstandes gegen eine verderbte Tradition.

Wohl genau dasselbe lässt sich von der zweiten Satire des zweiten Buches behaupten. *Librum implere possim enumerandis curiorum interpretum sententiis de argumento huius satirae; et est arena sine calce* könnte man auch hier sagen. Selbstverständlich darf eine Überschau über die Ansichten der verschiedenen Herausgeber hier nicht gegeben oder der Versuch gemacht werden, eine neue aufzustellen. Was zu Gunsten der Ansicht, dass Ofellus durchweg bis Vers 111 spreche und was gegen sie zeugt, ist so erschöpfend von beiden Seiten vorgetragen worden, letzteres nur noch kürzlich in scharfsinniger Weise von Schütz, dass man wohl kaum etwas Neues hinzufügen könnte. Es kann nur darauf ankommen, die Behauptung zu begründen, dass hier dasselbe Sachverhältnis obwalte, wie bei der siebenten Ode des ersten Buches.

Auch II Serm. 2 also, sage ich zunächst, will in der gegenwärtigen Form für ein Gedicht gelten. Meine Aufgabe zu lösen wird mir dadurch sehr erleichtert, dass niemand die These in dieser Form bestreitet. Und dies geschieht darum, weil in der That der ganze Sermon sich im zweiten Verse als der des Ofellus giebt über das Thema des *vivere parvo*, weil Ofellus Ansicht es ist, die über den Gegensatz dieses *victus tenuis* zu dem *victus sordidus* vorgetragen wird, weil die Verse 70—111, *Accipe nunc victus tenuis quae quantaque secum afferat e. q. s.* lediglich das im ersten Verse angekündigte Thema ausführen und weil endlich auch Ofellus wieder selber redend eingeführt wird mit den Worten *quo magis his credas*, welche ihrer Natur nach nur zum Vorhergehenden gehören können. Steht somit der Eingang zu einigen inneren Teilen und dann zum Schluss und stehen sie alle untereinander durch Form und Inhalt in der engsten Beziehung, so ist es zweifellos, dass wir hier ein Ganzes vor uns haben, welches den entschiedenen Anspruch erhebt, für ein solches zu gelten. Ganz anders aber gestaltet sich das Ergebnis, sobald wir fragen, inwieweit die einzelnen Teile wirklich formell korrekt —, inwieweit sie ihrem Wesen nach organisch zusammenhängen.

Der Dichter will von den Vorzügen des *parco vivere* handeln. Er sagt etwa: Denkt euch, nicht ich trüge meine Ansichten vor, sondern ein einfacher Landmann, Ofellus, wäre es, der hier spräche. Er behandelt aber und zwar in der Sprache eines Persius oder Juvenal (Hitzig legt das Gedicht dem Lucan bei) dieses Thema zunächst garnicht, insofern als er das „Viele", mit dem man „auskommt", nicht zu dem „Wenigen" in Gegensatz stellt, mit dem man „haushält", er auch nicht die Vorzüge der einfachen Lebensweise aufzählt, sondern insofern als er zunächst sagt, dass wir uns durch Überdruss, durch den Schein und durch die Mode über das Wesen der Dinge täuschen lassen. — Begriff und Vorzüge des *victus tenuis* sind noch in keiner Weise entwickelt, da setzt das Gedicht schon wieder von neuem ein, um den Unterschied des *victus tenuis* von dem *victus sordidus* darzulegen. Konnte man sich in das erste *nec meus hic sermo est* wohl hineindenken und auf den Wunsch des Dichters sich Ofellus als redend vorstellen, so erscheint es nun anstössig, wenn er diesen Teil mit „*Ofello iudice*" einführt. Es ist richtig und bedarf der Belagstellen nicht, dass man statt: „Nach meinem Urteile" sagen darf „Nach Ofellus' Urteil", wenn Ofellus selbst der Sprecher ist. Aber nach gemeinem Gebrauch sprechen so nur Kinder, die des „Ich" noch nicht vollkommen mächtig sind oder Personen des Dramas an Stellen, in denen es sich um einen hohen Grad des Affekts, sei es des komischen, sei es des tragischen, handelt. Der ruhigen Erörterung ist eine derartige Vertauschung der Worte ganz fremd, und wenn man anders den gesunden Menschenverstand und den Sprachgebrauch zum Massstab der Entscheidung machen will, so muss man behaupten, dass der Dichter hier einen neuen Sermon beginnt, in welchem er sich selbst als den Sprecher einführt, der die Ansichten des Ofellus nur referiert. Auch macht Lemaire mit Recht darauf aufmerksam, dass der Dichter nunmehr den Satz der zweiten Satire des ersten Buches behandelt: *Dum vitant stulti vitia, in contraria currunt*. Aber schon mit dem neunundsechzigsten Verse ist der Dichter mit diesem Thema fertig, und es folgt: *accipe nunc victus tenuis quae quantaque secum afferat*, so dass Düntzer richtig bemerkt, alles Vorhergehende sei gleichsam nur Einleitung; somit ständen also neunundsechzig Verse Einleitung gegen zweiundvierzig, in welchen das Thema des ersten Verses ausgeführt wird. Des Auffallenden und Widerspruchsvollen ist hiermit noch kein Ende. Noch einmal setzt das Gedicht ein mit den Worten: *Quo magis his credas* u. s. w., und wenn also der erste Teil des Gedichtes begonnen hatte: „So spricht Ofellus", so heisst es hier: „Damit ihr um so mehr glaubt, was Ofellus spricht, höret jetzt, was er selbst spricht!" Es ist dies der stärkste Beweis dafür, dass *Ofello iudice* im dreiundfünfzigsten Verse einen neuen Sermon begonnen hat; dann allerdings ist es nämlich ganz in der Ordnung, dass der Dichter sagt: „Höret seine eigenen Worte", wenn er vorher gesagt hat: „Höret seine Ansicht." Übrigens bringt dieser letzte Teil neue Stoffe, welche nur scheinbar mit dem Vorhergehenden identisch sind. Auch Ofellus hat es sich, hören wir jetzt, bei besonderen Anlässen gut gehen lassen, als er noch in besseren Verhältnissen lebte, und wenn er auch nicht nach kostbaren Fischen schickte, so ass er doch Braten und Trank mit den Gästen um die Wette. Die Ergebung in sein neues Schicksal ist es, die nun gepriesen wird; von der schmutzigen Lebensweise oder den Vorzügen der einfachen Kost ist nicht mehr die Rede, sondern nur um das feste Herz handelt es sich jetzt, das gegen Hieb und Stoss des Schicksals gepanzert ist: *Fortia — adversis opponite pectora rebus*.

Dass die beiden Teile der Satire Vers 1—52 und Vers 53—126 mit einander formell unvereinbar sind, ist vorstehend nachgewiesen; dass ihr Inhalt kein einheitlicher ist, ebenfalls. Auf die Entgegnung, dass sich alle Materien derselben unter einen gemeinsamen Gesichtspunkt stellen lassen, muss, wie mehrfach geschehen, erwidert werden, dass es sich nicht um das Mögliche, sondern um das Thatsächliche handelt. Man gebe mir zwei Begriffe, die sich nicht verbinden liessen! Dazu kommt hier, dass der Dichter wiederholt und ausdrücklich ein neues Thema als solches ankündigt. Auch die beiden Hauptgegenstände der Satire sind nur scheinbar einheitlicher Natur. Der erste Teil soll von den Vorzügen der einfachen Lebensweise im Gegensatze zu Völlerei und Luxus handeln. Ob nun der Dichter die Vorzüge allein oder auch ihre Nachteile, ob er die einfache Lebensweise allein oder auch die verschwenderische schildern will, das bleibt ihm überlassen und steht in seinem Gefallen. Denn das Thema bliebe in jedem dieser beiden Fälle ein einheitliches, das Thema einer Satire, die sich gegen Schlemmerei wendete. Was aber Vers 53—111 behandelt, das ist nicht mehr derselbe, sondern ein seiner innersten Natur nach ganz anderer Gegenstand: der Geiz; als solcher (vgl. „Avidienus") eben wieder der geeignete Gegenstand einer neuen Satire; und wenn man Völlerei und Geiz in ein Gedicht bringt — wie sie denn als der Inhalt der Satire z. B. von Kirchner (Stralsund 1817) zugegeben werden — so lässt sich formell dies vermöge eines gemeinsamen Wortes, *rictus*, und einer begrifflichen Gegenüberstellung, etwa von Verschwendung und Geiz, leicht ausführen, aber Völlerei und schmutzige Habsucht bleiben ihrem Wesen nach disparate Begriffe, die im besten Falle nur in einen schiefen Gegensatz gebracht werden können. Zu einer solchen schiefen Gegenüberstellung sieht man jeden Erklärer gelangen, der sich bemüht, einen ununterbrochenen Ideengang nachzuweisen. An die Stelle des zuerst richtig erkannten Begriffes wird ein höherer gesetzt, um von diesem aus wieder einen niederen zu gewinnen. So bezeichnet Dacier treffend den Tadel der *bonne chère* als den Gegenstand der Satire, geht bei Vers 53 auf *luxe et intempérance* zurück, um von diesen aus dann die *avarice sordide* zum Gegensatze zu machen; ebenso Orelli; aber eine leckere Mahlzeit und Geiz oder *epularum deliciae*, leckerhafte Menschen und Geizige sind doch nicht Gegensätze! Wenn der zweite Teil in wenigen Zeilen wirklich das Thema des ersten Verses behandelt, so führt das nur zu der Vermutung, dass beide mit dem Anhange von V. 112—126 zugleich zu den übrigen Partieen hinzugefügt sind.

Dass der Schluss, Vers 112—126, in Ton und Charakter von dem Vorhergehenden ganz verschieden ist, hat schon Keck behauptet und Teuffel (1857) ausführlich nachgewiesen. Dass aber auch Vers 1—51 und Vers 52 ff. zwei verschiedene Satiren sind, bezeugen schon Porphyrio und eine grosse Zahl zum Teil recht angesehener Handschriften. So sagt Hauthal bei Acro zu Vers 53: *Tacendum hic est de codicibus quibusdam, qui inde ab h. u. nonam satiram statuunt, notatam ad inscriptionibus vel rubris diisque litt. initialibus. 'Hic corripit sub ofello sordidos' egloga f. 'corripit sordidos sub ofelli nomine' g ad marg. — Pithoeus ad Mcd. 74: 'Aegloga tertia Incipit in lib. manuscripto. Sel et nonam esse eglogam apparet ex Acrone et Porphyrione.'* — Bei Porphyrio bemerkt er zu demselben Verse: *Omnes libri Porphyrionis hanc ferunt inscriptionem. In paucioribus codd. Hacciti nona satira significata aut numerata est. F ostendit hanc rubram noti. litt. exaratam: Hic corripit sub ofello sordidos. egloga. Pithoeus ad Mcd. 74: 'Aegloga tertia e. q. s. Neque in plurimis aett. libris, qui Acronianam recensionem servator, ut γ bE Amb. Fran. etc., neque etiam in iis, qui lectiones atque expositiones Porphyrionis amplectantur, ut B g, aut discrimine aut maiore lit. initiali aut inscriptione nona satira notata est. g tamen ad marg. hanc habet inscriptionem: corripit sordidos sub ofelli nomine. Accuratius et uberius de hac re scias suo loco disserentes. 'Sordidi ex rubeis, rubris et atris litt. R.* — Bei Meyer wie bei Hauthal lautet das Scholion des Porphyrio zu demselben Verse: *In sordidos incipit haec egloga.* Es ist das nur konsequent. Denn Acro wie Porphyrio lassen den ersten Teil der Satire gegen die *luxuriosos* gerichtet sein und Pithou hat gegen Hauthal, der ihm bestreiten will, dass auch Acro hier eine neue Satire beginne, die Scholien des letzteren zu Vers 53, zu dem Namen *Ofellus*, nur richtig interpretiert. Welche grosse Zahl von Handschriften und wie wichtige die Satire ebenfalls teilen, möge man aus Keller und Holder ersehen. Es heisst dort zu Vers 53: *Nonam sermonem incipiunt D g codd. (g v) g [Basil. III Bern. 327 Bruxell. 9777. 10061 Bruxell. 179 Cod. Dessav. II Dresd. II. IIII Gronov. Lips. I. II. III. Monac. I. IIII. Paris. 7919. Sabac. 1578 Regin. 2 Regin. Vossianus Wolfenbutt. II. Bad. I. 1 cod. ap. Bersmann. Florentinus apud Preiss. I 219, plures codd. ap. Torrent.] Pph. 'In sordidos incipit haec egloga' Porph.' Corripit sordidos sub ofelli nomine g marg. g [Florent.] corripit sordidos egloga III. g [Lips. I. II.] Egloga III. D g [Gronov. Vossian. corr. Bruxell. 9777 Sorbon. 1578].* Gewiss könnte man noch manche weniger wichtige oder weniger bekannte (Cod. membran. 1051 in Kopenhagen u. a.) hinzufügen.

II Serm. 3.

Jeden Augenblick wechselt hier die Scene, und ohne Vorbereitung, ohne Übergang sieht man sich plötzlich in einen ganz anderen Gedankenkreis versetzt.

Teuffel.

Bei Beginn der Untersuchungen über das vierte Buch verglichen wir den Umfang der letzteren mit dem des zweiten und fanden, dass es trotz seiner angeblich nur funfzehn Oden das zweite Buch mit zwanzig Gedichten doch noch um einige Verse übertrifft.

Mit Absicht ist ein ähnlicher Vergleich bei der zweiten Satire unterlassen und hierher als zu der geeigneteren Gelegenheit verschoben worden. Die dritte Satire des zweiten Buches zählt 326 Verse, eine Zahl, welche nur noch von der des *liber de arte poetica* übertroffen wird. Es veranlasst uns dies, einen Blick auf den Umfang der beiden Bücher der Sermonen wie der einzelnen Gedichte derselben zu werfen.

Die fünf ersten Satiren des ersten Buches zählen 121, 134, 142, 143, 104, zusammen 644 Verse; die übrigen fünf: 131, 35, 50, 78, 100 zusammen 394; das ganze Buch enthält also 1038 Verse. Das zweite Buch umfasst deren 1083; nämlich 86, 136, 326, 95, 110, 117, 118, 95. Man sieht, dass auch hier das zweite Buch mit nur acht Satiren das erste an Umfang übertrifft und schon von diesem Standpunkte aus gegen die Annahme, auch jenes enthalte eine Dekade, sich nichts einwenden lässt; ferner dass die zweite Satire des zweiten Buches mit 136 Versen fast dreimal so gross ist als die kürzeste mit 50, und dass sie ihrem Umfange nach die vierte Stelle unter den achtzehn Sermonen einnimmt; dass aber die dritte Satire desselben Buches mit 326 Versen die kürzeste mehr als sechsmal, die nächstgrösste noch mehr als zweimal an Ausdehnung überragt; sie ist eine Riesin unter ihresgleichen. Bei einem Durchschnittsmasse beider Bücher ferner von 1000 Hexametern überschreitet bereits die erste Hälfte des ersten Buches das ihr zukommende Durchschnittsmass von 530 Zeilen erheblich, da sie 644, die zweite Hälfte dagegen kaum 400 Verse enthält. Aber ungleich ungünstiger stellt sich das Verhältnis bei dem zweiten Buche. Schon auf die vier ersten Sermonen allein entfallen hier 643 Verse, d. h. fast genau soviel wie auf die in ihrer Zahl ebenfalls schon überwiegenden fünf ersten Satiren des ersten Buches; nur 430, d. h. wenig mehr als ein Drittel, bleiben für die letzten vier Gedichte. Vergleichen wir gar die je fünf ersten Sermonen beider Bücher miteinander, so übertreffen die des zweiten Buches mit 753 Hexametern die bereits abnorm grosse Zahl der fünf ersten des ersten Buches, 644, noch um mehr als 100 Verse! Fragen wir dagegen schliesslich, wie sich die Zahlen zu einander stellen, falls wir annehmen, dass die Manuskripte uns mit der Teilung der zweiten und dritten Satire des zweiten Buches auf den richtigen Weg weisen, nehmen wir also an, dass die drei ersten Gedichte in Wahrheit fünf Satiren, eine halbe Dekade sind, so würde dies auf ein Durchschnittsmass für die zweite Satire von 63, für die dritte von 163 Zeilen führen und als Summe der ersten fünf (jetzt: ersten drei) Gedichte des zweiten Buches würden sich 548, als die der zweiten fünf 535 Hexameter ergeben, zwei Zahlen, wie sie viel genauer für die beiden Hälften des Buches kaum ermittelt werden könnten. Diese Zählungen lassen also unsere These, dass der zweite und dritte Sermon des zweiten Buches diejenigen seien, welche die beiden zur Dekade fehlenden Gedichte enthalten, nicht allein nur als möglich oder wahrscheinlich erscheinen, sondern insoweit dies durch Zahlen allein möglich ist, geben sie sogar ein entscheidendes Präjudiz zu Gunsten ihrer Richtigkeit ab.

Die Manuskripte teilen die dritte Satire. Bei der Zerrissenheit ihres Inhaltes und gegenüber den wiederholten neuen Einsätzen, den Versen in welchen die Rede beginnt, als wäre ihr nichts vorangegangen, darf man sich nicht wundern, wenn sie in der Teilung nicht übereinstimmen: sie teilen verschieden: bei Vers 158, 168 und 224. Der *Leidensis Gronovii* F. 15 *saec.* XII—XIII beginnt ebenso wie der Codex Parisinus 7974 *saec.* X *(olim Puteanus)* bei Vers 158 *(Quisnam igitur sanus?)* einen neuen Sermon mit der Überschrift EGLOGA V. Beide Codices haben auch die zweite Satire geteilt, und folgerecht zählen sie also zehn Gedichte in diesem Buche. Lässt sich immerhin einiges auch für die Teilung an dieser Stelle beibringen, so will ich gleichwohl für sie nicht eintreten.

Ungleich grösser ist die Zahl der diplomatischen Zeugen bei Vers 168 *(Servius Oppidius)*. Zweiundzwanzig Handschriften, wenn ich richtig zähle, und unter ihnen mehrere von hohem Alter, fangen hier das neue Gedicht an, und mehrere bezeichnen es ausdrücklich als die „fünfte Ekloge." Wie erwähnt, berechnet sich das Durchschnittsmass zweier Satiren bei 326 Zeilen auf 163 Hexameter. Offenbar hat man bei den angegebenen beiden Teilungen eben dieses, das Durchschnittsmass, gesucht; denn 158 und 168 kommen ihm beide gleich nahe. Aber an der für den Anfang eines Gedichtes ungewöhnlichen Form, *Quisnam igitur sanus*, nahm die Mehrzahl Anstoss und wandte sich Vers 168 zu, der Erzählung von den beiden Söhnen des Canusiers Oppidius, welche ohne jede Verbindung mit dem vorhergehenden, und ohne durch ihre Anfangsworte Anstoss zu erregen, einsetzt. Trotz der grossen Zahl der Zeugen und obwohl auch der Verszahl nach hier das Gedicht sich am geeignetsten teilen liesse, muss ich aus Gründen, welche erst später entwickelt werden können, mich für die dritte Teilung, für die bei Vers 224, entscheiden.

Fragen wir nach ihrem Alter und nach dem Zeugnis, auf welchem sie beruht, so ist sie unstreitig die älteste und bestbezeugte. Bei Keller und Holder heisst es 1878: „*maior littera initialis in a*." d. h. also im Codex *dim Areuionensis*. „*anus ex velustissimis Horatianis codicibus exeunte saeculo nono vel ineunte decimo rescriptu. vene Ambrosianus, quem ex eodem exemplo, quo Parisinus 7900* — *fluxisse manifestum est*." (Der Parisinus 7900 ist für die Sermones defekt.) In der Ausgabe von 1869 heisst es bei denselben zu diesem Verse: „*Ab hoc versu novi sermonis initium statuit v: Nunc luxuriosos insanos probat. supra aratos et ambitiosos*." *Porph*. Der Codex *v* bezeichnet aber den früher Nienburger, jetzt Dessauer *V* aus dem Anfang des zehnten Jahrhunderts; *Porph'* ist die Kompendie für den Archetyp des Wolfenbütteler Porphyrio. Man kann sich bessere Eideshelfer als diese drei kaum wünschen.

Die Form der Rede ist allerdings an dieser Stelle fast nicht viel besser zum Anfang einer Satire geeignet als 158. *Nunc age* scheint fast darauf hinzudeuten, dass anderes vorangegangen ist. Jedoch muss man zugeben, dass es auch als ein lebhafter Beginn der Rede gedacht werden kann, und mit Recht merkt Peerlkamp ohne die Absicht einer Athetese an, dass in Vers 225, *cineet enim stultos ratio insanire nepotes*. ein „*et*" fehle, wenn dieser Abschnitt als eine Fortsetzung der vorherigen Beweisführung gelten solle, dass die Thoren wahnsinnig seien; ohne eine solche Copula erhebt der Abschnitt also einen derartigen Anspruch nicht und muss also für den Anfang eines neuen Sermons angesehen werden. Endlich bilden auch die vorhergehenden Verse augenscheinlich den Abschluss eines grösseren Abschnittes, ja, die Worte: *ergo ubi prava stultitia. hic summa est insania* könnten für den Abschluss der ganzen vorhergehenden Erörterung gelten. —

Es ist wichtig zu bemerken, dass diese vier, Vers 224 vorangehenden Verse ihrem Inhalt und ihrer Sprache nach höchst bedenklich sind; denn grade dann erweisen sie sich um so eher als solche, die hier absichtlich eingesetzt sind, um die vierte Satire, 1—223, zu schliessen. Die Einteilung in Dekaden erweist sich dadurch zwar als eine nicht horazische, nicht originale, aber als einst thatsächlich vorhandene. Teichmüller erklärt diese Zeilen unbedenklich für „ungewaschenes Zeug," in welchem der stolze Gang eines Verses wie *hunc circumtonuit gaudens* us *Bellona cruentis* „ungeheuer lächerlich ist."

Dies sind äussere Gründe, welche erweisen, dass auch die dritte Satire zwei Sermonen enthalte: die ältesten Handschriften und Porphyrio einerseits und die Zahl der Verse des ganzen Buches, der Hälfte derselben und der Satire selbst andrerseits; sie könnten noch durch den Hinweis auf Acro verstärkt werden; denn er stimmt mit Porphyrio überein. Ich wünschte, meine Aufgabe wäre damit gethan. Aber es gilt noch, dem Bedenken für einen Augenblick näher zu treten, dass Zahlen, Handschriften und Autoritäten eine Teilung raten könnten und dass sie dennoch unthunlich wäre.

In der That weist II Serm. 3 denselben Sachverhalt auf wie Carm. I, 7 und II Serm. 2, und ist dies der Grund, weshalb trotz der gewichtigsten Bedenken die Satire heute in allen Drucken ungeteilt ist. Das Gedicht führt im Eingange zunächst dem Dichter den Damasippus ein, nach ihm den Stertinius; und in derselben Weise geht es wieder aus: es werden in umgekehrter Folge zuerst Stertinius, dann Damasippus und zuletzt der Dichter als die Redenden genannt. Fügen wir noch die Dialoge im Innern der Satire hinzu, so können wir uns folgendes Bild dieser mehrfachen Einschachtelung machen:

Es kann demgemäss auch hier wieder nicht der geringste Zweifel darüber bestehen, dass das Gedicht in der gegenwärtigen Gestalt für ein einheitliches gelten will, ja, dass es ganz absichtlich zu einem solchen gemacht worden ist.

Eine ganz andere Frage ist die, ob auch der innere Organismus das Gedicht als ein wirklich einheitliches, als ein lebendiges Ganzes erweist oder ob jene Einkleidung vielmehr nur der Rahmen, nur das Band mehrerer in sich unzusammenhängenden Ganzen ist. Man höre darüber Teuffel, einen der konservativsten — wird man zugeben — Horazkritiker. „Jeden Augenblick", sagt er, „wechselt hier die Scene, und ohne Vorbereitung, ohne Übergang sieht man sich plötzlich in einen ganz anderen Gedankenkreis versetzt." Folgt nun gleichwohl der doktrinäre innere Teil der Satire einer vorausgeschickten Disposition, so hat jene Umfassung selbst ebenfalls nach Teuffels Urteil eine nur lockere Fügung. Verrät doch die aufgewiesene und durch ein Bild veranschaulichte Einschachtelung bereits eine nicht klassische Technik! Aber man müsste sie hinnehmen, wenn sie nur zum Ziele führte. Grade in dieser Beziehung aber erweist sie sich als vollkommen zweckwidrig.

In dem Beweise, dass alle Welt ausser den Stoikern, obwohl fern von dem Schein der Tollheit, in Wahrheit toll sei, sieht Teichmüller (Wittstock) mit Recht die Aufgabe, welche sich Stertinius stellt. Dieser Gesichtspunkt allein müsste also die Wahl der Personen bestimmen, an welchen Stertinius seine These erweisen will. Sich in die Kategorie der Narren im gewöhnlichen Sinne geworfen zu wissen, das grade hatte Damasippus auf die Fabricische Brücke getrieben; Beispiele aus der Klasse solcher Leute konnten auf ihn nur tiefer beugend, nicht aufrichtend wirken. Es handelt sich grade um Menschen, die wie vernünftige Leute aussehen und es doch nicht sind. Das war es, was Damasipps trösten und am Leben erhalten sollte. Darum gehören offenbare Verschwender überhaupt garnicht zur Sache. Sie grade sind nach römischen Begriffen anerkannte Narren und Damasippus war lediglich wegen der Ähnlichkeit mit ihnen unter die Narren gerechnet worden, wie denn dem Volke vorweg jeder Abnorme schon für nicht ganz vernünftig gilt. Wenn also nur Personen als Beispiele zu wählen waren, welche Damasipp selbst schon für eine andere Art von Leuten anzusehen gewohnt war als die, zu welcher er selbst gehörte, so verstösst Nomentanus offenbar gegen das Prinzip, gegen die ganze Idee und Anlage der Satire. Ich habe Nomentanus genannt, weil dessen Person grade da einsetzt, wo die fünfte Satire beginnt. Aber auch sonst liessen sich viele Beispiele dieser Art anführen. Das Schlimmste jedoch ist, dass der Rahmen selbst, der um das Gedicht geschlungen ist, sich nicht schliesst. Damasipp tadelt im Eingange Horaz, dass er aus Trägheit so selten dazu komme, Gedichte zu machen; aber dass er man muss ergänzen: viele — Gedichte mache, rechnet er ihm am Schlusse zur Tollheit an und hat ganz vergessen, mit welchem Worte er das Gespräch eröffnete. Guyet verwarf mit Recht nach Marolles Zeugnis den ganzen Schluss des Gedichtes. Berührt es doch in demselben nur peinlich, wenn Horaz dort selbst gesteht, dass er mit Mäcen in Bauten wetteifere; widert doch wegen ihres erotischen Inhaltes die vorletzte Zeile an, und nimmt es ihr und dem übrigen im Schluss Gesagten doch wieder allen vernünftigen Sinn, wenn man ihre Wirkung dadurch zu neutralisieren sucht, dass man den Inhalt lediglich als fingiert darstellt.

Auch andere Erscheinungen, wie wir sie bei zusammengeworfenen Gedichten anzutreffen gewohnt sind, begegnen uns hier, und unlateinische Ausdrücke (*aterne* als Pronomen, *quone*, *quantane*, *multum* oder, *tantum magnos*), ein Vers (163) aus einem anderen Horazischen Gedichte hierher getragen, metrische Anstösse (*quaere* — *quaero [?]*, *agit*), eine Fabel am Ende. Wiederholungen, seltene und spätlateinische Wörter, rhetorisch aufgeputzte Wendungen fehlen nicht; die Rede und der Gedankengang sind vielfach unterbrochen und widerspruchsvoll. Hier einige Beispiele.

Schon im dreiunddreissigsten Verse wird das Thema: *Insanis et tu stultique prope omnes*, allerdings nur mit einiger Mühe herbeigeschafft. Damasippus hat sich das folgende von Stertinius aufgeschrieben. Er lässt dann aber Stertinius selbst an der Fabricischen Brücke sprechen (*inquit*) und im dreiundvierzigsten Verse das Thema noch einmal aufstellen. Vers 46 folgt: *Nunc accipe sqq.* Vers 53 bringt eine zweiteilige Disposition (*est genus unum sqq.*). Vers 64 lautet: *Insani reteres status Damasippus emendo*, wie wenn von Damasippus noch nie die Rede gewesen, wie wenn Stertinius nicht zu Damasippus spräche, wie wenn Damasippus nicht selbst der Referierende wäre! Vers 66 wieder *accipe*, aber in anderem Sinne als vorher. Vers 77 setzt aufs neue ein: *Audire atque togam iubet componere, quisquis sqq.*, wie eben nur ein neuer Sermon feierlich beginnen könnte, und in der That werden in neuer Disposition *ambitio*, *argenti amor*, *luxuria*, *superstitio* und andere Thorheiten angekündigt, ganz gewöhnliche Laster, welche mit dem obigen Thema, dass jeder Nichtweise ein Wahnwitziger sei (*quemcumque insitia veri cuvatus agit, insanus Chrisippi porticus natusa?"*), doch erst dann verwandt werden, wenn man ihr seine Energie nimmt. Dieselbe besteht darin, dass Chrysipp nicht nur den Lasterhaften lasterhaft und insofern auch wahnwitzig nennt, sondern dass er im besonderen auch denjenigen, der ohne Laster scheinbar sogar vernünftig und tugendhaft ist, zu den Unvernünftigen zählt, sobald er eben nicht ein *sapiens*, ein Stoiker ist. Die Disposition wird trotzdem nicht strenge eingehalten; denn auch der Vatermörder und andere „Thoren" werden bald besprochen. Mit Vers 159 gelangt die Frage zur Erörterung, ob nun jeder schon für nicht wahnwitzig gelten dürfe, der z. B. nicht habsüchtig ist. Dabei wird ein „Stoiker" angeredet. Ist dies Damasippus an der Fabricischen Brücke oder der Dichter? Es passt auf beide nicht. Der Redende bezieht sich demnächst auf Craterus. Sofort tritt aber dann Servius Oppidius auf, der sehr vernünftig spricht und handelt und als solcher auch durchaus nicht in ein dem Thema entsprechendes Licht gestellt wird. Wie plötzlich Aiax jetzt erscheint, ist bekannt. Es folgt das oben erwähnte, kräftig schliessende *cap.* V. 22 ?. Von neuem wird V. 224 der schon genannte Nomentanus eingeführt und nach ihm die im Sueton erzählte Anekdote und die Scene aus Terenz vorgetragen. Der Sermon könnte mit Vers 297 zu Ende sein. Aber das Thema wird noch einmal aufgenommen, aufgestellt und auf den Dichter angewandt; ob in einer uns anmutenden Weise, dürfte allgemein verneint werden. Das Gedicht schliest trotzdem noch nicht. Es folgt noch eine im Phädrus erzählte Fabel, und dann erst gelangen wir zum Schluss.

Auch jene Erscheinung sehen wir hier wiederkehren, dass sich um die einer Teilung bedürftigen Gedichte meistens eine reichere Litteratur ansammelt. Teichmüller hat der Satire ein kleines Buch, Jakob, Kirchner (Stralsund), Ochmann, Schneidewin. Krüger haben ihr ebenfalls Monographieen gewidmet, und die bei Fritzsche angeführte Litteratur ist in neuerer Zeit noch durch Kammer, Jäger u. a. vermehrt worden; die Athetesen und Emendationen Bentleys, Meinekes, Lehrs' u. a. zu berücksichtigen, ist hier nicht der Ort. Aber eine wirkliche Abhilfe für die vielen Ausstellungen, die gemacht worden sind und mit Recht gemacht werden, wird man erst dann schaffen, wenn man entweder den ganzen Rahmen oder doch den Schluss des Gedichtes beseitigt. Dazu würden neue Grundlagen und neue Gesichtspunkte gewonnen werden müssen. Hier musste ich mich damit begnügen, den Punkt zu bezeichnen, an welchem der in Dekaden eingeteilte Horaz den fünften Sermon des zweiten Buches beginnen liess.

Es ist nicht ohne Interesse an dieser Stelle darauf hinzuweisen, dass der oben erwähnte vielleicht älteste Codex, der Avenionensis, jetzt Ambrosianus in Mailand, O 136, welcher die Gedichte des Horaz in derselben Weise wie die Blandinen und andere älteste Handschriften (Vgl. S. 5) ordnet, nämlich: *Carmina (1—4), De arte poetica liber (5), Epodon liber, Carmen saeculare (6), Epistulae (7—8), Sermones (9—10),* nach der letzten Satire des zweiten Buches schliesst:

FINIT DECIMUS LIBER HORATII FELICITER.